JOSEF
NYARY

Und sie schufen ein Reich

Eine dramatische Familiensaga aus dem Hochmittelalter

BASTEI
LÜBBE

BASTEI-LÜBBE TASCHENBUCH
Band 25 240

© 1990 by edition meyster in der F. A. Herbig
Verlagsbuchhandlung GmbH, München
Lizenzausgabe: Gustav Lübbe Verlag GmbH, Bergisch Gladbach
Printed in Germany, Januar 1995
Einbandgestaltung: K.K.K.
Titelmotiv: Gemälde von Eugène Delacroix,
Die Einnahme Konstatinopels
durch italienische und französische Kreuzfahrer am 12. April 1204
(Louvre, Paris), Bildarchiv Preußischer Kulturbesitz
Satz: KCS GmbH, Buchholz/Hamburg
Druck und Bindung: Elsner-Druck-Berlin
ISBN 3-404-25240-3

*An der Saale hellem Strande
stehen Burgen stolz und kühn...*

Inhalt

1

Es war kalt. Schnee bedeckte die Erde

Wenn das Wilde Heer in den Rauhnächten nach Süden jagt, schlagen die Hufe der Geisterrosse erst gegen den Harz und dann auf des Kyffhäusers karstigen Rücken. Südlich des Barbarossabergs aber branden die Nordwinde gegen ein grünes Gebirge, das wie ein Damm von Riesenhand die steinernen Wellen Süddeutschlands staut: den Wald der Thüringer und Franken, der einst Nordwald hieß. Diese fast tausend Meter hohe Mauer lenkt das Luftgewoge nach Osten; es braust nun um so zorniger an den zerklüfteten Flanken des Mittelgebirges entlang, bis sich ihm endlich ein Tor nach Süden öffnet: das Tal der Sächsischen Saale, des einzigen Stroms, der den Felsriegel zwischen Werra und Elbe durchbricht.

In diesem Graben tritt dem Nordsturm ein mächtiger Feind in den Weg: Der Ostwind aus Asiens Steppen, mit Schnee beladen und kalt wie der Grimm eines Khans, dringt durch das Egertal nach Westen. Ungestüm brechen die nordischen Luftheere vor und ihre Wut entwurzelt die Bäume. Wilder noch aber reiten die Horden aus östlichen Himmeln und werfen manchmal Wälder nieder, als beugten sie nur Halme eines Haferfelds.

Unter diesem Schlachtfeld der Stürme wächst ein uralter Forst, so dicht, daß die tobenden Wettergeister nicht eindringen können. Die Wipfel der riesigen Tannen recken sich den Wolkenrossen wie Lanzenspitzen entgegen, und ihre Äste verschränken sich zu Schilden, die kein Luftstrom durchstößt. Die bemoosten Stämme ragen wie Säulen von Kathedralen empor, in denen kein Windhauch weht und deren Düsternis kein Sonnenstrahl erhellt.

Schwärzer als alle anderen Wälder steht dieser finstere Forst; er wurde von Menschen seit alters gemieden. In seinen Höhlen und Spalten hausten die Söhne und Töchter von Sippen, die nicht Adams Lenden entstammten: Elfen, Zwerge und Wilde Männer hatten dort Heimatrecht, das Moosweib saß auf Baumstümpfen mit drei Kreuzen; in frühen Jahren stieg nicht selten der Nix nachts aus einem verwunschenen Teich und gesellte sich unerkannt zu den Tanzenden auf einer Tenne. Auch Tiere, die nur noch die Sage kennt, lebten im Nordwald: die Schlangenkönigin trug dort ihr funkelndes Krönchen und mancher Lindwurm brach durch das Gestrüpp.

Im Jahr des Heils 1269 am Tag nach Mariä Lichtmeß zog ein Reiter mit zwei Pferden durch den dunklen Tann. Das Eisen seiner Haube war fleckig, doch frei von Rost. Ein Tuch aus grauer Wolle wärmte sein Gesicht; es ließ weiße Brauen, wachsam spähende Augen und eine kräftige Nase frei, deren Grat die Doppelnarbe zweier Schwerthiebe kerbte, so wie sich die Spur eines Wagens durch den weichen Lehm eines Bergrückens zieht. Die Schultern des hochgewachsenen Mannes bedeckte ein Schafspelz, schmucklos und nach alter fränkischer Mode genäht. Darunter fiel ein langer Mantel aus grauer Wolle bis über die ledernen Hosen hinab. Die Kleidung des Reiters wies zahlreiche Flicken auf; sie war schon viele Male gepflegt und gereinigt worden. Der Mann trug Handschuhe aus Bärenfell und schwere rindslederne Stiefel. An seiner Hüfte hing ein Schwert von einer Größe und Form, die damals nur noch die ältesten Kriegsleute kannten. In seiner Rechten hielt der Mann eine Stoßlanze aus Eschenholz mit starker, eiserner Spitze. Sein Reitpferd war schwarz und stattlich wie einst das Roß Kaiser Karls. Das Packpferd war klein und von fuchsroter Farbe. Der Reiter saß leicht gebeugt im Sattel und lenkte den Rappen mit großer Vorsicht über die Eispfützen eines gewundenen Saumpfads. In den Blicken des alten Mannes lag Wehmut, doch seine Haltung drückte eine Entschlossenheit aus, als sei er so wenig aufzuhalten wie der tosende Wildbach in der finsteren Klamm unter ihm.

Schon am frühen Morgen hatte der Reiter die Buchenwälder durchquert, die hinter dem gerodeten Land weithin den Talgrund bedeckten. Im Wiesenmonat bildeten dort Sauerklee und Schattenblume im dunstigen Dämmerlicht prachtvolle Beete, und an den Hängen leuchteten dann Königskerze und Fingerhut. Jetzt aber, im Februar, deckte eine dünne Schneeschicht den kahlen Boden, und wo der Wind sie fortgeblasen hatte, bot sich dem Blick nur faulendes Laub. Weiter oben wichen Buchen den Espen, Birken und Weiden, bevor in den Felsen das Hochreich der Nadelhölzer begann. Unter dem grünen Dach der Tannen lag die weiße Pracht des Winters ungestört von den Stürmen, und es war still wie in einer Höhle; nur aus der Schlucht drang dumpfes Brausen empor. Als der alte Mann langsam um eine Biegung ritt, an der die Felsen ein wenig zurückwichen, hörte er plötzlich laute Schreie und dann das Dröhnen von Hufen. Der Reiter hielt an und lauschte; dann lenkte er seine Tiere ohne Hast in die natürliche Nische, löste das Führseil des Packpferds und band es an der Wurzel einer Fichte fest, die über ihm aus dem Steilhang wuchs. Die Stoßlanze ließ er unter die Kruppe des Rappen sinken.

Wenige Herzschläge später stoben aus dem Hochwald drei Reiter hervor. Sie trugen bunte Mäntel und feuerten einander mit übermütigen Rufen an: »Hierher, Falk!« – »Willst wohl schneller sein, Brun!« – »Gleich hab' ich dich, Wiesel!« Als sie den Fremden sahen, hielten sie an und besprachen sich eine Weile. Dann ritten sie auf den alten Mann zu.

Der Größte der drei, ein Schwarzbart mit einer Bärenhaube, rief: »Gottes Gruß!«

»Gottes Dank!« antwortete der Alte.

Der Schwarzbart ritt an ihm vorbei und brachte sein Pferd so zum Stehen, daß es den Talweg versperrte.

Hinter ihm kam ein mittelgroßer Mann von kaum zwanzig Jahren; er trug einen roten Umhang und einen Hut von gleicher Farbe. »Gelobt sei Christus, der uns erlöste!« rief er. »Er sei gepriesen«, antwortete der Alte.

Der rote Reiter hielt seinen Falben neben dem Fremden an. Der dritte und kleinste der Männer trug grünes Tuch. Er zügelte seinen Fuchs an der Bergseite, so daß die drei den Alten in der Mitte hatten. »Gottes Segen auf Euren Weg!« sagte der dritte Reiter fröhlich.

»Und auch auf deinen«, erwiderte der Fremde.

Sie schwiegen eine Weile. Dann sagte der Mittlere: »Ihr kommt gewiß von weit her und könnt nicht wissen, daß Ihr auf Graf Ursmars Land reitet.«

»Entbietet Eurem Herrn meinen Gruß«, versetzte der Fremde. »Es wird nicht mehr lange so sein, daß meine Pferde auf seinem Eigentum gehen.«

»Ihr solltet lieber mit uns kommen«, schlug der Rote vor. »Im Hochwald ist es gefährlich, wenn man den Weg nicht kennt.«

»Ich werde auf der Hut sein« versprach der Alte und ließ keinen der drei aus den Augen.

»Die Bauern sagen, daß oben im Holz ein Lindwurm haust«, drängte der Rote. »Kehrt um und folgt uns, damit Euch kein Unglück geschieht! Unser Herr wird sich freuen, Euch zu bewirten.«

Der Schwarzbärtige grinste. »Ein Lindwurm!« wiederholte er. »Das ist gut, Falk!«

Auch der Grüne konnte seine Heiterkeit nicht länger zügeln. »Du machst dem alten Mann angst; das ist nicht schicklich« rief er. »Sag ihm, daß wir den Drachen hier längst alle Zähne gezogen haben!«

»Es war nur ein Scherz« gab Falk zu. »Wiesel hat recht – von den Drachen, die einst über diesen Wald herrschten, hat heute keiner mehr etwas zu fürchten. Wohl aber treibt die Kälte Wölfe aus Böhmen herein, und wenn sie Eure Pferde wittern, wird Euch recht unbehaglich sein.«

»Ich werde mich vorsehen«, antwortete der Alte.

»Aber unser Herr duldet nun einmal nicht, daß Fremde ohne Woher und Wohin durch seinen Wald reiten!« platzte der Schwarzbart heraus.

»Ruhig, Brun!« mahnte Falk und wandte sich dann wieder an den Fremden. »Mein Freund ist nicht geübt in ritterlichen Sitten«, sagte er. »Brun hat jedoch in einer Weise recht: Graf Ursmar wird gekränkt sein, wenn er hört, wie leicht man seine Einladung ausschlägt.«

»Ein andermal komme ich gern«, sagte der Alte. »Doch jetzt muß ich reiten. Die Sonne steht schon tief.«

Brun stieß ein zorniges Knurren aus und griff nach einer eisenbeschlagenen Keule. Falk legte die Hand auf sein Schwert. Wiesel tastete nach der Armbrust vor seinem Sattel. Der Fremde drückte sanft sein Knie gegen die linke Schulter des Rappen. Sogleich drehte sich das Tier, so daß seine breite Brust fast Falks Falben berührte.

»Paß auf!« schrie Wiesel, »er hat eine Stoßlanze!«

Der Rote blickte hinter sich in die Wirbel des Wildbachs. »Wie konnte er seinen Gaul so schnell drehen?« fragte er erschrocken.

Brun bewegte sich ein wenig vor. »Er hat das Packpferd an die Fichte gebunden«, sagte er grimmig und hob seine Waffe.

»Den Kolben weg, du Narr!« rief Falk. »Siehst du nicht, daß er mich mit einem Schritt in die Klamm reiten kann? Wiesel! Runter mit der Armbrust!«

»Zieht mit Gott«, sagte der Alte ruhig.

»Jaja«, erwiderte Falk hastig. »Ihr auch. Und nichts für ungut! Los, Brun!«

Mürrisch wandte der Schwarzbart sein Pferd und stob durch den Schnee zu Tal. Falk und Wiesel folgten ihm.

Der Alte wartete noch eine Weile. Dann band er das Führseil des Packpferds wieder an sein Sattelhorn und ritt langsam bergan.

Der Weg verließ nun den Wildbach und führte auf einen schmalen Grat, von dem der Blick weit nach Morgen und Mitternacht ging. Im Norden reihte sich Welle auf Welle ununterbrochenen Waldlands bis zum Himmelsrand; das war Thüringen. Nach Osten zu kündeten weiße Schneefelder vom Rodungsfleiß fränkischer Bauern. Sie hatten urbar gemacht, was später das Vogtland hieß, und drangen in die Vorberge des Frankenwalds ein.

Der Pfad führte an Schieferfelsen vorüber und tauchte bald wieder unter die schützende Haube des Hochwalds. Nach einer Weile öffnete sich ein Tal, das ein schmaler Bach durchfloß. An seinem Ufer stand eine Köhlerhütte in einem Fichtendickicht. Sie duckte sich unter den Hang wie ein Hase in einer Furche.

Der Reiter hielt an und ließ seinen Blick über das kleine Anwesen schweifen. Aus dem Schornstein drang Rauch. Ein großer Hund schlug an. Darauf trat ein Mann mit einem Eschenspieß vor die Tür. Die Sonne berührte die hohen Tannen und in der Ferne antworteten andere Hunde.

Der alte Mann ritt den Hang hinunter, hielt vor der Hütte an und sagte: »Gottes Gruß!«

»Gottes Dank!« erwiderte der Köhler. Er war von gedrungener Gestalt, breit in den Schultern und in den Hüften stark wie ein Eichbaum. Sein weißes Haar fiel in Strähnen über den Leinenkittel herab, und sein weißer Bart reichte ihm bis auf die Brust. Er mochte siebzig Jahre zählen.

»Habt Ihr Heu und Hafer?« fragte der Reiter. »Meine Pferde sind hungrig und müde. Ich bin es auch.«

Der alte Köhler ließ den Speer sinken und antwortete: »Heu habe ich, aber nur wenig Hafer.«

»Ich zahle dafür«, sagte der Reiter.

»Seid mein Gast«, erwiderte der Köhler. »Ich werde mich um Eure Pferde kümmern.«

»Das tue ich selbst«, antwortete der Reiter. Er stieg ab und führte die Tiere in den Stall. Dort nahm er seinem Rappen die Gebißstange heraus und hob den Sattel vom Rücken. Der Köhler befreite den Fuchs von seinen Lasten. Dann reichte er dem Reiter zwei wollene Lappen, nahm selbst zwei andere und strich damit über die Flanken des Packpferds, danach auch über Rücken und Schultern. Zum Schluß rieb er das trockene Fell mit den bloßen Händen. Sein Gast tat das gleiche an seinem Rappen.

»Ihr kamt einen Weg, den nur wenige Fremde finden«, sagte der Köhler. »Die meisten Reisenden ziehen die Rodungsache entlang oder auf der alten Heerstraße vom Main nach dem Sachsenland.«

»Gott lenkt die Schritte der Menschen«, antwortete der Reiter. »Ihr habt wohl nicht Euer ganzes Leben als Kohlenbrenner verbracht?«

»Gott lenkt auch die Schicksale«, erwiderte der Köhler. »Ich bin es zufrieden. Sind Euch drei Männer begegnet?« Er wischte die Krippe mit Stroh aus und füllte Hafer hinein. Die Pferde begannen zu fressen.

»Sie luden mich zu ihrem Herrn«, sagte der Reiter. »Sie redeten von Drachen ohne Zähne.«

»Ja«, antwortete der Köhler. »Hier krächzen die Raben sehr laut.«

Er breitete eine große Wolldecke über den Fuchs und reichte seinem Gast eine andere für den Rappen. Dann gab er den Tieren auch Heu.

Als die beiden Männer aus dem Stall traten, schwand das letzte Tageslicht. Der Köhler sog prüfend die Luft ein. »Es riecht nach Schnee«, meinte er. »Wenn Ihr nicht große Eile habt, solltet Ihr morgen nicht weiterreiten.«

Sie traten in die Stube. »Maria!« rief der Köhler. Eine junge, blonde Frau kam aus der Küche. Sie trug einen dunklen Rock und eine weiße Schürze. In der Hand hielt sie eine Haube aus Leinen.

»Gott hat uns einen Gast geschenkt«, sagte der Hausherr. »Mache zu essen und fege die Stube aus!«

»Ich schlafe im Stall«, erklärte der Reiter.

»Das Haus hat Platz genug«, widersprach der Köhler. »Ich habe hinten noch ein Zimmer. Maria schläft neben der Küche und der Knecht bei den Pferden.«

»Ich werde alles vorbereiten«, sagte die junge Frau.

»Bertram!« rief der Köhler.

Die Tür ging auf und ein großer, kräftiger Mann mit einem Schafspelz, ledernen Hosen und hölzernen Schuhen trat ein. Er hielt ein Beil in der Hand.

»Das ist klug« sagte der Köhler. »Wir brauchen Holz. Unser Gast hat einen langen Ritt getan.«

»Ich werde Eurem Knecht helfen«, sagte der Reiter.

»Nein, Herr«, erwiderte Bertram, »das wäre nicht recht.« Er drehte sich um und ging in den Stall.

Der Reiter löste nun seinen Helm, legte auch Pelz und Mantel ab und zog die Bärenfelle von den Fäusten. Darunter trug er schwarze Handschuhe aus feinem Korduanleder.

Der Köhler nahm einen Korb und ein Schüsselchen und reichte beides seinem Gast. »Ich biete Euch Brot und Salz an«, sagte er.

»Der Herr soll es Euch lohnen«, antwortete der Reiter, salzte ein Stück Brot und aß es. Dann schnallte er den Gürtel ab, setzte sich und legte sein Schwert auf die Ofenbank. »Hier werde ich es nicht brauchen«, sagte er, »zumal es ja keine Drachen mehr gibt.«

»Gerade deshalb geht man hier besser gewappnet«, erwiderte der Köhler.

»Wie meint Ihr das?« fragte der Reiter.

»Die Männer, die Euch begegneten, dienen dem Grafen von Rabeneck«, sagte sein Gastgeber und legte ein paar harzreiche Föhrenscheite auf die Leuchte an der Wand. »Dieser Wald aber und das ganze Land bis zur Saale gehörten früher den Herren von Drachenstein.« Er seufzte. »Ein unglückliches Geschlecht«, fügte er leise hinzu.

»Erzählt mir davon«, bat der Reiter.

»Laßt uns erst essen«, sagte der Köhler. »Das alles ist schon lange her.«

Sie schwiegen, und jeder hing seinen Gedanken nach. In der Küche klapperte die Magd mit Schüsseln und Töpfen. Vor dem kleinen Fenster ging der Mond auf.

Zur gleichen Stunde ritten Falk, Brun und Wiesel über die Holzbrücke nach Rabeneck. Graf Ursmar saß mit der Gräfin in seiner Halle am Feuer und trank aus einem Römer Wein. Seine Gestalt warf einen riesenhaften Schatten auf die gekalkte Wand.

»Was ist?« fragte er, als Falk vor ihn trat.

»Ein Reiter«, antwortete der Jüngling. »Droben an der Wilden Ache. Ich glaube, er wollte zu dem Köhler.«

»Zu Lamprecht?« staunte der Graf und runzelte die Stirn. »Habt ihr den Fremden nicht in meine Burg geladen?«

Falk fuhr sich mit der Zunge über die Lippen. »Er wollte nicht kommen«, murmelte er, »und zwingen konnten wir ihn nicht.«

»Wart ihr nicht zu dritt?« fragte der Graf.

»Er führte eine Stoßlanze und ein Schwert so groß wie das Eure«, rief Wiesel. »Er hatte den Berg im Rücken, wir aber standen an der Klamm.«

Graf Ursmar zischte verächtlich. Die Gräfin sah ihn besorgt an. Der Herr von Rabeneck beugte sich vor. »Wie sah der Mann aus?« wollte er wissen.

»Wir konnten nicht viel von ihm erkennen«, berichtete Falk. »Er war groß, so wie Ihr. Er trug einen eisernen Helm ohne Barbiere; so einen habe ich noch nicht gesehen.«

»Welches Wappen?« forschte der Graf. »Laß dir doch nicht jedes Wort aus dem Maul winden!«

»Kein Wappen«, antwortete Falk schnell. »Er hatte nur einen alten Schafspelz an und lederne Hosen wie ein Knecht.«

»Über der Nase hat er eine doppelte Narbe«, fügte Wiesel hastig hinzu, »als hätte ihn dort zweimal das gleiche Schwert getroffen.«

Der Graf lehnte sich wieder zurück. »Es ist gut«, sagte er.

Die Reiter wandten sich um und liefen aus der Halle.

»Glaubt Ihr, daß er es ist?« fragte die Gräfin.

Der Herr von Rabeneck starrte düster ins Feuer.

2

Vor langer Zeit

Eine Weile später trat die junge Frau in die Stube und breitete ein Leinentuch über den Tisch. »Das Essen wird gleich fertig sein«, sagte sie.

»Es ist gut, Maria«, antwortete der Köhler.

Der Reiter wartete, bis sie wieder in die Küche gegangen war. »Mit Eurer Magd könnt Ihr zufrieden sein«, sagte er dann, »und auch mit dem Knecht.«

»Maria ist ein Findelkind«, sagte der Köhler. »Gott fügte es, daß sie auf meiner Schwelle lag; ich zog sie auf wie eine Tochter. Bertram lebt nur im Winter bei mir. Wenn das Eis bricht, floßt er Tannenholz nach Würzburg und Frankfurt.«

»Dann hat er etwas von der Welt gesehen«, meinte der Reiter. »Es kommt dem Land und seinen Menschen wohl zugute, daß hier so schönes Holz zu schlagen ist und kräftige Flüsse strömen.«

Der Köhler schüttelte langsam den Kopf. »Mit dem Wasser rinnt auch das Leben aus unserem Wald«, sagte er. »Wenn immer mehr Bäume fallen, wächst hier bald nichts mehr. Wenn immer mehr junge Männer als Flößer hinausziehen, bleiben nur noch wir Alten zurück, und mit uns stirbt das Land.«

»Läßt Gott in diesem Land nicht immer neue Tannen wachsen?« fragte der Reiter. »Anders als in den Städten, wo unter zu vielen Füßen oft nicht einmal Gras grünt? Dort wandert jeder Strauch gleich in den Ofen, und jeden frischen Trieb beißt gleich die Ziege ab. Hier aber sieht die Welt noch aus wie einst, als Gott sie schuf, und friedlich ist's hier wohl wie in Adams Paradies!«

»Seit dem Untergang der Staufer sind Streit und Unfrieden auch

19

in diese Berge gedrungen«, entgegnete sein Gastgeber. »Allerlei landflüchtiges Gesindel treibt sich im Holz herum und selbst die Fürsten plagt Unrast. Der Graf von Rabeneck sammelt Kriegsleute für einen Einfall nach Böhmen, um seine Truhen nach Räuberart zu füllen. Ich will nicht unhöflich sein, doch Eure Nase ließ Euch seinen Männern wohl geeignet erscheinen, da mitzutun.«

Der Reiter befühlte vorsichtig seine Verletzung. »Ich hoffe, der Anblick stört Euch nicht zu sehr«, sagte er.

»Ich habe schon viele und schlimmere Narben gesehen«, versetzte der Köhler. »Ihr seid dem Eisen nicht gewichen und darum erst recht willkommen.«

Die junge Frau kam herein und legte hölzerne Teller vor ihren Vater und seinen Gast auf den Tisch.

»Ich möchte, daß Eure Tochter mit uns ißt«, bat der Reiter, »und der Knecht auch.«

»Wie Ihr wünscht«, antwortete sein Gastgeber. Die junge Frau brachte noch zwei Teller.

»Wollt Ihr nicht Eure Handschuhe ausziehen?« fragte der Köhler.

»Erlaubt, daß ich nur nach meiner Gewohnheit verfahre«, erwiderte der Reiter. »Ich trinke auch aus meinem eigenen Becher.«

»Tut, wie Euch gefällt«, sagte der Köhler. Er sprach ein Tischgebet. Dann goß er seinem Gast aus einem Krug warme Milch in den Teller und reichte ihm ein Stück Roggenbrot. Auch er selbst nahm von der Speise und überließ sie dann seiner Tochter und dem Knecht. Danach aßen sie Sauerkohl mit Fleisch von einem jungen Schwein und tranken Bier. Als sie geendet hatten, fegte Maria die Stube aus und bestreute den Boden mit weißem Sand. Dann band sie frisches Stroh zusammen, deckte weiße Leinwand darüber und breitete das Bündel auf ein Gestell aus Tannenbrettern. Der Köhler ging zum Herd und legte Holzscheite nach. Bertram zog ein Messer und fing an, Schindeln zu schnitzen. Maria setzte sich mit einem Spinnrad zur Leuchte. Draußen rauschte der Wind in den Tannenwipfeln.

Die junge Frau warf dem Gast einen scheuen Blick zu: »Ihr kommt gewiß von weit her«, sagte sie leise.

»Maria!« rief ihr Vater.

Seine Tochter senkte beschämt den Kopf. Der Reiter räusperte sich. »Ihr wolltet mir von den Drachen erzählen«, sagte er.

Der alte Köhler nickte nachdenklich. Dann deutete er mit dem Kopf zum Fenster und sagte: »Hört Ihr, wie der Wald mit dem Wind spricht? Sie streiten sich, ob die Luft zwischen den Wipfeln schon zum Reich des Himmels oder noch zum Reich der Erde gehört. Wer nicht von zu vielen Sünden taub ist, versteht auch, was Tiere, Berge und Bäche reden. Der Wald ist voller Worte und nicht einmal der Mond bleibt stumm.«

Er trank einen Schluck Bier und fuhr fort: »Gott gab uns diese Berge, damit wir sie zur Heimat machen sollten, und das taten wir. Vor uns lebten Sorben in diesem Land; sie kamen von Osten, aber sie konnten den Wald nicht bezwingen und siedelten nur in den Vorbergen. Zu noch viel früherer Zeit zogen die Völker Marbods durch diesen Tann nach Böhmen.«

»Auch das habt Ihr nicht in einer Köhlerhütte erfahren«, meinte der Reiter.

»Nun«, sagte sein Gastgeber, »meine Augen taugen nicht mehr viel, aber sie haben viel gesehen. Noch andere heidnische Scharen wanderten über die Wasserscheide, doch nichts blieb von ihnen zurück, außer einigen Wüstungen. Die allerersten Bewohner des Nordwalds aber entstammen nicht Adams, sondern Rahabs Geschlecht.«

Im Wald schrie ein Käuzchen. Der Köhler lauschte; dann erzählte er weiter: »Jeder weiß, daß in der Heidenzeit überall Lindwürmer in den Einöden ihr Unwesen trieben. Helden und Heilige kämpften gegen sie: Siegfried erschlug Fafnir auf der Gnitaheide, St. Georg erstach den Giftwurm in Libyens Wüste, und noch viele andere Ritter erwarben durch Drachensiege ewigen Ruhm. Auch dieser Wald sah einst eine solche Schlacht, und der Held, der sie bestand, war in dieser Hütte geboren.«

Er verstummte und schwieg eine Weile. Die Holzscheite krachten im Ofen, und Marias Spinnrad surrte. Der Reiter sagte nichts.

»Vor vielen Jahren«, berichtete der Köhler nun, »als es schon lange keinen römischen Kaiser mehr gab und noch lange kein deutsches Reich, hauste nicht weit von hier an den Ufern der Saale ein Lindwurm mit zwei Köpfen. Er war so groß, daß er in jedem Maul einen Ochsen davontragen konnte. Wenn er aus seiner Höhle kroch, flohen alle Tiere des Waldes, und selbst die Vögel verstummten vor Schreck. Wenn der Drache hungrig war, wälzte er sich ins Tal und raubte den Bauern das Vieh, so daß große Not herrschte.« Er trank wieder aus seinem Krug.

»Die Bauern baten ihre Herren, sie von dem Ungeheuer zu befreien«, schilderte der Köhler weiter, »aber kein Ritter wagte sich in den Drachengrund. Da ritt einmal ein Herzog aus dem Sachsenland durch den Nordwald. Er wollte seinem Vetter, dem König der Franken, den Lehnseid leisten und wußte nichts von dem Lindwurm. Der Herzog hatte drei Töchter und viele Dienstmannen bei sich. Als sie an die Saale kamen, fuhr der Drache hervor, tötete die Männer, raubte ihre Habe und schleppte die Jungfrauen in seine Höhle. Maria!«

Die junge Frau stand auf, wischte die Hände an der Schürze ab und ging, die Krüge nachzufüllen. Als sie zurückgekehrt war, sagte ihr Vater: »Als der Herzog nicht kam, sandte der König Boten aus, ihn zu suchen. An der Saale fanden die Reiter die Toten in ihren zerschmetterten Brünnen und brachten sie zu ihrem Herrn. Nun meldeten sich viele Ritter und sagten, sie wollten gegen den Drachen bestehen und die drei Jungfrauen retten. Die Besten zogen aus, doch keiner kehrte wieder.«

Er lauschte dem Rauschen des Waldes und fuhr dann fort: »Der Köhler, der diese Hütte erbaute, hatte einen Sohn, den er Irmion nannte. Der Jüngling verstand sich gut darauf, Falken und andere Beizvögel einzufangen. Als er von dem Unglück der drei Schwestern hörte, ritt er zum König und erbot sich, die Verschleppten wiederzubringen. Die vornehmen Herren bei Hofe lachten sehr über den Köhlerjungen und verspotteten ihn. Der König riet Irmion, daß er sich nicht vermessen solle, etwas zu wagen, was so vielen starken Degen mißlungen war. Doch der Jüngling achtete weder auf die Worte der Ritter noch auf den Rat des Königs, sondern lief noch am gleichen Tag zum Drachengrund. Dort hieb er einen jungen Erlenbaum um, spitzte den Stamm zu und wartete, bis es dunkel wurde. In der Nacht schlich er zur Höhle des Lindwurms, verbarg sich in einem Gebüsch und hob eine Grube aus. Als der Morgen dämmerte, wusch Irmion sich die Wimpern mit Tau; im Nordwald glaubt man, daß diese Tropfen die Tränen vertreiben und das Herz mit Mut erfüllen. Danach stieß Irmion einen Ruf aus, der wie das Schreien eines Bussards klang, wenn er ein totes Tier findet. Der Drache erwachte; hungrig wollte er dem Vogel die Beute abjagen. Als das Ungeheuer durch das Dickicht kroch, duckte sich Irmion in seine Grube und hob den gespitzten Stamm, so daß der Lindwurm sich damit zu Tode stach. Das alles geschah kaum zwei Wegstunden von hier, wenn man nach Mitternacht geht. Danach eilte Irmion in die Höhle, erlöste die Jungfrauen und führte sie samt der Schätze des Drachen zum König.«

Der Köhler beugte sich vor und sah aus dem Fenster. Schneeflocken schwebten im Mondlicht herab wie Elfen in weißen Gewändern.

»Eine seltsame Geschichte«, sagte der Reiter.

»Der König nahm Irmion in sein Gefolge auf. Er schenkte ihm vornehme Waffen und gab ihm einen schönen Hof am linken Ufer der Saale zum Lehen«, sagte der Köhler weiter. »Ja, er vermählte ihn sogar mit der jüngsten der geretteten Schwestern. Sie hieß Alheit und war vorher einem Gefolgsmann ihres Vaters mit Namen Witubrand versprochen; der hatte dem Sachsenherzog treu gedient. Der König wußte nichts von dem Verlöbnis, und Alheit war ihrem Retter so zugetan, daß sie darüber schwieg. Dadurch kam viel Leid in die Welt.«

Er erhob sich und legte wieder Tannenscheite in den Ofen. Die Schneeflocken fielen immer dichter.

Der Köhler fuhr fort: »Witubrand kehrte erst im Jahr darauf von einer Pilgerfahrt zurück. Er trat vor den Thron und verlangte sein Recht, aber der König konnte es ihm nicht gewähren. Er gab ihm seine eigene Tochter, die aber längst nicht so schön war. Zum Trost schenkte er Witubrand einen noch größeren Hof am rechten Saalestrand. Irmion wurde zum Ahnherrn der Drachenritter; aus Witubrand aber gingen die Grafen von Rabeneck hervor.«

Aus der Ferne erscholl Wolfsgeheul. Ein Windstoß fuhr durch das Tal und verwandelte den gemessenen Tanz der Schneeflocken in einen wilden Reigen. »Ich glaube nicht, daß Ihr morgen reiten könnt«, murmelte der Köhler.

»Erzählt weiter«, bat der Reiter. »Die alten Sagen rühren sehr an.«

»Alles, was ich Euch berichte, hat sich wirklich zugetragen«, erklärte der Köhler. »So habe ich es von meinem Vater gehört und dieser von seinem; unsere Sippe diente den Drachenrittern seit vielen Jahren. Mein Ahnherr zog einst mit Irmion zu den Hunnen und fiel dort mit seinem Herrn in verlorener Schlacht, aus der nur Witubrand mit wenigen Männern entkam. Später ging die Rede, der Sachse habe den Franken aus Rachsucht verraten, aber das wurde nie bewiesen. Es gab danach aber immer Streit zwischen den beiden Geschlechtern.«

Er sah den Reiter nachdenklich an. Der Gast gab die Blicke ruhig zurück und schwieg. Der Köhler erzählte weiter: »Viel Gutes und Schlechtes ist seither geschehen, und wenn auch manches wie eine Legende klingt, ist es doch wahr. Irmions Sohn Iring war als Falkner im ganzen Land berühmt; sein Bruder Irmin gewann sogar eine Prinzessin im Osten. Iring liebte Witubrands Tochter; als er sie freite, wurde er von dem Sachsen erschlagen. Andere sagen, er sei verwundet ins Wasser der Saale gestürzt und dort von einer Nixe gesundgepflegt, aber nicht wieder an die Oberwelt zurückgelassen worden...«

So erzählte der Köhler nun alles, was er von dieser Zeit wußte, ließ die Wasser aus dem Quell seiner Erinnerung fließen und achtete der Stunden nicht. Die Zuhörer lauschten schweigend, und es war, als hätte der Wald sie verzaubert. Von seltsamen Geschehnissen wußte der alte Mann zu berichten, so merkwürdig und verwunderlich, wie man sie nur in alten Büchern findet. Und wenn der eine oder andere solche Geschichten schon früher vernommen hatte, so besaß die Erzählung des Weißbärtigen doch ihren besonderen Zauber und klang nicht weniger kunstvoll und hörenswert als der gereimte Vers eines Sängers bei Hofe.

Von Heerfahrten in die Ostländer sprach der Köhler und von den Zügen der Kaiser ins Welschland, auch, wer von den Drachensteinern und denen zu Rabeneck einstmals das Kreuz nahm und was sie im Heiligen Land an Wunderdingen erlebten. Ebensoviel Erstaunliches aber schilderte er aus der Heimat der verfeindeten Geschlechter, aus Saaleland, Vogtland und Nordwald: von Fahrten, Freundschaften und dem Fluch der Fee; vom Verhängnis der Sieben; von Wilder Männer Wut und von der Liebe der Elfen, der armen, vom Himmel verstoßenen Engel; von Zwergen aus den Eingeweiden der Erde, die den Drachenrittern Schätze und Schaden brachten; von Nixen und den vielen anderen Licht- und Schattenvölkern der Berge, so daß es war, als gewännen alle jene Unwesen durch die Erzählung des Köhlers ihre Macht über die Menschen zurück, die ihnen die Bekehrer früherer Zeiten mit Kreuz und Bibel entreißen wollten.

Am meisten wußte der Greis jedoch von den Taten der Menschen: vom Siegen und Sterben in Feld und Fehde, von Haß und Hochmut, Treue und Verrat, vom Mut der Männer und Stolz der Frauen; er verschwieg auch nicht die Untaten und Verbrechen von männlicher wie von weiblicher Hand. Betrübt umflorte sich sein Blick, wenn er der Unglücklichen gedachte, deren Sterne nach glänzendem Lauf plötzlich vom Himmel stürzten, und Zorn ließ seine Stimme beben, wenn die Pflicht ihm gebot, einen Sieg der Heimtücke über das Heldentum zu melden.

Maria und Bertram hingen an seinen Lippen und lösten nur ihre Blicke, um die Spindel zu wechseln oder das Messer zu schleifen. Der Reiter aber lauschte mit weit in die Ferne gerichteten Augen, und während die Worte an seinem Ohr vorüberwanderten, mischten sich unmerklich immer mehr Träume in seine Gedanken. Bald war ihm, als lebte er selbst in der Zeit, da die Geschichte begann, und sein inneres Auge schaute den Nordwald in jenen alten Tagen, ehe sich die ersten Siedler in das Gebirge wagten. Nur Verstoßene oder Verurteilte fristeten damals in versteckten Winkeln ein heimliches Dasein. Wenn ihre Häscher nach ihnen ausreiten sollten, baten die harten Reiter um Vergebung ihrer Sünden, nahmen die Kommunion, banden die Helme fester und blieben dicht bei ihren Anführern, damit sie kein Waldgeist auf Irrwege lockte. Und doch kehrte kaum ein Trupp zurück, ohne daß einer fehlte, von dem niemand wußte, wann und wo er verschwunden war. Manchmal ritten auch Fremde durch den Wald, die keinem verrieten, woher sie kamen und wohin sie zogen. Manchmal kamen sie wieder heraus, manchmal nicht; wer sie gesehen hatte, wußte nicht, ob er Menschen oder Geistern begegnet war. Selbst Herren mit großem Gefolge schlugen daher lieber einen großen Bogen um den schwarzen Forst und folgten den Ufern von Main und Saale, wenn sie nach Sachsen oder ins Sorbenland reisten. Ortsunkundige, die sich verirrten, gerieten rasch immer tiefer in den dunklen Tann; dann dauerte es meist nicht lange, bis sie erkannten, daß es ums Leben ging. Man fand sie später tot mit verzerrten Gesichtern und blutigen Fäusten, ausgeraubt und unbestattet, von Geiern und Füchsen zerfleischt. Weiter und weiter wanderte der Geist des alten Reiters in die Vergangenheit, und als er so träumte, sah er plötzlich vor sich, was er zu Anfang gehört hatte: den Drachenkampf Irmions, des Köhlersohns, auf der Waldheide hoch in den Bergen. Vor seiner träumenden Erinnerung verblaßte nun, was die

Legende den Ereignissen seit so vielen Lebensaltern hinzugefügt hatte, und er gedachte der Geschehnisse, wie sie wirklich geschehen, der Taten, wie sie wirklich getan worden waren, und der Wahrheit, wie nur er sie noch kannte. Diese Wahrheit lag unter dem Firnis von Aber- und Märchenglauben, Frömmelei und Fantasie wie ein Wandbild unter vielen Schichten Tünche verborgen, doch einem kundigen Auge leuchteten die reinen Farben an vielen Stellen hervor: Auch in Wirklichkeit war damals Winter, fiel Schnee und lag Nacht auf der Erde; dunkel und still war der Tann, als die Sage begann...

3

Als träumte ich, was keiner je geträumt

Der Wald umschloß die Männer wie ein Wolfsgebiß. Nur zwei hatten den Angriff aus dem Dunkel des Forsts überlebt. Der ältere von ihnen, Widerad, stammte aus der Braunrodung am Südrand der Finne, deren Hügelkette sich wie ein Keil zwischen Saale und Unstrut schiebt; er verwaltete dort einen Fronhof. Der jüngere hieß Benedikt und zählte zum ritterlichen Gefolge des Abts von Fulda, dem die Dörfer in der Braunrodung gehörten.

Die beiden Männer standen hinter hohen Tannen in Deckung. Vorsichtig spähten sie nach einem Dickicht am Fuß eines niedrigen Hügels, von dem ein kleiner Quellbach in die sumpfige Flußau der Saale rann. Schneeflocken wirbelten zwischen den bemoosten Stämmen herab. Widerad zog den reifbedeckten Bärenpelz fester um die breiten Schultern. Er stammte aus sächsischem Bauerngeschlecht; die Brünne bog sich wie Faßdauben um seine breite Brust. Sein eiserner Heim war von einem Steinwurf verbeult; aus seiner gebrochenen Nase rann Blut.

»Dreckiges Heidengesindel!« knurrte er böse. »Verflucht sollen sie sein!« Er hustete und wischte sich mit dem schmutzigen Handschuh über den eisgrauen Bart.

Der junge Ritter wandte besorgt den Kopf nach seinem Gefährten. Benedikt stammte von einem Freibauernhof im fränkischen Grabfeldgau. Sein älterer Bruder Berthold diente dem Grafen von Schweinfurt. Der junge Franke war nur wenig kleiner als sein sächsischer Gefährte. Unter seiner Lederhaube leuchteten helle Locken. Ein Umhang aus Filz fiel über sein Kettenhemd. »Schont Euch!« mahnte er seinen Mitstreiter. »Das wird eine lange Nacht.«

»Weiß ich!« stieß Widerad zornig hervor. »Und wir können nichts tun, als stehen und warten, bis diese Mordbuben herbeischleichen. Was für eine schandbare Weise zu fechten!« Zornig spie er in welken Farn. »Wenn nur die Kinder nicht wären!« fügte er mit dumpfer Stimme hinzu.

Besorgt sah sich der Ritter um. Die drei Mädchen, keines älter als zehn Jahre, lagen unter dem Wagen. Der Junge kauerte hinter dem Kadaver des Zugpferds, die Lanze eines toten Fuhrknechts in den frostroten Fäusten. Weiter bergwärts bedeckten erschossene oder zu Tode gefallene Pferde, umgestürzte Fuhrwerke, zertrümmerte Kisten, zerschmetterte Fässer, zerrissene Bündel und andere verstreute Güter den vereisten Weg. Die Leichen der thüringischen Kriegsleute, die den kleinen Zug hatten schützen sollen, lagen schon halb unter Schnee begraben. Schwarzes Gewölk schob sich über den bleiernen Himmel; viel zu früh wurde es dunkel.

Ein Schrei zerriß plötzlich die drückende Stille. »Franken!« rief eine höhnische Stimme aus dem Tannendickicht. »Ihr seid tot!« Gelächter hallte durch den verschneiten Wald.

»Sind das Menschen oder Teufel?« murmelte der Ritter. Sein Gefährte beugte sich aus der Deckung und antwortete erbost: »Kommt und seht, daß wir noch leben!«

»Gebt acht!« rief der Ritter erschrocken.

Im gleichen Augenblick erscholl ein Surren wie von zornigen Hornissen. Rasch zog der Sachse den Kopf ein. Einen Wimpernschlag später bebte der Stamm unter dem Aufprall eines gefiederten Pfeils, der sein Ziel nur um Haaresbreite verfehlt hatte.

Benedikt seufzte erleichtert. »Fast hätten sie Euch erwischt«, sagte er.

»Wenn Gott nicht ein Wunder tut, kriegen sie uns in der Nacht so und so«, antwortete Widerad grollend. »Aber vorher schicke ich ein paar von ihnen zur Hölle. Vor allem diesen Hund mit dem Schlangenhelm!«

Er hatte kaum ausgesprochen, da tauchte zwischen den Tannenzweigen die fremdartige Gestalt eines Kriegers auf, wie man ihn weder in Franken noch Sachsen kannte. Er trug einen kurzen Mantel aus Marderfell, Hosen aus Hirschleder, Handschuhe aus bunten Wildkatzenbälgen und kniehohe Stiefel aus Otternhaut. In seiner Rechten hielt er eine zweispitzige Lanze, wie sie Fischer benutzen. Von seinem Gürtel hingen Haarbüschel wie Roßschweife.

Noch befremdlicher wirkte die Kriegshaube des Mannes, denn von ihrer Spitze drohte der Kopf einer Eidechse mit Augen groß wie Perlen. Aus ihrem geöffneten Maul ragten Zähne so lang und spitz wie der Fang eines Frettchens. »Franken!« rief der Krieger wieder. »In der Nacht holen wir euch!«

»Komm her und kämpfe wie ein Mann von Ehre!« schrie Widerad zornig.

Sogleich sprang neben dem Fremden ein anderer Krieger auf; sein Helm war aus einem Luchsschädel geformt. So schnell wie eine Biene sticht, hob er den Bogen und sandte wieder einen Pfeil mit Elsterfedern nach Widerad aus.

Fluchend barg sich der Sachse hinter der Tanne. Das Geschoß bohrte sich in die Deichsel des Wagens. Erschrocken schrien die Mädchen auf. Der Junge, der etwa zwölf Jahre alt war und einen Mantel aus Schaffell trug, starrte aus weitaufgerissenen Augen auf die fremden Krieger.

»Wo haben sie die hunnischen Bogen her?« rief der Sachse. »Wenn wir nur in einen Kampf Fuß an Fuß kommen könnten!«

Der Ritter schwieg. Der Schnee fiel immer dichter. Der Junge fror und hatte große Angst. Es wurde dunkel. Da die Wolken kein Sternenlicht auf den Waldboden dringen ließen, konnte man bald kaum noch die Hand vor den Augen sehen. Aufmerksam horchte der Junge, doch kein Geräusch drang an sein Ohr; der Neuschnee schluckte den Schall. Auch die Mädchen rührten sich nicht. Bald schien es dem Jungen, als seien sie eingeschlafen. Er versuchte, wach zu bleiben, aber nach einer Weile übermannte ihn die Erschöpfung.

Als er wieder aufwachte, graute der Morgen. Der Junge lag ganz unter Schnee begraben.

Erschrocken fuhr er auf und sah sich rasch um. Klopfenden Herzens erwartete er, die Leichen des Ritters und des Verwalters zwischen den Tannen zu finden und davor die Mörder mit blutigen Waffen. Statt dessen sah er den Ritter in seinem blauen Umhang gemütlich an einem Feuerchen sitzen. Er kehrte dem Jungen den Rücken zu und hatte den Helm abgenommen, so daß seine blonden Locken bis auf die Schultern herabfallen konnten. Seine Arme lagen um die Schultern zweier Mädchen, die zu seinen Seiten hockten. Von dem Verwalter war nichts zu sehen und auch nicht von den Fremden.

Erleichtert sprang der Junge auf, nahm die Lanze und eilte zum Feuer. »Gott sei Dank, Herr Ritter«, rief er. »Sind sie fort?«

Eine feste Faust packte seinen Arm. Die blonden Locken bewegten sich, lösten sich plötzlich und sanken wie ein Strohbüschel zur Erde. Darunter erschien das dunkle Gesicht des Mannes mit dem Eidechsenhelm. »Bist du endlich da?« rief er triumphierend. »Konnte dich nicht finden unter soviel Schnee!«

Der Junge schrie vor Entsetzen auf. Der Eidechsenkrieger riß ihn mit der Linken zu Boden; in seiner Rechten erschien ein Messer mit gezackter Schneide, wie man es nimmt, wenn man Hechte ausweiden will.

Das jüngste der drei Mädchen wollte die Faust mit dem Stahl aufhalten und biß dem Krieger mit aller Kraft in die Hand. Der Eidechsenmann stieß einen wütenden Schrei aus, ließ den Jungen los und schlug dem Mädchen in das Gesicht, so daß es bewußtlos und blutend zu Boden sank. Der Junge sprang auf und lief davon.

»Ich kriege dich schon!« rief der Eidechsenkrieger, packte den Fischspeer und eilte dem Fliehenden nach.

Der Junge rannte keuchend den Weg entlang. Die Furcht vor dem Krieger verlieh ihm zusätzliche Kräfte. Doch als er sich einmal umdrehte, merkte er, daß sein Verfolger dennoch rasch näherkam. Dabei erkannte der Junge auch, daß vom Gürtel des Fremden nicht Roß-, sondern Menschenhaar hing. Neuer Schrecken befiel und beflügelte ihn. In seiner Not warf er sich nun seitwärts in das Dickicht, so wie ein Rehkitz dem Wolf im dichten Unterholz zu entkommen versucht. Dabei merkte der Junge nicht mehr, ob seine Füße Felstrümmer oder Baumwurzeln trafen und ob er auf Moos oder dürres Geäst trat. Er fühlte nicht, wie die Zweige der Tannen und Fichten in sein Gesicht peitschten und die Stacheln von Brombeersträuchern ihm Kleider und Haut zerfetzten. Sein Entsetzen ließ ihn sogar vergessen, daß er noch immer die Waffe des toten thüringischen Fuhrknechts trug; wäre ihm das eingefallen, hätte er die Lanze als hindernde Last sogleich fallen gelassen.

»Du entkommst mir nicht!« keuchte der Eidechsenkrieger. Der Junge kam an eine Lichtung. In ihrer Mitte erhob sich ein grauer Felsblock; daran war mit ausgebreiteten Armen das älteste der drei Mädchen gefesselt. Zehn oder zwölf Kriegen standen um ein großes Faß und gossen sich mit Kellen Wein in Münder, so daß der rote Saft von ihren Bärten troff.

Der Junge taumelte und brach fast in die Knie, rang sich nur mühsam wieder empor und lief nun am Waldrand entlang. Die Männer eilten über die Lichtung, um ihm den Weg abzuschneiden, doch der Gejagte war schneller und schlüpfte vor seinen Verfolgern zwischen zwei steilen Felsen in einen Windbruch.

Dort war er im Vorteil, denn die Männer mußten sich nun oft unter Ästen bücken. Als er sich wieder umwandte, sah er, daß sie schon weit zurückgefallen waren. Der Eidechsenkrieger aber blieb ihm auf den Fersen. Seine dunklen Augen glühten wie Kohlenstücke.

Dem Windbruch schloß sich ein steiler Hang an, auf dem vor kurzem ein Waldbrand gewütet hatte. Verkohlte Strünke reckten dort wie klagende Witwen die schwarzen Arme gegen den Himmel, aus dem es nun immer heftiger schneite. Auf dem kahlen Gipfel lag viel mehr Schnee als im Hochwald, und deshalb schwand der Vorsprung des Jungen schnell. Er überquerte den Bergrücken und hetzte auf der anderen Seite hinunter. Im Talgrund setzte er in der letzten Verzweiflung über ein paar kahle Felsbuckel und sprang durch niedriges Buschwerk. Hinter einem großen Steinblock, der ihn für Sekunden den Blicken des Eidechsenkriegers entzog, trat er plötzlich ins Leere und stürzte durch hohes, mit Schnee beladenes Heidekraut sechs Fuß tief in eine Grube.

Wenige Herzschläge später spürte er, wie der schwere Leib seines Verfolgers auf ihn prallte und stieß ein entsetztes Wimmern aus. Dann wurde ihm schwarz vor Augen.

Nach einer Weile vernahm er fragende Worte in einer fremdartigen Sprache. Er wollte sich aufrichten, doch eine schwere Last drückte ihn nieder. Als er versuchte, sie von sich zu schieben, spürte er klebrige Feuchtigkeit zwischen den Fingern. Nun erinnerte er sich wieder an das, was geschehen war und spannte im größten Schrecken alle Kräfte an, sich von dem Mann zu befreien, der auf ihm lag. Erst im letzten Augenblick siegte erwachende Vernunft über das schiere Entsetzen, und er lag wieder still. In seiner Rechten fühlte er das Holz der Lanze, deren Spitze dem stürzenden Eidechsenmann mitten durch die Brust gedrungen war.

Der Junge lag nun eine Weile ruhig und atmete kaum. Die Männer, die ihren Anführer suchten, kamen immer näher, aber das dichte Schneetreiben hatte die Spuren der Jagd beseitigt, und sie fanden die kleine Höhle unter dem Heidekraut nicht.

Als die Räuber sich endlich entfernt hatten, wälzte der Junge den Leichnam zur Seite und kletterte vorsichtig aus seiner lebensrettenden Gruft. Als er über den Stein hinwegspähte, sah er, wie die Fremden über den Hügel zu ihrem Lager zurückkehrten.

Er lief nun in die entgegengesetzte Richtung. Nach einer Weile besann er sich aber und schlug einen Bogen, der ihn wieder zur Saale brachte. Dort kletterte er einen felsigen Abhang hinauf, kroch durch ein Tannendickicht und blickte auf die Straße hinab. Kein Laut drang aus dem verschneiten Wald.

Langsam folgte der Junge dem Saumweg, bis er die Trümmer und Toten des Wagenzugs sehen konnte. Da hörte er plötzlich bei einem Felsen ein leises Schluchzen. Vorsichtig schaute er nach und fand das zweitälteste Mädchen. Es kauerte in einer Nische des Steins.

»Komm!« sagte der Junge und streckte die Hand aus.

»Du blutest ja!« sagte das Mädchen weinend.

»Das ist nicht von mir«, antwortete der Junge und wusch sich die Hände im Schnee. Dann zog er das Mädchen hinter sich her durch den Wald. Unter einem Holunderstrauch fanden sie eine winzige Höhle und legten sich hinein. Der Junge öffnete seinen Schafspelz und das Mädchen schmiegte sich eng an ihn. Ehe sie einschliefen, meinte der Junge einige ferne Hornstöße zu hören.

Als die Kinder am Morgen wieder herauskletterten, packten sie plötzlich zwei Hände mit kräftigem Griff. »Seht mal her«, rief eine fröhliche Stimme, »ich habe zwei junge Schneehasen gebeizt!«

Der Junge versuchte sich loszureißen, aber der Mann hielt ihn fest. Schnell kamen andere Männer herbei. Sie waren mit Pelzen aus Zobel und Grauwerk bekleidet. Auf ihren Fäusten saßen Falken und Habichte mit hellen Glöckchen und ledernem Geschüh. Der Mann, der die Kinder entdeckt hatte, trug eine Kappe aus Hermelin.

Der Junge strampelte mit den Füßen. »Laß mich los!« rief er. »Holla!« lachte der Mann. »Keine Angst, ich tue dir nichts, du kleine Krabbe.«

Er ließ den Jungen frei. Dann stutzte er und sagte: »Du bist ja ganz voll Blut! Und das Mädchen auch! Um Himmels willen, was ist geschehen?«

Hastig erzählte der Junge von dem Überfall. Sein Bericht versetzte die Männer in große Erregung.

»Laßt uns zurückreiten, Herr!« sagte ein stämmiger Rotschopf mit breiter goldener Kette zu dem Mann mit der Hermelinkappe. »Wir wissen nicht, wie zahlreich die Heiden sind. Außerdem brauchen die beiden Kinder etwas zu essen und trockene Kleidung.«

»Sind wir etwa nicht Manns genug, es mit ein paar Strauchdieben aufzunehmen?« widersprach ein dickbäuchiger Schwarzbart. »Auf, reiten wir, damit die Schurken uns nicht entkommen!«

»Wie sahen die Kerle denn aus?« fragte der Mann mit der Hermelinkappe.

»Sie trugen Tierköpfe auf Häuptern und Helmen«, antwortete der Knabe, »von Bären, Luchsen, Füchsen und Adlern. Ihr Anführer hatte eine Eidechse als Helmzier.«

Die Erinnerung machte ihn zittern.

Die Männer warfen einander Blicke zu. »Das war der Drache mit seiner Bande!« platzte der Schwarzbart heraus. »Seit fünfzehn Jahren bete ich, daß ich den Spitzbuben endlich erwische!«

Der Junge schluckte. »Er ist tot«, sagte er leise.

»Was?« fragte der Schwarzbart verblüfft. »Woher weißt du das?«

Der Junge fuhr sich mit der Zunge über die Lippen. »Ich... meine Lanze stach ihm durch die Brust«, brachte er schließlich stockend heraus.

Der Schwarzbart ritt näher und starrte den Jungen an. »Einem Knaben soll gelungen sein, was ich vergeblich versuchte?« fragte er ungläubig.

»Ihr macht dem Jungen Angst, Graf Heinrich«, mahnte der Mann mit der goldenen Kette. »Er ist verwirrt und weiß gar nicht, was er redet.«

»Doch!« beharrte der Junge.

»Kannst du das beweisen?« wollte der Mann mit der Hermelinkappe wissen.

»Ich will Euch hinführen«, sagte der Junge, von neuem Eifer belebt.

»Dann los!« befahl der Mann mit der Hermelinkappe und hob den Jungen hinter sich in den Sattel. Der Rotschopf mit der Goldkette zog das Mädchen auf sein Pferd, und der Zug setzte sich in Bewegung. Dienstmannen ritten voraus, die Lanzen stoßbereit eingelegt. Sie gebärdeten sich so eifrig, daß der Rotschopf sie schalt: »Ihr habt nicht dem Ruhm nachzujagen, sondern den König zu decken!«

»Also wo war das nun?« wollte der Mann mit der Hermelinkappe wissen.

»Seid Ihr der König, Herr?« fragte der Junge scheu.

»Durch Gottes Gnade, ja«, antwortete der Mann geduldig.

Der Junge führte ihn zu dem Stein. Einige Dienstmannen stiegen ab, kletterten in die Grube und hoben den Leichnam des Eidechsenkriegers heraus.

»Das ist er«, entfuhr es dem Schwarzbart. »Doch wo blieb sein Helm?«

»Den ließ er am Feuer liegen«, sagte der Junge.

»Dann dorthin«, befahl der Mann mit der Hermelinkappe. Sie kamen zum Lager der Fremden und fanden es in großer Eile verlassen. Als sie das tote Mädchen an dem grauen Felsblock erblickten, erhoben sich zornige Stimmen, und viele entsetzliche Schwüre wurden getan. Der Schwarzbart hieb die Fesseln durch und hüllte den nackten Leichnam in seinen Mantel, ehe er die Tote einem seiner Dienstboten übergab. Die anderen Männer schlugen voller Zorn mit ihren Schwertern gegen die Schilde.

»Geduldet Euch, Ihr Herren«, rief der Mann mit der Hermelinkappe. »Gottes Rache kommt bald genug.«

Sie ritten nun zum Ort des Überfalls. Dort entdeckten sie das dritte Mädchen; es war in seiner Bewußtlosigkeit erfroren. Wieder wurden gräßliche Eide geleistet.

Neben der Toten fand sich unter tiefem Schnee auch der Eidechsenhelm. Dann ertönte ein lauter Schrei, und einer der Dienstmannen des Grafen Heinrich stürzte sich vom Pferd herab in ein Gebüsch, in dem man die Leiche des Ritters Benedikt entdeckt hatte. Drei tote Krieger lagen neben ihm.

Ein Stück weiter grub man den erstarrten Körper Widerads aus einer Schneewehe; ihm waren vier der Feinde in den Tod vorausgegangen.

Die Dienstmannen setzten einen Wagen instand und luden die Leichen der Christen auf. Die Heiden ließen sie liegen. »Nun ist es höchste Zeit, daß dein Vater Nachricht erhält«, meinte der Mann mit der Hermelinkappe. »Er wird sich schon Sorgen machen. Wohnt ihr weit von hier?«

»Wohl zwei Stunden oder mehr«, antwortete der Junge.

Ein Hornstoß erscholl. Er drang wie fernes Weinen über die waldigen Höhen.

Die Männer sahen einander an. »Das muß der Bote aus Lothringen sein«, murmelte einer.

Der Mann mit der Hermelinkappe wandte sein Pferd. »Schickt Dienstleute mit dem Jungen, Graf«, sagte er, »und beeilt Euch!« Er gab seinem Roß die Sporen und sprengte davon. Die anderen Herren folgten ihm, auch der Abt von Fulda mit dem geretteten Mädchen.

»Berthold!« rief der Graf. Ein junger Ritter lenkte sein Pferd neben ihn; es war der Mann, der vor Benedikts Leiche in den Schnee gesunken war. Er ritt einen schönen Braunen mit weißer Stirn.

»Schaffe den Knaben nach Hause«, befahl der Graf. »Herrad und Heimrod, ihr reitet mit.«

Die Dienstmannen nickten. Bertholds Lippen waren dünn wie Peitschenschnüre.

Der Graf trieb sein Roß an und eilte dem König nach. Berthold hob den Jungen hinter sich auf das Pferd. Gefolgt von den beiden anderen ritten sie zum Saaleufer und dann flußabwärts durch dichten Tann.

Als die sechste Stunde nahte, öffnete sich zur Linken ein Wiesengrund; ein breiter Bach bewässerte ihn. Ein kaum erkennbarer Pfad schlängelte sich zwischen Weidenbüschen dahin.

Fast eine Stunde lang ritten sie durch das Tal. Dann führte der Weg eine steile Anhöhe hinauf und durch dichten Hochwald.

»Irrst du dich auch nicht, Knabe?« fragte Berthold mißtrauisch.

»Nein, hier bin ich zu Hause«, antwortete der Junge eifrig. »Auf diesem Baum dort horsten Habichte, und drüben auf der Tanne sitzt ein Sperberterzel auf seinem Nest.«

Der junge Ritter hob die Rechte und beschattete die Augen. »Du hast recht«, murmelte er nach einer Weile. »Du verstehst wohl etwas von Vögeln. Wie heißt du eigentlich?«

»Irmion«, sagte der Junge. »Ich war oft hier. Weiter fort ließ mich der Vater ja nicht...«

Berthold drehte sich im Sattel um. »Hast du dem König vorhin nicht erzählt, daß dich dein Vater gestern in ein Sorbendorf schickte?« fragte er.

Der Junge nickte heftig. »Ja«, erwiderte er, »nach Rekenz. Aber das war das erste Mal, daß ich allein dorthin durfte. Noch vorgestern kam Vater mit und ließ mir die Zügel erst, als wir schon aus dem Wald heraus waren.«

»Vorgestern?« wunderte sich der Ritter. »Wie oft fahrt ihr denn zu diesen Heiden?«

»Sonst nur einmal im Monat«, sagte der Junge.

»So«, sagte Berthold. »Und warum mußtest du gestern schon wieder hin?«

»Das weiß ich nicht«, antwortete Irmion. »Mein Vater weckte mich in der Nacht und sagte...«

»In der Nacht?« unterbrach ihn der junge Ritter.

»Es war noch ganz dunkel«, berichtete der Junge, »ich war aber schon wach, weil ich in der Nähe eine Steppenweihe gehört hatte.«

Berthold hielt an. »Eine Steppenweihe?« fragte er.

Der Junge nickte verwirrt. »Ich hörte sie ganz deutlich«, sagte er und versuchte den Vogelruf nachzuahmen.

»Still!« rief der Ritter und gab seinen Gefährten ein Zeichen. Herrad und Heimrod hoben die Schilde, legten die Lanzen ein und ritten langsam voraus.

Berthold deckte sich und den Jungen und spähte vorsichtig nach allen Seiten, ehe er weiterritt. Kurze Zeit später kamen sie an eine Lichtung, auf der die Reste einer Hütte standen. Auch der Meiler neben ihr war zerstört. An einem großen Holzkreuz hing eine nackte, leblose Gestalt.

Heftig riß Berthold an den Zügeln.

»Was ist?« fragte Irmion.

»Nichts«, murmelte der Ritter. Er griff nach hinten und drückte den Jungen so fest an sich, daß Irmion nichts sehen konnte. Dann riß er sein Pferd herum und galoppierte durch den Wald, bis sie wieder ein großes Stück von der Lichtung entfernt waren.

»Was ist denn?« fragte der Junge voller Angst.

»Wir müssen vorsichtig sein«, antwortete Berthold leise.

Schweigend warteten sie. Nach einer halben Stunde kehrten Herrad und Heimrod zurück. Ihre Handschuhe waren voller Blut, und ihre Knie voller Erde.

Berthold sah sie fragend an. Die beiden Männer nickten betreten.

»Ist mein Vater nicht da?« fragte der Junge.

Die beiden Reiter wandten den Blick ab. Berthold sagte: »Nein, er ist nicht da. Wir nehmen dich besser mit in unser Lager. Dort wird sich alles finden.«

4

Fern klingt der toten Helden Spiel

Die Zelte der vornehmen Jagdgesellschaft säumten einen schmalen Fluß, der sich gemächlich durch einen Erlenhain wand. Berthold und die beiden anderen führten ihre Pferde zu hölzernen Unterständen. Der Ritter rief einen Diener, der den Jungen in einem Zuber badete, ihm neue Kleider gab und eine heiße Brühe reichte.

Nach der Vesper kam Berthold wieder und sagte: »Ich bringe dich jetzt zum König.«

Sie gingen durch zertrampelten Schnee zum größten Zelt und traten zwischen den Wachen ein. König Konrad saß auf einem Holzstuhl an einem blankgescheuerten Tisch, umgeben von den Großen des Reichs, die ihn drei Wochen zuvor zu ihrem Herrscher gewählt hatten. Sie hatten ihn damit zum Nachfolger Karls des Großen bestimmt, einhundertelf Jahre nach dessen Krönung zum Kaiser des Heiligen Römischen Reiches, doch konnten sie Konrad weder die Krone noch die Macht des gewaltigen Gründers geben. Denn schon bald nach Karls Tod war sein Jahrtausendwerk zerfetzt worden wie ein Stück Fleisch in einem Hundezwinger. Sein Nachfolger Ludwig, dem übergroße Willfährigkeit gegenüber Einflüsterungen geistlicher Berater den ehrenden Beinamen ›der Fromme‹ eintrug, teilte vier herrschsüchtigen Söhnen schon zu seinen Lebzeiten das Erbe zu: Lothar, der älteste, sollte Austrien und Neustrien erhalten, dazu Sachsen und Ostfranken, Burgund, die Lombardei und die Kaiserwürde. Pippin ließ sich Aquitanien versprechen, Ludwig der Deutsche das zuletzt eroberte Bayern; der spätgeborene Karl sollte mit Schwaben zufrieden sein. Doch der väterliche Großmut gebar nicht Frieden, sondern erzeugte Empörung: Der fromme Geber starb den Beschenkten nicht früh genug. Im Jahr 833 nach der Menschwerdung des Herrn stand Ludwig auf dem Lügenfeld bei Kolmar seinen Söhnen gegenüber. Das kaiserliche Heer verriet seinen Herrn, und die Aufrührer setzten den Vater ab. Schon sieben Jahre später bissen die wölfischen Brüder einander: Karl, nach Pippins Tod Aquitaniens Herrscher, und Ludwig schlugen den ältesten, Lothar, bei Fontenay aus dem Feld. Zu Verdun teilten die drei dann das Reich neu: Lothar behielt nur die Lombardei, Burgund und die Rheinlande, so daß sein Reich sich zwar noch immer vom Mittelmeer bis zum Norden erstreckte, aber nur noch so schmal wie eine Kegelbahn war. Karl, der Kahle genannt, nahm sich Westfranken, Ludwig der Deutsche Ostfranken. Nach Lothars Tod verschwand sein Reich; den Norden teilten sich die glücklicheren Brüder, Burgund und Italien aber wählten sich landesbürtige Herrscher.

Jahr um Jahr schwand nun die Kraft der Karolinger. Je weiter das Geschlecht ins Greisenalter geriet, desto jüngere Erben traten hervor. Sie glichen dem großen Ahnherrn weder im Wesen noch in ihren Fähigkeiten. Hochmut und Schwäche waren ihr Erbteil: Hoffart ließ sie das Höchste als ihr natürliches Eigentum fordern, doch außer Kühnheit fehlte ihnen fast alles, womit ein Herrscher Besitz erwerben und festhalten kann, vor allem Klugheit und Kraft. Von Kindheit an waren die Prinzen von römischen Weltreichideen durchglüht; gierig griffen sie nach allem, was sie dem erlauchten Ziel näherzubringen versprach. Verblichene Ansprüche und verwegene Hoffnungen trieben sie an; gleichzeitig aber lähmte sie der unaufhörliche Zwist mit dem eigenen Blut. Von Argwohn und schlechten Ratgebern verleitet, waren sie nur zu schnell bereit, das Schwert gegen Vater und Sohn, Onkel und Enkel zu führen und ihr Geschick dem launischen Glück der Schlachtfelder anzuvertrauen, sich selbst zum Nutzen oder nicht, der stolzen Sippe aber allemal zum Schaden. Sie teilten sich ihren Raum wie lauter stoßlustige Habichte, Falken und Sperber, die ein törichter Falkner nebeneinander enthaubt auf dem Reck sitzen läßt. Die Nachwelt erinnert nur noch eine merkwürdige Häufung abwertender Beinamen an diesen Niedergang: Karl der Kahle, Ludwig der Stammler, Karl der Dicke oder Karl der Einfältige gerieten als Zerrbilder des großen Ahnherrn ins Gedächtnis der Menschheit.

In dieser gefährlichen Zeit konnten schlaue und mutige Männer leicht Güter und Gewalten an sich reißen: Sie folgten den hochmütigen Karolingern, ermutigten sie zum Streit, nahmen, was ihre Herren gaben, und das andere stahlen sie. Viele dieser gewitzten und gewalttätigen Bussarde sammelten bald Burgen, Dörfer und Dienstmannen in großer Zahl. Es waren aber nicht Namenlose, die den Niedergang des Kaisergeschlechts auf diese Weise zu nutzen verstanden, sondern Abkömmlinge alten Adels. In den romanischen Ländern schwang sich ein ganzer Schwarm neuer Könige auf schnell zusammengezimmerte Throne. Nördlich der Alpen herrschte etwas weniger Verwegenheit und Raubsucht; dort schlossen sich die Stämme unter ihren Herzögen zusammen.

Nur einmal noch sproß ein starker Trieb aus dem verdorrten karolingischen Stamm: Arnulf von Kärnten schlug die Normannen und Mährer, brachte Lothringen wieder zum Reich und eroberte Rom. Mit seinem Sohn Ludwig dem Kind aber starben die ostfränkischen Karolinger aus.

Nun hatten die Großen des Landes einen neuen Herrscher zu wählen; es durfte nur ein Franke oder Sachse sein. Denn die Franken hatten das Reich gegründet und immer beherrscht; von den anderen vier Stämmen standen ihnen nur die Sachsen gleich. Schwaben, Bayern und Thüringer aber mußten dem, der auf den Thron kam, huldigen, gleich wer es war: Der Wille der Franken und Sachsen galt als der Wille des Reichs.

Die Wahl der Fürsten fiel auf Otto den Erlauchten, Herzog von Sachsen und Thüringen. Der alte Herrscher des Nordens aber lehnte die Krone ab und empfahl statt dessen den jüngeren Herzog Konrad von Franken. Das hieß erst Frieden; später brachte es Krieg.

Das Königszelt aus starkem Leinen stand auf einer kleinen kahlen Anhöhe. Diener räumten hölzernes Geschirr mit Resten einer Mahlzeit aus Geflügel, Fisch, Kohl und Brot davon. Der König war nicht besonders groß, aber breit und stark. Er trank Wasser aus einem irdenen Krug.

Zu Konrads Rechten hockte in Decken gehüllt der hagere Erzbischof Hatto von Mainz, sein oberster Ratgeber, der sich gern ›Herz des Königs‹ nennen ließ. Neben diesem Kirchenmann saß ein zweiter: Adalbert, Bischof von Augsburg, der sich mit Hatto einst die Vormundschaft über Ludwig das Kind geteilt hatte. Auch zur Linken des neuen Herrschers tafelten geistliche Herren: Bischof Salomon von Konstanz, der Abt von Fulda und andere Prälaten. Es folgten König Konrads Bruder Markgraf Eberhard, der thüringische Markgraf Burkard und der Graf von Schweinfurt.

Wie Salomon von Konstanz für den König Wacht in Schwaben halten sollte, waren die Bischöfe Piligrim von Salzburg und Dracholf von Freising zu Aufpassern in Bayern bestimmt. Sie saßen am Ende der Tafel. Auch sie waren alte Männer, dem Fleischlichen wie fast jeder anderen Freude feind und nur darauf bedacht, Gut und Macht der Kirche zu mehren. Weltliche Herren aus Bayern und Schwaben fehlten; aus Lothringen war überhaupt niemand nach Ostfranken gekommen, bis auf den Boten: Er hatte die Nachricht überbracht, daß dieses Herzogtum die Wahl Konrads nicht anerkannte und zum westfränkischen König Karl übergetreten sei.

Staunend stand Irmion vor der Versammlung ehrwürdiger Männer, die alle noch ihre Pelze trugen, denn in dem Zelt war es kalt. Mit ihren frostroten, triefenden Greisennasen sahen die Bischöfe aus wie Raben mit blutigen Schnäbeln. Der König saß unter ihnen wie ein Lebender unter Toten. »Komm her zu mir, Junge«, sagte Konrad, als er Irmion sah. Berthold gab dem Jungen einen Stoß. »Hab' keine Angst«, murmelte er.

Irmion ging am Tisch entlang. Viele Blicke folgten ihm; er selbst sah nur den Herrscher an, der einen grauen Wollmantel trug. Konrads bärtiges Gesicht drückte Ernst und Entschlossenheit aus.

Endlich stand der Junge vor dem König. Stumm äugte er Konrad an. Erst als er ein leises Zischen hörte, kniete er sich schnell auf den gefrorenen Boden.

»Es ist gut«, sagte der König und zog den Jungen sanft zu sich. »Du hast viel Mut bewiesen und einen Sieg errungen, auch für mich und mein Reich. Nun aber muß ich dir etwas sehr Trauriges sagen: Dein Vater ist zu Gott heimgekehrt. Nein, weine nicht! Du hast sein Blut schon gerächt.«

Irmion starrte ihn fassungslos an. Dann brach er in Tränen aus.

»So weine denn«, sagte der König und barg den Kopf des schluchzenden Jungen an seiner Schulter. »Es werden noch viele trauern.«

Nach einer Weile wurde Irmion allmählich leiser. Der König reichte ihm ein Mundtuch für die Tränen und sagte: »Es war der Drache, der ihn erschlug. Ein dunkles Geheimnis verband deinen

Vater mit ihm; ich konnte es nicht enträtseln. Habt ihr früher im Osten gewohnt, in Böhmen oder in Mähren?«

Der Junge schüttelte den Kopf und weinte wieder.

»Wahrscheinlich weißt du das nur nicht«, meinte der König mit belegter Stimme. »Aber ich werde schon noch herausfinden, was den Drachen in diesen Wald trieb. Du bist zu jung, als daß ich dir alles erklären könnte.«

Er schwieg eine Weile. Auch die vornehmen Herren sagten nichts. Der König seufzte. Dann fuhr er fort: »Du kannst nicht in eure Hütte zurückkehren. Ich werde aber dafür sorgen, daß sie wieder aufgebaut wird, damit du nicht dein Erbe verlierst. Außerdem will ich dir, wenn du großjährig bist, einen Hof schenken, der dich und die Deinen ernährt. Das soll mein Dank dafür sein, daß du den Drachen erschlugst. Ich würde dich gern mit mir nehmen und an meinem Hofe aufziehen lassen. Das geht aber nicht, denn ich muß in einen Krieg; nur der Herr weiß, wie lange er dauern wird. Darum sollst du mit dem Grafen von Schweinfurt gehen. Sein Dienstmann verlor durch den Drachen den Bruder; du hast auch ihn gerächt, und deine Tat wird nicht ungedankt bleiben.«

»Das wird sie nicht«, sagte der Graf von Schweinfurt.

Der König nickte ihm zu und fuhr fort: »Der Graf wird sich deiner annehmen, Irmion, und dich mit seinen Söhnen erziehen, so daß du keinen Mangel leiden wirst. Wenn du mannbar und in allen Waffen geübt bist, sehen wir uns wieder. Wachse nun zu dem Ritter heran, der zu werden du in diesem Wald versprachst! Ich habe schon gehört, daß du dich gut auf Beizvögel verstehst. Lerne zur Lanze nun auch Schwert und Schild zu gebrauchen. Wisch dir die Tränen ab! Halte dich allezeit rein, an Leib und Seele, und bete, so oft du Zeit hast, damit du dem Herrn gefällst. Bete auch für mich.«

»Das werde ich tun, Herr«, flüsterte Irmion und gab dem König das nasse Mundtuch zurück.

Konrad lächelte, aber es war ein trauriges Lächeln. »Gehe nun!« sagte er.

Der Junge rutschte vom Knie des Königs und blieb vor ihm stehen, bis Berthold ihn fortzog.

»Nun will ich Euren Ratschlag für den Feldzug hören, ihr Herren«, rief Konrad von Franken.

Berthold brachte Irmion in sein Zelt. Dort redete er ihm eine Weile zu, bis die Tränen des Jungen allmählich versiegten. Er gab ihm auch einen Schluck Wein, damit ihm das Einschlafen leichter falle und bettete ihn zwischen Bärenfellen zur Ruhe. Dann wickelte sich der Ritter in eine Decke und legte sich auf das Stroh.

Irmion schlief bald ein. In der Nacht aber wachte er auf und mußte wieder weinen. Berthold war sehr erschöpft und merkte nichts davon, doch vor dem Zelt ertönten plötzlich schwere Schritte, und eine dunkle Stimme raunte: »Bist du das, Irmion?«

»Ja«, schluchzte der Junge und schämte sich.

»Dann komm heraus«, befahl der König.

Der Junge stand vorsichtig auf und kroch durch den verschnürten Eingang nach draußen. Der Vollmond war schon verblaßt. Der Morgenstern prangte am Himmel, ein lauer Wind wehte und an dürren Gräsern, die aus dem Schnee ragten, hingen Wassertropfen.

»Wintertau«, murmelte König Konrad. »Es wird wärmer; bald kann der Kampf beginnen.«

Er nahm den Jungen an der Hand und führte ihn ein gutes Stück über die verschneite Wiese zum Waldrand. Im Osten röteten sich die Wolken. Der König sah Irmion forschend an. Plötzlich bückte er sich und fuhr mit den Fingern über ein paar Halme, bis seine Hand naß war. Dann legte er Irmion die Linke auf das Haar, wischte ihm mit der angefeuchteten Rechten über die Augen und sagte: »So wie ich jetzt an dir tue, sollst du später an deinem Sohn tun und dieser wieder an seinem, denn Wintertau trocknet Tränen für immer, und wer sich damit an einem Sonntag die Wimpern wäscht, der muß nie wieder weinen. Ich ahne, daß du zum Stammherrn eines starken und stolzen Geschlechts werden sollst. Ob mir das gleiche beschieden sein wird, weiß ich nicht.«

Am Morgen ließ König Konrad das Jagdlager abbrechen und kehrte in seine Pfalz nach Forchheim zurück. Die meisten Vornehmen folgten ihm. Einige Bischöfe und Prälaten konnten ihrer Erregung über die Taten des Drachen nur Herr werden, indem sie in das nächste Sorbendorf ritten und dort unbewaffnete Bauern samt ihren Frauen und Kindern erschlugen. Es nutzte den Überfallenen nichts, daß sie flehend kleine Holzkreuze hoben.

»Das wird euch lehren, Christentum nicht nur zu heucheln, sondern es im Herzen zu achten!« rief der Abt von Fulda, als das Werk vollbracht war, das ihm wohl gefiel und für das er göttlichen Lohn erwartete.

In Forchheim erhielt Konrad Nachricht, daß auch die Bayern und Schwaben ihn nicht zum Herrn haben wollten. Der König schickte Boten aus und befahl seinem Heer, sich bei Frankfurt zu sammeln. Am ersten Tag des Märzmonats, als Regnitz und Main von Schmelzwassern schwollen, zog Konrad aus, sein Heil in einer Welt voller Feinde zu suchen. Der Graf von Schweinfurt führte die Nachhut. Berthold, Irmion und das gerettete Mädchen waren bei ihm. Als sie die große Straße erreichten, die seit alters von Würzburg nach Böhmen und Bayern führt, standen drei Kräuterweiber am Waldrand und bestaunten den bunten Zug.

»Wer ist denn der Knabe?« fragte die erste, als der Graf mit seinem Gefolge vorüberritt.

»Weißt du das nicht?« antwortete die zweite. »Das ist doch der Junge, der oben im Nordwald den Drachen erschlug.«

»Einen richtigen Drachen?« staunte die erste. »Und die Jungfrau?«

»Die hat er aus der Höhle des Ungeheuers errettet«, sagte die dritte, »dank Gottes Gunst und der Hilfe Marias. Gelobt sei der Herr!«

»Amen«, murmelten alle drei und standen, bis der letzte Königsmann vorbeigezogen war.

In Schweinfurt blieb der Graf mit seinen Scharen zurück, damit die Burgen und Pfalzen Mainfrankens nicht ungeschützt lagen, wenn die Bayern oder Schwaben oder die grausamen Ungarn einfielen. Der König ritt zu seinem Heer und führte es rheinaufwärts, um zuerst die Lothringer unter seine Botmäßigkeit zu zwingen.

In Schweinfurt lernte Irmion mit den Söhnen des Grafen und anderer vornehmer Herren, was man zum Ritterdienst braucht. Ihr Waffenmeister hieß Hinkmar und zählte schon siebzig Jahre; in seiner Jugend war er mit Ludwig dem Deutschen gegen Normannen und Mährer und sogar gegen die Sarazenen geritten. Der Alte lehrte die Jungen mit großer Geduld den Gebrauch aller Instrumente, derer sich der kundige Kriegsmann bedient, um seine Feinde zu töten oder doch wenigstens zu verstümmeln, vor allem der ritterlichen Hauptwaffen Schwert und Lanze. Die Jünglinge nahmen zu diesen Übungen Klingen der fränkischen Art, mit kurzem Griff und gerader Parierstange, langer Blutrinne und abgerundetem Ende. Mit den Lanzen lernten sie erst Werfen und dann Stoßen. Außerdem schwangen sie Streitäxte und schwere Keulen, um auch die Wucht dieser älteren Waffen zielsicher nutzen zu können. Viele Stunden schossen sie mit Pfeilen um die Wette, bis ihre Arme kräftig genug waren, um sogar Hunnenbogen zu spannen. Ebenso sorgfältig brachte der alte Hinkmar den Jungen bei, wie sich ein Ritter vor Nah- und Fernwaffen schützt. Ihre Harnische waren aus eisernen Ringen geflochten; die Brust schützten zusätzlich Eisenplatten. Die Helme liefen spitz zu; sie besaßen Nackenschutz und angeschmiedete Nasenbänder. Die Schilde waren lang, breit und sehr schwer, so daß es viel Kraft erforderte, sich über längere Zeit mit ihnen zu decken. Auch Reiten lernten sie nun, nicht plump wie Bauernburschen, sondern auf ritterliche Weise: Sie lenkten die Pferde allein mit Schenkeldruck, Sporen und Fersen im Kreis, übten verschiedene Gangarten und wagten bald auch den Sprung über Hecken und Gräben in voller Rüstung, wobei mancher vom Pferd fiel. Der Sohn eines Ritters aus dem Tullifeld brach sich bei einem Sturz das Genick.

Berthold half dem alten Waffenmeister und lehrte die Jungen die Falkenbeize, denn Hinkmar litt an Gicht und ritt nicht gern aus.

In vielen Übungsstunden erfuhr Irmion, daß man den Habichtsnestling nicht vor der dritten Woche aushorsten soll, den Sperber aber schon nach zwölf Tagen. Er lernte auch, wie man Jungvögel zähmt, die schon fast flügge waren, als sie vom Horstbaum geholt wurden. Eifrig knüpfte Irmion Geschüh- und Glockenriemen, schürzte Falknerknoten und legte den Beizvögeln Kurz- und Langfesseln an, wie sie einst König Attila als erster ersann. In diesen Übungen zeigte sich Irmion sehr geschickt; er durfte darum schon bald Falken abtragen, bis sie sich daran gewöhnt hatten, auf seiner Faust zu atzen und selbst aus Entfernungen von mehr als zweihundert Schritt auf Pfiff zu ihm flogen. Beizen aber durften er und die anderen nicht; das blieb den Rittern vorbehalten.

Hinkmar zeigte den Jungen auch, wie man im Bad den Körper pflegt, wie man ißt und trinkt und sich überhaupt gesittet verhält. Denn nichts verdrießt erfahrene Männer so sehr, als wenn bei Tisch die Jugend das große Wort führt; ein vorlautes Maul zieht Hiebe an wie ein Ochse Fliegen.

Schließlich brachte Hinkmar den Jungen auch bei, wie man die

Laute schlägt, erzählte ihnen von den Taten Karls des Großen und erklärte ihnen, wo die verschiedenen Städte und Länder der Welt lagen. Der Hofkapellan des Grafen lehrte sie auf ritterliche Weise Beten und brachte ihnen außerdem einige Worte Latein bei, woran aber nur wenige seiner Schüler Gefallen fanden.

Zu den Jungen, die Hinkmar im Auftrag des Grafen zu Rittern erzog, gehörte auch ein Sachse namens Witubrand. Er war ein Jahr älter und einen Kopf größer als Irmion, sehr kräftig und in allen Dingen geschickt, nur nicht im Beten. Er stammte aus dem Eichsfeld, und seine Sippe diente den sächsischen Herzögen schon viele Jahre.

Als der Graf und sein Gefolge eines Sonntags in der Kapelle der Burg die Frühmette feierten, kniete Irmion neben Witubrand und lauschte eben der Wandlung, da stieß der Sachse ihn an und flüsterte: »Siehst du die Kleine dort drüben? Ein hübsches Ding! So stelle ich mir mein Mädchen vor.«

Verstohlen folgte Irmion seinem Blick und sah das Mädchen, das er im Nordwald gerettet hatte. Es trug ein enggeschnittenes Oberteil und einen faltenreichen Rock, der bis über die Füße fiel. Die blonden Zöpfe steckten unter einer Haube. Das Mädchen blickte nicht auf, sondern folgte der heiligen Handlung in tiefer Versunkenheit.

»Weißt du, wie sie heißt?« fragte der junge Sachse.

»Alheit, glaube ich«, raunte ihm Irmion zu.

»Kennst du sie?« wollte Witubrand wissen. »Wie ist sie denn so?«

»Ich weiß nicht«, murmelte Irmion. Hinter ihnen begann Ritter Berthold mahnend zu hüsteln, und die beiden Jungen verstummten.

Nach dem Ite missa est eilte Witubrand als erster aus der Kirche und wartete, bis Alheit mit ihren Freundinnen kam. An der Treppe verbeugte er sich vor ihr und sagte: »Stets zu Euren Diensten, Schöne!«

Das Mädchen sah ihn erstaunt an. »Ich bin nicht schön«, antwortete es verlegen, »und brauche auch Euren Dienst nicht.« Schnell wollte es weitergehen.

Die anderen Jungen lachten. Der Sachse wurde rot. Grob faßte er das Mädchen am Arm. »Ich bin noch nicht fertig mit meiner Rede«, sagte er zornig.

»Laßt mich!« rief das Mädchen ängstlich und versuchte, sich loszureißen.

»Du kannst dich ja freiküssen!» rief Witubrand übermütig und hielt es noch fester.

Rasch trat Irmion zu den beiden. »Nicht!«, sagte er und versuchte, den Sachsen zurückzuhalten. »Gleich kommt der Graf!«

»Mische dich nicht ein!« stieß Witubrand hervor und versetzte Irmion einen kräftigen Stoß vor die Brust.

Die anderen lachten noch lauter. Irmion sprang auf und stürzte sich auf den Gefährten. Erst schlugen sie einander mit Fäusten, dann rangen sie und fielen schließlich verknäult zu Boden, gerade als nun auch die Erwachsenen gemessenen Schritts aus der Kirche kamen.

»Ist das die Frucht deiner Erziehung, Hinkmar«, fragte der Graf mit erhobenen Augenbrauen, »daß sich meine künftigen Ritter vor dem Haus Gottes wie Schweine am Boden wälzen?«

Berthold eilte zu den Kämpfenden und riß sie auseinander.

»Ihr seid wohl...!« keuchte er erbost. »Wollt Ritter werden und prügelt euch wie Bauerntölpel? Euch werde ich lehren!« Mit derben Knüffen und Tritten trieb er die beiden vom Kirchhof.

Am Abend ging Irmion zu dem Sachsen, bot ihm die Hand und sagte: »Wir wollen uns wieder vertragen; es tut mir leid.«

»Mir nicht«, erwiderte Witubrand und hielt die Rechte hinter dem Rücken. »Mit dir bin ich noch nicht fertig und mit dem Mädchen auch nicht.«

Am nächsten Tag war der Sachse verschwunden.

»Ist er wegen gestern fortgeschickt worden?« fragte Irmion Berthold.

»Nein«, antwortete der Ritter, »wegen seines Herrn Herzog Heinrich. Denn nun sind auch die Sachsen aufgestanden, und der König muß gegen vier von fünf Stämmen ins Feld ziehen. Es wird höchste Zeit, daß ihr für mannbar erklärt werdet, damit ihr in die Schlacht könnt! Das Frankenreich braucht jetzt jede Hand, wenn es nicht untergehen soll.«

Seit Heinrich nach seinem Vater Otto auf Sachsens Herzogstuhl saß, war der alte Bund der zwei Völker zerbrochen. Der neue Herrscher des Nordens war ein besonnener Mann von großer Geduld und zähem Beharrungsvermögen; diesen Charakterzügen entsprang seine Vorliebe für die Vogeljagd mit aufgestellten Netzen, die ihm den Beinamen ›Finkler‹ eintrug. Ein ausgeprägter Wirklichkeitssinn bewahrte ihn vor hochfliegenden Plänen und befähigte ihn, günstige Stunden zu nutzen. Die Seinen behandelte er gerecht, so daß sie ihn liebten und seine Feinde haßten. Wie ein Baum im Verborgenen war er herangewachsen; jetzt drohte sein gewaltiger Schatten den stürmisch bewegten Himmel des Königs noch weiter zu verdunkeln.

Konrad war ritterlich, tapfer, fromm und gescheit, dazu voll heiterem Gemüt, aber zugleich rastlos und leicht hingerissen zum Zorn wie zu edelmütiger Verzeihung, ebenso schnell von Begeisterung beflügelt und dann wieder niedergeschlagen. Niemals aber versagte seine große Tüchtigkeit; als Herrscher war er für ein Weltreich geschaffen, das zu errichten aber erst seinen Nachfolgern vergönnt war.

In den vergangenen Jahren hatte Konrad mit dem fränkischen Heer einen Feldzug gegen König Karl den Einfältigen geführt, dem Westfranken aber Lothringen nicht entreißen können. Wie ein Faustfalke, der sich allein mit einem Schwarm von starken Rabenkrähen schlägt, warf Konrad sich dann gegen den Bayernherzog. Es gelang ihm, Regensburg zu erobern; der besiegte Arnulf floh zu den Ungarn, die einst seinen Vater getötet hatten. Er war nicht der erste und nicht der letzte Fürst, der lieber mit dem Landesfeind ging, als einem Mann gleichen Bluts zu gehorchen.

Im Mai des folgenden Jahres kam Markgraf Eberhard, Konrads Bruder, mit starken Scharen nach Schweinfurt und sagte zu dem Grafen: »Nun müßt Ihr mit uns ziehen, denn wir wollen Herzog Heinrich in seinen Stammländern angreifen. Der König belagert die Schwaben und wird uns bald folgen.«

Der Graf ließ darauf alle Jungen, die über fünfzehn Jahre alt waren, für mannbar erklären und nahm sie in seinen Dienst. Die neuen Ritter mußten baden und ihre besten Kleider anziehen. Dann wurden sie in die Kirche geführt.

Nach der Messe reichte der Graf jedem von ihnen ein Schwert und sagte: »Gott segne euch!« Er war kein Mann vieler Worte. Am Feldzug durften die Jungen nicht teilnehmen, sondern sie sollten die Burg bewachen, solange der Graf in Sachsen war.

Am Abend vor seinem Auszug ließ der Graf Irmion kommen und sagte: »Die Sachsen sind grimmige Gegner, das wußte schon Kaiser Karl, und niemand kennt das Glück der Schlacht – auch unser König nicht, den Gott schützen möge! Darum will ich dir, ehe ich ausziehe, sagen, was ich damals im Nordwald erfuhr. Der Drache, den du erschlugst, war kein gewöhnlicher Mann, sondern ein Sohn des Königs Swatopluk von Mähren.«

Graf Eberhard saß neben ihm und nickte. Irmion saß mit offenem Mund da.

»Swatopluk führte viele Fehden«, erzählte der Graf. »Er eroberte Böhmen und das Hunnenland und zog dann gegen Bayern. Aber es gab auch friedliche Zeiten zwischen uns, als Wiching Bischof von Neutra wurde. Hast du diesen Namen schon einmal gehört?«

Forschend blickte er Irmion an. Der Junge Ritter schüttelte den Kopf. Die beiden Männer lehnten sich enttäuscht zurück.

»Wer dein Vater war, wissen wir noch immer nicht«, fuhr der Graf fort. »Wir nehmen aber an, daß er vor deiner Geburt in Mähren wohnte. Wiching stammte aus Bayern. Vielleicht gehörte dein Vater zu seinem Gefolge. Jedenfalls machte er sich dort aus irgendeinem Grund Swatopluks Sohn Drac zum Feind. Vor ihm floh er in den Nordwald, wo er wohl hoffte, sicher zu sein.«

Er hob ein Glas Wein und befeuchtete sich die Zunge, die langes Reden nicht gewohnt war. Dann sagte er weiter: »Als die Ungarn das Reich der Mährer zerstörten, zogen viele Prinzen mit ihren Getreuen in die tiefen Wälder, wo es nicht Weg noch Steg gibt. Es lebt kaum ein wilderes Volk auf der Welt als die Mährer, außer den Stämmen nach Polen zu.«

Irmion wurde schwindelig. »Fühlst du dich nicht wohl, Junge?« fragte der Graf.

»Es kommt ein wenig plötzlich für ihn«, meinte der Markgraf.

Der Graf reichte Irmion ein Glas Wein. »Trink!« befahl er.

Dann erzählte er weiter:

»Prinz Drac ritt mit seinen Leuten oft in die Ostmark und auch nach Bayern und plünderte unsere Bauern aus. Ich zog ein paarmal gegen ihn, doch er entkam immer wieder. Den Nordwald betrat er nie, denn in der Sorbenmark siedeln ja nur die armseligen Slawen und dort gibt es nichts zu holen. Deshalb war ich auch so erstaunt, als ich von deinem Kampf mit ihm hörte.«

»Es war doch kein Kampf, Herr«, erwiderte Irmion. »Ich floh vor ihm, und er stürzte in meine Lanze.«

»Du warst damals noch ein Knabe«, sagte der Markgraf, »und

jedenfalls hast du das Mädchen gerettet. Das war keine alltägliche Tat.«

Irmion schwieg; das Lob war ihm peinlich. Der Graf fuhr fort:

»Ich glaube, daß sich der Drache verkleidet in dieses Saaledorf schlich, um einen Weg nach Thüringen zu erkunden; in Bayern und der Ostmark war man vor ihm schon sehr auf der Hut. Vielleicht stand Drac auch im Dienst der Ungarn. In Rekenz ist er euch wohl zufällig begegnet. Gewiß hoffte dein Vater, daß Drac ihn nicht bemerkt habe. Doch als er in der Nacht darauf den Schrei der Steppenweihe hörte, wußte er, daß sein Feind schon die Hütte umstellte – die Steppenweihe kommt doch immer erst im Wiesenmonat zu uns.«

Irmion nickte betreten. »Damals wußte ich das noch nicht«, murmelte er. »Berthold wurde sofort mißtrauisch, als du ihm davon erzähltest«, sagte der Graf. »Herrad und Heimrod fanden dann deinen Vater...« Er verstummte und preßte die Lippen zusammen.

»Das Kreuz stand schon so lange dort, wie ich denken kann«, sagte der junge Ritter leise. »Mein Vater kniete oft davor. Doch niemals hat er mir verraten, warum er es errichtete und was es zu bedeuten hatte.«

»Es war vielleicht eine Art Buße«, vermutete der Graf. »Genaues habe ich auch nicht erfahren. Der König weiß inzwischen vielleicht mehr. Er hat sogar eine Niederschrift über den Vorfall anfertigen lassen und wird dir bestimmt alles sagen, wenn er Zeit dazu hat. Herrad und Heimrod beerdigten deinen Vater auf christliche Weise. Du wirst sein Grab vielleicht schon bald besuchen. Denn König Konrad schickt dir diese Urkunde. Sie macht dich zum Herrn des Fronhofs Sala nicht weit von Rekenz. Du erhältst ihn als freies Lehen und brauchst keinen Zins zu zahlen. Es ist ein schönes Stück Land von über zwanzig Hufen mit wenigstens sechzig Hörigen, einem steinernen Haus, Weizenfeldern, viel Wiesen und Wald – und wenn du willst, kannst du bis zur Saale roden.«

»Ich danke Euch, Herr«, sagte Irmion überrascht und nahm das Pergament aus der Hand des Grafen. »Doch warum so fern?«

»In Franken wohnen genug Getreue«, erklärte der Graf, »wir müssen unsere Macht endlich auch an den Ostgrenzen fester verwurzeln. Danke aber nicht mir, sondern dem König! Doch auch von mir sollst du etwas erhalten, und zwar will ich, daß du dich so schnell wie möglich mit Alheit verlobst. Wir könnten diesen Krieg verlieren, und ich will nicht, daß dieser freche sächsische Hund das Mädchen bekommt, das mir so lieb wie eine Tochter ist. Du hast sie gerettet und dich für sie geschlagen, oder doch wenigstens geprügelt, weshalb ich wohl erwarten kann, daß du einverstanden bist. Die Gräfin wird das Weitere richten.« Er wandte sich dem Markgrafen zu.

»Ich danke Euch, Herr«, sprach der Ritter. »Doch was sagt Alheit dazu?«

»Alheit?« erwiderte der Graf verblüfft. »Ich habe sie nicht gefragt. Es ist das Beste für sie, und ich denke wohl, daß sie eine gehorsame Tochter sein wird.« Ungeduldig sah er den Ritter an.

»Ich würde lieber mit Euch ziehen«, seufzte Irmion.

»Ja, das sagen alle, aber das geht nun einmal nicht«, erwiderte der Graf ungehalten, da Irmion nun schon zum zweiten Mal das Zeichen zur Verabschiedung übersehen hatte.

»Gegen die Sachsen ist nicht gut Kriegskunst lernen, die muß man schon beherrschen, wenn man sich mit ihnen anlegen will. Ich brauche euch hier, damit nicht jeder sorbische Räuberhaufen meine Bauern plagen kann. Berthold wird euch schon zeigen, wie man mit Strauchdieben fertig wird. Mit Gott!«

»Gott schütze Euch«, erwiderte Irmion ehrerbietig. Es war das letzte Wort, das er zu dem Grafen sprach.

Markgraf Eberhard führte das Heer nach Norden und verwüstete das Land Herzog Heinrichs bis zur Eresburg. Dort hatten sich die sächsischen Großen verschanzt. Eberhard forderte sie auf, herauszukommen und zu kämpfen; sie wollten aber nicht. Da sagte der Markgraf: »Nichts ärgert mich so sehr wie die Feigheit der Sachsen, die nicht einmal vor ihren eigenen Mauern mit uns zu fechten wagen.«

Herzog Heinrich aber hatte im geheimen den sächsischen Heerbann aufgeboten, der nicht nur die Ritter und Dienstmannen, sondern alle wehrfähigen Männer des Landes umfaßte, Freie und Hörige, Bauern und Hirten, Jäger, Schmiede und Metzger und auch alle anderen, die eine Waffe zu führen verstanden. In Widukinds Kämpfen mit Kaiser Karl war der Heerbann stets nur gegen christliche, später nur gegen heidnische Landesfeinde zusammengekommen.

Eberhard bemerkte die Gefahr erst, als rings um ihn schon von allen Seiten bewaffnete Männer aus den Bergen stiegen. Selbst die hohe fränkische Kriegskunst vermochte nichts gegen die zehnfache Obermacht. Der Graf von Schweinfurt fiel und viele andere mit ihm. Markgraf Eberhard rettete sich mit wenigen Überlebenden aus der Mordschlacht zu seinem Bruder.

Nun lag Franken schutzlos vor dem Feind, und Herzog Heinrich bedrohte sogleich Fritzlar, Wetzlar und andere Burgen, in denen Schätze und Insignien des Königs lagen. Schweren Herzens brach Konrad darauf die Belagerung des schwäbischen Hohentwiel ab und eilte nach Norden. Dem Königsheer mußte der Herzog weichen. Konrad verfolgte den Sachsen über die Werra und schloß ihn in der Gronaburg ein. Dann eilte er nach Würzburg, um wieder gegen die schwäbischen Fürsten zu ziehen. Inzwischen fielen jedoch die Ungarn ein und verheerten das Schwabenland gräßlich. Streifscharen der Heiden ritten auch durch Thüringen und Sachsen, einige tauchten vor Fulda auf. Der König mußte warten, bis die Wogen der Landesfeinde endlich wieder abflossen. Dann belagerte er die schwäbischen Herzöge Erchanger und Berthold von neuem und diesmal erstürmte er den Hohentwiel. Er ließ die Aufrührer enthaupten und führte das Heer nach Norden zurück. Es war, als müsse ein Hirtenhund eine Schafherde im Wald ganz allein gegen ein Rudel Wölfe verteidigen.

Die Gräfin von Schweinfurt zog Trauerkleider an, setzte Berthold zum Burghauptmann ein und vermählte Irmion mit Alheit. Dann rüstete sie einen Reisewagen aus und sagte: »Zieht nun auf euren Hof und richtet euch dort ein, wie mein Gemahl es gewünscht hat! Vorher finde ich keine Ruhe. Hat nicht der König selbst deinen Nachkommen vieles verheißen, Irmion? Gehe erst wieder zu ihm, wenn du einen Sohn hast und dein Geschlecht sicher eingepflanzt ist. Schone weder Sachsen noch Sorben, denn sie sind allesamt noch immer Heiden, auch wenn sie trefflich heucheln. Dein Drache war slawischen Bluts!«

»Ich werde gehorchen, Herrin«, antwortete der junge Ritter, »aber leicht fällt es mir nicht.«

»Niemandem fällt heute etwas leicht«, versetzte die Gräfin und winkte ihm zu gehen.

Nun fuhren Irmion und seine junge Frau am gleichen Strom aufwärts, den sie fünf Jahre zuvor als Kinder abwärts gezogen waren.

In Hallstadt betete Alheit am Grab ihres Vaters, der dort in geweihter Erde bestattet lag. Dann durchquerten sie die Sorbische Mark und erreichten endlich die Saale.

Sala erhob sich auf einem Hügel am westlichen Ufer des Stroms. Dienstmannen des Königs hatten den Nordwald an dieser Stelle mit Brand gerodet, die Wurzelstöcke und großen Steine entfernt und einen Weg angelegt, der den Hof mit dem Sorbendorf Rekenz verband. Die Äcker und Weiden folgten dem sanft gerundeten Tal eines Baches, an dem eine Mühle stand. Die sumpfige Flußau war von dichtem Erlengestrüpp bewachsen; die Saale wand sich wie eine Schlange durch diesen schier undurchdringlichen Verhau. Der Königshof war aus granitenen Quadern errichtet, sein Dach mit Platten aus grauem Schiefer bedeckt, so daß es nicht leicht in Brand gesetzt werden konnte. Die Fenster waren schmal wie die Schießscharten einer Burg; die schweren Bohlen des Haupttors trugen breite Eisenbeschläge. Wie ein Helm lag der Bau auf der kahlen Kuppe; in seiner trotzigen Wehrhaftigkeit schien er seit Urzeiten mit einer Landschaft verwachsen, deren herbe Schönheit nicht leicht zu vergessen war: aus den weich gerundeten Flanken der Hügel stießen schroffe Felsen hervor, die sanft gewellten Äcker wurden von wilden Dornhecken umrahmt und hinter den blühenden Wiesen ragte der Hochwald schwarz in den Himmel wie ein großes Tier, das stumm darauf wartet, das Land zurückzuerobern, das der Mensch ihm raubte.

Wer dem Bächlein durch den dunklen Tann zur Quelle folgte, fand finstere Höhlungen unter riesigen Steinen, an denen die meisten Wanderer klopfenden Herzens vorübergingen, nicht wissend, wer dort unten wohnte. Doch auch an lichten Waldwiesen führte der Weg vorüber, mit Gras, das bis zur Schulter wuchs, und Blumen, wie man sie in Feenkronen findet. Hoch lag das Land, so hoch, daß der Wind ein alltäglicher Gast war und man die Wolken manchmal mit Händen greifen zu können meinte. Und weit ging der Blick von den nahen Bergen hinaus, so weit, daß man glaubte, man stünde auf einer Schulter der Welt.

Der Hügel war stark befestigt. Im Schutz einer mannshohen Mauer aus übereinandergeschichteten Steinen lagen Wirtschaftsgebäude und Vorratshäuser, Ställe für Rinder und Schweine, Pferche für Schafe und Ziegen, ein mehr als sechzig Fuß tiefer Brunnen sowie ein Küchengarten mit Gemüse und Kräutern. Vier

Knechte und sechs Mägde, Hörige aus Slawendörfern, besorgten die Arbeit.

»Ihr habt Glück, Herr Ritter«, sagte der Verwalter, als er Irmion die Schlüssel übergab, »mit ein bißchen Glück könnt Ihr hier reich werden. Das Land ist zwar längst nicht so lieblich wie unten im Maintal, sondern verschlossen und nicht leicht zu bewirtschaften; die Winter sind bitter kalt und die Böden oft noch gefroren, wenn man in Schweinfurt und Würzburg schon pflügt. Aber es ist gute Erde, und die Slawen verstehen sich auf die Landarbeit. Behandelt sie gut; dann werdet Ihr über ein treues Gesinde befehlen.«

Irmion rief die Hörigen zu sich. Die Männer und Frauen küßten ihm die Hand; es waren gedrungene, kräftige Menschen mit flachen Gesichtern und schwarzen, verfilzten Haaren. Alheit graute ein wenig vor ihrer Wildheit; sie merkte aber bald, daß die Sorben mehr Angst vor ihr hatten als sie vor ihnen; zu schrecklich hatten die fränkischen Schwerter in slawischen Dörfern gewütet.

Irmion war nicht sonderlich groß und längst nicht so kräftig und knorrig wie die meisten Ritter vom sächsischen Stamm; mit seiner schlanken Gestalt wirkte er fast zierlich. Sein blondes Haar schien nicht so hell wie das der Franken vom Rhein- oder Meerland; es fiel in langen Locken auf die Schultern. Der Blick der blauen Augen war offen und meistens freundlich, doch zuweilen geriet Irmion selbst über Kleinigkeiten in Zorn. Seine Nase war spitz wie die eines Igels, und er streckte gern das Kinn vor, um Willensstärke zu bekunden. Seine ungewöhnlich kleinen Hände trugen niemals die Schwielen der Bauernarbeit, sondern stets nur die Narben des Waffendienstes; kaum jemals sah man ihn ohne Rüstung ausreiten.

Alheit war mit ihren fünfzehn Jahren noch nicht sehr kräftig; ihr rötlich schimmerndes Haar umhüllte ein blasses, schmales Gesicht mit vielen Sommersprossen. Im Herbst ging sie schon mit einem Kind, aber im Winter verlor sie es. Ihr Mann und sie waren darüber sehr unglücklich, und es dauerte lange, ehe sich die junge Frau erholte.

Da der Säugling nicht getauft worden war und nach kirchlicher Auffassung keinen Anteil am ewigen Leben haben konnte, wurde er auch nicht nach Osten begraben.

Im dritten Frühjahr schenkte Alheit ihrem Mann endlich einen Sohn. Es war ein kräftiger Junge; Irmion nannte ihn Irmin und ließ ihn in einem Mönchskloster am Obermain taufen, denn eine Pfarrei gab es damals in Rekenz noch nicht.

Einige Tage später sagte er zu seiner Frau: »Jetzt will ich zum König reiten, um zu sehen, ob er mich brauchen kann, und vielleicht zu erfahren, welches Geheimnis sich mit meiner Herkunft verbindet.«

»Gott schütze dich«, sagte Alheit. Sie war noch sehr schwach und erschöpft.

Irmion sattelte sein Streitroß, belud sein Packpferd, nahm seine Waffen und ritt davon. Als er die Saale erreichte, sah er am anderen Ufer einen gewappneten Reiter.

»Witubrand!«, rief er verblüfft.

»Ja«, antwortete der Sachse. »Ich wollte dich gerade besuchen, da wir jetzt Nachbarn sind. Du wirst noch sehen, daß unrecht Gut nicht gedeiht und du kein Glück haben wirst mit dem, was du mir stahlst!«

»Das Mädchen gab mir der Graf und den Hof erhielt ich vom König«, antwortete Irmion zornig.

»So wie ich den meinen«, erwiderte Witubrand höhnisch. »Dein König aber ist tot – meiner lebt!«

5

Die Tage waren neblig und trüb

Nun erfuhr Irmion von seinem Feind, was sich in der Welt ereignet hatte.

König Konrad kämpfte mit Herzog Heinrich, so wie zwei Adler am höchsten Horstbaum des Waldes streiten und dabei das Wild aus den Augen verlieren, das sich sogleich der Habicht greift. Arnulf von Bayern kehrte mit einem neuen Ungarneinfall in die Heimat zurück und nahm dort den Kampf wieder auf. Nun mußte König Konrad sein Heer von Sachsen nach Süden führen. Regensburg schloß ihm die Tore; im Kampf um die stark befestigte Stadt erlitt Konrad eine schwere Verletzung. Todeswund ließ er sich nach Fulda bringen. Dort rief er seinen Bruder zu sich und sagte hellsichtig, wie große Männer in ihrer Sterbestunde oft sind: »Wir haben viele Getreue und ein großes Volk, das uns im Krieg folgt, wir haben Burgen und Waffen, in unseren Händen sind die Reichsinsignien, und es umgibt uns aller Glanz des Königtums. Aber es fehlt uns das Glück und das rechte Geschick. Das Glück, mein Bruder, und die herrlichste Befähigung sind Herzog Heinrich zuteil geworden; die Zukunft des Reichs steht nun bei den Sachsen. Nimm also diese königlichen Abzeichen, die Heilige Lanze, die goldenen Spangen mit dem Königsmantel, das Schwert und die Krone unserer alten Könige, gehe hin zu Heinrich und mache deinen Frieden mit ihm, damit du ihn zum Freund hast. Oder soll das ganze Frankenvolk mit dir vor seinem Schwert zugrunde gehen? Denn wahrlich, er wird ein König und Herr vieler Völker sein.«

Am Tag vor Weihnachten starb er. Eberhard weinte um ihn;

noch viel mehr Tränen vergossen Bischöfe und Prälaten, denn so wie Konrad ihnen den Wahltag zu Forchheim gelohnt hatte, drohte ihnen der Sachse nun ihr Ränkespiel zu vergelten, die den widerstrebenden Konrad dazu gedrängt hatten, seinen Herrschaftsanspruch auch gegenüber dem alten sächsischen Verbündeten rücksichtslos durchzusetzen.

Der Markgraf nahm nun die Krone und die anderen Insignien, das kostbare Krönungsevangeliar Karls des Großen und den Säbel, den der Reichsgründer einst von dem Kalifen Harun al Raschid empfangen hatte, das Reichsschwert und die Reliquien und brachte sie dem großen Gegner.

Herzog Heinrich saß seiner liebsten Gewohnheit gemäß auf einem hohen Berg, über den viele heimkehrende Zugvögel flogen, und blickte durch die Netze nach den Franken, als wären sie Finken. Er nahm aber Eberhards Treueschwur an und willigte ein, sich in Fritzlar auf fränkischem Boden krönen zu lassen. Er ließ dem Markgrafen alle Rechte und den Gefolgsleuten Konrads die Ämter. Aber als ihn die Bischöfe im Namen Gottes salben wollten, wies er sie zurück und sagte barsch, solcher Ehren halte er sich für unwert.

»Er ist König aus eigener Kraft und nicht dank der Gnade von Pfaffen«, lachte Witubrand, als er Irmion das alles erzählte. »Nun sind die Zeiten vorbei, da Ohrenbläser sich Königsgüter erflüstern konnten.«

»Wofür gab Heinrich denn dir einen Hof?« fragte Irmion. »Dafür, daß du den Mut besitzt, recht laut mit Mädchen zu sprechen?«

»Bilde dir nur nicht zuviel ein auf deine vornehme fränkische Art«, schnaubte der Sachse. »Vor der Eresburg seid ihr gelaufen, nicht zierlich wie Zelter, doch hurtig wie Hasen!«

»Komm herüber«, antwortete Irmion, »dann wirst du sehen, daß ich nicht davonlaufe.«

»Ich werde schon noch einmal kommen«, versetzte Witubrand; ein Windstoß fuhr in sein schwarzes Haar. »Aber der König hat uns befohlen, euch Franken in Frieden zu lassen. Er wird sich wohl bald eines Besseren besinnen!«

Irmion wandte sein Pferd und kehrte nach Hause zurück. Er warb im Slawendorf weitere Knechte an und ließ das Land bis zur Saale roden. Die Hörigen mußten im Sommer viel mit dem Spaten arbeiten und die Flußau durch Gräben entwässern, ehe der Pflug über die neuen Äcker hinweggehen konnte. Im Herbst schnitten sie die Ernte mit Sicheln auf halbem Halm, denn sie besaßen noch keine Sensen; das Stroh ließen sie für das Vieh. Die Frauen banden das Korn zu Garben und halfen beim Heumachen. Die Knechte droschen das Getreide, reinigten es und brachten es zur Mühle. Irmion ließ auf den Feldern auch Rüben, Flachs, Bohnen und Lein anbauen und in den Gärten Kürbisse, Möhren und Kohl. In sein Vaterhaus setzte er einen sorbischen Köhler, der ein guter Christ war. Im Winter verstärkte Irmion das große steinerne Haus auf dem kleinen Hügel durch einen Turm und übte seine geschicktesten Männer im Reiten und Fechten. Außerdem pflanzte er Obstbäume an.

Wenn er zur Saale ritt, sah er, daß Witubrand auf der anderen Seite ebenfalls alle Bäume umhauen und bis zum Fluß Felder anlegen ließ. Sie begegneten einander oft, sprachen jedoch selten miteinander.

Im nächsten Herbst ließ der Franke die staunenden Knechte den dritten Teil der Äcker noch einmal pflügen und sorgfältig eggen. Dann säte er Wintergetreide aus. Es stand sehr gut auf dem Halm, denn der Hornung war mild und brachte nur wenig Schnee.

Witubrand wagte im ersten Jahr noch keinen Winterweizen zu säen, wohl aber im Jahr darauf. Im März ritt er fort und kehrte im Juni mit einer jungen Sächsin zurück, die er in Hersfeld geheiratet hatte. Sie hieß Hrothswith und war mit dem Königsgeschlecht der Ludolfinger weitläufig verwandt. Witubrand war sehr stolz auf diese Blutsbeziehung.

Im Jahr darauf brachte Alheit noch einen Sohn zur Welt. Irmion nannte ihn Iring nach einem thüringischen Helden der Vorzeit. Auch Witubrands Frau gebar zwei Söhne, so daß es war, als seien die beiden Ritter auf genau gleiche Weise gesegnet. Ihre Besitztümer blühten und blieben von Hagel und Räubern verschont. Auch die alte Feindschaft zwischen ihnen schien allmählich einzuschlafen.

Als Irmin zwölf Jahre alt war, führte ihn sein Vater eines frühen Februarmorgens in den Wald, wusch ihm die Wimpern mit Tau und schilderte ihm, was König Konrad ihm einst berichtet und befohlen hatte. Er berichtete ihm auch von dem Drachen und dem Geheimnis, das seine Herkunft verdunkelte. »Schweige darüber«, sprach er zum Schluß, »nur deinem Sohn sollst du alles erzählen.«

Danach begegnete Irmion Witubrand wieder einmal am Saaleufer und sagte zu ihm: »Was hältst du davon, wenn ich dir meinen Ältesten schickte? Ich habe ihm alles beigebracht, was ich weiß, aber von dir kann er sicher noch sächsische Kniffe lernen.«

Der Schwarzbart sah ihn verblüfft an. Nach einer Weile erwiderte er: »Du hast recht. Wir wohnen hier wie hinter sieben Bergen und wenn wir nicht aufpassen, werden unsere Kinder am Ende gar wieder zu Bauern wie unsere Väter!« Mißtrauisch wartete er, doch Irmion sagte nichts. Der Sachse fuhr fort: »Wir wollen auch nicht, daß sich unsere Söhne bei Hof in die Tischtücher schneuzen. Ich werde deinen Sohn sächsisch fechten lehren; du sollst dafür meinem Werner fränkische Ritterart zeigen.«

»Das will ich gern tun«, erwiderte Irmion, und so geschah es. Jeder erzog des anderen Sohn mit großer Sorgfalt, denn keiner wollte sich nachsagen lassen, daß er ein schlechter Ritter sei. Irmin zeigte sich in allen Dingen sehr anstellig; am meisten erstaunte er Witubrand durch seine Fähigkeit, mit den sorbischen Knechten zu reden, deren fremdartige Sprache er schon früh erlernt hatte. Werner war wortkarg, bewies aber großes Geschick im Umgang mit allen Tieren. Er ritt wie kein anderer in seinem Alter und beizte mit einem Sperber nicht selten zwölf Wachteln am Tag. Auch Iring liebte die Jagd schon, als er noch klein war, und ritt oft mit Werner über die Felder.

Im Lenzmonat des Jahres 933 nach der Geburt des Herrn kamen berittene Boten nach Rekenz und sagten erst zu Witubrand, dann auch zu Irmion: »Der König entbietet Euch seinen Gruß und fordert Euch zur Heeresfolge auf. Das Reich ist in großer Not. Der König wird Eure Treue lohnen, so wie er es schon einmal tat.«

»Ich habe meinen Hof von Konrad«, sagte Irmion an dieser Stelle, »aber ich werde kommen.«

Witubrand wollte nur wissen: »Gegen wen soll es gehen?«

»Gegen die Ungarn«, erklärten die Boten.

Als Hrothswith das hörte, rief sie erschrocken: »Aber noch niemand hat diese Heiden besiegt, die Gott zur Strafe für unsere Sünden sandte! Will sich der König gegen den Herrn selbst erheben?«

»Was faselst du da, Weib!« antwortete Witubrand grimmig. »Das waren fränkische Pfaffen, die uns das einreden wollten, weil der machthungrige Konrad lieber gegen die Herzöge als gegen den Landesfeind zog. Heinrich ist aus anderem Holz. Lehrt uns die Bibel etwa, daß wir uns vor den Heiden fürchten sollen? Den Hevellern, Wilzen und Abodriten haben wir doch auch gezeigt, wer der Herr ist.«

Auf Sala sagte Alheit zu Irmion: »Das ist kein guter Entschluß, und es wird noch vielen Frauen leid tun, daß der König jetzt den Frieden mit den Ungarn brach. Mir wäre lieber, er hätte noch einmal neun Jahre lang Tribut gezahlt und die Raubscharen weiter nach Burgund, Italien oder Westfranken gelenkt.«

»Das ist nicht redlich gedacht«, tadelte Irmion, »und es war auch nicht rechtschaffen gehandelt, das Unglück mit Gold zu den Nachbarn zu leiten.«

Alheit senkte beschämt den Kopf. »Verzeiht mir«, sagte sie, »es ist nur, weil ich solche Angst um Euch habe.«

Er küßte ihre Hände und sagte: »Ich werde immer bei dir sein.«

Witubrand, Irmion und viele andere Ritter von Regnitz, Saale und Main zogen zusammen durch Thüringen. Oft kamen sie durch weite Brandstrecken und zerstörte Dörfer voll toter Menschen und Tiere.

In Merseburg ließen sie sich erzählen, wie König Heinrich den Boten der Ungarn statt Gold und Silbers einen toten Hund hatte vorwerfen lassen.

»Nun siehst wohl auch du den Unterschied zwischen meinem und deinem Herrn«, sagte Witubrand triumphierend zu Irmion. »Konrad hätte das nicht gewagt!«

»Mein König zahlte niemandem Tribut«, antwortete Irmion ruhig.

»Das tat König Heinrich doch nur, um Zeit zu gewinnen«, rief der Sachse erbost, »um mehr Burgen zu bauen und ein berittenes Heer aufzustellen, das mit dieser Teufelsbrut fertig wird!«

»Sie sind auch nicht schlimmer als die Awaren«, antwortete Irmion, »die aber hat Kaiser Karl einst sogar in ihrer eigenen Steppe aufs Haupt geschlagen, und zwar so kräftig, daß sich die Leute hinterher wunderten, wie ein so großes Reich so schnell vergehen konnte. Das ist überhaupt stets das beste, wenn man den Feind in dessen Heimat angreift, wo er nicht fortlaufen kann. Das haben ja auch Karls Kriege gegen euch Sachsen gezeigt.«

Darüber ergrimmte Witubrand noch viel mehr, und der alte Haß in seinem Herzen glomm wieder auf. Er ließ sich aber nichts anmerken.

König Heinrich führte sein Heer nach Süden. An der Unstrut trafen sie auf die Ungarn. Die Reiter aus der Hunnensteppe schienen so zahlreich wie Heuschrecken, aber die Sachsen griffen ohne Furcht an. Die Ungarn schickten ihnen Wolken von Pfeilen entgegen, doch diesmal lichteten ihre Geschosse die Reihen der Gegner kaum, denn diese waren in Eisen gewappnet. Darauf schwärmten die Ungarn aus und versuchten, die Sachsen, die sie nur als langsame und unbeholfene Ritter kannten, von den Flanken und im Rücken zu fassen. Aber zu ihrer Überraschung zeigten sich die Schwergepanzerten viel beweglicher als in früheren Jahren. Denn König Heinrich hatte sie sehr lange mit den besten Waffenmeistern üben lassen. So kamen die Ungarn mit den Sachsen bald enger zusammen, als ihnen lieb war, und fanden sich am Ende sogar in Kämpfe Bügel an Bügel verwickelt. Nun schlugen Säbel gegen Schwerter, und es war, als ob ein Schwarm starker Adler Stöße und Schnabelhiebe mit flinken Falken tauscht. Die Heiden wichen nicht, denn die schmachvolle Gabe des Königs hatte sie auf das äußerste erbittert.

Irmion und Witubrand fochten Seite an Seite mit anderen Rittern der Sorbischen Mark. Sie schlugen die Schilde der Ungarn schartig und suchten sie aus den Sätteln zu stoßen, doch die Fremden schienen mit ihren Pferden eins wie Zentauren der griechischen Sage. Stürzte ein Reiter, war er unweigerlich verloren; wenn ihn kein Huf tödlich traf, durchbohrte ihn eine Lanze.

Witubrand schlug zu wie ein Riese der Vorzeit. Irmion stand ihm nicht nach, doch als er mit einem Ungarn handgemein wurde, zog ihn ein anderer aus dem Sattel, so daß er unter die Pferde stürzte.

Irmion prallte so schwer auf den Boden, daß sein Helmband zerriß; die Stahlhaube rollte am Boden davon. Schon zielte ein Ungar mit seinem Speer auf ihn, und er konnte eben noch ausweichen. »Witubrand«, rief er, »laß mich zu dir aufs Pferd!«

Der Sachse zügelte seinen Braunen. »Ich kann jetzt nicht!« brüllte er und schlug nach einem Feind, daß es laut klirrte. Irmion sprang auf die Füße und eilte dem Sachsen nach.

»Witubrand!« rief er. »Warte auf mich!«

Der Sachse tat, als ob er ihn nicht hörte. Wie ein grimmiger Eber brach er sich Bahn durch die Feinde. Irmion lief durch die Lücke, die Witubrand geschlagen hatte. Als er den Sachsen fast schon erreicht hatte, traf ihn eine Ungarnlanze mit gelbroten Bändern zwischen den Schultern, und er sank zu Boden.

»Witubrand«, röchelte er und starb.

Der Sachse drehte sich um. »Einen Drachen wolltest du erschlagen haben wie Siegfried«, murmelte er, »nun traf auch dich eine Lanze.«

Dann aber tat ihm seine Untreue leid, und er verteidigte Irmions Leiche, während die Ungarn von allen Seiten auf ihn eindrangen.

Plötzlich erklangen Stierhörner. Die Kernmannschaft König Heinrichs hatte die Reihen der Feinde durchstoßen. Da sahen die Häuptlinge der Ungarn ein, daß sie die Schlacht nicht mehr gewinnen konnten, und ließen zum Rückzug blasen. Wie eine Woge vom überspülten Strand wieder zum Meer rollt, ritten die Scharen der Landesfeinde aus dem Tal. Die Sachsen verfolgten sie und hieben noch viele nieder.

Nach der Schlacht an der Unstrut zogen die Ungarn lieber nach Bayern und Schwaben, und beide Länder hatten noch viel Schlimmes zu erdulden.

Witubrand kehrte nach Rekenz zurück und wurde von Hrothswith freudig begrüßt. »Und Irmion?« fragte sie nach einer Weile.

»Tot«, sagte Witubrand knapp.

Hrothswith sah ihn erschrocken an. »Ihr zogt zusammen aus, und es wäre besser gewesen, ihr wärt auch zusammen heimgekehrt«, sagte sie leise.

»Gott hat es anders bestimmt«, erwiderte Witubrand und ritt nach Sala.

Als er vor Alheit trat, sagte sie: »Er ist tot, nicht wahr? Ich wußte es, als ich Euch auf den Hof reiten sah.«

»Er starb als Ritter«, antwortete der Sachse und wunderte sich, weil sie nicht weinte. »Ihr könnt stolz auf ihn sein.« Er winkte seinen Knechten. Sie trugen Irmions Harnisch und Waffen herein und legten sie auf den Tisch.

»Mir wäre es lieber, er wäre kein Held und lebte noch«, sagte Alheit. Ihre Lippen waren schmal. »Aber ich wußte, daß er nicht zurückkehren würde. Wo wart Ihr, als es ihn traf?«

»Ich stand ihm bei, so gut ich vermochte«, log Witubrand und winkte die Knechte wieder hinaus. »Glaubt Ihr mir etwa nicht?«

»Es ist nur«, sagte Alheit, »weil Ihr ihn einst so gehaßt habt!«

Witubrand starrte sie an. »Das ist lange her«, sagte er dann.

»So schwört!« verlangte Alheit.

Der Sachse sah grimmig auf sie herab. »Wie Ihr wollt«, murmelte er nach einer Weile. »Ich schwöre bei Gott, daß ich Euren Mann verteidigt habe, so lange ich konnte.« Er sagte aber nicht, daß Irmion da schon tot gewesen war.

Alheit schwieg.

Witubrand trat ein wenig näher. »Nun will ich Euch noch sagen«, fuhr er fort, »daß ich Euch stets zu Diensten sein werde, wann immer Ihr meine Hilfe benötigt.«

Sie sah ihn an. »Ich habe Euch schon einmal gesagt«, gab sie zur Antwort, »daß ich Eure Dienste nicht brauche.«

»Ja, ich erinnere mich«, sagte Witubrand finster.

»Geht nun«, sagte Alheit, »ich danke Euch für das, was Ihr geschworen habt.«

Der Sachse wandte sich um und verließ das Haus. Seinen Sohn Werner nahm er mit. Alheit ließ Irmin nach Hause holen. Dann sagte sie ihren Kindern, was geschehen war.

»Ich will auch ein Ritter werden wie Vater!« rief Irmin.

Nun konnte seine Mutter sich nicht mehr länger beherrschen und sie begann zu weinen. Die Kinder versuchten sie zu trösten, doch es gelang ihnen nicht.

Sie hatten nun eine schwere Zeit, aber die sorbischen Hörigen blieben dem Salahof treu, weil sie meinten, daß sie keinen besseren finden würden. So kamen sie über die nächsten Jahre, bis Irmions Söhne mannbar wurden.

Als Irmin sechzehn Jahre alt war, sagte er zu seiner Mutter: »Gib mir Vaters Waffen und ein Pferd. Ich will ein Stück von der Welt sehen, ehe ich unseren Hof übernehme.«

»Gehe aber nicht zum König«, bat Alheit. »Die Sachsen sind sehr übermütig gegen uns Franken geworden.« Es war, als hätte sie vergessen, daß sie selbst in der Braunrodung als Sachsentochter geboren war.

»Ich werde nach Schweinfurt gehen und sehen, ob Ritter Berthold noch lebt«, meinte Irmin. »Vielleicht lehrt er mich fechten wie einst Vater.«

Zu Iring sagte er: »Paß gut auf unsere Mutter auf!«

Iring nickte. »Komme bald wieder«, sagte er, »damit ich auch ausreiten kann.«

Irmin ritt den Main hinab wie einst sein Vater und kam nach Schweinfurt. Berthold war Waffenmeister des Grafen und längst an Bart und Schläfen ergraut. Er freute sich sehr, als Irmin vor ihm stand, denn der junge Mann war hochgewachsen, kräftig und gewandt. »Gute Zucht!« rief der Ritter. »Jaja, der alte Drachentöter!«

Irmin sagte ihm, daß sein Vater nicht mehr lebte.

»Was ist geschehen?« wollte der Ritter wissen.

»Er fiel an der Unstrut gegen die Ungarn«, sagte der junge Mann. »Witubrand brachte uns die Nachricht.«

»Der Sachse?« rief Berthold überrascht. »Was hatte Irmion denn mit dem zu schaffen?«

»König Heinrich schenkte Witubrand einen Hof gleich neben unserem an der Saale«, erklärte Irmin. »Als man zur Heeresfolge rief, ritt mein Vater mit dem Sachsen. Sie kämpften Seite an Seite.«

»Das hätte ich nicht gedacht«, meinte der Ritter, »daß die beiden einmal Freunde werden würden.«

»Befreundet waren sie eigentlich nicht«, erwiderte Irmin, »aber sie hegten auch keine Feindschaft mehr gegeneinander.«

Berthold wiegte zweifelnd den Kopf. »Es mag wohl vorkommen, daß der Bussard neben dem Falken horstet«, entgegnete er, »doch Freunde oder Jagdgefährten werden sie nie, und der Falke muß stets auf der Hut sein, daß ihm der unedle Aasfresser nicht die Jungen kröpft.«

»Ich werde mich schon meiner Haut wehren«, sagte Irmin, »wenn Ihr mir nur zeigen wollt, wie man das Schwert und die Lanze führt. Mein Vater hat mir oft von Euch erzählt und gesagt, es gäbe keinen besseren Waffenmeister im Reich.«

»Die fränkische Fechtweise ist heute nicht mehr besonders beliebt«, versetzte der Ritter verdrossen, »man streitet jetzt lieber auf sächsische Art.«

»Hier sind die Waffen meines Vaters«, sagte der junge Mann, »und die will ich führen, ob unser Reich nun von einem Franken oder von einem Sachsen regiert wird.«

»Wer weiß, vielleicht kommt es bald wieder anders«, sagte der Ritter düster. »Als Konrad König war, zogen die besten Krieger der Franken, Sachsen, Lothringer, Bayern und Schwaben nur immer gegeneinander ins Feld, so daß der Landesfeind das Reich um so leichter verheeren konnte, und deshalb gab unser armer Herr auf dem Totenbett Frankens Krone fort. Doch ist es unter dem Finkler besser geworden? Auch der Sachse sammelte sein Heer erst einmal gegen die Bayern, als sie Herzog Arnulf auf den Schild gehoben hatten und es im Reich zwei Könige gab. Es war ein großer Fehler, daß Markgraf Eberhard die Krone nach Sachsen brachte. Er hätte sie sich selbst aufsetzen sollen.«

»Aber hat König Heinrich danach nicht auch alle Feinde des Reichs, die Dänen, Wilzen und Abodriten, auch Lausitzer, Uker und selbst die Ungarn besiegt?« rief Irmin. »Er brachte Lothringen, die Lombardei und Burgund wieder unter die Krone; sogar die Heilige Lanze holte er zurück. Sachse oder nicht – das ist ein Herrscher, dem ich dienen wollte, wenn er mir nur die Gnade gewährte.«

»Unser König Konrad sagte ja selbst, daß an dem Falkner das Glück klebt«, erwiderte Berthold verstimmt. »Gehe nur, ich werde dich nicht zurückhalten. Aber der Sachse ist von vielen kampferprobten Männern umgeben. Du bist noch sehr jung, und keiner kennt dich. Es wird dir kaum so schnell gelingen, einen Platz unter diesen hochmütigen Dienstleuten zu ergattern, es sei denn, du verfügst über Fähigkeiten, von denen ich nichts weiß.«

»Ich habe die Sprachen der Sorben und Wenden erlernt«, antwortete Irmin eifrig, »und könnte für König Heinrich als Kundschafter in die Ostländer reiten. Dann wird es sogar von Vorteil sein, daß mich niemand kennt. Vielleicht kann ich auch einen Unterhändler des Königs begleiten, der zu Verhandlungen mit den Fürsten des Ostens ausgesandt wird.«

Berthold sah den jungen Mann nachdenklich an. »Es zieht dich wohl mit aller Macht zu den Heiden!« sagte er. »Um so nötiger ist es, daß ich dich mit Schwert und Schild vertraut mache. Ich nehme dich in unsere Jungschar auf, nicht nur um deines Vaters, sondern auch um deiner selbst willen. Wer weiß, vielleicht wird einmal ein zweiter Samo aus dir.«

»Samo?« fragte Irmin. »Wer ist das?«

Berthold lächelte. »Ein Kaufmann«, sagte er.

»Ein Krämer?« rief Irmin verdutzt. »Wie sollte ich mir einen Mann zum Vorbild nehmen, der nach Geld statt nach Ehre trachtet?«

»Samo war Händler nur zum Schein«, erklärte der Ritter, »vor dreihundert Jahren, zu König Dagoberts Zeit. Damals herrschten noch die Awaren über den Osten. Sie überwinterten jedes Jahr in den Dörfern der Slawen, nahmen ihnen die Vorräte fort und schliefen mit den Frauen und Töchtern der Unterdrückten. Wenn ein Aware ausfahren wollte, spannte er slawische Jungfrauen ein. Aus den Schändungen aber gingen Söhne hervor, die das herrschsüchtige Blut ihrer Väter erbten und nicht länger Sklaven sein wollten. Heimlich sandten sie Boten zu Dagobert. Der König schickte seinen Ritter Samo, der sich verkleidete und mit einem Handelszug reiste. Er fuhr durch das ganze Land und redete mit den Anführern der Slawen. Als die Awaren bei einem mißlungenen Angriff auf Konstantinopel schwere Verluste erlitten hatten, rief Samo die Slawen zum Aufstand und führte sie in die Schlacht. Dank seiner Klugheit und Tapferkeit siegten sie und wählten ihn darauf zum König. Er herrschte fünfunddreißig Jahre lang.«

»Besaß er denn die Erlaubnis dazu?« wollte Irmin wissen.

Der Ritter schnitt ein Gesicht. »Das war so nicht geplant«, gab er zu. »Eigentlich wollte Dagobert mit Samos Hilfe die Slawen den anderen Völkern des Reichs hinzufügen. Er forderte Samo auf, nach Paris zurückzukehren und ihm den Lehnseid zu schwören. Aber Samo gehorchte nicht. Natürlich schickte Dagobert sofort viele Kriegsleute aus, den Unbotmäßigen zu bestrafen, doch sein Heer ging in den böhmischen Wäldern vor der Wogastisburg unter.« Er grinste. »Vielleicht gehört auch dir eines Tages statt eines Bauern- ein Königshof«, fügte er launig hinzu. »Hoffentlich bist du dann auch so schlau wie Samo. Ich würde zu gern sehen, wie sich die Sachsen ärgern!«

Er lehrte den jungen Mann nun alle Kniffe mit Waffen, Deckung, Reittieren und Falken. Irmin zeigte sich anstellig und geschickt.

Im gleichen Jahr kam Witubrands Frau mit einem Mädchen nieder. Es war eine sehr schwere Geburt, und Hrothswith starb daran. Witubrand nannte seine jüngste Tochter Hathumod.

Iring war inzwischen herangewachsen und seinem Vater sehr ähnlich. Ungeduldig wartete er auf die Rückkehr des Bruders. Wenn er nachts still lag, konnte er manchmal den Mühlbach hören, und das Plätschern des Wassers klang ihm wie ein Lied von den Wundern der Welt. Es sang ihm von fernen Ländern und stolzen

Städten, von himmelhoch ragenden Burgen und Königspalästen mit goldenen Dächern, von Gärten voll silberner Nachtigallen, von Rittern auf schäumenden Rossen und Damen in Seide und Samt, von Heldentaten und zärtlichen Küssen und Kronen aus edler Hand. Auch tagsüber träumte er oft, wenn er am Ufer des Stroms lag und zu den flüchtigen Wolken blickte, dem Rauschen des Windes lauschte und über die Zukunft nachsann, an die er so viele Erwartungen knüpfte. Wie jeden Jungen trieb ihn die Frage, wohin sein Weg ihn führen würde. Wie in jedem jungen Herzen hatte auch in dem seinen der Kampf zwischen Fernweh und Heimatliebe, Unrast und Verharren, Wagemut und Flucht vor dem Ungewissen begonnen. Schwermut und Schicksalslust bedrängten ihn, Ehrgeiz und Eitelkeit stießen ihn mit ihren glühenden Stacheln, und in der Zitadelle seines Herzens sammelten sich die drei argen Spießgesellen, die Ritter der Leidenschaft, der Neugier und des Stolzes, zur fröhlichen Ausfahrt nach Zielen fern von Mutter und Heimat. Die Lust auf das Leben, die Unsicherheit über die eigenen Kräfte und der langsam nahende, schmerzvolle Abschied von Kindheit und Jugend machten ihn seufzen, und wilde Träume warfen seine Seele umher wie Löwenzahnsamen im Wind.

An einem trüben Tag ohne Sonne, als es bereits zu dämmern begann, hörte er plötzlich ein leises Plätschern im Fluß und zwischen den Gräsern der Uferböschung blickte ein junges Mädchen hervor.

Das Haar der Fremden war schwarz und glatt wie Rabengefieder. Wasser rann über die weiße Stirn und troff perlend von Kinn und Wangen. Unter den moosgrünen Augen begann eine zierlich geschwungene Nase und formte mit zarten Wangen und kirschroten Lippen ein ungemein hübsches Gesicht.

»Was sitzt du da und seufzt?« fragte das Mädchen. »Das Leben ist zu kostbar, um es mit Tagträumen zu vertun!«

»Wer bist du?« fragte der Junge verblüfft.

»Und wenn ich es dir nicht sagen will?« antwortete die Fremde. Zwischen ihren Lippen blitzten weiße Zähne.

»Nur weil du unsere Sprache sprichst, gehörst du noch lange nicht zu uns«, erwiderte Iring unmutig. »Sei also nicht so frech!«

Die Fremde lachte leise; es klang wie Goldregen auf gläsernen Glocken. »Hältst du mich für ein Slawenmädchen aus dem Dorf?« rief sie belustigt »Welches wäre so schön wie ich?«

»Schön bist du«, gab Iring zu, »aber deshalb mußt du mir doch sagen, wie du heißt. Denn wir sind hier auf unserem Hof.«

»Du, nicht ich«, verbesserte das Mädchen. »Euer ist das Land, unser der Fluß.«

Der Junge erschrak. »Bist du... seid Ihr vielleicht eine...«

Er brachte das Wort nicht über die Lippen.

»Ja, eine Undine«, rief die Fremde fröhlich. »Ihr nennt uns Nixen und habt Angst vor uns. Oh, wie töricht ihr seid!«

»Eine Nixe?« murmelte Iring. »Das glaube ich nicht!«

»Und wenn ich es dir beweise?« rief das Mädchen noch immer lachend und schüttelte das schwarze Haar, so daß immer neues Wasser hervorrann.

»Wie willst du das anstellen?« fragte der Junge und war auf der Hut.

»Ich werde dir ein Lied singen«, antwortete die Undine, »und du wirst weinen müssen, ob du willst oder nicht.«

»Ich werde nicht weinen«, sagte Iring.

»Und wenn doch?«, wollte die Nixe wissen. »Wirst du dann davonlaufen wie ein kleiner Junge?«

»Nein«, rief Iring schnell. »Ich habe keine Angst vor dir!«

»Dann wirst du mir einen Kuß geben«, sagte die Nixe.

Iring starrte auf ihre Lippen. Ein Zauber ging von dem Mädchen aus, dem er sich auf keine Weise zu entziehen vermochte. Leise begann sie zu summen, dann sang sie:

> »Ewig ist der Menschen Kummer,
> Endlos ist der Menschen Gram,
> Daß sie selbst im tiefsten Schlummer
> Rührt des Traumes Jammer an.«

»Das stimmt«, sagte Iring leise. Die Nixe fuhr fort:

> »Schuld an aller Menschheit Schmerzen,
> An der Adamssöhne Pein
> Ist die Sucht der Menschenherzen
> Nach dem Lügner Sonnenschein.«

Sie sang das Lied nach einer so süßen Weise, daß Iring nicht anders konnte, als ihr schweigend zuzuhören, und dabei immer tiefer in den Bann der tränenseligen Töne geriet. Die dritte Strophe ging so:

> »Wer aus Erdenstaub geboren
> Doch zum Lichte drängt und strebt,

Hat des Dunklen Schutz verloren
Und verdorrt, bevor er lebt.«

Nun fühlte Iring, wie ihm Wehmut in das Herz drang. Die Nixe sang weiter:

»Wär's nicht schön, die Furcht zu meiden,
Die des Menschen Herz bedrängt,
Und in Mutters Arm zu bleiben,
Kind, mit Liebe nur beschenkt?«

Nun brach die fremdartige Melodie das Bollwerk in Irings Gemüt, und er hätte gern zu weinen begonnen. Die Nixe aber schloß:

»Glücklich nur, wer den Gefühlen
Seiner Sehnsucht nicht entweicht,
Sei es in der Erden kühlen
Schatten, sei's in Wassers Reich.«

Iring stand langsam auf und ging auf das Mädchen zu. Seine Füße bewegten sich wie von Schnüren gezogen. Die Nixe sah ihm lächelnd entgegen. In ihren schönen Augen glomm ein Funke, wie ihn nicht Stern noch Feuer zeugen. Sie hob schon die schlanken, mondhellen Arme, doch Iring stolperte über ein Grasbüschel. Verdutzt sah er zu Boden, da wich der Zauber von ihm. Er drehte sich schnell um und rannte über die Wiese davon.

»Dummer Junge«, hörte er die Undine hinter sich sagen, »aber eines Tages kommst du doch zu mir.«

Am nächsten Morgen schien die Sonne, und Iring wagte sich wieder zum Fluß. Er suchte das Ufer ab, konnte aber nirgends eine Spur entdecken. Da wußte er nicht, ob er geträumt hatte.

Er sagte niemandem etwas davon.

Drei Jahre später war Iring erwachsen. Er ging zu seiner Mutter und sagte: »Ich habe keine Lust, noch länger auf Irmin zu warten. Ich will ihn suchen und zurückbringen.« Alheit gab ihm ein Pferd, Waffen und Geld, küßte ihn und sagte: »Laß mich nicht zu lange allein.«

Der junge Mann ritt nach Schweinfurt. Berthold freute sich sehr, als Iring vor ihm stand. »Noch einer aus der Drachenbrut«, rief er. »Dem alten Irmion wie aus dem Gesicht geschnitten! Willst nun wohl auch das Waffenhandwerk lernen?«

Iring schüttelte den Kopf. »Ich soll meinen Bruder nach Hause holen«, antwortete er.

»Irmin?« sagte der Ritter. »Der ist schon lange nicht mehr hier. Nach dem Tod des Finklers zog er nach Sachsen, um dessen Sohn Otto zu dienen, der nun auf dem Thron sitzt.«

»Nach Sachsen?« fragte Iring verwirrt. »Wie kommt man dorthin?«

Berthold sah ihn ein wenig mitleidig an. »Es ist wohl recht einsam bei euch im Nordwald, wie?« meinte er. »Ziemlich abgelegene Gegend. Nur Geduld, ich werde dir schon alles beibringen, was man wissen muß, wenn man zu den Sachsen reitet.«

Er unterrichtete ihn nun wie vorher Irmin in allen Waffen und lehrte ihn auch, was man von der Welt wissen mußte und Iring von seiner Mutter nicht hatte erfahren können. Sie gingen auch auf die Falkenbeize, und Berthold staunte über das Geschick des Jungen, dem die Vögel fast wie Hunde gehorchten.

Im folgenden Frühjahr sagte der Ritter zu Iring: »Schlechte Nachrichten! Der Sachsenkönig will seinen Vater in der Mißgunst gegen uns Franken offenbar noch übertreffen. Täuschung war es, daß Otto sich bei uns krönen ließ und in Aachen auf Karls Thron setzte. Man wird nicht mit dem Hintern Franke!« Erst nach einigen kräftigen Verwünschungen erfuhr Iring, was geschehen war: Herzog Eberhard von Franken hatte einen ungehorsamen Lehnsmann bestraft, indem er dessen Güter mit Heeresmacht zerstörte. Diese Ländereien lagen jedoch in Sachsen. Der König betrachtete Eberhards Vordringen deshalb als Angriff auf sein Herzogtum, lud ihn vor Gericht und verurteilte ihn zu einer Buße von hundert Pfund Silber. Außerdem mußten die fränkischen Ritter in Magdeburg zu ihrer Schande Hunde umhertragen.

»Das hat noch keiner gewagt«, knirschte Berthold, »uns Franken solchen Schimpf anzutun! Eberhard hätte Konrad nicht nur auf den Herzogstuhl, sondern auf den Thron folgen sollen. Es war falsch, den Sachsen die Krone zu geben – sie war schon dem Finkler zu groß und ist es nun auch seinem Sohn, dem darunter der Kopf schwillt!«

So haderte er und schien dabei ganz zu vergessen, daß Eberhard nur den Willen des Bruders erfüllt hatte. »Es braut sich etwas zusammen«, schloß Berthold seinen Bericht. »Deshalb werde ich dich nicht allein zum König ziehen lassen.«

Er nahm Urlaub von seinen Pflichten als Waffenmeister und ritt mit Iring nach Norden.

Sie reisten nach Rara und über den Rennsteig nach Thüringen. Bei Arnstadt trafen sie auf die Saale. Sie folgten dem Strom, der noch zu König Konrads Zeit das Reich von den Ländern der Sorben getrennt hatte, bis zur Elbe. Meist übernachteten sie in Klöstern und Einsiedeleien, manchmal auf freiem Feld. Drei Wochen später kamen sie zur königlichen Pfalz.

Magdeburg war schon von Karl dem Großen zum Platz für den Handel mit den Stämmen des Ostens, vor allem den Hevellern und Wilzen, bestimmt worden. Unter den sächsischen Königen blühte die Stadt auf. Kriegs-, Kauf- und Kirchenleute siedelten sich an, um die wilden Nachbarn Achtung vor Gott, Geld und Gesetzen zu lehren. Für die Bekehrung der Slawen gründete Otto ein Kloster des hl. Moritz und stattete es reich mit Grundbesitz aus. Berthold und Iring gingen zur Pilgerherberge und fragten einen Mönch, der sich dort um Reisende kümmerte.

»Irmin?« sagte der stämmige Klosterbruder. »Natürlich kenne ich ihn. Drei Mönche aus unserem Kloster zogen mit ihm nach Osten. Sie wollen die Heiden Salz fressen lassen und kräftig untertauchen. Soviel ich weiß, hält Euer Freund sich jetzt in der Brandenburg auf.« Er beugte sich vertraulich vor. »Reitet auch Ihr für den König?« wollte er wissen. »Ich bin Irmins Bruder«, erklärte Iring.

»Soso«, meinte der Miinch. »Seid vorsichtig! Die Redarier im Norden schnitzen schon wieder Pfeile, und auch die anderen Ostvölker glauben wohl, daß nach dem Tod des großen Heinrich Gelegenheit sei, der Kirche und dem Reich die Treue zu brechen, diese stinkenden Götzendiener!«

»Den Finkler nennst du groß?« fragte Berthold spöttisch. »Bekam er seine Krone nicht geschenkt als Lohn für Trotz und Ungehorsam? Groß war unser Kaiser Karl, der vom Ebro bis zur Oder und vom Tiber bis zur Eider herrschte und gegen den keine halbwilden Waldbauern zu mucken wagten! Außerdem sollte sich nicht ausgerechnet ein Mann als Bekehrer dicke tun, dessen Großväter selbst noch wie Ziegenböcke um heilige Eschen hüpften.«

»Holla!« machte der Mönch. »Ich bin Thüringer und von mir aus mögt Ihr wettern, solange Ihr Lust und Luft habt. Aber in den sächsischen Burgen draußen im Slawenland müßt Ihr Euch niedriger machen, sonst knüpft man Euch am höchsten Ast auf.«

»Wir werden schon sehen, wer als erster baumelt«, sagte der Ritter.

Sie reisten nun auf einem alten Handelsweg durch die Nordmark und langten drei Tage später in der Brandenburg an. Sie bestand aus Hütten, die ein hoher Erdwall umgab, und lag inmitten von Sümpfen, so daß man sie nur über Brücken betreten konnte. Darum hatten sich die Heveller dort vor den Sachsen sicher gefühlt. Doch König Heinrich hatte gewartet, bis es Winter wurde und das Wasser gefror; dann führte er seine gepanzerten Scharen über das Eis und nahm die Festung mit leichter Mühe.

Der Burggraf hieß Gero; er und Berthold kannten einander aus Konrads Feldzügen gegen die Lothringer. »Ihr habt Pech«, sagte er seinen Besuchern. »Irmin ritt vergangene Woche mit drei Priestern zu den Druzzen. Versucht lieber nicht, ihm zu folgen! Es herrscht viel Unruhe im Grenzland. Und wie sieht es im Reich aus? Die besten Ritter der Sachsen und Franken befehden einander, und wir stehen hier einer Übermacht gegenüber wie Roland bei Roncesvalles! Ich kann Euch weder Kriegsleute mitgeben noch zu Hilfe kommen, wenn Euch die Heiden gefangennehmen.«

»Wir reiten trotzdem«, antwortete Iring.

»Das habe ich mir schon gedacht«, versetzte der Burggraf. »Wer sollte mutig sein, wenn nicht die Jugend? Doch auf verwegene Worte folgt oft betretenes Schweigen. Ihr wißt nicht, was für Wilde in diesen Wäldern wohnen! Sie töten sogar ihre eigenen Eltern, wenn die nicht mehr zur Arbeit fähig sind. Ich habe selbst einmal so einen armen Alten gerettet, den seine Söhne schon gefesselt hatten. Sie wollten ihm mit einer Axt den Schädel einschlagen, da er nur noch ein unnützer Esser sei. Natürlich ging ich dazwischen. Da zeigten mir diese Mordbuben das Beil und sagten: ›Seht Ihr das Rote an der Schneide? Das ist kein Rost, sondern das Blut seines Vaters, mit dem er genauso verfuhr, wie wir jetzt mit ihm tun wollen.‹ Ich kaufte den Alten frei. Die Söhne sagten darauf, solange das Gold reiche, dürfe ihr Vater noch leben.« Er verzog das Gesicht. »Wenn sie Hunger haben, verkaufen sie ihre Kinder an Sklavenhändler«, fügte er hinzu. »Im Krieg schneiden sie ihren Opfern Haar und Haut vom Kopf und setzen es sich auf wie eine Haube. Auch stechen sie Gefangenen die Augen aus und spannen sie wie Ochsen vor den Pflug. Gebt Euch lieber den Tod, bevor Ihr diesen Wilden in die Hände fallt!«

Berthold und Iring verließen die Burg und zogen nach Osten. Der Weg war auf steinigem Boden oft kaum zu erkennen, aber im weichen Lehm fanden sie Wagenspuren von Handelszügen, und wo keine Furt durch die Flüsse führte, waren hölzerne Brücken gebaut.

Vier Tage ritten sie durch immer dunkleren Forst, so daß es Iring bald schien, als kehrte er auf zauberische Weise in seinen heimischen Nordwald zurück. Am vierten Abend lagerten sie an einem Flüßchen, das hohe Farnkräuter säumten. Sie brieten sich ein paar Fische. Während sie aßen, hockte Iring das Schweigen des schwarzen Tanns wie ein Nachtmahr im Nacken; um etwas zu sagen, meinte er: »Ein seltsamer Wald ist das hier, wie verwunschen; ich wäre nicht erstaunt, wenn aus dem Bach dort eine Nixe stiege!«

»Nixen gibt es nicht mehr«, antwortete der Ritter. »Die haben unser Weihwasser nicht vertragen, genauso wie Riesen, Zwerge und Drachen.«

»Es gibt aber trotzdem noch welche«, widersprach Iring. »Ich selbst habe eine gesehen, in der Saale, gleich bei unserem Hof.« Und er erzählte die Geschichte.

»Das hast du bestimmt geträumt«, sagte Berthold.

»Manche Träume werden Wirklichkeit«, murmelte Iring. Plötzlich hörten sie ein Rascheln. Berthold sprang auf, trat das Feuer aus und stellte sich mit seiner Lanze hinter eine Buche. Ebenso schnell war Iring zu einer Esche geeilt.

Das Rascheln wurde lauter und Äste knackten, als ob ein Eber sich einen neuen Wechsel zur Tränke bahnte. Iring trug nur ein Schwert und spähte schon nach Ästen, auf die er sich schwingen konnte, falls das grimmige Tier ihn angriff. Dann klafften die Zweige auseinander und zwischen ihnen taumelte ein kleiner, dicker Mann in einem braunen Mönchsgewand hervor. Ein blutdurchtränkter Verband umhüllte die obere Hälfte seines Gesichts.

»Um Himmels willen!« rief Berthold und lief auf den Fremden zu. »Was ist Euch, ehrwürdiger Vater?«

»Heiliger Moritz!« betete der Mönch. »Christen!«

»Ja, das sind wir«, rief der Ritter. »Was ist geschehen?«

»Diese Teufel!« stieß der Mönch mit hohler Stimme hervor. Berthold und Iring und führten ihn zu ihrem Lagerplatz.

»Was ist mit Euren Augen?« fragte Iring. »Sind sie verletzt?«

»Verletzt?« heulte der kleine Mann auf. »Die Hunde der Slawen fraßen sie!« Er preßte blutbeschmierte Hände auf den frischen Verband.

Berthold starrte ihn an. »Wann und wo?«» stieß er hervor.

»Gestern, gleich hier in der Nähe«, sagte der Verletzte mühsam. »Oh Herr!« rief er dann. »Nimm Rache an diesen Götzendienern, tritt sie in den Staub, rotte das ganze Gesindel aus! Verdammt seien sie wie die Amalekiter, gezüchtigt wie die Moabiter und vertilgt wie die Sodomiter, diese Teufel!«

»Wenn Euch auch schweres Unglück widerfahren ist«, meinte Berthold, »solltet Ihr doch nicht soviel fluchen. Der Zorn ist ein schlechter Verbündeter.«

»Das war der Fehler dieser dreckigen Heiden«, versetzte der Mönch, »daß sie mir zwar die Augen nahmen, aber die Zunge ließen, so daß ich sie nun mein Leben lang immer wieder aufs neue verfluchen werde!«

Iring schnürte rasch das Gepäck und belud die Pferde. Berthold setzte den Mönch in den Sattel. Dann eilten sie durch die Vollmondnacht den Weg zurück, den sie gekommen waren. Während sie durch den Wald hasteten, erzählte der Mönch, was ihm widerfahren war: »Traut keinem dieser Heiden!« rief er dabei. »Lug und Trug sind die Schwüre des Ostens und wer ihnen glaubt, ist selber schuld!« Aus seiner mit vielen weiteren Flüchen durchsetzten Rede erfuhren Berthold und Iring nun, daß er zu den drei Mönchen aus dem Moritzkloster gehörte, die Irmin gefolgt waren.

»Ich bin Irmins Bruder«, sagte Iring. »Was wißt Ihr von ihm?«

Der kleine Mann verstummte. Seine Lippen zuckten. Nach einer Weile murmelte er: »Tot, wie alle anderen. Die Heiden waren zu viele; sie rissen ihn nieder wie Wölfe den Elch. Der Herr sei seiner Seele gnädig!«

6

Sie ritten durch große Wälder

Spät in der Nacht fanden sie einen nach allen Seiten geschützten Platz, an dem sie sich etwas sicherer fühlten. Sie gaben dem Mönch zu essen und zu trinken, pflegten seine Wunden und richteten ihm ein Lager her. Währenddessen berichtete der Verwundete, daß er Hrabanus heiße und aus Sachsen stamme wie fast alle Brüder des Moritzklosters. Im Herbst des vergangenen Jahres seien Boten eines fremden Volks in König Ottos Pfalz zu Magdeburg erschienen. Sie hätten sich als Druzzen bezeichnet und den Herrscher gebeten, Priester mit ihnen zu schicken. Sie sagten, sie wohnten weit gegen Morgen, mitten im tiefsten Wald, wohin sie vor den Ungarn geflohen seien. Da aber keiner von Ottos Ratgebern einen solchen Stamm kannte, willfahrte der König den Fremden nicht gleich, sondern befahl Irmin, weitere Nachrichten über das Waldvolk zu sammeln. Irmin blieb ein Jahr fort. Als er zurückkehrte, sagte er, die Druzzen würden von Prinzen aus Mähren geführt.

»Das ist kein Volk, sondern eine Räuberbande«, rief Berthold grimmig. »Sie brandschatzten in Kärnten und Bayern. Einer dieser heidnischen Häuptlinge hat einst im Nordwald meinen Bruder Benedikt ermordet.«

»Dann habt Ihr also selbst Eure Erfahrungen mit diesem Satanszücht«, sagte der Mönch. »Verflucht sollen sie sein!« Er spie aus. Berthold legte ihm eine Hand auf die Schulter. Der Mönch beruhigte sich und fuhr mit etwas leiserer Stimme fort: »Ihr könnt auf Euren Bruder stolz sein, Herr Iring. Der König vertraute ihm. Denn Irmin wagte sich weiter als die anderen Kundschafter in die

Wälder und wußte auch in allen Sprachen des Ostens zu reden.«

Iring nickte traurig. »Er lernte sie schon als Kind« erklärte er leise. »Wir haben einen Hof im Sorbengau.«

»Er war ein sehr tüchtiger Mann«, sagte der Mönch. »Der König befahl ihm, uns zu den Waldleuten zu bringen. Nicht weit von hier fließt ein Strom, den die Slawen Havel nennen. Dort sollten uns die druzzischen Fürsten empfangen und dann feierlich in ihr Reich geleiten. Statt dessen fielen sie über uns her, erschlugen die waffenfähigen Männer und warfen die Leichen gleich in den Fluß. Dann stachen sie uns Priestern die Augen aus und banden uns mit Ketten, um uns später ihren heidnischen Götzen zu opfern. Als sie die Wagen ausraubten, vergaßen sie uns für eine Weile. Ich konnte meine Fesseln lockern und entfliehen.«

Berthold und Iring brachten den Mönch nach Magdeburg zurück und empfingen vom Abt des Moritzklosters zehn Goldstücke als Belohnung. Der König weilte zu dieser Zeit in Westfalen, um seinem Bruder Heinrich gegen Herzog Eberhard von Franken beizustehen. »Er wird Euch gewiß noch besser belohnen«, versprach der Abt. »Ich will Euch einen Brief mitgeben.« Er rief seinen Schreiber.

Sie warteten, bis die Tinte trocken und das Siegelwachs hart waren. Als sie das Kloster verlassen hatten, sagte Berthold grimmig: »Wenn ich nach Westfalen reite, dann nicht, um mit dem Sachsenkönig höfliche Worte zu tauschen, sondern um ihm auf den Helm zu schlagen, daß ihm Hören und Sehen vergeht! Du aber mußt jetzt heim zu deiner Mutter damit sie erfährt, was geschehen ist, und für Irmin Messen lesen lassen kann.«

Sie ritten zusammen nach Fulda; dort trennten sie sich. Iring kehrte nach Hause zurück und erzählte alles seiner Mutter. Am nächsten Tag schickte Alheit einen Knecht nach Hallstadt. Er kehrte eine Woche später mit zwei Mönchen zurück. Alheit gab ihnen die Hälfte des Geldes, das sie besaß, und bat sie, davon in Rekenz eine Kirche zu bauen. Die Mönche taten so und richteten die erste Pfarre des Saalelandes ein. Sie schütteten viel Weihwasser in den Fluß und nebelten die Kirche so stark mit Weihrauch ein, daß die Sorben husten mußten.

Nach der Messe trat Witubrand vor Alheit hin, verbeugte sich höflich und sagte: »Schenkt mir nur einen Augenblick Gehör, ich bitte Euch! Es tut mir von Herzen leid, daß Ihr nach Eurem Gatten nun auch einen Sohn verlort. Als Irmin noch bei mir wohnte, lernte ich seine zahlreichen Tugenden schätzen, und er war mir lieb wie ein eigener Sohn.«

»Ich danke Euch«, sagte Alheit und ging.

Nun folgten drei sehr harte Winter und viele Menschen verhungerten oder erfroren. Alheit speiste die Armen und gab viel Geld dafür aus. Auch Witubrand half den Bedürftigen, wo er konnte. Dann kamen Reiter aus Böhmen über die Berge und steckten drei sorbische Dörfer in Brand. Ein fränkischer Vogt aus Hallstadt eilte mit einigen Rittern herbei und sammelte Mannschaft im Saaletal. Witubrand, Werner und Iring ritten mit ihm. Sie überraschten die Räuber im Lager, schlugen die einen tot und hängten die anderen an Bäumen auf. Iring erhielt dabei einen Lanzenstich in den linken Unterschenkel. Die Wunde heilte nur schlecht, und er hinkte fortan.

Danach kamen immer wieder Räuber über die Grenze.

Iring ging häufig zum Saaleufer und suchte die Nixe, denn er mußte oft an sie denken. Doch die Undine zeigte sich nicht. Iring führte ihr Verschwinden auf das Weihwasser zurück. Mit der Zeit verblaßte das Bild der Nixe in seinem Herzen. Statt ihrer beschäftigte Hathumod seine Gedanken, denn sie war zu einem anziehenden Mädchen herangewachsen.

Eines Tages ging Iring zu seiner Mutter und sagte: »Ich will heiraten.«

»Wer ist es?« fragte Alheit überrascht.

»Hathumod«, sagte Iring.

Seine Mutter sah ihn erstaunt an. »Witubrands Tochter?« entfuhr es ihr. »Eine Sächsin?«

»Wie du«, sagte Iring.

»Sie ist noch sehr jung«, wandte Alheit ein.

»Sie ist alt genug«, entgegnete ihr Sohn. »Außerdem wird es wohl Zeit, daß ich unser Geschlecht fortsetze, ehe es mir wir Irmin ergeht.«

Am folgenden Sonntag ging Alheit nach der Messe auf Witubrand zu. Der Sachse sah ihr verwundert entgegen.

»Ich habe in einer Sache mit Euch zu reden, die sonst Männer besprechen«, sagte sie. »Da ich eine Witwe ohne männliche Verwandte bin...«

»Sprecht nur«, sagte Witubrand.

»Ich bitte für meinen Sohn um Eure Tochter Hathumod«, sagte Alheit.

Witubrand starrte sie aus zusammengekniffenen Augen an. Mißtrauen furchte seine Stirn, wie Wind den Spiegel des Weihers trübt. »Das kommt überraschend«, brachte er schließlich heraus. »Eigentlich wollte ich meine Töchter nach Sachsen verheiraten, wo meine Verwandten wohnen.«

Alheit schwieg.

»Ich werde es mir überlegen«, sagte Witubrand schließlich. »Iring ist meiner Tochter wohl wert.«

»Das will ich meinen«, erwiderte Alheit.

Eine Woche später kam Witubrand mit seiner Tochter nach Sala. Alheit bat ihn ins Haus. Es war das erste Mal, daß er die Schwelle überschreiten durfte. Witwer und Witwe besprachen nun die Angelegenheit, bis sie beide zufrieden waren, und machten ihre Kinder dann mit den getroffenen Vereinbarungen bekannt.

»Darf ich Iring einen Kuß geben?« fragte Hathumod. Sie hatte rotes Haar und viele Sommersprossen. Ihr Vater nickte.

Hathumod schlang die Arme um ihren zukünftigen Mann und küßte ihn auf den Mund. Sie war groß gewachsen und brauchte sich nicht auf die Zehenspitzen zu stellen.

Iring sagte nichts; er schwitzte, denn er hatte noch nie ein Mädchen im Arm gehalten.

Sie liefen über die Hofwiese bis zur Saale. Dort sagte Iring ernst: »Zwischen unseren Vätern gab es früher einmal Streit. Das ist aber lange vergessen. Wie wirst du dich verhalten, wenn der alte Unfriede wiederkehrt?«

»Ich werde immer nur dir gehorchen«, versprach das Mädchen, »deine Familie wird meine sein.«

Im Wiesenmonat band Pfarrer Basilius in der Rekenzer Kirche die Stola um Irings und Hathumods Hände. Dann sprach er einen Segen und erklärte die Brautleute für Mann und Frau. Die Familien und einige Gäste tranken auf Sala den Hochzeitswein. Als es dunkel geworden war, sagte Witubrand zu seinem Schwiegersohn: »Nimm deine Waffen und komme zur Saale. Denn dort muß sich jetzt endlich etwas entscheiden, das sich nicht mit Worten erledigen läßt.«

Iring sah ihn überrascht an. Dann ging er in seine Kammer, legte ein Kettenhemd an und nahm Schild und Schwert.

Er wollte gerade hinausgehen, als Hathumod eintrat. »Gehe nicht!« bat sie. »Er wird dich töten!«

Weinend fiel sie vor ihrem Mann nieder und umklammerte seine Knie.

»Wir werden nicht viel Freude aneinander haben, wenn dir so wenig an meiner Ehre liegt«, sagte ihr Mann, löste ihre Hände, setzte den Helm auf und ging hinaus.

Witubrand wartete am Fluß. Auch er trug Helm und Harnisch. Sein Schildbuckel war noch von dem Gefecht mit den böhmischen Räubern verbeult.

»Warum willst du dich mit mir schlagen?« fragte Iring.

»Auch du wirst diesen Kampf wollen«, antwortete sein Gegner, »wenn du gehört hast, was ich dir jetzt sagen werde. Als deine Mutter einst in der Burg von Schweinfurt ihren Spott mit mir trieb, schwor ich, mich zu rächen. Und wir Sachsen halten unsere Eide!«

»Ihr wart damals noch halbe Kinder«, wandte Iring ein, »und was ist damals auch schon geschehen!«

»Genug, deinen Vater büßen zu lassen«, sagte der Sachse. Fahl schien der Mond auf sein bärtiges Antlitz.

Iring fühlte Kälte in sich aufsteigen. »Ihr habt ihn verraten«, sagte er.

Witubrand lächelte böse. »Oh, wie stolz Irmion in Schweinfurt war, inmitten seiner Franken«, rief er in grimmigem Triumph. »Doch an der Unstrut, als ihn die Ungarn vom Pferd zogen, lernte er Demut und bettelte, daß ich ihn retten solle.«

»Und Ihr habt ihn im Stich gelassen«, sagte Iring fassungslos. Mit einer heftigen Bewegung zog er sein Schwert.

»Nun siehst du, wie recht ich hatte«, lachte Witubrand.

»Lasse uns nun zu Ende bringen, was damals begann!«

»Aber warum gabt Ihr mir Eure Tochter, wenn Ihr uns Franken so haßt?« fragte Iring und hob den Schild.

»Ich will nicht nur euer Blut«, erklärte sein Gegner, »ich will auch euer Land. Nichts soll von Irmion bleiben und sein Geschlecht soll ausgetilgt sein. Deine Mutter aber muß in mein Bett!«

Nun konnte sich Iring nicht mehr beherrschen. Wutentbrannt holte er aus und schlug heftig nach seinem Gegner. Witubrand wehrte drei Hiebe mit seinem Schild ab. Dann hob er die Rechte. Sie hielt einen Panzerstecher, der durch jedes Kettenhemd dringt.

»Das ist eine ehrlose Waffe!« schrie Iring. »Geächtet wie Armbrust und Gift!«

»Gott möge mir verzeihen!« rief Witubrand höhnisch. Der vierkantige Stahl stach durch die Ringe der Rüstung und bohrte sich tief in Irings Leib.

Der junge Mann brach in die Knie. »Ihr habt mich nicht besiegt, sondern ermordet«, sagte er. Dann verließ ihn das Leben; er fiel zur Seite und rollte die Böschung hinab in den Fluß.

Der Sachse warf den Panzerstecher hinterher. Da sah er, daß Schlingpflanzen den Leichnam aufhielten.

»Zur Hölle!« rief Witubrand, stieg ins Wasser und stieß mit dem Fuß nach dem Toten. Plötzlich wallten Wirbel in dem sonst ruhigen Strom und dem Sachsen war, als führe ihm unten im Fluß ein fremdartiges Wesen mit weißer Haut und grünen Augen entgegen. Da grauste ihm; schnell stieg er wieder ans Ufer und stapfte gewappnet ins Haus.

Sein Sohn Werner sah ihm von der Tür entgegen. »Was ist geschehen?« fragte er aufgeregt.

»Der Hund wollte mir ans Leben«, antwortete sein Vater, »ich mußte mich wehren. Sammle unsere Leute und dann fort von hier!«

Werner gehorchte verwirrt. Als Alheit sah, daß die Gäste aufbrachen, lief sie ebenfalls hinaus. Dort sah sie Witubrand auf seinem Pferd sitzen.

»Wo ist Iring?« fragte Alheit.

»Im Fluß«, versetzte der Sachse mit glühenden Augen. »Er wollte mich töten, doch ich war stärker. Nun ist Irmions Brut ausgetilgt, und wir können in Frieden leben!«

»Mörder!« schrie Alheit. Der Sachse riß sein Pferd herum, stieß ihm die Sporen in die Weichen und ritt davon. Werner und seine Leute folgten ihm.

Als sie auf ihren Hof kamen, fragte Witubrand: »Wo ist Hathumod?«

»Ich weiß nicht«, antwortete Werner.

»Du Narr!« rief sein Vater zornig. »Mit ihrer Hilfe legen wir Hand auf Irmions Hof! Suche sie und komme nicht ohne sie zurück!«

Werner sammelte seine Männer und eilte wieder nach Sala.

Als er auf den Hof ritt, traten ihm Alheits Knechte in Waffen entgegen.

»Ich will nur meine Schwester holen«, rief Werner.

»Hathumod gehört jetzt zu uns«, antwortete Alheit. Neben ihr stand der Pfarrer von Rekenz.

Werner wandte sein Pferd und ritt wieder zum Sachsenhof.

»Warum hast du sie nicht zurückgebracht?« fuhr ihn Witubrand an.

»Wir hätten nur mit Gewalt eindringen können«, antwortete der junge Sachse.

»Und?« schrie sein Vater.

»Hätten wir vielleicht den Pfarrer auch umbringen sollen?« erwiderte Werner. »Wie sehr sind wir denn im Recht, daß wir uns auch an Gottesmännern vergreifen dürfen?«

Witubrand preßte die Lippen zusammen. »Nun ist es zu spät«, knurrte er. »Sie werden sie inzwischen gut versteckt haben.«

Einige Tage später ritt ein Bote aus Hallstadt auf Witubrands Hof und lud ihn zum Vogt vor Gericht. Als der Sachse dort am übernächsten Morgen eintraf, saß Alheit in Trauerkleidern vor ihm und blickte ihm voller Haß entgegen.

»Ihr werdet beschuldigt, den Sohn dieser Frau heimtückisch erschlagen zu haben«, sagte der Vogt.

»Er griff mich an«, erwiderte Witubrand, »ich habe mich nur verteidigt.«

Der Vogt winkte seine Dienstleute hinaus. Als sie zurückkehrten, ging Hathumod zwischen ihnen.

»Sollst du nun gegen deinen Vater zeugen?« herrschte Witubrand seine Tochter an.

»Ich zeuge für meinen Mann«, antwortete sie. Dann erzählte sie dem Gericht, daß sie in jener Nacht Iring ungesehen gefolgt war und das Gespräch belauscht hatte, das er mit ihrem Vater geführt hatte.

»Lügen!« schrie Witubrand. »Glaubt man jetzt Weibern mehr als Männern?«

Der Vogt sah ihn nachdenklich an. »Ihr könnt Euch durch einen Eid reinigen«, sagte er schließlich.

»Das will ich«, rief der Sachse. Er legte die rechte Hand auf die Heilige Schrift und erklärte, er habe Iring dreimal zuhauen lassen, ehe er selbst geschlagen und seinen Gegner getroffen habe. Einen Panzerstecher besitze er nicht.

Das Gericht sprach ihn daraufhin frei.

»Ich verzeihe meiner Tochter und nehme sie mit mir«, erklärte Witubrand nun.

»Ich bleibe auf Sala«, rief Hathumod schnell.

»Darüber ist noch zu entscheiden«, rief ihr Vater zornig.

Der Vogt sah den Sachsen streng an. »Es wird besser sein, wenn Ihr Euch einstweilen von Sala fernhaltet«, sagte er. »Eure Tochter schuldet Euch seit Ihrer Hochzeit keinen Gehorsam mehr, das wißt Ihr doch! Es soll nicht noch mehr Blut vergossen werden.«

»Durch wen?« lachte Witubrand. »Es leben dort ja keine Männer mehr.«

Er ritt nach Hause zurück und sagte zu Werner: »Wenn Hathumod aus Hallstadt zurückkehrt, packst du sie und bringst sie hierher. Wir werden ihren Trotz schon brechen. Ist der Salahof erst einmal unser, stecken wir sie ins Kloster. Dort mag sie dann für Irings Seelenheil beten, so oft und so lange sie will.«

Sein Sohn starrte ihn an. Sein Gesicht war bleich, und man konnte ihm ansehen, wie sehr ihm der Auftrag widerstrebte. »Und Alheit?« brachte er schließlich hervor.

»Um die kümmere ich mich selbst«, sagte sein Vater. »Und das wird der schönste Teil meiner Rache sein.«

Alheit kehrte jedoch nicht nach Sala zurück, sondern stellte sich unter den Schutz des Vogts und sandte einen Knecht zu Berthold nach Schweinfurt. Hathumod blieb bei ihr, und Alheit erzählte ihr viel von den früheren Tagen im Nordwald.

Einige Tage später kamen Boten nach Hallstadt und teilten dem Vogt mit, der König werde bald mit seinem Heer erscheinen. Er wolle Böhmens Herrscher Boleslaw dafür bestrafen, daß der Herzog immer wieder Räuber über die Grenzen des Reichs vordringen lasse. Am Mittwoch nach Pfingsten zog Otto in Hallstadt ein. Berthold ritt mit ihm. Denn nach dem Tod des alten Empörers Eberhard hatte der Herrscher sich selbst zum Herzog der Franken gemacht, so daß diese nun wie die Sachsen unmittelbar unter dem König standen und keines der beiden Völker länger benachteiligt oder bevorzugt war.

Bertholds Bart war weiß geworden, denn der Waffenmeister zählte nun schon sechzig Jahre. Er tröstete die beiden Frauen, so gut er konnte, und sagte: »Wenn wir aus Böhmen zurückgekehrt sind, werde ich mit dem Grafen über Euch sprechen. Er wird dafür sorgen, daß Euch nicht noch weiteres Unrecht geschieht. Bis dahin bleibt in Hallstadt. Nur hier seid Ihr sicher.«

Alheit dankte ihm. Das große Heer ritt aus der Stadt nach Böhmen.

Am Entenbühl an der Grenze des Nordgaus, wo Herzog Heinrich von Bayern zwei Jahre zuvor die Ungarn abgewehrt hatte, ließ Otto lagern und ritt auf die Falkenbeize.

Zwei Wochen später kam eine Maultierkarawane von Osten und hielt vor dem Lager an. Männer und Tiere wirkten auf das äußerste erschöpft. Der Karawanenführer war ein hochgewachsener Schwarzbart mit Augen wie Kohlenstücken und einer Nase, die sich wie ein Raubvogelschnabel krümmte. Seine Gesellen sahen mit ihren verfilzten Haaren und struppigen Bärten wie Räuber aus und redeten miteinander in einer Sprache, die keiner von Ottos Kriegsknechten verstand. Die Fremden führten über hundert Sklaven in Ketten mit sich, darunter kräftige Männer und junge Frauen, deren Schönheit selbst unter Schmutz und Lumpen auffiel.

Als der Sklavenhändler vor dem Lager hielt, kamen die Wachen des Königs drohend mit Lanzen heraus. Aber ein Ritter, den König Otto am Tor aufgestellt hatte, hielt sie zurück und sagte zu dem Führer der Fremden: »Seid gegrüßt! Der König erwartet Euch schon. Wo habt Ihr denn so lange gesteckt?«

Der Fremde strich sich den Bart und erwiderte: »Die Ungarn scheuchen wieder einmal die Slawen auf. Der Wald wimmelt von Verzweifelten und Versprengten. Wir kamen nur mit viel Glück heil wieder heraus.«

Der Ritter führte den Sklavenhändler zum Zelt des Königs. Otto befahl Wein und Braten für seinen Gast und sah ihn erwartungsvoll an.

»Das Wichtigste zuerst, Herr«, sagte der Fremde. »Mit Boleslaw werdet Ihr leichtes Spiel haben. Euer Heer ist so groß, daß der Herzog schon bei seinem Anblick weiche Knie bekommen wird. Er wird sich Euch zu Füßen werfen und Ihr werdet sein Reich gewinnen. Bis Prag müßt Ihr aber schon ziehen, damit er sieht, daß Ihr es ernst meint.«

Der König nickte. Obwohl er noch nicht vierzig Jahre alt war, ließ er den Bart bis auf die Brust wallen.

Hinter den Herzögen und Grafen, die der Unterredung lauschten, stand auch Berthold.

»Was habt Ihr sonst noch erfahren, Herr Ibrahim?«, fragte Otto mit seiner wohltönenden Stimme.

»Die mährischen Prinzen geben immer noch keine Ruhe«, berichtete der Gast. »Auch im Wald nach Polen gibt es schwere Kämpfe. Die Lusizer und Milziener, die vor eurer Macht nach Osten wichen, treiben dort andere Stämme vor sich her und drücken sie gegen Chrobatien. Der halbe Wald ist in Aufruhr. Das meiste Blut fließt wie stets bei den Druzzen.«

»Diese Hunde!« knurrte der König.

»Dem Herrn sei Dank, daß sie nur so wenige sind«, fuhr der Fremde fort. »Aber sie gleichen ihre geringe Zahl durch ihre Wildheit aus. Alle anderen Waldvölker zittern vor ihnen wie Mosis Kundschafter vor den Enakitern!« Er zupfte sich an der Nase, beugte sich ein wenig vor und berichtete etwas leiser: »Man erzählt sich, daß die Druzzen einen neuen König haben. Er soll Christ sein und aus Eurem Reich stammen.«

»Wir haben ihnen keinen Führer geschickt und schon gar nicht einen König«, erwiderte Otto erstaunt. Dann faßte er seinen Gast ins Auge und sagte: »Meint Ihr vielleicht...«

Ibrahim nickte. »Samo«, sagte er. »Ich werde es für Euch herausfinden, sobald ich meine... Waren in Verdun verkauft habe.«

»Der Herr beschütze Euch«, sprach König Otto.

Er speiste mit seinem Gast und schenkte ihm einen kostbaren Dolch. »Noch lieber würde ich Eure Treue mit einer Burg oder Grafschaft belohnen«, sagte er, »wenn Ihr Euch nur endlich taufen lassen wolltet.«

»Mein Gott ist der gleiche wie Eurer, Herr«, antwortete der Fremde, »das soll mir genügen.«

Als er das Zelt verließ, schlugen einige Ritter das Kreuz. Zwischen den Zelten starrten Kriegsknechte dem Schwarzbärtigen finster nach. Sie wagten aber nicht, ihn zu behelligen.

Der König ließ die Zelte abbrechen und ritt nach Böhmen. Der Handelszug langte zwölf Tage später in Hallstadt an. Sein Anführer ging zum Vogt, der ihn herzlich begrüßte.

»Ibrahim!« rief er. »Habt Ihr die Wilden wieder einmal an der Nase herumgeführt?« Erfreut umarmte er seinen Besucher. »Seid mein Gast!«

»Herzlich gern!« erwiderte der Schwarzbart. »Wir Heiden speisen in Christenländern nicht oft mit Freunden.«

Abends saßen sie mit anderen vornehmen Herren bei Tisch. Alheit, Hathumod und die Töchter des Vogts warteten ihnen auf. Als der Fremde wieder von den Druzzen erzählte, klirrte es plötzlich laut. Die Herren blickten auf und sahen, wie Alheit ein zerbrochenes Glas an ihre Brust preßte.

»Was ist Euch?« fragte Ibrahim freundlich. »Habe ich Euch etwa erschreckt?«

Alheit war weiß wie Kalk und konnte nicht antworten. Statt ihrer sagte Hathumod leise: »Meine liebe Mutter verlor vor vielen Jahren einen Sohn in diesem Wald. Er hieß Irmin und war der Bruder meines Mannes. Er ritt für den König.«

»Für welchen?« fragte der Händler.

»Für den jetzigen«, antwortete die junge Frau. »Es ist aber schon vierzehn Jahre her. Ich war damals erst geboren.«

»Und tragt schon den Witwenschleier?« fragte der Fremde betroffen.

»Ja«, sagte Hathumod, »auch mein Mann ist tot.«

»Man stirbt sehr jung in diesen Zeiten«, murmelte Ibrahim. »Nein, ich weiß nicht mehr über diesen angeblichen König der Druzzen und habe ihn auch nicht selbst zu Gesicht bekommen. Aber auf meiner nächsten Reise will ich versuchen zu ihm vorzudringen.«

Hathumod wurde ganz aufgeregt, als sie das hörte. »Könnt Ihr mich nicht mitnehmen?« bat sie.

»Wo denkt Ihr hin!« wehrte Ibrahim ab. »Das ist kein Land, schon gar nicht für Christinnen; die Wilden...« Hilfesuchend sah er den Vogt an.

»Aber vielleicht ist es Irmin!« rief Hathumod. »Er ist der einzige, der uns noch helfen kann!«

»Schweigt nun«, befahl der Vogt. Dann erzählte er seinem Gast von dem Streit um den Salahof. »Die Frauen berufen sich auf das fränkische Recht, nach dem sie Grundbesitz erben dürfen«, schloß er. »Witubrand aber verlangt ein Urteil nach sächsischem Gesetz und danach fällt beim Tod eines Mannes aller Besitz dem nächsten männlichen Verwandten zu. Da es sich um eine Königsgabe handelt, habe ich dem Hof geschrieben, daß der nächste Reichstag darüber entscheiden soll.«

Alheit hatte sich wieder gefaßt. »Der König ist sächsischen Bluts«, rief sie.

»Das bin ich auch«, entgegnete der Vogt, »trotzdem schützte ich Euch. Das Recht, nicht die Gewalt soll herrschen!« Er blickte seinen Gast forschend an. »Haltet Ihr es denn nicht für völlig unwahrscheinlich«, wollte er wissen, »daß diese Wilden einen Christen zu ihrem Herrn machen?«

Ibrahim zuckte die Achseln. »In diesen Wäldern ist alles möglich«, erwiderte er. »Denkt an Samo! Aber wenn es diesem Irmin wirklich gelungen sein sollte, sich bei den Druzzen zum Häuptling aufzuschwingen, dann wäre er ja ein Verräter seines Königs.«

Die Frauen schwiegen. »Warten wir ab, was der Hof entscheidet«, schloß der Vogt.

Zwei Tage später brach in Hallstadt eine Seuche aus. Viele Einwohner hielten die Krankheit für eine Strafe des Herrn, weil sie in ihren Mauern einen Sklavenhändler und Mann vom Volk der Gottesmörder beherbergten. Zornig rotteten sie sich vor dem Burgtor zusammen. Der Vogt sah von einem Fenster auf sie herab.

»Gebt den Juden heraus!« schrien die aufgebrachten Leute. »Ich glaube, es ist Zeit zu verschwinden«, sagte Ibrahim zu seinem Gastgeber, »ehe Ihr vor der Wahl Lots steht!«

Der Vogt blickte auf seine Tochter. »Ihr habt recht«, murmelte er verdrießlich. »Diese Narren!«

»Sie sollten lieber reinlicher leben und das Ungeziefer ausräuchern«, lachte Ibrahim, »auch nicht soviel fettes Schweinefleisch essen. Moses wußte schon, warum er es verbot.«

Der Vogt gab ihm Kriegsleute mit, die ihn vor den Aufrührern beschützten.

»Im Frühjahr komme ich wieder«, sagte der Händler beim Abschied.

Eine Woche später wurde auch Alheit krank. Sie konnte keine Speise mehr bei sich behalten. Bald mußte Hathumod den Priester holen.

»Versprich mir, daß du den Hof niemals aufgibst«, flüsterte Alheit, »und Irmions Erbe bewahrst, so lange du lebst!«

»Ich verspreche es«, antwortete Hathumod unter Tränen.

Der Vogt ließ Alheit neben ihrem Vater begraben. Als Witubrand die Todesnachricht erhielt, schloß er sich in seiner Stube ein, trank Wein und ließ niemanden zu sich.

Zwei Wochen später ritt er nach Hallstadt. Der Vogt ließ nach Hathumod schicken.

»Euer Vater will sich mit Euch einigen«, sagte er zu ihr. »Obwohl er nach wie vor meint, daß der gesamte Besitz nach Irings Tod an ihn fallen muß, ist er bereit, Euch hundert Mark Silber zu zahlen, wenn Ihr die Klage beim Hof zurückzieht.«

»Du könntest das Geld einem Kloster stiften«, fügte Witubrand hinzu, »den Schleier nehmen und deinem Mann viele Messen lesen lassen.«

»Nein«, sagte Hathumod, »Ihr sollt das Erbe Irmions nicht bekommen!«

Witubrand verlor die Beherrschung. »Denkst du, du kannst das verhindern?« brüllte er. »Den will ich sehen, der mir mein Recht entreißt! Du sollst nicht länger meine geliebte Tochter sein!«

»Das war ich nie«, versetzte Hathumod. »Du gabst mir ja immer schuld am Tod meiner Mutter!«

Witubrand stand mit zitternden Lippen vor ihr; sein Gesicht war blutrot.

»Mäßigt Euch«, mahnte ihn der Vogt.

Witubrand starrte Hathumod haßerfüllt an. »Das wirst du noch bereuen!« schrie er. Dann drehte er sich um und ritt in wüster Laune fort.

Der böhmische Feldzug verlief so, wie Ibrahim es vorhergesagt hatte. Als König Otto vor der Nimburg an der Elbe östlich von Prag stand, gab Boleslaw seinen Widerstand auf und unterwarf sich. Denn wer hätte damals den Kampf mit einem so großen Heer deutscher Ritter gewagt! Der König gewährte ihm Frieden, legte den Böhmen Tribute auf und unterstellte sie Herzog Heinrich von Bayern. So hatte er dem Reich ein weiteres Land hinzugefügt und es größer gemacht als sein Vater.

Als das Heer wieder nach Hallstadt kam, erfuhr Berthold von Alheits Tod. Er betete lange an ihrem Grab. Dann sagte er zu Hathumod: »Nun seid Ihr ganz allein, und es ist wirklich das beste, wenn Ihr ins Kloster geht. Sonst wird Euer Vater das Erbe Irmions doch noch gewinnen. Wenn Ihr aber erklärt, daß Ihr den Hof der Kirche vermachen wollt, wird der Hoftag kaum gegen Euch urteilen und aus dem Vermächtnis Irmions kann vielen Gutes erwachsen.«

Hathumod schüttelte den Kopf. »Ich möchte, daß Ihr mit mir in die Ostländer reist«, sagte sie. »Vor einigen Wochen war hier ein Händler zu Gast, der dort gut Bescheid weiß. Er erzählte uns, daß die Druzzen jetzt einen Christen zu ihrem König erwählt hätten. Das muß Irmin sein!«

Berthold wechselte besorgte Blicke mit dem Vogt. »Unsinn«, sagte er dann. »Ihr habt Euch in einen Gedanken verrannt, der Euch zu keinem Ziel führen wird! Irmin ist lange tot. Der Mönch Hrabanus sah doch selbst, wie die Wilden ihn niederrangen und mit den anderen toten Kriegsleuten in den Fluß Havel warfen!«

»Ich fühle, daß Irmin noch lebt«, sagte Hathumod fest, »und ich werde ihn finden.«

»Ich kann Euch nicht erlauben, in diese gefährliche Gegend zu reisen«, sagte der Vogt mit Bestimmtheit. »Ihr müßt bei mir bleiben, bis Euer Urteil gesprochen ist. Dann wollen wir über Euer weiteres Schicksal reden.«

»Da hört Ihr es«, sagte Berthold zu Hathumod. »Fügt Euch, damit Euch nicht noch Schlimmeres geschieht! Ich kenne diese Wälder. Glaubt mir, auch Euer Vater hätte nicht gewollt, daß Ihr dorthin geht.«

Er kehrte nach Schweinfurt zurück. Hathumod blieb bei dem Vogt, der sie versorgte und mit seinen Töchtern wohnen ließ, so daß ihr nichts fehlte.

Im Frühjahr kehrte Ibrahim aus Verdun zurück, wo er die Sklaven für viel Gold verkauft hatte. Er schenkte dem Vogt ein Fäßchen maurischen Weins; sie tranken ihn mit dem Kaplan der Burg.

»Ein vorzüglicher Tropfen«, lobte der Vogt und drehte erfreut den Pokal vor dem Auge. »Wie großzügig von Euch, ihn mit uns zu teilen. Vor allem, wo Ihr doch jetzt wieder zu den Wilden müßt, bei denen man nur saures Bier bekommt!«

»Ich habe noch mehr von Noahs zweitbester Erfindung«, lachte der Händler. »Auch die Wilden wissen diesen Trank zu schätzen. Der Wein wirkt dort besser als jeder Geleitbrief.«

»Auch bei den Druzzen?« fragte der Kaplan.

»Hoffentlich«, sagte Ibrahim. Dann sah er suchend in die Runde und fragte: »Wo ist denn diese arme Frau geblieben, die ihren Sohn dort vermutete?«

»Sie starb kurz nach Eurer Abreise«, sagte der Vogt.

»Und das Mädchen?« wollte der Händler wissen.

»Sie wurde heute plötzlich krank«, antwortete der Vogt. »Wie es den Frauen so geht. Seid froh – sie würde Euch doch nur bedrängen, sie mit in die Wälder zu nehmen.«

»Das fehlte gerade noch«, lachte Ibrahim. »Mit einem so hübschen Weib zu den Wilden! Aber ich könnte ein paar junge Burschen gebrauchen. Drei meiner Knechte haben sich von schwarzen Weibern einwickeln lassen und sind nach Spanien entfleucht. Habt Ihr ein paar kräftige Kerle für mich?«

»Morgen schicke ich Euch welche«, antwortete der Vogt.

»Ich muß schon sehr früh nach Schweinfurt zum Grafen.«

Trotzdem tranken sie die halbe Nacht und trennten sich erst, als das Füßchen leer war.

Am nächsten Tag kaufte Ibrahim in Hallstadt Tauschwaren ein und nahm drei junge Männer in Dienst, die der Vogt für ihn ausgewählt hatte. Der Händler ließ sie die Maultiere beladen. Als sie damit fertig waren, kam noch ein vierter.

»Auch recht«, brummte Ibrahim, setzte sich auf sein Pferd und führte den Zug aus dem Osttor. Die Sonne schien ihm in die Augen, und sein Kopf schmerzte.

Sie zogen auf der alten Heerstraße nach Böhmen und dann an der Eger entlang bis zur Elbe. Unterwegs kamen sie durch viele Dörfer, die im Jahr zuvor von Ottos Heer niedergebrannt worden waren. Sie folgten dem großen Strom durch das Tor, das er sich hinter Taschen in die Sandsteinberge bricht. Nördlich davon breitete sich das hügelige Waldland der Lusitzer aus. Ibrahim führte seinen Zug auf die Handelsstraße zur Oder. Als sie den Fluß schon in der Ferne sahen, ertönten hinter ihnen plötzlich Hufschläge auf dem Weg.

Ibrahim gab seinen Knechten rasch Zeichen. Sie führten die Maultiere zwischen die Bäume, banden sie fest und legten die Waffen zurecht.

Nach einer Weile näherte sich auf dem Weg ein einzelner Reiter. Er trug einen Helm mit Nasenschutz; von seinem Kinn wehte ein weißer Bart.

»Herr Ibrahim!« rief er.

Vorsichtig trat der Händler hinter einer Weide hervor. »Wer seid Ihr?« fragte er über den Rand seines Schildes.

Der Reiter hielt an. »Ihr kennt mich nicht«, sagte er. »Ich heiße Berthold und diene dem Grafen von Schweinfurt als Waffenmeister.«

»Seid mir willkommen«, sagte der Händler höflich. »Warum folgt Ihr uns?«

»Nicht Euch«, sagte Berthold, »sondern jemand anderem.« Er stieg ab und trat zu den Knechten, die Ibrahim in Hallstadt angeworben hatte. Der Kleinste wich ein wenig zurück. Berthold packte zu und zog die Kappe herunter. Darunter leuchtete kurzgeschorenes Haar.

Ibrahim sah erstaunt zu. »Und?« meinte er. Dann machte er große Augen. »Beim Barte Abrahams!« rief er. »Das ist ja das Mädchen, das unbedingt in die Ostländer wollte!«

»Ja«, sagte Hathumod tapfer. »Und da selbst Ihr nicht merktet, was ich bin, können wir es wohl auch vor den Heiden verbergen.«

»Ihr werdet umkehren«, rief der alte Waffenmeister entschlossen. »Der Vogt befiehlt es Euch.«

»Zu spät«, sagte der Händler.

Sie folgten seinem Blick. Aus dem Dunkel des Waldes schoben sich schnell und lautlos immer mehr Krieger hervor. Unter verfilzten Haaren leuchteten blau bemalte Gesichter, von fahlen Bärten umsäumt. Die Waldmenschen trugen Hauben aus Köpfen von Luchsen und Wölfen und waren in lange Mäntel aus Fellen gehüllt, so daß sie selbst wie wilde Tiere wirkten. In ihren Fäusten schwangen sie hölzerne Keulen, Speere mit Knochenspitzen und lange Messer mit gezuckten Klingen. Innerhalb weniger Herzschläge hatten die Krieger den Handelszug von allen Seiten umstellt.

7

Taten wir nicht als Kinder einen Schwur?

»Ruhig«, mahnte Ibrahim seine Leute. »Finger von den Waffen! Wenn sie angreifen, jagt die Maultiere fort! Die Kerle werden hinter ihnen herlaufen, und wir können uns vielleicht retten.«

»Sind das Druzzen?« rief Hathumod und stülpte sich die Kappe wieder auf den Kopf.

Die Fremden zischten laut und hoben die Speere. »Nicht dieses Wort!« rief der Händler schnell und streckte den Kriegern die offenen Hände entgegen.

Berthold hielt seinen Schild vor Hathumod und zog sie schnell an den Stamm einer Eiche. Ibrahims Knechte stellten sich zwischen die Maultiere. Die Fremden zielten mit ihren Speeren. Ein Hüne mit gelbem Bart und schwarzer Bärenhaube gab laute Befehle.

Vorsichtig trat der Händler auf den Häuptling zu und redete einige kehlige Worte. Der Mann mit der Bärenhaube schüttelte den Kopf und zeigte mit der Hand in den Wald. Je länger Ibrahim sprach, desto ungeduldiger gerieten die Gebärden des Häuptlings.

»Es müssen Milzieier sein«, raunte Ibrahim Berthold zu.

»Sorbisch scheinen sie nicht zu verstehen. Sie wollen, daß wir in ihr Dorf kommen und mit ihnen handeln.«

»Wir haben wohl keine Wahl«, murmelte Berthold und hielt Hathumod sorgfältig gedeckt.

»Wir werden ihnen Wein zu trinken geben«, sagte der Händler. »Das wird ihnen gefallen.«

Der Händler wandte sich um und schritt voraus. Ibrahim und die anderen folgten ihm, von den Kriegern bewacht. Nach einer

Stunde standen sie an einem kleinen See mit sumpfigen Rändern. In seiner Mitte ragten Pfahlhütten aus dem braunen Wasser.

»Ein Dorf auf Stelzen«, rief Hathumod.

»So sind sie sicher«, erklärte Berthold.

»Wen sollten diese Wilden fürchten?« fragte die junge Frau erstaunt.

»Die Druzzen«, antwortete Ibrahim.

Sie schlugen ein Lager auf. Der Häuptling schickte einige Krieger mit einem Boot zum Dorf. Als sie zurückkehrten, trugen sie einen kahlköpfigen Greis. Sein linkes Handgelenk war mit einem Lederriemen an den rechten Knöchel gebunden.

Der Mann mit der Bärenhaube redete auf den alten Mann ein. Dann übersetzte der Greis: »Der Häuptling bietet Sklavinnen, Felle, Pelze, Honig und Wachs.«

»Wer seid Ihr?« fragte Ibrahim.

»Nur ein Sklave«, antwortete der Alte. »Welche Waren führt Ihr mit Euch?«

Ibrahim und Berthold wechselten Blicke. Dann sagte Ibrahim: »Eiserne Messer, Stoffe, Töpfe und Glas. Und Wein.«

»Wein?« sagte der Alte. »Heiliger Felix von Nola, wie lange haben meine Lippen solchen Trank nicht mehr genossen!«

Der Häuptling sprach einige Worte in fragendem Ton. Der Greis antwortete ihm und blickte die Besucher dabei listig an. Als er geendet hatte, rief der Häuptling triumphierend in die Runde: »Wein!«

»Wein!« wiederholten die Krieger und schwangen die Speere.

Nun stiegen wieder einige Männer in das große Boot und ruderten über den See. Diesmal brachten sie drei junge Mädchen zurück. Sie trugen Fellkleider. Verschüchtert hockten sie auf dem Boden.

»Gefangene?« flüsterte Hathumod.

Berthold schüttelte den Kopf. »Wenn sie zu viele Töchter und zu wenige Söhne haben«, murmelte er, »verkaufen sie ihr eigen Fleisch und Blut.«

Der Häuptling stieß einen barschen Befehl aus. Sogleich packten einige Krieger die Mädchen, tauchten sie in den See und rieben ihnen mit den Händen die Gesichter. Hustend und nach Atem ringend kamen die Mädchen wieder zum Vorschein, ein wenig sauberer als zuvor.

»Schon gut«, sagte Ibrahim. »Ich nehme sie. Wieviel?«

Sie feilschten eine Weile. Schließlich gab Ibrahim für die drei Mädchen zwei Fässer Wein. Dann handelte er Wachs und Pelze für zehn Eisenmesser ein. Die Milziener zeigten sich zufrieden, nahmen das erste Faß, schlugen den Deckel ein und schöpften das Getränk mit hohlen Händen.

Ibrahim sah ihnen zu. Dann fragte er den Alten: »Wie seid Ihr in diese Lage geraten?«

»Als Händler, wie Ihr«, erklärte der Greis. »Doch in meinem Wein schwamm eine Wespe. Als der Häuptling trank, stach sie ihn in den Hals. Er dachte, ich hätte das Faß verhext. Ich blieb nur am Leben, weil ich ihre Sprache verstehe.« Er musterte sie die Reihe nach. »Ich hatte Glück«, fügte er hinzu. »Gewöhnlich blenden die Waldleute ihre Sklaven, damit sie nicht fortlaufen können. Mich fesselten sie nur.«

Hathumod blickte ihn mitfühlend an. »Könnt Ihr ihn denn nicht freikaufen?« fragte sie Ibrahim.

»Als Dolmetscher ist er viel zu wertvoll«, entgegnete der Händler. »Außerdem brauche ich meine Waren noch für andere Geschäfte, wie Ihr wohl nicht vergessen habt.«

»Wohin wollt Ihr denn?« fragte der Alte. »Vielleicht kann ich Euch helfen.« Seine Lippen entblößten einen zahnlosen Gaumen. »Ich bin Christ«, fügte er hinzu. »Meine Wiege stand in der Lombardei.«

Einer der Krieger trat auf einen Stein, verlor das Gleichgewicht und fiel in den See. Der Häuptling stieß ein brüllendes Gelächter aus.

»Sind noch andere Sklaven im Dorf?« fragte Berthold und blickte vorsichtig zu den Waldleuten.

»Drei«, antwortete der Greis. »Sie waren meine Hörigen; für sie hat sich nicht viel geändert.«

Ibrahim beugte sich vor. »Wo finden wir die Lusitzer?« wollte er wissen.

»Ihr wart wohl noch nicht oft in diesen Wäldern«, antwortete der Alte. »Ihr trefft auf sie, wenn Ihr nach Abend reitet – auf dem gleichen Weg, den Ihr gekommen seid.«

»Wir sind aus Böhmen«, erklärte Ibrahim.

»Ach so«, meinte der Greis. »Ich dachte, aus Sachsen.«

Berthold blickte zwischen den beiden Männern hin und her und schwieg. Auch Hathumod sagte nichts mehr.

»Und wo geht es zu den Wislanen?« erkundigte sich Ibrahim nun.

»Haltet Euch nach Südosten«, erklärte der Alte. »Sie wohnen immer noch an der Weichsel. Nun gebt mir aber einen Schluck Wein, ich bitte Euch!«

Berthold ging zu dem vordersten Maultier, zapfte Wein in einen Becher und reichte ihn dem Greis. Der Alte trank mit hastigen Zügen. Von den Kriegern scholl wieder lautes Gelächter herüber.

»Und zu den Druzzen?« fragte Ibrahim sanft.

Der Alte verschluckte sich, hustete und spie aus. »Seid Ihr von Sinnen?« sprach er schweratmend. »Mich so zu erschrecken! Ihr wollt nach Norden in die Odersümpfe?« Er starrte sie an. »Schon manche sah ich hier vorüberziehen, aber noch keiner kehrte zurück.«

»Es soll jetzt ein christlicher Häuptling bei ihnen herrschen«, wandte Ibrahim ein.

Der Greis ließ seine Blicke über die Gesichter der beiden Männer wandern. Hathumod hing wie gebannt an den nassen Lippen, die sich wie Würmer über den zahnlosen Gaumen spannten. »Davon habe ich auch schon gehört«, sagte der Alte nach einer Weile. »Doch zu den Druzzen zählen viele Stämme. Die meisten gehorchen den mährischen Prinzen.«

»So weit sind die Mährer geflohen?« fragte Ibrahim.

»Weit?« wunderte sich der Greis. »Es sind doch nur zwölf Tagesreisen von der Weistritz nach Neutra!«

»Weistritz?« erwiderte der Händler. »Ich dachte, daß die Pruzzen an der Odermündung wohnen, am Meer!«

»Pruzzen! Ja so!« fragte der Alte verblüfft. »Die Pruzzen meint Ihr!«

»Ihr habt Euch wohl verhört«, sagte Ibrahim freundlich.

Der Alte sah ihn mißtrauisch an. »Bei den Pruzzen gibt es aber keinen christlichen König«, sagte er.

Der Häuptling kam auf sie zu.

»Behaltet für Euch, was wir besprochen haben«, bat Ibrahim. »Wir reden morgen weiter. Ich komme oft in die Lombardei und werde Euren Angehörigen Nachricht bringen.«

Der Alte nickte und gab den leeren Becher zurück. Der Häuptling redete auf ihn ein.

»Wie lange werdet Ihr bleiben?« fragte der Alte.

»Mindestens drei Tage«, antwortete der Händler. »Meine Maultiere sind müde und brauchen Erholung.«

Der Greis übersetzte. Der Häuptling nickte, hob seinen Dolmetscher ins Boot und ruderte mit den Kriegern zum Dorf. Als die Milziener verschwunden waren, sagte Berthold: »Ihr wollt doch nicht wirklich zu diesen Teufeln?«

»Doch«, entgegnete der Händler und berichtete von König Ottos Auftrag.

»Nun, das ist etwas anderes«, meinte der Ritter. »Aber ich werde nicht zulassen, daß Ihr Hathumod mitnehmt.« Er erzählte dem Händler nun von der Weisung des Vogts.

»Ist das Urteil schon ergangen?« erkundigte sich der Händler.

Berthold biß sich auf die Lippen. »Der Hoftag entschied nach sächsischem Recht«, erwiderte er. »Aber wir können uns noch an den König selbst wenden.«

»Ihr werdet ihn gnädiger finden, wenn Ihr ihm zuvor einen Dienst erwiesen habt«, meinte Ibrahim, »zumal Ihr Franke seid.«

»Ich kehre nicht um!« rief Hathumod trotzig.

»Da hört Ihr es«, sagte der Händler. »Das Schicksal wird nicht von Menschen gemacht. Was wäre geworden, wenn jemand Judith gehindert hätte, zu den Assyrern zu gehen und Holofernes den Kopf abzuhauen?«

»Aber sie ist fast noch ein Kind!« entgegnete der alte Waffenmeister. »Judith war schon Witwe!«

»Das bin ich auch!« rief Hathumod. Sie hielt die Hände in die Hüften gestützt und ihre Augen blitzten.

Ibrahim lachte. »Damit ist es wohl entschieden«, sagte er.

»Das ist Witubrand als Weib!« knurrte Berthold verdrossen. »Aber ich komme mit, darauf könnt Ihr Euch verlassen.«

»Ihr seid herzlich eingeladen«, sagte der Händler und machte eine übertriebene Verbeugung. Mißmutig ging der Ritter zu seinem Pferd und legte ihm den Sattel auf.

»Wohin wollt Ihr?« fragte Hathumod.

»Zu den Druzzen!« knurrte der alte Waffenmeister.

»Aber Ihr habt dem Lombarden doch gesagt, daß wir drei Tage hierbleiben!« staunte das Mädchen und blickte den Händler fragend an.

Ibrahim winkte seine Leute herbei. »Wenn das ein Lombarde

war«, sagte er über die Schulter, »dann bin ich der Kalif von Bagdad.«

Verblüfft sah Hathumod zu Berthold.

»Ein Lombarde würde nicht den heiligen Felix von Nola um Wein bitten, sondern viel eher den heiligen Urbanus, dessen Bild bei allen italienischen und deutschen Winzern hängt«, erklärte der Ritter. »Nola liegt bei Neapel, wo der griechische Kaiser herrscht.«

»Aber warum log der Sklave?« wollte Hathumod wissen.

»Sklave?« erwiderte Berthold geduldig. »Der Alte ist bestimmt vom Kaiser in diese Wälder geschickt, um die Stämme gegen uns aufzuhetzen. So tun die Griechen schon seit den Zeiten des großen Karl. Unsere Könige sollen keine Zeit finden, sich um ihre Rechte in Italien zu kümmern. Griechische Schläue! Haben diese Kastraten in Konstantinopel nicht auch die Ungarn aus Asien geholt?«

»Machen wir, daß wir fortkommen«, sagte Ibrahim. »Wenn wir uns beeilen, sind wir jenseits der Oder, ehe sie unseren Abschied bemerken.«

Sie zogen die ganze Nacht hindurch nach Norden.

In der Morgendämmerung durchquerten sie die Oder. Als sie an das jenseitige Ufer stiegen, hörten sie hinter sich Schreie. Die Milziener kamen aus dem Wald und drohten mit ihren Speeren, folgten ihnen aber nicht durch den Fluß. Ibrahim führte den Zug nun am Ufer entlang nach Norden. Bald begann das Land sumpfig zu werden. Sie wanderten im Schatten riesiger Eichen, Eschen und Erlen wie unter einem Dach. Schlingpflanzen hingen von allen Ästen, so daß sie wie durch Netze schritten. Auf den vielen toten Armen des Stroms schwammen Seerosen groß wie Wagenräder. Wo im flutenden Hahnenfuß Fische sprangen, schwebten Eisvögel und Kormorane über den weißen Blütenteppichen. Zehntausende Orchideen färbten die sattgrünen Wiesen der Flußau. Der Strom selbst verbarg sich meist hinter Mauern aus doppelmannshohem Schilf. Es war feucht und schwül.

An einer Flußbiegung sah Ibrahim eine kleine Insel nahe am Ufer und führte seinen Zug in den Strom. Das Wasser war so niedrig, daß es den Tragtieren nur bis an die Bäuche reichte.

Am nächsten Morgen regnete es in Strömen. Ibrahim nahm ein mit Wein beladenes Maultier, ließ seine Knechte mit den drei Sklavinnen zurück und ging in den Sumpf. Hathumod und Berthold folgten ihm. Nach einer Stunde blieb Ibrahim stehen.

»Was ist?« fragte Berthold.

»Pfähle«, sagte der Händler. Vorsichtig führte er das Tier an einem großen Laubhaufen vorüber, der mitten auf dem Weg lag.

Berthold pfiff leise durch die Zähne, als er die Falle sah.

An einer anderen Stelle deutete Ibrahim auf Schlingen, die sich fast unsichtbar zwischen den Farnkräutern wanden, und dünne Schnüre, die sich an besonders dunklen Stellen des Waldes knöchelhoch über den Weg spannten. Als der Händler sie mit einem langen Ast berührte, bohrten sich Pfeile ins Holz naher Ulmen. Oft rankten sich dornige Zweige in ihren Weg. Der Händler schlug sie nicht zurück, sondern wich ihnen sorgfältig aus. »Nicht anfassen!« warnte er. »Die Spitzen sind vergiftet.«

Auf diese Weise kamen sie nur langsam vorwärts. Gleichzeitig wurde ihnen klar, daß die Fallen auch jede schnelle Flucht aus dem Land der Druzzen unmöglich machten.

Der Weg wurde immer unsicherer und bald begann der Boden unter ihren Tritten zu schwanken. Riesige Tausendfüßler krochen über den schlüpfrigen Pfad und aus den Moospolstern quoll braunes Wasser. Das Blätterdach wurde so dicht, daß sie den Himmel nicht mehr sehen konnten. Das trübe Licht schien von allen Seiten zu kommen und ihre Gesichter schimmerten grün wie Eidechsenhaut. Hoch über ihren Köpfen schwirrten Eichelhäher von Ast zu Ast und schrien ihre Warnungen durch den Wald.

»Die Druzzen werden bald wissen, daß wir kommen«, knurrte Berthold.

»Ja«, antwortete Ibrahim und blieb stehen.

Zweihundert Schritte vor ihnen trat eine fremdartige Gestalt aus den tropfenden Büschen und versperrte den Weg. Der Fremde maß mehr als sechs Fuß und trug einen Fellrock. Gesicht und Oberkörper waren mit weißen Streifen bemalt, so daß es war, als schienen seine Knochen durch die Haut. Er trug einen langen Speer mit gezuckter Spitze. Ibrahim machte sogleich die Gebärde des Trinkens und rief: »Wein!«

Der Krieger rührte sich nicht und gab keine Antwort. Berthold sah sich unruhig um.

»Wein!« wiederholte der Händler, hielt einen Becher hoch und klopfte auf eins der Fässer auf dem Rücken des Maultiers. »Nun antworte schon, du vermaledeiter Baalsdiener!«

Der Krieger starrte sie an. Dann drehte er sich plötzlich um und ging langsam auf dem Weg weiter.

»Na endlich«, sagte Ibrahim zufrieden. »Er bringt uns zum Dorf.« Sie folgten dem Druzzen.

Nach einer Stunde sahen sie zwischen den Bäumen die Umrisse großer Hütten mit Dächern aus Zweigen. Ein Zaun aus zugespitzten Pfählen umgab die Siedlung. Ihr Durchmesser betrug mehr als tausend Doppelschritte.

»Ich hätte nicht geglaubt, daß die Druzzen so große Dörfer haben«, murmelte Berthold. »Gebt nur acht, daß nicht auch uns eine Wespe in den Wein fällt!«

Am Tor kamen ihnen viele Krieger entgegen. Auch sie gingen halbnackt. Fliegenschwärme stürzten sich auf die Besucher. Das Maultier wehrte sich heftig mit Mähne und Schweif.

»Vorsicht!« rief Ibrahim und hielt es mit aller Kraft fest. »Es schlägt aus!«

Das bockige Tier zog ihn durch das Tor. Auf dem Dorfplatz stand ein dicker Mann in einem Luchsfell. Auf seinem Kopf saß ein Hut mit blauen und grünen Reiherfedern.

Ibrahim ließ das Maultier los und verbeugte sich. »Wir haben Wein«, sagte er und zeigte auf die Fässer.

Der Häuptling rief ein paar Worte. Einige Krieger eilten zu einer Hütte. Wenige Herzschläge später trugen sie ein altes Weib ans Licht, das heftig zeterte und kreischte. Als die schmutzige Vettel die Fremden sah, verstummte sie und leckte sich erwartungsvoll die Lippen. »Habt Ihr Wein?« fragte sie in holperigem Fränkisch.

»Ja«, sagte Ibrahim.

Die alte Vettel lachte kreischend. »Ihr wollt Sklavinnen?« schrie sie.

»Nun ja«, meinte Ibrahim, »mit Sklaven handeln wir auch.«

Die Alte zeigte auf Hathumod. »Schöner Knabe!« schrie sie. »Für mich!« Sie machte eine verderbte Geste. »Für die Liebe!«

Hathumod wurde rot. Ibrahim sagte: »Ja, die Liebe! Mit Wein gelingt sie noch besser.«

»Wie viele?« fragte die Alte und zeigte grinsend bräunliche Zahnstummel.

Berthold stieß Ibrahim an.

»Jaja«, sagte der Händler, »das habe ich auch schon gesehen.«

Hathumod folgte ihren Blicken. Um den Hals der alten Frau hing an einer Schnur ein Stück Siegelwachs wie von einem königlichen Sendschreiben.

»Wir müssen die Alte bei Laune halten!« raunte Berthold dem Händler zu.

»Solange ich ihr nicht beiliegen soll!« brummte Ibrahim. Er wandte sich wieder dem Waldweib zu. »Sklavinnen, ja!« sagte er und rollte wie in großer Vorfreude die Augen.

»Druzzenfrauen große Brüste!« krächzte die Alte. »Dicke Bäuche! Weich liegen!«

»Ja, das ist schön«, sagte Ibrahim höflich.

Der Häuptling und die Krieger blickten mit verschlossenen Mienen auf die Besucher.

»Wo hast du so gut Fränkisch gelernt?« wollte Berthold wissen.

Die Alte hörte auf zu lachen. »Ich selbst einmal Sklavin«, antwortete sie. »Franken raubten mich. Taten mir alles an.«

»Oh«, machte Berthold betroffen. »Aber sie haben dich... Euch wieder freigelassen...«

»Häuptling kaufte mich zurück!« radebrechte die Alte mit glitzernden Augen.

»Da habt Ihr aber Glück gehabt«, sagte Berthold. »Äh, wir sind keine Menschenräuber. Wir handeln nur mit bezahlter Ware. Es war bestimmt nicht billig, Euch zurückzukaufen.«

»Teuer!« schrie die Vettel böse. »Ich schönes Weib!«

Berthold nickte eifrig. »Gewiß habt Ihr auch dem Häuptling sehr gefallen«, schmeichelte er.

»Häuptling liebt mich sehr!« kreischte die Alte.

»Das verstehe ich gut!« sagte der Ritter eifrig. »Was tut ein Mann nicht alles für eine schöne Frau...«

»Gut!« rief das Druzzenweib. »Daran denken Männer immer!«

»Da ist nichts Schlechtes dabei«, meinte Berthold beschwichtigend. »Ein Mann, eine Frau, die Liebe...«

Die Alte starrte ihn an. »Ich Häuptlings Mutter!« kreischte sie.

Ibrahim murmelte: »Herr Ritter, nun schweigt ein wenig und laßt mich reden.«

Berthold wischte sich den Schweiß von der Stirn.

»Wir nehmen auch Pelze, Honig und Wachs«, sagte der Händler. »Wir haben noch viel mehr Wein.«

»Wo?« kreischte die Alte.

»Nicht weit von hier«, sagte Ibrahim. »Laßt uns ausruhen. Morgen werden wir handeln. Habt Ihr Brot und Salz?«

Die Alte schrie ihrem Sohn eine Übersetzung ins Ohr. Der Häuptling gab eine kurze Antwort.

»Morgen! Ja, morgen!« rief die Alte. »Kein Salz!« Sie zeigte auf eine Hütte. »Dort rasten!«

Die kleine Behausung stand als einzige auf Pfosten, etwa eine Elle hoch über der Erde. Die beiden Männer wechselten Blicke.

Die Krieger folgten ihnen. Vor der Hütte luden Ibrahim und Berthold die Fässer ab, schafften sie ins Innere und banden das Maultier an den Türpfosten. Das einzige Fenster zeigte auf den Dorfplatz. Die Krieger starrten neugierig zur Tür herein. Erst nach einer Weile verliefen sie sich.

»Was meint Ihr?« fragte Ibrahim. »Ob dieses Siegel von einem Sendschreiben Eures Freundes stammt?«

»Ich konnte es nicht genau erkennen«, antwortete der Ritter. »Morgen erfahren wir vielleicht mehr.«

»Wir wollen abwechselnd wachen«, sagte der Händler.

Sie saßen bis zum Abend und lauschten den Geräuschen des Dorfs.

Als es dunkel wurde, sagte Hathumod: »Ich muß einmal hinaus.«

»Warum?« fragte Berthold. Das Mädchen wurde rot.

»Geht nicht zu weit fort!« warnte Ibrahim.

Hathumod stieg die schmale Holztreppe hinab und lief zu einem Erlenwäldchen. Als sie näherkam, sah sie, daß sie einen schlechten Ort gewählt hatte, denn zwischen den Bäumen stand eine Hütte. Sie wollte schon umkehren, da hörte sie plötzlich ein seltsames Schleifen und Schaben. Neugierig schlich sie näher und legte das Ohr an die Bretterwand. Es klang, als ob in der Hütte ein großes Tier schnaufte. Ein Ächzen und Knarren wie von Seilen begleitete jeden Ton.

Hathumod spähte durch eine Ritze, aber sie konnte nichts erkennen, denn in der Hütte brannte kein Licht. Vorsichtig blickte sie sich um. Dann kroch sie auf allen vieren zur Tür und schob den Kopf um den Pfosten.

Das Schnaufen wurde ein wenig leiser. Aus der Dunkelheit schwang plötzlich ein dicker Balken und schoß auf die Tür zu. Hathumod duckte sich rasch. Das Holz fuhr über sie hinweg und verschwand wieder in der Finsternis. Im Strahl des Mondlichts, das durch die halbgeöffnete Tür drang, funkelte weißer Staub. Nun erst erkannte Hathumod, daß sie eine Mühle entdeckt hatte.

Wieder schwang ein Balken durch das Mondlicht und setzte seinen Kreis in die Düsternis fort. Hathumod wartete auf das Zugtier, das die Mühlsteine drehte. Wenige Herzschläge später wurde das Schnaufen lauter. Dann drang ein heftiges Keuchen an ihr Ohr und im Mondlicht erschien die ausgemergelte Gestalt eines Mannes mit leeren Augenhöhlen.

Hathumod schrie entsetzt auf. Im gleichen Augenblick fühlte sie den Druck harter Finger an ihrem Arm.

»Still!« sagte Berthold und sah in die Hütte. Dann begann er am ganzen Leib zu zittern. »Irmin!« rief er.

Er ließ das Mädchen los und stürzte in die Mühle. Hathumod sank schluchzend zu Boden. Der Ritter prallte gegen Balken und wäre fast gestürzt. Wie rasend hieb er mit dem Schwert auf die Seile und Schnüre ein. »Irmin!« rief er. »Was haben diese Teufel mit Euch gemacht?«

Knarrend kam die Mühle zum Stillstand. Eine Stimme klang wie aus äonenfernen Zeiten. »Wer ist gekommen?«, flüsterte sie.

Mühsam gewann der Ritter die Fassung zurück. »Ich bin es! Berthold!« stieß er hervor. »O Gott! Ihr lebt!« Er stieg über Taue und Hölzer zu dem Gefangenen.

»Wer ist gekommen?« fragte die unheimliche Stimme wieder.

Berthold zog seinen Dolch und schnitt Irmins Fesseln durch. Es dauerte lange, denn der Gefangene war in ein Netz von Seilen gebunden, das kaum weniger kunstvoll geflochten schien als das Gewebe einer Spinne.

Der Gefangene half nicht bei seiner Befreiung. Er stand wie ein Zugtier vor seinem Treiber. Der Ritter fluchte und weinte durcheinander, »Irmin!« sagte er immer wieder. »Diese Teufel!«

»Wer ist gekommen?« fragte der Gefangene verständnislos.

Berthold nahm den ausgemergelten Leib auf die Arme und trug ihn über den Platz zur Hütte. Hathumod lief schluchzend neben ihm her. Als sie eintraten, sahen sie, daß Ibrahim einen Säbel in der Hand hielt.

»Wo wart Ihr so lange?« fragte der Händler. »Eben wollte ich Euch suchen. Gerechter Gott, wen habt Ihr da?«

»Irmin«, antwortete Berthold und legte den dürren Leib auf die Erde. Im Mondlicht, das durch das Fenster drang, schimmerte der weiße Bart des Befreiten wie Schnee.

Ibrahim spähte hinaus. »Wo?« fragte er.

»In einer Mühle drüben unter den Erlen«, keuchte der Ritter. »Diese Hunde!«

Ibrahims Gesicht war bleich. »Ihr durftet ihn trotzdem nicht sofort abschneiden«, murmelte er. »Wir hätten erst mit seinem Besitzer verhandeln müssen.«

»Würdet Ihr einen Freund auch nur eine Sekunde länger in solcher Sklaverei schmachten lassen?« fuhr der Ritter auf.

»Ich mache Euch ja keinen Vorwurf«, sagte der Händler beschwichtigend. »Es ist nur... nun, Ihr werdet es gleich selbst sehen.«

Berthold starrte ihn an. Dann senkte er den Blick. »Ich weiß«, murmelte er.

Hathumod kniete auf dem Boden und wischte das Antlitz des Liegenden mit einem Tuch ab. »Irmin«, weinte sie, »ich bin Hathumod, Eures Bruders...« Wieder schüttelte sie ein Schluchzen.

»Wer ist gekommen?« flüsterte der Befreite.

»Ihr könnt jetzt noch nicht mit ihm reden«, sagte Ibrahim zu dem Mädchen. »Bedenkt, wie lange er gefangen war! Vielleicht dreht er diese Mühle schon seit zehn oder zwölf Jahren! Laßt ihn erst ein wenig ausruhen und zu sich kommen.« Er spähte wieder aus dem Fenster. »Es ist soweit«, murmelte er.

Berthold sah zur Tür hinaus. Auf dem Dorfplatz entstand Bewegung. Weiße Gestalten liefen durch die Dunkelheit. Dann flammte ein großes Feuer auf. Im Widerschein der Flammen funkelten Speere mit eisernen Spitzen. Auf den Dächern umliegender Hütten hoben sich die Umrisse von Bogenschützen gegen den Nachthimmel ab.

Die beiden Männer in der Hütte sahen schweigend zu, wie die Druzzen sie von allen Seiten einschlossen. Die Stimme des Mädchens klang durch die Stille: »Mit dem Speer kann ich umgehen.«

Ibrahim drehte sich um, schüttelte den Kopf und sah wieder

nach draußen. Berthold seufzte: »Es wird keinen Kampf geben. Sie brauchen nur ein Feuer unter dem Haus anzuzünden, dann müssen wir hinaus in ihre Pfeile.«

Immer mehr Krieger drängten auf den Platz und der Kreis zog sich immer enger. Alles geschah vollkommen lautlos. Dann blieben die Druzzen plötzlich stehen.

Verblüfft blickte Berthold umher. Die vordersten Krieger standen nur dreißig Schritte entfernt. Das Licht des Feuers flackerte auf ihren wilden Gesichtern.

»Was haben sie vor?« flüsterte der Ritter.

»Der Häuptling berät sich noch mit den Ältesten«, murmelte der Händler.

Berthold ließ sich auf die Knie nieder und preßte das Ohr an den Hüttenboden. »Nichts zu hören«, murmelte er.

Hathumod saß in einer Ecke und hielt Irmins Kopf im Schoß. Der Befreite schien zu schlafen.

Eine Stunde verging. Die Druzzen standen noch immer wie ein lebendiger Zaun um die Hütte.

»Wann kommt dieser Hund endlich?« fragte der Ritter.

»Es wird nicht mehr lange dauern«, antwortete der Händler.

Eine leise Stimme ertönte. Sie war so voller Haß, daß alle erschraken. »Gebt mir einen von ihnen«, sagte sie.

Die beiden Männer fuhren herum. Der Befreite hob sich aus Hathumods Schoß und drehte den Kopf mit den leeren Augenhöhlen nach ihnen. »Gebt mir einen von ihnen«, wiederholte er mit grausigem Flüstern.

Berthold kniete neben ihm nieder. »Irmin!« rief er. »Ich bin es! Berthold! Könnt Ihr mich verstehen?«

»Berthold«, flüsterte der Blinde. »Gebt mir einen von ihnen!«

Er tastete umher, die Hände wie Klauen gekrümmt, bereit, Schmerz und Tod zuzufügen.

»Ihr seid unter Freunden«, redete der Ritter auf ihn ein.

»Wißt Ihr nicht mehr, wie wir uns auf der Burg von Schweinfurt in Waffen übten?«

Der Blinde ließ die Hände langsam sinken. Er zitterte.

»Es geht los«, rief Ibrahim halblaut vom Fenster her. »Behaltet klaren Kopf und vertraut mir!«

In den Reihen der Krieger bildete sich eine Gasse. Der Häuptling erschien, von seiner Mutter gefolgt.

»Franken!« kreischte sie. »Heraus!«

Ibrahim schob den Ritter zur Seite und trat durch die Tür ins Freie. »Dieser Mann«, schrie er, »ist zweihundert Fässer wert!«

Fragend sah der Häuptling seine Mutter an. Sie brüllte ihm die Übersetzung ins Ohr. Unter den Kriegern erhob sich begieriges Murmeln. Der Häuptling sagte ein paar Worte; sein Tonfall klang verächtlich. »Auf der ganzen Welt gibt es nicht zweihundert Fässer!« rief die Alte.

»Ich habe sie!« sagte Ibrahim. Langsam löste er seinen Säbel und ließ ihn zu Boden fallen. Dann stieg er die kleine Treppe hinab und ging auf den Häuptling zu. Er zeigte ihm die leeren Hände. Die Spitzen der Speere und Pfeile blieben auf ihn gerichtet.

»Frankenlüge!« kreischte die Alte.

»Ich zeige sie euch!« antwortete der Händler.

Der Häuptling besprach sich mit seinen Ratgebern. Dann redete er auf seine Mutter ein.

»Wo?« kreischte die Alte.

»Laßt uns gehen«, forderte Ibrahim. »Dann tauschen wir aus.«

»Schöner Knabe bleibt hier!« schrie die Alte.

»Nein«, rief der Händler schnell. »Einer von euch kommt mit.«

Der Häuptling ließ sich übersetzen. Dann hob er drei Finger.

»Drei kommen mit!« schrie die Alte.

»Einverstanden«, sagte Ibrahim. »Haltet den Sklaven gut!«

Die Alte lachte laut und übersetzte. Nun lachten auch der Häuptling und die Krieger.

»Tun ihm nichts!« höhnte die Alte. »Gut «

»Verletzt ihn nicht noch mehr! Sonst ist er wertlos!« rief Ibrahim.

»Gut«, schrie die Alte. »Jetzt gehen!«

Berthold beugte sich zu Irmin herab. »Bald seid Ihr frei«, versprach er.

Der Blinde schluckte. »Traut ihnen nicht «, murmelte er. »Sie werden auch euch zu Sklaven machen!«

Berthold zog Hathumod hinter sich aus der Hütte. Sie nahmen das Maultier und verließen das Lager. Einer der Druzzen ging vor ihnen her und führte sie an den Fallen vorüber. Die anderen beiden folgten ihnen.

Sie wanderten die Nacht hindurch. Am Morgen kamen sie zu der Insel. Ibrahim blieb stehen. »Dort«, rief er und zeigte auf den

Lagerplatz. Seine Knechte standen kampfbereit am Ufer. Die Druzzen besprachen sich. Dann kehrte einer von ihnen um und lief zum Dorf zurück.

Ibrahim öffnete ein Faß Wein und schenkte den Druzzen ein.

»Trinkt« sagte er lächelnd. »Wein!«

»Wein!« wiederholten die Krieger. Sie schütteten sich den roten Saft so gierig in die Münder, daß sich die gelben Bärte dunkel färbten. Der Händler goß ihnen nach. Bald begannen die Druzzen zu schwanken. Sie setzten sich auf die Erde und tranken weiter. Nach einer Weile lagen sie am Ufer und schnarchten laut.

»Los jetzt!« sagte Ibrahim. »Wir haben höchstens noch vier Stunden Zeit!«

Er zog das Maultier durch das Wasser und schickte seine Knechte mit Äxten zu den Bäumen. Schon am Nachmittag kamen die Druzzen. Sie waren sehr schnell gelaufen. Ibrahim weckte die beiden Krieger. Sie fuhren auf wie Hasen. Dann eilten sie ihren Leuten entgegen.

Der Häuptling zog den blinden Irmin an einer Schnur hinter sich her. Seine Mutter wurde von einem der Krieger auf den Schultern getragen. Die beiden Druzzen sprachen eifrig auf ihren Anführer ein und zeigten dabei immer wieder zur Insel.

»Wo Wein?« schrie die Alte nun.

»Erst den Sklaven!« rief Ibrahim über den Strom zurück.

Die Alte übersetzte ihrem Sohn. Der Druzzenhäuptling blickte sich mißtrauisch um. Seine Krieger verteilten sich am Ufer. Dann rief ihr Anführer einige Worte.

»Holen!« schrie die Alte. »Schöner Knabe!«

»Habt keine Angst«, sagte Ibrahim. »Sie werden Euch nichts tun, denn sie glauben, daß sie uns ohnehin in ihrer Gewalt haben.«

Hathumod war blaß. Langsam ging sie durch den Strom zum Ufer.

»Gut«, rief die Alte und lachte grell. »Schöner Knabe!« Hathumod ging auf den Häuptling zu und streckte die Hand aus. Der Druzze starrte sie finster an. Plötzlich lachte auch er. Seine Zähne waren spitz wie Wolfszähne. Erschrocken fuhr Hathumod zurück.

Die Krieger stießen ein lautes Gelächter aus. »Angst!«, kreischte die Alte.

Der Häuptling hielt Hathumod lockend das Seil hin. Vorsichtig nahm sie es aus der schmutzigen Hand.

»Kommt!« sagte sie zu dem Blinden. »Ich bin es, Hathumod. Wir gehen jetzt durch den Fluß.«

Der Blinde folgte ihr zu der kleinen Insel.

»Jetzt Wein!« schrie die Alte.

»Holt ihn euch!« antwortete Ibrahim.

Die Alte übersetzte. Der Häuptling stieß einen lauten Befehl aus. Die Krieger liefen ins Wasser und eilten auf die kleine Insel zu. Sie hatten erst wenige Schritte zurückgelegt, als sich das Eiland vor ihren Augen plötzlich zu teilen begann: Die Spitze, auf der Ibrahim und die anderen mit den Sklavinnen, Knechten und Maultieren standen, löste sich plötzlich und glitt stromabwärts. Daneben trieben Weinfässer im Wasser.

Der Häuptling stieß einen zornigen Schrei aus. Seine Mutter begann zu kreischen. Einige Krieger änderten ihre Richtung und versuchten, das mit Büschen bepflanzte Floß einzuholen. Die meisten aber liefen den Fässern nach.

Die Knechte stießen ihr Fahrzeug mit langen Stangen in tieferes Wasser. Ibrahim hielt das Ruder. Berthold stand neben ihm und schoß mit seinem Bogen nach den Druzzen, bis sie die Verfolgung aufgaben.

»Halleluja!« schrie der Ritter. Begeistert hieb er Ibrahim auf die Schulter.

Der Händler stieß einen Seufzer aus. »Heiliger Moses«, murmelte er, »so knapp war es noch nie.«

Er blieb am Steuer, bis sie die Mitte des großen Stroms erreichten und von den Druzzen keine Gefahr mehr drohte.

Das Wasser trug sie schnell nach Norden. Berthold trat zu Irmin und Hathumod. Der Blinde lag erschöpft auf den Balken. Hathumod hielt Irmins Kopf an ihre Brust gepreßt und weinte.

»Die Tränen werden Euch erleichtern«, sagte der alte Waffenmeister gerührt und klopfte ihr aufmunternd auf die Schulter. »Gut gemacht! Die haben wir fein hinters Licht geführt.«

»Sie euch auch«, sagte Irmin mit hohler Stimme.

Berthold sah ihn überrascht an.

»Sie hätten niemals zugelassen, daß ich in meine Heimat zurückkehre«, sagte der Blinde bitter. »Ich weiß zuviel von ihrem Land. Es wächst ein Kraut in diesen Wäldern, dessen Gift das Blut langsam in Wasser verwandelt; es heißt Dreitageträne. Sie gaben mir einen Trank daraus. In drei Tagen werde ich tot sein.«

8

Es bringt kein Wind den Hauch zurück

Lange Zeit schwiegen alle. Dann hielt der Ritter es nicht mehr länger aus. »Können wir denn gar nichts tun?« rief er.

»Es gibt kein Gegenmittel«, murmelte der Händler. »Ich kenne dieses Gift. Ich hätte aber nicht gedacht, daß auch die Druzzen es besitzen.« Er gab das Steuer einem seiner Knechte und trat zu dem Blinden. »Wir wollten Euch befreien und brachten Euch den Tod«, sagte er.

»Grämt Euch nicht!« erwiderte Irmin. »Lieber tot als noch länger Sklave. Ihr wißt nicht, wie grausam die Druzzen sind!« Er ballte die Fäuste. »Aber ich war nicht immer in dieser Mühle.»

Er erzählte nun, daß er bei dem Überfall an der Havel durch einen Keulenhieb das Bewußtsein verloren hatte. Als er wieder erwachte, schleppten die Druzzen ihn nach Osten.

»Sie hielten mich das erste Jahr sehr gut«, berichtete er. »Sie wollten, daß ich ihren Häuptlingen die Straßen, Brücken und Burgen in Nord- und Ostmark aufzeichne. Ihre Anführer waren Prinzen aus Mähren. Sie planten einen großen Angriff aller Ostvölker auf das Reich. Ich sollte eine ihrer Töchter heiraten und dann als einer der ihren das Heer über Schleichwege nach Sachsen führen. Aber ich weigerte mich.«

Müde strich er sich mit den Fingern über den Bart und fuhr fort: »Als sie die Hoffnung aufgaben, mich zum Verräter machen zu können, blendeten sie mich wie die anderen und gaben mich dem Mann, der diese Mühle betreibt.«

Danach wollte Irmin von Iring und seiner Familie auf Sala hören. Als Hathumod ihm alles erzählt hatte, seufzte der Blinde und sagte: »Dann stirbt mit mir unser Geschlecht.« Da der Vollmond immer noch von einem wolkenlosen Himmel schien, blieben sie die ganze Nacht auf dem Strom. Am Morgen bat Ibrahim Berthold ans Steuer, holte Schreibzeug aus einer Satteltasche und setzte sich zu dem Blinden. Er sagte ihm, daß er im Auftrag des Königs reise, und bat: »Wenn Euch auch nicht mehr viel Zeit bleibt, könntet Ihr mir nun doch alles berichten, was Ihr über die Druzzen und die anderen Völker in diesen Wäldern wißt. Der König wird es Euch danken und mindestens für die Witwe Eures Bruders sorgen.«

»Wenn Ihr Euch dafür einsetzen wollt«, antwortete der Blinde, »will ich Euch gern alles sagen.« Er schilderte nun viele Stunden lang, was er in der Gefangenschaft über die Druzzen und ihre Nachbarn gehört hatte, wie viele Krieger sie zählten, wo ihre Dörfer und Burgen lagen und wie sie befestigt waren, auch, mit wem sie handelten und woher sie ihre Waffen bezogen. »Sie holen sie bei den Heiden im Osten«, sagte er, »bei den Pruzzen und Polanen, die wiederum mit Händlern aus Schweden und Nowgorod tauschen.«

Noch vieles erzählte er und die anderen staunten, wie leicht und schnell Ibrahims Feder über den weißen Stoff flog, der, wie der Händler erklärte, in Cordoba aus Holz hergestellt und Papier genannt wurde.

Am Abend fragte der Händler den Blinden: »Wir müssen an Land und die Maultiere füttern. Glaubt Ihr, daß hier noch Druzzen wohnen?«

»Seid vorsichtig«, riet der Blinde. »Ihr Land ist groß und sie scheuen sich auch nicht, in die Gebiete ihrer Nachbarn einzudringen.«

Ibrahim nahm das Steuer und lenkte das Floß vorsichtig in Ufernähe. Zwischen blühenden Weidenbüschen badete ein Mann im Fluß. Sein Haar war nach der Weise der Mönche geschoren. Sie landeten und Berthold lief durch das Wasser auf den Fremden zu.

»Gottes Gruß!« rief der Ritter.

Der Angesprochene fuhr herum.

»Gottes Dank!« antwortete er. »Wer seid Ihr?«

»Franken«, sagte der Ritter knapp. »Verzeiht, ich wußte nicht, daß Ihr...«

»Ja, ich bin blind«, antwortete der Mönch.

»Nun sagt uns, Bruder, befinden wir uns hier schon in der Mark?« wollte der Ritter wissen. »Wir sind den Fluß herabgekommen und den Druzzen in den Sümpfen nur knapp entronnen.«

»Gebt nur acht, daß sie Euch nicht doch noch kriegen«, sagte der Mann.

Berthold sah sich überrascht um. »Sind wir noch immer im Druzzenland?« fragte er. Ibrahim lenkte das Floß ein wenig vom Ufer fort.

»Du sagst es, mein Sohn«, erwiderte der Mönch. »Fahrt nur schnell weiter! Sie können jeden Augenblick kommen, um mich ins Dorf zurückzubringen.«

Es war niemand zu sehen. »Schnell!« sagte Berthold, packte den Mönch und zog ihn hinter sich her. »Wir haben ein Floß!« Er hob den verblüfften Mönch auf das Fahrzeug.

Die Weidenbüsche wackelten und bärtige Krieger sahen hervor. Sie fingen sogleich an zu schreien und schossen mit Pfeilen nach dem Floß, das wieder in die Flußmitte schwamm. Auch Berthold hob seinen Bogen. Einige Herzschläge später stürzte einer der Druzzen tot in den Fluß.

»Ein Meisterschuß«, lobte Ibrahim.

»Das wird diese Hunde lehren, Christen zu Sklaven zu machen«, sagte der Ritter grimmig.

Die Druzzen gaben nicht auf, sondern liefen am Ufer neben dem Fahrzeug her. Als sich der Fluß zwischen Felsen verengte, sprangen sie sogar ins Wasser, um die Flüchtenden aufzuhalten. Wieder hob Berthold den Bogen; auch diesmal fehlte er nicht.

»Ihr müßt den Druzzen sehr wertvoll sein, daß sie soviel wagen, um Euch zurückzuholen«, sagte Ibrahim zu dem Mönch.

»Das will ich meinen«, erwiderte der kleine Mann. »Denn ich bin kein Sklave, sondern ihr König.«

Sie starrten ihn an.

»Ihr habt richtig gehört«, sagte der Mönch. »Sie machten mich zu ihrem Herrscher und ließen sich sogar von mir taufen. Darum gerieten sie mit den anderen Druzzen in große Feindschaft und mußten die Sümpfe verlassen.«

Irmin erhob sich aus Hathumods Schoß und drehte suchend den Kopf nach dem Mönch. »Auch ich war bei den Druzzen gefangen«, sagte er.

»Man kann in diesen Wäldern vielen christlichen Sklaven

begegnen«, meinte der Mönch. »Oh, Herr, wann rottest du diese Heidenbrut endlich aus! Züchtige sie wie die Moabiter, tilge sie aus wie die Verfluchten von Sodom!«

»Jetzt erkenne ich Euch«, sagte Berthold. »Ihr seid Bruder Hrabanus aus Magdeburg.«

»Ich bin es«, erklärte der Mönch verblüfft. »Und Ihr?«

»Berthold«, sagte der Ritter. »Vor Jahren fanden wir Euch blind im Wald. Erinnert Ihr Euch?«

»Wie sollte ich das vergessen?« antwortete der Mönch. »Wie hieß damals Euer Gefährte?«

»Iring«, antwortete Berthold. »Er ist tot, Sein Bruder Irmin fährt mit uns auf diesem Floß.«

»Irmin!« rief der Mönch. »So seid Ihr noch am Leben!«

Suchend streckte er die Rechte aus. »Gebt mir die Hand!«

»Ich kann Euch so wenig sehen wie Ihr mich«, sagte Irmin. Hathumod mußte weinen.

»Ihr habt ein Mädchen bei Euch?« fragte Hrabanus erstaunt. »Auch eine Sklavin?«

»Nein«, erwiderte Berthold. »Sie ist Irings Witwe.«

Danach erzählten sie einander alles, was sie in den vergangenen Jahren erlebt hatten, und viele Male war ihnen dabei, als müßten ihnen vor Traurigkeit die Herzen zerspringen. Zum Schluß sagte Irmin: »Ich war Euch an der Havel ein schlechter Führer und habe die Falle zu spät bemerkt. Selbst der Tod reicht als Buße für solche Schuld nicht aus.«

»Quält Euch nicht«, sagte der Mönch mitleidig. »Der Herr macht alles zu bestimmtem Ziel. Die Marter, an der Ihr Euch Schuld gebt, hilft mir vielleicht ins Paradies.«

»Mein Leichtsinn hat Euch Schmerz und Leiden gebracht«, klagte Irmin. »Wer weiß außerdem, wie viele Heiden Ihr hättet bekehren können, wärt Ihr im Besitz Eurer Sehkraft geblieben!«

»Gottes Wort verbreitet man nicht, indem man es als Buch unterm Arm trägt«, antwortete Hrabanus. »Das Evangelium soll man verkünden, nicht verlesen! Es hat die Heiden um so schneller zum Glauben geführt, daß ich als Blinder mehr von der Wahrheit wußte als sie. Darum machten sie mich auch nicht zum Sklaven, als ich wie einst Jonas die Mahnung des Herrn erkannte und freiwillig zu diesen Wilden in das Ninive des Waldes zurückkehrte, sondern sie öffneten mir ihre Herzen, so wie mir erst meine Blindheit die Augen geöffnet hatte.«

»Für diese Worte danke ich Euch«, seufzte Irmin. »Wie aber soll ich die Vergebung der Toten erlangen? Auch grämt mich sehr, daß ich nun unseren ererbten Besitz im Saaleland nicht erhalten kann. Wollte Gott, daß es wenigstens gelingt, das Mitleid des Königs für dich zu gewinnen, Hathumod. Ach, wie gern hätte ich dich einmal gesehen! Sagt König Otto, daß ich kein Samo war.«

»Niemand hat je davon gesprochen«, wehrte Berthold rasch ab.

»Nur Ihr«, erwiderte Irmin. »Erinnert Ihr Euch? Doch statt eines Königspalastes wartete eine Mühle auf mich.«

»Ihr habt für den Glauben Schlimmes erlitten«, tröstete der Mönch. »Gott wird es Euch im Jenseits lohnen. Und der König wird um Euretwillen für Hathumod sorgen, auch wenn sie nicht...«

»Ihr könntet...«, rief Hathumod, verstummte aber gleich wieder.

»Nur heraus!« sagte Irmin.

Hathumod suchte nach Worten. »Es wäre vielleicht besser«, sagte sie leise, »wenn ich nicht Irings, sondern Eure Witwe wäre.«

Irmin schwieg überrascht. »Das stimmt«, sagte er dann.

»Was meint Ihr, Berthold?«

»Es könnte hilfreich sein«, gab der Ritter zu. »Der König wird die Entscheidung des Hoftags für ungültig erklären, da Irmin als der rechtmäßige Erbe von Sala noch lebte, als der Besitz Witubrand zugesprochen wurde. Dann könnte Hathumod als Eure Witwe den König bitten, in einem neuen Verfahren nach fränkischem Recht und also zu ihren Gunsten zu entscheiden. Ich bin aber nicht davon überzeugt daß er das tun wird, denn er liebt uns Franken so wenig wie sein Vater.«

»Und wie denkt Ihr darüber, Bruder Hrabanus?« fragte Irmin.

Der Mönch wiegte nachdenklich das Haupt. »Als Priester bin ich dazu befugt und Zeugen sind auch zugegen«, sagte er. »Blind oder nicht – wen ich morgen begraben kann, kann ich heute auch trauen.«

Sie feierten also auf dem Floß eine Messe und Hrabanus spendete Irmin und Hathumod das Sakrament der Ehe.

Am Abend landeten sie an einer großen Insel im Strom und schlugen ein Lager auf. Ibrahim öffnete das letzte Weinfaß, Berthold und Hrabanus halfen ihm trinken. Bald lösten sich ihre Zungen und sie erzählten einander von ihren Taten und Abenteuern. Denn anders als Frauen, die lieber über andere reden, sprechen Männer in Laune meist über sich selbst. Der Händler berichtete von seinen Reisen und den Wundern, die er in der Welt gesehen hatte. Er schilderte ihnen die Schätze der Sultane, aber auch die Gefahren der Wüste, die Räuber und wilden Tiere, die dort auf Reisende lauerten, und schließlich die Macht der muslimischen Zauberer, die Geistern und Ungeheuern befehlen. Hrabanus wollte dahinter nicht zurückstehen und berichtete über die grausigen Riten der heidnischen Priester im Wald, ihre Menschenopfer und anderen schrecklichen Bräuche. Als die Reihe an Berthold kam, erzählte der alte Waffenmeister die wundersame Geschichte von Irmions Drachensieg. Danach wollten die anderen auch noch von späteren Ereignissen auf Sala hören. Berthold berichtete ihnen alles, was er wußte, von jenem Morgen, da König Konrad dem Köhlerjungen mit Tau die Tränen vertrieb, bis zu jenem Tag, als Iring tot in die Saale stürzte, genau an jener Stelle, wo er als Kind dem Nixenzauber entronnen war. Er erzählte ihnen auch alles, was er von Hathumod über Witubrands Verrat an der Unstrut und den Panzerstecher wußte. Erst nach Mitternacht gingen sie schlafen.

Am nächsten Morgen sagte Irmin. »Nun fühle ich, daß es nicht mehr lange dauert. Sagt dem König, daß ich ihm stets treu diente.«

Er starb kurz vor Mittag. Sie begruben ihn auf der Insel und reisten weiter.

Am Abend trafen sie auf einen sächsischen Handelsposten und erfuhren, daß sie sich im Gebiet der Nordmark befanden. Sie eilten durch das Land der Wilzen nach Westen. Als sie nach Magdeburg kamen, färbten sich schon die Blätter. In der Pfalz erfuhren sie, daß König Otto nach Italien gezogen war, um das Römische Reich zu erneuern und ebenso groß zu werden wie Cäsar, Augustus und Karl.

Ibrahim schenkte den drei Milzienermädchen die Freiheit und Bruder Hrabanus brachte sie in ein Kloster. Zu Hathumod sagte der Händler: »Im Winter über die Alpen zu reiten ist immer gefährlich. Ich will lieber hier auf den König warten und inzwischen für ihn aufschreiben, was ich in den Ostländern erfuhr. Wenn Ihr wollt, könnt Ihr bei mir wohnen, bis Eure Sache entschieden ist.«

Hathumod dankte ihm. Berthold ritt nach Schweinfurt, kam aber im Frühjahr wieder, als Otto von seinem Italienzug heimkehrte.

Der König war mit dem Ertrag seiner Heerfahrt aufs höchste zufrieden: Das alte Pavia hatte ihm die Tore geöffnet. Die schöne und kluge Königin Adelheid von Burgund reichte ihm, aus dem Kerker König Berengars befreit, die Hand und damit die eiserne Krone der Langobarden. Während Ottos Vater Heinrich sich noch mit dem Titel eines Königs der Ostfranken beschieden hatte, nannte der Sohn sich nun König aller Franken und Italiener; er hatte Italien und Germanien vereinigt, was Cäsar und Augustus mißlungen war. Nur die Kaiserkrone fehlte Otto noch. Aus der berühmten Rechtsschule Pavias brachte der Herrscher den gelehrten Grammatiker Gunzo von Novara mit. Hundert Schriften antiker Weiser wie Aristoteles, Plato und Cicero kamen im Troß des Königs nach Norden, so wie Samen wertvoller Pflanzen, sorgsam in der Tasche des Gärtners gehütet, in unwirtliche Böden gelangen, dort ihre besondere Fruchtbarkeit zu entfalten.

Ibrahim überreichte dem König seine Notizen und schilderte ihm, was er bei den Druzzen erlebt hatte. Otto trank Wein nach Königsweise aus einem goldenen Becher und hörte aufmerksam zu. Dann sagte er: »Diese junge Frau aus dem Sorbengau hat Euch wohl sehr beeindruckt. Auch ich bewundere ihren Mut. Wir werden prüfen, ob und wie wir sie wieder in ihre Rechte einsetzen können.«

»Das ist es nicht, was sie von Euch erbittet«, sagte der Händler.

»Wie?« machte der König verblüfft.

»Der Fall liegt inzwischen ein wenig anders«, antwortete Ibrahim. »Denn sie hat Irmin einen Sohn geboren. Er heißt Jung-Iring.«

»Was?« rief der König.

Die Rechtsgelehrten stritten nun eine Weile, ob die von Hrabanus gestiftete Verbindung rechtmäßig und das Kind ehelich geboren sei. Der Bischof von Magdeburg wandte ein, daß Gottes Segen nicht auf einer Heirat ruhen könne, deren Ursache eigentlich Habgier gewesen sei. Der König meinte launig, daß dann wohl mehr als einer seiner Untertanen in Sünde lebe. Zum Glück für den Bischof kam Otto nicht in den Sinn, daß der geistliche Vorwurf auch auf ihn selbst zutreffen konnte, denn die Ehe mit Adelheid hatte dem König eins der reichsten Länder Europas eingebracht. Die kluge Königin verwies rasch auf den israelischen Brauch der Schwagerehe, wonach ein unverheirateter Mann nicht nur berechtigt, sondern sogar verpflichtet war, die kinderlose Witwe eines toten Bruders zur Frau zu nehmen. Ein fränkischer Prälat las dazu das 38. Kapitel aus dem 1. Buch Moses vor, in dem Juda seinem Sohn Onan befiehlt: »Gehe mit der Frau deines Bruders die Schwagerehe ein und verschaffe deinem Bruder Nachkommen!« War Onan nicht, weil er sich weigerte, von Gott getötet worden?

Nach der Lesung befahl der König Hathumod vor sich und sagte zu ihr: »Das Urteil des Hoftags erkläre ich für hinfällig, da Irmin noch lebte, als es gesprochen wurde. Euer Sohn ist der rechtmäßige Erbe von Sala. Ich werde dem Vogt von Hallstadt befehlen, ihn dort einzusetzen. Kehrt nun in Eure Heimat zurück!«

Zu Berthold sagte er: »Ich danke Euch für Eure Hilfe bei der Rettung des Mönchs Hrabanus und für alles andere, was Ihr auf dieser Reise getan habt.« Zur Belohnung schenkte er ihm ein sächsisches Schwert. Berthold nahm es, trug aber weiter seine fränkische Waffe.

Hinterher sagte Ibrahim zu Hathumod: »Ich habe lange genug dem Weinen Eures Kindes gelauscht und will mich nun in Cordoba am Geschrei meiner eigenen Söhne erquicken.«

Berthold und Hathumod nahmen Abschied und ritten mit Jung-Iring nach Süden. In Hallstadt übergab Berthold das Schreiben. Der Vogt las es dreimal durch. Dann sagte er: »Das ist eine Nachricht, bei deren Übermittlung ich nicht mit Witubrand allein sein möchte.«

Er sammelte eine starke Mannschaft und brachte seine Schutzbefohlenen nach Sala. Dort teilte er dem Sachsen mit, was über den Hof verfügt worden war.

»Das hätte ich nicht gedacht«, knirschte Witubrand, »daß Otto einem Mann seines Stamms solches Unrecht tut und ein gesprochenes Urteil umstößt, nur wegen der Frucht einer Hurerei, aus Habgier gezeugt und in Haß geboren!«

»Lehnt Euch nicht gegen den König auf!« sagte der Vogt scharf.

Witubrand rief seine Knechte zusammen und verließ den Hof.

Der Vogt ritt nach Hallstadt zurück.

Berthold warb im Slawendorf kampftüchtige Männer an und wartete.

In der zwölften Nacht nach ihrer Rückkehr wechselte der Mond. Um Mitternacht tönten Käuzchenschreie am Ufer der Saale. Berthold weckte Hathumod und sagte: »Euer Vater kommt. Versteckt Euch mit dem Jungen im Backofen und kommt nicht eher heraus, bis ich Euch rufe!«

Hathumod nahm ihr Kind und brachte es in das Versteck.

Sie war kaum in den Backofen gekrochen, als Männer auf den Hof ritten.

»Seid Ihr das, Witubrand?« rief Berthold. »Ich habe schon auf Euch gewartet.«

»Ich will meine Tochter und mein Enkelkind holen«, schrie der Sachse.

»Zuvor müßt Ihr mich töten«, sagte Berthold.

»Ihr ratet mir, wonach mir ohnehin der Sinn steht«, erwiderte Witubrand und spornte sein Pferd, um Berthold niederzureiten. Der Ritter trat hinter die Pfosten der Tür.

»Zündet den Hof an!« befahl Witubrand seinen Männern. »Haust wie räuberische Sorben, das fällt euch ja wohl nicht schwer! Ich hole inzwischen den Dachs aus dem Bau.« Er sprang vom Pferd und eilte auf seinen Feind zu.

Bertholds Knechte verdienten sich ihren Sold, kämpften mit Witubrands Kriegern und töteten vier oder fünf von ihnen, konnten der Übermacht aber nicht lange standhalten und lagen bald erschlagen auf der feuchten Erde. Die Sieger trieben die Tiere zusammen und warfen Fackeln in Ställe und Scheunen. Bald brannten die Gebäude lichterloh. Ein kräftiger Wind blies in die Flammen, und nach einer Weile hatten sie auch das Haupthaus erfaßt, aus dem helle Schwerthiebe klangen.

»Sucht Hathumod und das Balg!« schrie Witubrand durch das Brausen des Feuers.

Wieder ertönten eherne Schläge. Dann erschien Witubrands breiter Rücken in der Tür. Hieb um Hieb wurde er von Berthold aus dem Haus gedrängt. Hathumod lag im Backofen und starrte atemlos auf die Kämpfenden, deren Augen und Zähne im Feuerschein blitzten.

Witubrand schlug mit roher Kraft auf Berthold ein, doch der Franke focht mit größerem Geschick und hätte seinen Gegner wohl besiegt, da ließ der Sachse sich plötzlich wie getroffen auf ein Knie sinken und stieß sein Schwert dem Franken von unten in den Leib.

»Diese List habt Ihr nicht bei mir gelernt«, sagte Berthold und starb.

Witubrand hieb ihm den Kopf ab. »Eine Lanze!« schrie er den Knechten zu und hob das bluttriefende Haupt. Da hielt es Hathumod nicht länger aus. Sie stürzte aus dem Backofen, zog im Laufen eine lange Nadel aus dem Gewand und stach sie ihrem Vater von hinten durch die Kettenringe.

Ein Schrei erklang, so gräßlich, daß selbst den mörderischen Knechten schauderte. Todeswund fuhr der Sachse herum und starrte seine Tochter aus blutunterlaufenen Augen an.

»Ihr sollt nicht über uns triumphieren!« rief Hathumod voller Haß.

»Deine Mutter hast du getötet und nun auch mich«, röchelte ihr Vater. »Aber du wirst vor mir sterben. Fahre zur Hölle!«

Sein Schwert zuckte durch die Luft. Im gleichen Augenblick brach die Stirnwand des großen Hauses zusammen. Ein Hagel aus Steinen und brennenden Balken stürzte auf Vater und Tochter nieder und bereitete ihnen ein rauchendes Grab.

Erschrocken schwangen die Knechte sich auf ihre Pferde und ritten davon. Im Backofen begann Jung-Iring zu schreien, doch niemand hörte ihn.

Am Morgen kam ein Reiter in sächsischen Waffen auf den niedergebrannten Hof. Als er die Schreie hörte, stieg er vom Pferd, griff in den Backofen und zog Jung-Iring heraus.

»Du!« sagte er voller Zorn.

Der Säugling schrie und strampelte so heftig, daß es fast schien, als hätte er den Mann erkannt und wüßte, daß es ein Schwert war, das über ihm im Licht des Morgens blitzte.

9

Die Scheite sangen im Ofen

Die Scheite sangen im Ofen und von den schneebedeckten Tannen hallte der dunkle Ruf eines Uhus herab. Die Spindel hörte zu summen auf, auch das Messer schabte nicht mehr auf den Schindeln und der Reiter wurde gewahr, daß der Köhler die Erzählung unterbrochen hatte. Der alte Mann sah aus dem Fenster, wandte sich dann wieder seinem Gast zu und sagte: »Es ist schon spät. Ihr werdet müde sein.«

»Ja«, erwiderte der Reiter. »Ich bitte Euch, daß Ihr mir morgen erzählt, was weiter diesem Geschlecht geschah.«

Der Köhler nickte. »Der Schnee würde Eure Pferde ohnehin zu schnell ermüden«, sagte er.

»Ich will den Tag nicht vergeuden«, antwortete der Reiter, »sondern auf Euren Berg steigen. Vielleicht könnt Ihr mir von dort oben den Weg weisen.«

»Ich lebe hier schon so lange, daß ich Euch selbst als Blinder durch den Wald führen könnte«, sagte der Köhler. »Vom Dobrisberg aus kann man Thüringen und Böhmen, den Main, die Saale und auch den Drachenstein sehen. Bertram wird uns eine Spur treten.«

Der Knecht erhob sich, wünschte eine gute Nacht und ging in den Stall. Maria holte eine Zange, nahm die Föhrenscheite von der Leuchte und trug sie in die Küche.

»Ruht wohl« sagte der Köhler.

»Ihr auch« antwortete der Ritter.

Kurze Zeit später kehrte der Knecht noch einmal zurück, denn er wollte sich einen Feuerbrand holen. Als er an die Stubentür kam, hörte er ein leises Klirren und dann ein Stöhnen. Erschrocken blieb er stehen und wagte nicht zu öffnen oder zu klopfen. Wieder erklang ein unheimlicher Laut. Besorgt beugte Bertram sich vor und spähte durch eine Ritze. Der Reiter kniete vor dem Ofen. Flackerndes Licht fiel auf sein narbiges Gesicht. Die Hände steckten tief in der Satteltasche. Die schwarzen Handschuhe lagen auf dem Boden.

Bertram schämte sich, daß er den Fremden beobachtet hatte, trat leise zurück und ging wieder in den Stall.

Nach einer Weile betete der Reiter, entkleidete sich und legte sich in das frische Bett. Die Nacht war still und der Ofen warm. Maria hörte, wie sich der Gast ruhelos auf dem Lager wälzte.

Beim ersten Tageslicht stand der Reiter auf, kleidete sich an, betete und trat vor das Haus. Er trug wieder die schwarzen Handschuhe. Der Schnee reichte ihm bis zu den Knien.

Bertram kam aus der Scheune und brachte ihm ein Paar geflochtene Schneeschuhe. »Damit geht es besser«, sagte er.

Der Reiter nickte. Auch der alte Köhler kam heraus. In der Küche klapperte Maria mit Schüsseln und Töpfen.

Kurz nach Sonnenaufgang saßen sie vor einem Frühstück aus Brot, Eiern, Käse und Ziegenmilch. Dann schnallten sie sich die Schneeschuhe an und stiegen über eine steile Wiese aus dem Tal.

Zuerst durchwanderten sie einen dichten Fichtenwald und folgten einem Wasserlauf, an dem eine Holzschlägerhütte stand.

»Der Forellenbach«, erklärte der Köhler.

Dann führte der Weg zwischen Morgen und Mitternacht zu großen Steinen aus grauem Granit. Eine Weile stapften sie einen Waldhang hinauf, den große Steinrippen durchsetzten. Ein Hirsch brach vor ihnen durch das Unterholz. Der Pfad wand sich durch dünne Wacholderbüsche, führte über gefrorenen Moorgrund und dann unter eine Felswand.

»Wir sind jetzt am Fuß des Berges«, sagte der Köhler. »Von hier sind es noch zwei Stunden.«

Sie kamen erst in ein anderes Fichtendickicht und dann in einen Rottannenwald. Dort standen sehr dicke Stämme. Einige waren gefallen, durch Blitzschlag oder Alter, nicht durch die Axt, denn Holzknechte waren noch längst nicht in diese Höhe vorgedrungen. Zwischen zersplitterten Strünken fanden sie Spuren von Wölfen und Luchsen. Später traten sie in einen lichten Hochwald.

»Dort hinten seht Ihr nun unser Tal«, sagte der Alte.

Sie rasteten kurz und setzten dann ihre Wanderung fort. Bertram stieg voran; er wurde nicht müde. Der Köhler folgte ihm dichtauf, der Reiter ging zum Schluß.

In einem Föhrenwald wurde der Weg steil und wand sich über viele Wurzeln wie eine Schlangenspur auf den Rücken des Berges. Dort wuchsen niedrigere Bäume, denn auf der Höhe wehten die Winde frei. Als die Sonne in der Himmelsmitte stand, wurde der Weg fast eben. Kurze Zeit später kamen sie an einen Felsen.

»Das ist ein verruchter Ort«, sagte der Köhler. »Auf diesem Block opferten einst die Sorben ihren menschenfressenden Götzen. Manche sahen später hier den Wilden Mann; andere meinen, es sei der Teufel gewesen.«

Der Reiter schnallte die Schneeschuhe ab und stieg auf den Felsblock. Bertram und der Köhler folgten ihm. Sie blickten über die Wipfel der Bäume auf die umliegenden Länder. Die Luft war kalt und klar, so daß die Sicht weit in die Ferne reichte.

»Wir stehen auf der Wasserscheide«, erklärte der Köhler. »Im Norden und Osten fließt alles Wasser zur Elbe, im Süden und Westen zum Rhein.«

Sie blickten zuerst gegen Abend. Dort fiel der Wald in breiten Wellen zum Maintal hinab. Die Rodungsache und andere schnelle Flüsse hatten tiefe Täler in das Hügelland gegraben. Dahinter hoben sich dunkel die Gleichberge gegen den Himmel ab, in deren Nähe die Werra entspringt. Weiter südlich leuchteten bläulich die Haß- und Zedberge, an denen sich der Main vorüberwindet, so wie ein weinseliger Zecher zwischen Hauswänden torkelt. Weiter nach Mittag hin ragte der Staffelberg aus den Hügeln hervor wie ein Turm aus den Dächern der Stadt.

»Dort geht der Weg der Flößer«, erklärte Bertram.

Im Süden und Südosten wogten die blauen Gipfel eines anderen, noch höheren Gebirges im Waldmeer. »Ochsenkopf, Schneeberg, Waldstein, Epprechtstein«, zählte der Köhler auf. »Am Epprechtstein begegnete Ortwin von Sala eines Johannistags zauberkundigen Zwergen. Weil er ihre Schätze raubte, kam viel Unglück über sein Geschlecht. Die rachsüchtigen Alben entführten Ortwins schöne Tochter Enite und halten sie seither gefangen, wohl schon dreihundert Jahre lang. Jeden Johannistag hört man sie dort tief in der Erde weinen. Am Waldstein traf Jung-Irings Sohn Irminfried einst die Fee, die den Fluch der Sieben sprach. Ich werde Euch heute abend erzählen, was das bedeutete. Das Gebirge ist ganz von Fichten bewachsen und vier große Flüsse entspringen in ihm: Saale und Eger strömen zur Elbe, der Main mündet in den Rhein, die Naab in die Donau. Wenn es auf diesen Bergen taut, rinnt das Wasser der gleichen Schneeflocke ins Nordmeer zu den Engländern und ins Südmeer zu den Griechen.«

Sie wandten sich nun nach Morgen. Hier reichte der Wald nur bis in die Mitte des Landes. Dahinter glänzte Schnee auf offenen Fluren, denn das Land westlich der Saale war schon bis in die Vorberge gerodet.

Weit hinter den weißen Matten hob sich düster der Böhmerwald in den Himmel. Sie folgten dem Lauf der Saale mit den Augen, bis der Fluß vor den fernen bläulichen Schatten des Elstergebirges nach Westen bog und in den Nordwald eindrang. Vor ihnen drängten sich nun Wetzstein und Lobensteiner Kulm in den Blick. Dahinter wuchsen die Wälder der uralten Völkerscheide. Dunkle, langgestreckte Höhenzüge reihten sich bis zu den Wolken aneinander.

»Seht Ihr den schwarzen Forst an der Saale?«, fragte der Köhler. »Gleich unterhalb der Höhe ragt eine Ruine aus dem Wald. Das war Burg Drachenstein. Sie steht auf der Anhöhe über der Heide, auf der Irmion einst den Lindwurm erschlug.«

»Ich sehe es«, sagte der Reiter. »Steigt dort nicht Rauch auf?«

Bertram trat einen Schritt vor und kniff die Augen zusammen. »Nein«, sagte er. »Es ist nur eine Wolke.«

»Ein wenig weiter rechts seht Ihr Rabeneck«, sagte der Köhler. »Die Burg steht auf einem Felsen über der Saaleschleife.«

»Ich sehe sie«, sagte der Reiter. »Dort ist Rauch.«

»Ja«, bestätigte Bertram.

»Dort sind viele Bäuche zu füllen« sagte der Köhler. »Habt Ihr genug gesehen? Wir müssen zurück.«

Sie kletterten von dem Felsen herunter, schnallten sich die Schneeschuhe an und stiegen den Berg hinab. Ein leichter Wind blies und Schneeflocken tanzten zwischen den Bäumen.

Am Abend saßen sie wieder um den runden Tisch, beteten, aßen dann und tranken. Später setzte Maria sich unter die Leuchte. Bertram schärfte sein Messer an einem Wetzstein. Der Köhler legte Tannenscheite auf den Ofen und setzte sich auf seinen Stuhl.

»Jung-Iring wuchs zu einem starken und tapferen Ritter heran«, begann er. »Er vollbrachte so viele kühne Waffentaten, daß der Kaiser ihn an seinen Hof holen ließ. Gemeinsam zogen sie gegen die Sorben und Wenden und andere slawische Völker. Jung-Iring siegte in allen Schlachten. Der Kaiser schenkte ihm Land bis zur Mainquelle und häufte viele Ehren auf ihn. Die Slawen fürchteten den Ritter sehr und wagten sich kaum noch aus ihren Wäldern. Darum suchten ihre Häuptlinge Jung-Iring mit einer List zu verderben. Sie gaben einem Mann aus dem Heer des Kaisers viel Gold und sagten ihm, er solle sich nach der nächsten Schlacht verwundet stellen und Jung-Iring um Hilfe bitten. Wenn der Ritter den Verräter trug, wollten die Slawen ihn aus dem Hinterhalt überfallen. Die List gelang. Jung-Iring focht tapfer, doch sein Kaiser kehrte so spät um wie einst der große Karl in der spanischen Mark. Er ließ den Leichnam des Helden auf Sala bestatten und kniete dort selbst am Grab. Der Verräter aber, so heißt es, stammte aus Witubrands Geschlecht.«

Die Scheite knisterten und ein Duft von verbranntem Harz erfüllte die niedrige Stube. Der Köhler fuhr fort: »Auch Jung-Irings Sohn Irminfried war ein berühmter Held. Als er einmal nach Böhmen reiten wollte, begegnete er im Fichtelgebirge einer schönen Jungfrau in einem silbernen Kleid. Sie wusch ihr Haar in einem Wasserfall und sang dabei ein Zauberlied, denn sie war eine Fee. Als Irminfried ihr in die Augen blickte, vergaß er Pflicht und Glauben, schwor ihr ewige Treue und wurde ihr Gemahl. Der Kaiser ließ seinen Ritter überall suchen, doch niemand konnte ihn finden. Da glaubte Otto, Irminfried sei tot. Nach sieben Jahren stiftete der Kaiser dem Gedenken seines besten Ritters auf dem Waldstein eine Kapelle mit einem silbernen Glöckchen. Als ihr Ton zum ersten Mal erklang, flog ihr Schall bis in den Feenwald. Da erwachte Irminfried aus der Verzauberung und kehrte um seiner Seele willen in die Christenheit zurück. In der siebenten Nacht erschien ihm die Fee auf Sala und sagte: »Weil du mir die Treue gebrochen hast, sollen künftig bis in alle Zeit von deinem Geschlecht immer nur so viele am Leben sein, wie du Jahre bei mir verbrachtest.«

Seither mußte, wenn ein neuer Drachenritter geboren wurde, oft ein anderer dafür sterben. Das ist der, Fluch der Sieben. Irminfried war der erste, an dem er sich erfüllte. Er stritt mit Udalrich vom

Sachsenhof um eine Insel in der Saale. Als sie gegeneinander ritten, brachte Irminfrieds Frau auf Sala einen Sohn zur Welt. Im gleichen Augenblick, da der Knabe den ersten Schrei ausstieß, brach Irminfrieds Lanze und Udalrichs Waffe drang ihm ins Herz.«

Der Köhler schenkte sich Bier nach, trank einen Schluck und fuhr dann fort:

»Irminfrieds Enkel Ortwin dehnte seinen Besitz bis zum Waldstein aus. Als er einmal auf den Berg ritt, hörte er im dunklen Tann plötzlich ein Rufen. Er hielt an und erblickte in den Blaubeerbüschen zwei winzige Männlein, nicht größer als eine Spanne. Sie flehten ihn um Hilfe an. Er stieg ab und folgte ihnen in eine kleine Höhle. Darin lag ein dritter Däumling unter einem Stein, den die beiden anderen nicht von der Stelle rücken konnten. Ortwin rollte den Block zur Seite und befreite das Männlein. Zum Dank schenkten ihm die Zwerge drei Edelsteine. Sie sagten aber, daß er niemals zurückkehren dürfe, denn sonst werde ihn die Erde verschlingen. Anfangs hielt Ortwin das Verbot ein. Doch als die Slawenflut wieder ins Reich brach und Kaiser Otto befahl, neue Burgen zu bauen, kehrte der Ritter zu der kleinen Grotte zurück. Die Zwerge waren fort. In einer Truhe fand Ortwin ihre Schätze und nahm sie an sich.«

So erzählte er nun und die Stunden vergingen. Maria und Bertram lauschten ihm so gespannt wie am Abend zuvor und auch dem Reiter erging es nicht anders: Vor seinen träumenden Augen kehrten die vergangenen Tage wieder; von neuem war ihm, als sähe und erlebte er selbst, was damals wirklich geschehen war und sich nun in Legenden verbarg. Brandwolken schwebten über dem Wald und die Bussarde kreisten...

10

Wer wob des Lebens wüsten Traum?

Heftige Windstöße trieben Aschewolken über den Hof. Die Bussarde schwebten niedriger und schrien, als könnten sie den Mann vertreiben, dessen Anwesenheit sie hinderte, sich an den Toten gütlich zu tun.

»Ich werde mein Schwert nicht mit deinem Blut schänden«, sagte der Mann zu dem Säugling. »Der Fluß soll dich haben wie deinen Onkel.«

Er stieß die Waffe ins Wehrgehenk zurück, stieg auf sein Pferd und ritt mit dem Kind zur Saale. Der Strom führte so wenig Wasser wie schon seit Menschengedenken nicht mehr, denn es hatte viele Monate lang nicht geregnet. Als der Mann den schreienden Säugling in das trübe Naß werfen wollte, stach ihm ein grelles Blinken ins Auge.

Er stieg ab, legte das Kind in das Gras, beugte sich vorsichtig an der Uferböschung hinab und griff ins Wasser. Als er die Hand wieder herauszog, hielt sie einen Panzerstecher.

Ungläubig starrte der Mann die ehrlose Waffe an. »So hatte Hathumod also doch nicht gelogen!« murmelte er. »Vater, was habt Ihr getan?«

Das Kind im Gras weinte vor Hunger und strampelte mit den Beinen. Werner nahm es vorsichtig auf den Arm, brachte es zum Sachsenhof und gab es in die Obhut einer sorbischen Amme. Den Panzerstecher vergrub er in einem Distelfeld. Dann ließ er die Toten nach Rekenz bringen und dort in geweihter Erde bestatten.

Danach ritt er nach Hallstadt, erzählte dem Vogt, was geschehen war, und schloß: »Ich will mich um den Knaben und sein Erbe kümmern. Er ist ja mein Neffe.« Von dem Panzerstecher sagte er nichts.

Der Vogt sah den hochgewachsenen Sachsen nachdenklich an. »Und wenn dem Kind etwas zustößt?« fragte er.

Werner kratzte sich den roten Bart. »Dann soll Sala wieder dem König gehören«, erwiderte er. »Ich will es nicht.«

So kam es, daß Witubrands Sohn den Enkel Irmins aufzog. Im Sommer ritt Werner nach Sachsen und heiratete dort ein Mädchen aus der Familie seiner Mutter. Seine Frau schenkte ihm fünf Kinder. Aber nur der Zweitgeborene Ludger und die jüngste Tochter Waldrade überlebten das Säuglingsalter.

In den folgenden Jahren baute Werner Sala wieder auf und bewirtschaftete beide Höfe, den einen für Jung-Iring, den anderen für sich selbst. Er ließ viel Land an der Saale roden und siedelte dort Hörige aus Altfranken an. Obwohl der Schnee im Saaleland immer viel länger liegenblieb als im Maintal, blühten die Höfe auf, denn die Neusiedler brachten das Kummet mit, das noch nicht lange erfunden war und es ermöglichte, statt der Ochsen Pferde vor den Pflug zu spannen. Außerdem kaufte Werner viele Schafe und befahl große Herden von Schweinen in die Wälder zu treiben, wo sie reichlich Eicheln und Bucheckern fanden. Schließlich ließ er eine neue Mühle errichten, in der auch die anderen Bauern ihr Korn mahlen durften. In diesen Jahren siedelten sich so viele Menschen im Saaleland an, daß dort bald auf jeden Sorben ein Franke kam.

Im Winter ritt Werner in die großen Wälder, um Bären, Wölfe, Wildschweine und andere Tiere zu töten, die Gut und Leben der Bauern gefährdeten. Außerdem kaufte er Waffen und Rüstungen für seine Knechte, damit sie Rekenz und die umliegenden Höfe gegen böhmische und sorbische Streifscharen schützen konnten.

Als Jung-Iring zehn Jahre alt war, berichtete Werner ihm von seiner Familie. Von dem Panzerstecher sagte er nichts. Auch erzählte er ihm, daß seine Mutter und sein Großvater Witubrand bei einem Unglück verbrannt seien.

Jung-Iring und Ludger waren wie Brüder und Waldrade wie beider Schwester.

Auch in der Welt geschah viel:

Im Jahr 955 des Heils besiegte König Otto die Ungarn in einer großen Schlacht auf dem Lechfeld bei Augsburg und beendete so die entsetzlichen Leiden, die das Reitervolk aus den östlichen Steppen dem Reich ein halbes Jahrhundert lang immer wieder zugefügt hatten. Die noch lebenden Besiegten wurden in Regensburg gehängt. Der Karchan Bulcsu drohte noch unter dem Galgen: »Wir sind die Geißel Gottes!« Doch diesmal hatte der Arm des Herrn nicht die Christen, sondern die Heiden getroffen. Nach der Legende kehrten von hunderttausend Ungarn nur sieben in ihre Heimat zurück.

Bis zu diesem Tag hatten die meisten Männer, die etwas von den alten Zeiten verstanden, gesagt, das Reich habe mit der Wahl Konrads von Franken in Forchheim begonnen, denn dort hatten die deutschen Stämme zum ersten Mal einen eigenen Herrscher gewählt. Andere hielten König Heinrich für den Reichsgründer, da Konrad Franke, sein Reich also noch ein fränkisches gewesen sei. Einige legten die Geburtsstunde des Reichs auf den Tag, an dem die Schreiber des Königs in Urkunden erstmals den Namen ›Regnum Teutonicum‹ verwendet hatten, wobei damals aber niemand genau wußte, wann das zum ersten Mal geschehen war. Nach der Schlacht auf dem Lechfeld sagten viele, das Reich sei erst mit diesem Sieg entstanden, denn während die deutschen Stämme zuvor den König immer bekriegt hatten, fochten vor Augsburg zum ersten Mal Sachsen, Franken, Schwaben, Bayern und sogar Böhmen Schulter an Schulter und retteten, was sonst an diesem Tag vielleicht für immer untergegangen wäre.

Sieben Jahre später zog Otto zum zweiten Mal nach Italien. Am Sonntag Mariä Lichtmeß, dem 2. Februar 962, reichte ihm Papst Johannes XII. im Petersdom die Kaiserkrone. In dieser Stunde entstand das Heilige Römische Reich Deutscher Nation.

»Während ich heute vor dem heiligen Apostelgrab beten werde«, hatte Otto zuvor seinem jungen Schwertträger befohlen, »sollst du das Schwert immer über mein Haupt halten. Ich habe nicht vergessen, welche Erfahrungen meine Vorgänger mit der Treue der Römer gemacht haben. Wenn wir wieder im Lager sind, kannst du beten, soviel du willst.«

Der Schwertträger hat den Befehl gewissenhaft befolgt, denn die Geschichte des Papsttums bildete während der ersten Hälfte des 9. Jahrhunderts eine nicht endende blutige Kette von Mord und Totschlag, Grausamkeit, Hurerei und Verrat. Papst Stephan VI. ließ seinen Vorgänger Formosus aus dem Grab holen und setzte ihn vor ein makabres Totengericht. Nach dem Schuldspruch ließ er dem Toten den Segensfinger der rechten Hand abhauen und den Leichnam in den Tiber werfen. Wenig später wurde Papst Stephan selbst vom Pöbel ergriffen, in einen Kerker geschleppt und erwürgt. SergiusIII. ließ seinen Vorgänger auf dem Stuhl Petri, Christophorus, erwürgen. Seine Mätresse Marozia machte sich zur Senatrix von Rom und begann, Päpste ein- und abzusetzen, zu morden und zu gebären. Der skrupellose Johannes X., der schon mit fünf Jahren Erzbischof von Reims gewesen war, nahm die Greueltaten der Borgias vorweg. Als er Marozia lästig wurde, ließ sie ihre ungehorsame Kreatur einkerkern und ermorden. Der Sohn, den sie Papst Sergius geboren hatte, stieg als JohannesXI. auf den Stuhl Petri. Er wurde von seiner Mutter bis zu seinem Tod in Dauerhaft gehalten. In den letzten Jahren konnte sie ihm Gesellschaft leisten, denn nun war sie von einem anderen ihrer Söhne, Alberich, ihrerseits in den Kerker geworfen worden. Mit Alberichs 16jährigem Sohn Johannes XII. schließlich wurde einer der erbärmlichsten, niederträchtigsten und lasterhaftesten Jünglinge Roms zum Stellvertreter Christi gewählt. Unter seiner zynischen Tyrannei erlebte die schaudernde Christenheit die übelsten Auswüchse dieser Pornokratie. Dirnen wurden mit Heiligtümern entlohnt, der Lateran zum Hurenhaus erniedrigt, ein Diakon im Pferdestall geweiht. Als Otto vor Rom erschien, plünderte der Papst den Kirchenschatz und floh. Otto setzte ihn ab und klagte ihn zahlreicher Verbrechen an, darunter des Mordes, des Meineids und der Blutschande mit zwei Schwestern nebst einer weiteren Verwandten. Später wurde der einstige Papst von einem Ehemann, der ihn mit seiner Frau ertappte, so übel zugerichtet, daß er an den Folgen der Verletzungen starb.

Im Jahre 972 nach der Geburt des Erlösers, als Kaiser Otto auf einem Reichstag zu Quedlinburg Huldigungen der Herzöge Polens und Böhmens empfing, wurde Jung-Iring mannbar. Mit seiner spitzen Nase und dem energischen Kinn sah er seinem Großvater sehr ähnlich. Werner übergab ihm den Salahof und verlobte ihn mit seiner Tochter.

Im folgenden Sommer heirateten Irmions Enkel und Witubrands Enkelin, und Werner glaubte den alten Haß endlich erloschen.

Waldrade schenkte ihrem Mann drei Söhne: Irminfried, Gottfried und Neidhart. Zwei Mädchen starben kurz nach der Geburt;

sie hatten eben noch getauft werden können. Ein drittes überlebte und wurde Judith genannt.

Werners Sohn Ludger heiratete wie sein Großvater und sein Vater ein Mädchen aus Sachsen. Sein erster Sohn hieß Udalrich, der zweite Grimald. Außerdem überlebten zwei Töchter das Kindesalter: Lindburg und Gerberga.

Nach Kaiser Ottos Tod erbte sein Sohn Otto II. Würde und Bürde. Wegen seiner leichten Erregbarkeit nannte man ihn den Roten. Wie Vater und Großvater mußte er zuerst aufrührerische Herzöge unterwerfen. Einer von ihnen, Heinrich von Bayern, genannt der Zänker, suchte Hilfe bei den Böhmen. Eine längst vergangen geglaubte Zeit von Eidbruch, Verrat und Bruderkrieg schien zurückzukehren. Auch in Lothringen brachen Unruhen aus. König Lothar von Westfranken überfiel Aachen, als Otto II. dort gerade mit seiner byzantinischen Gemahlin Theophanu beim Mahl saß, und hätte den Herrscher fast gefangen. In Dortmund wurde ein Rachefeldzug beschlossen. Auch diesmal standen die Stammesführer einmütig hinter dem Herrscher, weil nicht nur der Rote persönlich, sondern ›des Reiches Herrlichkeit‹ herausgefordert sei. Das deutsche Heer schloß Paris ein, konnte die Stadt aber nicht erobern. Später zog der Kaiser nach Rom, nannte sich ›Imperator Romanorum Augustus‹ und entkam nach einer Niederlage seines Heeres gegen die Sarazenen in Kalabrien nur knapp der Gefangenschaft.

Auf diese Nachricht hin erhoben sich die slawischen Stämme, überrannten das Land östlich der Elbe und setzten sogar über den Strom. Magdeburg wehrte den Angriff mit Mühe ab, Havelberg und die Brandenburg wurden zerstört, Hamburg und Zeitz geplündert. Die Nordmark ging unter, nur Meißen und die Lausitz konnten sich halten. Mit einem Schlag waren fast alle Eroberungen im Osten verloren. Der Kaiser aber starb in Rom an einer fiebrigen Darmerkrankung.

Als Boten die Meldung nach Rekenz brachten, sagte Jung-Iring zu Werner: »Ich will nach Sachsen reiten, damit ich nicht als erster meines Geschlechts sterbe, ohne wenigstens einmal für das Reich gefochten zu haben.«

»Du hast recht«, sagte Werner. »Lieber bei den Slawen Krieg führen als warten, bis sie an die Saale vordringen. Ich komme mit.«

Auch Ludger wollte sich anschließen, aber sein Vater verbot es ihm, damit der Sachsenhof und Sala nicht ohne Schutz blieben.

Sie zogen mit dem Aufgebot des Nordgaus auf dem gleichen Weg, den einst Iring und Berthold geritten waren, nach Magdeburg. In der Stadt herrschten Angst und Unruhe. Jeden Tag sammelten sich neue slawische Scharen am östlichen Ufer der Elbe. Ungeduldig wartete der Markgraf, daß aus dem Reich endlich Verstärkung käme, denn er wollte nicht tatenlos hinter den Mauern sitzen, sondern das verlorene Land zurückerobern. In den Kirchen sangen die Kriegsleute zornig den 7. Psalm, in dem es heißt: »Will man sich nicht bekehren, so wetzet Er sein Schwert!«

Am Abend vor dem Auszug des Heeres gingen Werner und Jung-Iring wie viele andere Ritter ins Kloster des hl. Moritz. Sie wollten ihre Seelen reinigen, damit ihnen nicht der Himmel verschlossen blieb, falls sie im Glaubenskampf fielen. Werner war ein rechtschaffener Mann und hatte nur einige läßliche Sünden zu beichten. Ehe er um die Absolution bat, sagte er zu dem Geistlichen hinter dem schwarzen Vorhang: »Eins will ich nun noch bekennen, das mich schon seit langem bedrückt. Vor vielen Jahren hätte ich fast einen Mord begangen, an einem unschuldigen Kind. Ich wollte es in einen Fluß schleudern und hätte es auch getan, wenn Gott es nicht in seiner großen Güte verhindert hätte.« Er erzählte nun, wie er den Panzerstecher gefunden hatte.

»Woher stammt Ihr, mein Sohn?« wollte der Geistliche wissen.

»Aus dem Nordgau«, antwortete der Sachse. »Wir haben einen Hof an der Saale.«

»Gibt es dort keine Pfarre?« wunderte sich der Geistliche.

»Doch«, sagte Werner, »aber ich schämte mich zu sehr. Mein Vater ein Mörder! jetzt, fern von zu Hause, fällt es mir leichter, darüber zu sprechen.«

»Was ist mit dem Jungen weiter geschehen?« fragte der Geistliche.

»Ich zog ihn mit meinem eigenen Sohn auf«, berichtete Werner. »Er heißt Jung-Iring. Wir wollen nun Seite an Seite gegen die Heiden kämpfen.«

»Jung-Iring?« fragte der Geistliche. »Von Sala?«

»Ja«, meinte Werner verblüfft. »Wart Ihr schon einmal dort?«

»Nein«, sagte der Geistliche. »Aber ich kannte einmal einen Iring von Sala.«

»Das war sein Onkel«, sagte Werner erstaunt.

»Und einen Irmin«, fügte der Geistliche hinzu.

»Jung-Irings Vater«, rief Werner. »Wer seid Ihr?«

»Ich heiße Hrabanus«, antwortete der Geistliche. »Mit Irmin zog ich einst aus, Heiden zu taufen. Iring rettete mich, als ich hilflos und blind durch den Wald irrte. Später traf ich Irmin wieder, zusammen mit einer jungen Frau. Sie hieß Hathumod, glaube ich.«

»Das war meine Schwester«, sagte Werner. »Ihr müßt uns alles erzählen!«

»Kommt in einer Stunde zur Pilgerherberge«, sagte der Mönch.

»Sagt aber nichts von dem Panzerstecher«, bat Werner. »Und auch nichts davon, daß ich Jung-Iring beinahe...«

»Das Beichtgeheimnis schützt Euch«, beruhigte ihn Hrabanus. »Nun vernehmt Eure Buße!«

Kurz vor Sonnenuntergang fanden sich Werner und Jung-Iring an der Pilgerherberge ein. Hrabanus setzte sich mit ihnen zu Tisch und schilderte ihnen, was er mit Irmin, Iring und Hathumod erlebt hatte. Die Erzählung ergriff Jung-Iring so stark, daß er weinen mußte.

»Ich dachte, man wischt euch im Nordgau die Tränen mit Tau fort?« wunderte sich der Mönch.

»Davon weiß ich nichts«, antwortete Jung-Iring verlegen.

»Euer Vater konnte Euch das nicht tun«, meinte Hrabanus. »Doch Eure Mutter wußte auch davon.«

»Sie kam bei einem Brand ums Leben, als ich noch nicht ein Jahr alt war«, sagte Jung-Iring. »Ich wuchs bei meinem Onkel auf.«

»Ich höre von diesen Dingen zum ersten Mal«, murmelte Werner bedrückt.

»Dann will ich Euch alles erzählen«, sagte Hrabanus und berichtete ihnen, was er über den Drachenkampf im Nordwald und König Konrads Rat, auch von der Nixe und ihrem Lied und anderen Dingen wußte, die sich früher auf Sala und in Rekenz ereignet hatten.

Jung-Iring staunte bei jedem Wort mehr und sagte am Schluß: »Wie kann ich nun das Rätsel unserer Herkunft lösen?«

»Vielleicht werden in der Pfalz zu Forchheim noch Schriftstücke aus König Konrads Zeiten verwahrt«, antwortete der Mönch. »Es ist aber durchaus nicht sicher, daß er herausfand, was Euren Großvater mit König Swatopluks Söhnen verband. Die

Chroniken des Großmährischen Reiches sind vielleicht in Neutra zu lesen, wenn die Ungarn etwas davon übriggelassen haben.«

»Denkt über meine Sache nach«, bat Jung-Iring und kratzte sich die spitze Nase. »Wenn wir mit Gottes Hilfe zurückgekehrt sind, könnt Ihr mir vielleicht noch weiteren Rat geben.«

»Das will ich gern tun«, versprach Hrabanus.

Am nächsten Morgen setzte der Markgraf mit achthundert Rittern über die Elbe. Die Slawen wichen in die Wälder aus. Die Sachsen ritten drei Tage lang nach Osten, aber der Feind stellte sich nicht zum Kampf. Die jüngeren Ritter waren darüber sehr zornig und schimpften über die Feigheit der Slawen. Die älteren aber blickten einander betreten an, denn sie wußten, daß jeder Tag ihre Aussicht verminderte, die Heimat wiederzusehen.

Der Markgraf war noch jung an Jahren, aber nicht unbesonnen. Am vierten Morgen lagerte er auf einem Hügel, der Schutz vor Überraschungsangriffen bot. Von hier schickte er einige Kundschafter aus, darunter Jung-Iring und Werner. »Seht zu, daß ihr einen von diesen Heiden fangen könnt«, befahl er, »damit wir erfahren, wo sie sich verstecken.«

Jung-Iring und Werner ritten durch den Fluß Ihle. Dahinter begann ein großer Sumpf. Sie folgten einem Weg über niedrige Hügel. Am Nachmittag wurde der Wald dichter. Sie fanden einige verlassene Hütten.

»Laß uns hier umkehren«, schlug Werner vor. »Es wird bald dunkel.«

»Erst müssen wir einen erwischen«, widersprach Jung-Iring. »Wir wollen hier übernachten und morgen noch einmal unser Glück versuchen.«

Am nächsten Tag kamen sie an einen großen See mit sumpfigen Ufern. Dort entdeckten sie viele Spuren von Pferden. In den Hufabdrücken stand das Wasser fingerhoch.

Jung-Iring und Werner blickten einander verwundert an.

Als sie auf trockenes Land kamen, hörten sie in der Ferne ein Dröhnen. Schnell versteckten sie sich in einem Brombeergestrüpp. Kurze Zeit später zogen schwergepanzerte Reiter vorüber. Sie trugen schwarze Kettenhemden und lange Lanzen.

»Sind das nicht Kreuze auf den Wimpeln?« fragte Jung-Iring überrascht.

»Es müssen Polen sein«, murmelte Werner. »Was wollen die

denn so weit im Westen? Das sind mindestens dreitausend Mann.«

Sie warteten, bis das polnische Heer vorübergezogen war. Dann schlugen sie einen Bogen und ritten eilig nach Sonnenuntergang. Als sie an einem Tannendickicht vorüberkamen, ertönte plötzlich ein Sirren. Sie rissen die Schilde hoch. Ein Pfeil kam aus dem Dunkel geflogen und traf Werners Pferd in den Hals. Das Roß stieg wiehernd auf die Hinterhand, und sein Reiter stürzte schwer aus dem Sattel.

Zwei weitere Geschosse bohrten sich in Jung-Irings Schild. Dann brachen die Zweige auseinander und mit lautem Geschrei ritten drei gepanzerte Krieger hervor.

Jung-Iring riß sein Pferd herum und lenkte es zwischen die Angreifer und seinen Onkel. Die Krieger senkten die Lanzen. Der erste verfehlte Jung-Iring und galoppierte an ihm vorbei. Der zweite stieß seine Waffe in den Schild seines Gegners; Jung-Iring traf besser und stach den Schwarzgepanzerten aus dem Sattel. Der dritte griff Werner an, der auf dem Boden kniete und sich mit seinem Schild deckte.

Der erste Reiter wandte sein Pferd, so daß lose Erde aufspritzte, und griff von neuem an. Diesmal setzte er seine Stoßwaffe auf Jung-Irings Schenkel; die Spitze glitt von der Beinschiene ab und drang in den Rücken des Pferdes. Im gleichen Augenblick traf Jung-Iring den Angreifer unter dem Kinn. Der Stoß war so gut gezielt, daß dem Polen der Helm mitsamt der Hirnschale abgesprengt wurde.

Jung-Iring ließ sich von dem stürzenden Pferd fallen, stand aber gleich wieder auf den Füßen. Der dritte der fremden Krieger griff nun nicht noch einmal an, sondern nahm die Pferde der toten Gefährten und ritt davon.

»Schnell fort!« rief Jung-Iring seinem Onkel zu. »Er wird gleich mit Verstärkung zurück sein!«

Werner lag auf der Erde. »Ich kann nicht«, stöhnte er, »ich habe mir das Bein gebrochen.«

Jung-Iring lief zu ihm, schlang sich Werners Arm um den Nacken und führte den Verletzten davon. Sie wateten durch einen Bach und verbargen sich zwischen zwei großen Steinen, die dichtes Heidekraut überwucherte.

Kurze Zeit später sahen sie viele Reiter durch den Wald schwärmen. Einige kamen sehr nahe, aber sie entdeckten Jung-Iring und Werner nicht.

Als die Polen wieder verschwunden waren, sagte Werner zu seinem Neffen: »Du mußt den Markgrafen warnen. Ich wäre dir nur eine Last.«

»Ich lasse dich nicht allein«, antwortete Jung-Iring. »Wir sind zusammen ausgeritten und kehren zusammen zurück.«

Sie warteten, bis es dunkel wurde. Dann kroch Jung-Iring aus dem Heidekraut, schnitt zwei Stangen ab und schiente Werners gebrochenes Bein. Der Sachse litt große Schmerzen.

Jung-Iring schnitzte Krücken aus zwei Astgabeln. Langsam lief er voraus; sein Onkel folgte ihm humpelnd.

Um Mitternacht verließen Werner die Kräfte. An einer Quelle, die unter einem Stein hervorfloß, blieb er stehen und sagte: »Es hat keinen Zweck. Auf diese Weise brauchen wir mindestens vier oder fünf Tage bis zum Lager. Dann wird es längst zu spät sein.«

»Das kannst du nicht von mir verlangen, daß ich dich im Stich lasse«, versetzte Jung-Iring entschlossen.

Der Mond schien durch die Baumwipfel. Die schwankenden Zweige warfen seltsame Schatten auf den Waldboden.

»Nun höre einmal gut zu«, sagte Werner.

»Ich will aber nichts hören«, wehrte Jung-Iring ab.

»Ich habe mich viele Jahre lang bemüht, dir den Vater zu ersetzen« sagte Werner unbeirrt, »aber das war nicht immer so. Als ich dich zum ersten Mal sah, wollte ich dich töten.«

Jung-Iring starrte ihn an. »Warum?« fragte er heiser.

Sein Onkel fuhr sich mit der Zunge über die trockenen Lippen. Schweiß perlte von seinem bärtigen Gesicht. »Weil ich dir und deiner Mutter die Schuld am Tod meines Vaters gab«, sagte er leise.

»Mir?« rief Jung-Iring verblüfft. »Aber wie hätte ich denn... Also war es kein Unglück damals auf Sala?«

»Nein«, sagte Werner. »Es war ein Kampf.«

»Mit wem kämpften Mutter und Großvater denn?« fragte Jung-Iring verwirrt.

»Gegeneinander«, antwortete Werner leise und erzählte ihm, was in jener Nacht wirklich geschehen war.

»Aber warum dieser Haß?« fragte Jung-Iring. Er war bleich.

Nun berichtete Werner ihm von dem Streit vor der Kirche in

Schweinfurt, Witubrands Verrat in der Schlacht an der Unstrut und Irings Tod an der Saale. »Damals wollte ich es nicht glauben und dachte, daß Hathumod log«, schloß er. »Darum hätte ich dich um ein Haar ertränkt. Dann aber fand ich den Panzerstecher.«

Er seufzte. »Ich schämte mich für meinen Vater und habe deshalb bis heute davon geschwiegen. Den Panzerstecher vergrub ich in einem Distelfeld unter dem Ahorn, auf dem die Fischadler nisten. Nun weißt du alles. Verliere nicht noch mehr Zeit!«

»Ich sehe, daß es dir ernst ist«, sagte Jung-Iring, »sonst hättest du mir das nicht erzählt.«

»Gewiß nicht«, bestätigte Werner.

Jung-Iring gab ihm seinen Mundvorrat und sagte: »Bleibe an dieser Quelle, denn hier bist du sicher, und ich kann dich leicht finden, wenn ich zurückkomme.« Dann eilte er durch den Wald nach Westen.

Er lief sehr schnell und kam noch vor der neunten Stunde des folgenden Tages im Lager an.

»Wo wart Ihr so lange?« fragte der Markgraf erleichtert. »Wir dachten schon, Ihr wärt diesen heidnischen Waldbauern in die Falle gegangen.«

»Waldbauern sahen wir nicht«, erwiderte Jung-Iring, »aber polnische Panzerreiter. Sie töteten unsere Pferde. Mein Onkel liegt mit gebrochenem Bein im Wald; ich mußte ihn zurücklassen, um Euch zu warnen.«

Der Markgraf fuhr ein wenig zurück. »König Mieszkos Heer?« fragte er. Die Ritter hinter ihm blickten einander unsicher an.

»Mein Onkel meinte, es seien wohl mehr als dreitausend Reiter«, antwortete Jung-Iring. »Gebt mir zwei Pferde, damit ich ihn holen kann.«

»Es tut mir leid, daß wir dich nicht begleiten können«, sagte der Markgraf. »Wenn sich dort draußen wirklich König Mieszkos Panzerreiter herumtreiben, wäre es zu gefährlich, den Hügel aufzugeben. Gott schütze dich, mein Sohn!«

»Auch die Polen führen Kreuze auf den Wimpeln«, bemerkte Jung-Iring.

»Jaja, ich weiß schon«, murmelte der Markgraf.

Jung-Iring ritt wieder nach Osten. Er war vorsichtig und kam nur langsam voran. Einmal hörte er Hornstöße aus der Ferne. Er blieb die Nacht über im Sattel. Am frühen Morgen kam er zu der kleinen Quelle.

»Du hast dich tüchtig beeilt, Junge!«, sagte Werner erleichtert.

»Wie geht es Euch?«, fragte Jung-Iring und half dem Onkel auf das Pferd.

»Wir werden nur sehr langsam reiten können«, stieß Werner zwischen zusammengepreßten Zähnen hervor.

Sie zogen mit der Sonne nach Westen. Während sie nebeneinander dahinritten, berichtete Jung-Iring seinem Onkel, was der Markgraf gesagt hatte.

»Hoffentlich wartet er auf uns«, sagte Werner. Er war schon sehr schwach. Als sie den Hügel sahen, auf dem der Markgraf sein Lager aufgeschlagen hatte, fieberte der Sachse schon.

»Sind das Wimpel dort über dem Wald?« wollte er wissen.

»Nein«, sagte Jung-Iring bedrückt. »Bussarde.«

Mit äußerster Vorsicht ritten sie durch den düsteren Tann bis zum Fuß des Berges. Dort fanden sie viele Hufspuren. Bald lagen die ersten Erschlagenen vor ihnen. Dann kamen sie auf das Schlachtfeld. Die Hügelkuppe war mit Leichen von Sachsen und Slawen bedeckt, die einander noch im Tod umklammert hielten. Auch der Markgraf war gefallen.

Bussarde hockten auf seiner Brünne und hackten in die Augenhöhlen des Toten.

»Nicht!« rief Werner warnend, aber es war schon zu spät.

Angewidert spornte Jung-Iring sein Pferd und scheuchte die Aasfresser auf.

»Laß uns schnell verschwinden« rief der Sachse, als die Vögel über ihnen kreisten und zornig schrien.

Jung-Iring nickte schuldbewußt.

Sie ritten ein Stück nach Süden und bogen dann wieder nach Westen. Als es dunkel wurde, lagerten sie im hohen Schilf eines Sumpfes. Jung-Iring wachte, und Werner schlief.

Am nächsten Morgen zeigte der Sachse sein Bein und sagte: »Ich kann nicht mehr reiten.« Der Schenkel war schwärzlich verfärbt.

Jung-Iring ging in den Wald, um Stangenholz zu schlagen und eine Bahre zu bauen. Als er zwei Ebereschen gefällt hatte, hörte er Werner rufen. Er lief in das Schilf und fand den Onkel auf den Schild gestützt. Die Pferde waren verschwunden.

»Verfluchtes Gesindel!«, schimpfte der Sachse. »Leichenfledderer sind uns vom Schlachtfeld gefolgt.«

»Ich hätte die Bussarde nicht fortjagen dürfen«, seufzte Jung-Iring.

Er baute die Bahre, legte seinen Onkel darauf und zog sie durch das Schilf.

Um die Mittagszeit sagte Werner: »Du hast getan, was du konntest, Junge. Lasse mich nun hier liegen und sieh zu, daß du wenigstens dich selbst rettest!«

»Das wird nicht geschehen«, sagte Jung-Iring.

Am Nachmittag wurde der Sumpf tiefer, und Jung-Iring sank bis zu den Knien ein. Da er die Bahre nicht länger ziehen konnte, lud er sich den sterbenden Onkel auf die Schulter und schleppte ihn durch ein Rieselfeld.

Am Abend rastete er unter einer Weide. Werner kam wieder zu sich und fragte: »Du Narr, warum tust du das alles?«

Jung-Iring gab keine Antwort.

»Ich sterbe ohnehin,« sagte Werner, »und nach mir wird dieses Land noch viele andere Männer verschlingen. Denn es ist nicht von Gott gewollt, daß wir es besitzen.«

»Steht nicht in der Schrift, daß wir den Glauben ausbreiten sollen?«, fragte Jung-Iring erstaunt. Nie zuvor hatte er seinen Onkel so sprechen hören.

»Solange hier Heiden wohnten, handelten wir nach dem Willen des Herrn«, erwiderte Werner. »Aber du sahst doch die Kreuze! Gott kann nicht wollen, daß Christen Christen töten. So wenig, wie dem Herrn gefallen kann, daß Sachsen und Franken Bayern und Schwaben einander erschlagen.«

»Wenn unsere Stämme nicht so uneins wären«, meinte Jung-Iring, »könnten uns wohl weder Slawen noch Ungarn, Normannen noch Westfranken oder selbst Sarazenen verwehren, das Reich in der ganzen Welt zu errichten.«

»Das sind Träume«, sagte der Fiebernde, »die nie in Erfüllung gehen werden.«

Vor Sonnenaufgang lud sich Jung-Iring den Sterbenden wieder auf und schleppte ihn durch ein Weidengebüsch. Dahinter erhob sich ein niedriger Hügel. Auf seinem trockenen Boden fand der junge Ritter besseren Stand. Werner merkte das und schlug die Augen auf.

»Ich will, daß du mich auf diesem Hügel begräbst«, bat er, »damit mich nicht Schlangen und Sumpfottern fressen.«

»Solange ich lebe, sollt Ihr nicht sterben«, antwortete Jung-Iring und stieg von dem Höhenzug hinunter in den nächsten Sumpf.

Er trug seinen Onkel noch bis zum Abend. Dann brach er in die Knie. Er gab aber immer noch nicht auf, sondern kroch weiter und zog Werner hinter sich her. Dabei wurde ihm immer häufiger schwarz vor Augen. Unter einer Ulme blickten sie einander zum letzten Mal an. Dann starb Werner. Mit dem nächsten Atemzug gab auch Jung-Iring sein Leben auf.

Die Bussarde fraßen ihr Fleisch, bis nur noch Knochen in den Brünnen lagen. Im nächsten Jahr wuchs Moos darüber, so daß man ihre Leichname nicht mehr hätte finden können. Aber es suchte niemand nach ihnen.

Die wenigen Überlebenden des geschlagenen Heeres, die sich nach Magdeburg retten konnten, schilderten dort in lebhaften Worten die Macht und Kriegstüchtigkeit der Polen. Von einem Ritter, der in der Pilgerherberge zu Gast war, erfuhr der Mönch Hrabanus, daß Jung-Iring und Werner verschollen waren.

»Seltsame Leute«, meinte der Ritter und trank tüchtig Wein. »Sonderten sich immer ab. Kamen aus dem Sorbengau. Würde mich nicht wundern, wenn sie selbst slawisches Blut in den Adern hätten.«

»Wie kommt Ihr darauf?«, fragte Hrabanus.

Der Ritter wischte sich Wein aus dem Bart. »Ich konnte zwar nicht alles verstehen, was der Jüngere nach seiner Rückkehr sagte. Aber ich habe genau gehört, wie unser Markgraf etwas von einer Falle sagte. Wer weiß, vielleicht waren sie Verräter und der angeblich verwundete Onkel führte in Wirklichkeit schon die polnischen Reiter heran.«

»Ich kannte die beiden«, sagte Hrabanus scharf, »sie haben solche Verdächtigungen nicht verdient.«

»So?« machte der Ritter. »Dann nichts für ungut.« Er trank aus und ging seiner Wege.

Auch andere Sachsen redeten von Verrat, denn sie konnten es nicht verwinden, daß sie von den Slawen besiegt worden waren, auch wenn diese inzwischen unter Kreuzen fochten. Als die Nachricht von der verlorenen Schlacht in den Sorbengau kam, nahm Werners Sohn Ludger Jung-Irings Witwe Waldrade in seinen

Schutz und zog ihren ältesten Sohn Irminfried mit seinen eigenen Kindern auf.

In den folgenden Jahren führte die Kaiserin Theophanu für ihren unmündigen Sohn Otto III. die Regentschaft. Sie zog sogar nach Italien und übte in Rom und Ravenna ihr Herrschaftsrecht aus. Die verlorengegangenen Gebiete im Osten aber konnte sie nicht zurückgewinnen.

Als Jung-Irings Sohn Irminfried zwölf Jahre alt war, kamen zwei Mönche auf den Sachsenhof. Einer von ihnen war blind und schon sehr alt; der andere, jüngere führte ihn. Ludger sorgte dafür, daß es ihnen an nichts fehlte.

Nachdem sie gespeist und getrunken hatten, sagte der blinde Mönch: »Ich kam nicht zufällig hierher, sondern weil ich Euch von Eurem Vater und Eurem Vetter zu berichten habe.« Er erzählte Ludger nun, wer er war und was er über die Verschollenen wußte. »Vor einiger Zeit kamen Leute nach Magdeburg und wollten Pferde verkaufen«, berichtete er. »Knechte des Markgrafen erkannten unter den Tieren zwei Rosse, die ihr Herr am Tag vor der Schlacht Jung-Iring gegeben hatte, damit er seinen verletzten Onkel zurückholen könne. Unter der Folter gestanden die Fremden, die Pferde den Rittern gestohlen zu haben, in einem Sumpf an der Ihle, gleich hinter einem Hügel, der dort das Land überragt. Weiter nach Westen zu wächst eine Ulme; dort sahen die Diebe später die Ritter liegen. Sie wagten nicht, die Toten zu bestehlen, denn sie fürchteten, im Sumpf zu versinken. Nach dem Geständnis wurden sie aufgeknüpft.«

»So müssen wir alle Hoffnung begraben«, sagte Ludger traurig. »Ich danke Euch, daß Ihr die weite Reise unternommen habt.« Er stellte seinen Gästen seine und Jung-Irings Kinder vor. Dann sprachen die Männer viel über die Kriege im Osten, und Ludger sagte, er sorge sich, daß die Kämpfe bald auch in den Sorbengau getragen werden könnten. Sie gingen erst spät schlafen.

Lange vor Sonnenaufgang schlich der jüngere Mönch in die Kammer der Knaben, weckte Irminfried leise und führte ihn vor das Haus. Dort wartete Hrabanus.

»Komm mit, mein Junge« sagte er. »In den Wald, Bartholomäus!«

Als sie unter den Tannen standen, ließ sich Hrabanus zu einem umgestürzten Baumstamm führen, setzte sich darauf, zog Irminfried neben sich und schickte Bartholomäus fort. Dann sagte er zu dem Jungen: »Ich habe dir etwas zu erzählen, das du als unser Geheimnis bewahren sollst, bis du einmal selbst einen Sohn hast. Du darfst zu niemandem darüber sprechen, am wenigsten aber zu deinem Onkel und seinen Kindern. Versprichst du mir das?«

»Ja«, brachte der Kleine mühsam heraus.

»Schwöre es bei der heiligen Jungfrau Maria!« forderte der Blinde.

Der Junge gehorchte; er fürchtete sich vor dem fremden Mann mit den verwüsteten Augenhöhlen.

»Also gut«, sagte Hrabanus befriedigt. »Als ich deinem Onkel gestern von Jung-Iring und Werner berichtete, habe ich etwas verschwiegen. Dir aber will ich es sagen. Das ist der wahre Grund, warum ich gekommen bin. Es gibt Leute, die deinen Vater und deinen Großonkel verdächtigen, das Heer des Markgrafen an die Slawen verraten zu haben. Das ist nicht wahr.«

Der Junge schluckte; er hatte große Angst gehabt, daß er nun das Gegenteil hätte erfahren sollen.

»Das ändert aber nichts daran, daß es in deiner Familie schon einmal einen Verräter gab«, fuhr der alte Mönch fort. »Das war, als die Könige Konrad und Heinrich herrschten.« Er berichtete nun von dem Drachenkampf und den anderen Ereignissen jener Zeit.

»So war es gar kein richtiger Drache?«, rief der Junge verblüfft.

Als Hrabanus von der Schlacht an der Unstrut erzählte, schwieg der Junge, und auch, als er von Irings Ermordung mit dem Panzerstecher erfuhr. Kurz bevor die Sonne aufging, schloß der Mönch mit einem Bericht von dem Kampf auf Sala, als Hathumod ihren Vater erstach.

»Das war recht gehandelt!« rief Irminfried. Seine Augen blitzten.

»Hüte dich vor dem Haß«, mahnte der Mönch, »er verdirbt das Beste im Menschen und fördert das Schlechteste. Ich bin den langen Weg nicht gekommen, um dich gegen deine Verwandten aufzuhetzen. Vergiß nicht – ohne Werner wäre dein Vater als Säugling in einem Backofen verhungert.«

»Er wollte ihn töten!« rief der Junge.

»Das war nicht recht« gab Hrabanus zu, »aber vor Gott wiegen Taten mehr als Absichten, sind diese auch noch so böse. Werner hat seine Sünde bereut; ich selbst sprach ihn davon frei.«

Danach schwieg der Mönch eine Weile. Schließlich sagte er: »Ich erzähle dir das alles, weil König Konrad vorhergesagt hat, daß aus euch einmal ein großes und starkes Geschlecht werden soll. Wenn du erwachsen bist, sollst du versuchen, das Geheimnis eurer Herkunft zu enträtseln und herauszufinden, was deinen Urgroßvater mit Swatopluks Söhnen verband.« Er erklärte ihm, wo er das am ehesten erfahren könne. Dann stand er auf und sagte: »Siehst du hier irgendwo Gras, mein Sohn?«

»Dort vorne ist eine Lichtung«, antwortete der Junge eifrig.

Hrabanus ließ sich zu der kleinen Wiese führen. Dann stützte er sich auf die Schultern des Jungen, beugte sich vor und befeuchtete seine Finger mit Tau. Langsam tastete er nach Irminfrieds Antlitz und strich ihm die Feuchtigkeit auf die Lider.

»Diese Tropfen vertreiben die Tränen für immer, und du wirst nie wieder weinen«, sagte er dazu. »König Konrad hat so an deinem Ahn Irmion gehandelt, und du sollst später an deinem Sohn das gleiche tun.«

Er drückte ihn an sich. Dann sagte er: »Schau dich mal vorsichtig um, Junge! Schleicht Bartholomäus hier vielleicht irgendwo umher? Ich traue dem Kerl nicht.«

»Er steht dort hinten an einer Tanne«, sagte Irminfried.

Der alte Mönch seufzte. »Werner hat die Verbrechen seines Vaters gesühnt«, sagte er dann. »Sei auf der Hut, daß nicht neuer Hader ausbricht und den Frieden zwischen euren Familien gefährdet! Wenn du das Geheimnis des Drachen enträtselt hast, sollst du zu mir nach Magdeburg kommen. Vielleicht bin ich noch am Leben und erfahre endlich, warum mir der Herr so seltsame Freunde zugedacht hat.«

Er rief den Mönch Bartholomäus, und sie kehrten zum Hof zurück. Als Ludger erschien, dankten die Mönche ihm für die Gastfreundschaft und nahmen Abschied.

Die folgenden Jahre brachten viel Unruhe in das Saaleland. Flüchtlinge kamen aus Osten und erzählten von der neuen Macht der Slawen, die nun auch in die Marken Lausitz und Meißen vordrangen.

Als Irminfried erwachsen war, schenkte ihm Ludger ein Schwert und sagte: »Unsere Altvordern zogen nicht in dieses Land, damit ihre Nachkommen barfüßig Schafskot treten. Deine Vorfahren dienten dem Grafen von Schweinfurt. Ich denke, daß ihr Name dort noch immer einen guten Klang genießt. Es wird daher am besten sein, wenn auch du dort höfische Sitten erlernst.«

Irminfried war sehr groß, größer noch als sein Vater, Großvater und erst recht sein Urgroßvater; seine Mutter und Großmutter hatten ihm mit der sächsischen Stärke auch Unrast und Wildheit vererbt. Sein Haar war nicht blond, sondern dunkelbraun, seine Nase nicht spitz, sondern rund, und in seinem dunklen Bart glänzte ein rötlicher Schimmer. Er nahm das Schwert, dankte seinem Onkel, nahm Abschied von seiner Mutter Waldrade und ritt an der Saale nach Süden, bis er zur Straße nach Hallstadt kam. Dort bog er aber nicht nach Westen ab, sondern behielt seine Richtung bei, um nach Forchheim zu reiten. Am Waldstein hörte er plötzlich Gelächter und lautes Plätschern. Neugierig bog er vom Weg ab und ritt quer durch den Tann. Schon kurze Zeit später erblickte er einen Quellteich. In dem kühlen Gewässer badeten zwei Frauen, wie Irminfried sie nie zuvor gesehen hatte.

»Seht mal«, rief die jüngere, als sie den jungen Reiter bemerkte. »Wir haben Besuch!« Sie fuhr sich mit der Hand durch das schwarze Haar und winkte Irminfried zu. »Wollt Ihr Euch nicht auch ein wenig erfrischen, Herr Ritter?«, fragte sie schelmisch; weiße Zähne blitzten zwischen vollen Lippen.

»Vorsicht, Zoë!« rief die Ältere mahnend.

Irminfried starrte die junge Frau an. Die Erzählung des Mönchs kam ihm in den Sinn, und er fragte: »Seid Ihr die Nixe, die meinen Großonkel...«

Die Fremde lachte. Im gleichen Augenblick packten Irminfried von hinten harte Hände und zogen den Überraschten vom Pferd.

11

Wir wollten kühn sein, tapfer und gerecht

Irminfried wollte sein Schwert ziehen, aber zwei mächtige Arme hielten ihn mit solcher Kraft fest, daß ihm war, als ränge er mit einem Bären. Er spannte alle Muskeln an, konnte sich aber so wenig aus der Umklammerung lösen wie ein Habicht aus gut verschnürten Langfesseln. Da erinnerte er sich der Waffenübungen mit seinem Onkel, wand sich wie ein Fisch und stieß mit dem Knie nach dem Bauch seines Gegners. Ein schmerzerfülltes Stöhnen zeigte ihm, daß er die richtige Stelle getroffen hatte. Der eiserne Griff lockerte sich, so daß Irminfried entschlüpfen und sein Schwert ziehen konnte.

»Nein«, rief die jüngere der beiden Frauen. »Vater!«

Irminfried schämte sich ein wenig, weil er sich hatte überrumpeln lassen. Einen Augenblick lang glaubte er sogar, daß sein Gegner sich nur durch Zauberei unbemerkt habe anschleichen können. »Ergebt Euch!« herrschte er ihn an.

Der Fremde war mehr als sechs Fuß groß und trug eine Rüstung, wie sie im Saaleland noch nie gesehen worden war. Von seinem Helm wehte ein Roßschweif, die breite Brust umschloß ein goldglänzender Panzer, und die kräftigen Beine steckten nicht in einer Hose, sondern wurden bis zu den Knien von einem blauen Rock verhüllt. Am meisten staunte Irminfried darüber, daß die Haut des Hünen schwarz wie Ruß war. Schnell bekreuzigte er sich und rief: »Du kannst mir nur das Leben rauben, aber nicht die Seele!«

»Wie?« machte der Riese verdutzt. »Für wen hältst du mich denn, du Strauchdieb?«

»Für den Teufel«, lachte das Mädchen.

Der dunkelhäutige Mann sah Irminfried mißmutig an. »Bei euch Waldbauern hier scheinen ja abenteuerliche Vorstellungen zu herrschen«, murrte er. »Wir sind Römer!«

»Das glaube ich nicht«, rief Irminfried mißtrauisch. »Ihr seht aus wie ein Maure oder Sarazene.«

»Wer ist denn der Junge?« fragte eine Stimme hinter Irminfried. Der Riese erwiderte: »Ich hielt ihn für einen Räuber, Herr.«

Irminfried drehte sich um und sah einen kleinen, beleibten, schon fast kahlköpfigen Mann mit glattrasierten Wangen, der wohl sechzig Jahre zählen mochte. Er trug einen Umhang aus blauer Wolle, der ihm bis zu den Knöcheln reichte, und eine Fußbekleidung, die nur aus geflochtenen Riemen bestand.

»Nennt Ihr Euch auch einen Römer?« fragte der junge Ritter. Der Alte lächelte freundlich. »Dem Worte, nicht dem Wesen nach, wenn Ihr erlaubt«, versetzte er. »Wir kommen aus Konstantinopel, wohin wir nun auch wieder reisen wollen. Deine Landsleute pflegen uns als Griechen zu bezeichnen – Römer wollen sie selber sein.«

»Herrschen unsere Kaiser denn nicht in Rom?« sagte Irminfried trotzig, da ihm allmählich dämmerte, daß er einen Narren aus sich gemacht hatte. »Dieses Land gehört zum Heiligen Römischen Reich.«

»Deutscher Nation«, fügte der alte Mann hinzu. »So heißt es seit Ottos Kaiserkrönung Anno domini 962. Der Titel Regnum Teutonicum war schon früher in Gebrauch, seit dem Jahr 920, wenn ich nicht irre.« Er sprach die Mitlaute sehr weich aus.

»Das mag sein«, erwiderte der junge Ritter, »dieser Berg aber steht auf meinem Grund und Boden.«

Nun waren die Griechen verwundert. »Samuil!« rief der Alte. Hastig trat der schwarze Hüne zu Irminfried, verneigte sich ehrerbietig und sagte verlegen: »Es tut mir leid, Herr. Ich konnte aber doch nicht wissen, daß Ihr kein Strauchdieb...«

»Samuil!«, rief der Alte in noch strengerem Ton. Der Riese senkte beschämt den Kopf und verstummte.

»Nehmt es ihm nicht übel«, sagte der Grieche zu Irminfried. »Er ist ein braver Mann und wollte nur seine Pflicht tun. Ich hoffe, er hat Euch nicht zu grob behandelt. Seid so gut und laßt Euch von mir zu Tisch laden! Ich heiße Nikephoros und diente der Kaiserin Theophanu, deren Seele Gott gnädig sein möge.«

Irminfried sah ihn erschrocken an.

»Ihr könnt davon noch nichts wissen,«, sagte der Alte. »Die große Kaiserin ist tot. Nun herrscht ihre Schwiegermutter, Adelheid von Burgund, die Griechen nicht ausstehen kann.«

»Ich verstehe nicht viel von diesen Dingen«, sagte Irminfried verlegen. »Aber der Tod erwählter Menschen ist allemal ein großes Unglück.«

Der Alte nickte und sah ihn freundlich an. Irminfried fiel ein, was er vergessen hatte, und er sagte: »Ich heiße Irminfried. Mein Vater, Großvater und Urgroßvater dienten König Konrad; König Heinrich und Kaiser Otto. Wir haben einen Hof an der Saale.«

»Ich wußte gleich, daß Ihr aus einem angesehenen Geschlecht stammt«, antwortete Nikephoros und warf dem schwarzen Hünen einen letzten mißbilligenden Blick zu.

Dann fuhr er fort: »Ich wäre Euch dankbar, wenn ihr uns Euren Schutz gewährtet, solange wir uns auf Eurem Besitz befinden. Vielleicht könnt Ihr auch die Zeit erübrigen, uns den Weg zu weisen, damit wir uns in diesen Wäldern nicht verirren.«

»Das will ich gern tun«, erwiderte Irminfried. Er blickte an sich hinunter und klopfte sich den Schmutz vom Umhang. Diener eilten mit Bürsten herbei und säuberten ihn von Erde und Blättern.

Nikephoros ließ einen Tisch decken. Er war an das Leben bei Hofe gewöhnt und suchte auch auf Reisen eine allzu große Kargheit seiner Tafel zu vermeiden. Während sein Koch Speisen nach griechischer Art zubereitete, kamen die beiden Frauen.

»Verzeiht, wenn ich vorhin über Euch lachte«, sagte die Jüngere und verneigte sich. »Ich wollte Euch gewiß nicht kränken.« Ein schlichtes Gewand aus weißem Leinen verhüllte ihre schlanke Gestalt.

Irminfried suchte nach Worten, die der höfischen Sitte entsprechen mochten. »Ich zweifle nicht an Eurem edlen Sinn«, brachte er schließlich heraus, obwohl er das Gegenteil dachte.

Die junge Frau sah ihn fröhlich an. Als er ihr Lächeln erwiderte, drohte sie ihm spielerisch mit dem Finger und sagte: »Ihr scheint mir nicht recht überzeugt von meiner Ehrlichkeit. Denkt doch einmal daran, daß ich Euch sogar zuwinkte und zum Bad mit uns lud!«

»Zoë!« rief Nikephoros. Entschuldigend wandte er sich seinem Gast zu und fuhr fort: »Ich habe vor lauter Arbeit einiges an der

Erziehung meiner Tochter versäumt. Seht mir das nach, lieber Herr Ritter!«

Irminfried war die Entschuldigung peinlich. »Es ist doch nichts dabei«, sagte er. »Die sorbischen Mädchen baden im Sommer fast jeden Tag in der Saale.« Er wurde rot.

Zoë lachte hell. Auch die ältere Frau blickte ihn nun etwas freundlicher an. »Es sind die Sitten in den Ländern manchmal sehr verschieden«, sagte sie. »Bei Euch im Norden scheinen sie gewöhnlich etwas rauher und weniger frei.«

»Ich hatte bisher nicht bemerkt, daß diese Strenge Euch unangenehm gewesen wäre, liebe Mutter«, sagte Zoë.

Irminfried blickte die ältere Frau überrascht an. »Nein, nicht wie Ihr denkt«, rief sie ihm zu und hob abwehrend die Hände. »Ich bin nur eine Dienerin, die sich ab und zu durch eine ehrende Anrede verspotten lassen muß.«

Unter solchem Geplauder erfuhr Irminfried nun, daß Nikephoros zwanzig Jahre zuvor im Gefolge der Prinzessin Theophanu ins Reich gekommen war. Nach dem Tod seiner Frau hatte er eine Amme für Zoë, sein einziges Kind, aus Konstantinopel kommen lassen. Nun wollte er über Venedig in seine Heimat zurückkehren. »Ich sehne mich nach Büchern«, schloß der Grieche. »Es ist nicht leicht für einen Paläologen in einem so jungen Land.«

Irminfried nickte, obgleich er nicht recht verstand.

»Als Paläologe«, sagte sein Gastgeber nun in einem möglichst wenig belehrenden Ton, »ist man ja auf Geschriebenes angewiesen. In der mündlichen Überlieferung sammeln sich mit jedem Erzähler neue Fehler an.«

»Das stimmt«, sagte der junge Ritter. »Von meinem Urgroßvater wird behauptet, daß er in diesen Wäldern einst einen Drachen erschlug.«

Der Grieche blickte ihn stirnrunzelnd an.

»Dabei weiß doch jeder«, fügte Irminfried hinzu, »daß solche Ungeheuer schon seit dem heiligen Georg nicht mehr gesehen wurden.«

»Ganz recht«, rief der Grieche erleichtert.

»In Wirklichkeit tötete mein Urgroßvater einen Ritter, der einen Drachenhelm trug«, erklärte Irminfried.

»Und mit der Zeit wurde in der Vorstellung einfacher Leute aus diesem Krieger ein richtiger Lindwurm«, rief Nikephoros anerkennend. »Ja, das leuchtet ein.«

»Mein Großonkel sah im Traum an diesem Fluß einst eine wunderschöne Frau«, fuhr Irminfried fort. »Seither erzählen sich die Leute, daß in der Saale eine Nixe wohnt.« Er wandte sich Zoë zu. »So wie meinem Großonkel erging es auch mir«, fügte er hinzu, »nur daß ich nicht ein Traumbild, sondern wahrhaftige Schönheit sah.«

Die Griechin lächelte. »Jetzt laßt Ihr uns merken, daß Ihr den Dummkopf vorhin nur gespielt habt, um Euren Scherz mit uns zu treiben«, sagte sie. »Ich hätte nicht gedacht, daß in diesem Wald so kurzweilige Gespräche geführt werden können.«

»Kurzweilig, kurzweilig!« brummte ihr Vater. »Ich wollte, dir stünde der Sinn auch einmal nach Höherem. Oder Tieferem, ganz wie du willst.«

»Es ist nun einmal so, lieber Vater«, antwortete Zoë artig, »daß kein Mann und erst recht keine dumme Frau dem Flug Eurer kühnen Gedanken zu folgen vermag.«

»So frech sind Töchter, wenn die Mutter fehlt«, sagte der Grieche und wandte sich wieder an Irminfried. »Gebt mir die Schuld an ihrer Keckheit«, bat er, »ich bin ein gar zu nachlässiger Vater.«

Irminfried wurde das Geplänkel unangenehm, und er sagte: »Wenn Ihr Euch mit dem Vergangenen befaßt, könnt Ihr mir vielleicht helfen.« Er berichtete nun, was er über die Herkunft seines Geschlechts erfahren hatte und noch wissen wollte.

»In Mähren?«, meinte der Paläologe. »Vor der Wahl König Konrads? Ja, da gab es bewegte Zeiten. Im vergangenen Jahrhundert herrschte dort Herzog Ratislaw. Von Franken und Bulgaren bedrängt, suchte er Hilfe bei unserem Kaiser. Als Gegenleistung bot er ihm an, sich mit seinem Volk zum Glauben bekehren zu lassen. Der Kaiser schickte zwei Priester aus Thessalonike zu ihm. Sie hießen Cyrill und Method. Sie tauften die Mährer und zeichneten ihnen sogar eine Schrift, denn vorher besaßen die Slawen keine Buchstaben. Mit Cyrill und Method zogen viele andere Griechen in dieses Land. Die Franken wollten aber nicht, daß Mähren an unsere Kirche fiel; sie suchten es für den römischen Papst zu gewinnen. Als König Swatopluk herrschte, schickten sie einen Bischof nach Neutra. Das führte zu großen Spannungen zwischen westlichen und östlichen Priestern. Später warb Swatopluk viele Krieger an, um sein Reich zu vergrößern. Es war eine Zeit, in der tüchtige Männer ihr Glück machen konnten. Dann kamen die Ungarn...«

»Wo kann ich mehr darüber erfahren?« rief der junge Ritter begierig.

»In Neutra wird nicht viel übriggeblieben sein«, sagte der Grieche. »Man könnte aber vielleicht einmal in den Berichten der Gesandten lesen, die unsere Kaiser nach Mähren schickten.«

»Und wo findet man diese Aufzeichnungen?« drängte Irminfried.

»In Konstantinopel«, sagte der Grieche.

Irminfried sah ihn an. »Jetzt weiß ich, daß wir uns nicht zufällig begegnet sind«, sagte er. »Wenn Ihr erlaubt, möchte ich mich Euch anschließen.«

Der Grieche wechselte überraschte Blicke mit seiner Tochter.

»Ich will nicht ungastlich sein, Herr Ritter«, sagte er dann, »aber das ist eine lange Reise. Man wird Euch vermissen.«

»Gewiß nicht«, antwortete Irminfried fröhlich. »Wenn mir auch ein Königshof gehört, wird er einstweilen doch noch von meinem Onkel verwaltet. Mich schickt er zu unserem Grafen nach Schweinfurt. In unserer Familie ist es Brauch, daß ein Mann erst seinem Schwert die Welt zeigt, ehe er den Pflug in die Heimaterde senkt.«

»So eine Schiffsreise ist nicht billig«, wandte der Paläologe ein.

»An Geld fehlt es mir nicht«, erwiderte Irminfried.

»Nun laßt ihn doch nicht so lange zappeln, Vater«, rief das Mädchen lachend.

»Das glaube ich, daß dir das gefällt«, murmelte Nikephoros verdrießlich. Er sah dem jungen Ritter fest ins Auge und sagte: »Daß Ihr zu kämpfen versteht, kann Samuil bezeugen, der sonst keinen so leicht losläßt.«

»Ich danke Euch«, rief Irminfried. »Daß er mich überraschen konnte, ist nur dem Liebreiz Eurer Tochter zuzuschreiben, deren Blick das Herz durch jede Brünne verwundet.«

»Weiß schon«, versetzte der Grieche. »Bedenkt aber, ehe Ihr völlig entflammt, daß nichts auf der Welt wohlfeiler ist als das Lächeln der Weiber, dagegen nichts seltener als deren Treue.«

»Aber Vater!« protestierte Zoë. »Vor Mutter hättet Ihr das nicht zu sagen gewagt.«

»Das ist wahr«, gab der Paläologe zu.

Nach der Mahlzeit stiegen die Frauen in einen Wagen, der ein Dach aus roter Leinwand besaß und ganz mit bequemen Polstern gefüllt war. Vier Maultiere zogen ihn. Der Grieche ritt einen prächtigen Fuchs. Zwei Dienstleute gingen voraus. Samuil hielt sich stets in der Nähe der Frauen auf und ließ sie nicht aus den Augen.

Am nächsten Tag kam ein Hirte zu Ludger auf den Sachsenhof und berichtete aufgeregt, er habe tags zuvor an der Saalequelle eins seiner Schafe gesucht und dabei zufällig Irminfried gesehen. Der junge Ritter habe zu zwei Frauen gesprochen, die im Quellteich gebadet hätten. »Die eine war schön wie eine Nixe, die andere häßlich wie eine Hexe«, sagte der Hirte.

»Geh mir fort mit solchem Unsinn!« brummte sein Herr.

»Aber ich sah es mit eigenen Augen«, rief der Schäfer eifrig. »Plötzlich fuhr ein schwarzer Riese aus der Erde hervor und riß Euren Neffen vom Pferd. Sie rangen miteinander, und Irminfried siegte. Nun aber kam ein alter Zauberer aus dem See und legte einen Bann auf Euren Neffen, so daß er nicht mehr davonlaufen konnte. Irminfried aß und trank mit den Elfen und ritt mit ihnen davon.«

»Erst waren es Nixen und Hexen, dann auf einmal Elfen!« sagte Ludger kopfschüttelnd. »Das hast du alles geträumt.« »Sie fuhren auf einem Wagen mit einem Segel durch die Luft«, beharrte der Schafhirte. »Der schwarze Riese trug einen Federbusch und eine goldene Rüstung, aber einen Rock wie eine Frau.«

»Das wird ja immer schöner«, rief sein Herr. »Schlafe jetzt deinen Rausch aus und lasse dich nicht mehr betrunken erwischen, wenn du nicht Prügel kriegen willst!«

Der Schäfer erzählte überall, was er gesehen hatte, doch niemand wollte ihm glauben.

Irminfried ritt mit den Griechen an der Naab nach Regensburg und von dort weiter über Freising in die Alpen. Da er sich sehr tüchtig und hilfsbereit zeigte, fand Nikephoros bald Gefallen an seinem Begleiter und bereute es nicht mehr, daß er sich die Verantwortung für den jungen Mann aufgeladen hatte. Er konnte auch nicht übersehen, wie sehr Irminfried seiner Tochter gefiel.

»Ich hatte mir eine ruhigere Reise gewünscht«, klagte die Amme, als sie einmal mit ihrem Herrn allein war. »Der Eigensinn Eurer Tochter macht mir das Leben sauer. Jedesmal, wenn ich mich nur umdrehe, sucht sie sich davonzuschleichen. Ihr könnt von Glück reden, daß dieser junge Ritter so gut erzogen ist.«

»Paßt nur recht gut auf«, sagte der Paläologe und lächelte heimlich. Er kannte die Natur und erinnerte sich an früher. Irminfried ritt stets neben Nikephoros und ließ sich von den alten Zeiten erzählen. Abends bei Tisch berichtete der junge Ritter manchmal auch von seiner Familie und dein Sorbengau, von seinen Vorfahren und deren Taten.

»Es wohnt eine seltsame Seele in euch Deutschen«, sagte Zoë einmal, »daß es euch mit solcher Macht in die Fremde lockt. Auch ich verspüre eine Sehnsucht, mich aber zieht sie in meine Heimat, obwohl ich sie noch nie gesehen habe.«

»Das ist der Unterschied zwischen uns Männern und euch Frauen«, sagte Irminfried. »Bei unserem Haus fließt ein Mühlbach. Jede Nacht hielt mich sein Rauschen wach. Als Kind verstand ich diese Sprache nicht. Jetzt weiß ich: Es war die Welt, die mich rief, wie meinen Vater und Großvater auch.«

Hinter einer Einsiedelei kamen sie durch ein Lawinengebiet. Um die Mittagsstunde löste die Sonne hoch über ihnen ein Schneebrett vom Berg. Wie eine Wolke aus Eisen fuhr die Lawine herab und begrub den kleinen Zug unter sich.

Irminfried wurde vom Pferd gerissen und unter ein kleines Felsdach geschleudert. Als er wieder zu sich kam, sah er, daß der Weg unter Schnee, Steinen und entwurzelten Bäumen verschwunden war. Einige Schritte vor ihm leuchtete ein blaues Stück Tuch. Hastig schaufelte er mit den Händen und fand Zoë. Die junge Griechin war ohne Bewußtsein.

Irminfried trug sie unter den Felsen und grub weiter im Schnee. Nach einer Weile entdeckte er Nikephoros; der Grieche atmete noch.

Die anderen konnte er nicht finden.

Der junge Ritter wartete, bis die Geretteten zu sich kamen. Dann lief er auf dem Weg zurück zu der Einsiedelei. Die Mönche eilten mit langen Stangen herbei und stachen damit in den Schnee. Auf diese Weise fanden sie die übrigen Verschütteten; sie waren alle tot.

Nikephoros ließ sie begraben. Dann sagte er zu Irminfried: »Wir müssen umkehren, denn meine Habe liegt dort unter dem Schnee, und was in meinem Gürtel ist, reicht nicht aus für neue Pferde und die anderen Kosten der Reise.«

»Ich habe Geld genug«, sagte der junge Ritter. »Nehmt es an, ich bitte Euch.«

Der alte Mann dankte und sagte: »Ich gebe es Euch in Konstantinopel zurück.«

Sie zogen über die Alpen. Als sie das Meer erblickten, beschnitten die Winzer des Piave schon ihre Weinstöcke.

Venedig bestand damals noch überwiegend aus hölzernen Häusern, die teils auf einer Insel, teils auf Pfählen im Wasser standen. Es war die größte Stadt, die Irminfried bis dahin gesehen hatte. Als er die Baukunst der Venezianer lobte, sagte Nikephoros: »Die meisten Venezianer glauben, daß ihre Vorfahren einst vor den Hunnen Attilas auf diese Insel geflohen seien. In Wirklichkeit flüchteten sie vor den Langobarden König Alboins. Später verteidigten sie sich hier auch gegen König Pippins Franken.«

Die Schiffe mit dem Markuslöwen fuhren in alle Häfen Afrikas und der Levante. Der Handel mit Sklaven war den venezianischen Kaufleuten damals schon seit mehr als hundert Jahren verboten. Sie brachten nun vor allem Waffen aus Werkstätten in den Alpen und Schiffsholz aus Istrien nach Ägypten und die anderen Länder des Orients. Für die Rückreise luden sie Brokate und Purpurstoffe, Seide und Spezereien.

Nikephoros führte seine Tochter und Irminfried in die Markuskirche, wo die aus Alexandria geraubten Reliquien des Evangelisten ruhten.

»Das haben die Venezianer schlau angefangen«, erzählte der Paläologe. »Die ägyptischen Christen litten damals´ sehr unter einem grausamen Sultan. Sie fürchteten, daß die Mohammedaner ihnen den Leichnam des Heiligen wegnehmen könnten. Zwei Kaufleute aus Venedig boten ihnen an, die kostbare Reliquie auf ihrem Schiff zu verstecken. Um die Zöllner des Sultans zu täuschen, verbargen sie das Heiligtum unter Schinken und Schweinespeck.«

Er lächelte. »Natürlich machten die Mohammedaner bei diesem Anblick den Deckel gleich wieder zu«, fuhr er fort. »Als die Reliquie auf dem Schiff war, lösten die Venezianer die Leinen und brachten den Raub in ihre Heimat.«

Er verhandelte mit dem Kapitän einer Galeere, und Irminfried gab dem Venezianer Geld für Überfahrt und Verpflegung. Im Sommer reisten sie über Korfu und Negroponte nach Konstantinopel.

Irminfried gewöhnte sich nur langsam an das Schwanken des Schiffs, wurde krank und konnte kaum Speise bei sich behalten. Nikephoros und Zoë pflegten ihn. Um ihn abzulenken, erzählte der Paläologe ihm jeden Tag etwas anderes aus der Geschichte seiner Stadt, die damals die größte der Welt war.

»Stimmt es, daß es dort künstliche Vögel gibt«, wollte der junge Ritter wissen, »die ganz aus Gold und so kunstvoll gemacht sind, daß sie so gut fliegen und singen können wie die von Gott selbst geschaffenen?«

»Das weiß man bei Euch wohl von Bischof Liudprand«, lächelte Nikephoros, »der in Kaiser Ottos Auftrag dreimal in Konstantinopel verhandelte und für seinen Herrn um die Prinzessin warb. Ich kannte ihn; er pflegte hin und wieder zu flunkern. Es gibt solche Vögel, aber sie schlagen nur mit den Flügeln, ohne sich in die Luft zu erheben, und singen erbärmlich schlecht.«

»Schade«, meinte Irminfried. »Ich hätte zu gern einmal mit einem künstlichen Falken gebeizt.«

Der Grieche erzählte dem Ritter nun, was die geschickten Handwerker Konstantinopels sonst noch für Spielzeug ersannen, um den Mächtigen die Zeit zu verkürzen. Der junge Ritter stellte ihm viele Fragen und bat ihn auch, ihn etwas Griechisch zu lehren, so daß er sich bei der Ankunft am Goldenen Horn schon einigermaßen verständigen konnte.

In Konstantinopel herrschte zu dieser Zeit Kaiser Basileios II. Nach langen, verlustreichen Kämpfen gegen die Bulgaren und einem grausamen Bürgerkrieg hatte er seinen Thron mit Hilfe des Großfürsten Wladimir I. von Kiew gerettet und dem heidnischen Waräger seine Schwester Anna vermählt. Als Gegenleistung versprach der Großfürst, die Russen zum Christentum zu bekehren. Danach besiegte der Kaiser die letzten Aufrührer und bereitete eine Offensive im Osten vor, wo muslimische Heere das Banner des Propheten an die Grenzen Kleinasiens getragen hatten.

Nikephoros führte Irminfried in sein Haus, das größer als die Kaiserpfalz zu Forchheim war, gab ihm das Gold zurück, das ihm der Ritter geliehen hatte, und sagte: »Seid nun mein Gast, solange es Euch beliebt. Wenn ich meine Geschäfte in Gang gesetzt habe, will ich mit Euch zum Hof gehen und sehen, was sich in den Archiven über Euren Ahnherrn herausfinden läßt.«

Der junge Ritter dankte ihm und sagte: »Ich bitte Euch auch darum, daß Ihr mich dem Kaiser empfehlt, denn wie meine Vorfahren will auch ich meine Seele im Kampf gegen die Glaubensfeinde stärken.«

Nikephoros betrachtete ihn bedenklich und antwortete: »Seht diese Sache nicht allzu glorreich an, mein Freund! Der Krieg mit den Sarazenen ist so wenig ein Spiel wie der mit den Slawen. In der Wüste gelten außerdem andere Regeln als in den Wäldern.«

»Ich habe gehört, daß auch die Muslime ritterlich fechten«, entgegnete Irminfried. »Alles andere liegt in der Hand des Herrn.«

Nach einigen Wochen führte Nikephoros seinen Gast in den Palast des Kaisers und machte ihn dort den Befehlshabern bekannt, die mit dem Kaiser schon seit vielen Wochen die Strategie für den Feldzug besprachen. Der junge Ritter sah voller Verwunderung, mit welcher Ehrerbietung Nikephoros bei Hof behandelt wurde. Nun erst erfuhr er, daß sein Gastgeber aus einer der vornehmsten griechischen Familien stammte. Auch einer Audienz bei Kaiser Basileios durfte der Ritter beiwohnen. Er staunte sehr über die vielen fremdländischen Gesandten, die aus allen Teilen der Welt gekommen waren, sogar aus Spanien und dem Seidenland fern im Osten.

Nach dem Empfang führte Nikephoros seinen Gast in einen abgelegenen Teil des Palastes, in dem die Dokumente vielhundertjähriger byzantinischer Politik aufbewahrt wurden. Dort waren große Räume mit Schriftrollen und Pergamenten gefüllt. Zielstrebig ging der Paläologe in eines der kleineren Zimmer, in dem sich Protokolle und Berichte fanden, die slawische Länder betrafen. Er suchte eine Weile und sagte dann: »Hier muß es sein. Mährisches Reich.« Er faßte in eine Lade, verzog das Gesicht und sagte: »Puh – der Dreck liegt auf diesen Schriften genauso hoch wie auf den Gräbern derer, die sie verfaßten.«

Er rief einen Sklaven und befahl ihm, die Rollen zu reinigen. Erst dann nahm er sie in die Hand. Er öffnete einige und las, konnte aber das Richtige nicht gleich finden. Staub wallte auf, und Nikephoros begann zu husten. »Es ist nicht leicht für einen Paläologen in einem Land, das so alte Schriften besitzt«, murrte er.

Dann kniff er die Augen zusammen, spitzte die Lippen und

sagte: »Hier könnte etwas sein. Bericht von Photios Palamedes. Früher General in Thrakien. Botschafter am Hof König Swatopluks von 899 bis 902.« Er blickte Irminfried prüfend an. »Das war die Zeit, als die Ungarn Großmähren angriffen«, erklärte er.

»Lest vor«, bat Irminfried.

Der Paläologe sah auf den Text. »Saubere Schrift« murmelte er anerkennend. »Nun, das gehört sich auch für einen alten Soldaten.« Er holte Luft und begann: »Mittwoch nach Pfingsten beträchtliche Aufregung bei Hofe wegen eines Untertanen Eurer geheiligten Majestät – warum muß der Kerl jedesmal alle Titel anführen? Einmal genügt doch. Peinliche Verhaltungen durch den Kämmerer. Ich erinnerte an die immerwährende väterliche Freundschaft Eurer geheiligten Majestät, sintemalen die förderlichen Beziehungen... – Sintemalen! Wer schreibt das denn! Offizielle Erklärung von meiner Seite, daß es sich um Verfehlungen einer Privatperson handelt, die weder mit dem Hof noch mit Seiner Ehrwürdigsten Heiligkeit dem Patriarchen – meine Güte! jetzt aufgepaßt:... wurde vergangene Woche die jüngste Tochter des Königs, die auf den Namen Agnes getauft worden war – lieber Himmel, was für ein Umstandskrämer! – aus ihrem Kloster bei Neutra geraubt, wo sie dem Herrn als Äbtissin gedient hatte... Da war anscheinend allerhand los.«

Er kratzte sich am Kopf. Während Irminfried voller Spannung lauschte, fuhr Nikephoros fort: »Als Entführer erkannten Nonnen einen gewissen Cyprian, angeblich vor Jahren mit den Mönchen Cyrill und Method ins Land gekommen, vielleicht sogar mit jenen verwandt...«

Er warf Irminfried einen Blick zu und las dann weiter: »...wies während des Gesprächs darauf hin, daß dieser Mann mir unbekannt sei... Na, das kann auch gelogen sein. Ich bat dringend, keinen politischen Gebrauch von dieser unerfreulichen Affäre...«

Er verstummte und las still für sich weiter.

»Was steht denn noch da?«, konnte Irminfried sich nicht länger zurückhalten zu fragen.

»Wie?« machte der Paläologe. »Ach so – Entschuldigung! Dieser Photios drischt Phrasen wie ein Panegyriker. Jetzt kommt er wieder zur Sache: Grund der Entführung vermutlich eine frühere Liebesbeziehung der Äbtissin... Gerüchte von einer heimlichen Eheschließung, die vom König streng mißbilligt worden sei...

Aha, deshalb wurde die Arme also ins Kloster gesteckt! Jetzt hört gut zu: König Swatopluk versuchte offenbar, die Angelegenheit zu vertuschen... die Prinzessin konnte die Folgen des Fehltritts aber nicht lange verbergen... War also schwanger, das arme Mädchen!... vermutlich Flucht nach Böhmen... Verfolgung durch Prinz Drac... Wartet einmal – so hieß doch der Mann, den Euer Ahnherr erschlug!«

Irminfried nickte; sprechen konnte er nicht.

»Die Prinzessin wurde exkommuniziert«, fuhr der Paläologe fort. »Von den Sakramenten ausgeschlossen, schreibt dieser Schwätzer... Ihr Leichnam später bei den Moldauquellen gefunden... Mein Gott, das arme Ding! Liebhaber und Kind verschwunden. Was heißt hier Liebhaber, die beiden waren doch verheiratet, oder? Meine Güte, jetzt wird es wieder speichelleckerisch:... gab meiner Hoffnung Ausdruck, daß die unliebsamen Umstände nicht als von uns gewollt aufgefaßt würden... Erneuerte die dazumal von mir überbrachten Segenswünsche Eurer geheiligten Majestät für das königliche Großmährische Haus... Das ist alles.«

Er legte die Rolle zur Seite. »Cyrill und Method waren zwei vornehme Söhne einer Patrizierfamilie in Thessalonike«, erläuterte er. »Sie missionierten erst am Schwarzen Meer und dann im Mährischen Reich. Dort zogen sie sich die Feindschaft der bayerischen Bischöfe zu, die das Land für die römische Kirche gewinnen wollten. Als Cyrill in Rom gestorben war, wurde sein Bruder Bischof und päpstlicher Legat in Mähren. Die Bayern nahmen ihn gefangen und sperrten ihn ein. Der Papst befreite ihn aber. Später taufte Method auch andere Völker in den Karpaten und sogar in Rußland. Nach seinem Tod versuchten die Bayern erneut, in Mähren Fuß zu fassen. Sie überredeten Swatopluk, Wiching zum Bischof von Neutra zu machen. Eine verworrene Geschichte. Die Bayern intrigierten gegen uns wie die Teufel. Unsere Leute waren aber noch gerissener, und Wiching mußte wieder verschwinden. Kurz danach ist das mit dieser armen Prinzessin passiert.«

Irminfried schluckte. »Und wer war nun dieser Cyprian?« brachte er mühsam heraus.

Der Paläologe zuckte die Achseln. »Ist mir nicht bekannt«, sagte er. »Photios schrieb nichts weiter darüber. War wohl zu faul, ordentlich nachzuforschen, Hielt es wohl für wichtiger, große

Töne zu spucken, statt der Intrige durch Tatsachen die Luft auszulassen. Ja, diese alten Generäle! Alles Holzköpfe!« Nachdenklich sah er seinen Gast an. »Beweisen läßt sich das natürlich nicht«, schloß er. »Aber nach diesem Bericht ist es gut möglich, daß Ihr der Nachfahre nicht nur einer Slawenprinzessin, sondern auch eines Mannes von altem griechischen Adel seid.«

»Aber dann wäre ich ja kein Deutscher!« entfuhr es Irminfried.

Nikephoros mußte schmunzeln. »Es ist ja nicht gesagt, daß Euer Ahnherr wirklich diese sogenannte Folge eines Fehltritts war«, sagte er tröstend. »Außerdem heirateten Eure Ahnen gewiß genügend fränkische oder sächsische Frauen.«

»Das stimmt«, sagte Irminfried. »Trotzdem bitte ich Euch, niemandem etwas davon zu sagen. Könnte man noch woanders forschen?«

»Wiching wurde später Bischof von Passau«, antwortete der Paläologe. »Vielleicht hat er Aufzeichnungen hinterlassen. Aber warum wollt Ihr, daß niemand von Eurer möglichen Abstammung erfährt?«

Irminfried suchte nach einer Begründung. »Ich will mir hier selbst einen Namen machen«, sagte er schließlich. »Mit dem Schwert und nicht mit alten Schriftrollen.«

Nikephoros lächelte.

Irminfried wohnte bei ihm, bis das kaiserliche Heer nach Osten aufbrach. Am Abend vor seiner Abreise ging der junge Ritter zu seinem Gastgeber und sagte: »Wenn ich nicht zurückkehre, sollt Ihr mir eine Bitte erfüllen. Schreibt auf, was Ihr über unsere Herkunft vermutet, und schickt es an meinen Bruder Gottfried in den Sorbengau.«

»Das will ich gern tun«, antwortete Nikephoros. »Womit aber kann ich Eure Hilfe vergelten, wenn Ihr wiederkommt, heil und unversehrt, was Gott in seiner großen Güte gestatten möge?«

Irminfried holte tief Luft. »Für diesen Fall«, sagte er, »bitte ich Euch um Eure Tochter.«

Nikephoros sah Zoë an. Das Mädchen lächelte.

»Das dachte ich mir schon«, sagte der Paläologe. »Da Zoë aber mein einziges Kind ist, müßt Ihr mir versprechen, daß Ihr Euer Leben in Konstantinopel und nirgendwo anders verbringt.«

»Das habe ich Zoë geschworen«, erwiderte der Ritter.

Das Heer des Kaisers setzte nach Asien über und zog durch die

Kilikische Pforte nach Tarsus. Vor Aleppo in Syrien stießen sie auf die Scharen des Sultans.

Das Reich der Fatimiden, die ihre Abstammung auf Mohammeds Tochter Fatima zurückführten, umfaßte damals Nordafrika bis nach Tanger und Syrien bis nach Tripolis. Nördlich des Libanon, in Aleppo und Mossul, herrschten die Hamdaniden, in Bagdad und Persien die Bunden und weiter östlich noch andere Häuser, denn der Islam war kaum weniger zersplittert als die Christenheit.

Als die Byzantiner das Heer des Sultans sahen, richteten sie ihre Fahnen und Kreuze auf und stimmten das Tedeum an. Singend zogen sie in die Schlacht. Der Kaiser selbst führte den Oberbefehl. Irminfried kämpfte mit vielen muslimischen Rittern und fand sie jeder Ehre wert. Am Ende wichen die grünen Fahnen und ließen Aleppo den Christen. Basileios rückte unverzüglich weiter vor und eroberte auch die Stadt Homs. Einige christliche Ritter redeten schon davon, Jerusalem zu befreien, aber der Kaiser wußte, daß seine Kräfte dazu nicht ausreichten, und unternahm das Wagnis nicht. Denn angesichts der Bedrohung durch die Bulgaren konnte es das Ende seines Reiches bedeuten, wenn sein Heer in Syrien unterging.

Nach seiner Rückkehr zeichnete Basileios viele Ritter aus und beschenkte sie für ihre Dienste. Irminfried erhielt ein schönes Haus am Goldenen Horn. Es lag, von Zypressen umstanden, auf einem Felsen über dem Meer; im Garten wucherten Rosen, Hibiscus und Oleander über den Trümmern korinthischer Säulen aus der Zeit Alexanders des Großen. Irminfried schien dieses zauberisch Fremdartige auf geheimnisvolle Weise vertraut; ihm war, als sei ein Teil seines Wesens schon stets hier zu Hause gewesen. Die lieblich gerundeten, üppig bewachsenen sieben Hügel von Byzanz weckten ähnliche Empfindungen in seinem Herzen wie die felsigen, fichtenbestandenen, rauhen Kuppen des Nordwalds, und an den rauschenden Wogen des Bosporus fühlte er sich bald nicht weniger heimisch als an den plätschernden Wellen der Saale. Das lärmende Menschengewimmel in den Straßen bereitete ihm mehr Vergnügen als Unbehagen; die meisten Griechen und anderen Bürger der Stadt um Haupteslänge überragend, schritt er wie ein fremder König durch das bunte Völkergemisch und bestaunte das quirlige Leben. Er heiratete Zoë und blieb den Winter über bei ihr.

Im nächsten Jahr focht er wieder im Osten für Kaiser und Kreuz. Die Kämpfe griffen nach Armenien und auf den Kaukasus über.

So vergingen die folgenden Jahre. Zoë schenkte ihrem Mann zwei Söhne und zwei Töchter. Der Kaiser bat ihn an seine Tafel und übertrug ihm hohe Aufgaben in der Führung des Heeres.

Im Westen Europas herrschte zu dieser Zeit große Unruhe, denn es nahte das tausendste Jahr seit der Geburt des Erlösers, und viele Menschen erwarteten, daß nun das Weltgericht käme. Allerlei Gerüchte steigerten diese Furcht so sehr, daß Ängstliche ihre Habe verschenkten, um sich einen Platz bei den Seligen zu erkaufen. Manche Mütter töteten ihre Kinder, um ihnen das Grauen des Weltuntergangs zu ersparen.

Kaiser Otto III. ließ das Grab Karls des Großen in Aachen öffnen und verbrachte die Silvesternacht mit dem verwesten Leichnam des toten Schöpfers Europas. Der junge Kaiser hoffte, an der Seite seines gewaltigen Vorgängers zum Weltgericht schreiten zu können. Er war enttäuscht, als die Erde am Morgen noch immer bestand, und wandte sich darauf wieder irdischen Dingen zu.

Der Vormundschaft seiner Großmutter Adelheid ledig, wollte Otto III. sein Reich wieder so herrlich wie unter seinem Großvater machen. Er sprach Deutsch, Latein und Griechisch und war gebildet in Philosophie, Mathematik, Musik, Redekunst, Literatur und jeder anderen Wissenschaft seiner Epoche, so daß seine Zeitgenossen ihn ›Mirabilia mundi‹, das ›Wunder der Welt«‹, nannten. Auf seinem ersten Italienzug hatte er seinen Neffen Brun zum ersten deutschen Papst erhoben, auf seiner zweiten Romfahrt setzte er den genialen Gerbert von Aurillac als ersten Franzosen auf den Stuhl Petri. Aus den Trümmern antiker Cäsarensitze errichtete er auf dem Palatin seinen Kaiserpalast und thronte dort in Purpur und Goldbrokat über seinen Getreuen, die einander mit lateinischen oder griechischen Titeln anreden mußten. Dann wieder zog er ein härenes Büßergewand über, schloß sich für viele Wochen in Grüfte und Grotten ein, geißelte und kasteite sich und ließ sich Knecht Jesu, manchmal auch Apostel nennen. Noch im Jahr 1000 reiste er nach Polen und kniete in Gnesen am Grab des Bischofs Adalbert von Prag, der bei den wilden Pruzzen als Märtyrer gestorben war.

Im Saaleland wartete Ludger drei Jahre auf Irminfrieds Rückkehr. Dann schickte er Gottfried nach Schweinfurt. Gottfried kam erst nach einem Jahr wieder und berichtete, daß sein Bruder nie beim Grafen gewesen sei. Nun fielen Ludger die Worte des Schafhirten wieder ein. Er gab ihm Bier und forderte ihn auf, noch einmal alles zu erzählen, woran er sich zu erinnern vermochte. Der Schäfer sagte ihm was er gesehen hatte, und einiges mehr.

»Ich kann es trotzdem nicht glauben«, meinte Ludger und ritt zur Saalequelle. Drei Tage lang suchte er mit seinen Leuten den Waldstein ab. Sie konnten aber nichts finden was ihnen Aufschluß über Irminfrieds Schicksal gab.

Nach sieben Jahren ließ Ludger in Rekenz für Irminfried eine Messe lesen, übergab Gottfried den Hof von Sala und verheiratete ihn mit seiner Tochter Lindburg. Jung-Irings Witwe Waldrade starb bald darauf an einer Krankheit.

Irminfrieds jüngster Bruder Neidhart wurde Mönch in einer kleinen Einsiedelei zwischen Nordwald und Fichtelgebirge.

Jung-Irings Tochter Judith und Ludgers Tochter Gerberga wuchsen heran und wetteiferten miteinander an Schönheit. Die flachsblonde Sächsin schien Licht und Wärme von Sommertagen auszustrahlen, Judiths dunkle Locken und Augen weckten Gedanken an Frühlingsnächte. Mancher junge Ritter, der auf einer Reise in die Grenzmarken auf Sachsenhof oder Sala rastete, behauptete später schwülstig, mit einer Wunde weitergeritten zu sein, deren Schmerz ihm süßer geschmeckt habe als Wein.

Eines Frühlings ritt Heinrich von Schweinfurt, den Kaiser Otto zum Markgrafen erhoben hatte, mit seinen Söhnen Adalbert und Pippin von Kronach nach Rekenz. Er wollte im Saaleland Plätze für neue Burgen auswählen, denn die Slawen drangen immer weiter nach Westen vor und bedrohten die Grenzen des Reichs.

Der Markgraf kehrte erst bei Gottfried auf Sala ein und wurde dort mit allem Notwendigen versorgt.

»Habt Ihr inzwischen etwas von Eurem Bruder gehört?« fragte er seinen Gastgeber.

»Nein«, antwortete Gottfried. »Irminfried ist noch immer verschollen, und ich glaube nicht, daß er noch lebt.«

Sie sprachen dann über den Burgenbau, und Gottfried sagte: »Die letzten Ernten waren schlecht und meine Leute hungern. Ich kann in diesem Jahr keine Hand entbehren und wohl auch im nächsten nicht.«

Der junge Pippin war noch nicht verheiratet und warf Judith

viele Blicke zu. Sie tat so, als ob sie es nicht bemerkte. Am nächsten Tag besuchte der Markgraf den Sachsenhof. Er wurde dort üppig bewirtet.

»Eurem Neffen Gottfried auf Sala geht es nicht so gut wie Euch«, sagte Markgraf Heinrich.

»Er tut, was er kann«, antwortete Ludger.

Sie redeten über den weiteren Ausbau des Landes, und Ludger sagte: »Seht Ihr den Felsen dort rechts der Saale, über dem die Raben kreisen? Dort will ich eine Burg hinsetzen, die den Slawen den Zugang zu Eurem Land sperrt, bis Ihr mit Eurem Heer heraufkommt. Im nächsten Frühjahr könnt Ihr die Baumeister schicken.«

Gerberga wartete dem Markgrafen und seinen Söhnen auf. Pippin sah immer wieder zu dem schönen Mädchen hin und wurde jedesmal mit einem Lächeln belohnt.

Danach besuchte Heinrich noch andere Höfe im Saaleland. Als sie alles gesehen hatten, ritten sie nach Süden zu ihrer Burg Creußen. Dort berieten sie ihren Verteidigungsplan.

»Wir sollten zuallererst das Saaletal befestigen«, schlug Pippin vor, »denn es ist offen wie ein Scheunentor, und wenn die Slawen erst einmal hindurch sind, können wir sie frühestens am Main stellen.«

»Du hast recht«, meinte sein Vater. »Ich hatte schon geglaubt, daß du auf unserer Reise weniger ans Verteidigen dachtest als ans Erobern.«

»Und dabei wurde ich schmählich besiegt«, gestand Pippin verblüfft.

»Das ist die Gefahr in jeder Art Krieg«, lächelte der Markgraf. »Es ist aber gar nicht schlecht, daß auf diese Weise eine Sächsin in die Familie kommt, noch dazu eine aus der Verwandtschaft des Kaisers.«

»Ich spreche nicht von Ludgers Tochter«, sagte sein Sohn, »sondern von Judith auf Sala.«

»Oh«, machte sein Vater.

»Denkt nicht an Mitgift und Burgen«, bat Pippin. »Sind wir nicht reich und mächtig genug?«

»Wir müssen nicht nur die Slawen im Auge behalten«, sagte sein älterer Bruder. »Auch die Bayern rücken immer weiter vor. Sie roden schon im Böhmerwald und werden vielleicht schon bald an der Naabquelle siedeln. Wenn wir unser Land gegen Herzog Heinrich verteidigen wollen, brauchen wir mächtigere Verbündete als diesen zweitgeborenen Bauern auf Sala.«

»Aus dem Geschlecht des Drachentöters wuchs schon mancher tüchtige Ritter hervor«, sagte Pippin.

»Drachentöter!« schnaubte Adalbert verächtlich. »Ammenmärchen!«

»Sie haben uns jedenfalls stets treu gedient«, beharrte sein Bruder.

»Der Kaiser wird es nicht zulassen, daß der Herzog sich an unserem Besitz vergreift«, meinte der Markgraf. »Hat Otto mich nicht erst vor einem Jahr in allen meinen Lehen bestätigt?«

»Wir sind Franken«, murmelte Adalbert.

»Der Herzog stammt wie der Kaiser von dem Finkler ab und dieser wiederum von Widukind, dem Heiden. Das sollten wir nie vergessen.«

»Einmal muß doch Schluß sein mit diesem Streit«, rief Pippin. »Wie sollen Stämme, die einander hassen, gleichzeitig die Säulen von Krone und Kirche sein, das Haus des Herrschers und das Gebäude des Glaubens stützen?«

»Die Sachsen werden es uns nie vergeben«, sagte Adalbert düster, »daß wir eher Christen wurden als sie.«

Im Frühjahr schickte sein Vater Bauleute zum Sachsenhof, aber Brautwerber nach Sala.

»So also danken die Schweinfurter unsere Treue«, sagte Ludger zornig, als er das erfuhr.

Einige Tage später kam ein Wanderer auf den Sachsenhof. Er trug einen schmutzigen, viele Male geflickten Mantel, grobe, lederne Hosen und Stiefel, denen man ihre Meilen wohl ansah. Unter seinen verfilzten Haaren glühten dunkle Augen voller Rachsucht und Haß. Als er vor Ludger stand, sagte er: »Ich weiß ein Geheimnis, das Eure Familie betrifft.«

»Ihr kommt mir bekannt vor«, antwortete der Sachse. »Wer seid Ihr?«

»Ich heiße Bartholomäus und war vor Jahren einmal bei Euch zu Gast«, antwortete der Besucher, »zusammen mit einem blinden Mönch namens Hrabanus.«

»Ich erinnere mich«, sagte Ludger. »Warum tragt Ihr keine Tonsur?«

»Ich habe das Kloster verlassen«, erklärte der einstige Mönch mit gepreßter Stimme.

»Ihr werdet Eure Gründe gehabt haben«, sagte Ludger zurückhaltend; Mönche, die ihr Gelübde gebrochen hatten, galten als Unglücksbringer.

»Man hat mir übel mitgespielt«, sagte Bartholomäus grimmig.

»Und Bruder Hrabanus?« wollte der Sachse wissen.

»Er ist tot«, sagte Bartholomäus. »Sein Ende war schmerzvoll. Er fiel einer Vergiftung zum Opfer.«

»Das tut mir leid«, murmelte Ludger. »Hat man den Täter gefangen?«

Der andere starrte ihn an.

»Euch scheint Hrabanus nicht leid zu tun«, vermutete Ludger.

Bartholomäus lächelte böse. »Er hat mich belogen und betrogen«, erwiderte er. »Er versprach mir die Leitung der Bibliothek, falls er Abt werden würde. Dann aber zog er mir einen anderen vor, nur weil ich...« Er verstummte. »Aber das gehört nicht hierher.«

»Was habt Ihr mir also zu sagen?« forschte Ludger.

»Ihr werdet Euch doch erkenntlich zeigen?« fragte sein Gast. »Es geht mir nicht gut, und die Straße zu Euch war lang.«

Ludger legte drei Silberstücke auf den Tisch.

»Auch Euch hat Hrabanus hintergangen«, berichtete Bartholomäus nun. »Am Morgen, bevor wir damals weiterzogen, befahl er mir, den ältesten Eurer drei Neffen zu wecken. Er hieß...«

»Irminfried«, half Ludger.

»Ja. Ich führte beide in den Wald dort drüben«, schilderte der einstige Mönch. »Hrabanus wollte allein mit dem Knaben sprechen. Als sie miteinander redeten, schlich ich mich heran und lauschte.«

»Und?« fragte der Sachse ungeduldig. »Was hatten sie denn für Geheimnisse?«

Bartholomäus erzählte ihm nun alles, was er damals gehört hatte. Ludger wurde bleich.

»Mit einem Panzerstecher?« fragte er.

»So habe ich verstanden«, antwortete der Mönch. »Seid unbesorgt, ich werde niemandem etwas davon erzählen. Auch wenn mein Schweigen eigentlich mehr wert ist als drei Silberstücke.«

Er erzählte nun auch den Rest der Geschichte.

»Davon darf niemand etwas erfahren!« rief Ludger besorgt.

»Es steht in Eurer Hand, Herr«, sagte Bartholomäus lauernd.

»Ihr werdet mehr als die drei Silberstücke bekommen«, versprach der Sachse. »Aber zuerst will ich sehen, ob Ihr die Wahrheit sagt.«

Er nahm einen Spaten und ging mit dem Mönch zu dem Ahorn auf dem Distelfeld. Schon nach kurzer Zeit stieß er auf etwas Hartes. Einige Herzschläge später hielt er den Panzerstecher in der Hand.

»Seht Ihr, Herr«, rief der Mönch triumphierend.

»Das ist deine Belohnung», antwortete der Sachse und stieß dem überraschten Mann die Waffe durch den Leib.

Bartholomäus brach in die Knie. »Seid verflucht!« würgte er hervor.

»Was gibt Gott auf die Verwünschungen eines abtrünnigen Mönchs!« lachte Ludger. Bartholomäus fiel auf die Erde und starb.

Ludger hob rasch eine Grube aus, legte Leichnam und Panzerstecher hinein, schaufelte Erde darüber und trat sie fest, bis nichts mehr verriet, was in dem Distelfeld geschehen war.

Danach rief er seinen ältesten Sohn Udalrich zu sich, der damals fünfzehn Jahre alt und schon sehr kräftig war. Er erzählte ihm alles und sagte: »Irminfried schmort zwar längst schon in der Hölle, aber wir wissen nicht, ob er vor seiner Ausreise seinen Brüdern von diesen Dingen erzählte. Wir müssen vor Gottfried und Neidhart jetzt sehr auf der Hut sein!«

»Am besten wäre es, wenn wir so handeln würden wie einst Witubrand«, sagte der Junge.

Überrascht sah Ludger seinen Sohn an. »Genauso denke auch ich«, sagte er. »Dein Großvater Werner glaubte, daß der Streit zwischen unserer Familie und den Nachkommen Irmions einschlafen könne. Er hätte Jung-Iring in diesem Backofen verhungern lassen sollen! Wer weiß, was Gottfried gegen uns im Schilde führt. Wenn er erst einmal mit dem Schweinfurter Grafen verschwägert ist...«

Er begann nun, die Burg auf dem Rabenfelsen zu bauen, und trieb seine Knechte und Hörigen dabei mit großer Strenge an. Die fränkischen Baumeister sagten: »Es wird dem Markgrafen gewiß gefallen, wenn wir ihm erzählen, mit welchem Eifer Ihr Euch an den Ausbau der Landesverteidigung macht.«

Als Udalrich einmal sah, wie sein Vater einen Hörigen mit einem Stock schlug, sagte er: »Ihr laßt viel Blut für eine Feste fließen, die doch nur den Franken nütze ist!«

Ludger schickte den Mann mit Fußtritten fort und antwortete zornig: »Noch mehr Blut wirst du sehen, wenn es der Markgraf wagt, ungeladen unter diesen Mauern zu erscheinen.«

»So gefällt es mir besser«, lachte Udalrich, »denn diese Franken sind aufgeblasene Bauern, in uns aber fließt sächsisches Königsblut.«

»Darum wollen wir dafür sorgen, daß unsere Burg niemals erobert werden kann«, sagte sein Vater grimmig.

Als die Fundamente gelegt werden sollten, ritt Ludger mit seinem Sohn in ein Sorbendorf und sprach dort einige Zeit mit einer Mutter, deren vierjähriges Töchterchen taubstumm war. Er gab der Frau zwei Mark Silber. Die Sorbenmagd reichte ihm das kleine Mädchen hinaus und schloß rasch die Tür.

Ludger und Udalrich kehrten zum Rabenfelsen zurück. Als es dunkel wurde, stiegen Vater und Sohn mit dem Kind den verlassenen Burgberg hinauf. Es war eine milde Nacht voller prächtig funkelnder Sterne.

»Was wir jetzt tun werden«, sagte Ludger, »taten schon unsere heidnischen Ahnen, und dieser Zauber hat nie versagt.«

»Heidnisch oder nicht«, versetzte Udalrich, »wirken muß er!«

Ludger räumte einige Steine zur Seite, grub ein Loch in den Boden und setzte das Mädchen hinein. Dann schichtete er rings um das Kind starke Quadern auf. Bald wuchs die Mauer um das Mädchen empor, bis es nicht mehr zu sehen war. Der Wind heulte und bog die Wipfel der Eichen und Erlen unter dem Hügel.

»Den Deckstein setze du«, sagte Ludger zu seinem Sohn, »denn du wirst die Burg eines Tages erben.«

Der Junge hob einen schweren Stein auf und legte ihn über das Loch. Da war ihm, als ob eine Stimme sagte: »Mutter-Brust war weicher als ein Küßchen, doch Mutter-Herz war härter als Stein.«

Überrascht sah Udalrich seinen Vater an. »Habt Ihr nicht gesagt, daß das Kind taubstumm ist?« fragte er.

»Ja«, sagte Ludger. »Und?«

»Mir war, als hätte ich etwas gehört«, murmelte sein Sohn.

»Unsinn!« knurrte der Vater. »Es weint vielleicht ein bißchen, aber es weiß ja gar nicht, was mit ihm geschieht! Gleich wird es still sein.«

Er schob den Deckstein an seinen Ort und strich Mörtel in die Fugen.

»Hörst du noch etwas?« fragte er dann.

Udalrich schüttelte den Kopf.

Ludger hatte den Bauleuten zwei Tage freigegeben. Am dritten Morgen kehrten sie wieder und führten die Burg über dem einge- mauerten Kind in die Höhe. Im Sommer begannen sie mit dem Bergfried.

Im Wiesenmonat geleitete Gottfried seine Schwester nach Schweinfurt. Zur Hochzeit kamen viele vornehme fränkische Her- ren mit ihren Frauen. Sie saßen an langen Tischen in einem Saal mit Mauern aus Granit, die bis in Augenhöhe mit bunten Hölzern verkleidet waren. An beiden Enden ließen große Bogenfenster Licht herein. Es gab Fleisch von Jagdtieren und Geflügel, darun- ter sogar Kraniche und Schwäne wie an einer Königstafel, außer- dem Suppen, Grütze, Gemüse, Obst und Kuchen, dazu fränki- schen Wein für die Herren und hunnischen für die Knappen; das Gesinde trank Bier.

»Kommt Euer Onkel nicht?« fragte der Markgraf den Bruder der Braut.

»Er sagte, er könne nicht fort, wenn die Burg noch in diesem Jahr wehrbereit sein solle«, erklärte Gottfried. »Ich bin nicht trau- rig, daß er fehlt, denn er hat sich in letzter Zeit uns gegenüber oft seltsam abweisend gezeigt.«

Der Markgraf runzelte die Stirn. »Wir wollen im Herbst zu ihm reiten und sehen, wie weit der Bau ist«, sagte er. »Dann wird sich erweisen, ob Ludger es etwa an der Treue fehlen lassen will, die er uns schuldet, auch wenn er Sachse ist.«

In diesem Sommer verursachten Regengüsse und eine überaus feuchte Luft große Schäden. Eine Seuche brach aus und wütete unter Menschen und Tieren so heftig, daß kaum ein Hof im Sor- bengau verschont blieb. Getreide und Gemüse gingen im immer- währenden Regen zugrunde. Die Saale trat über die Ufer und über- schwemmte das Tal bis zum Nordwald, so daß Ludgers und Gott- frieds Höfe wie Inseln aus einem See ragten und man nicht mehr vom einen zum anderen reiten konnte. Die Bauern vermochten im Herbst nicht zu säen. Der Winter war sehr streng, und viel Eis bedeckte den Boden. Im Januar waren die Vorräte aufgebraucht, und eine große Hungersnot brach aus. Viele Sorben schälten in ihrer Verzweiflung Rinde von den Bäumen. Der größte Teil des Viehs verendete. Nur Ludger besaß noch Korn und Heu; er ließ es mit Wagen aus Regensburg holen.

Im Frühjahr lief das Wasser endlich ab. Nun konnte der Markgraf von Schweinfurt mit seinen Söhnen zur Saale reiten. Als er vor Ludgers Burg anlangte, kam ihm der Sachse mit seinem Sohn zu Pferde entgegen.

»Ihr habt ein stolzes Werk vollbracht«, lobte der Markgraf, als er die steinernen Mauern, den Turm und das eiserne Tor sah, das kriegerisch mit Quaderblöcken, Pechnasen und Schießscharten um sich knurrte. »Ich werde Euch aus Würzburg einen Kaplan schicken lassen, damit der weltliche Wall auch zum geistlichen Bollwerk gedeiht. Die Burg soll Ludgers Feste heißen und Euren Namen auf diese Weise für immer bewahren.«

»Ich danke Euch, Herr«, antwortete der Sachse, »aber die Burg besitzt schon einen Namen. Sie heißt Rabeneck. Auch dient mir schon ein Kaplan. Er kam mit dem Segen des Bischofs von Regensburg.«

»Der Sorbengau gehört zur Würzburger Diözese«, fuhr Adalbert auf.

Sein Vater gab ihm einen Wink und sagte: »Darüber können wir später reden. Laßt mich erst einmal sehen, ob die Burg auch von innen so kunstvoll aufgeführt ist, wie es von außen scheint. Ich will wissen, ob die Wehrgänge breit genug sind und die Schießerker gute Übersicht bieten.«

»Ihr kommt zu früh, Herr«, erwiderte Ludger. »Ich kann Euch nicht hereinbitten, da die Arbeiten noch nicht beendet sind.«

»Ich habe schon viele Burgen gebaut und kann gut abschätzen, wie Eure aussehen wird«, antwortete der Markgraf mit einem bedauernden Blick auf sein kleines Gefolge.

»Es wäre zu gefährlich«, entgegnete Ludger in unverhohlenem Triumph, denn seine Schar zählte wenigstens dreimal so viele Kriegsleute wie die der Franken. »Ihr könntet einen Fehltritt tun und Euch verletzen oder gar zu Tode stürzen.«

»Das wagst du, Hund?« knirschte Adalbert. Sein Gesicht war dunkelrot. Auch Pippin starrte den Sachsen voller Grimm an.

Heinrich von Schweinfurt sah zu den Mauern empor. In allen Schießscharten standen Bogenschützen.

»Wir kommen ein andermal wieder«, sagte der Markgraf und wandte sein Pferd.

Er ritt nach Schweinfurt zurück, sammelte viele Ritter, zog wieder an die Saale und versuchte, Rabeneck zu erstürmen. Die Franken ließen Mauerbrecher dröhnen, schleuderten Steine gegen das Bollwerk und warfen Feuerbrände auf die Dächer der Burg. Aber es gelang ihnen nicht, eine Bresche in die festgefügten Wälle zu schlagen. Die Flammen wurden jedesmal schnell gelöscht und die Sturmleitern zurückgeworfen.

»Nun siehst du, was der Zauber unserer Ahnen wert ist«, sagte Ludger zu Udalrich.

Der Markgraf ließ rings um die Burg Erdwälle aufschütten und schloß sie ein, so daß keine Maus mehr hinein noch hinaus konnte. Ludgers Leute hatten aber so viele Vorräte angelegt, daß sie die Belagerung ein Jahr lang hätten durchstehen können.

Nach einigen Wochen kam ein Bote des Bischofs von Würzburg. Der Reiter war sehr erschöpft.

»Der Hochwürdigste Herr Bischof läßt Euch grüßen, Herr«, rief er. »Der Kaiser ist tot!«

Nun erfuhr der Markgraf, daß Otto III., der Jüngling im Sternenmantel, in der Burg Paterno auf dem berüchtigten Berg Soracte bei Rom, von den Folgen frommer Selbstkasteiungen geschwächt, an der Malaria gestorben war. Seine Getreuen hatten ihrem toten Herrn den Heimweg durch Italien mit dem Schwert freischlagen müssen. In den Alpen entriß Herzog Heinrich von Bayern, der Sohn des Zänkers, den Bischöfen Ottos die heilige Lanze mit den drei Nägeln vom Kreuz Christi und rief sich zum neuen König aus, da er nunmehr der letzte männliche Nachkomme Heinrich des Finklers sei. Erzbischof Willigis krönte den Bayern mit Zustimmung der großen Fürsten in Mainz. Otto aber wurde, wie er es gewünscht hatte, in Aachen an der Seite Karls des Großen begraben.

»Der Bayer unser Kaiser«, fuhr Adalbert auf, als er das hörte. »Den Hirtenhund ersetzt der Wolf!«

Markgraf Heinrich brach die Belagerung ab, kehrte nach Schweinfurt zurück und richtete sich dort zur Verteidigung ein. Einige Tage später erhielt er eine Ladung des Königs, nach Mainz zu kommen und ihm den Lehenseid zu leisten. Der Markgraf diktierte ein Antwortschreiben, in dem er mit wohlgesetzten Worten erklärte, er werde kommen, sobald die ärgste Sorbengefahr gebannt sei; vorher könne er seine Länder nicht ungeschützt lassen.

Im Herbst zog König Heinrich II. mit starken bayerischen, sächsischen und schwäbischen Scharen den Main hinauf. Der Markgraf ritt vor seine Burg und traf seinen neuen Herrn zwischen den Heeren.

»Nicht Ihr Franken seid unsere Feinde, sondern die Polen und andere Slawen im Osten«, sagte der König. »Um sie zurückzuschlagen, brauche ich Eure Hilfe. Ihr sollt dafür nicht nur die Lehen behalten, die Eurer Familie schon seit den Zeiten Karls des Großen gehören, sondern dazu das Herzogtum Bayern, um das ich mich jetzt nicht mehr selbst kümmern kann.«

Darauf kniete Markgraf Heinrich vor ihm nieder und schwor ihm Treue.

Als diese Nachricht nach Rabeneck kam, sagte Udalrich zu seinem Vater: »Wie dumm die Franken sind!«

Auf Sala aber hoffte Gottfried, bald sogar mit einem herzoglichen Haus verschwägert zu sein.

Als König Heinrich seine Macht gefestigt hatte, zog er sein Versprechen zurück und gab das Herzogtum seinem Schwager Heinrich von Lützelburg. Der Markgraf von Schweinfurt sammelte darauf sein Heer, um sein Recht mit Gewalt durchzusetzen. Er unterlag dem König aber und mußte fliehen. Seine Burgen wurden erobert, auch die östlichsten in Kronach und Creußen. Pippin fiel in diesen Kämpfen; so wurde die schöne Judith Witwe, noch ehe sie Mutter hatte werden können.

Heinrich raubte dem Besiegten fast allen Besitz, schenkte das erbeutete Land der Kirche und richtete in Bamberg ein neues Bistum ein. Zum Bischof ernannte er seinen Kanzler Eberhard. Auch ließ der König einen Dombau beginnen und stattete den neuen Sprengel reich mit Geld und Grundbesitz aus.

Im Jahr darauf trat die Saale von neuem über die Ufer. Als das Wasser wieder fiel, floß der Strom östlich von Sala plötzlich in zwei Armen, die eine kleine Insel umspülten. Das neue Stück Land war eben groß genug, ein paar Kühe und Schafe darauf zu weiden.

Als Gottfried davon hörte, bestieg er sein Pferd und ritt zu der

Stelle. Auf der neuen Insel hüteten aber schon Hirten vom Sachsenhof ihr Vieh. Ludger und Udalrich ritten am anderen Ufer entlang.

»Es ist nicht redlich, sich zu nehmen, was geteilt werden muß«, rief Gottfried ihm zu. »Seit Irmion und Witubrand trennt die Saale unsere Höfe. Die Hälfte des Eilands gehört deshalb mir.«

»Als Irmion und Witubrand hier rodeten, gab es diese Insel noch nicht«, erwiderte Ludger. »Neues Land aber gehört stets dem, der es sich nimmt. Du hättest früher aufstehen sollen.«

»Darüber ist noch nicht entschieden«, rief Gottfried zornig.

»Vielleicht hilft dir dein Schwiegervater«, lachte Ludger.

Gottfried hob seine Stoßlanze und ritt in den Fluß.

»Oho!« machte Ludger. »So ernst ist es dir? Nun, mir soll es recht sein. Seit Judiths Hochzeit trägst du die Nase ziemlich hoch und hast einen Stüber wohl verdient.«

Gottfried stieß seinem Pferd die Sporen in die Weichen. Wiehernd sprang das Tier an dem steilen Ufer empor. Ludger wartete nicht, bis sein Gegner das Gleichgewicht wiedergefunden hatte, sondern stach ihm noch im Sprung die Lanze in den Leib. Blut quoll aus Gottfrieds Mund, und er stürzte tot zu Boden.

»Es war ein ehrlicher Kampf«, rief Udalrich den Hirten zu. »Das könnt ihr alle bezeugen!«

Die Männer nickten scheu.

Ludger und sein Sohn banden den Toten auf sein Pferd, brachten ihn nach Rekenz und schickten dem Mönch Neidhart Nachricht, daß er seinen Bruder begraben solle.

Der Mönch kam am nächsten Tag auf den Sachsenhof. »Wie konnte das geschehen?« fragte er fassungslos.

Ludger erzählte ihm von dem Streit um die Insel. »Ich schlug ihm gütliche Einigung vor«, log er, »aber dein Bruder legte gleich die Lanze ein. Ich wollte ihn nicht töten, aber ich mußte mich verteidigen.« Er sagte nichts davon, wie unritterlich er gekämpft hatte.

Danach sahen Ludger und Udalrich den Mönch zur Saale laufen und dort mit den Schafhirten reden.

»Er wird gewiß versuchen, Sala an seine Einsiedelei zu bringen«, knurrte Udalrich. »Wenn wir den Hof haben wollen, sollten wir dafür sorgen, daß er nicht in seine Klause zurückkehrt.« Er lächelte grimmig. »Vielleicht fällt er im Wald Räubern zum

Opfer«, fügte er hinzu. »Es kommt ja immer wieder Gesindel über die böhmische Grenze.«

»Du hast recht«, sagte Ludger, »wenn auf Sala der Krummstab herrscht, haben wir immer Weihrauch in der Nase. Stößt Neidhart aber ein Unglück zu, sind wir auch auf der anderen Seite der Saale die Herren, denn Judith wird sich wohl kaum je wieder hierherwagen.«

Als Neidhart sich wieder auf den Heimweg machte, ritten Ludger und Udalrich in einigem Abstand hinter ihm her. Sie achteten darauf, daß er sie nicht bemerkte, solange er auf der Straße am Saaleufer dahinschritt. Dort waren viele andere Wanderer und auch einige Wagen unterwegs. Nach zwei Stunden bog Neidhart auf einem schmalen Pfad in den Wald ein, in dem seine Klause lag. Die beiden Verfolger spornten nun ihre Pferde und kamen rasch näher.

Neidhart hörte die Hufschläge und floh von dem Saumpfad in ein Dickicht. Dornen zerrissen seine Kutte, und er stieß sich an Steinen die Knöchel blutig.

»Wo versteckt sich der Kerl?« flüsterte Udalrich.

Sein Vater zeigte auf einige zerbrochene Zweige. Langsam folgten sie der Spur.

Keuchend stand Neidhart an einer Buche und spähte nach seinen Verfolgern, konnte in dem grünen Buschwerk aber nichts erkennen. Als ihm das Knacken dürrer Äste verriet, daß sie seine Fährte gefunden hatten, verließ er seine Zuflucht und lief wie ein gehetztes Wild zum Fluß.

»Schnell!« raunte Ludger seinem Sohn zu. »Er will wieder auf die Straße.«

Neidhart erreichte den Fahrweg und lief so schnell er konnte durch den von tausend Wagenrädern gemahlenen Sand. Als er um eine Biegung eilte, hörte er, wie die Reiter hinter ihm aus dem Wald brachen.

»Heiliger Sankt Antonius!« schrie der Mönch in höchster Angst. »Rette mich!«

Die Hufschläge hinter ihm wurden rasch lauter.

»Heilige Maria!« schrie der Mönch und drehte den Kopf nach seinen Verfolgern. Im gleichen Augenblick prallte er gegen etwas Weiches. Er taumelte und wäre zu Boden gestürzt, wenn ihn nicht eine kräftige Hand an der Kutte gepackt hätte. Nur mit Mühe fand er das Gleichgewicht wieder und erkannte, daß er gegen ein Pferd gerannt war, dessen Reiter ihn festhielt.

»Was ist denn, Bruder Mönch?« fragte der Fremde.

»Räuber!« stieß Neidhart hervor.

»Bleibt hinter mir«, sagte der Fremde und stellte sich kampfbereit auf den Weg.

Wenige Herzschläge später kamen Ludger und Udalrich angeritten. Als sie den Fremden sahen, blieben sie stehen.

»Das müssen sie sein«, keuchte der Mönch und spähte furchtsam hinter dem Pferd seines Beschützers hervor.

»Die?« sagte der Fremde. »Das glaube ich nicht. Das ist doch Ludger vom Sachsenhof!«

Der Mönch kniff die Augen zusammen. »Tatsächlich!« entfuhr es ihm. »Und Udalrich!«

Staunend lief er auf sie zu. »Ihr kommt zur rechten Zeit« rief er. »Im Wald verfolgten mich zwei Räuber, und nur dank der Hilfe Gottes konnte ich ihnen entkommen. Sie müssen noch in der Nähe sein.«

»Wir sind geritten wie die Teufel, um dich vor diesen Kerlen zu warnen«, erwiderte Ludger. »Wir haben erst vor einer Stunde erfahren, daß wieder Strauchdiebe aus Böhmen hier ihr Unwesen treiben sollen.«

Er blickte den Fremden an. »Ich will nicht unhöflich sein«, sagte er dann, »aber wir leben in einer unruhigen Zeit. Ich bin Ludger von Rabeneck. Ihr reitet auf unserem Land.«

»Das ist mir neu«, antwortete der Fremde. »Soviel ich weiß, gehört dieser Wald noch immer zu Sala. Erkennt Ihr mich wirklich nicht? Ja, ich war lange fort. Ich bin Euer Neffe Irminfried.«

12

Oh glückliche Götter der Kindheit

Das zweite Jahrtausend hatte für das Byzantinische Reich mit einem langwierigen und verlustreichen Zweifrontenkrieg gegen die Araber in Syrien und die Bulgaren auf dem Balkan begonnen. Kaiser Basileios II. bewies in dieser schwierigen Lage hohe soldatische Tüchtigkeit sowie einen unerschütterlichen Glauben an Gott und sich selbst. Im Jahr des Herrn 1001 eilte er dem stark bedrängten Herzog von Antiochien zu Hilfe, trieb die erneut vorgedrungenen Fatimiden nach Syrien zurück und verfolgte sie bis vor Tripolis. Dann schloß er mit dem Kalifen Hakim einen Vertrag, der beide Seiten auf zehn Jahre zum Frieden verpflichtete. Anschließend wandte sich der Kaiser nach Westen. Er nahm Serdika ein, erkämpfte den Zugang zum Tal der Morava, ließ große Gebiete Altbulgariens von seinen Generälen besetzen und rückte südwärts gegen Makedonien vor.

Irminfried nahm auch an diesem Feldzug teil. Erst im Winter kehrte das Heer nach Konstantinopel zurück. Im folgenden Frühjahr schickte der Kaiser den fränkischen Ritter nach Antiochien, denn Spione des Herzogs hatten in Syrien starke islamische Streifscharen angetroffen. Die Muslinie griffen aber nicht an.

Irminfried ritt oft auf die Falkenbeize, denn der Herzog von Antiochien besaß so viele Habichte, Würgfalken und Wanderfalken wie kein zweiter Edelmann im byzantinischen Reich. Er jagte auch mit Hunden und sogar mit Geparden. In den Marschen der Flüsse erbeuteten sie Wasservögel und Wildschweine, in der Steppe Gazellen und Frankoline, in den Bergen Rebhühner und Hasen.

Eines Frühsommertages beizte Irminfried an den südlichen Abhängen des Amanusgebirges auf indische Störche. Am Abend kam ein Bauer und brachte ihm einen jungen Wanderfalken, den er in seinem Hühnerstall gefunden hatte. Der Vogel hatte die Faust des Mannes zerkratzt; deshalb hielt ihn der Bauer an den Füßen, so daß der Falke mit dem Kopf nach unten hing und hilflos die Flügel spreizte. Es war ein sehr schönes Tier. Irminfried gab dem Bauern zwei Goldstücke, verband die gebinzten Federn und trug den Falken mit großer Geduld so lange ab, bis der Vogel aus dreihundert Schritt anflog, um auf dem Handschuh zu atzen.

Im Hochsommer warf Irminfried den Falken aus der Faust auf Frankoline und freute sich an der großen Jagdlust und Ausdauer seines Beizvogels. Er hatte ihn aber in zu hohe Form gebracht, denn in der Mittagshitze schweimte der Falke plötzlich und flog über eine Hügelkette davon. Irminfried ritt ihm eilends nach, denn er wollte ihn nicht verlieren. Als er über den Bergrücken kam, erblickte er in einem kleinen Wäldchen einen anderen Jäger in einem grünen Mantel. Der Falke war auf einen Habicht herabgestoßen und dabei geschlagen worden.

Als Irminfried näher ritt, hob der andere Ritter drohend die Stoßlanze, an der grüne Wimpel flatterten. Schnell setzte Irminfried den Helm auf, legte seine Waffe ein und ritt an. Er drückte die Lanze dabei mit Hand und Unterarm fest in seine Seite und ließ dem Pferd freien Lauf, um seinem Stoß größtmögliche Durchschlagskraft zu verleihen. Der Fremde fing Irminfrieds Spitze zwar mit dem Schild ab, aber der Aufprall war so heftig, daß der grüne Ritter aus dem Sattel geschleudert wurde.

Irminfried kümmerte sich nicht weiter um ihn, sondern ritt zu dem Sprenkel, auf dem der Habicht saß und schon den Falken kröpfte. Zornig sah der Ritter ein, daß er zu spät gekommen war. Er zog den Dolch und erlöste den Falken. Dem Habicht tat er nichts.

Der andere Ritter war aufgestanden. Er hielt einen Säbel in der Hand. »Mein Vogel tötete Euren«, rief er, »und ich töte Euch.«

Irminfried stieg aus dem Sattel und zog die Klinge, die ihm einst sein Onkel Ludger geschenkt hatte. Das sächsische Schwert pfiff durch die Luft und sauste mit großer Wucht auf den grünen Ritter nieder. Der andere wich den Hieben jedoch mit großem Geschick aus und führte seinen Säbel so behende, daß Irminfried bald selbst ein wenig zurückweichen mußte.

Nach einer Viertelstunde hatte sich Irminfrieds Zorn über den Verlust seines Falken gelegt. Er ließ das Schwert sinken und sagte: »Ihr schlagt nicht schlechter als Euer Habicht. Seid so gut und verratet mir Euren Namen!«

»Ich heiße Jakub ibn Ibrahim«, antwortete der andere und senkte den Säbel. »Ihr seid Franke, nicht wahr? Ich sah Euer Haar, ehe Ihr Euch den Helm aufgesetzt habt. Es tut mir leid, aber Euer Falke stieß so schnell nach meinem Habicht, daß ich nicht dazwischengehen konnte. Als ich herankam, war es zu spät.«

»Es ist meine Schuld«, sagte Irminfried. »Ich hielt ihn zu hoch in der Kondition, und er schweimte. Ich hatte nicht erwartet, daß es heute so schwül werden würde. Da fliegen die Vögel leicht fort und kümmern sich nicht um Falkner noch Federspiel.«

»Habt Ihr ihn vielleicht mit Tauben aufgeatzt?«, fragte Jakub interessiert. »Das tun die Griechen gern, aber hier ist es zu heiß für so nahrhaftes Fleisch. Wir geben lieber Kaninchen.« Er lächelte höflich.

»Ich nehme Eure Entschuldigung an«, sagte Irminfried und schob das Schwert in die Scheide.

»Seid mein Gast«, bat Jakub. »Es ist zu selten Friede in diesem Weltteil, um ihn wegen eines Falken zu brechen. Ich werde Euch einen neuen schenken, einen, den ich selbst abgetragen habe.«

Er steckte den Säbel in seinen Gürtel. Irminfried folgte ihm in das kleine Jagdlager unter den Akazienbäumen. Zwei schwarze Sklaven brachten Wasser, Brot und Salz, dann auch gekühlten Wein.

»Seid Ihr kein Mohammedaner?«, wunderte sich der Franke.

»Die Muslime nehmen das Verbot des Propheten längst nicht mehr ernst«, lächelte Jakub. »Sie behaupten, Wein sei Medizin. Aber ich bin Jude. Mein Großvater reiste viel in Franken.«

»Hieß er vielleicht Ibrahim ibn jakub?«, fragte Irminfried.

»Ja«, antwortete sein Gastgeber verblüfft. »Wo seid Ihr ihm begegnet? Aber Ihr seid viel zu jung; mein Großvater starb vor dreißig Jahren.«

»Meine Großmutter zog einst als junges Mädchen mit ihm durch die slawischen Wälder«, rief Irminfried. Er erzählte nun, wer er war. Jakub staunte bei jedem Wort mehr und schüttelte immer wieder den Kopf. Als Irminfried geendet hatte, schwiegen beide eine ganze Zeit.

»Franken muß schön sein«, sagte Jakub dann leise. »So viele Bäume und Bäche, überall kühler Schatten und im Winter Schnee.« Er lächelte. »Und die vielen hübschen Mädchen, die nicht wissen, was ein Schleier ist.«

»Sie wissen es«, sagte Irminfried, »aber sie tragen ihn nur in der Kirche.«

Sie tranken Wein aus goldenen Pokalen, und Irminfried mußte dem jüdischen Ritter lange von seiner Heimat erzählen. Dabei fühlte er eine Sehnsucht, die mit jedem Satz wuchs, bis er meinte, daß ihm das Herz zerspringen müßte.

»Was trieb Euch von zu Hause fort?«, fragte Jakub, als er das bemerkte. »Ich fühle, wie Eure Seele nach dem Ort Eurer Jugend dürstet.«

»Es ist das erste Mal seit vielen Jahren,« sagte Irminfried überrascht.

»Das Heimweh ist der Leopard unter den Gefühlen«, sagte der jüdische Ritter. »Niemand sieht es lauern, doch plötzlich bricht es hervor und frißt alle anderen Wünsche auf. Wenn Ihr Eure Sehnsucht nicht stillt, werdet Ihr bald in Schwermut versinken und keine Freude mehr am Leben haben.«

»Ich kann nicht heim«, murmelte Irminfried. »Ich habe eine Griechin geheiratet und ihr geschworen, für immer in Konstantinopel zu leben.«

»Redet mit ihr«, rief Jakub. »Welche liebende Frau ließe ihren Gatten so leiden!«

Nach einer Weile reichten sie sich die Hände und gelobten, im nächsten Krieg zwischen Kalif und Kaiser nicht gegeneinander zu kämpfen. Zum Abschied schenkte Jakub Irminfried einen prächtigen Würgfalken. Dann trennten sie sich.

Im Herbst ritt Irminfried nach Konstantinopel. Zoë begrüßte ihn fröhlich und widmete ihm ihre ganze Aufmerksamkeit. Doch wenn sie eingeschlafen war, lauschte ihr Mann den Wellen des Goldenen Horns und träumte von einem anderen Wasser.

Nach einigen Wochen nahm Irminfried seinen Mut zusammen und sagte zu Zoë: »In all diesen Jahren warst du mir eine treue Gemahlin; kein Mann könnte sich eine bessere und schönere Ehefrau wünschen. Daß ich dennoch nicht glücklich bin, liegt an den vielen Trennungen, die uns des Kaisers Kriege abverlangen. Das macht es mir doppelt schwer, nun eine Bitte auszusprechen, die ich schon lange im Herzen hege.«

Zoë sah ihn aus dunklen Augen an. »Ich weiß«, antwortete sie. »Ihr hört den Mühlbach wieder rauschen. Diesmal aber ruft er nicht ›Ziehe fort!‹ sondern ›Kehre heim!‹.«

Irminfried schlug die Augen nieder. »Es ist nicht nur der Bach«, sagte er. »Es sind noch viele andere Erinnerungen. In schlechten Jahren streckten wir das Mehl mit gemahlenen Erbsen und Saubohnen. Doch was meine Mutter dort buk, schmeckte mir besser als jedes Weizenbrot in diesem Land. Euer Wein ist süß und rot, doch meine Zunge sehnt sich nach dem herben Saft der fränkischen Rebe. In euren Büchern sammelt ihr alle Weisheit der Welt, ich aber will einmal wieder hören, was der Wind unseren Bäumen erzählt. Die vielen Wunder eurer Stadt, die reichen Paläste und Türme – wie blaß bleibt ihr Reiz gegen den Blick auf die Wolken am Sommerhimmel, wenn man auf unserer duftenden Hofwiese liegt!«

Sie erhob sich. »Ihr habt mir geschworen, daß Ihr Euer Leben lang bei mir bleiben wollt«, sagte sie.

»Entbinde mich nur für ein Jahr von diesem Versprechen«, bat Irminfried und erzählte ihr von der Begegnung mit dem Ritter Jakub.

»Es ist eine seltsame Fügung«, erwiderte Zoë, »daß Ihr ausgerechnet von einem Mann an Eure Heimat erinnert werdet, dessen Volk die seine zur Strafe für den Gottesmord verlor.«

»Ich bin krank vor Sehnsucht«, bat Irminfried heftig, »nur du kannst mir helfen. Wenn du mich liebst, läßt du mich ziehen.«

»Ich liebe Euch«, sagte Zoë. »Aber ich weiß, daß Ihr niemals zurückkehren werdet.«

»Ich schwöre es dir!« rief Irminfried rasch.

Sie sah ihn an. Der Ritter senkte beschämt den Kopf.

Er erbat und erhielt Abschied bei Hofe, ordnete seine Angelegenheiten und übertrug seiner Frau allen Besitz bis zu seiner Rückkehr. Dann schloß er sich einem Zug jüdischer Kaufleute an.

Die Händler waren auf Schiffen aus Indien über die Landenge von Suez gekommen und hatten viele Gewürze und andere Pflanzenprodukte bei sich: Pfeffer, Ingwer, indische Narde, Kostwurz zur Zubereitung von Salben, Galgant und andere Heilmittel, die in heißen Ländern wuchsen. Sie wollten dafür in Ungarn, das unter König Stephan und Königin Gisela christlich geworden war, Silber und Pferde eintauschen.

Irminfried ritt mit den Juden die Donau entlang, trennte sich in Ofen von ihnen und folgte dem Strom über Preßburg, Wien und Passau bis nach Regensburg. Dort bog er nach Norden ins Naabtal ab, durchquerte das Fichtelgebirge und hatte gerade die Saale erreicht, als ihm der Mönch entgegenstürzte, von dem er nun erst erfuhr, daß es sein Bruder Neidhart war.

»Neidhart!« rief der Ritter verblüfft. »Oft malte ich mir auf der Reise aus, wie ich euch staunen lassen würde, und nun bist du es, der mich überrascht. Wie geht es unserer Mutter, Gottfried und Judith?«

»Mutter ist schon seit acht Jahren tot«, sagte der Mönch, nachdem er sich von seiner ersten Verblüffung erholt hatte. »Sie starb an der Wassersucht. Gottfried...«, er suchte nach Worten.

»Was ist mit ihm?« fragte Irminfried. Ludger und Udalrich legten die Stoßlanzen ein.

»Er wurde gestern von Ludger getötet«, stieß der Mönch hervor. »An der Saale, nicht weit von der Stelle, wo Iring starb.«

»Dein Bruder griff mich an; ich mußte mich wehren«, sagte Ludger finster. »Ich wollte ihn nicht treffen, aber dann geschah es doch. Es war ein großes Unglück, aber ein ehrlicher Kampf.«

»So wie zwischen Iring und Witubrand?« fragte Irminfried; Zorn färbte sein sonnenverbranntes Gesicht noch dunkler. »Was willst du damit sagen?« rief Ludger. Sein breites Gesicht war blutrot. »Ich bin bereit, dir für deinen Bruder zu stehen!« Er hob die Lanze.

»Er will auch uns umbringen!« rief Neidhart. »Jetzt weiß ich, wer die Räuber waren, die mich durch den Wald jagten.«

»Du hast vor lauter Angst den letzten Rest Verstand verloren«, sagte Ludger; seine schwarzen Augen glühten. »Wenn ich dich hätte umbringen wollen, wärst du längst tot.«

»Wozu die vielen Worte?« fragte Udalrich. »Es kommt ja doch, wie es kommen muß.« Er war schon fast so groß wie sein Vater.

»Dieser Meinung bin ich auch«, sagte Irminfried und setzte den Helm auf.

Der Mönch sank auf die Knie und begann zu beten.

Irminfried legte die Stoßlanze ein und ritt an. Auch Ludger ließ seinem Pferd freien Lauf. Er traf Irminfried auf den Schildbuckel, und seine Lanze brach, Irminfrieds Waffe rutschte von Ludgers Schild ab und riß dem Pferd die Flanke auf, so daß die Eingeweide herausfielen.

Als Udalrich das sah, senkte er die Lanze und wollte ebenfalls losreiten, aber sein Vater stellte sich ihm in den Weg. »Du bist noch nicht an der Reihe«, herrschte er ihn an. »Gib mir dein Pferd!«

»Laßt mich!« schrie Udalrich, aber Ludger griff ihm in die Zügel und warf seinen Sohn grob aus dem Sattel. Dann packte er Udalrichs Lanze, stieg auf das Pferd und ritt zum zweiten Mal gegen Irminfried an. Er verfehlte ihn aber auch diesmal. Irminfried dagegen stieß seinem Onkel und Ziehvater durch die Brust, so daß er tot zu Boden fiel.

Mit einem Schrei riß Udalrich das Schwert aus der Scheide und stürzte sich auf den Ritter. Irminfried stieg vom Pferd und hob den Schild. Udalrich schlug heftig auf ihn ein und achtete nicht auf Deckung. Einige Herzschläge später traf Irminfried ihn so heftig am Helm, daß Udalrich schwarz vor Augen wurde und er besinnungslos zu Boden fiel.

Irminfried nahm dem Besiegten die Waffen ab und fesselte ihn. Dann tötete er das verletzte Pferd.

»Ich sah noch nie jemanden so fechten wie dich«, sagte Neidhart zu seinem Bruder. »Wo hast du das gelernt?«

Irminfried erzählte ihm von seinen Kriegszügen für den byzantinischen Kaiser. Dann fragte er ihn: »Weißt du bestimmt, daß Ludger unseren Bruder auf ehrlose Weise erschlug?«

»Ich sprach mit den Hirten, die den Kampf sahen«, antwortete der Mönch. »Sie verhielten sich wie Männer, denen man eingeschärft hat, etwas Bestimmtes zu sagen.«

Udalrich kam wieder zu sich und stöhnte leise. Dann schlug er die Augen auf und sagte: »Warum tötet Ihr mich nicht?«

»Es ist genug Blut geflossen«, antwortete Irminfried. »Deines Vaters Leben wiegt das meines Bruders auf.«

Udalrich schüttelte trotzig den Kopf. »Ihr werdet dafür sterben«, sagte er.

»Ich bringe dich zum Vogt nach Hallstadt«, erwiderte Irminfried. »Er soll über unsere Sache entscheiden.«

»Es gibt noch keinen neuen Vogt«, sagte der Mönch. »Die Gerichtsbarkeit übt jetzt der Bischof von Bamberg aus.«

»Es hat sich wohl manches verändert«, meinte Irminfried.

Sie brachten den Toten nach Rabeneck. Irminfried staunte sehr, als er die neue Burg sah. Vor dem Tor hielt er an und rief nach Udalrichs jüngerem Bruder Grimald.

»Ich bringe dir deinen Vater«, sagte er zu ihm. »Dein Bruder kommt mit mir nach Bamberg, wo ihn der Bischof richten wird.«

»Worauf wartest du?« schrie Udalrich zornig. »Komme heraus und befreie mich!«

»Dann wird er dich töten«, antwortete sein Bruder besorgt.

Irminfried lenkte sein Pferd langsam zurück und achtete darauf, daß der Gefesselte dabei stets zwischen ihm und den Bogenschützen blieb. Er brachte Udalrich nach Sala und ging zu Gottfrieds Witwe Lindburg.

»Ich erschlug Euren Vater, um Euren Mann zu rächen«, sagte er zu ihr.

Sie sah ihn stumm an. Ihre Augen waren vom Weinen rot. »Ihr habt getan, was Ihr tun mußtet«, sagte sie.

Irminfried ließ neue Pferde satteln. Dann ritt er mit Neidhart und dem Gefangenen nach Bamberg.

Auf dem Weg erzählte Neidhart, was in den vergangenen Jahren geschehen war.

»Arme Judith«, seufzte Irminfried. »Weißt du, wohin die Schweinfurter geflohen sind?«

»Nein«, sagte der Mönch. »Statt des Markgrafen bestimmt nun der Bischof im Sorbengau.«

Bischof Eberhard hörte sich die Geschichte an und fragte auch nach den früheren Geschehnissen auf Sala.

»Seit die Sachsen an der Saale siedeln, hat es immer nur Unfrieden gegeben«, sagte Irminfried.

Udalrich sagte: »Das sind alles Lügen. Zog mein Vater Euch nicht auf, als wärt Ihr sein eigener Sohn? Euer Schwert, mit dem Ihr mich töten wolltet, stammt aus seiner Waffentruhe!«

»Wenn ich dich hätte töten wollen« versetzte Irminfried, »säßest du jetzt nicht hier, mir Vorwürfe zu machen.«

»Gebt mir eine Klinge«, bat Udalrich. »Dann soll Gott entscheiden.«

Der Bischof hatte ihnen geduldig zugehört. Nun gebot er ihnen zu schweigen und sagte:

»Ich spreche nicht nur als Bischof zu euch, dem die Sorge für eure Seelen anvertraut ist, sondern zugleich im Namen des Königs, der mir die gräflichen Pflichten in diesem Land übertrug. Es ist eine schlimme Sache, daß zwischen euch solcher Haß herrscht. Wie soll König Heinrich aus unseren Stämmen, die doch die gleiche Sprache sprechen und zu demselben Gott beten, ein Reich und ein Volk zusammenschmieden, wenn sich schon die Familien untereinander blutig bekämpfen und nicht Frieden halten wollen? Es ist jetzt Zeit, daß ihr und euresgleichen zur Vernunft kommen. Besinnt euch darauf, daß eure Treue nicht nur euren Sippen gehört, sondern ebenso dem Kreuz und dem König!«

»Wir haben es weder in der Kirche noch vor dem Thron an Treue fehlen lassen«, versetzte Udalrich wütend. »Mein Vater baute die erste Burg im Saaleland, um Reich und Christenheit vor den heidnischen Horden zu schützen.«

»Das soll nicht unbelohnt bleiben«, antwortete der Bischof. »Aber wie sollen die Slawen den Glauben schätzen, wenn sie sehen daß Christi Diener einander immer nur totschlagen, der Sohn den Vater, der Bruder den Bruder?«

»Es tut mir leid um meinen Ziehvater«, murmelte Irminfried. »Ich hatte keine Wahl.«

»Das nahm auch Ludger für sich in Anspruch«, entgegnete Bischof Eberhard. »Dennoch habt Ihr ihn getötet.« Zu Udalrich sagte er: »Ihr wollt Gottes Urteil anrufen. Als hätte der Herr nichts anderes zu tun, als eure Familienfehden zu schlichten!« Seine Stimme war lauter geworden. »Ihr verlangt von mir, daß ich einem Zweikampf zustimme, bei dem noch mehr Blut vergossen werden soll. Der König braucht eure Schwerter im Osten! Irminfried hat recht: Ein Leben wiegt das andere auf, und zwei Tote sind mehr als genug für eine Schafweide. Wer von euch noch einmal das Schwert gegen den anderen zieht, den schließe ich von den Sakramenten aus, und er wird nicht in die ewige Seligkeit eingehen.«

Udalrich schwieg trotzig. Auch Irminfried und Neidhart sagten nichts.

»Ihr seid zu Besserem berufen, als euch dort oben an der Saale gegenseitig die Köpfe einzuschlagen«, fuhr der Bischof fort. »Dein Vater, Udalrich, sollte einer von den neuen Vögten werden. Nun wirst du statt seiner über das Land östlich der Saale herrschen.«

Udalrich starrte ihn überrascht an.

»Es sei denn, daß deine Rachegelüste dich hindern, Frieden zu halten«, fügte der Bischof hinzu.

Der junge Ritter fuhr sich mit der Zunge über die Lippen. »Leicht fällt es mir nicht«, murmelte er nach einer Weile. »Aber da Ihr es gebietet, muß ich gehorchen.«

Der Bischof sah Irminfried an. »Es tut mir leid, daß ich nicht auch Euch eine solche Aufgabe zuweisen kann«, sagte er, »doch auf Eurem Land steht keine Burg. Aber wenn Ihr nun hierbleibt...«

»Ich bin von Kaiser Basileios genug beschenkt«, antwortete der Ritter, »und bedarf keiner weiteren Ehren. Ich möchte nur, daß Friede herrscht.«

»Das ist würdig gesprochen«, lobte der Bischof. »Ich will Euch einen Brief an den König mitgeben und ihm Eure Fähigkeiten empfehlen.«

Irminfried hob abwehrend die Hand. »Frau und Kinder in Konstantinopel warten auf mich«, versetzte er. »Ich werde im Herbst zu ihnen zurückkehren.«

»Wer soll dann Euer Land verwalten?« fragte der Bischof. »Mit Eurem Bruder habe ich anderes vor. Bamberg ist nun der Mittelpunkt des Reichs. Wir brauchen tüchtige Äbte für die neuen Klöster, die wir gegründet haben, um die Sorben zu bekehren. Bleibt bei mir, Neidhart, und helft mir bei diesem Werk!«

»Das will ich gern tun«, rief der Mönch mit leuchtenden Augen.

Der Bischof ließ nun Irminfried und Udalrich auf die Bibel schwören, daß sie fortan Frieden halten wollten. Dann befahl er seinen Dienern, Wein zu bringen und den Tisch zu decken. Beim Essen bat er Irminfried, von den Feldzügen der Byzantiner in Syrien und Bulgarien zu erzählen. Der Ritter versuchte nach Kräften, seinen Anteil an diesen Siegen herunterzuspielen, aber der Bischof sagte: »Ihr seid allzu bescheiden, aber gerade das gefällt mir, denn wir suchen Männer von Taten, nicht von Worten. Bleibt wenigstens für drei Jahre! Ich schicke dafür meinen besten Baumeister nach Sala und lasse auch Euch eine Burg errichten. Das Geld zahlt Ihr mir zurück, sobald Ihr es habt.«

»Ich kann nicht«, sagte Irminfried bedrückt. »Ich habe es geschworen.«

»Kraft meines Amtes entbinde ich Euch von diesem Eid«, sagte der Bischof. »Ihr seid Eurem Gott und Eurem Land mehr verpflichtet als Eurer Frau. Ich bitte Euch nur um zwei Jahre. Dafür will ich Euch ebenfalls eine Vogtei verschaffen.«

»Ich danke Euch, hochwürdigster Herr«, sagte Irminfried, »aber ich muß zurück.«

Der Bischof runzelte die Brauen. »Es ist schon lange her, daß ich so viel bitten mußte«, sagte er und trank einen kräftigen Schluck. Dann stellte er den Pokal hart auf den Tisch und sagte: »Ihr würdet Euch gewiß nicht weigern, wenn Ihr Eurer Familie dadurch schaden würdet.«

»Nein«, erwiderte Irminfried erschrocken. »Was habt Ihr vor?«

»Keine Angst«, sagte der Bischof. »Erpressung ist nicht meine Art. Ich mache Euch einen Vorschlag: Wenn Ihr am nächsten Feldzug gegen die Slawen teilnehmt, werde ich dafür sorgen, daß König Heinrich Eure Schwester zurückkehren und wieder auf Sala wohnen läßt.«

Irminfried wurde bleich. »Hochwürdigster Herr«, sagte er mühsam.

»Vergebt mir«, lächelte Eberhard. »Aber das Reich kann Ritter wie Euch nicht entbehren.« Er beugte sich ein wenig vor. »Hier geschehen große Dinge«, erklärte er ernst. »König Heinrich wird sich nicht in italienischen Träumen verlieren. Sein Vorgänger ließ mit den Worten Renovatio Imperii Romanorum siegeln. Heinrich änderte das in Renovatio Regni Francorum. Versteht Ihr? Das Reich der deutschen Stämme soll erneuert werden, nicht Roms versunkenes Imperium, dieser verfaulte Leichnam, den auch der kundigste Arzt nicht noch einmal zum Leben erweckt. Nicht Welschland, Wendland ist unser Ziel. Nicht im Süden, sondern im Osten soll unser Herr seine Größe gewinnen, in Böhmen, Polen und Ungarn. Bamberg aber wird dann der Mittelpunkt eines Reiches vom Rhein bis zur Weichsel sein. Unser Dom wird größer als selbst St. Moritz zu Magdeburg, unsere Stadt aber nennt man dann Rom des Nordens und Haupt der Welt! Seht zu, daß Euer Geschlecht dann den Platz einnimmt, der ihm gebührt.«

Am nächsten Morgen machte sich Udalrich auf den Heimweg und ließ auf den Schild, der über dem Burgtor hing, einen Raben malen. Dann begrub er seinen Vater und sagte: »Deine Rache muß warten; ich werde sie aber nicht vergessen.«

Irminfried ging wieder zum Bischof und sagte: »Einen Wunsch sollt ihr mir noch erfüllen, Hochwürdigster Herr. Vor vielen Jahren erzählte mir ein Paläologe aus Konstantinopel von einem Ereignis in Mähren, das vielleicht mit meinen Vorfahren zu tun hat.« Er erzählte ihm nun auch diese Geschichte und schloß: »Neidhart hat sich noch nicht lange mit solchen Wissenschaften befaßt. Gebt mir einen von Euren Mönchen, die sich auf alte Schriften verstehen, damit ich in Forchheim und vielleicht in Passau Nachforschungen anstellen kann.«

»Kümmert Euch nur um Euren Hof«, antwortete der Bischof. »Ich werde jemanden ausschicken, der in den Papieren nachsieht und Euch das Ergebnis wissen läßt.«

Irminfried dankte ihm, nahm Abschied von Neidhart und ritt nach Sala zurück. Er ließ Gottfrieds Witwe Lindburg mit ihren Kindern weiter in dem Steinhaus wohnen und befahl, dort auch Räume für Judith herzurichten. Über beides freute sich Lindburg sehr.

Eine Woche später kamen Knechte des Bischofs aus Bamberg und machten sich an den weiteren Ausbau des Landes. Es waren tüchtige Bauern und Handwerker; sie brachten zum ersten Mal Sensen, Pflugscharen, Pfrieme und Nadeln aus Eisen nach Sala. Sie düngten die Äcker mit Mergel, errichteten neue Zäune, damit das Vieh nicht auf die Felder lief, bauten winterfeste Ställe und fügten dem steinernen Haus einen Flügel an, in den Irminfried zog. Sie beschnitten die Obstbäume und bauten Kohlrüben an. Außerdem pflanzten sie in Gärten Dill, Kerbel, Knoblauch und Koriander, Lattich, Mohn, Pfefferkraut, Porree und Pastinake, Rapünzelchen, Sellerie, Schalotten und Zuckerrüben.

Der Ritter beaufsichtigte alle Arbeiten mit großer Strenge, denn er wollte alles in Ordnung haben, bevor er auszog. Nachts lauschte er dem Mühlbach, nun aber wanderten seine Gedanken zum Goldenen Horn. Er besuchte auch die Gräber der Toten in Rekenz und ritt in den Drachengrund, wo immer noch das Holzkreuz vor der Köhlerhütte stand. Dort dachte er an die Männer, die in fremder Erde lagen: Irmion an der Unstrut, Irmin auf der Oderinsel, Jung-Iring in den Sümpfen der Ihle.

»Wo werde ich einmal liegen?« murmelte er. Dann hielt er stumme Zwiesprache mit dem Toten unter dem Kreuz.

»Wer bist du?« fragte er ihn. »Warst du wirklich dieser Cyprian aus Mähren? Kamst du aus Thessalonike? Sind wir Griechen oder Slawen? Oder doch deutschen Bluts?«

Er schlief sogar unter dem Kreuz, aber auch in seinen Träumen erhielt er keine Antwort.

Im Spätherbst kehrte König Heinrich II. aus Italien zurück und bereitete für das nächste Frühjahr einen Feldzug nach Osten vor. Denn dort war ihm in dem tapferen Herzog Boleslaw Chrobry ein ebenbürtiger Gegner erwachsen. Der Pole hatte Krakau erobert, sich zum Herzog von Böhmen und Mähren gemacht und die Slowakei unterworfen. Mit seinen Panzerreitern zwang er auch die immer noch halbwilden slawischen Stämme zwischen Weichsel und Elbe unter seine Herrschaft. Er nahm Bautzen ein und drang durch die Marken Lausitz und Meißen nach Westen vor; sogar vor Magdeburg tauchten seine Scharen auf. Sein Reich erstreckte sich schließlich von der Saale bis zum Dnjepr und von der Ostsee bis zur Donau. In seine Schlachten ritt er stets mit einer Nachbildung der heiligen Lanze, die ihm Kaiser Otto III. einst in Gnesen geschenkt hatte.

Der König zog dem deutschen Heer mit der echten Lanze voran, aber sie zeigte sich der Kopie nicht sonderlich überlegen. Die Polen wichen zwar zurück, besiegen ließen sie sich jedoch nicht. Es kam nur zu wenigen Scharmützeln; Irminfried konnte sich dabei auszeichnen, denn er ritt stets in der Vorhut. Es sollten noch viele Jahre vergehen, ehe die Deutschen im Osten wieder Boden gewannen, obwohl der König sich später sogar mit den heidnischen Liutitzen verbündete, um seinem polnischen Glaubensgenossen das Leben sauer zu machen.

Als das Heer im Oktober wieder in die Heimat zurückritt, ließ König Heinrich Irminfried kommen und sagte zu ihm: »Mein Bischof Eberhard hatte recht, und Ihr habt wacker gefochten. Wenn Ihr wollt, sollt Ihr der neue Markgraf von Meißen sein.«

Irminfried verneigte sich, dankte und erwiderte, was er schon dem Bischof gesagt hatte.

Der König starrte ihn voller Unmut an; er war Widerspruch nicht gewohnt, und schon gar nicht bei der Verteilung von Gaben.

»Was gilt der Wunsch eines Weibes gegen den Willen des Herrn?« sagte er streng. »Eure Frau soll nachkommen oder gefälligst warten! Gott und das Reich brauchen Euer Schwert, und es wird Euch gewiß keine zweite Gelegenheit geboten, in einem solchen hohen Amt für den Glauben zu streiten.«

»Ich habe es geschworen«, versetzte Irminfried. Obwohl

Bischof Eberhard und viele andere ihm zuredeten, blieb er bei seinem Entschluß.

Der König entließ ihn in übler Laune.

Irminfried kehrte nach Sala zurück, übergab Lindburg den Hof und ritt nach Süden. In Venedig stieg er auf eine Galeere, die mit Getreide, Öl und anderen Lebensmitteln nach Byzanz unterwegs war. Wenn der Wind abflaute, setzte sich der Ritter mit den Schiffsleuten an die Ruder und sagte, er wolle verhindern, daß seine Muskeln erschlafften; in Wirklichkeit peinigte ihn die Ungeduld, Zoë wiederzusehen.

Kurz vor der Insel Korfu tauchten hinter einem Felsen plötzlich drei sarazenische Korsarenschiffe auf. Sie holten die Galeere ein und enterten sie. Bei dem Kampf wurde Irminfried von hinten niedergeschlagen. Als er wieder zu sich kam, fand er sich mit einer Kette gefesselt in der Gewalt der Korsaren.

»Du hast drei meiner besten Männer umgebracht, Christenhund«, sagte der Anführer der Sarazenen, »darum sollst du dich nicht auslösen, sondern ich werde dich in Jaffa verkaufen.«

Irminfried mußte rudern und dabei viele Demütigungen und Grausamkeiten ertragen; er nahm sie als Strafe Gottes für seinen Eidbruch und betete viele Male still um Vergebung.

Im Hafen Jaffa wurden fast jeden Tag Menschen aus allen Ländern der Christenheit feilgeboten, vor allem von den südlichen Küsten Europas, wo die muslimischen Korsaren bei jedem Raubzug reiche Beute machten. Besonders begehrt waren allerdings Sklaven aus Nordeuropa, hochgewachsene Männer, die man zu schwerer Arbeit, und blonde Mädchen, die man zu allerlei Lüsten abrichten konnte. Die höchsten Preise erzielten indessen junge Eunuchen aus der Gegend des Aralsees, die so vollkommen entmannt waren, daß sie sich mit Hilfe eines Federkiels entleeren mußten.

Irminfried wurde von einem Steinbruchbesitzer erworben, der immer wieder kräftiger Männer bedurfte. Denn die Arbeit unter der glühenden Sonne des Sommers und in der klirrenden Kälte des Winters forderte unter den Sklaven viele Opfer. Wächter führten den Ritter in das Gebirge und schmiedeten ihn dort am Abend mit einem Christen zusammen, der schon länger in Gefangenschaft war.

»Wie haben sie dich erwischt?« fragte der andere. Er war ein wenig jünger als Irminfried, nicht so breit in den Schultern und von der Sonne verbrannt.

»Vor Korfu«, sagte Irminfried. »Und dich?«

»Bei Arles«, antwortete der andere. »Ich lag unter einem Baum und genoß die Sonne; jetzt habe ich davon mehr als genug.« Er verzog das Gesicht. »Wie hätte ich auch ahnen können, daß diese Hunde so weit ins Land kommen?« fuhr er fort. »Ich stamme aus der bretonischen Mark; dahin wagen sich diese Teufel nicht.«

»Wo hast du so gut Deutsch gelernt?« fragte Irminfried.

»In Prag«, erwiderte der Bretone. »Ich arbeitete dort für einen Händler aus Verdun.« Wieder schnitt er eine Grimasse. »Wir handelten mit Sklaven«, fügte er hinzu.

Irminfried sagte nichts.

Der Bretone streckte die Hand aus. »Ich heiße Iwein«, sagte er. »Und du?«

»Ortwin«, log Irminfried, denn er fürchtete, noch strenger bewacht zu werden, wenn die Muslime erfuhren, wer er wirklich war.

Der Steinbruchbesitzer war der Ansicht, daß es sich für einen frommen Diener des Propheten zieme, Christen so hart wie möglich zu halten. Darum ließ er ihnen nur einmal am Tag Nahrung und Wasser geben und sie häufig mit Peitschen schlagen, gleich, ob sie dazu Anlaß boten oder nicht. Irminfried nahm diese Prüfung als Buße für seine Untreue gegenüber Zoë hin.

Als die Aufmerksamkeit der Wächter für die neuen Sklaven allmählich wieder erschlaffte, begann Irminfried nach einem Fluchtweg zu spähen. Die Felswände waren nicht zu erklettern. Die schmale Talseite verschloß eine hohe Mauer mit einem vergitterten Tor, das streng bewacht wurde. Der Besitzer des Steinbruchs war seiner Sklaven so sicher, daß er sie nur bei Gefahr oder zur Strafe anketten ließ. Meist gingen sie ohne Fesseln, da sie auf diese Weise besser arbeiten konnten.

Fünf Monate vergingen, ehe der Ritter eine Fluchtmöglichkeit entdeckte. Kurz vor Einbruch des Winters war das Wasser des Brunnens, aus dem die Sklaven ebenso wie ihre Wächter tranken, schlammig geworden. Der Oberaufseher rief Irminfried und Iwein zu sich, gab ihnen Schaufeln und sagte: »Steigt hinunter und macht den Brunnen wieder sauber!«

Die anderen Sklaven ließen Irminfried und Iwein nacheinander mit dem Schöpfseil in die Finsternis hinab. Der Brunnen reichte fast vierzig Meter tief in die Eingeweide des Berges. Als sie auf der Sohle des Schachtes anlangten, sahen sie den Himmel als winziges Scheibchen über ihren Häuptern. Das Wasser der Quellkammer reichte ihnen bis zur Brust.

Irminfried tastete über Kopf mit der Schaufel umher; ein heller Ton erklang, als sie gegen Steine stieß. Überrascht befühlte der Ritter mit seinen Fingern glatte Quadern.

»Das ist Mauerwerk«, murmelte er.

»Wirklich?« fragte Iwein verblüfft. »Warum haben diese Götzendiener hier unten gemauert und oben den Brunnen nur mit alten Brettern verschalt?«

»Hier waren andere Baumeister am Werk«, antwortete Irminfried leise. »Die Quader sind so groß wie in den Zisternen voll Konstantinopel. Sie stammen gewiß noch aus römischer Zeit.«

»Du weißt doch, unten im Tal, die Ruinen«, flüsterte Iwein aufgeregt. »Glaubst du, daß es eine Verbindung zu ihnen gibt?«

»Schlaft nicht ein!« rief der Oberaufseher. »Sonst lassen wir euch dort unten verrecken!« Der Schall seiner Stimme brach sich gespenstisch an den Brunnenwänden.

Irminfried tauchte ins Wasser und tastete mit den Händen umher. Nach kurzer Zeit richtete er sich wieder auf und winkte seinem Gefährten.

»Wir stehen hier in einem Sammler«, flüsterte er ihm ins Ohr.

»Das Quellbecken liegt ein Stück weiter oben. Das Wasser fließt unter einer alten Treppe herein und auf der anderen Seite weiter in einen gemauerten Kanal. Er führt schräg nach unten. Die Römer haben diesen Schacht hier für die Bauarbeiten gegraben. Die Heiden machten später einen Brunnen daraus, wohl schon vor mehr als hundert Jahren.«

»Meinst du, wir kommen da durch?« fragte Iwein begierig.

»Schwer zu sagen«, murmelte Irminfried. »Wir werden es aber versuchen, und dann soll Gottes Wille geschehen.«

Sie schaufelten Schlamm in den Eimer, und die anderen Sklaven zogen ihn viele Male hinauf- und hinunter, bis der Brunnen wieder sauber war. Dann kehrten Irminfried und Iwein an die Oberfläche zurück.

»Wie sieht es denn dort unten aus?« fragte der Oberaufseher neugierig. »Ziemlich feucht, wie?« Er grinste breit.

»Wie in der Ritze deiner Mutter«, sagte Iwein grob.

Die anderen Wächter lachten.

»Du hast unsere Sprache schon gut gelernt«, sagte der Oberaufseher. Er stammte aus Nubien und hatte selbst sein halbes Leben als Sklave verbracht. »Warum nimmst du nicht auch den wahren Glauben an? Dann würdest du frei und könntest gehen, wohin du willst.«

»So wie du?« fragte Iwein.

Der Nubier kratzte sich nachdenklich den kahlen Schädel. Es war ihm noch nicht aufgefallen, daß ein Mensch, der andere zu bewachen hat, zwar angenehmer, aber kaum freier als seine Gefangenen lebt.

Als die Sklaven nachts nebeneinander unter den Sternen lagen, raunte Iwein dem Ritter zu: »Wann wollen wir es versuchen?«

»Im Winter hat es keinen Sinn«, antwortete Irminfried. »Wir müßten in die Dörfer, und sie würden uns schnell wieder fangen. Im Frühjahr kommt zuviel Schmelzwasser. Wir müssen warten, bis der Sammler leer ist.«

Am nächsten Tag brachte der Steinbruchbesitzer wieder neue Sklaven. Die Wächter trieben mit den Ankömmlingen ihren Spott und ließen die anderen Gefangenen in Ruhe.

In einer Spätsommernacht, als es schon lange nicht mehr geregnet hatte, schlichen sich Irminfried und Iwein zu dem Brunnen und kletterten an dem Schöpfseil hinunter. Diesmal reichte ihnen das Wasser in der Quellkammer nur bis zu den Knien. Der gemauerte Kanal war zur Hälfte gefüllt.

»Ich bin kleiner als du«, sagte Iwein, bückte sich und schlüpfte unter die Kuppelwölbung. Irminfried folgte ihm. In völliger Finsternis krochen sie nun durch die leicht abschüssige Röhre. Das Wasser reichte ihnen manchmal bis zu den Schultern und manchmal nur bis zum Bauch. Schlamm quoll zwischen ihren Fingern empor.

»Warte hier«, sagte Iwein, holte tief Luft und tauchte.

Irminfried kniete im Wasser; ihm war, als könne er das Gewicht des Berges spüren.

Als Iwein zurückkehrte, rang er nach Luft; erst nach einer Weile konnte er wieder sprechen.

»Ungefähr zwanzig Schritte voraus ist ein anderer Sammler«,

stieß er schließlich schweratmend hervor. »Aber dort geht es nicht weiter.«

»Vielleicht ist dort ein Schieber«, sagte Irminfried. »Das Wasser fließt zu langsam für einen so abschüssigen Kanal.«

Er tauchte nun ebenfalls durch die überflutete Röhre. Iwein folgte ihm.

In der künstlichen Felsenhöhle tastete Irminfried suchend umher. »Hier ist der Schieber«, rief er.

»Wie haben sie ihn aufgemacht?« wollte Iwein wissen.

»Sie kamen wahrscheinlich durch einen Stollen«, erklärte der Ritter und tastete an den glatten Quadern entlang.

»Hier. Er ist natürlich längst verschüttet.«

»Können wir den Schieber öffnen?« fragte Iwein. Seine Stimme klang hohl.

»Ja«, sagte Irminfried. »Wir müssen dann aber erst einmal hierbleiben, bis der Brunnen leer ist. Hier kannst du anpacken. Halte dich aber gut fest, damit du nicht fortgespült wirst!«

Sie stemmten sich mit den Füßen gegen die Quadern und zogen mit aller Kraft an den Griffen des Schiebers.

»Das Ding sitzt zu fest«, murmelte Iwein.

»Versuchen wir es noch einmal!« forderte Irminfried ihn auf, und sie verdoppelten ihre Anstrengungen. Endlich schienen die Griffe sich zu bewegen. Plötzlich aber fuhr der Schieber mit einem Schlag zur Seite, und wie eine Lawine brachen Wasser und Schlamm durch die Öffnung.

Iwein stieß einen Schrei aus. Die Quadern des Sammlers wankten, und das Gewölbe stürzte über ihnen zusammen. Irminfried hielt sich die Arme über den Kopf. Steinbrocken fielen auf ihn herab, und ein gewaltiger Sog riß ihm die Beine weg. Der Wasserwirbel saugte ihn in die Öffnung und spülte ihn durch den Kanal. Er stieß mit Kopf und Knien an Felsvorsprünge und glaubte schon, daß er ertrinken müsse, da bekam er plötzlich wieder Luft und sah Sterne über sich funkeln. Ihr schwaches Licht beschien ein kleines, mit Marmor eingefaßtes Becken.

Keuchend erhob sich der Ritter, stapfte durch den Teich zurück und starrte in die dunkle Öffnung, aus der noch immer Wasser und schwarzer Schlamm quollen.

»Iwein!« schrie er in die Höhlung.

Als das Wasser endlich versiegte, stieg Irminfried in den Kanal und kroch wieder zurück. Er kam aber nur wenige Ellen weit, dann versperrten ihm die Trümmer des eingestürzten Gewölbes den Weg.

»Iwein!« schrie Irminfried wieder, warf lose Brocken beiseite und wühlte mit seinen Händen im Geröll, bis seine Nägel brachen. Nach einer Stunde sank er erschöpft in den weichen Schlamm.

Draußen wurde es langsam hell. Irminfried kroch aus dem Kanal und wankte durch die Ruinen der alten Römerfeste in einen Zypressenwald. Die Sonne ging auf, und ihre Wärme verlieh ihm neue Kräfte. Als die Wächter aus dem Steinbruch ins Tal eilten und nach ihm suchten, war er schon weit fort.

Irminfried wanderte den ganzen Tag durch die zerklüfteten Berge und wich den einsamen Dörfern vorsichtig aus. Am Abend entdeckte er einen schlafenden Hirten. Er hob einen Stein auf und erschlug den Mann. Dann zog er den Mantel des Toten an und nahm dessen Mundvorrat an sich. In seiner Verkleidung kam er unbehelligt nach Aleppo. Dort suchte er den Befehlshaber der byzantinischen Burg auf. Der Hauptmann erkannte ihn und nahm ihn auf.

Noch vor Winteranfang kehrte Irminfried mit einem Kauffahrer aus Amalfi nach Konstantinopel zurück und eilte zu seinem Haus. Die Sklaven wichen scheu zurück, als sie ihn sahen. In der Eingangshalle stand Nikephoros.

»Unseliger!«, sagte der Paläologe. »Wenigstens deinen zweiten Schwur hättest du halten müssen. Weil du auch ihn brachst, ist sie gestorben.«

13

Krähen schrien von kahlen Bäumen

Irminfried starrte ihn an. Müde fuhr sich der Paläologe über die rotgeränderten Augen.

»Fünf Tage zu spät«, sagte er. »Vergangene Woche lebte Zoë noch. Aber sie war schon so krank...«

»Es war nicht meine Schuld«, stammelte Irminfried. »Ich war bei den Heiden gefangen...«

»Sonst wärst du pünktlich zurückgekehrt?« fragte der alte Mann.

Irminfried senkte den Kopf. »Nein«, gestand er.

»Das wußte sie«, sagte der Paläologe. »Sie traute dir und deinen Schwüren nicht. Ich versuchte, sie zu trösten und ihr einzureden, daß es nicht an dir läge und du gewiß bald zurückkehren würdest. Nun sehe ich, daß Zoë recht hatte. Ich erkenne es auch daran, daß du keine Tränen für sie hast.«

»Ich kann nicht weinen«, sagte Irminfried verzweifelt. »Verfluchter Zauber, der mich daran hindert!«

Nikephoros erzählte ihm nun, daß Zoë nach dem ersten Jahr ihrer Trennung in Schwermut versunken war. »Sie fühlte sich von dir belogen«, sagte er, »und nicht zu Unrecht, wie ich jetzt weiß.«

»Aber ich konnte nicht gleich zurück«, erwiderte Irminfried heftig. Er berichtete ihm von seiner Familie im Saaleland und dem Feldzug gegen die Slawen.

»Sie ließ sich auf keine Weise aufheitern«, sagte der Paläologe danach. »Und da es nun einmal so ist, daß traurige Menschen besonders leicht von Krankheiten befallen werden, bekam sie vor einigen Monaten Fieber. Wenn jemand nicht gesund werden will, kann ihm kein Arzt helfen. Sie zersprang wie eine Glocke, wenn es so kalt ist, daß Eisen gefriert. Ehe sie starb, rief sie deinen Namen.«

»Was sagte sie?«, fragte Irminfried leise.

»Daß du dich eines Tages an sie erinnern würdest«, antwortete der Paläologe.

Sie schwiegen lange Zeit. Dann sagte Nikephoros: »Du wirst ihr Grab sehen wollen.«

Irminfried folgte ihm. Das kleine Grabmal stand auf einer Anhöhe, von der man zum Bosporus blicken konnte.

Irminfried blieb bis zum Frühjahr in Konstantinopel. Jeden Tag betete er an Zoës Grab. Jeden Tag auch sah er von dort aus die venezianischen Schiffe fahren. Nachts hörte er schlaflos das Plätschern der Wellen am Strand.

Am Pfingstsonntag ging er zu Nikephoros und sagte: »Jeder Schritt hier erinnert mich an meine Schuld. Für meine Kinder bin ich ein Fremder. Kümmere du dich um sie! Du wirst ihnen ein besserer Vater sein, als ich es war.«

Der Paläologe sah ihn traurig an. »Gehe in Frieden«, sagte er. »Ich hoffe, daß meine Enkel nicht dein rastloses Blut geerbt haben.«

Irminfried ritt wieder an der Donau entlang bis nach Regensburg und von dort nach Bamberg. Sein Bruder Neidhart diente dem Kaiser inzwischen als Abt des Klosters St. Michaelis. Irminfried erzählte ihm, was er erlebt hatte.

»Gott hat dir schwere Prüfungen zugedacht«, sagte Neidhart mitleidig. »Was wirst du jetzt tun?«

»Erst will ich nach Sala sehen«, antwortete sein Bruder. »Dann ziehe ich vielleicht wieder für den König in den Krieg.«

»Ich bin froh, daß du wieder da bist«, erwiderte Neidhart. »Udalrich ist ein schlimmer Nachbar. Wer weiß, ob er unseren Hof nicht längst mit Gewalt an sich gebracht hätte, wäre der Bischof nicht immer wieder dazwischengefahren.«

»Ich habe gehört, wie Eberhard den Krummstab schwingt«, erwiderte Irminfried. »Mit Udalrich werde ich schon fertig.«

»Unterschätze ihn nicht«, warnte Neidhart. »Er hat mit Witubrands Kraft auch die sächsische Schläue geerbt. Außerdem – er steht beim König in hohem Ansehen, du nicht.«

»Hast du etwas über unsere Herkunft erfahren?« wollte Irminfried wissen.

»Bruder Egbert studierte Schriften in Forchheim und sogar in Passau«, erzählte sein Bruder. »Er konnte jedoch nichts finden.«

»Es müssen aber irgendwelche Aufzeichnungen vorhanden sein!«, rief Irminfried ungeduldig. »Der Graf von Schweinfurt hat das unserem Urgroßvater Irmion doch selbst gesagt!«

»Warum liegt dir soviel daran?« wollte Neidhart wissen. »Der Glaube ist es, der den Menschen adelt, nicht die Ahnentafel.«

»Das mag sein«, antwortete sein Bruder. »Ich will aber wissen, warum ich so bin.«

Sie gingen zum Bischof, und Irminfried bedankte sich für den Schutz seines Lehens.

»Ich freue mich, daß Ihr doch wieder zurückgekehrt seid«, sagte Bischof Eberhard. »Es wird nicht leicht sein, Euch dem König von neuem zu empfehlen. Ich will es aber versuchen, wenn Ihr versprecht, daß Ihr von nun an in Eurer Heimat bleibt.«

»Es ist mein sehnlichster Wunsch«, antwortete der Ritter. »Aber versprechen kann ich nichts. Manchmal ist mir, als hätte Gott mein Herz aus Wolkenhauch erschaffen, mein Blut aus Quecksilber, meine Knochen aus Kranichfedern und meine Füße aus Sand. Mein Leben verrinnt wie fließendes Wasser, mein Wille wandelt sich wie das Bild der Wolken am Himmel, und mein Gemüt schwankt wie die Wogen des Meeres. Abschied scheint meine Bestimmung, und jede Wiederkehr verschafft mir soviel Lust wie Qual. Gott säte Wind in meine Seele; ich weiß nicht, wohin mein Schicksal mich noch treibt.«

Danach ritt Irminfried an die Saale. Seine Schwester Judith und seine Schwägerin Lindburg begrüßten ihn voller Freude. Als er ihnen erzählte, wie es ihm ergangen war, trauerten sie mit ihm. Dann klagten sie über Udalrich und seine Übergriffe gegen Sala.

»Ich werde mich darum kümmern«, sagte Irminfried. Er nahm seine Stoßlanze und ritt nach Rabeneck. Kurz darauf erschien der Sachse auf der Mauer über dem Tor.

»Ich bin wieder da«, sagte Irminfried. »Die Insel der Saale ist zu klein, um sie aufzuteilen. Sie soll künftig in geraden Jahren von unserem Vieh, in ungeraden von eurem abgeweidet werden.«

»Die Insel ist und bleibt unser Eigentum!« schrie Udalrich von der Zinne herab.

»Dann mußt du jetzt herauskommen«, sagte Irminfried.

»Gott weiß, wie gern ich das täte!« stieß Udalrich voller Haß hervor. »Aber ich mußte ja schwören, daß ich Euer Blut nicht vergießen werde! Überdies sind mir als Vogt Zweikämpfe verwehrt.«

»Dann gib dein Amt doch zurück!« sagte Irminfried grimmig, drehte sich um und ritt nach Sala zurück.

Im nächsten Frühjahr ließ er seine Hirten Kühe und Schafe auf die Insel treiben. Udalrich saß am anderen Ufer gerüstet auf seinem Pferd und sah zu, tat aber nichts.

Im Mai erschien ein Bote vom Hof und forderte Irminfried auf, sich dem Heer anzuschließen, das erneut in die Ostländer vorstoßen sollte. Der König übertrug dem Ritter von Sala den Befehl über die Vorhut. Viele Monate lang zogen sie kreuz und quer durch die Marken, aber die Polen stellten sich nicht. Sie wichen der offenen Feldschlacht aus und nutzten Wälder und Sümpfe als ihre Verbündeten. So ging es auch in den folgenden Jahren.

In den Wintern jagte Irminfried oft im Nordwald und lehrte Gottfrieds drei Söhne reiten und fechten.

Eines Tages starb der alte Schafhirte Ruthard, der Irminfried einst an der Quelle mit den Byzantinern beobachtet hatte. »Er kannte viele seltsame Geschichten«, sagte Lindburg zu ihrem Schwager, »auch über Euch.«

»Was erzählte er denn?« wollte Irminfried wissen.

»Daß Ihr damals von einer Fee entführt worden wärt«, antwortete Lindburg ein wenig verlegen. »Sie hätte Euch an der Saalequelle verzaubert...«

»Das ist so falsch nicht«, murmelte Irminfried; noch immer schmerzte ihn die Erinnerung an Zoës Tod.

»Und daß Ihr dort mit einem schwarzen Riesen in goldener Rüstung gerungen hättet«, fuhr Lindburg schüchtern fort.

»Der Schwarze hieß Samuil«, erzählte Irminfried ihr. »Er war ziemlich groß und hatte eine Haut wie Ruß, aber er war ein Mensch und ein braver dazu.«

»Aus Eurem Schwiegervater machte Ruthard einen mächtigen Zauberer«, fügte Judith hinzu, »und er sagte, Ihr wärt mit einem Schiff durch die Luft geflogen. Danach wärt Ihr sieben Jahre verschwunden geblieben, in einem Feenreich unter der Erde.«

»Nun wißt ihr, wie Märchen entstehen«, brummte Irminfried. »Der Kerl hatte wohl nie zuvor Griechen gesehen. Aber wie kam er denn auf sieben Jahre? Ich war doch viel länger fort, und nicht einmal, sondern zweimal.«

»Vielleicht, weil sieben die Zahl der Wunder ist«, vermutete Judith. »Jakob diente sieben Jahre um Rahel, Joseph sah sieben fette Kühe weiden und sieben Ähren auf einem Halm, Moses ließ die Israeliten sieben Tage ungesäuertes Brot essen... Angeblich seid Ihr dann durch den Klang einer Glocke aus Eurer Verzauberung wieder erwacht...«

»Es war das Rauschen des Meeres«, sagte der Ritter leise, »das mich an unseren Mühlbach erinnerte. Aber in einem hatte er recht, daß eine Glocke mich aus meinem Glück riß, als sie vor Kälte zerbarst.«

Er ließ den Kopf sinken, und die beiden Frauen merkten, daß er nicht mehr darüber reden wollte.

Nach der Beerdigung des alten Schäfers nahm Irminfried dessen Sohn Liudolf bei sich auf und erzog ihn mit seinen Neffen.

In den folgenden Jahren trieb Irminfried den Ausbau seiner Ländereien mit großer Tatkraft voran, und Sala gedieh zu einem der größten und schönsten Höfe des Sorbengaus. Der Nordwald war nun schon weit von der Saale zurückgedrängt, hielt aber noch immer die Hügel besetzt. Udalrich verwaltete seine Besitzungen ebenfalls sehr geschickt, mehrte seinen Wohlstand und erfüllte auch seine Pflichten als Vogt des Ostsaalelandes zu aller Zufriedenheit. Als erster Nachfahre Witubrands heiratete er kein Mädchen aus Sachsen, sondern eine Nichte des Herzogs von Bayern; sie hieß Radegunde und schenkte ihm vier Kinder. Die Söhne wurden Widerad und Walter, die Töchter Irmgard und Thietberga genannt.

Im Jahre 1014 nach der Menschwerdung des Herrn ließ Heinrich II. sich im Petersdom vom Papst zum Kaiser krönen. Danach stürzte er sich mit noch viel größerem Eifer auf seine polnischen Gegner. Sein heiliger Zorn wallte so heiß, daß er die Liutitzen nun sogar an seiner Seite fechten ließ. Ein christlicher Knappe, der eine Fahne der neuen Bundesgenossen mit einem Steinwurf durchlöcherte, weil darauf ein Götzenbild gemalt war, wurde schwer bestraft. Trotz solcher Entschlossenheit blieb dem Kaiser der Sieg versagt. Im Jahr 1018 des Herrn schloß er deshalb mit Herzog Boleslaw in Bautzen Frieden. Die Mark Meißen blieb beim Reich, die Lausitz aber wurde ein polnisches Lehen. Die Mühen des Glaubenskampfes brachten dem Kaiser später den Beinamen ›der Heilige‹ ein.

Im Jahr 1024 starb Heinrich II. in seiner Pfalz Grone bei Göttingen unter gräßlichen Schmerzen an einer Gallenkolik. Da er aus lauter Frömmigkeit auf eheliche Beziehungen zu Kaiserin Kunigunde verzichtet hatte, war das sächsische Herrscherhaus der Ottonen mit seinem Tod im Mannesstamm erlöschen. Die Großen des Reichs wählten in Kamba am Rhein nur wieder einen Franken zum König, Konrad II. aus dem Haus der Salier am Rhein, einen Nachfahren Ottos des Großen von Mutterseite.

Heinrich II. wurde in Bamberg begraben, aber die Rolle der Stadt als Rom des Nordens war ausgespielt, und der Sorbengau rückte von der Mitte des Reichs wieder an dessen Rand.

Konrad II. war von so stattlicher Gestalt, daß die Leute nach seinem Königsritt sagten: »Von seinem Sattel hängen die Steigbügel Karls.« Auch in seinen Taten versuchte der Sohn des Grafen von Speyer dem Schöpfer Europas zu ähneln. Zuerst mußte er allerdings einen Aufstand seines Vetters Konrad niederwerfen, dem sich auch sein Stiefsohn Ernst II. von Schwaben, die Grafen Welf II. und Werner von Kyrberg sowie einige lothringische Große angeschlossen hatten. Wieder war es ein Kampf wie unter Beizvögeln auf einer Stange, und diesmal standen sogar Franken gegen Franken, aber der König war wie ein Adler zwischen Falken. Herzog Ernst zog sich als Raubritter in seine Schwarzwaldburg Falkenstein zurück. Drei Jahre danach fiel er im Kampf gegen den Grafen Mangold. Später rankten sich viele Sagen um ihn; sie erzählten von Zügen des Herzogs in allerlei Wunderländer.

Irminfried bot auch dem neuen König seine Dienste an und wurde am Hof freundlich aufgenommen. Udalrich verhielt sich still. Er fürchtete, daß die Franken versucht sein könnten, den Sachsen ihren Hochmut zu vergelten. Aber der alte Streit zwischen den Stämmen schien endgültig beigelegt. Der König bestätigte den Vogt des Ostsaalelandes in seinem Amt wie auch Irminfried in seinem Lehen.

Im Frühjahr 1026 zog Konrad II. nach Italien. Unter den vielen Rittern des Reichs, die ihm folgten, waren auch Irminfried und sein Neffe Gottlieb, der älteste Sohn des erschlagenen Gottfried. Liudolf, der Sohn des Schafhirten, ritt als Knappe mit ihnen. Die Italiener empfingen die Deutschen mit großem Haß. Überall, wo das Heer durchzog, flammten Kämpfe auf. Pavia und Ravenna trotzten ihrem ungeliebten Herrn in Waffen und konnten nur mit

Mühe bezwungen werden. Konrad ließ sich in Rom zum Kaiser krönen. Dann setzte er in den italienischen Städten deutsche Bischöfe ein. Außerdem versuchte er, so viele Gefolgsleute wie möglich mit Italienerinnen zu verheiraten, um die Bindungen zwischen den beiden Reichsteilen zu stärken. Auch Irminfried vergaß der Kaiser dabei nicht.

»Ihr seid schon viel zu lange Witwer«, sagte er zu ihm. »Euer Haar wird grau, und es ist an der Zeit, daß Ihr einen Erben zeugt.«

»Ich habe Kinder in Konstantinopel«, wehrte Irminfried ab.

Der Kaiser reckte sich zu seiner vollen, ehrfurchtgebietenden Größe empor. »Dort nutzen sie mir nichts!« versetzte er. »Pflanzt Euren Samen auch in meine Erde! Nicht weit von Trient steht die feste Burg Rosen. Ihr Graf fiel vor Ravenna mit dem lombardischen Heer.«

»Ich erinnere mich an das Rosenbanner«, sagte Irminfried, »es sank als letztes.«

»Der Graf hatte nur eine Tochter«, erklärte der Kaiser. »Heiratet sie und nehmt die Burg in Besitz! Wenn die Lombarden die Feste behalten, können sie das Eisacktal sperren und das Heer in große Gefahr bringen.«

»Wenn es soweit kommt, will ich die Burg für Euch brechen«, versprach Irminfried.

»Nun reitet doch wenigstens einmal dorthin und seht Euch das Mädchen an!« rief der Kaiser. »Das könnt Ihr doch mindestens tun! Wenn Euch die junge Dame gar zu garstig erscheint, werde ich nicht auf meinem Willen bestehen. Sie heißt übrigens Richenza.«

Irminfried und Gottlieb zogen darauf nach Rosen. Die Burg saß auf einem Felsenturm wie ein Wildkater auf einem Baumstumpf. Die Gräfin empfing die Deutschen erst nach langem Warten, denn sie hatte den Tod ihres Mannes noch nicht verwunden. Sie wagte aber nicht, die Ritter abzuweisen, und befahl, im Palas für sie aufzutischen.

»Es tut mir leid um Euren Gatten«, sagte Irminfried, als sie zu Tisch geführt wurden, »er kämpfte tapfer, wenn auch für eine schlechte Sache. Ihr könnt dennoch stolz auf ihn sein.« Sein Blick fiel durch eins der rundbogigen Fenster auf die Weinberge unter der Burg.

»Habt Ihr ihn getötet?« fragte die Gräfin.

»Nein«, antwortete der Ritter. »Soviel ich sah, fiel er von einer sächsischen Lanze.«

Sie schwiegen eine Weile. Dann rief die Gräfin nach ihrer Tochter und stellte sie den Gästen vor.

»Was ist mit Euch, Onkel?« rief Gottlieb erschrocken.

Irminfried war bleich wie der Tod.

»Es ist nichts«, stieß er mit gepreßter Stimme hervor.

»Fühlt Ihr Euch nicht wohl?« fragte die Gräfin verwundert.

Gottlieb starrte sie an. »Habt Ihr etwa...«, fragte er drohend und roch an Irminfrieds Becher, dann auch an seinem.

»Ich bin keine Mörderin«, sagte die Gräfin. »Das Töten überlassen wir den deutschen Rittern; die können es besser.«

»Es ist schon wieder gut«, beruhigte Irminfried seinen Neffen. »Mir war nur ein wenig schwindlig.«

Er sagte ihm nicht, daß Richenza mit ihren dunklen Augen und dem schwarzglänzenden Haar aussah, als sei Zoë von den Toten zurückgekehrt.

Eine Woche lang blieben sie auf der Burg. Dann verabschiedeten sie sich und ritten zum Kaiser.

»Nun?« fragte Konrad. »Siegt Euer Hochmut oder Euer Herz?«

»Mein Gehorsam«, antwortete Irminfried.

»Das habe ich gewußt«, sagte der Kaiser. »Die Hochzeit soll bald sein, denn wir müssen zurück. Die Polen sind wieder unruhig. Wir wollen endlich Schluß mit ihnen machen.«

»Es ist mir recht«, sagte Irminfried.

Der Kaiser schickte Werber nach Rosen und ließ die Gräfin mit ihrer Tochter nach Ravenna holen. In der größten Kirche der Stadt, vor der ihr Vater gefallen war, wurde Richenza mit Irminfried vermählt.

Irminfried führte seine Frau nach Rosen zurück und ließ sich dort von allen Lehensleuten der Grafschaft Treue schwören. Als der Kaiser mit seinem Heer zum Brenner zog, übergab Irminfried seinem Neffen Gottlieb die Burg, übertrug ihm die Sorge für seine junge Gemahlin und folgte Konrad in neue Kämpfe.

Im Herbst wartete er in Sala auf Richenza. Anfang November traf sie ein. Gottlieb berichtete, daß die Lombarden seit dem Abzug des Heeres sehr aufsässig seien, aber noch nichts unternommen hätten.

»Wir werden bald wieder dorthin ziehen müssen«, seufzte Irminfried.

Er zeigte seiner Frau den Hof, nahm sie mit auf die Jagd und erfreute sie mit schönen Dingen. Im ganzen Saaleland wurde Richenzas Schönheit bestaunt.

Wenig später kam die Nachricht, daß die alte Gräfin von Rosen gestorben war.

Als Irminfried und seine Frau einmal nach dem Drachengrund ritten, standen zwei Zeidler am Wegrand, die schon lange nicht mehr von ihren Bienenstöcken in der Wildnis weggekommen waren. Sie grüßten ehrerbietig und sahen den Reitern nach. Dann sagte der eine: »Wer war diese Frau? Sie ist so schön wie eine Fee!«

»Oder wie eine Hexe, du Tölpel«, lachte der andere. »Das war die Frau unseres Herrn, von der die Holzknechte gestern erzählten!«

»Es werden noch andere Dinge geredet«, erwiderte der erste trotzig. »Wurde Irminfried nicht erst durch eine silberne Glocke auf dem Waldstein aus einem Elfenzauber erlöst?«

»Märchen!« rief sein Freund. »Er war in Konstantinopel und im Morgenland.«

»Wer weiß!«, zweifelte der eine. »Es kann doch auch sein, daß diese Frau wiederkehrte und ihn von neuem in ihren Bann schlug.«

»Wenn das geschehen wäre, müßte sie längst graue Haare haben«, widersprach der andere.

»Feen werden aber nicht älter!« versetzte sein Gefährte.

So stritten sie noch eine ganze Weile.

Im Frühsommer ritt Irminfried mit dem König von neuem nach Osten. Eines Tages träumte er von seiner Flucht durch den Brunnenschacht und seinem Gefährten im Berg. Noch einmal durchlebte er Angst und Trauer um Iwein.

Als er im Herbst nach Sala zurückkam, erfuhr er, daß Richenza ihm einen Sohn geschenkt hatte.

»An welchem Tag kam er zur Welt?« fragte der Ritter erfreut.

»Am Tag nach Mariä Aufnahme in den Himmel«, antwortete Richenza.

»Er soll Iwein heißen«, entschied Irminfried, »denn in dieser Nacht hatte ich einen Traum.« Er erzählte ihr davon.

Zur Taufe in der Kirche von Rekenz kam auch Udalrich. »Wir wollen den alten Unfrieden begraben«, sagte der Vogt von Rabeneck zu Irminfried. »Sind wir nicht Blutsverwandte?« »Blut war es auch, das uns entzweite«, erwiderte Irminfried.

»Das Blut ist die Versöhnung, weil das Leben in ihm ist«, sagte der Abt Neidhart. Reicht einander die Hände!«

Sie taten so.

»Was wird nun mit mir und meinen Kindern geschehen?« fragte Lindburg später.

»Gottlieb soll Rosen verwalten, wenn ihm daran liegt«, sagte ihr Schwager. »Euch aber will ich einen schönen Hof an der Mainquelle kaufen. Ich habe schon einen im Auge. Dann mögt Ihr dort oder hier wohnen, ganz wie es Euch beliebt.«

Lindburg dankte ihm.

»Ich werde Rosen für Euch hüten wie mein Eigentum«, versprach Gottlieb. Er reiste schon am nächsten Tag ab.

Auch in den folgenden Jahren hielt Irminfried sich nur selten in Sala auf. Er zog mit dem Kaiser gegen die Ungarn, aber das deutsche Heer wurde geschlagen. Mehr Glück hatte Konrad im Kampf gegen Polen, denn er gewann die Mark Lausitz zurück und zwang König Mieszko II., die Krone niederzulegen. Später eroberte er Burgund. Als Irminfried von diesem Feldzug heimkehrte, war Richenza nicht mehr auf Sala. »Sie hatte Heimweh und kehrte nach Rosen zurück«, sagte Irminfrieds Schwester Judith.

»Du hättest sie nicht gehen lassen dürfen«, tadelte Irminfried sie.

»Aber sie ist doch noch so jung«, seufzte Judith. »Ich weiß, wie es ist, wenn man seinen Mann jedes Jahr nur ein paar Wochen lang sieht. Jeder Abschied nagt ein Stückchen vom Herzen, bis nichts mehr davon übrig ist. Leichter ist es, als Witwe zu leben!«

Irminfried verheiratete seinen Knappen Liudolf mit der Tochter eines freien Bauern aus der Umgebung und gab ihm Urlaub. Dann ritt er nach Rosen. Als er sein Pferd in den Burghof lenkte, kam seine Frau ihm entgegen und fiel auf die Knie.

»Verzeiht mir, Herr«, bat sie. »Ich war so einsam.«

Hinter ihr kam Gottlieb. »Ich wollte sie gleich nach Sala zurückbringen«, sagte er, »aber ich konnte nicht fort. Die Lombarden in den Städten rüsten zum Krieg. Ich habe dem Kaiser schon einen Boten geschickt.«

»Das war vernünftig«, sagte Irminfried. Er hob seine Frau auf und sagte zu ihr: »Du mußt wieder mit mir nach Sala kommen. Mein Sohn soll nicht ohne Mutter aufwachsen.«

»Ja«, antwortete Richenza. »Wenn Ihr nur ein wenig öfter bei mir sein könntet!«

Am nächsten Tag ließ sie ihren Reisewagen beladen. Irminfried ritt inzwischen mit Gottlieb auf die Falkenbeize.

Es war ein warmer Herbsttag, und ihre Würgfalken banden viele Tauben. Nachmittags kamen sie an einem Wasserfall vorüber, der sich von einer hohen Felskante in eine tiefe Kluft stürzte. Riesige Tannen spendeten kühlen Schatten. »Laßt uns rasten«, sagte Gottlieb. »Ich habe Durst, und ein besseres Wasser fließt auf der ganzen Welt nicht.«

Er stieg ab, trat durch hohes Farnkraut an den Rand des Absturzes, bückte sich und schöpfte mit der Hand.

»Kostet auch einmal!«, rief er seinem Onkel zu.

Irminfried band die Pferde an einen bemoosten Stamm, stieg neben Gottlieb auf den zerklüfteten Felsen, hielt die Hand in die glitzernden Strudel und führte sie zum Mund.

»Du hast recht«, sagte er. »Ein köstlicher Trunk.«

»Und dein letzter«, erwiderte Gottlieb und stieß ihm den Jagdspieß zwischen die Schulterblätter. Mit einem Schrei stürzte Irminfried in die Tiefe.

Gottlieb hielt sich an einer Wurzel fest und beugte sich über die Klamm. Tief unter sich sah er sein Opfer durch die weißen Wirbel treiben. Die Lanze ragte aus Irminfrieds Rücken wie der Stachel eines Insekts. Die Strömung trieb den Körper gegen große Steine und zog ihn dann auf den Grund.

»Gott sei deiner Seele gnädig«, murmelte Gottlieb, »und meiner auch.«

Er ritt nach Rosen zurück, rief Knechte zusammen, erzählte, daß der Herr der Burg verunglückt sei, und ließ sie zum Schein in der Schlucht nach dem Leichnam suchen.

»Es hat keinen Zweck«, sagte der Jäger der Burg am Abend. »Dieses Wasser gibt nichts wieder her; was einmal in die Klamm fällt, ist unwiederbringlich verloren.«

Gottlieb ließ auf dem Felsen ein Kreuz errichten, kehrte nach Rosen zurück und schickte einen Boten zum Kaiser, um ihm den Tod des Ritters zu melden.

»Und wenn er uns nicht glauben will, daß es ein Jagdunfall war?« fragte Richenza, als sie mit Gottlieb allein war.

Er nahm sie in den Arm. »Wir sind zwei Zeugen«, sagte er. »Wir dürfen nur niemanden merken lassen, wie es um uns steht.«

Nicht weit unterhalb des Wasserfalls wohnte ein Mönch in einer Klause. Er hatte sich aus Stämmen eine kleine Treppe in die Schlucht gebaut. Nun stieg der Einsiedler wieder einmal zum Bach hinunter, um Wasser zu holen. Unter einem Überhang entdeckte er eine leblose Gestalt. Sie lag mit dem Oberkörper auf einer Felsplatte. Der Klausner watete durch die schäumenden Wirbel zu der kleinen Höhlung; da merkte er, daß der Fremde noch lebte. Der Schaft der Lanze war zersplittert. Nur noch die Spitze ragte aus dem Fleisch.

Der Einsiedler zog das Eisen vorsichtig heraus, riß Streifen von seinem Gewand und verband die Wunde. Dann lud er sich den Bewußtlosen auf die Schulter und schleppte ihn in seine Klause. Er mußte auf dem Weg viele Male anhalten und verschnaufen, denn Irminfried war ein großer und schwerer Mann.

Gleich hinter dem von großen Farnkräutern überwucherten Eingang der Höhle bettete der Mönch Irminfried auf ein Lager; dann untersuchte er die Wunden des Schwerverletzten. Es schien ihm, als seien im Leib des Geretteten alle Knochen gebrochen. Irminfrieds Kopf war ganz mit geronnenem Blut bedeckt. Der Einsiedler säuberte die Wunden, behandelte sie mit Kräutern und legte Verbände an. Dann schiente er die Glieder des Bewußtlosen und wachte bei ihm, bis Irminfried die Augen aufschlug.

»Wo bin ich?« fragte der Ritter, als er erwachte. »Was ist geschehen?«

»Das frage ich Euch«, antwortete der Klausner. »Ich fand Euch im Wildbach. Gott hat ein großes Wunder an Euch getan, daß Ihr noch lebt.«

Irminfried sah ihn verwundert an.

»Wer seid Ihr?« fragte der Einsiedler.

Irminfried suchte nach Worten. »Ich weiß es nicht«, sagte er matt.

»Der Sturz hat Eurem Gedächtnis geschadet«, meinte der Mönch. »Aber in den meisten Fällen kehrt die Erinnerung nach einiger Zeit zurück. Ihr könnt mir glauben; ich tue in dieser Wildnis als Einsiedler Buße, doch früher war ich Arzt in Salerno.«

Der Einsiedler hieß Jakobus. Er pflegte Irminfried viele Wochen. Langsam heilten die Wunden des Ritters, doch sein Gedächtnis blieb wie ausgelöscht.

Im nächsten Frühjahr zog Kaiser Konrad II. zum zweiten Mal nach Italien. Einige seiner Ritter hatten ihn gegen den mächtigen Erzbischof Aribert von Mailand zu Hilfe gerufen, der eine Verschwörung plane.

Das Heer zog durchs Tal der Eisack und lagerte vor Rosen. Als Irminfried in der Ferne Hornstöße hörte, kehrte seine Erinnerung plötzlich zurück.

Vor der Burg Rosen gingen Gottlieb und Richenza dem Kaiser entgegen.

»Das ist eine böse Sache mit eurem Onkel«, sagte Konrad II. zu Gottlieb. »Wie konnte das geschehen?«

»Wir ritten bei der Falkenbeize in den Bergen an einem Wasserfall vorüber«, berichtete Gottlieb bedrückt. »Herr Irminfried wollte trinken. Ich warnte ihn, aber er hörte nicht auf mich. Als er sich in seinem großen Durst hastig niederbeugte, löste sich ein Felsstück unter seinem Fuß. Ehe ich ihn halten konnte, stürzte er in die Schlucht. Wir suchten den ganzen Tag nach ihm, aber wir konnten ihn nicht finden.«

Der Kaiser wandte sich Richenza zu. »Und Ihr, arme Frau, habt das Unglück mit ansehen müssen?« fragte er mitleidig.

»Ja«, antwortete Richenza hastig. »Ich wollte, Gott hätte mein Leben statt des seinen genommen.«

Das Gesicht des Kaisers wurde finster. »Euer Wunsch wird sich erfüllen«, sagte er.

Die junge Lombardin starrte ihn an. »Wie meint Ihr das, Herr?« flüsterte sie.

Irminfried trat hinter einem Vorhang hervor. Im Zelt wurde es still.

»Euer Schwert«, sagte der Kaiser zu Gottlieb.

Der junge Ritter starrte Irminfried wie betäubt an. Mit einer fahrigen Bewegung zog er die Klinge und ließ sie zu Boden fallen.

Der Kaiser blickte voller Verachtung auf ihn nieder. Dann nickte er und sagte zu Irminfried: »Alles weitere ist nun Eure Sache, Herr Ritter.«

Wachen fesselten Gottlieb und führten ihn hinaus.

Richenza sah ihren Mann an. Irminfried sagte kein Wort.

»Nur der Teufel selbst konnte Euch aus dieser Schlucht retten«, sagte Richenza. »Aber eines Tages werdet Ihr dennoch für das bezahlen, was Ihr mir angetan habt.«

Irminfried schwieg. Dann führten Wachen auch die Lombardin ab.

In der Nacht ging Irminfried in das Zelt, in dem seine Frau gefangengehalten wurde, reichte ihr einen Becher und sagte: »Trink! Da du die Mutter meines Sohnes bist, gewähre ich dir einen leichten und schnellen Tod.«

Sie nahm das Gefäß, trank es in einem Zug aus und sagte: »Du sollst verflucht sein.« Dann kauerte sie sich auf die Erde nieder, weinte und starb.

Gottlieb mußte dem Gesetz Genüge tun. Er wurde am nächsten Tag nackt durch das Lager geführt und solange gegeißelt, bis sein Körper von Blut überströmt war. Er war stark genug, diese Folter stumm zu ertragen. Aber als ihm der Henker mit einer glühenden Zange Fleischstücke aus dem Körper riß, hallten schreckliche Schreie durchs Lager.

»Macht ein Ende mit ihm«, befahl Irminfried darauf.

Gottlieb kniete sich auf den Boden, und der Henker schlug ihm mit dem Richtschwert den Kopf ab. Der Leichnam wurde verbrannt und die Asche in den Wind gestreut.

Danach ließ Irminfried seine Frau auf einem Hügel unter der Burg begraben.

Der Kaiser zog nach Süden, befahl den aufrührerischen Erzbischof zu sich und setzte ihn ab. Aribert konnte jedoch entkommen und sich in Mailand verschanzen. Konrad versuchte, die Mauern zu erstürmen, aber die deutschen Ritter waren auf diese Art des Kampfes nicht vorbereitet und holten sich blutige Köpfe. Es sollten später noch andere deutsche Heere vor den stolzen lombardischen Städten scheitern.

Als der Kaiser nach Deutschland zurückkehrte, nahm Irminfried Abschied und ritt nach Sala. Dort ging er zu seiner Schwägerin Lindburg und sagte ihr, was geschehen war.

Lindburg hörte dem Mann, der einst ihren Vater tötete, um ihren Mann zu rächen, und der nun ihren ältesten Sohn hatte hinrichten lassen, weinend zu. »Ihr habt recht gehandelt«, schluchzte sie.

Irminfried befahl ihr und den anderen, Iwein nichts davon zu sagen. Statt dessen erzählte er seinem Sohn, daß seine Mutter an einer Krankheit gestorben sei.

Am nächsten Morgen fand man Lindburg erhängt in der Scheune.

Im Jahr des Heils 1039 erkrankte Kaiser Konrad II. schwer an Gicht und starb in Nimwegen unter schlimmen Schmerzen. Sein Sohn Heinrich wurde wegen seiner auffällig dunklen Gesichtsfarbe der ›Schwarze‹ genannt. Er bezeichnete sich als Vicarius Christi und regierte unter dem Leitspruch ›iustitia, pax, pietas, amor divinus‹. Gelegentlich trat er barfuß und im Büßergewand vor Kirchen- und Heeresversammlungen, bekannte seine Sünden, vergab seinen Feinden und rief dazu auf, seinem Beispiel zu folgen. Als aber einige Fürsten aus der Nachbarschaft versuchten, die Friedensliebe des Kaisers für unfromme Ziele auszunutzen, schwang Heinrich III. die heilige Lanze nicht schlechter als seine Ahnen: Den angriffslustigen Herzog von Böhmen bändigte er ebenso wie den abtrünnigen Herzog von Oberlothringen, besiegte sogar die Ungarn und machte das Land der einstigen Reichsfeinde für einige Jahre zu einem deutschen Lehen.

Irminfried ritt nur noch selten aus, denn wenn seine Brüche auch gut verheilt waren, konnte er doch nicht mehr so gut im Sattel sitzen und fechten wie früher. Als sein Sohn Iwein zwölf Jahre alt war, führte er ihn in den Wald, wusch ihm die Wimpern mit Wintertau und erzählte ihm von seinen Vorfahren und ihren Taten.

14

In einem Garten, wenn es dunkel wird

Irminfried lebte nun einige Jahre auf Sala und brachte seinem Sohn alles bei, was ein Ritter zu wissen hatte.

Zuerst mußte Iwein sich darin üben, auf Felsen und hohe Bäume zu klettern. Irminfried ließ ihn auch oft über frisch gepflügte Felder laufen, um seine Ausdauer zu erhöhen, und lehrte ihn schwimmen. Dann unterrichtete er ihn in allen Waffen, vor allem im Gebrauch von Schwert, Schild und Lanze. Nach einigen Jahren beherrschte der Junge alle Kampfarten zu Fuß und zu Pferde.

Zugleich formte Irminfried Iweins Geist und unterwies ihn in den ritterlichen Tugenden Güte, Barmherzigkeit, Wohltätigkeit und Demut. Er sagte ihm, daß ein Ritter weder zu freigebig noch zu geizig sein sollte und auch in allen anderen Dingen das rechte Maß halten müsse. Das gelte auch für das Gespräch, in dem man weder zu still noch zu laut sein dürfe und schon gar nicht vorlaut. In der Gesellschaft anderer Ritter und besonders bei Hofe solle man jeden Unfug vermeiden und nicht wie mit Bauern, sondern höfisch reden. Auch mit den Tischsitten machte Irminfried seinen Sohn vertraut und verbot ihm streng, mit vollem Mund zu sprechen oder mit fettigen Lippen zu trinken.

Zu allen Jahreszeiten gingen Vater und Sohn auf die Jagd, meist mit Falken, manchmal auch mit Hunden auf Bär, Luchs, Sau und Wolf. Abends am Feuer erzählte Irminfried von seinen Fahrten und den fernen Ländern, die er gesehen hatte.

»Stimmt es wirklich, daß es in Konstantinopel goldene Löwen gibt, die so laut brüllen können wie echte?« fragte ihn Iwein.

»Sie stehen neben dem Thron des Kaisers«, bestätigte sein

Vater, »und schlagen mit dem Schweif auf den Boden. Sie können auch den Rachen öffnen und die Zunge bewegen. Vor ihnen blüht ein Baum aus vergoldetem Eisen mit Vögeln aus Erz und vergoldet, die mit verschiedenen Stimmen zwitschern. Aber fliegen können sie nicht, und eine echte Nachtigall singt viel schöner.«

»Ist es auch wahr, daß dort die Dächer aus Gold sind und aus den Brunnen Wein fließt?« wollte Iwein wissen.

»Die Dächer sind aus Blei«, antwortete Irminfried, »und die Brunnen liefern Wasser, nur nicht so gutes wie unser Bach. Übrigens taugt der Wein der Griechen nicht recht für deutsche Zungen; wir trinken ihn ja lieber mit Honig und Kräutern, in Konstantinopel aber mischt man ihm Pech, Harz und Gips bei.«

Noch vieles andere erzählte er ihm, und Iwein lauschte mit großem Interesse.

Im Jahr darauf schickte Irminfried seinen Sohn zu Neidhart nach Bamberg. Der Abt unterrichtete seinen Neffen im Glauben und in den Wissenschaften. Er erzählte ihm die Geschichte der Welt seit ihrer Erschaffung und nannte ihm die Namen der römischen, fränkischen und deutschen Kaiser. Er schilderte ihm die Kämpfe Konrads von Franken, die Heerzüge Heinrichs des Finklers, die Romfahrten Ottos des Großen, die unglückliche Sarazenenschlacht Ottos des Roten, die Klugheit Ottos des Wunders der Welt, die Frömmigkeit Heinrichs des Heiligen, die Siege des Saliers Konrad und die Feldzüge Heinrichs des Schwarzen.

»Alle acht deutschen Herrscher erstrebten als einziges irdisches Ziel den Aufbau und die Festigung unseres Reiches«, sagte der Abt. »Sie verwendeten ihre Kraft darauf, es nach innen zu sichern und nach außen zu stärken. Noch ist es jung und anfällig für die Krankheiten örtlicher Eigensucht, treulosen Neides und machtlüsternen Verrats; die Selbstsucht der Herzöge ist noch nicht überwunden. Aber wenn es einst nicht mehr fünf Stämme, sondern ein deutsches Volk gibt, das nicht nur mit einer einzigen Zunge spricht, sondern auch einem einzigen Willen gehorcht, dann wird das Reich über die Welt herrschen wie einst Rom, und der Kaiser wird wie einst Konstantin und Karl das Glück und den Frieden der Menschen überall auf der Erde bewahren. Das ist uns vom Schicksal bestimmt.«

Später erklärte er ihm die menschlichen Charaktere nach Theophrast und wie man mit einem Schmeichler und einem Schwätzer, einem Grobian oder einem Verleumder umgehen solle. Er las ihm aus Ciceros Büchern über die Pflichten vor und erläuterte die Ansichten des antiken Staatsmanns über die Redekunst: Das friedliche Gespräch solle sich durch Fröhlichkeit und gegenseitigen Respekt auszeichnen; der Wein sei ein gutes Hilfsmittel, wenn er in Maßen genossen werde, sonst nicht. Tadel und Zorn seien nur dann zulässig, wenn sie dem Getadelten nutzten. Die Grenze des Schicklichen sei erreicht, wenn die Gefahr bestehe, daß jemand gekränkt oder abgestoßen sein könne. Rücksicht müsse nicht etwa nur auf Höhere, sondern genauso auf Niedrigere genommen werden. Schließlich solle man sich auch niemals gleichgültig zeigen, denn wer überhaupt nicht darauf achte, was andere über einen sagten, verrate sich als einen selbstherrlichen, ganz und gar bedenkenlosen Menschen.

Zum rechten Maß zähle, fuhr Neidhart in seinen Belehrungen fort, auch das Gefühl für die Mitte: Freundlichkeit zum Beispiel sei das Mittlere zwischen Schmeichelei und Widerspruch, die Aufrichtigkeit das Mittlere zwischen Ironie und Prahlerei, die Heiterkeit das Mittlere zwischen Possenreißerei und Steifheit, grober Zote und mürrischer Schweigsamkeit. Ausführlich erörterte der Abt mit seinem Schüler die sokratische Kritik der Rechthaberei, des Sichgeltendmachens oder Abbrechens, wenn man in einem Streitgespräch zu unterliegen drohe. Manche flüchteten sich dann in plumpe Scherze, andere versuchten alle gegnerischen Meinungen gänzlich zu verwerfen, was beides nicht anständig sei.

Danach las Neidhart aus Plutarch vor, welche Fragen und Scherze man bei Tisch gebrauchen dürfe, und wies auf die drei Grundregeln hin: einen Gast niemals etwas zu fragen, was dieser nicht beantworten könne; ihn nur mit dem zu verspotten, was er ganz sicher nicht als Makel bei sich trage, und schließlich dafür zu sorgen, daß er zufriedener ging als er kam.

Zum Schluß klärte Neidhart seinen Neffen auch darüber auf, wie man sich als Christ und Ritter gegenüber Frauen verhielt, welche sexuellen Verfehlungen es gab, welche Strafen darauf standen, wie man sich vor Sünden schützen konnte und, wenn das mißlang, sich wenigstens vor deren möglichen Folgen bewahrte. Der Abt ließ den Jungen auch sehr viel beten und fasten und legte ihm allerlei Bußübungen auf, damit er bei seinem Eintritt ins Mannesalter schon ein Stück auf dem Weg ins Paradies vorangeschritten sei.

Iwein blieb zwei Jahre in Bamberg. Von allem, was er dort hörte, begeisterten ihn am meisten die Ansichten seines Onkels über die Zukunft des Reichs und die schicksalhafte Bestimmung der Deutschen. Das stolze Bewußtsein, einer Nation anzugehören, der kraft himmlischen Willens die Herrschaft über alle anderen Völker verheißen sei, beflügelte seinen Ehrgeiz. In vielen nächtlichen Gebeten gelobte er immer wieder, sein Leben der Erfüllung dieses göttlichen Weltplans zu weihen. Als er nach Sala zurückgekehrt war, sagte er zu seinem Vater: »Laßt mich zum Kaiser ziehen, damit ich ihm mit dem Schwert diene und meinen Anteil gewinne am Ruhm des Reiches!«

»Nun mal langsam«, sagte Irminfried. »Dazu bist du noch viel zu jung.«

»Wenn ich volljährig bin, werdet Ihr mich nicht zurückhalten können«, rief sein Sohn mit blitzenden Augen.

»Das will ich auch gar nicht«, antwortete Irminfried. »Vergiß aber nicht, daß wir einen Hof haben und damit Verantwortung für viele Menschen und Tiere.«

»Hat Euch das gestört, als Ihr mit sechzehn Jahren nach Konstantinopel zogt?« fragte Iwein.

»Nein«, seufzte sein Vater. »Schnell reift der Jugend Entschluß!«

»Soll ich warten, bis ich alt bin?« versetzte der Junge.

»Ich kann dir nicht verwehren, das gleiche zu tun wie ich«, meinte Irminfried, »auch wenn es falsch war.«

»Ihr fuhrt nach Konstantinopel um Eurer selbst willen«, sagte sein Sohn, »um Abenteuer zu suchen und Euch einen Namen zu machen. Ich aber will dem Kaiser dienen, zum höheren Ruhm des Reichs und zur Ehre Gottes.«

»Ich höre deinen Onkel«, sagte Irminfried. »Was hat der alte Eiferer dir denn gesungen?«

»Daß wir erkoren sind, das Reich der Deutschen über die Welt aufzurichten«, antwortete sein Sohn, »damit sich in seinem Schutz der Glaube ungestört über alle Völker ausbreiten kann.«

»Die Welt ist aber sehr groß«, bemerkte Irminfried.

»Was den heidnischen Römern glückte, wird uns christlichen Deutschen erst recht gelingen«, rief Iwein. »Sind unsere Kaiser denn weniger klug als Augustus und unsere Heere weniger stark als die Legionen?«

»Die Römer haben die Welt nie beherrscht«, antwortete Irminfried. »Wann besiegten sie denn die Sachsen und Friesen? Wann eroberten sie Dänemark, Norwegen oder Schweden? Weder in Ostfranken noch in Thüringen standen je römische Truppen und noch weniger in den Ländern, die heute unsere Grenzmarken sind, oder gar in Böhmen, Mähren und Polen. Auch in Rußland ließ sich kein Legionär blicken, die Perser stutzten den Adlern die Flügel, von Indien träumten die Cäsaren nur, und von den Seidenländern haben sie vielleicht nicht einmal gewußt.«

»Wir werden sie übertreffen«, rief sein Sohn mit blitzenden Augen. »Es ist Gottes Wille!«

»In der Heiligen Schrift steht nichts davon«, sagte Irminfried. »Das auserwählte Volk sind die Juden, und du weißt, wie es ihnen erging.«

»Weil sie Jesus ermordeten«, entgegnete Iwein trotzig.

»Römer, nicht Juden, schlugen Christus ans Kreuz«, sagte Irminfried. »Die Heiden handelten als Werkzeuge Gottes; wie hätte Jesus uns denn sonst erlesen können?«

»Der Herr selbst befahl: ›Gehet hin und lehret alle Völker!‹«, rief sein Sohn hitzig.

»Aber nicht mit dem Schwert«, entgegnete Irminfried. Nun war auch er laut geworden.

Sie starrten einander an. Dann senkte Iwein den Blick. Sein Vater sagte versöhnlich: »Hör zu, Junge! Selbst Karl der Große war nicht so vermessen, eine Weltherrschaft aufrichten zu wollen. Er konnte ja nicht einmal Saragossa erobern. Gewiß, er besiegte die Sachsen und Bayern, schlug Dänen und Sarazenen zurück, unterwarf die Sorben und andere Slawen und löschte das Reich der Awaren aus. Das alles erreichte er aber nicht durch den stärkeren Glauben der christlichen Ritter, sondern weil die Franken die besseren Panzerhemden trugen.«

»Die tragen auch wir Deutsche«, erwiderte Iwein. »Ist Heinrich der Finkler dadurch nicht sogar mit den Ungarn fertiggeworden? Unser Ahnherr Irmion gab sein Leben für diesen Sieg!«

Irminfried füllte ein Glas mit Wein, reichte es dem Jungen, schenkte sich auch selbst ein und sagte: »Unsere Vorfahren haben den Kaisern gedient, und auch du sollst das tun. Du sollst dabei aber nicht unerreichbaren Zielen nachjagen.«

Er trank seinem Sohn zu und fuhr fort: »Was meinen wir Deutschen denn eigentlich, wenn wir ›Heimat‹ sagen – die Wirklichkeit oder einen Traum? Die Wirklichkeit sind Haß, Neid und grausame Kämpfe zwischen den Stämmen, Krieg und Verfolgung, machtgierige Männer, die einander um Länder und Kronen befehden und auch noch stolz auf ihre Bluttaten sind. Den Traum aber tragen die Kaiser umher, die sommers wie winters von Pfalz zu Pfalz reiten, um ihre Herrschaft aufrechtzuhalten. Im Reich der Römer drehte sich alles um die Hauptstadt, so wie ein Rad um die Nabe rollt. Das Reich der Deutschen aber besitzt mehr Zentren als eine Sau Zitzen, und man weiß nie, welche Brust den nächsten Herrscher saugt: die fränkische oder die sächsische, die bayerische oder vielleicht einmal die schwäbische; Lothringen nicht zu vergessen. Wer weiß auch, vielleicht küren die Bischöfe und Fürsten beim nächsten Mal nicht einen Herzog, sondern einen Grafen aus Thüringen, Österreich oder den Marken. Und wo der nächste Kaiser zu Hause ist, schlägt dann das Herz des Reichs. Heinrich baute in Bamberg seinen Dom, Konrad in Speyer. Aber was ist dieses Reich denn eigentlich – etwas von der Natur Gewolltes oder nur etwas künstlich Geschaffenes? Sind wir Deutsche wirklich ein Volk, oder wollen wir nur eins sein? Und wenn wir das wollen – warum? Drängt es uns wirklich im Innersten wie Brüder zueinander, oder wünschen wir nur mehr Macht, um uns über die anderen zu erheben?«

Iwein ließ sich ansehen, daß ihm der Vergleich mit der Sau nicht behagte. »Der Streit der Stämme wird bald vergessen sein«, murrte er. »Der Kaiser...«

»Kaiser handeln für ihren Thron«, sagte Irminfried. »Erst, um ihn zu erwerben, dann, um ihn zu sichern, zum Schluß, um ihn ihren Söhnen, ihrer Sippe oder wenigstens ihrem Stamm zu erhalten. Selbstlos dachte nur Konrad von Franken; der aber war kein Kaiser und kam auch erst auf dem Totenbett zur Vernunft.«

»Dennoch ist das Reich heute größer als je zuvor«, wandte sein Sohn ein. »Kaiser Heinrich trägt die Kronen von Deutschland, Italien und Burgund. Er herrscht von der Loire bis zur Leitha, von der Oise bis zur Oder, von der Schelde bis zur Save und von der Schlei bis nach Salerno. Die Böhmen, Polen, Ungarn und selbst die Normannen Siziliens huldigen ihm, und sein Wille gilt bis an die Weichsel und Theiß.«

»Die Sehnsucht nach Weltherrschaft eines Volkes ist ein verderbtes Gespinst aus verführtem Geist und verwirrtem Gefühl; wenn nicht anders, wird Gott sie verhindern«, erwiderte Irminfried, »denn die Erhöhung einer Nation bedeutet allemal die Zurücksetzung oder gar Unterdrückung der anderen. Nur dem Herrn selbst dürfen alle Menschen dienen, und vor ihm sind alle gleich.«

»Der Kaiser vertritt Gottes Stelle«, rief Iwein. »Heinrich ist es, der die Päpste und Bischöfe einsetzt. Er ist vom Herrn erwählt und nach dem Willen des Höchsten gesalbt wie einst König David.«

»Das sagen auch die Griechen von ihrem Kaiser«, versetzte sein Vater, »und der sitzt immerhin auf Konstantins heiligem Thron.«

»Die Griechen sind Verräter!« rief Iwein heftig. »Sie trotzen dem Papst!«

»Sie haben ihren Patriarchen«, antwortete Irminfried, »und der läßt gewiß nicht weniger Weihrauch verbrennen als der Heilige Vater in Rom.«

»Auch Götzenbilder werden geräuchert«, beharrte Iwein. »Wir Deutsche sind nun einmal die besten; wir haben die stärksten Ritter, das größte Heer und den heiligen Kaiser. Den Tieren befiehlt der Löwe, die Rinderherde führt stets der stärkste Stier an, und in der Luft herrscht der Adler.«

»Das nenne ich christliche Demut«» konnte sich Irminfried nun nicht mehr enthalten zu spotten. »Stammt das auch von deinem Onkel?«

Iwein schwieg trotzig. Sein Vater trank wieder einen Schluck und sagte dann:

»Deutsch sein ist nicht wie ein Löwe sein, vor dem die anderen Tiere fliehen. Hast du bei Neidhart nicht gelernt, wie viele Jahre unsere Länder unter den Normannen und Slawen, Ungarn und Sarazenen zu leiden hatten? Ausgeplündert wurden sie, die Dörfer niedergebrannt, Männer, Kinder und ältere Frauen erschlagen, die Mädchen aber nackt an den Haaren zusammengebunden und fortgetrieben wie Vieh! Deutsch sein hieß damals nicht in glänzender Rüstung und unter flatternden Wimpeln in glorreichen Schlachten zu fechten, sondern sich ängstlich im Wald zu verstecken und klopfenden Herzens auf Hufe von Reitern zu lauschen!«

»Das ist heute anders«, fuhr sein Sohn auf, »heute zittern die anderen vor uns!«

»Sind wir deshalb also mehr wert als unsere Väter?«, fragte

Irminfried. »Bringt mehr Macht es mit sich, daß man ein besserer Mensch wird?«

»Es ist der Glaube, der uns den Sieg verlieh«, sagte Iwein.

»Glaubten unsere Ahnen nicht an Gott?« entgegnete Irminfried.

Darauf wußte sein Sohn nichts mehr zu erwidern.

Irminfried leerte seinen Becher und sagte: »Deutsch sein ist eine gefährliche Kunst für Leib und Seele. Die Eiche gilt als deutscher Baum, stolz reckt sie sich in den Sturm; doch ihre Früchte fressen die Schweine. Adler beherrschen den deutschen Himmel; doch wenn sie einen Artgenossen erspähen, stürzen sie sich sogleich auf ihn und versuchen ihn zu töten, wie jeder Falkner weiß. Der Deutschen Ruhm ist die Treue, doch diese Tugend gilt einer schlechten Sache oft genauso entschieden wie einer guten. Der Deutsche hofft auf Ehre, die aber gehört zu den Dingen, die jeder Mensch vor allem für sich selbst gewinnen möchte. Deutsch ist auch die Mutterliebe, die aber kaum danach fragt, wie mißraten der Sohn ist. Deutsch sein heißt auch die Heimat lieben, aber tun wir das nicht oft aus Hochmut und Dünkel, weil wir Deutschland für schöner als alle anderen Länder halten? Deutsch sein heißt die Wahrheit sagen, aber Aufrichtigkeit nimmt keine Rücksicht darauf, wen sie verletzt, und Rechthaberei will sich bis auf das Blut beweisen. Deutsch sein heißt Verstand haben, doch auch die Klugheit ist eine Eigenschaft, die Menschen allzu oft nur zu ihrem eigenen Vorteil verwenden; an Weisheit aber fehlt es uns wie vielen anderen Völkern, die so jung sind wie wir. Wir sind nicht die freien Söhne sonnenbeschienener Küsten mit weitem Blick über Länder und Meer wie Griechen und Römer der alten Zeit, sondern wir sind die Kinder des Waldes, geboren in Enge und Dunkelheit, und so denken und fühlen wir bis heute.«

Iwein schwieg; noch niemals hatte er seinen Vater so reden gehört. Irminfried fuhr fort:

»Wir Deutsche können gut Schwerter schwingen, aber auch an der Pflugschar sind wir nicht schlecht. Der Rang eines Volkes hängt nicht nur von seinen Rittern ab, sondern ebenso von der Kunst seiner Handwerker, der Kühnheit seiner Kaufleute und dem Glauben seiner Priester. In manchen unserer Dörfer sind die Pfaffen noch immer so ungebildet, daß sie nicht einmal das Vaterunser beten können! Kein Wunder, daß nicht nur die Sorben, sondern auch viele fränkische Bauern immer noch von den alten Göttern erzählen und, wenn der Sturm braust, nicht das Kreuz schlagen, sondern das Zeichen des Hammers. So wie der Glaube des Volkes aber sind auch seine Gedanken. Es sind die ritterlichen Tugenden der Tapferkeit und Treue, die wir Deutsche gern im Kern unseres Wesens vermuten; in Wirklichkeit aber bestimmen Streitlust und Unversöhnlichkeit unser Leben. Denke nur einmal an die Geschichte unserer Familie und den Zwist mit den Leuten von Rabeneck! Überall gibt es Rücksichts- und Lieblosigkeit, Bruderhaß, Verrat, Grausamkeit und blindes Eifern bis zur Raserei, Erbteil unserer heidnischen Vorfahren, verborgen unter dünner christlicher Tünche. So wie sich Christen- und Heidentum in der Seele unseres Volkes niemals versöhnen konnten, kämpfen in unserer Brust viele widersprüchliche Gefühle: Fernweh und Heimatliebe, Neugier und Fremdenfurcht, Opfermut und Unduldsamkeit, Schaffensdrang und Zerstörungswut. Manchmal glaube ich, daß Gott uns Deutschen zwei oder noch mehr Herzen gab, die sich in unserem Leib ebensowenig miteinander vertragen wie die fünf Stämme in unserem Reich.«

Er blickte seinen Sohn nachdenklich an und fügte hinzu:

»Du fühlst jetzt das Fernweh; es ist der Mühlbach, der in deinen Ohren dröhnt. Auch im Rauschen des Waldes, im Flüstern des Windes und selbst im stummen Blinken der Sterne ruft dich die Welt. Eines Tages aber wirst du Heimweh spüren. Sieh zu, daß dein Herz noch heil und deine Seele nicht verloren ist, wenn du zurückkehrst! Dann sollst du heiraten und den Hof übernehmen.«

»Und Ihr?« fragte Iwein.

Irminfried stellte den Becher fest auf den Tisch. »Ich«, gab er zur Antwort, »werde dann nicht mehr hier sein.«

»Neidhart glaubte, Ihr wärt nun endlich zur Ruhe gekommen«, sagte sein Sohn leise.

»Wann kommt der Bach zur Ruhe?« seufzte Irminfried. »Wann hört der Wind auf zu wehen, wann wandern die Wolken nicht mehr? Sie haben keine Eltern; auch meine sind schon lange tot. Mir ist, als wanderte ich zu einem alten Garten, in dem schon lange keine ordnende Hand mehr dem Wachstum der Blumen hilft, und doch blühen dort die Rosen so rot... Mir ist, als hörte ich Laute und Fidel, gezupft und gespielt von Sehnsucht und Wind. Sie singen Lieder von der alten Zeit, als wir noch jung waren und glaubten, daß die Welt uns gehörte, als wir die Treue kannten, aber noch nicht den Verrat, als wir Liebe, aber noch nicht Haß empfanden und das Glück fangen wollten wie einen Schmetterling. Einmal noch so jung sein wie damals, einmal noch so geliebt werden! Lieder von alten Zeiten... Nur fort, ehe mein Herz zerspringt! Mir ist, als säße ich dort mit vielen Gefährten, die schon vor langer Zeit fielen und nun auf mich warten. ›Was zögerst du?‹ rufen sie mir zu, ›bist du nicht alt und siegreich genug, hast du den Ruhm nicht schon längst entlarvt, den alten Betrüger?‹ Und wenn es dunkel wird, heben sie die Pokale, die toten Kaiser, Herzöge und Grafen, nicht zu vergessen die Bischöfe und Kaplane, die den Kelch stets am längsten beim Munde hielten, und trinken mir zu... Eines Tages, Iwein, wirst auch du in diesem Garten sitzen und zusehen, wie die Sonne versinkt. Dann wirst du alt sein.«

15

Stolz saßen sie zu Pferde

Vier Jahre später zog Iwein mit Kaiser Heinrich III. nach Ungarn. Das deutsche Heer belagerte Preßburg, und Iwein vollbrachte dort einige glückliche Waffentaten. Die Ungarn riefen den Papst zu Hilfe. Der Heilige Vater eilte vor die eingeschlossene Stadt und brachte nach zähen Verhandlungen einen Frieden zustande. Kaum war der Kaiser abgezogen, brachen die Ungarn den Vertrag und nahmen den alten Grenzkrieg gegen die Mark Kärnten wieder auf.

Als Iwein von dieser wenig ruhmvollen Heerfahrt nach Hause zurückkehrte, gab ihm sein Vater die Tochter eines Ritters aus dem Gefolge des Bischofs von Bamberg zur Frau. Neidhart las die Messe; es war die prächtigste Hochzeit, die je in der Kirche von Rekenz gefeiert wurde.

Im nächsten Jahr schenkte Iweins Frau Beatrix einem Sohn das Leben; er wurde Ortwin genannt. Als der Säugling getauft worden war, ritt Irminfried fort. Er nahm von niemandem Abschied.

In Venedig schiffte sich Irminfried nach Konstantinopel ein. Dort besuchte er seine griechischen Kinder. Dann zog er nach Antiochien. Er war nun schon sehr alt und saß längst nicht mehr so gerade im Sattel wie einst.

Im byzantinischen Reich herrschte damals Kaiser Michae II. aus der Dynastie der Komnenen. Im Jahre des Heils 1054 wurde das Unheil der Trennung der Christenheit in eine westliche und eine östliche Hälfte endgültig vollzogen. Um diese Zeit drohte Kleinasien eine neue Gefahr: die muslimischen Türken waren mit unglaublicher Schnelligkeit aus den Steppen Khorasans nach Persien gezogen, hatten ihre Pferde erst in Isfahan geweidet, dann im

Tigris getränkt und fielen nun in christliche Gebiete ein. Die byzantinischen Generäle nahmen daher jeden waffenfähigen Mann in ihren Sold, mochte er auch schon so grau wie Irminfried sein.

Im Herbst wurde Irminfried krank und fühlte, daß es mit ihm zu Ende ging. Er schloß sich einigen griechischen, armenischen und iberischen Rittern an, die über den Orontes vorstoßen wollten. Unterwegs lahmte sein Pferd, und er blieb ein wenig zurück. Als er die Furt erreichte, erschienen am anderen Ufer arabische Ritter. Sie hatten seine Waffengenossen besiegt und gefangengenommen; nun verlegten sie Irminfried den Weg.

»Ihr kommt zu einer schlechten Zeit«, rief Irminfried ihnen zu und zeigte auf sein Reittier, »denn mein Pferd lahmt, und ich werde zu Fuß kämpfen müssen.«

Die Muslime wurden von einem Emir geführt, der auf einem prächtigen Falben saß. »Nehmt meine«, sagte der Araber, ritt durch den Fluß, stieg ab und reichte dem Franken die Zügel.

Irminfried dankte, stieg in den Sattel und legte die Lanze ein.

Zuerst ritt der Jüngste der Araber gegen ihn an. Er war sehr hochgewachsen und kräftig. Ungestüm stieß er seinem Roß die Sporen in die Weichen und sprengte in vollem Galopp auf seinen Gegner zu. Irminfried ritt nicht ganz so schnell. Als es zum Treffen kam, schlug er die Lanze des Muslims zur Seite und stieß ihn aus dem Sattel, so wie ein Vater ein Kind im Vorbeigehen mit einem Klaps straft. Der Araber flog durch die Luft und fiel wie ein Mehlsack zu Boden; klirrend rollten Teile seiner Rüstung durch den Sand.

Die gefangenen christlichen Ritter schrien Irminfried Beifall zu. Der Emir nickte anerkennend. Dann ließ er sich das Pferd seines gestürzten Gefährten bringen und ritt nun selbst gegen Irminfried an.

Diesmal stieß auch der Franke seinem Reittier die Fersen in die Flanken und trieb es im Galopp durch den Sand. Als er den Emir erreichte, lenkte er seine Lanze mit großer Treffsicherheit auf die Brust seines Gegners, ließ aber im gleichen Augenblick den Schaft los, so daß die Waffe dem Emir nicht schaden konnte. Der überraschte Araber konnte den eigenen Stoß nicht mehr abfangen; seine Lanze bohrte sich Irminfried durch das Kettenhemd in die Brust.

Die arabischen Ritter jubelten ihrem Anführer zu. Der Emir aber riß sich den Helm herunter und schüttelte heftig den Kopf. Dann sprang er vom Pferd und kniete neben dem Sterbenden nieder. »Ihr hättet mich besiegt, wenn Ihr gewollt hättet«, sagte er zu Irminfried. »Warum suchtet Ihr den Tod?«

Irminfried gab keine Antwort. Er schloß die Augen und träumte. Mit dem Blut rann sein Leben davon.

»Er starb glücklich«, sagte der Emir nachdenklich. »Nehmt den Christen die Fesseln ab und gebt ihnen ihre Waffen zurück, damit das Opfer dieses Alten nicht meinen Edelmut überstrahlt! Wir wollen ihn würdig bestatten.«

Er befahl seinen Knappen, ein Grab auszuheben und den Toten hineinzulegen. Die Araber schichteten Felsbrocken darauf, damit Hyänen und Schakale den Leichnam nicht ausgraben können. Ehe der Emir fortritt, warf er einen Stein wie einen Gruß auf den Totenhügel. Seine Begleiter folgten seinem Beispiel. Danach taten auch viele andere Ritter und Kriegsleute so, wenn sie auf ihren Feldzügen gegen die Christen durch den Orontes ritten. Der Steinhaufen wuchs immer höher, bis er wie ein Turm über der kahlen Steppe ragte.

Einige Jahre später nisteten Falken auf Irminfrieds Grab.

Im nächsten Frühjahr wehten heftige Stürme durch Ostfranken und verwüsteten viele Wälder. Danach fügte eine anhaltende Dürre den Bauern großen Schaden zu. Im Juli zeigten sich große Heuschreckenschwärme am Himmel. Obwohl die Bischöfe von Würzburg und Bamberg ihnen mit Kreuzen und Reliquien entgegenzogen, fielen Milliarden Insekten ins Maintal ein und fraßen die Fluren kahl. Überall, wo das unheimliche Brausen, Sirren und Sausen die Luft erfüllte, rannten aus allen Häusern Bauern und Knechte mit Schaufeln und Dreschflegeln hervor und schlugen so viele Schädlinge tot, wie sie nur konnten. Doch dieser verzweifelte Kampf vermochte die Ernte so wenig zu retten wie einst das Korn der Ägypter vor den Heuschrecken Gottes, von denen das Buch Exodus erzählt: »Sie bedeckten die Oberfläche des Landes, und das Land war schwarz vor ihnen.« Danach brach eine so schlimme Hungersnot aus, daß jeder zehnte Mann, jede fünfte Frau und jedes zweite Kind in Ostfranken zugrunde gingen.

Iwein ritt nicht mehr fort, sondern blieb auf Sala, um für seine Schutzbefohlenen zu sorgen. Er gab viel Gold für Getreide aus, das mit Schiffen aus Ungarn nach Regensburg kam, und verteilte es unter allen, die Mangel litten.

Auch Udalrich von Rabeneck öffnete seine Speicher, aber er schenkte sein Korn den Bedürftigen nicht, sondern verkaufte es ihnen und mehrte so seinen Wohlstand.

Das folgende Jahr war wieder zu trocken, so daß sich das Land nicht erholen konnte. Dann wütete eine Seuche unter dem Vieh. Viele Bauern mußten ihre Höfe verlassen. Udalrich kaufte ihnen das Land billig ab. Sein Grundbesitz reichte bald bis zur böhmischen und bayerischen Grenze. Viele Menschen verfluchten ihn wegen seiner Habgier und riefen Gottes Rache auf sein Haupt herab. Der Bischof von Bamberg bestellte den Herrn von Rabeneck zu sich und ermahnte ihn, seine Pflichten als Vogt und als Christ nicht zu vergessen.

»Hättet Ihr auch den heiligen Joseph getadelt, weil er in den sieben fetten Jahren sparte und in den sieben mageren Jahren davon seinen Nutzen hatte?« fragte Udalrich. »Nichts anderes tat auch ich; ich hielt Maß, als andere praßten.«

»Aber das Land wird entvölkert«, sorgte sich der Bischof. »Die Bauern ziehen in Scharen davon!«

»Um diese Tölpel ist es nicht schade«, versetzte sein Vogt. »Ich werde statt dessen Leute aus Sachsen ansiedeln, die besser wirtschaften und auch in schlechten Zeiten Zins zahlen können.«

Er ließ sich durch keine Bitten dazu bewegen, an die Armen Korn zu verteilen. Viele Franken verließen den Nordgau und kehrten an den Rhein zurück. Die Sorben flüchteten nach Norden und Osten zu ihren Verwandten.

Als die Not immer größer wurde, hielt Iwein das Elend der Hungernden nicht mehr aus und ritt zu Udalrich. »Die Leute brauchen Getreide«, sagte er zu ihm. »Eure Speicher sind wohlgefüllt. Gebt uns einen Teil davon ab; wenn wieder bessere Jahre kommen, will ich Euch alles ersetzen.«

»Das würde Euch wohl gefallen, hier mit meinem Korn den Wohltäter zu spielen«, antwortete der Vogt. »Hättet Ihr nicht jeden dahergelaufenen Faulenzer und Tagedieb gemästet, so müßtet Ihr nicht bei mir betteln.«

»Es ist ein Verbrechen, tatenlos zuzusehen, wie Frauen und Kinder verhungern!« rief Iwein zornig.

»Ich brauche mich von niemandem beschuldigen zu lassen«,

entgegnete Udalrich höhnisch, »am allerwenigsten vom Sohn einer Mörderin!«

»Was wollt Ihr damit sagen?« schrie Iwein und riß sein Schwert aus der Scheide.

»Daß Eure Mutter Richenza und Euer Vetter Gottlieb Euren Vater einst im Wald bei Burg Rosen umbringen wollten«, sagte der Herr von Rabeneck. »Wußtet Ihr das etwa nicht? Euer Vater wollte Euch wohl die Schande ersparen! Der treulose Gottlieb, Euer Vetter, stieß Irminfried von hinten nieder, als Euer Vater von einem Quell trinken wollte.« Er blickte Iwein verächtlich an. »Irminfried tötete meinen Vater«, fügte er düster hinzu. »Dennoch hätte er ein solches Ende nicht verdient gehabt – gemeuchelt von der Hand eines ehebrecherischen Galans!«

»Hört auf!« rief Iwein. »Ich will nichts mehr hören!«

»Euer Vater stürzte in eine Schlucht«, fuhr der Vogt ungerührt fort. »Ein Einsiedler fand ihn und pflegte ihn gesund. Später gab Irminfried Eurer Mutter einen Giftbecher zu trinken. Gottlieb wurde für seine Schandtat gefoltert und enthauptet. Nun werft mir noch einmal ein Verbrechen vor!«

Iwein drehte sich um und stürzte zur Tür hinaus. Noch am gleichen Tag ritt er zu seinem Onkel nach Bamberg. »Es stimmt«, sagte Neidhart traurig. »Ich habe deinem Vater dringend geraten, es dir zu sagen, bevor du es von einem anderen hörst. Aber er brachte die Kraft nicht auf.«

»Dafür hasse ich ihn«, rief Iwein und kehrte nach Sala zurück. Dort ließ er sich Wein bringen und schloß sich ein. Viele Tage lang wollte er mit niemandem reden, auch nicht mit seiner Frau und seiner Tante Judith, die nun schon sehr alt und deren Schönheit längst verblüht war. Er kümmerte sich auch nicht mehr um die Armen und seinen Besitz, sondern ließ Judith und Beatrix alle Arbeit tun.

Auch zum Kaiser ritt Iwein nicht mehr.

Im Sommer saß er unter Weiden am Saaleufer und ließ sich den Wein dorthin bringen.

Im Herbst kam Neidhart nach Sala. »Du hast Schlimmes durchgemacht«, sagte der Abt, »und nun habe ich dir noch eine andere böse Nachricht zu bringen. Dein Vater ist tot. Er fiel im Kampf für den Glauben bei Antiochien am Orontes.«

»Es ist mir gleich«, sagte Iwein und trank seinen Becher in einem Zug leer.

»Du solltest dich nicht so gehenlassen«, mahnte Neidhart; auch er stand nun schon hoch in Jahren. »Denke an deine Pflichten vor Gott, den Menschen und deiner Familie!«

»Familie?« rief Iwein aufgebracht. »Ich hasse und verachte euch alle!«

»Es ist nicht deutsche Art, sich vom Schicksal so aus der Bahn werfen zu lassen!« sagte der Abt. »Hast du vergessen, was ich dich einst lehrte?«

Iwein erhob sich. Schwankend stand er vor seinem Onkel und sah ihn aus glasigen Augen an. »So wie ich meinen Vater hasse«, sagte er, »hasse ich auch das Deutsche in mir. Geht, bevor ich die Beherrschung verliere!«

»Aber das Deutsche ist dein besserer Teil!« rief Neidhart. »Es war deine Mutter, von der dieses Unglück ausging!«

»Sie hat dafür bezahlt«, gab sein Neffe zur Antwort, »und das war ehrlicher als die Lügen meines glorreichen Vaters!«

»Besinne dich!« rief der Abt beschwörend. »Du versündigst dich!«

»Verschwindet endlich!« schrie Iwein und stieß den alten Mann grob vor die Brust. »Aus meinen Augen, sonst hetze ich die Hunde auf Euch!«

Neidhart ritt nach Bamberg zurück. Kurze Zeit später starb Judith.

Iwein ließ seinen Besitz nun völlig verkommen. Wenn er Geld brauchte, verpfändete er ein Stück Land. Auf diese Weise wurde Sala bald immer kleiner. Auch um die Erziehung seines Sohnes Ortwin kümmerte sich Iwein nicht.

Im Jahr 1055 nach der Menschwerdung des Herrn wurde eine Verschwörung deutscher Fürsten gegen den Kaiser entdeckt. Ein sächsisches Heer unterlag den Liutitzen. Das schlimmste Unglück aber widerfuhr dem Reich im Jahr darauf, als Kaiser Heinrich nach kurzer Krankheit in der Pfalz Bodfeld im Harz verschied. Sein Sohn Heinrich IV. war erst fünf Jahre alt, und nun bewahrheitete sich die Weisheit aus Prediger Salomo 10,16: ›Wehe dir, Land, des König ein Kind ist.‹

Heinrichs Witwe Agnes führte für ihren unmündigen Sohn die Regentschaft, aber sie handelte längst nicht so klug wie einst Theophanu. Weltliche und geistliche Fürsten spürten sofort das Fehlen einer starken Hand und versuchten ihre Macht auf Kosten des Königtums zu mehren. Als Agnes enttäuscht den Schleier nahm, entführte Erzbischof Anno von Köln den kleinen König und herrschte im Namen des Kindes über das Reich. Doch schon ein Jahr später zettelte der Erzbischof Adalbert von Bremen einen Staatsstreich an und brachte Heinrich in seine Stadt.

Chronisten geißelten später Adalberts weltliche Neigungen und warfen ihm vor, er habe sich mit Gauklern, Ärzten, Schauspielern und anderen verrufenen Personen umgeben. Von ihnen wurde der junge König schon als Kind zu allen Arten des Lasters verführt. Später ritt Heinrich hofierend durchs Land und schändete vornehme Damen. Verschwörungen, Mordanschläge und Bürgerkriege kennzeichneten seine Herrschaft und stürzten das Reich in eine schwere Krise.

Iwein trank immer schlimmer, und Beatrix hatte sehr unter seinem Jähzorn zu leiden.

Udalrichs Sohn Widerad war groß und stark. »Wann rechnen wir mit diesen fränkischen Hunden endlich ab?« fragte er seinen Vater.

»Es wird sich schon eine Gelegenheit finden«, sagte Udalrich. »Wozu die Ungeduld? Wir haben eine Burg, eine Vogtei, volle Truhen und soviel Land, daß wir es nicht in drei Tagen umreiten könnten. Und was hat er?«

»Leere Fässer«, lachte Widerad.

Im nächsten Frühjahr kamen böhmische Räuber über die Grenze und brannten einige Bauernhöfe im Osten des Sorbengaus nieder. Udalrich ritt mit starker Mannschaft von Rabeneck aus und verfolgte die Marodeure. Im Fichtegebirge stellte er den gesetzlosen Haufen. Im Kampf erlitt Udalrich einen so starken Schlag gegen den Helm, daß er vom Pferd stürzte und das Bewußtsein verlor.

Widerad übernahm den Befehl; die Räuber wurden entweder totgeschlagen oder gefangengenommen und aufgeknüpft. Nicht ein einziger entkam.

Als Udalrich wieder erwachte, war er nicht mehr derselbe. Er konnte kaum noch sprechen und lachte über unsinnige Dinge. Dann wurde er tobsüchtig und hieb wild um sich, nicht achtend, wen seine Waffe traf. Als er in einem Anfall zwei seiner bewährtesten Knechte erschlug, ließ Widerad den Vater fesseln und brachte ihn nach Bamberg.

»Er ist vom Teufel besessen«, sagte er zum Bischof.

»Das mag sein, aber anders, als du denkst«, sagte der Bischof und befahl seinen Ärzten, den Wahnsinnigen zu behandeln. Sie konnten jedoch nichts ausrichten.

Der Bischof ernannte darauf Widerad zum neuen Vogt, mahnte ihn aber: »Halte dich von Sala fern! Ich weiß wohl, was dort geschieht, und es ist so schon schlimm genug. Wenn Iwein etwas zustößt, wirst du dich dafür verantworten müssen.«

»Er braucht keine Angst vor mir zu haben«, murrte der junge Sachse verdrossen. »Ich pflege nicht mit Säufern Lanzen zu stechen. Dieser welsche Bastard fährt früh genug zur Hölle, wenn er so weitermacht.«

»Auch Ortwin darf nichts geschehen«, warnte der Bischof.

»Mit Kindern fechte ich ebensowenig«, gab Widerad voller Unwillen zurück. »Warum macht Ihr mich zum Vogt, wenn Ihr mir solche Niedrigkeiten zutraut?«

»Dieses Land braucht starke Hände«, sagte der Bischof. »Du hast dich bewährt. Enttäusche mich nicht!«

»Ihr könnt Euch auf mich verlassen«, antwortete Widerad, küßte den Ring des Bischofs und brachte seinen Vater wieder nach Rabeneck.

Er ließ ihm ein Gemach im Turm einrichten, wo das Lachen und Toben des Wahnsinnigen am wenigsten störte. Das Fenster wurde vergittert, denn Widerad fürchtete, daß Udalrich sich sonst in seiner Umnachtung hinausstürzen könnte.

Den Bauern, die in die Burg kamen, war Udalrichs grauses Gelächter unheimlich, und bald machten sonderbare Geschichten die Runde. Nach einer Weile konnte man die Vermutung hören, daß Irminfried gar nicht fortgeritten, sondern nachts an der Saale von Udalrich heimtückisch erschlagen worden sei. Die ferne Kunde von Richenzas und Gottliebs Treulosigkeit und der von jedem neuen Erzähler weiter ausgeschmückte Bericht des Schafhirten von den Elfen an der Saalequelle verschmolzen an den Feuern der fränkischen Hirten und sorbischen Knechte mit früheren Ereignissen zu einer Legende, in der eine Fee und ihr Fluch die Hauptrolle spielten.

Im folgenden Jahr heiratete Widerad in Bayern eine junge Frau aus der Familie seiner Mutter; sie hieß Mathilde.

Ortwin wuchs frei auf wie ein Vogel. Schon mit neun Jahren ritt er durch die Wälder von Sala, in denen nun schon allerlei Volk lebte: Köhler und Harzsieder, Grasrupfer und Laubrechner, Pottaschbrenner, Schindelmacher und Hirten. Die meisten dienten seinem Vater; es gab aber auch welche, die aus ihrem Dorf davongelaufen waren und lieber ein hartes Leben in Freiheit führten, als einem verhaßten Herrn weiter gehorsam zu sein. Sie alle liebten Ortwin und hatten ein Auge auf ihn. Doch gelangte der Junge manchmal auch in Gegenden, die noch unbewohnt waren und in denen nur wilde Tiere hausten.

Als Ortwin einmal auf den Waldstein ritt, dessen Gipfel granitene Türme krönen, sah er vor sich plötzlich ein Bild, das ihn über alle Maßen erstaunte. Zwischen den grünen Wipfeln der Tannen schwebten zwei sonderbare Gestalten mit bunten Kleidern und Kappen auf und nieder wie Rotkehlchen oder Dompfaffen, die ein launischer Wind auf dünnem Zweig durch die Luft schwenkt. Es waren zwei alte Männer, die Ortwin kaum größer zu sein schienen als er selbst. Sie trugen Hosen aus rotem Tuch und Mäntel aus blauem Filz, denn es war Herbst und schon kalt. Ihre Füße steckten in klobigen Schuhen, und auf ihren Köpfen saßen seltsam geformte Mützen. Sie hingen nebeneinander an dem geschälten Stamm einer Tanne und suchten das Holz auf den Boden zu ziehen. Sie waren aber nicht stark genug, die Tanne so weit zu biegen, und wurden immer wieder zurückgeschleudert, worauf sie zornig strampelten und ächzend von neuem versuchten, festen Stand zu gewinnen. Die Szene erschien Ortwin so lustig, daß er laut auflachte.

Die Köpfe der beiden Männer fuhren herum.

»Un cavallo!« rief einer von ihnen.

Die Männer ließen sich zu Boden fallen und eilten durch hohe Blaubeersträucher auf Ortwin zu. Der Junge trieb sein Pferd an und ritt ein Stück fort.

Die Männer schrien, fuchtelten mit den Armen und riefen viele Worte in einer unverständlichen Sprache, aber Ortwin hörte nicht auf sie. Nach einer Weile gaben die Fremden die Verfolgung auf und blieben keuchend stehen. Nun hielt Ortwin an und drehte sich um.

»Komm her, Junge!« rief der ältere der beiden Männer auf Deutsch. Silberne Fäden durchzogen seinen sorgfältig gekämmten Bart. »Wir tun dir nichts.« Er redete in der eigentümlichen Weise von Fremden, die zwar die Worte einer Sprache kennen, sie aber nur selten benutzen.

»Nein«, sagte Ortwin.

»Wir brauchen dein Pferd!« rief der andere. »Es ist sehr wichtig!« Er trug seinen grauen Bart zierlich gestutzt.

»Sagt mir erst, wer Ihr seid und was Ihr in unserem Wald zu schaffen habt«, verlangte der Junge.

»Es mag euer Wald sein«, sagte der Graue heftig, »aber es ist unser Berg!«

Ortwin sah ihn staunend an. Dann schluckte er und fragte: »So seid Ihr aus dem Zwergenreich?«

Die beiden Männer wechselten einen Blick. »O ja«, sagte der Silberbart. »Ich bin der Zwergenkönig.«

Sein Gefährte holte tief Luft. »Und ich bin der...«, er suchte nach Worten, »...der Marschall«, vollendete er schließlich.

»Ich habe schon oft gehört, daß Ihr im Waldstein wohnt«, sagte Ortwin. »Ich dachte aber, daß Ihr nur nachts herauskommt.«

»Du mußt uns helfen!«, sagte der Graubart hastig. »Wir sind in großer Not. Leihe uns dein Pferd!«

»Wir werden dich reich belohnen«, fügte der Silberbart hinzu. »Aber wir müssen uns beeilen. Unser Bruder... ich meine, mein Truchseß liegt dort unter einem Felsen, und ohne Hilfe können wir den Block nicht von der Stelle bewegen.«

»Schwört erst, daß Ihr mir nichts tut und das Pferd wieder zurückgebt«, forderte Ortwin.

»Wir schwören es«, riefen die beiden im Chor.

»Schwört bei der heiligen Maria!« verlangte der Junge.

»Auch das!«, rief der Silberbart aufgeregt. »Bei der heiligen Jungfrau und allen anderen Heiligen dazu! Nur schnell, um Himmels willen!«

Ortwin ritt zu dem Felsenturm. Die beiden Männer folgten ihm. Als der Junge vor dem verwitterten Granitblock stand, sah er darunter das verzerrte Gesicht eines Mannes. Der riesige Stein hatte ihn fast völlig unter sich begraben.

»Wie kann er noch leben?« wunderte sich Ortwin.

»Er steckt in einer Höhle«, antwortete der Silberbart, schlang ein Seil um den Felsen und band das andere Ende an Ortwins Sattel. »Warte, bis ich rufe«, befahl er. »Dann reite los!«

Die sonderbaren Fremden eilten zu dem Tannenstamm zurück,

dessen Spitze unter dem Stein steckte, und versuchten, den Stein aus der Verankerung zu lösen.

»Jetzt!« ächzte der Silberbart. Sein Gesicht färbte sich purpurrot.

Ortwin setzte sein Pferd in Bewegung. Der Hengst zog kräftig an. Einen Augenblick lang spannte das Seil sich so straff, daß es schon schien, als würde es reißen. Dann aber rollte der Felsen zur Seite.

Die beiden Männer stürzten sich auf den Geretteten, hoben ihn aus der zerwühlten Erde und redeten in ihrer seltsamen Sprache auf ihn ein.

Ortwin sah ihnen zu. Nach einer Weile fiel der Blick des Geretteten auf den Jungen. Der Bart des Fremden war weiß wie Schnee.

»Was machen wir jetzt mit ihm?« fragte er seine Gefährten auf Italienisch. »Er kennt unser Versteck!«

»Ich habe ihm weisgemacht, daß ich der Zwergenkönig bin«, erklärte der Silberbart.

»Das glaubt er vielleicht, solange er noch ein Kind ist«, zweifelte der Gerettete. »Aber wenn er erst einmal erwachsen wird, kommt er wieder und räubert uns aus.«

»Wir können ihn schließlich nicht umbringen«, sagte der Silberbart.

»Nehmen wir ihn doch mit nach Venedig«, schlug der Graubart vor.

Der Silberbart hob abwehrend die Hand. »Das wäre wohl wenig christlich«, sagte er. »Wir haben ihm schließlich geschworen. Außerdem könnten die Bauern im Tal unruhig werden, wenn ihre Kinder hier oben verschwinden. Das würde uns die Sache nicht leichter machen.«

»Wenn du ihn einfach so laufen läßt, setzt du alles aufs Spiel!« rief der Weißbärtige.

»Ich mache das schon richtig«, sagte der Silberbart.

Ortwin blickte von einem zum anderen.

»Besonders helle sieht er ja wirklich nicht aus«, gab der Weißbärtige zu. »Aber meinst du wirklich, daß er diesen Blödsinn glaubt?« Er mußte lachen. »Zwergenkönig!« gluckste er. »Du hast vielleicht Ideen, Anselmo!«

»Der Junge hat uns selbst darauf gebracht«, sagte der Silberbart. »Ich glaube nicht, daß wir etwas zu befürchten haben. Die Leute hier sind doch völlig ahnungslos. Die kommen noch in tausend Jahren nicht darauf, daß der Stein, den sie nach einer Kuh werfen, wertvoller ist als die Kuh selbst.«

Die beiden anderen lachten. Der Silberbart ging zu Ortwin, griff in seinen Mantel und zog ein Stück Erz hervor. Hell gleißte es in der Sonne.

»Das ist Silber« sagte der Venezianer. »Hüte es gut und zeige es niemandem, ehe du erwachsen bist! Dann verkaufe es – du wirst dann mindestens drei Kühe oder fünf Schweine dafür bekommen.«

Ortwin blickte begierig auf den funkelnden Stein.

»Du mußt uns aber schwören, daß du nie wieder an diesen Felsen zurückkehrst«, sagte der Silberbart. »Wenn du es dennoch tust, wird sich der Erdboden öffnen und dich mit Haut und Haar verschlingen. Hast du das verstanden?«

Ortwin fuhr sich mit der Zunge über die trockenen Lippen und nickte.

»Auch darfst du niemandem etwas von uns erzählen«, fuhr der Venezianer fort. »Vorhin mußten wir dir einen Eid leisten. Schwöre du nun auch uns!«

»Ich schwöre es«, sagte Ortwin, »bei der heiligen Jungfrau Maria.«

Der Venezianer sah ihn streng an. »Wenn du uns verrätst«, drohte er, »mußt du sterben, und deine ganze Familie dazu.«

Ortwin sah ihn erschrocken an.

»Du weißt, wie gut wir Zwerge uns auf geheime Dinge verstehen«, sagte der Venezianer mit drohend erhobener Stimme. »Gegen unseren Zauber helfen weder Mauer, Tür noch Riegel! Unsichtbar kommen wir in deine Kammer und holen dich!«

Ortwin fuhr ein wenig zurück.

»Wenn du dein Wort aber hältst«, sprach der Silberbart besänftigend weiter, »wirst du dein Leben lang immer Glück haben, denn ich will aus der Ferne über dich wachen. Nun fort und kehre nie zurück!«

Er gab dem Pferd einen Klaps auf die Schulter. Ortwin ritt durch den Wald davon.

»Dem hast du ordentlich Angst gemacht«, lobte der Graubart.

»Ich glaube nicht, daß der sich noch einmal herwagt«, sagte der Silberbart. »Nun aber los, wir lieben viel zu tun!«

Die Venezianer holten hinter einem Felsen Schaufeln hervor, setzten den verschütteten Eingang des Stollens wieder instand und pflanzten Büsche davor.

Ortwin kehrte nach Hause zurück. Er sagte niemandem etwas von seinem Abenteuer.

Als er zwölf Jahre alt war, kam Neidhart wieder nach Sala. Der Abt war zum Reiten zu alt und ließ sich mit einem Wagen fahren. Bewaffnete Knechte begleiteten ihn. Sie sollten ihn vor dem Zorn seines Neffen beschützen. Iwein kümmerte sich jedoch schon lange um nichts mehr. Die Trunksucht hatte seine Sinne stumpf und seine Bewegungen fahrig gemacht; mit trüben Augen saß er am Fluß, starrte stundenlang ins Wasser und sprach mit sich selbst. Als er den Wagen bemerkte, erhob er sich, stützte sich an den Stamm einer Weide und spähte über das Feld. Dann ließ er sich wieder in das hohe Gras sinken.

Neidhart ging zu Beatrix und sagte: »Gott weiß, wie schwer dein Leben ist, und wird es dir im Himmel lohnen.«

»Ich danke Euch, Hochwürdiger Herr«, antwortete die Frau fromm. »Bitte seid unser Gast!«

Der Abt dankte ihr und befahl den Knechten, in der Scheune ein Nachtlager vorzubereiten.

Am Abend kehrte Iwein nach Hause zurück. Er war noch stärker betrunken als sonst. »Was wollt Ihr hier?« fragte er seinen Onkel barsch.

»Ich werde mich von nun an um den Hof kümmern«, antwortete Neidhart.

In Iweins aufgedunsenem Gesicht zuckte es. »Das ist meine Sache. Ihr habt damit nichts zu schaffen!« rief er zornig. Er schwankte und konnte sich kaum auf den Beinen halten.

»Sala ist ein alter Königshof«, sagte Neidhart. »Der Bischof will nicht länger zusehen, wie du das Land verwahrlosen läßt.«

»Was maßt ihr Pfaffen euch an?« fuhr Iwein auf. »Der Hof ist mein Lehen, zinsfrei in alle Ewigkeit. Ich allein habe hier zu entscheiden!«

»Du bist krank«, sagte sein Onkel, »wir handeln zu deinem Besten.«

»Fort hier!«, schrie Iwein und wollte sich auf den alten Mann stürzen, aber zwei Kriegsknechte traten mit blanken Waffen dazwischen.

»Das wagt ihr?« brüllte Iwein wie von Sinnen, »in meinem eigenen Haus?«

Ortwin stand hinter seiner Mutter; beide bebten vor Angst.

»Der Hof gehört dir«, gab Neidhart zu, »doch auch dein Sohn hat Rechte. Ich werde dafür sorgen, daß Ortwin den Besitz eines Tages so übernehmen kann, wie du ihn einst von Irminfried erhieltest.«

Iwein starrte ihn aus blutunterlaufenen Augen an. »Habt Ihr im Kloster nichts mehr zu tun«, fragte er, »daß Ihr nun durch die Lande reitet und Eure Verwandten um ihr Eigentum bringen wollt?«

»In jeder Familie muß einer sein, der die Last trägt«, entgegnete Neidhart. »Du bist zu schwach dazu. Darum ließ ich mir vom Bischof den Abschied geben. Außerdem bin ich schon alt und will hier sterben, wo ich meine Kindheit verbrachte.«

Iwein musterte ihn haßerfüllt. »Ich hoffe, daß dein Wunsch bald in Erfüllung geht«, sagte er, drehte sich um und schlug die Tür hinter sich zu.

Am nächsten Tag blieb er verschwunden. Neidhart sandte Knechte nach Rekenz und Rabeneck, aber nirgends war Iwein gesehen worden.

Am Nachmittag kam ein Hirte in großer Eile zum Hof. »Schnell, Herr!« rief er Neidhart zu. »Es ist ein Unglück geschehen!«

Neidhart folgte ihm zum Saaleufer. Bei einem dichten Weidengestrüpp wuchsen starke Schlingpflanzen im Wasser; unter ihnen lag Iweins Leichnam und starrte aus blicklosen Augen zum Himmel empor.

Neidhart befahl seinen Knechten, den Toten zu bergen, ließ ihn auf dem Gottesacker zu Rekenz begraben und las ihm ein Requiem. Dem Bischof schickte er Nachricht, daß Iwein in der Nacht vom Weg abgekommen und in der Saale ertrunken sei. Manche meinten auch, der Herr von Sala habe sich mit Absicht in den Fluß gestürzt. Später erzählten die Leute sich aber, Iwein sei, wie einst Iring, einer Nixe zum Opfer gefallen.

Im Februar führte Neidhart Ortwin frühmorgens in den Wald, wusch ihm bei einem Fichtendickicht die Wimpern mit Tau und erzählte ihm von seinen Ahnen. Er erklärte ihm auch, nach wem Iwein den Namen bekommen hatte und daß Irminfried sich einst in der Gefangenschaft bei den Muslimen Ortwin nannte. »Wir hofften, daß dir der Name Glück bringen würde«, sagte er. Dann berichtete er seinem Neffen von Irminfrieds anderen Kindern in Konstantinopel. Er ermahnte ihn, daß er nicht müde werden solle, das Rätsel um seine Herkunft zu lösen und endlich herauszufinden, wer der Mann war, der unter dem Kreuz im Drachengrund lag. Außerdem warnte er ihn vor den Sachsen auf Rabeneck und riet ihm, stets für den Tag gerüstet zu sein, an dem die alte Fehde wieder ausbrechen konnte. »Das Glück folgt ihnen wie einst dem Finkler«, schloß Neidhart. »Eines Tages aber wird es auch uns wieder hold sein.«

Er blickte ihn dabei so traurig an, daß Ortwin nicht länger schweigen konnte und, um seinen Onkel zu trösten, rasch sagte: »Ich werde auch Glück haben. Das hat mir der Zwergenkönig versprochen.«

»Zwergenkönig?« wiederholte Neidhart verblüfft. »Was ist denn das für ein Unsinn?«

»Ich habe ihn selber gesehen«, sagte der Junge, der nicht wußte, wie er das unbedachte Wort wieder zurücknehmen sollte. »Drei Zwerge traf ich auf dem Waldstein; sie hüten dort ihre Schätze. Mir schenkten sie ein Stück Silber. Ich habe es hier vergraben.«

Er führte seinen Onkel zu der Stelle. »Ja, das ist Silbererz«, gab Neidhart zu. »Wie sahen die Zwerge... ich meine, die Männer denn aus?«

Ortwin erzählte es ihm. Neidhart hörte ihm stirnrunzelnd zu. »Das war sehr leichtsinnig von dir«, sagte er dann. »Die Kerle hätten dich entführen oder gar umbringen können. Sie mußten doch befürchten, daß du ihr Versteck verrätst!«

»Sie drohten mir, daß wir dann alle sterben müßten«, sagte der Junge ängstlich.

»Hast du deinem Vater oder deiner Mutter davon erzählt?« fragte sein Onkel.

Ortwin schüttelte hastig den Kopf.

»Oder sonst einem Menschen?« wollte der alte Mann wissen.

»Nein«, sagte Ortwin, »Ihr seid der erste. Ich...« Er stockte und suchte nach Worten. »Ich mußte den Zwergen schwören, niemandem etwas zu sagen«, brachte er schließlich heraus. »Und niemals in ihr Reich zurückzukehren.«

»Dann hast du jetzt eine schwere Sünde begangen«, tadelte Neidhart. »Beichte sie bald und brich nie wieder einen Schwur!«

»Nein«, rief der Junge schnell. »Aber wenn es nun trotzdem herauskommt...« Furchtsam sah er seinen Onkel an.

»Das waren keine zauberkundigen Zwerge«, sagte sein Onkel beruhigend, »sondern Bergleute aus Venedig. Man trifft sie manchmal auch im Harz und im Erzgebirge. Überall suchen sie nach Gold und Silber. Damit sie den Grundherren keine Pacht zahlen müssen, bauen sie ihre Bergwerke im Verborgenen und schaffen das Erz nachts heimlich fort. Auch wenn sie durchweg sehr klein sind, da große Männer ja nicht recht dazu taugen, unter der Erde in niedrigen Stollen umherzukriechen, sind diese Kerle doch sehr gefährlich. Gehe auf keinen Fall wieder dorthin!«

Er brachte den Jungen zum Hof zurück. Dort starb Neidhart, noch ehe der Frühling einkehrte.

Widerad von Rabeneck ritt zum Bischof und bot ihm an, Sala zu verwalten, bis Ortwin groß genug sei. Er hatte aber keinen Erfolg. Auch andere Ländereien, die Widerad zu erwerben versuchte, gab ihm der Bischof nicht. Statt dessen übernahmen die bayerischen Grafen von Dießen große Gebiete im Sorbengau. Sie waren durch Heiraten mit den Schweinfurter Grafen verschwägert und stiegen nun zum führenden Adelsgeschlecht am Obermain auf.

Das Reich geriet in diesen Jahren wieder in große Gefahr, denn nach einem neuen Aufstand der Slawen ging die christliche Kirche im Osten in einem furchtbaren Blutbad unter. In den Bistümern Mecklenburg und Ratzeburg erschlugen die Wenden Priester und Missionare, brannten die Kirchen nieder und verwüsteten das Land. Sie steinigten den Abt von Ratzeburg und achtundzwanzig Mönche und brachten das abgeschlagene Haupt des Bischofs Johannes ihrem Gott Radegast als Opfer dar. Dann zogen sie gefangenen Christen die Haut ab, stülpten sie sich über die Köpfe und drangen in dieser entsetzlichen Vermummung über die Grenzen des Reichs. Selbst Hamburg wurde verheert. Mit einem Schlag war die deutsche Macht über die nördlichen Slawen dahin.

Heinrich IV. konnte der bedrängten Kirche nicht zu Hilfe eilen, denn seine Krone war in Gefahr: Sein Onkel, der Herzog von Bayern, und sein Schwager Rudolf von Schwaben versuchten ihn zu ermorden; später belagerten aufrührerische Sachsen den Herrscher in der Harzburg, und Heinrich konnte nur mit knapper Not entkommen. Und wie die deutschen Fürsten wollte auch der Papst die Macht des jungen Königs zum eigenen Vorteil beschneiden. Als

Heinrich seinen Hofkaplan Theobald gegen den Willen des Heiligen Vaters zum Bischof von Mailand machte, befahl Gregor VII. dem Herrscher in einem scharfen Schreiben Gehorsam und drohte ihm mit dem Schicksal Sauls. Der König forderte den Papst zum Rücktritt auf. Gregor verhängte über seinen Gegner den Bann. Der Kampf zwischen König und Papsttum war nun voll entbrannt, es ging um nichts Geringeres als um die Herrschaft über die Welt. Die eigensüchtigen deutschen Fürsten schlugen sich auf die Seite des Römers; sie witterten Blut wie Schakale, die einen verwundeten Löwen umschleichen. Heinrich ging mitten im Winter über die Alpen. Gregor bekam es mit der Angst zu tun und verschanzte sich in seiner Burg Canossa. Heinrich gebrauchte jedoch ein besseres Mittel als rohe Gewalt: barfuß und im Büßergewand trat er vor den Papst, dem bald nichts anderes übrigblieb, als den Bann zu lösen. Die deutschen Fürsten erklärten ihren Herrn dennoch für abgesetzt und wählten in Forchheim Rudolf von Schwaben zum neuen König. Heinrich sammelte ein Heer und rückte dem Rivalen zu Leibe. Der Papst schloß ihn erneut von den Sakramenten aus. Heinrich erhob daraufhin den Erzbischof Wibert von Ravenna auf den Stuhl Petri, so daß es nun zwei Könige und zwei Päpste gab.

Im Saaleland war von diesen Kämpfen und Streitigkeiten wenig zu spüren. Es gab auch nicht mehr so viele Mißernten, und die Bevölkerung nahm wieder zu. Der Bischof von Bamberg rief zu einem neuen geistigen Feldzug gegen das innere Heidentum auf. Er hatte nämlich feststellen müssen, daß sich im Sorbengau wieder viele unchristliche Bräuche ausbreiteten. Zwar gingen Bauern und Knechte jeden Sonntag zur Messe, weil sie die Strafen fürchteten, die säumigen Kirchgängern drohten. Heimlich aber versammelten sich viele Männer und Frauen an bestimmten Bäumen, Quellen, Steinen, Kreuzwegen und Gräbern, um dort unter Anleitung fahrender Zauberer, Wahrsager oder alter Weiber die kultischen Handlungen zu vollführen, mit denen ihre heidnischen Vorfahren einst Wetter- und Erntegottheiten günstig hatten stimmen wollen. Statt des Vaterunsers hörte man dort uralte Beschwörungsformeln, und statt des Glaubensbekenntnisses allerlei Bannflüche gegen Dämonen. Es half auch nicht viel, daß der Bischof einige der Zauberer enthaupten ließ.

Außerdem verletzten viele Sorben aus Sorge um ihre Ernte immer wieder das Gebot der Sonntagsruhe. Der Bischof schickte deshalb seine Reiter durch die Dörfer und ließ jedem Bauern, der sonntags auf dem Feld erwischt wurde, mit Stöcken Frömmigkeit einprügeln.

Als Ortwin sechzehn Jahre alt war, übergab ihm seine Mutter den Hof. Einige Zeit danach heiratete er ein Mädchen aus der Verwandtschaft der Grafen von Dießen am Ammersee. Die junge Frau hieß Ida. Sie schenkte ihrem Mann erst zwei Mädchen, die Enite und Rosa genannt wurden, und dann zwei Söhne, denen Ortwin die Namen Helfring und Burkhard gab.

Ortwin trieb mit großer Tüchtigkeit den weiteren Ausbau des Landes voran. Als Helfring zwölf Jahre alt wurde, war das Waldstück, in dem seine Vorfahren ihren Söhnen die Wimpern gewaschen hatten, gerodet und zu einem Acker geworden. Sie mußten ein Stück reiten, ehe sie in einen Hochwald kamen. Dort tat Ortwin an seinem Sohn so, wie Neidhart einst an ihm gehandelt hatte, und erzählte ihm alles, was er von ihren Vorfahren wußte.

»Warum seid nicht auch Ihr einmal ausgezogen, dem Kaiser und dem Reich zu dienen?«, fragte der Junge.

»Der Kaiser führt nicht gegen Reichsfeinde Krieg, sondern nur gegen seine eigenen Völker«, antwortete sein Vater. »Solange das so ist, können wir dem Reich mit dem Pflug besser helfen als mit dem Schwert.«

Ortwin liebte seine Frau sehr und hielt sie in hohen Ehren. Ida war aber eines Tages nicht mehr damit zufrieden, daß ihr Mann im Saaleland nur der zweite war und hinter Vogt Widerad von Rabeneck zurückstehen mußte. In ihrem Ehrgeiz versuchte sie nun auf jede erdenkliche Weise, Ortwin mehr Macht zu verschaffen. Ihre gräflichen Verwandten unterstützten sie dabei nach Kräften. Mit ihrer Hilfe gewann der Ritter schließlich alles Land zurück, das sein Vater verpfändet hatte, und sogar noch einige lehnbare Höfe mehr. Außerdem wurde Ortwin mit allen Rechten des Schloßgeleits, der hohen Jagd und der Bergwerksnutzung bedacht, so daß seine Macht nicht mehr viel geringer war als die der Vögte von Rabeneck.

Ortwin glaubte seine Frau nun zufriedengestellt. Ida hörte jedoch nicht auf, ihn traurig anzublicken und in seiner Nähe recht oft und laut zu seufzen, und wenn er sie dann nach dem Grund ihres Kummers fragte, sagte sie jedesmal: »Würdest du mich wirklich lieben, so wüßtest du, was mir fehlt. Denn ich bin in einer Burg geboren, von deren Zinnen bunte Wimpel wehten, und muß mein Leben jetzt in einer schmutzigen Bauernhütte verbringen.«

»Das ist ungerecht«, antwortete Ortwin. »Du weißt genau, daß wir das schönste Steinhaus im ganzen Sorbengau haben.«

»Es ist aber keine Burg«, sagte Ida.

»Ich würde dir gern eine bauen«, rief Ortwin, »aber uns fehlt das Geld dazu; was wir besitzen, brauchen wir für bessere Pflüge und neues Vieh.«

»Du willst ein Ritter sein und redest wie ein Bauer«, schalt seine Frau. »Pflüge und Vieh, das ist alles, woran du denkst. Ach, warum zog ich nur in dieses erbärmliche Land!«

»Unser Land ist nicht weniger reich als eures!« rief Ortwin. Als seine Frau spöttisch lachte, fügte er zornig hinzu: »In diesen Bergen hier liegt mehr Gold, als deine ganze Sippe besitzt!«

»Das träumst du wohl«, rief Ida höhnisch. »Zeige mir diese Schätze doch einmal!«

»Das geht nicht«, seufzte ihr Mann. »Ich tat einen Schwur, sie nicht anzurühren.«

»Wem hast du denn versprochen, etwas nicht zu nehmen, was dir gehört?« fragte seine Frau und fügte verächtlich hinzu: »Das ist die Art eines Hörigen, nicht eines Herrn!«

Ortwin wurde darüber zornig und schlug Ida so heftig ins Gesicht, daß Blut von ihren Lippen rann.

»Den Hieb sollst du büßen«, sagte sie und ging fort.

Drei Tage lang versuchte Ortwin mit vielen guten Worten, seine Frau wieder zu versöhnen, aber sie wollte ihm nicht verzeihen. Am vierten Tag ließ er Wagen anspannen und ritt mit einigen wohlbewaffneten Knechten zum Waldstein. Unter den großen Felsen ließ er den kleinen Zug anhalten, suchte eine Weile zwischen den Sträuchern und fand endlich den verborgenen Eingang. Die Knechte holten Äxte, hieben das Buschwerk ab und brachen die Tür zu dem Stollen auf. Dann zündeten sie Fackeln an und folgten ihrem Herrn in das Innere des Berges. Der Stollen war so niedrig, daß sie nur stark gebückt gehen konnten.

»Das ist ein Gang für Zwerge!« murrte einer der Knechte. Nach fünfzig Schritten weitete sich der Stollen zu einer kleinen Grotte. Das flackernde Licht fiel auf große Kisten, die an den Wänden aufgestellt waren. Ortwin nahm ein Beil und schlug den Deckel der obersten Lade auf. Große Klumpen von Gold- und Silbererz leuchteten im Fackelschein.

Der junge Ritter schloß die Truhe wieder und befahl seinen Männern, alle Kisten aus der Höhle zu tragen und auf die Wagen zu laden. Es war eine schwere Arbeit; sie dauerte den ganzen Tag. Als sie beendet war, befahl Ortwin drei Männern, zurückzubleiben und niemanden in das Bergwerk zu lassen. Dann brachte er seine Beute nach Sala und schloß den Schatz im Keller seines Steinhauses ein.

Am nächsten Morgen ritt er zum Bischof nach Bamberg und berichtete ihm von dem Fund.

»Nun könnt ihr endlich auch eine Burg bauen«, sagte der Bischof.

»Schickt mir Eure Meister«, bat Ortwin. »Ich werde sie gut bezahlen. Außerdem möchte ich Euch den fünften Teil von allen Erzen geben, denn ich weiß wohl, daß mein Reichtum von Gott kommt.«

»Das ist edel gedacht, mein Sohn«, lobte der Bischof. »Ich werde das Erz für dich verkaufen, damit dich die Händler nicht übers Ohr hauen. Es sind gierige und gerissene Schurken unter ihnen, wie du wohl weißt.«

Er gab Ortwin einen Mönch mit, der sich auf Erze verstand und feststellen sollte, ob sich ein weiterer Abbau der Mine lohnte.

Ortwin ritt mit dem Mönch zum Waldstein. Als sie an den Stollen kamen, fanden sie die drei Wächter an ihrem erloschenen Feuer liegen.

»Schlafen die Kerle etwa am hellichten Tag?« fragte der Mönch.

»Bleibt hier«, befahl ihm Ortwin.

Der Mönch hielt sein Pferd an. Ortwin spähte vorsichtig umher und ritt langsam näher. Der Sand, auf dem die Männer lagen, war blutgetränkt.

»Vater!« rief eine helle Stimme. Ein Schlag ertönte und dann erklang lautes Weinen.

»Enite!« schrie Ortwin, sprang vom Pferd, riß das Schwert aus der Scheide und lief zu seiner Tochter in den Stollen. In der Dunkelheit traf ihn ein Hieb, und er stürzte zu Boden.

Als Ortwin wieder zu sich kam, lag er im Schatten einer Tanne und sah das besorgte Gesicht des Mönchs über sich.

»Was ist geschehen?« fragte der Ritter. Ein stechender Schmerz zuckte durch seine Schläfen.

»Still«, mahnte der Mönch. »Die Venediger haben Euch im Stollen aufgelauert.«

Die Erinnerung kehrte wie eine Woge zurück. »Wo sind diese Hunde?« rief Ortwin. »Enite!«

»Sie sind schon seit Stunden fort«, sagte der Mönch und drückte den Ritter mit aller Kraft nieder. »Ihr dürft Euch nicht soviel bewegen, sonst seid Ihr verloren! Ihr habt einen Schädelbruch; es ist ein Wunder, daß Ihr überhaupt noch lebt.«

Er erzählte dem Schwerverletzten, daß er sich hinter einem Gebüsch versteckt hatte, als die drei Venezianer aus dem Stollen kamen. »Sie hielten Euch für tot«, sagte er, »das war Euer Glück. Sie liefen drüben hinunter ins Tat. Dort hatten sie Pferde versteckt und ritten mit Eurer Tochter davon.«

»Was haben sie mit ihr vor?« stöhnte Ortwin. »Enite!«

Der Mönch schwieg bedrückt. Dann sagte er: »Bleibt hier und verhaltet Euch ruhig, Herr Ritter!«

Er ritt zu einem Gehöft am Fuß des Waldsteins und holte Hörige mit einem Fuhrwerk. Die Knechte legten Ortwin auf den Wagen und brachten ihn zu dem Haus. Der Mönch schickte einen Boten nach Sala. Ida eilte zu ihrem Mann und berichtete ihm völlig aufgelöst, Räuber hätten in der Nacht zuvor den Hof überfallen und angezündet. Als alles nach Wasser lief, hätten sie Enite unbemerkt fortgeschleppt. Erst als das Feuer gelöscht war, hatte Ida gemerkt, daß ihre Tochter verschwunden war. »Was sollen wir nur tun?« klagte sie. Ortwin erklärte ihr, wie es sich mit den Räubern verhielt. Ida hörte ihm mit wachsendem Entsetzen zu. »Dann ist alles meine Schuld«, stammelte sie.

Ortwin gab keine Antwort.

Ida pflegte ihn mit großer Hingabe. Es dauerte zwei Wochen, ehe der Ritter sich soweit erholt hatte, daß er nach Hause gebracht werden konnte. Ein Vierteljahr verging, ehe er wieder zu Pferde saß.

Ida schickte ihren Verwandten Nachricht. Graf Arnold von Dießen kam selbst nach Sala. »Sie sind bei Mehring über die Donau«, berichtete er. »Fährleute erinnerten sich an sie. Wir haben auch an den Alpenpässen nachforschen lassen, dort sind sie aber nicht gesehen worden. Ich glaube trotzdem, daß sie längst in Venedig sind.«

»Ich werde sie suchen«, sagte Ortwin, »und nicht eher zurückkehren, bis ich sie gefunden habe. Seid so gut und habt inzwischen
ein Auge auf Sala! Die Baumeister des Bischofs werden bald kommen.«

»Ich werde mich um alles kümmern«, versprach der Graf.

Ortwin dankte ihm und ritt nach Süden. Er sprach mit den Fähr-
leuten, die Enite und ihre Entführer gesehen hatten, und folgte der
Straße zum Brenner. Im Eisacktal ritt er an Rosen vorüber, das
längst wieder den Lombarden gehörte. Er rastete in einem Erlen-
wald an der Stelle, wo der Wildbach, in dem sein Großvater fast
ums Leben gekommen wäre, in den Fluß mündete. Von den Bäumen hingen Schlingpflanzen wie Seile herab, und der Farn reichte
Ortwin bis zur Brust; in der Abendsonne sah er überall Spinnweben funkeln.

In dieser Nacht lag Ortwin lange wach und lauschte dem Murmeln des Wassers. Später im Traum sah er seine Ahnen, den treuen
Jung-Iring, den blinden Irmin, den Drachentöter und einen noch
älteren Mann, den er nicht kannte. Weiter oben in den Bergen fiel
Regen und ließ den Bach anschwellen. Das Rauschen des Wassers
wurde immer lauter, doch Ortwin wachte nicht auf.

16

Im Drachengrund rauschten die Tannen

Lauter und lauter wurde das Rauschen und wuchs bald zu einem Brausen und Tosen; das Feuer sauste im Ofen und die Balken knarrten. »Das Wilde Heer«, murmelte der alte Köhler und sah aus dem Fenster. »Es zieht nach Böhmen.« Er verstummte für eine Weile. Auch seine Tochter, der Reiter und der Knecht schwiegen und lauschten dem Sturm, jeder in seine Gedanken vertieft.

Nach einiger Zeit sagte der alte Köhler: »Es ist schon spät. Wir wollen zu Bett gehen. Möchtet Ihr morgen zum Drachengrund? Bis morgen hat der Sturm den Schnee fortgeblasen. Wir können Eure Pferde nehmen, dann sind wir in einer Stunde dort.«

Der Reiter nickte.

»Also ist es beschlossen«, sagte der Köhler zu seinem Knecht und stand auf.

»Gute Nacht«, sagte Berthold und ging in die Scheune.

»Gute Nacht«, sagte auch Maria und ging in ihre Kammer.

»Schlaft wohl«, sagte der Köhler.

Der alte Reiter dankte ihm. Als er allein war, streifte er seine Handschuhe ab und handelte so wie am Abend zuvor. Auch in dieser Nacht hörte Maria, daß sich der Gast ruhelos auf seinem Lager wälzte und manchmal stöhnte, als ob er große Schmerzen litt. Sie wagte aber nicht nachzusehen und sank schließlich in wirre Träume.

Am Morgen sattelte Berthold die Pferde und führte sie vor das Haus. Der Köhler trat mit seinem Gast vor die Tür. Ein strahlend blauer Himmel wölbte sich über dem Wald.

»Seid Ihr auch warm genug angezogen?« fragte der Köhler.

»Heute bläst es von Osten, und der Böhmerwind beißt wie ein scharfer Hund durch neun Hosen.«

Die beiden Männer bestiegen die Pferde und ritten aus dem Tal. Sie folgten einem felsigen Pfad, der bald nach Norden bog und durch einen lichten Hochwald führte. Der Weg stieg sanft an und blieb in der Mitte einer breiten Rinne, in der jedes Frühjahr Schmelzwasser floß. In dieser Vertiefung lag noch viel Schnee, und sie kamen nur langsam voran. Hinter einer runden Bergkuppe, die ganz mit Hochwald überzogen war, wand sich der Pfad eine Lehne hinunter. Hier war fast kein Schnee mehr zu sehen. Der Boden wurde nun sehr unwirtlich, und die Pferde mußten ihre Hufe zwischen Steinen und Wurzelgeflecht vorsichtig setzen.

Hinter einem weiteren Bergrücken, auf dem nur Knieholz wuchs, kamen sie an einen Bach und folgten ihm durch eine Au, die im Frühling stets sumpfig war, jetzt aber gutes Fortkommen bot. Weiden säumten den Wasserlauf, dahinter begannen Buchenhaine. Bei einigen großen granitenen Blöcken verließen sie den kleinen Bach und hielten sich gegen Morgen. Zu ihrer Rechten hob sich ein dunkler, stark gezuckter Waldkamm gegen den Himmel ab. Sie ritten um einige eisbedeckte Teiche herum und trieben ihre Pferde durch ein düsteres Fichtendickicht, das bald in einen Wald aus hohen Tannen überging. Dahinter begann die Lichtung, auf der Dracs Männer einst das älteste der drei Mädchen getötet hatten.

Der Köhler drehte sich im Sattel um. »Wir sind nun gleich am Ziel«, rief er seinem Gast zu. »Dort drüben wachsen die Erlen, aus denen Irmion seinen Speer schnitzte.«

Sie ritten an dem Gebüsch vorüber und zwischen den beiden Felstürmen hindurch zu dem einstigen Windbruch, wo längst wieder Hochwald wuchs, und dem Bergrücken, auf dem damals der Waldbrand gewütet hatte. Die kahlen Felsbuckel lagen links von ihnen.

Der Köhler hielt an. »Hier ist es«, sagte er. »In dem Gestrüpp dort unten verbarg sich der Drachentöter. Der Lindwurm wohnte in einer Höhle neben dem großen Steinblock; sie ist inzwischen verschüttet.«

Der Reiter sah sich um. Rings um den Drachengrund schwankten die Wipfel der Bäume im Wind, wie wenn alte Tanten die Köpfe zusammenstecken.

Der Reiter stieg ab, band sein Pferd an einen Busch und ging langsam zu dem Steinblock. Unter der Decke aus dürrem Heidekraut öffnete sich eine kleine Grube.

»Die Drachenhöhle war natürlich viel größer«, sagte der Köhler, der ihm gefolgt war.

Der Reiter sah nachdenklich in die Höhle hinunter.

»Vielleicht ist das die Grube, die Irmion aushob, um sich zu verstecken«, sagte der Köhler. »Aber das weiß ich nicht genau.«

Sie stiegen wieder auf die Pferde und ritten zur Saale. Schwarz wand sich der Fluß zwischen den schneebedeckten Feldern dahin. Auf einem Felsen in der Ferne sahen sie eine Burgruine. Schwarz gähnten Fenster in den von Schlingpflanzen überwucherten Mauern.

»Der Drachenstein«, murmelte der alte Köhler. »Gebaut mit Ritter Ortwins Gold; es brachte kein Glück.«

»Ihr sollt mir heute abend mehr darüber erzählen«, sagte der Reiter.

Sie lenkten ihre Pferde auf den Weg, den einst der Wagenzug aus Sachsen genommen hatte. Als sie an den Ort des Überfalls kamen, hielten sie. Neben dem Weg lagen noch immer verfaulte Trümmer der damals zerstörten Fuhrwerke.

»Hier hat es angefangen«, sagte der alte Köhler.

Der Reiter gab keine Antwort.

In einiger Entfernung erhob sich Burg Rabeneck. Der Bergfried stach wie eine Lanzenspitze empor, die Firste der steilen Dächer schienen so scharf wie Axtschneiden, die Giebel stießen wie Schwerter gegen den Himmel. Sie blickten lange auf das Saaleland hinab, und es war, als musterten sie ein vertrautes Gesicht mit Teichen als Augen und Weidenbüschen als Wimpern, einem Bergrücken als Nase und Hügeln als Wangen und Kinn, mit Wäldern als Haaren und Bart und dem Fluß als Mund, der ihnen zuzulächeln schien. Die Schneedecke gleißte im Sonnenlicht, so daß es war, als sei das Land aus reinem Silber getrieben.

Auf der anderen Seite der Saale ragte eine bewaldete Hügelkuppe empor. Zwischen den kahlen Buchen erschienen plötzlich drei Männer auf Pferden.

»Das sind die Kerle, die mir vorgestern begegneten«, sagte der Reiter.

»Falk, Brun und Wiesel?« fragte der Köhler. »Haben sie uns schon gesehen?«

»Ich denke schon«, sagte der Reiter.

»Das ist nicht gut«, meinte der Köhler. »Wenn meine Augen nur nicht so schlecht wären!«

»Jetzt sind sie wieder im Wald«, sagte der Reiter.

»Sie haben es auf Euch abgesehen«, meinte der Köhler. »Nehmt es nicht zu leicht; das sind gefährliche Leute.«

»Ich werde mich vorsehen«, sagte der Reiter.

Unter den Buchen auf der Hügelkuppe sagte Falk: »Teufel auch! Sagte dieser Kerl nicht, daß er gleich weiter will? Und jetzt treibt er sich mit dem Alten hier herum. Da stimmt doch etwas nicht!«

»Wir sollten ihn uns einmal vorknöpfen«, knurrte Brun, »an einem Ort, wo er sich nicht mehr aus der Schlinge ziehen kann.«

»Warum reiten wir nicht gleich hinüber und schnappen ihn uns?« wollte Wiesel wissen.

»Er hat uns gesehen und wird auf der Hut sein«, sagte Falk. »Der Kerl läßt sich nicht so leicht überrumpeln, und der alte Lamprecht auch nicht. Wir müssen es so machen, daß nichts schiefgehen kann.«

Der Reiter und der alte Köhler schlugen einen Bogen und ritten nach Süden. Gegen Mittag kehrten sie zu der kleinen Köhlerhütte zurück. Sie führten die Pferde in den Stall und versorgten sie. Dann setzten sie sich mit Maria und Berthold zu Tisch und aßen.

Am Nachmittag ging der Reiter zu dem großen Holzkreuz. »Ich könnte Euch sagen, wer darunter liegt«, sagte der Köhler, »aber das würde meiner Geschichte die Spannung rauben. Es ist nämlich eine große Überraschung, vor der einst sogar ein Kaiser erschrak.«

Der Reiter kniete nieder und sprach ein Gebet.

Am Nachmittag saßen sie auf einer Bank vor dem Haus in der Sonne.

»Spielt Ihr?« fragte der Köhler.

»Ein wenig«, antwortete der Reiter.

Der Köhler schickte seine Tochter nach dem Brett, stellte die Steine auf und ließ seinen Gast den ersten Zug tun.

Nach einer Weile sagte der Köhler: »Ihr habt viel Geduld.«

»Es ist ja genug Zeit«, antwortete der Reiter.

Nach einigen weiteren Zügen sagte der Köhler: »Ihr seid schlau wie ein Fuchs.«

»Ihr überschätzt mich«, erwiderte sein Gast. »Ich spiele nicht oft.«

Als der Reiter einen Bauern ungedeckt vor einen Bischof schob, sagte der alte Köhler: »Diesen Zug habe ich schon seit Jahren nicht mehr gesehen.« Er ließ die schutzlose Figur stehen.

»Ich wußte gleich, daß Ihr es durchschauen würdet«, seufzte der Reiter und bereitete ein raffiniertes Abzugsschach vor.

»Ihr bringt mich ganz schön ins Schwitzen«, sagte der Köhler und nahm seinen König zurück. »Aber so leicht will ich es Euch denn doch nicht machen.«

Der Reiter führte den nächsten Zug aus; es war ein anderer als der, den der Köhler erwartet hatte.

Der Alte sah seinen Gast merkwürdig an. »Ich hoffte, Ihr würdet darauf hereinfallen«, murmelte er enttäuscht und versuchte es mit einer neuen Falle. Sie spielten, bis die Steine so standen, daß keiner mehr gewinnen konnte.

»Ihr hättet mich dreimal besiegen können«, sagte der Köhler. »Wo habt Ihr so spielen gelernt?«

»Es ist nur ein Zeitvertreib», antwortete der Reiter. »Ihr habt gewiß keinen Gegner zu fürchten.«

»Hier nicht«, gab der Köhler zu.

»So etwas wie Euer Turmopfer spielt im Saaleland niemand mehr. Früher war das anders.«

Er blickte den anderen nachdenklich an. Der Reiter erwiderte nichts.

Der Köhler beugte sich ein wenig vor. »Habt Ihr auch Gefallen an der Falkenbeize?« wollte er wissen.

»Es ist eine edle Übung«, antwortete der Reiter.

»Ich besitze zwei Vögel«, sagte der Köhler. »Ich halte sie oben unter dem Dach. Ein paar Flüge würden ihnen guttun. Wollt Ihr mein Jagdgast sein?«

»Mit großer Freude«, sagte der Reiter, »wenn Ihr nun nicht länger verlangt, daß ich Euch noch immer als einen Köhler ansehen soll.«

»Ich werde Euch bald mehr darüber sagen«, meinte der Alte.

Sie redeten noch eine Weile über Beizvögel und ihre Beute. Als es dunkel wurde, gingen sie in die Stube und aßen. Maria stellte ihr Spinnrad wieder zur Leuchte, und Berthold schärfte sein Messer. Der Köhler schürte das Feuer. Und während der Friede des Abends über das Land sank, erzählte der alte Mann von Ortwins Suche nach seiner Tochter und den vielen anderen Abenteuern der Drachenritter aus dem Saaleland.

17

Wer hat des Todes Wehmut je gebannt?

Ortwin brach die Tür zu der Folterkammer der Venezianer auf und starrte entsetzt auf das grausige Bild, das der flackernde Feuerschein seinen Augen enthüllte: Nackt und blutüberströmt lag Enite vor ihren Peinigern, die sie mit glühenden Messern und Zangen zerfleischten; die Schreie des Mädchens hatten nichts Menschliches mehr. Rasend stürzte sich Ortwin mit seinem Schwert auf die Zwerge, aber sie sprangen so flink zur Seite, daß er sie nicht versehren konnte. Er schlug die Stricke durch, die seine Tochter an die Streckbank banden, und nahm ihren geschundenen Leib in die Arme; sie schrie immer weiter, ihr Blut näßte seine Haut und floß wie ein Quell zur Erde. Bald bedeckte es den Boden der Grotte und stieg immer höher, bis es Ortwin in Mund und Nase drang. Verzweifelt rang er nach Luft. Nun erst erwachte er und erkannte, daß nicht Enite, sondern seine Pferde geschrien hatten und ihn nicht Enites Blut, sondern das Wasser des Bachs überschwemmte; es hatte sein kleines Lager schon knöcheltief überspült. Rasch lief Ortwin zu seinen Pferden, band sie los und führte die ängstlichen Tiere auf höheres Land.

Als er zum Ufer zurückkehrte, um seine Habe zu bergen, sah er im Mondlicht ein weißes Gebilde; wie eine Wolke glitt es mit der Flut vorüber. Sogleich fielen Ortwin Geschichten von Undinen ein.

»Warte!« rief er der geheimnisvollen Gestalt zu. »Weissage mir!«

Das Wesen gab keine Antwort, doch durch das Rauschen des Wassers glaubte Ortwin ein spöttisches Lachen zu hören. Zornig zog er sein Schwert und eilte der davonschwimmenden Gestalt nach. An einem Weidenbusch verharrte sie; das Mondlicht schimmerte auf ihrem bleichen Gesicht.

»Jetzt wirst du reden!« rief der Ritter und packte das Handgelenk der Gestalt. Er spürte keinen Widerstand und erkannte, daß er ein totes Mädchen in einem weißen Kleid hielt; es mochte weiter oben, wo der Wildbach durch ein Dorf floß, im Schlaf vom Wasser überrascht worden und ertrunken sein.

Ortwin bettete die Tote auf einen Hügel, so daß sie von ihren Verwandten leicht gefunden werden konnte, zündete ein Feuer an und trocknete seine Sachen. Der Alptraum und das Unglück des fremden Mädchens schienen ihm schlechte Vorzeichen zu sein, und er sorgte sich sehr. Noch ehe der Morgen graute, sattelte er sein Roß, belud sein Packtier und ritt in großer Eile davon.

In Venedig herrschte zu dieser Zeit der Doge Domenico Selvo, der seiner Stadt zuvor als Gesandter gedient und es verstanden hatte, dem Kaiser nicht nur die Erneuerung alter Vorrechte, sondern auch neue Zugeständnisse abzuhandeln. Die kaiserlichen Konzessionen begünstigten die Lagunenstadt im Wettbewerb mit den anderen italienischen Häfen, vor allem mit Amalfi, Pisa und Bari.

Ortwin ließ seine Pferde im Stall einer Fähre am Ufer der Brenta zurück, stieg in ein Boot zum Markusplatz und ging dort zum Handelshof der deutschen Kaufleute in Venedig. Das vierstöckige Gebäude sah wie eine Festung in Feindesland aus. Hinter dem Gittertor schlug eine riesige schwarze Dogge an. Als der Ritter nähertrat, entblößte das Tier knurrend die Lefzen.

Ortwin zog sein Schwert. »Fort!« herrschte er den Hund an und trat durch das Tor. Der Rüde senkte unterwürfig den Kopf und wedelte mit dem Schwanz.

Der Torwächter kam heraus. »Was ist Euer Begehr, Herr?« fragte er.

Ortwin sagte: »Du hast einen klugen Hund.«

»Er ist darauf abgerichtet zu gehorchen, wenn er deutsche Worte vernimmt«, erklärte der Wächter. »Wenn er aber jemanden Italienisch reden hört, ist er nicht zu bändigen.«

»Braves Tier«, lobte Ortwin und tätschelte den kraftvollen Nacken des Rüden. Der Hund leckte ihm die Hand. Dann befahl der Ritter dem Wächter: »Sag deinem Herrn, daß ich ihn zu sprechen wünsche. Ich komme vom Grafen von Dießen.«

Kurze Zeit später wurde der Ritter zum Vorsteher des Kaufmannshauses, Johann von Augsburg, geführt. Als Ortwin eintrat, erhob sich der Handelsherr hinter einem Tisch voller großer Stöße Papier, eilte seinem Gast entgegen, begrüßte ihn höflich, reichte ihm einen Becher Wein und sagte: »Willkommen, Herr Ritter. Erfrischt Euch! Ihr habt gewiß eine lange Reise getan.«

Ortwin dankte ihm, zog dann einen Brief aus dem Wams und sagte: »Dies schickt Euch Graf Arnold von Dießen. Ich benötige Eure Hilfe.«

Der Kaufmann öffnete das Schreiben und las. Mit jeder Zeile verstärkte sich der besorgte Ausdruck auf seinem Gesicht. Als er zum Ende gekommen war, sah er seinen Gast schweigend an.

»Nun wißt Ihr, warum ich gekommen bin«, sagte Ortwin ungeduldig. »Kennt Ihr die Kerle?«

»Viele Männer aus Venedig suchten in Deutschland ihr Glück«, erwiderte Johann von Augsburg zögernd. Er war klein und zierlich; sein grauer Bart fiel ihm bis auf die goldene Kette auf seiner Brust. »Einige von ihnen sind dabei ziemlich wohlhabend geworden.«

»Durch Gold aus unseren Bergen«, rief Ortwin zornig. »Es sind Diebe und gemeine Verbrecher!« Er strich sich das blonde Haar aus der schweißglänzenden Stirn; es war drückend heiß.

»Wie sahen die Männer denn aus?« erkundigte sich der Kaufmann.

»Es ist schon lange her«, antwortete Ortwin. »Ich war damals noch ein Kind. Sie sahen einander sehr ähnlich.« Er beschrieb sie.

»Es könnten die Brüder Malarnocco sein«, meinte Johann von Augsburg. »Ihr Vater kam vor dreißig Jahren in die Stadt. Holzhändler aus Dalmatien. Die Söhne heißen Anselmo, Antonio und Giovanni.«

»Anselmo!« rief Ortwin aufgeregt. »Das sind sie! Wo finde ich sie?« Seine Rechte lag auf dem Griff seines Schwerts. Der Kaufmann sah ihn bedenklich an. »Sie sind durch das deutsche Gold sehr reich geworden«, murmelte er. »Ihr Palast steht drüben auf der anderen Seite von San Marco, es ist einer der ältesten und größten von Venedig.«

Ortwin stellte den Becher hart auf den Tisch und stand auf. »Ruhig Blut, Herr Ritter«, mahnte Johann von Augsburg. »Ihr könnt nicht einfach dorthin rudern und mit dem Schwert auf sie losgehen! Leute mit viel Geld haben gewöhnlich viele Feinde und wissen sich wohl zu schützen!« »Mit mir ist das Recht!«, sagte Ortwin. Hochaufgerichtet stand er vor dem Alten; die Lippen unter seinem blonden Bart waren dünn wie Peitschenschnüre. »Ja, aber dies ist Venedig«, erwiderte der Kaufmann. »Wer hier Gerechtigkeit sucht, benötigt andere Mittel – Beweise, Verbindungen, Advokaten!«

»Diese Hunde haben meine Tochter verschleppt!« schrie Ortwin. Seine großen Hände waren zu Fäusten geballt.

»Beruhigt Euch!« rief der Kaufmann beschwörend, »und laßt um Himmels willen das Schwert stecken, es nützt Euch hier nichts! In dieser Stadt werden Kämpfe nicht im Glanze ehrlicher Waffen gewonnen, sondern durch Geld, Gift und Dolche im Dunkeln!«

»Ich weiß, wie tückisch die Welschen sind«, stieß Ortwin zornig hervor, »aber gegen deutsche Schwerter hat ihre Falschheit noch nie gesiegt, denn Gott ist mit der Gerechtigkeit.«

»Lieber Himmel«, seufzte der Kaufmann. »Ihr rennt geradewegs in Euer Verderben! Diese Kerle haben Verbindungen bis zum Dogen!«

Ortwin ging zur Tür. Johann von Augsburg eilte an ihm vorbei und stellte sich ihm in den Weg. »Ich will Euch doch nur helfen, Herr Ritter«, sagte er fast flehentlich. »Bedenkt doch: Wenn ihr in eine Falle geratet, wird man Eure Tochter nach Istrien bringen und an die dalmatinischen Piraten verkaufen!«

Ortwin blieb stehen.

»Gebt mir wenigstens zwei oder drei Tage Zeit«, bat der Kaufmann, »bis ich herausgefunden habe, wo die Malamoccos ihre Sklaven verstecken! Dann können wir planvoll handeln. Das ist allemal besser, als blind draufloszustürmen!«

Ortwin sah aus dem Fenster. Draußen dämmerte schon der Abend.

»Ich warte nicht länger«, sagte der Ritter und schob den Kaufmann zur Seite. »Dank für Eure Aufrichtigkeit!« Er grüßte und ging aus der Tür.

An der Anlegestelle gab Ortwin einem Fährmann eine Silbermünze und sagte: »Fahre mich ein wenig umher!« Er ließ sich ein Stück rudern und schaute sich den Palast der Malamoccos von allen Seiten an. Dann kehrte er in den Hof der deutschen Kaufleute zurück. Johann von Augsburg stand am Tor.

»Es ist Wahnsinn!« sagte der Händler. »Aber da Ihr so fest entschlossen seid... Kommt zu Tisch, damit ich Euch wenigstens bewirten und beraten kann, wenn ich Euch schon nicht zurückzuhalten vermag.«

Sie aßen und tranken, doch der deutsche Ritter fand keine Freude an den vielfältigen Köstlichkeiten der venezianischen Tafel.

»Ich brauche ein Boot und einen tüchtigen Ruderknecht«, sagte Ortwin.

»Wir haben nur italienische Bedienstete«, seufzte der Kaufmann. »Es bleibt mir wohl nichts anderes übrig, als selbst mitzukommen.«

Ortwin sah ihn überrascht an. »Das hätte ich nicht gedacht«, sagte er, »daß es unter euch Krämern so mutige Leute gibt.«

»Auch wir müssen uns manchmal unserer Haut wehren«, erwiderte Johann von Augsburg, »und wenn wir unterwegs sind, dann nicht wie Ihr mit einem Heer, sondern nur mit ein paar unzuverlässigen und feigen Knechten, die gleich heulen und mit den Zähnen klappern, wenn sich ein Korsarenschiff am Himmelsrand zeigt.«

Er erzählte von seinen Fahrten und bat seinen Gast dann: »Berichtet mir nun von Euch und Eurer Familie! Ich muß gestehen, daß ich den Grafen nie von Euch reden hörte; aber es sind auch schon einige Jahre vergangen, seit ich zuletzt mit ihm sprach.«

»Meine Frau ist mit ihm verwandt«, sagte Ortwin und nannte ihm die Namen seines Vaters und seines Großvaters.

»Irminfried?« rief der Kaufmann erstaunt. »Herrschte er nicht auf Burg Rosen?«

»Ja«, sagte Ortwin. »Aber diese Festung gehört uns schon lange nicht mehr.«

Johann von Augsburg nickte betrübt. »Stück um Stück geht unsere Macht verloren«, murmelte er. »Daran ist dieser unselige Streit zwischen Kaiser und Papst schuld. In Rom kann man sich als Deutscher kaum noch blicken lassen. Seid Ihr Franke oder Sachse?«

»Franke, denke ich«, sagte Ortwin.. »Allerdings, mein Ahnherr... « Er erzählte nun auch diese Geschichte.

»Das klingt, als wären damals große Dinge geschehen«, meinte der Kaufmann. »Merkwürdig, daß man nie herausgefunden hat, wer er war.«

»Mein Großonkel Neidhart, ein Abt und gelehrter Mann, meinte, daß es vielleicht in Ungarn noch Aufzeichnungen darüber geben könne«, erklärte Ortwin.

Nach Mitternacht gürtete sich auch der Kaufmann mit einem Schwert. Die anderen Bewohner des Hofes schliefen längst. Johann von Augsburg führte seinen Gast auf die hintere Seite des Hauses. Dort öffnete sich eine verborgene Tür. Auf dem Wasser schwamm ein Nachen.

»Ihr seid wohl stets auf alles vorbereitet«, murmelte Ortwin anerkennend.

»Wir leben in einer gefährlichen Zeit«, antwortete der Kaufmann.

Sie stiegen in das kleine Boot. Wolken verbargen den Mond, so daß nur schwaches Licht auf die Fluten fiel; sie glänzten wie schwarzes Öl.

Die beiden Männer ruderten kurze Zeit, dann ragte der Palast der Malamocco vor ihnen auf. Die Fassade war von vielen Fenstern durchbrochen und mit Marmorsäulen und Friesen geschmückt. Ortwin ließ sich ins Wasser gleiten und von dem Nachen ziehen, bis sie zum Eingang kamen. Im spärlichen Licht der Fackeln hoben zwei Wächter die Spieße.

»Ich habe eine wichtige Botschaft für die Brüder Malamocco«, sagte Johann von Augsburg.

»Reicht sie mir, Herr«, antwortete der größere der Männer. »Ich will sie den hochwohlgeborenen Herren gleich in der Frühe geben.«

Ortwin tauchte lautlos an der anderen Seite der kleinen Terrasse auf.

»Nein«, sagte der Kaufmann, »die Sache duldet keinen Aufschub. Es geht um viel Geld.«

Ortwin zog sich auf den Marmorboden und schlich von hinten auf den kleineren der Bewaffneten zu. Als er ihn erreicht hatte, preßte er ihm die Linke auf den Mund und schnitt ihm mit dem Dolch den Hals durch. Röchelnd sank der Sterbende nieder.

»Was...?« rief der andere Wächter und fuhr herum. Johann von Augsburg zog sein Schwert und stach es ihm in den Rücken. Der

Wächter bäumte sich auf; ehe er schreien konnte, verschloß ihm Ortwins Hand den Mund. Dann legte der Ritter den Toten vorsichtig auf den Boden.

»Mindestens noch einer wacht drinnen«, flüsterte der Kaufmann.

Langsam drückte Ortwin die schwere Bronzetür auf. Vier starke Säulen stützten die Decke der Halle. Vor jeder brannte eine Leuchte mit Öl.

»Was ist?« fragte eine Stimme auf Italienisch.

Ortwin zog schnell den Kopf zurück. Einige Herzschläge später öffnete sich die Pforte und ein Helm erschien. Der Ritter packte den überraschten Wächter, zog ihn auf die Terrasse und stieß ihm den Dolch in die Kehle.

»Gute Arbeit«, murmelte der Kaufmann. »Ihr steht Eurem Großvater nicht nach.«

Sie nahmen Fackeln aus den Halterungen, hasteten durch die Halle und stiegen die Treppe zu den Schlafgemächern empor. An einem langen Gang öffneten sich viele Türen; drei waren mit Gold verziert. Ortwin öffnete die erste. Der Silberbart schlief in einem großen Bett aus kostbaren Hölzern. Prächtige Schnitzereien zierten die Pfosten unter dem seidenen Baldachin. Wände und Boden waren mit kostbaren Teppichen bedeckt.

Ortwin blickte umher, nahm ein Stück Stoff und eine lange Schnur und trat an das Bett des Venezianers. Johann von Augsburg blieb an der Tür und spähte auf den Gang hinaus. Der Silberbart schreckte auf, als Licht auf ihn fiel. Ehe er einen Laut von sich geben konnte, packte Ortwin ihn, stopfte ihm das Tuch in den Mund und fesselte ihn.

Dann eilten sie in das nächste Zimmer. Dort fanden sie den Graubart. Ortwin trat an das Bett und schnitt dem Schlafenden die Kehle durch.

»Ihr habt ihm nicht einmal Zeit gelassen, seine Sünden zu bereuen«, sagte der Kaufmann, dem es nun grauste.

»Wir wollen unser Wagnis so klein wie möglich halten«, antwortete der Ritter und lief in das nächste Zimmer.

Dort starb der Weißbärtige den gleichen Tod wie sein Bruder.

Danach eilten Ortwin und der Kaufmann zurück in das erste Zimmer. Der Silberbart war verschwunden.

»Ihr habt ihn nicht richtig gefesselt«, rief der Kaufmann entsetzt, »jetzt sind wir verloren!«

Er wollte davonlaufen, aber Ortwin hielt ihn fest. Sie lauschten. Das Haus blieb still.

»Er muß hier noch irgendwo sein«, sagte Ortwin. Er leuchtete unter das Bett und in alle Winkel. »Teufel auch«, knurrte er böse, »der Kerl hat wohl eine Tarnkappe auf!«

»Flucht nicht!« mahnte Johann von Augsburg besorgt. »Wenn wir hier mit heiler Haut herauskommen wollen, dürfen wir Gott nicht noch weiter erzürnen.«

Ortwin zog sein Schwert und stach in die Teppiche, die den Boden bedeckten. »Der Kerl ist in ein Mauseloch gekrochen«, sagte er. »Aber ich kriege ihn doch!«

Nach einer Weile hielt er inne und horchte. Dann stach er wieder durch das Gewebe, riß Seidenstoff ab und schleuderte die Fetzen davon. »Wo steckst du, verfluchter Zwerg?«, rief er halblaut. »Ich weiß, daß du da bist! Ich bin Ortwin von Sala, dem du die Tochter geraubt hast!«

Zornig stieß er sein Schwert nieder; diesmal sank es bis zum Heft ein.

»Hier also!« freute sich Ortwin und schnitt den Teppich entzwei. Der Silberbart lag darunter in einer Vertiefung. Aus schreckgeweiteten Augen starrte er den Ritter an.

Ortwin packte den Gefesselten, hob ihn heraus und legte ihn auf den Boden. »Das hast du wohl im Bergwerk gelernt, wie eine Schlange auf dem Bauch zu kriechen«, sagte er zu ihm. Dann hielt er ihm den Dolch vor die Augen. »Das ist das Blut deiner Brüder. Wo ist meine Tochter?« Er zog ihm den Knebel heraus.

Der Venezianer schluckte. »In unseren Spinnhaus auf Murano«, würgte er nach einer Weile hervor. Ortwin drehte sich um. Der Kaufmann nickte; er war bleich.

Ortwin hob den Dolch.

»Tötet mich nicht«, rief der Silberbart flehend. »Nehmt unsere Schätze, alles, was Ihr wollt, aber laßt mir das Leben!«

Der Ritter stand auf.

»Wo ist Euer Gold?« fragte er.

»Unter meinem Versteck«, stieß der Silberbart hervor. Er zitterte am ganzen Leib.

»Es gehört ohnehin mir«, sagte Ortwin kalt. »Stammt Euer

Reichtum nicht aus meinem Berg?« Er packte den Silberbart an den Haaren und stieß ihm den Dolch ins Genick.

»Fort hier!« rief der Kaufmann mit vor Grauen verzerrter Stimme.

Ortwin ging zu der kleinen Vertiefung, leuchtete mit der Fackel hinein und schnitt mit dem Schwert an den Tüchern herum. Nach einer Weile zog er eine schwere Kiste hervor. Sie war bis zum Rand mit Goldsolidi gefüllt.

Ächzend lud der Ritter sich den Schatz auf die Schulter.

»Schnell!« mahnte Johann von Augsburg, »sonst bemerkt man uns noch! Das Gesinde schläft gleich gegenüber.«

»Wir werden es nun wecken«, kündigte der Ritter grimmig an und hielt die Fackel an den Baldachin.

Sie eilten aus dem Palast. Auf der breiten Treppe und in der Halle entzündete Ortwin weitere Brände. Dann sprangen sie in das Boot und ruderten davon.

Sie waren noch nicht weit gekommen, da schlugen Flammen aus dem Dach des Palastes. Vor den erleuchteten Fenstern rannten schreiende Menschen umher; viele stürzten sich vor Angst ins Wasser. Auch in den Nachbarhäusern flammten Lichter auf, und die Straßen füllten sich mit einer erregten Menge.

»Wie weit ist es nach Murano?« fragte Ortwin und fuhr sich über die Stirn.

»Eine Stunde, manchmal auch zwei«, antwortete Johann von Augsburg. »Es kommt auf die Strömungen an. Mein Gott, Herr Ritter, Ihr seht schrecklich aus.«

Ortwin schöpfte Wasser und wusch sich das Blut von Gesicht und Händen. »Ich habe sie nicht nur aus Rache getötet«, sagte er, »sondern ebenso zu Eurer Sicherheit, falls Ihr in dieser Stadt weiterhin Euren Geschäften nachgehen wollt. Ihr sollt auch von dem Gold bekommen.«

»Behaltet es«, sagte der Kaufmann und hob abwehrend die Hände, »ich will nichts davon.«

Schweigend ruderten sie durch die Nacht.

Als sie zu der Insel kamen, sagte Johann von Augsburg: »Jetzt ist es nicht mehr weit. Die Unterkünfte der Spinnweiber liegen gleich dort hinten am Wasser.«

Der Mond trat aus den Wolken, und sein Licht spiegelte sich auf den Wellen.

»Was ist denn das dort?« fragte der Kaufmann.

Ortwin drehte sich um. In einiger Entfernung trieb etwas Weißes im Wasser. Der Ritter stand wie erstarrt. Dann schlug er heftig die Ruder ins Wasser.

»Was ist?« rief Johann von Augsburg erschrocken; selbst bei den Morden an den gefesselten Männern hatte ihm nicht so gegraust wie in diesem Moment.

»Enite!« schrie Ortwin.

»Das ist Eure Tochter?« fragte der Kaufmann entsetzt.

»Enite!« schrie Ortwin wieder und zog den leblosen Körper ins Boot. Die blonden Haare der Toten schimmerten wie mit Goldstaub bestreut.

»Gott im Himmel«, murmelte Johann von Augsburg.

Ortwin gab keine Antwort; mit geschlossenen Augen wiegte er sein totes Kind. Dem Kaufmann wurde noch unheimlicher als zuvor. Er ruderte über die Lagune zurück, ohne sich umzudrehen. Vor der kleinen Pforte an der Rückseite des Kaufmannshauses vertäute er das Boot. Ortwin trug die Tote hinein.

Draußen wurde es hell. Die Reste des niedergebrannten Palastes ragten wie verstümmelte Gebeine in den Himmel. Johann von Augsburg goß Wein in seinen größten Becher, reichte ihn dem Ritter und befahl: »Hier, trinkt, wenn Ihr bei Verstand bleiben wollt! In dieser Nacht ist zuviel Blut geflossen, und mir ist, als hätte ich mit Gott und dem Teufel die Würfel gerollt.«

Ortwin leerte den ersten Becher in einem Zug und tat bei den folgenden nicht anders. Auch der Kaufmann trank, soviel er nur konnte. Als die Sonne aufging, sagte Johann von Augsburg: »Bleibt in diesem Zimmer, bis ich weiß, wie ich Euch am besten aus der Stadt hinausbekomme.«

Ortwin nickte. Er war sehr betrunken. »Enite«, murmelte er verzweifelt und schlief neben seiner toten Tochter ein.

Rasch löste der Kaufmann die Arme des Ritters von dem Leichnam, legte Enite in eine Truhe, ließ zwei Bedienstete kommen und befahl ihnen, die Kiste in eine Fähre zu laden. Dann fuhr er über die Lagune zum Friedhof, übergab das Mädchen dem Totengräber und sagte dem Pfarrer, daß die Sterbemesse schon am nächsten Tag gelesen werden solle. Danach kehrte er zum Hof der deutschen Kaufleute zurück. Ortwin war aufgewacht und starrte ihm aus rotgeränderten Augen entgegen.

Johann von Augsburg berichtete ihm alles und sagte tröstend: »Der Wille des Herrn ist geschehen; nun ist Enite bei ihm.«

Ortwin gab keine Antwort.

»Im Himmel seht Ihr Eure Tochter wieder«, sagte der Kaufmann.

Ortwin schwieg noch immer.

»Gottes Ratschlüsse sind unerforschlich«, fügte der Augsburger seufzend hinzu. »Wären wir eine Stunde früher gekommen, so wäre sie nicht geflohen...«

Ortwin sah ihn düster an. »Sie konnte nicht schwimmen«, sagte er. »Sie wollte sterben. Ich bin froh, daß ich nicht weiß, was man ihr antat.«

Die Lippen des Kaufmanns waren schmal.

»Ich wußte, daß ich sie nicht lebend wiedersehen würde«, sagte der Ritter weiter. »Aber ich wollte es nicht wahrhaben.« Er erzählte dem Kaufmann nun von dem Alptraum und dem toten Mädchen im Wildbach bei Rosen.

»Nun ahne ich, warum Ihr Eure Tochter im Meer schon aus solcher Entfernung erkannt habt«, murmelte Johann von Augsburg, »und auch, warum Ihr getrauert, aber nicht geweint habt.«

»Das hatte einen anderen Grund«, sagte der Ritter und erzählte von Wintertau und dem Brauch seiner Familie seit König Konrads Tagen. »Eure Geschichte wird immer merkwürdiger«, sagte der Kaufmann darauf. »Ich muß im nächsten Jahr nach Ungarn; wenn ich Zeit habe, will ich dort Nachforschungen betreiben und Euch das Ergebnis wissen lassen.«

»Ihr habt schon zuviel getan«, erwiderte Ortwin. »Wollt Ihr wirklich nichts von dem Gold?«

Der Kaufmann schüttelte den Kopf.

Am nächsten Tag betteten sie Enite zur ewigen Ruhe. Als das Grab zugeschüttet wurde, war es Ortwin, als ob er in der Tiefe Schreie hörte.

»Sie lebt noch!« rief er und begann, mit den Händen in der Erde zu wühlen. Sie mußten ihn mit Gewalt zurückhalten; außer ihm hatte niemand etwas vernommen.

Der Doge ließ den Brand untersuchen, aber die Richter konnten keine Spur von den Tätern finden; Verdächtige gab es genug, denn wie alle reichgewordenen Leute hatten auch die Brüder Malamocco viele Neider.

Einige Tage später brachte Johann von Augsburg den Ritter zum Festland. Ortwin dankte ihm noch einmal für seine Hilfe.

»Empfehlt mich dem Grafen«, sagte der Kaufmann. »Ich will nächstes Jahr zu ihm reisen, wenn ich aus Ungarn zurückkomme.«

Ortwin hob die Truhe mit dem Gold der Malamoccos auf sein Packpferd, bestieg sein Roß und ritt nach Norden. Er überquerte die Alpen und gelangte glücklich durch Bayern nach Sala. Er richtete es so ein, daß es schon Nacht war, als er den Hof erreichte. Er schickte die Knechte fort, die aus ihren Hütten kamen und ihrem Herrn helfen wollten. Dann lud er sich die Kiste auf die Schultern und trat mit einer Fackel in die Kammer seiner Frau.

Ida fuhr auf und starrte ihn an.

»Sie ist tot, nicht wahr?« sagte sie.

»Ja«, sagte Ortwin, »so wie ihre Mörder. « Er stellte die Truhe auf das Bett und schlug den Deckel auf. Die Solidi glänzten im Licht der Fackeln wie Augen von Dämonen.

»Ist das nun genug Gold für dich?« fragte der Ritter rauh.

Ida begann zu weinen. »Tausendmal lieber wäre es mir, wenn Ihr unsere Tochter zurückgebracht hättet«, schluchzte sie.

Ihre Tränen besänftigten Ortwins Grimm. Er nahm seine Frau in den Arm und sagte: »Ich bin an ihrem Tod nicht weniger schuld als du und habe in Venedig sehr unbedacht gehandelt.« Er berichtete ihr, was sich zugetragen hatte. »Das Gold werde ich verstecken«, schloß er. »Wir wollen nur davon nehmen, wenn es um unser Leben oder um Sala geht.«

Ida weinte und machte sich heftige Vorwürfe; erst nach Stunden konnte Ortwin sie beruhigen. »Wie weit ist die Burg gediehen?« fragte er, um sie ein wenig abzulenken.

»Es steht alles zum Besten«, antwortete sie. »Graf Arnold war eine Weile zu Gast und achtete auf die Bauleute. Ach, wie kann ich nun dort wohnen!« Sie weinte wieder.

Ortwin nahm den Schatz, lief zur Saale und folgte ihr ein Stück stromabwärts. Unter dem Weidengebüsch, an dem sein Vater ertrunken war, blieb er stehen. Mißtrauisch sah er sich um, aber niemand hatte gewagt, ihm zu folgen. Da senkte er die Truhe ins Wasser.

In den folgenden Monaten trieb er den Bau seiner Burg voran. Der Schmerz der Erinnerung ließ ihn nicht los.

Im Jahr darauf kam Johann von Augsburg nach Dießen. Graf Arnold lud ihn zu Tisch und ließ den Kaufmann von seinen Fahrten erzählen. Dann kamen sie auf Ortwin zu sprechen. Johann von Augsburg berichtete, was in Venedig geschehen war.

»Deshalb macht er also einen Bogen um mich«, meinte der Graf. »Es war wohl eine schlimme Sache?«

»Er hat gehaust wie ein Iltis in einem Kaninchenbau«, sagte der Kaufmann. »Ich habe so etwas noch nicht gesehen.« Selbst in der Erinnerung verzerrte noch Entsetzen sein Gesicht. »Das Blut hat ihn rasend gemacht.«

»Das hat er von seiner Großmutter, der Italienerin, dieser Mörderin«, murmelte Graf Arnold.

»Andere in seiner Familie haben viel mehr Blut vergossen«, sagte Johann von Augsburg, »einer sogar das von Tausenden.«

Der Graf sah ihn verwundert an.

»Habt Ihr schon einmal von Ortwins Ahnherrn gehört, der unter dem geheimnisvollen Kreuz im Nordwald liegen soll?« fragte der Kaufmann.

»Niemand kann sagen, wer das war«, antwortete der Graf.

»Ich weiß es nun«, erwiderte der Kaufmann und erzählte, was er in Ungarn herausgefunden hatte. Bei jedem Wort wurde das Gesicht des Grafen blasser. Am Ende starrte er seinen Gast fassungslos an.

»Aber das ist unmöglich!« ächzte er.

»Ich habe eine Abschrift mitgebracht«, sagte der Kaufmann und reichte ihm ein Pergament.

Der Graf nahm es und las. Seine Hände zitterten. »Es muß eine Fälschung sein«, stieß er schweratmend hervor.

»Es ist die Wahrheit«, sagte Johann von Augsburg. »Die Ungarn haben gleich gemerkt, was das bedeutet. Schließlich waren auch sie damals Erben...«

»Ich kann es noch immer nicht glauben«, murmelte Graf Arnold. »Das würde ja bedeuten...«

»Ja«, sagte der Kaufmann. »Es könnte sogar dem Kaiser gefährlich werden.«

»Am allerehesten aber uns!« rief der Graf. »Bedenkt doch, wenn das bekannt wird!«

»Die Sache ist nicht ohne Gefahr«, gab der Kaufmann zu.

»Weiß sonst noch jemand davon?« erkundigte sich Graf Arnold besorgt.

»Nein«, sagte Johann von Augsburg. »Das Original liegt in einem Kloster bei Neutra in Ungarn.«

»Wie konntet Ihr da herankommen?« wollte der Graf wissen.

Der Kaufmann lächelte schief. »Wer wäre für Gold empfänglicher als die wackeren Diener der Kirche?« erwiderte er.

»Konntet Ihr das Schriftstück nicht mitgehen lassen?« fragte Graf Arnold.

»Das war leider unmöglich«, erwiderte Johann von Augsburg. »Die Ungarn sind sehr stolz auf ihre Altertümer und bewachen sie gut. Vielleicht, wenn wir wieder einmal Krieg gegen sie führen...«

»Das wird so schnell nicht möglich sein«, murrte Graf Arnold. »Der Kaiser hat andere Sorgen. Himmel und Hölle, wenn das herauskommt, sind wir verloren! Ist das die einzige Abschrift?«

»Ich habe eine zweite bei einem Kaufmann in Gran hinterlegt«, sagte Johann von Augsburg. »Für den Fall, daß mir etwas zugestoßen wäre.«

»Soso,«, machte der Graf. »Ihr habt an alles gedacht.«

»Wollt Ihr Ortwin davon erzählen?« erkundigte sich der Kaufmann.

»Bei allen Heiligen, auf keinen Fall!« rief der Graf. »Der Kerl ist imstande und... Ich mag gar nicht daran denken.«

Er ritt nach Sala. Die Burg war fast fertig. Sie war eine der schönsten im ganzen Saaleland. Ihre Türme waren nicht eckig wie die von Rabeneck, sondern rund und viel zierlicher, aber nicht niedriger; ihre roten Ziegeldächer leuchteten über dem Nordwald wie die Rubine eines Diadems im Haar einer Königin. Die Fenster waren schmaler und höher als bei den älteren Burgen und ihre Bögen spitzer; der Palas stand nicht plump wie ein Bauernschuh auf der Erde, sondern erhob sich leicht wie die Sandale einer südländischen Prinzessin über den mit roten Steinen gepflasterten Burghof. Auch die Kapelle und die Kemenate waren ganz im neuen gotischen Stil entstanden. Von den Giebeln wehten bunte Tücher, Büsche und Blumen blühten im Garten der Burg. Die Mauern aber standen so hoch und stark, als stammten sie noch aus der älteren Zeit, und die Vorwerke zeigten Zinnen so grimmig, wie wenn Kriegsknechte im Kampf die Zähne fletschen.

Ortwin begrüßte den Grafen und führte ihn umher. Vom Bergfried blickten sie über das hügelige Land.

»Die Burg ist sehr fest«, lobte Graf Arnold. »Das ist gut so. Vielleicht hängt eines Tages Euer Leben davon ab.«

»Deshalb ließ ich sie bauen«, erwiderte der Ritter.

»Wie wollt Ihr sie nennen?« fragte der Graf.

Ortwin deutete auf den Wald. In einiger Entfernung leuchteten zwischen den Tannen die beiden Felstürme hervor, an denen einst der Windbruch begonnen hatte.

»Dort liegt das Tal, in dem mein Ahnherr den Drachen erschlug«, sagte der Ritter. »Die Burg soll Drachenstein heißen.«

Zur Weihe ritt der Bischof selbst von Bamberg herauf, nicht nur, um der Burg und ihrem Besitzer göttlichen Beistand zu sichern, sondern mehr noch, um die Wehrhaftigkeit der Feste zu prüfen.

Ortwin wohnte mit seiner Frau und seinen Kindern auf Drachenstein. Helfring wuchs zu einem tüchtigen jungen Mann heran; er war bald so groß wie sein Vater und zeigte sich in allen ritterlichen Übungen sehr gewandt. Der jüngere Burkhard blieb im Laufen und Reiten hinter seinem Bruder zurück, erwies sich jedoch als sehr eifrig in geistigen Dingen.

»Wir schicken ihn am besten ins Kloster«, sagte Ortwin eines Nachts zu seiner Frau. »Es kann nicht schaden, wenn von zwei Brüdern der eine gut fechten, der andere gut beten lernt.«

Später gingen im Saaleland Geschichten über einen Schatz um. Als Widerad, davon hörte, stellte er heimlich Nachforschungen an und gab einigen Knechten des Salahofs ein paar Silberstücke; dafür erzählten sie ihm, was sie bei Ortwins nächtlicher Heimkehr erlebt und beobachtet hatten. Sie wußten aber nicht, wo ihr Herr die Truhe versteckt hielt. Widerad war groß, rotbärtig und wild, als ob in ihm sein Ahnherr Witubrand wiedererstanden wäre. Er ging zum Bischof von Bamberg und sagte: »Euer Lehnsmann ritt nach Venedig, um seine entführte Tochter zurückzuholen, und kehrte mit einer Truhe wieder. Wollt Ihr nicht wissen, was darin ist und wofür er es erhielt?«

»Knechte schwatzen viel«, versetzte der Bischof, »besonders, wenn man ihnen Silber gibt. Außerdem ist Sala ein freies Lehen und Ortwin schuldet mir keine Rechenschaft.«

Widerad küßte grimmig den Ring des Bischofs und ritt in übler Laune zurück nach Rabeneck. Dort sagte er zu seinem Bruder Walter: »Reite nach Venedig und höre dich um!«

Walter holte seine Waffen und machte sich auf den Weg.

Nach einem Vierteljahr kehrte er wieder und berichtete seinem Bruder: »Es gibt dort ein Haus für die deutschen Kaufleute, die

Handel mit dem Morgenland treiben. Ihr Vorsteher ist Johann von Augsburg.«

»Ich kenne ihn«, sagte Widerad. »Er stand früher im Dienst der Grafen von Dießen.«

»Ich weiß«, sagte Walter. »Ortwin war bei dem Augsburger zu Gast. Ehe er Enite finden konnte, starb sie in einem Spinnhaus auf der Insel Murano.«

»Wer waren denn die Entführer?« fragte Widerad.

»Drei Brüder namens Malamocco«, antwortete Walter. »Ihr Palast ging in Flammen auf, in der gleichen Nacht, in der Enite tot gefunden wurde. Die Malamocco verbrannten, angeblich samt ihren Schätzen.«

»Das wissen wir nun besser«, sagte Widerad. »Aber wie konnte Ortwin ungeschoren davonkommen?«

»Es wußte ja niemand, daß er dahintersteckte«, erklärte sein Bruder. »Johann von Augsburg schweigt wie ein Grab.« Er lächelte. »Er verriet mir nur, daß sie Enite am anderen Tag begraben hätten. Danach sei Ortwin in die Heimat zurückgekehrt.«

»Du hast ihm doch hoffentlich nicht gesagt, wer du bist?« fragte Widerad.

»Natürlich nicht«, erwiderte Walter. »Es gibt aber noch ein anderes Geheimnis um die beiden. Einer aus der Dienerschaft des Kaufmanns erzählte mir, er sei erst neulich mit seinem Herrn nach Ungarn gereist.«

»Im Hunnenland ist allzeit gut handeln«, sagte sein Bruder.

»Was kauft man in Klöstern?« versetzte Walter. »Bei Neutra wohnte Johann fast eine Woche lang in einer Pilgerherberge. Als er wieder herauskam, war er angeblich sehr aufgeregt und ritt sofort weiter zum Grafen nach Dießen. Auf der ganzen Reise hielt er ein Päckchen in seinem Mantel. Selbst nachts legte er es nicht aus der Hand.«

»Was war darin?« wollte Widerad wissen.

»Eine Schriftrolle, denke ich«, antwortete sein Bruder. »Der Teufel weiß, was in ihr stand. Unterwegs hielt er sich nur ein einziges Mal länger auf – bei einem Kaufmann namens Emmerich in Gran.«

»Wie lange?«, fragte Widerad.

»Drei Tage« sagte Walter mit einem Grinsen.

»Also ungefähr so lange, wie ein guter Schreiber braucht, um ein Dokument zu kopieren«, meinte Widerad. »Gute Arbeit, Bruder! Wir werden sehen, was sich daraus machen läßt. Jetzt müssen wir erst einmal versuchen, Ortwin den Schatz abzujagen. Sonst werden die Drachensteiner zu mächtig.«

»Früher oder später bekommen wir ja doch mit ihnen zu tun«, stimmte Walter zu.

»Wir müssen es nur recht schlau anfangen«, meinte Widerad.

Am nächsten Morgen ritt er nach Drachenstein. Ortwin führte ihn in den Palas, reichte ihm Wein und winkte die Bediensteten fort. Als sie allein waren, sagte Widerad: »Wenn wir auch keine Freunde sind, will ich doch gute Nachbarschaft halten. Gestern konnten meine Leute am Kornberg ein paar Strauchdiebe erwischen. Einer von ihnen faselte etwas von einer Truhe voller Gold, die auf Eurem Land versteckt sein soll.«

»Das ist eine gute Nachricht«, erwiderte Ortwin lächelnd. »Verriet er auch, wo ich den Schatz finden kann?«

»In der Saale vermutlich«, sagte Widerad und sah seinen Gastgeber aufmerksam an.

»Das wird keine einfache Suche«, meinte Ortwin.

»Meine Leute dachten, daß der Kerl log, um sich einen Aufschub zu verschaffen«, meinte Widerad. »Als ich von der Sache erfuhr, hatten sie ihn schon aufgeknüpft.«

»Pech«, sagte Ortwin.

»Das Gold muß irgendwo in der Nähe Eures alten Hauses liegen«, fuhr Widerad fort. »Vielleicht kennen noch andere Räuber das Versteck und rauben es bei Gelegenheit aus.«

»Ich werde mich einmal umsehen«, versprach Ortwin. »Wer mag den Schatz vergraben haben?«

»Angeblich handelt es sich um venezianische Solidi«, sagte Widerad. »Mein Bruder war vor kurzem in Venedig. Dort sollen drei Brüder, sehr reiche Männer, in ihrem Palast erschlagen und beraubt worden sein.«

»Ich habe davon gehört«, sagte Ortwin. »Hat man die Täter inzwischen entdeckt?«

Widerad schüttelte den Kopf. »Manche meinen, es seien Deutsche gewesen«, sagte er. »Man munkelt von einer Rachetat. Die Malamocco reisten früher häufig nach Franken. Vielleicht stammt das Gold aus unseren Bergen und kehrte nun an den Ort seines Ursprungs zurück.«

Die beiden Männer maßen sich eine Weile mit Blicken.

»Seltsam«, sagte Ortwin dann.

»Glaubt Ihr das nicht?« fragte Widerad. »Wer weiß, vielleicht führt das Gold sogar zu den Tätern!« Sein Lächeln entblößte gelbliche Zähne.

»Das meine ich nicht«, sagte Ortwin ruhig. »Seltsam finde ich vielmehr, daß auch ich gestern von einem Schatz hörte, aber von einem, der nicht auf meinem, sondern auf Eurem Land vergraben liegt.«

»Wie?« machte Widerad verblüfft.

»Ich wollte eben nach Rabeneck reiten, als meine Wache Euch kommen sah«, erklärte Ortwin. »Ich weiß nicht, ob es sich bei Eurem Schatz auch um Gold handelt oder um ein anderes Metall. Auf jeden Fall soll es etwas aus sehr alter Zeit sein und wie das venezianische Gold, von dem Ihr redet, aus einem Verbrechen stammen, dessen Urheber nie zur Rechenschaft gezogen wurde.«

»Von wem wißt Ihr das?« fragte Widerad.

Ortwin überlegte. »Von einem Wandermönch, der hier durchzog«, sagte er dann. »Der Schatz liegt angeblich unter dem Ahorn gleich neben dem Distelfeld zwischen der Saale und Eurem Hof.«

»Nun habe auch ich Euch zu danken«, sagte Widerad. »Ich will gleich einmal nachsehen. Tut Ihr das auch!«

»Natürlich«, sagte Ortwin.

Widerad ritt nach Rabeneck, rief seinen Bruder und befahl ihm: »Lege dich unten am Fluß auf die Lauer! Ich habe den alten Fuchs aufgescheucht. Noch heute fährt er aus dem Bau, um seine Beute anderswo zu vergraben! Morgen holen wir uns dann das Gold.«

»Kommt Ihr nicht mit?« fragte Walter.

»Ich habe erst noch etwas anderes zu tun«, antwortete sein Bruder.

Widerad wartete, bis es dunkel wurde. Dann nahm er eine Fackel und einen Spaten und ritt aus der Burg. Die Schreie seines eingesperrten Vaters Udalrich hallten hinter ihm her. Der Vogt von Rabeneck schlug einen Bogen und wartete eine Weile. Als er sicher war, daß ihm niemand folgte, ritt er zu dem Ahorn, stieg ab und grub. Nach kurzer Zeit stieß sein Spaten gegen etwas Hartes. Widerad leuchtete in die Grube, griff zu und erkannte, daß er einen Panzerstecher in der Hand hielt.

»Tatsächlich!« murmelte er. »Woher wußte dieser Kerl davon?«
Er zog an der Waffe, konnte sie aber nicht aufheben.

»Hölle und Teufel!« fluchte er. »Was ist das!« Mit einem heftigen Ruck riß er den Stahl empor. Am anderen Ende erschien eine
Knochenhand. Loses Erdreich rutschte zur Seite und gab das Skelett des toten Mönchs frei. Unter dem schimmernden Gebein
glänzten die drei Silberstücke, die Bartholomäus einst von Ludger
erhalten hatte.

»Bei allen Teufeln!« rief Widerad und starrte den Toten an. Dann
hob er die Münzen auf und betrachtete sie. Plötzlich hörte er Hufschläge. Schnell warf er die Silberstücke und den Panzerstecher
wieder in die Grube und schaufelte notdürftig Erde über den
Toten. Dann löschte er die Fackel und versteckte sich hinter der
Eiche.

Kurze Zeit später schnaubte ein Pferd, und Sporen klirrten.
Widerad sprang hinter dem Stamm hervor, riß den Reiter zu Boden
und hielt ihm die Schwertspitze an die Kehle.

»Ach, du bist es», rief er. »Fast hätte ich...«

»Was ist denn?« fragte Walter erschrocken. Mühsam erhob er
sich und klopfte Erde von seinem Überwurf.

»Hier liegt ein Toter«» murmelte Widerad. »Ein Mönch, jedenfalls nach dem, was man an den Resten seiner Kleider erkennen
kann.«

»Wie kommt der denn hierher?« wunderte sich Walter.

»Er liegt hier schon seit vielen Jahren«, meinte sein Bruder und
berichtete ihm, was Ortwin erzählt hatte.

»Deshalb also«, murmelte Walter.

Widerad starrte ihn an. Dann kam er wie aus einem schweren
Traum zu sich. »Was treibst du dich überhaupt hier herum?«
wollte er wissen. »Du solltest doch Ortwin beobachten!«

»Das tat ich ja«, rechtfertigte sich der Jüngere. »Als es dunkel
wurde, kam er aus der Burg, so wie du gesagt hattest. Er ritt aber
nicht zur Saale, sondern geradewegs hierher. Als er Euer Licht
sah, blieb er stehen, dort an den Obstbäumen. Dann kehrte er um.«

»Bei allen Höllenteufeln!« schrie Widerad. »Warum hast du das
nicht gleich gesagt? Er hat uns zu Narren gemacht!«

Walter wollte etwas entgegnen, aber sein Bruder hob zornig die
Hand. Er schlug aber nicht zu, sondern fuhr plötzlich herum und
lauschte in die Nacht. Es war, als ob in der Ferne ein spöttisches

Lachen ertönte. Dann klangen Hufschräge auf, die sich rasch entfernten.

Widerad schickte Walter nach einem Sack. Sie legten das Skelett mit Münzen und Panzerstecher hinein, brachten den grausigen Fund zur Saale und schleuderten alles in den Fluß.

Dann kehrten sie nach Rabeneck zurück. Widerad stieg zu seinem Vater in den Turm, schickte die Wachen fort und sagte: »Unter dem Ahorn am Distelfeld lag ein toter Mönch!«

Udalrich musterte seinen Sohn aus rotumrandeten Greisenaugen und stieß ein gräßliches Gelächter aus.

Widerad packte ihn an der Schulter und rüttelte ihn. »Was wißt Ihr davon?« schrie er.

»Verräter!«, heulte der Alte. Dann lachte er wieder.

»Rafft Euer bißchen Verstand noch einmal zusammen!«, herrschte der Vogt von Rabeneck den Kranken an.

Udalrich verstummte und bewegte die nassen Lippen. »Judas!« würgte er nach einer Weile hervor. »Dreißig Silberlinge!«

»Wen hat dieser Mönch denn verraten?« fragte sein Sohn. »So redet doch!« Der Alte fuhr sich mit knotigen Fingern durch den zerzausten Bart. Dann sprang er auf und krallte seine Hände in das Gewand seines Sohnes.

»Zurück!« schrie Widerad und stieß den Vater heftig von sich. Der Greis prallte gegen die Wand. Wieder ertönte sein schreckliches Lachen.

»Ich werde dieses Rätsel schon noch ergründen!« rief Widerad zornig. »Mit oder ohne Eure Hilfe!«

Er drehte sich um. Ehe er die Tür erreichte, sprang sein Vater ihn hinterrücks an und versuchte, ihm die Luft abzudrücken.

»Was...!« keuchte Widerad und wehrte sich aus Leibeskräften, aber der Alte besaß überraschende Kräfte und ließ nicht locker. Schon wurde Widerad schwarz vor den Augen, da spannte er mit verzweifelter Anstrengung alle Muskeln an und schleuderte den Angreifer gegen die Wand. Der Druck der knochigen Arme löste sich und Udalrich fiel zu Boden.

»Wahnsinniger!« ächzte Widerad halb erstickt und rang nach Atem. Sein Vater bewegte sich nicht, und Widerad merkte, daß der Alte die Besinnung verloren hatte.

»Es tut mir leid, Vater«, sagte er zu ihm, »aber wenn Ihr noch länger hier seid, bringe ich Euch eines Tages um.«

Er rief nach den Wächtern und fluchte dabei so schrecklich, daß sich die Männer erst nach einer ganzen Weile in den Turm wagten. Widerad ließ seinen Vater nach Rekenz in ein Haus schaffen, in dem noch andere Geistesverwirrte gehalten wurden.

Ortwin rief am nächsten Tag seine Söhne zu sich und berichtete ihnen, was er in der Nacht erfahren hatte. »Widerad ist schlau wie eine Schlange«, erklärte er ihnen. »Ich merkte aber gleich, daß die Geschichte mit der Räuberbande gelogen war. Auch hatte Walter sich nicht besonders geschickt versteckt.«

»Wer war der Mönch?«‚wollte Burkhard wissen.

»Ich habe keine Ahnung«, gestand sein Vater.

»Aber Ihr habt Widerad doch von ihm erzählt?« wunderte sich Helfring.

»Ich habe ein wenig geschwindelt«, erklärte Ortwin. »Irgendetwas mußte ich Widerad ja sagen, und da fiel mir nichts anderes als ein Wanderprediger ein. Seltsam, daß dann wirklich ein Mönch unter der Eiche lag! Daß der Panzerstecher dort vergraben war, hatte Widerads Urgroßvater Werner einst deinem Ururgroßvater Jung-Iring erzählt.«

»Es war sehr klug von Euch, Widerad die Mordwaffe finden zu lassen, als er Euch mit dem Überfall in Venedig drohen wollte«, sagte Helfring.

»Nun weiß er, daß Ihr seinem Ansehen schaden könnt, wenn er aus dieser Sache in Venedig etwas gegen uns zu machen versucht.«

»Mir wäre wohler, wenn das alles nicht geschehen wäre«, antwortete sein Vater. »Wir müssen jetzt sehr auf der Hut sein.«

Auch Graf Arnold von Dießen hatte ein langes Gespräch mit seinem Sohn Berthold über die Vorgänge in Venedig und die alte Fehde im Saaleland. Dabei erzählte er ihm auch, was Johann von Augsburg in Ungarn herausgefunden hatte.

»Ist das wirklich wahr?« fragte Berthold erregt. »Das würde ja bedeuten, daß der Kaiser...«

»Deshalb ist es ja so wichtig, daß niemand davon erfährt«, unterbrach ihn der Graf. »Wir sind mit den Drachensteinern verschwägert, und wenn Heinrich gegen sie zieht, droht auch uns höchste Gefahr!«

»Warum habt Ihr den Kaufmann dann einfach wieder davonreiten lassen?« wunderte sich sein Sohn.

»Es blieb mir nichts anderes übrig«, erklärte Graf Arnold mißmutig. »Der alte Schlaukopf hatte vorgesorgt und eine Abschrift der Urkunde bei Freunden in Gran versteckt. Ich habe schon ein paar Leute beauftragt, sich dort einmal umzuhören, mit wem Johann gut bekannt ist. Vielleicht können wir mit Gold etwas erreichen. Ich werde erst wieder ruhig schlafen, wenn diese Urkunde aus der Welt ist.«

»Wir könnten doch auch versuchen, uns die Ansprüche der Drachensteiner selbst zu eigen zu machen«, meinte Berthold.

»Das wäre viel zu gewagt«, wehrte sein Vater ab. »Wie sollten wir den großen Geschlechtern des Reichs gewachsen sein?«

»Mir bangt weder vor den Saliern noch vor den Sachsen«, wandte sein Sohn trotzig ein. »Unser Adel ist nicht jünger als ihrer, und wenn wir die Drachensteiner beerben...«

»Wir müssen vorsichtig sein«, mahnte Graf Arnold. »Einst gewann Kühnheit die Kronen, heute setzt Klugheit sie auf.«

Graf Arnold war nun schon sehr alt. Vier Winter später starb er.

Sein Sohn sandte Ortwin ein Schreiben nach Sala, aus dem hervorging, daß eine Werbung Helfrings um Anna, die jüngste Tochter des neuen Grafen, mit Wohlwollen angenommen werden würde. Ortwin und Helfring ritten nach der Plassenburg bei Kulmbach, dem Hauptsitz der Dießener. Dort wurde der Erbe von Sala mit der Grafentochter verlobt und vermählt.

»Diese verfluchten Franken geben es nicht auf«, sagte Widerad grimmig, als er davon erfuhr. »Wir wollen hoffen, daß es mit den Dießenern so schnell zu Ende geht wie damals mit den Schweinfurtern!«

Im Jahr darauf brachte Anna ein Kind zur Welt. Es war ein Mädchen und wurde auf den Namen Agnes getauft. Kurz darauf starb Ortwins jüngere Tochter Rosa an einer Krankheit.

Wieder ein Jahr später kam Anna zum zweitenmal nieder. Es war wieder ein Mädchen; Helfring nannte es Alfgard.

Im dritten Jahr hoffte Helfring endlich auf einen Sohn und wirklich gebar seine junge Frau einen Knaben, doch das Kind kam tot zur Welt. Es wurde in eine kleine Kiste gelegt und begraben.

Im vierten Jahr wurde Anna von neuem schwanger. Helfring achtete sehr auf seine Frau und ließ schon lange vor der Geburt jede Nacht eine Hebamme bei ihr schlafen. Trotzdem wurde auch dieses Kind tot geboren; es war wieder ein Junge.

Im fünften Jahr ging Anna wieder mit einem Kind. Ortwin und Helfring brachten dem Pfarrer von Rekenz Gold und stifteten viele Messen, in denen sie um einen Erben für Sala beteten. Am Tag vor der Geburt sah Ortwin im Burggarten einen der Knechte an einer kleinen Holzkiste schreinern.

»Hund!« schrie der Herr von Sala und schlug den Hörigen heftig in das Gesicht. »Das Kind ist noch nicht geboren und du zimmerst schon einen Sarg?«

»Verzeiht mir, Herr!« rief der Knecht erschrocken. »Ich muß doch tun, was mir befohlen ist!«

»Wer hat dir diese Schändlichkeit aufgetragen?« schrie Ortwin in flammendem Zorn.

»Die Hebamme«, stieß der Hörige hervor.

Ortwin riß sein Schwert heraus und schlug den Knecht nieder. Dann stürmte er über den Burghof zu den Frauengemächern. Seine Frau Ida stellte sich ihm in den Weg.

»Was willst du mit der Waffe?« rief sie entsetzt.

Ortwin stieß sie grob zur Seite und lief zum Zimmer seiner Schwiegertochter. Ida eilte schreiend hinter ihm her und rief: »Haltet ein, Ortwin, ehe Euer Schwert neues Unheil bringt!«

Ortwin kümmerte sich nicht um sie. Er packte die Hebamme, die vor der Tür saß, an den Haaren und herrschte sie an: »Was hat das zu bedeuten, daß du einen Sarg bestellst, noch ehe die Geburt begonnen hat?«

Die alte Frau fing vor Furcht an zu zittern und zerrte an Ortwins fester Hand. »Es ist der Fluch!« zeterte sie. »Es ist Eures Großvaters Schuld!«

Ida stand fassungslos neben ihrem Mann. »Was meint sie damit?« fragte sie ihn.

»Das möchte ich selbst gern wissen«, knurrte Ortwin und schüttelte die Frau zornig. »Heraus mit der Sprache!« schrie er sie an.

»Ihr wißt doch, daß Irminfried von einer Fee verflucht wurde«, rief die Hebamme angsterfüllt, »weil er sie nach sieben Jahren verließ, sollen immer nur sieben Drachensteiner am Leben sein!«

»Wer hat dir diesen Unsinn erzählt?« brüllte Ortwin in höchster Wut.

»Das weiß hier doch jedes Kind!« jammerte die alte Frau.

Ida hielt Ortwins Schwertarm fest. »Ihr und ich, Helfring und

Anna, Agnes und Alfgard, dazu Burkhard«, zählte sie auf, »das sind sieben.«

»Die Griechin war so wenig eine Fee wie meine Großmutter Richenza«, rief Ortwin, »und Irminfried blieb auch nicht sieben Jahre in Konstantinopel, sondern viel länger. Das sind alles Lügen und Greuelmärchen!« Er riß den Kopf der schreienden Alten zurück und schlug ihr den Hals durch.

»Was hast du getan!« rief Ida entsetzt.

Ortwin packte sie grob am Arm. »Hole mir eine andere Hebamme«, befahl er, »eine Christin, die an Gott glaubt, und nicht wieder so eine Hexe!«

Burkhard kam hinzu. Als er sah, was geschehen war, bekreuzigte er sich hastig. »Ihr müßt wahnsinnig sein«, sagte er zu seinem Vater.

Ortwin schlug mit dem blutigen Schwert nach ihm. Burkhard duckte sich unter den Hieb und floh.

Ortwin wachte mit Helfring die ganze Nacht vor Annas Tür. Am Morgen kam das Kind. Es war wieder ein Knabe und tot.

Darüber wurden im Saaleland viele sonderbare Geschichten erzählt.

Burkhard verließ Sala, reiste nach Bamberg und trat dort in ein Kloster ein.

Auch im Reich trug sich zu dieser Zeit Seltsames und Schreckliches zu. Im Jahr 1080 nach der Menschwerdung des Herrn war der Gegenkönig Rudolf von Schwaben nach einer Schlacht gestorben. Die Fürsten wählten darauf Hermann von Salm zum Nachfolger. Er konnte sich aber nur in Sachsen einigermaßen festsetzen. Man nannte ihn den ›Knoblauchkönig‹, weil dieses Gewürz um Hermanns Sitz in Eisleben besonders gedieh. Heinrich hatte nun den Rücken frei für den Entscheidungskampf gegen Papst Gregor VII. Im Jahr 1083 fiel Rom, 1084 konnte sich Heinrich vom Gegenpapst Clemens III. zum Kaiser krönen lassen.

Später erlitt er jedoch in einer Schlacht bei Canossa eine schwere Niederlage. Sein schon gekrönter Sohn Konrad verriet den Vater und ging zu Papst Gregors Nachfolger Urban über. Gleichzeitig setzten Kirchenleute allerlei Gerüchte über angebliche unsittliche Neigungen des Kaisers in Umlauf. Einmal sollte er, um seine ungeliebte Frau loszuwerden, einem Ritter eine große Belohnung versprochen haben, falls es ihm gelänge, die Kaiserin zum Ehebruch zu verleiten. Der Ritter machte der Kaiserin darauf so deutliche Avancen, daß Bertha das böse Spiel gleich durchschaute. Zum Schein ließ sie sich auf ein Rendezvous in ihren Gemächern ein. Als der Ritter nachts dort erschien, gefolgt von dem verkleideten Kaiser, der seine Frau in flagranti ertappen wollte, prügelten Berthas vorgewarnte Bedienstete mit Stöcken und Schemeln so lange auf Heinrich ein, bis der Herrscher halbtot am Boden lag. Nach einer anderen Legende sollte Heinrich seine Frau gleichwohl des Ehebruchs angeklagt, sie sich jedoch von dem Verdacht mit Gottes Hilfe gereinigt haben, indem sie mit bloßen Füßen unversehrt über zwölf glühend gemachte Pflugscharen schritt.

Größerer Wahrheitsgehalt kam wohl den Anschuldigungen der Kaiserin Adelheid zu, die Heinrich nach Berthas Tod geheiratet hatte: Nach sechs wenig glücklichen Ehejahren war sie ihrem Mann entflohen und hatte ihn vor den Bischöfen des Reichs beschuldigt, sie zum Ehebruch mit seinen Kumpanen und sogar mit seinem Sohn und Nachfolger gezwungen zu haben.

Zur gleichen Zeit versuchte Papst Urban, die Kräfte der abendländischen Ritterschaft gegen den Glaubensfeind zu lenken: In Clermont forderte er sie zur Befreiung Jerusalems auf. Sein Ruf »Deus le volt« – »Gott will es« – verhallte nicht ungehört. Als erste machten sich allerdings nicht geordnete Scharen kampferprobter Krieger, sondern wilde Rotten verarmter Bauern auf den Weg ins Heilige Land. Als erste Feinde erwählten sie sich die wehrlosen jüdischen Einwohner mehrerer Städte im Rheinland. In Worms brachte der zügellose Haufen achthundert Juden um, in Mainz über tausend. Selbst Säuglinge wurden erschlagen, schwangeren Frauen die Bäuche aufgeschlitzt. Auch in Speyer richteten die Kreuzfahrer ein Blutbad an; in Köln rissen sie die Synagoge nieder. Bischöfe und christliche Mitbürger der Verfolgten trieben die Mörder endlich mit Waffen davon. Die fanatischen Haufen zogen durch Ungarn, wo sie von schwerbewaffneten Truppen des ungarischen Königs an Übergriffen gehindert wurden, und gingen schließlich in Kleinasien elend zugrunde.

Den ersten wirklichen Kreuzzug führte Gottfried von Bouillon mit anderen französischen und normannischen Herren glücklich bis vor die Mauern Jerusalems. Im Jahr des Heils 1099 erstürmten die Kreuzritter die heilige Stadt. Die Anspannung des Feldzugs entlud sich in einem grauenvollen Gemetzel unter der muslimischen Bevölkerung.

Heinrich IV. hatte sich nicht beteiligen können, weil er wieder einmal gebannt war. Im Jahr 1105 revoltierte auch des Kaisers jüngerer Sohn Heinrich V. Er lockte seinen Vater in einen Hinterhalt und ließ ihn gefangennehmen. Noch einmal konnte der Alte entfliehen und ein neues Heer sammeln, doch dann starb er in Lüttich. Der Groll der Kirche gegen ihn war so groß, daß er fünf Jahre lang nicht bestattet werden konnte.

An Heinrich V. hatte der nächste Papst jedoch nicht mehr Freude als seine Vorgänger an Heinrich IV.: Der neue Herrscher zog erst einmal nach Italien, brannte das aufsässige Novara nieder und ließ sich dann von den anderen lombardischen Städten huldigen. Wieder aber waren es deutsche Fürsten, die den kaiserlichen Weltherrschaftsplan zunichte machten: Herzog Lothar von Sachsen und Erzbischof Adalbert von Mainz traten in Waffen gegen ihren Herrn auf, päpstliche Legaten verkündeten den Bann über ihn. Als der Herzog die Marken Meißen und Lausitz eigenmächtig mit zwei Lehensleuten besetzte, rief Kaiser Heinrich den Heerbann zusammen. Wieder standen sich Franken und Sachsen als Feinde gegenüber. Ortwin und Helfring ritten mit Heinrich, Widerad und Walter wollten auf Seiten des Herzogs fechten. Doch ehe es zu einer Schlacht kam, starb der Kaiser mit nur neununddreißig Jahren in Utrecht an Krebs.

Ein Jahrhundert lang hatte das Haus der sächsischen Kaiser geherrscht, ebenfalls hundert Jahre das der Salier aus Rheinfranken; nun stand das Reich vor einer neuen Königswahl. Ortwin schickte Helfring nach Sala zurück und ritt nach Mainz. Er war nun schon sehr alt.

Die Wahlversammlung dauerte sechs Tage und verlief sehr stürmisch. Um die Kaiserkrone bewarben sich Lothar von Sachsen, der Hohenstaufer Friedrich von Schwaben und Markgraf Leopold von Österreich. Die Mehrheit entschied sich für den Sachsen, der nach seinem Stammsitz Lothar von Supplinburg genannt wurde.

Als Ortwin das Ergebnis erfuhr, sattelte er sofort sein Pferd und ritt in großer Eile nach Hause. Am Südrand des Nordwalds kamen ihm Flüchtlinge aus Sala entgegen. Kurze Zeit später sah er die verkohlten Reste seiner Burg. Er zog sein Schwert und hastete durch die Ruinen. Als ersten fand er seinen Sohn; Helfring lag mit gespaltenem Schädel unter verkohlten Balken. Die Leichen Idas und Annas entdeckte er unter Büschen im Burggarten. Auch alle Burgwächter, Knechte und Mägde waren erschlagen worden. Von seinen Enkeltöchtern fehlte jede Spur.

Ortwin hieb wie ein Rasender auf die Büsche ein. Dann warf er das Schwert fort und lief davon.

Als die Flüchtlinge nach Kulmbach kamen, sammelte Graf Berthold seine Ritter und eilte an die Saale. Die Toten lagen noch immer unbestattet in den Trümmern. Ortwin war verschwunden. Der Graf ließ die Leichen nach Rekenz bringen und dort begraben. Am nächsten Tag berichtete ihm einer seiner Ritter, er habe im Wald einen alten Mann angetroffen, der offenbar den Verstand verloren habe. Graf Berthold ließ sich zu der Stelle führen. Ortwin saß halbnackt unter rauschenden Tannen und versuchte die Sonnenstrahlen zu haschen, die durch die schwankenden Zweige drangen.

»Als ob er glaubte, daß es Gold sei«, flüsterte der bayerische Ritter.

»Gold!« sagte Ortwin laut und lachte.

Der Graf stieg ab, nahm ihn an der Hand und führte ihn wie ein Kind aus dem Wald. Er ließ ihn nach Rekenz bringen und ritt nach Rabeneck.

Widerad stand auf der Tormauer.

»Was wißt Ihr von diesem Überfall?« schrie der Graf zu ihm hinauf.

»Ich kam zu spät, zu helfen«, antwortete Widerad.

»Es wäre Eure Pflicht gewesen, wachsam zu sein«, rief der Graf.

»Meine Vogtei endet an der Saale«, versetzte der Sachse. »Sala gehört nicht zu ihr.«

»Wißt Ihr, wo die Mädchen sind?« wollte der Bayer wissen.

Widerad schüttelte den Kopf. Walter stand neben ihm.

»Gnade Euch Gott, wenn Ihr mir etwas verschweigt«, sagte Graf Berthold grimmig und kehrte um.

Er ließ überall nach Agnes und Alfgard forschen, aber niemand konnte sagen, wo die Mädchen geblieben waren.

Ortwin wurde in das Haus gebracht, in dem auch die anderen Kranken aufbewahrt wurden. Als Schatten über ihn fiel und er keine Sonnenstrahlen mehr sah, fing er an zu toben und mußte gefesselt werden. Die Bediensteten des Grafen banden ihn vorsichtig und legten ihn auf ein Bett. Dann eilten sie zu ihrem Herrn zurück.

Als es dunkel wurde, kam Udalrich. Er legte seine gichtge-krümmten Finger um Ortwins Hals und drückte so lange zu, bis sein Opfer tot war. Dann hallte wahnsinniges Gelächter durch das Haus.

18

Im Dorf schlugen die Hunde an

Graf Berthold schickte den Flüchtlingen Reiter nach, ließ sie nach Sala zurückbringen und fragte sie der Reihe nach aus. Sie kannten die Fremden nicht, die Burg Drachenstein überfallen hatten, meinten jedoch, die Männer hätten in sächsischer Mundart gesprochen.

Am nächsten Morgen erfuhr Graf Berthold von Ortwins Tod. Sogleich sammelte er seine Ritter und zog nach Rekenz. Dort stellte er fest, daß Widerad den Vater nach Rabeneck zurückgebracht hatte. Der Graf setzte seine Sturmhaube auf und ritt mit seinen Gefolgsleuten vor die Burg.

»Gebt den Mörder heraus!« rief er zu Widerad empor.

»Die Gerichtsbarkeit ist meine Sache«, antwortete der Sachse.

»Rekenz gehört zu meiner Vogtei und zum Land des Bischofs!«

»Ihr seid des Mörders Sohn!« schrie Graf Berthold zornig.

»Und Ihr des Opfers Verwandter!« gab Widerad zurück.

»Der Bischof wird Euch Eures Amtes entheben«, sagte der Graf und schickte einen Boten nach Bamberg. Der Reiter kehrte mit einem Brief zurück, in dem der Bischof seinem Vogt befahl, nach dem Gesetz zu handeln oder sein Amt abzugeben. Sterben müsse sein Vater in jedem Fall.

Widerad stieg zu Udalrich in das vergitterte Turmgemach und sagte: »Es tut mir leid um Euch, doch nun müßt Ihr dem Recht Genugtuung leisten, denn sonst werden wir alles verlieren.«

Udalrich lachte höhnisch.

Am anderen Tag führte Widerad seinen Vater auf einem Karren nach Rekenz. Graf Berthold folgte dem Zug mit schwergepanzerten Rattern. Im Dorf ließ Widerad das Todesurteil verlesen. Dann wurde Udalrich enthauptet. Den Zuschauern klang das Lachen des Wahnsinnigen hoch lange in den Ohren, und wieder wurden viele sonderbare Geschichten über die alte Fehde erzählt.

Graf Berthold ritt nach Bamberg und sprach lange mit dem Bischof. Der Bischof befahl Burkhard zu sich, und der Graf sagte zu dem Mönch: »Ihr seid nun der letzte vom Blut der Drachenritter. Es ist Eure Pflicht, Euer Geschlecht fortzusetzen.«

»Mein Leben ist dem Herrn geweiht«, erwiderte Burkhard, »und das ist meine einzige Verpflichtung.«

»Wer soll den Drachenstein wieder aufbauen?« wollte der Graf wissen. »Und was soll aus Sala werden?«

»Nehmt beides, wenn Ihr wollt«, antwortete Burkhard, »an solchen Gütern liegt mir nichts.«

»Ich werde den Besitz verwalten, bis Ihr Eure Meinung geändert habt«, sagte der Graf.

»Es ruht ein Fluch auf diesem Land«, erwiderte der Mönch. »Gebt acht, daß er nicht Eure Seele gefährdet!«

»Was!« fuhr der Graf auf.

Der Bischof legte ihm rasch eine Hand auf den Arm. »Er ist von dem Unglück noch ganz durcheinander«, sagte er besänftigend. »Laßt ihm noch etwas Zeit.«

»Es ist eine Schande«, grollte der Graf, »daß ein so altes Geschlecht so jämmerlich zugrunde gehen muß.«

»Alles geschieht nach Gottes Willen«, meinte der Bischof.

Der Graf ritt in übler Laune fort. Zuhause wartete ein Bote auf ihn.

»Ich bringe Euch Grüße von Johann dem Kaufmann, Herr«, sagte der Reiter. »Er läßt Euch höflich bitten, daß Ihr Euch zu ihm nach Augsburg begebt, da er Euch etwas sehr Wichtiges mitteilen möchte.«

»Was bildet er sich ein?« fragte Berthold unmutig. »Er soll gefälligst hier erscheinen, wenn er etwas will!«

»Das hätte er gewiß gern getan«, antwortete der Bote, »aber er liegt im Sterben.«

»Das ist etwas anderes«, sagte der Graf. »Heilige Maria, was für Zeiten!« Er ließ ein anderes Pferd satteln und ritt nach Augsburg.

Der Kaufmann lag unter dicken Kissen; Schweiß troff von seiner Stirn und ein fester Verband umhüllte seine linke Schulter.

»Was ist geschehen?« fragte der Graf.

»Hütet Euch vor den Sachsen«, antwortete Johann von Augsburg. »Ich würde auch Ortwin gern warnen, aber ich weiß nicht wie, da Euer Vater mir verbot, ihm von seiner Abstammung zu berichten.«

»Nun ist es ohnehin zu spät«, murmelte Graf Berthold und erzählte dem Kaufmann, was in Drachenstein und Rekenz geschehen war.

»So werdet Ihr bald der Letzte sein, der von dieser Sache weiß«, keuchte Johann von Augsburg.

»Und Euer Freund in Ungarn?« fragte der Graf.

»Emmerich wurde vor acht Wochen ermordet«, stieß Johann von Augsburg mit großer Mühe hervor. »Ich sage es nicht gern, aber Euer Vater hätte die Sache damals bekanntmachen sollen, statt sie geheimzuhalten. Vielleicht wäre dann die Königswahl anders entschieden worden, und wir wären jetzt Mächtige, nicht Verfolgte!«

»Ich wollte Ortwin längst die Wahrheit sagen und seine Ansprüche unterstützen«, sagte der Graf. »Aber solange die salischen Kaiser noch herrschten, war das unmöglich, und dann ging alles so schnell! Woher wußten die Sachsen von Furem Freund in Gran?«

»Einer von ihnen suchte mich nach Ortwins Rachetat in Venedig auf«, erzählte der Kaufmann. »Er nannte sich Wilfried.«

»In Wirklichkeit hieß er Walter und war der jüngere Bruder Widerads von Rabeneck«, erklärte Berthold.

»Ich wußte gleich, daß der Kerl log«, ächzte Johann von Augsburg. »Später fand ich heraus, daß er versucht hatte, einige meiner Diener zu bestechen. Ich weiß nicht, was er von ihnen erfuhr. Aber im Frühjahr schickte mir mein Freund in Gran einen Brief. Er schrieb, daß seit einigen Nächten Fremde um sein Haus schlichen.«

»Warum habt Ihr mir nicht gleich davon berichtet?« fragte der Graf.

Der Kaufmann lächelte verzerrt. »Mit Verlaub, Herr«, gab er zur Antwort, »ich dachte zuerst, es wären Eure Leute.«

»Ach so«, murrte Berthold mißvergnügt. »Aber ich stand zu dieser Sache doch ganz anders als mein Vater!«

»Dennoch habt auch Ihr Ortwin nichts gesagt, oder?« sagte Johann von Augsburg. »Wir alle haben Fehler gemacht. Emmerich bezahlte als erster dafür. In der ersten Juninacht drangen Fremde in sein Haus ein, erschlugen ihn und raubten die Abschrift. Als ich von dem Überfall erfuhr, wußte ich gleich, daß es nicht Eure Leute, sondern Sachsen waren; Ihr hättet Klügeres befohlen! Ich eilte nach Augsburg, aber die Mörder warteten schon auf mich. Zum Glück hatte ich vorgesorgt und einige tüchtige Kriegsknechte angeworben.«

»Wo war das Dokument verborgen?« wollte der Graf wissen.

»In einer Mühle im Allgäu, die meiner Familie schon lange gehört«, erklärte der Kaufmann. »Dort brachen diese Kerle aus dem Hinterhalt hervor. Meine Leute konnten einige töten; es waren tatsächlich Sachsen. Sie haben mich übel erwischt.«

»Sachsen aus dem Saaleland?« fragte der Graf begierig.

»Nein«, brachte der Kaufmann unter großen Schmerzen heraus, »aus Braunschweig. Sie hatten sich schon eine ganze Zeit in Augsburg herumgetrieben und in den Schenken ein loses Maul geführt.«

Der Graf sah ihn überrascht an. »Wollt Ihr damit etwa sagen«, fragte er ungläubig, »daß der Kaiser selbst hinter den Anschlägen steckt?«

»Damals saß Lothar noch nicht auf dem Thron«, antwortete der Kaufmann mit gepreßter Stimme, »er bestieg ihn erst, als keine Bewerber edleren Blutes auftraten. Wäre ihm das auch gelungen, wenn Ortwin sich in Mainz zur Wahl gestellt hätte, im Glanz seiner Abstammung von einem so bedeutenden und geheiligten Ahnen?«

»Gewiß nicht«, gab Berthold zu.

»Wie kam der Sachse denn an die Krone?« fuhr Johann von Augsburg verächtlich fort. »Einst war er nur ein kleiner Burggraf. Seine Güter um Göttingen und Braunschweig gewann er durch Heirat, den Herzogtitel durch Verrat. Half er nicht Kaiser Heinrich gegen dessen eigenen Vater? Und später verriet er auch den Sohn. Als es ihm an den Kragen ging, zog er rasch ein Büßergewand an und warf sich dem neuen Herrscher zu Füßen. Doch bei der nächsten Gelegenheit brach er seine Eide und trat in Waffen gegen den Kaiser auf.«

»Ja, der Mann ist zu allem fähig«, räumte der Graf ein. »Aber eine solche Niedertracht traue ich ihm doch nicht zu, daß er bezahlte Mörder nach Franken, Bayern und sogar nach Ungarn schickt, um Unschuldige töten zu lassen, nur weil sie etwas wissen, was seine Pläne stören könnte.«

»Er muß ja nicht selbst den Befehl dazu gegeben haben«, sagte Johann von Augsburg müde. »Es genügte ja schon, wenn einer seiner Lehensleute für seinen Herrn das vermeintlich Notwendige tat.«

»Widerad«, knurrte der Graf. »Er hat sein Amt zwar nicht vom sächsischen Herzog, sondern vom Bamberger Bischof, doch seine Treue gilt noch immer der alten Heimat seines Geschlechts. Das ist gewiß.«

»Als Vogt hätte er aber kaum die Mittel für Unternehmungen in Ungarn oder Venedig«, zweifelte Johann von Augsburg. »Ich sagte Euch doch, daß die Leute aus Braunschweig stammten.«

»Wo ist Eure Abschrift nun?« fragte der Graf.

»Ich ließ sie versiegelt dem Bischof von Augsburg bringen«, antwortete Johann.

Er starb drei Tage später. Graf Berthold ritt nach Sala und setzte dort einen Verwalter ein.

Dann suchte er erneut den Bischof von Bamberg auf und erzählte ihm alles, was er von der Abstammung der Drachenritter wußte.

Der Bischof erschrak sehr, als er den Bericht hörte. Am Schluß sagte er: »Gütiger Gott! Dann ist Burkhard also...« Er verstummte.

»Der letzte lebende Nachkomme«, vollendete der Graf den Satz. »Nun ratet mir, hochwürdiger Vater – soll ich ihn davon in Kenntnis setzen, oder wollt Ihr das lieber selbst tun?«

»Sollen wir es ihm überhaupt sagen?« seufzte der Bischof. »Ich kann es nicht ohne Gottes Hilfe entscheiden. Geduldet Euch ein wenig! Vielleicht gibt der Herr mir ein Zeichen.« Graf Berthold dankte ihm und ritt nach Sala. Dabei kam er durch den Drachengrund. Ein alter Mann saß vor der Hütte; vor seinen Füßen spielten zwei kleine Mädchen in armseliger Kleidung mit einem Ball aus Lumpen.

Der Graf zügelte sein Pferd.

»Ihr habt hübsche Enkeltöchter«, sagte er freundlich zu dem Greis.

Der alte Mann sprang auf die Beine, grüßte ehrerbietig und dankte.

»Wir rasten hier«, entschied der Graf und hieß seine Leute in einiger Entfernung von dem Holzkreuz lagern.

»Geht ins Haus«, befahl der Köhler den Kindern. »Der hohe Herr will ruhen.«

»Aber die Kleinen stören doch nicht«, sagte der Graf und setzte sich ins Gras.

»Ins Haus!« rief der Alte noch einmal.

»Laß sie«, befahl der Graf. »Das wäre eine schlechte Welt, in der Kinder bei Sonnenschein nicht draußen spielen dürften.«

Der Köhler wagte nicht zu widersprechen. Der Graf streckte sich im Schatten der Tannen am Rand des kleinen Tals aus und schlief ein. Er erwachte durch leise Stimmen in seiner Nähe.

»Sei doch nicht so feige!« flüsterte eins der Mädchen. »Du siehst doch, daß er schläft!«

»Aber der Ball liegt genau an seiner Hand«, wisperte das andere. »Vielleicht packt er zu, wenn ich ihm zu nahe komme!«

»Papperlapapp!« rief das erste ungeduldig. »Er darf uns doch nichts tun!«

»Aber er ist ein vornehmer und mächtiger Herr«, sagte das andere. »Wer wird uns helfen, wenn er böse ist?«

»Vornehm sind wir auch«, zischte das eine, »wenn wir es auch niemandem sagen sollen!«

»Warum denn nicht?« fragte der Graf und richtete sich auf. Erschrocken flohen die Mädchen. Graf Berthold ließ den Köhler kommen, faßte ihn scharf ins Auge und fragte: »Wie ist dein Name?«

»Ich heiße Lampert, Herr«, antwortete der Alte.

»Du bist Köhler?« fragte der Graf weiter.

»Ja, Herr.« Verlegen knetete der alte Mann seine großen Hände.

»Lügst du auch nicht?« herrschte der Graf ihn an.

Der Alte schüttelte den Kopf. »Ich schwöre bei Gott«, sagte er fest.

Der Graf kratzte sich den roten Bart. »Aber früher«, sagte er, »warst du kein Köhler!«

Der Mann begann zu schwitzen. »Nein, Herr«, murmelte er.

»Du warst Ortwins Knappe«, sagte der Graf. »Und die beiden Mädchen sind Helfrings verschwundene Töchter.«

Der alte Mann senkte den Kopf. »Ja, Herr«, sagte er.

»Warum bist du nicht zu mir gekommen?« wollte der Graf wissen.

»Ich hatte Angst«, gestand Lampert. »Ich weiß bis heute nicht, wer den Drachenstein überfiel... Als ich damals mit Herrn Ortwin durch die Ruine ritt, waren die Mörder längst fort... Die Mädchen hockten in einer Höhle im Wald. Ich brachte sie zu meinem Herrn, doch der erkannte sie nicht mehr...« Seine müden Augen schimmerten in dem faltigen Gesicht wie Wasserlöcher in einem Sumpf.

»Es ist gut«, sagte der Graf. »Nicht wir waren es, die den Drachenstein niederbrannten, sondern die Sachsen! Jetzt sollst du mit mir nach Kulmbach reiten, damit du dort den Lohn für deine Treue erhältst. Die Mädchen werde ich aufziehen wie meine eigenen Töchter.«

Einige Wochen später kam ein Bote des Bischofs von Bamberg nach Kulmbach und überbrachte dem Grafen einen versiegelten Brief. Als Berthold ihn las, färbte sein Gesicht sich finster.

»Burkhard ist tot«, sagte er zu seiner Frau. »An einer Blutvergiftung gestorben, schreibt der Bischof. Hat sich bei der Gartenarbeit verletzt. Es sei Gottes Wille gewesen.« Anklagend hielt er ihr das Schreiben hin. »Verdammt!« fluchte er.

»Dann sind die Ansprüche also endgültig erloschen«, sagte die Gräfin.

»Ja, natürlich«» sagte ihr Mann. »Nach dem alten fränkischen Recht sind nur Nachkommen im Mannesstamm erbberechtigt. Aber mich dauert nicht nur diese entgangene Gelegenheit für uns und unsere Kinder. Es ist mir auch schwer erträglich, daß ein so ruhmvolles Geschlecht derart traurig aussterben mußte. Denke doch nur einmal daran, in wie vielen Schlachten Burkhards Vorfahren fochten! Mit ihren Schwertern entschieden sie einst die Geschicke von Völkern – und ihr Nachfahr ging an einem rostigen Nagel zugrunde!«

»Wir wollen dafür sorgen, daß die beiden Mädchen ein besseres Los gewinnen«, sagte seine Frau.

Als die Sachsen auf Rabeneck von Burkhards Ende erfuhren, sagte Walter voll grimmiger Freude: »Nun ist es endlich vorbei mit diesem Gesindel, und niemand wird uns mehr die Herrschaft im Saaleland streitig machen!«

Widerad wiegte nachdenklich den Kopf und entgegnete: »Das dachte auch unser Ahn Witubrand einmal, vor nun schon bald zweihundert Jahren, und dann kehrte Hathumod plötzlich mit dem Kind eines Toten zurück!«

»Aber sie war eine Sächsin und aus unserem starken Geschlecht«, sagte sein Bruder spöttisch, »keine von diesen verzärtelten Fränkinnen, die sich den ganzen Tag putzen!«

Im nächsten Jahr verheiratete Widerad seinen Sohn Wichmann mit einem Mädchen aus Sachsen; sie hieß Roswitha und schenkte ihrem Mann sechs Kinder, ehe sie starb.

Das erste wurde auf den Namen Werenfried getauft.

Wieder ein Jahr später wurde Widerads Bruder Walter von Rabeneck bei der Verfolgung böhmischer Räuber von einem Pfeil ins Auge getroffen und getötet.

Agnes und Alfgard wuchsen in Kulmbach zu zwei anziehenden jungen Frauen heran. Agnes war sehr fromm und lebte ganz dem Andenken ihrer Eltern. Alfgard dagegen blickte beim Gottesdienst so oft zu den jungen Rittern, daß es dem Grafen auffiel und er zu seiner Frau bedenklich sagte: »Da kocht ein wildes Blut auf.«

»Es ist das Blut ihrer Ahnherrn«, seufzte die Gräfin.

»Ja«, sagte Berthold, »auch damals sah man an den Töchtern, wie hitzig es war. Wir wollen das Mädchen verheiraten, so schnell wir können.«

Graf Berthold setzte seinen Pflegetöchtern eine stattliche Mitgift aus. Darauf meldeten sich viele Bewerber. Agnes erklärte jedoch, daß sie ihr Leben frommen Werken weihen wolle. Als sie sechzehn Jahre alt war, übergab der Graf ihr Sala und den Drachenstein als Erbe. Alfgard heiratete Sigmund von Bergen, den ältesten Sohn eines Burggrafen vom Niederrhein.

Agnes übersiedelte nach Sala und richtete auf dem Hof ein Damenstift ein, dessen Äbtissin sie wurde. Sie und die Frauen, die sich um sie sammelten, blieben zwar unverheiratet, brauchten jedoch kein Ordensgelübde abzulegen. Sie lebten ihrer Frömmigkeit, beschieden sich mit dem Nötigsten und gaben alles übrige den Armen, so daß ihr Stift bald von Bettlern und Bedürftigen aus dem ganzen Saaleland aufgesucht wurde. Auch Widerads Schwestern Irmgard und Thietberga, die unverheiratet geblieben waren, schlossen sich den frommen Frauen an.

»Närrinnen!« sagte Widerad zu seinem Sohn Wichmann. »Aber auf diese Weise sind wir die beiden Betschwestern wenigstens los.«

Kurz darauf starb einer seiner Nachbarn kinderlos und hinterließ sein Gut den Mönchen eines Klosters auf einem Berg am Oberlauf der Saale. Die frommen Männer begruben ihren Wohltäter und eilten dann, den Besitz zu übernehmen.

Doch als sie auf dem Gut erschienen, stand Widerad vor ihnen und zeigte ihnen einen Brief. In ihm war zu lesen, daß der Gutsherr seinen letzten Willen wenige Stunden vor seinem Tod noch einmal geändert und das Anwesen dem Herrn von Rabeneck vermacht hatte.

Darüber gab es nun einen lauten Streit. Er endete damit, daß Widerad die frommen Männer mit breiter Klinge aus dem Anwesen trieb.

Einige Tage später wurde der Sachse zum Bischof bestellt. Er ritt nach Bamberg und zeigte den Brief.

»Dagegen ist nichts zu machen«, sagte der Bischof zu dem Vorsteher des Klosters, der aus Dänemark stammte und Hakon hieß.

»Es ist eine Fälschung!« rief der Abt erbost. »Dafür sollt Ihr in der Hölle braten, gottloser Sachse!«

»Oho!« lachte Widerad. »Im Fluchen seid Ihr wohl noch tüchtiger als im Beten!«

»Mäßigt Euch!« mahnte der Bischof den Klostervorsteher. »Es gibt keinen Beweis für Eure Behauptung; dieser Brief ist zweifellos echt.«

»Wer weiß, mit welchen Drohungen Euer Vogt den armen Mann dazu zwang!« rief der Abt in glühendem Zorn. »Wir werden solange fasten, bis Gott Euch die Einsicht gewährt, diesen Betrug zu durchschauen!« Dann musterte er Widerad flammenden Blickes und sagte: »Euch aber werde Euer Gewissen zur Qual, sofern Ihr überhaupt eins besitzt! Den Bischof könnt Ihr täuschen, Gott nicht!«

»Der Herr wird mir dankbar sein«, versetzte Widerad spöttisch, »wenn ich durch mein Eintreten für mein Recht auch dafür gesorgt habe, daß ihr verfressenen und versoffenen Mönche die Werke des Glaubens wieder ein wenig ernsthafter betreibt.«

»Ich bitte Euch!« rief der Bischof ärgerlich.

»Seht Euch den feisten Kerl doch an!« lachte Widerad. »Wenn meine Burg einmal belagert wird, bräuchte ich diesen Fettwanst nur einmal auf hoher Mauer zu zeigen, um jede Hoffnung der Feinde zunichte zu machen, daß sie uns etwa aushungern könnten!«

Die Mönche vom Berge beteten und fasteten drei Monate lang, aber es half ihnen nichts.

Der Abt ritt darauf nach Sala und bat Irmgard und Thietberga, sie sollten auf ihren Bruder einwirken und ihm klarmachen, daß er durch diese Bosheit sein Seelenheil auf das Schlimmste gefährde. Die Schwestern sahen einander an und Irmgard antwortete: »Verzeiht uns, wenn wir es frank und frei sagen, ehrwürdiger Vater, aber wenn wir zu unserem Bruder gingen und ihn bäten, würde das seinen Trotz gegenüber der heiligen Kirche nur noch verstärken. Denn Gott gab ihm ein sehr hartes Herz.«

Der Abt war vom Fasten so geschwächt und von seinem Haß auf Widerad so zermürbt, daß er bei diesen Worten vor Enttäuschung die Fassung verlor und Tränen des Zorns vergoß. Die frommen Frauen mißdeuteten sein haßerfülltes Schluchzen als Trauer und empfanden großes Mitleid mit ihm. Je lauter der Abt mit den Zähnen knirschte, desto schlimmer mißverstanden die Damen des Stifts sein Verhalten als Gottesliebe, bis sie selbst weinen mußten. Am Ende sagte Agnes zu dem Abt: »Man hat Euch großes Unrecht getan, ehrwürdiger Vater! Darum bitte ich Euch, nehmt statt des Guts, um das dieser Schurke Euch und Eure Glaubensstreiter betrog, meinen Hof Sala an! Ich will Euch den gesamten Besitz überschreiben, wenn Ihr mir nur gestatten wollt, solange mit meinen Gefährtinnen wohnen zu bleiben, bis Gott mich in die Ewigkeit ruft.«

Die Tränen des Abtes versiegten. »Ist das Euer Ernst?« fragte er freudig überrascht.

»Ich gelobe es«, sagte Agnes stolz, denn sie fühlte sich durch ihr Opfer ungewöhnlich erhöht. »Noch heute will ich Euch einen Brief mitgeben und einen anderen an den hochwürdigen Herrn Bischof schicken, damit sich der Betrug nicht wiederholen kann.«

Der Abt war nun vollständig getröstet. Er wartete voller Ungeduld, bis das Schreiben ausgefertigt war, und ritt frohen Mutes nach dem Mönchsberg zurück.

Als Widerad von der Schenkung erfuhr, fing er so laut zu brüllen und zu toben an, daß alle Knechte die Flucht ergriffen. Sein Sohn Wichmann, hochgewachsen, doch längst nicht so knorrig wie der Alte, wartete den Sturm mit steinerner Miene ab. Erst nach langer Zeit verstummte Widerad und rang nach Atem. Da sagte der junge Ritter: »Genug geflucht, Vater! Jetzt heißt es scharf nachgedacht, damit diese frömmelnden Erbschleicher nicht triumphieren!«

»Diese verdammten Hurensöhne!« schimpfte Widerad. »Am

liebsten würde ich hinreiten und ihnen ordentlich die Kutte walken!«

»Mit dem Schwert ist nichts zu holen«, mahnte Wichmann. »Diesen heuchlerischen Betbrüdern kommt man nur mit Schläue bei.«

»Weiß schon«, brummte sein Vater, der sich allmählich wieder beruhigte.

»Laß mich einmal überlegen.«

»Vielleicht können wir Graf Berthold auf die Mönche hetzen«, schlug Wichmann vor.

»Davon hätten wir nichts«, murrte Widerad. »Wenn es dem Dießener wirklich gelingt, diesem weihrauchschwenkenden Schurken den Hof wieder abzujagen, behält er ihn doch gewiß für sich selbst! Nein, wir müssen uns etwas Besseres einfallen lassen. Ich habe es schon: Alfgard!«

»Alfgard?«, staunte sein Sohn.

»Habe ich dir nicht beigebracht, daß man als Ritter stets für das Recht eintreten muß?« fragte sein Vater mit spöttischem Blick. »Nach dem secundum legem Saxonicam ist bei jeder Schenkung auch die Zustimmung der Erben erforderlich. Falls Agnes stürbe, käme erst einmal Alfgard an die Reihe. Ohne ihre Einwilligung ist die Übereignung Salas also ungültig.«

»Warum sollte Alfgard sich von uns gegen ihre Schwester aufhetzen lassen?« zweifelte Wichmann.

»Weil sie eine Enkelin des alten Ortwin ist«, antwortete sein Vater, »und der pflegte nicht lange zu fackeln, wenn es um seine Interessen ging, das kann ich dir sagen!«

»Aber wenn Alfgard ihren Anspruch durchsetzt und eines Tages tatsächlich erbt«, meinte Wichmann, »haben wir doch noch immer nichts davon.«

»Sie wohnt weit weg am Niederrhein«, sagte Widerad. »Es wird uns dann schon etwas einfallen. Was aber die Mönche erst einmal im Magen haben, kriegen weder Gott noch der Teufel wieder heraus.«

»Laßt mich nach Bergen reiten«, bat Wichmann.

»Hüte dich aber vor den fränkischen Weibern!« sagte Widerad mit einem Grinsen.

Wichmann zog an Main und Rhein hinab nach Niederlothringen. Alfgard und Sigmund nahmen ihn gastlich auf und setzten sich mit ihm zu Tisch. Nachdem sie gegessen und getrunken hatten, bat Alfgard den jungen Ritter, ihr von der Heimat zu erzählen, denn sie sehnte sich sehr nach Nordwald und Saaleland. Als Wichmann ihr von dem Entschluß ihrer Schwester berichtete, sprang Alfgard auf und rief: »Dazu hat sie kein Recht!«

»Das kümmerte sie nicht«, meinte Wichmann. »Wenn Ihr nichts unternehmt, ist Euer Erbe verloren.«

»Das werden wir schon sehen!« sagte der Burggraf. »Ich danke Euch, daß Ihr den weiten Weg gemacht habt; es soll nicht unbelohnt bleiben.«

»Wenn ich damit einen Rechtsbruch verhindern half, soll mir das als Lohn genügen«, entgegnete Wichmann.

»Das ist ritterlich gedacht«, lobte der Burggraf, der nicht für Freigebigkeit berühmt war. »Wir wollen gleich nach Sala ziehen, und Ihr sollt uns führen.«

Einige Wochen später trat Alfgard mit ihrem Mann vor den Bischof von Bamberg und erklärte ihm, daß sie die Schenkung anfechten wolle.

»Das habe ich erwartet«, seufzte der Bischof. »Eure Schwester hat in ihrer Frömmigkeit etwas voreilig gehandelt. Dennoch bitte ich Euch, Euren Vorsatz noch einmal zu überdenken.« Er erzählte seinen Gästen nun von Widerads Streit mit dem Abt Hakon und schloß: »Es wäre sehr hart, wenn die Mönche nun auch Sala wieder verlören.«

»Was gehen mich die Taten Eurer Vögte an?« fragte Alfgard unwillig; ihr dunkles Haar umrahmte ein Antlitz von seltsamer Schönheit, auf dem sich jetzt die Kampfeslust ihrer Vorfahren zeigte. »Sie sind von Euch ernannt, nicht von uns«, fuhr sie fort. »Das Recht ist auf meiner Seite, das wißt Ihr genau.«

»Nun hört mir doch wenigstens einmal zu«, bat der Bischof. »Vielleicht läßt sich eine Übereinkunft finden.«

»Ich will mein Recht!« rief Alfgard zornig und stampfte mit dem Fuß auf.

»Ihr könnt Eure Abstammung nicht verleugnen«, sagte der Bischof unwillig. »Euch lenkt der gleiche Jähzorn, der einst Euren Großvater ins Unglück stürzte!«

»Darüber habt Ihr nicht zu richten!« schrie Alfgard.

»Das Gespräch ist beendet!« sagte der Bischof laut und streckte die Rechte mit dem Ring aus.

Alfgard und ihr Mann küßten das heilige Symbol mit harten Lippen und ritten dann nach Rabeneck.

Widerad nahm sie zuvorkommend auf und ließ es ihnen und ihrem Gefolge an nichts fehlen.

Am nächsten Morgen gingen Alfgard und Sigmund mit Widerad und Wichmann nach Rekenz zur Kirche. Vor dem Tor stand die blonde Agnes mit den anderen frommen Frauen; der Bischof hatte sie bereits über Alfgards Vorhaben in Kenntnis gesetzt.

»Besitzt du nicht schon genügend Reichtümer?« fragte Agnes ihre jüngere Schwester in tadelndem Ton, »eine stattliche Burg mit viel Dienerschaft, auch die Gefolgschaft tapferer Ritter, dazu einen Mann von Titel und Ansehen? Was willst du noch? Denke auch an die jenseitige Welt – Sala kann dein Schlüssel zur Pforte des Paradieses sein.« Frommer Eifer leuchtete in ihren blauen Augen.

»Hat dir das dieser Abt eingeredet?« fragte Alfgard erbost.

»Freigebig sind die Mönche mit den Wohltaten des Herrn und verteilen himmlische Güter in Fülle, wenn sie nur irdische dafür erhalten! Von mir aus kannst du ihnen dein letztes Hemd lassen und als nackte Bettlerin leben – mein Erbteil aber sollen diese heuchlerischenbetbrüder nicht bekommen.«

»Aber sie haben es bereits«, sagte ihre Schwester kühl, »und ich sehe nicht, was du daran ändern könntest. Ich werde nun für dich beten.« Heiliger Ernst lag auf ihren herben Zügen. Sie wandte sich um. Alfgard hielt sie am Arm fest.

»Mir als einer verheirateten Frau gebührt der Vortritt!« sagte sie mit funkelnden Augen, stieß ihre Schwester grob zur Seite und schnitt am Arm ihres Gemahls in die Kirche.

Die Ritter vom Niederrhein stellten sich mit blanken Klingen vor das Portal.

»Wir weichen der Gewalt«, sagte Agnes bitter, »aber das Schwert hat noch niemals über den Glauben gesiegt.«

Sie kehrte mit den frommen Frauen nach Sala zurück und schickte nach dem Abt Hakon. Als der Däne kam, berichtete sie ihm von dem Streit und weinte dabei sehr. Hakons feistes Gesicht verzerrte sich vor Haß.

»Das soll sie mir büßen,«, murmelte er.

Widerad ritt frohen Mutes von der Kirche nach Hause. »Ein Teufelsweib!« rief er anerkennend. »Sie hat mich nicht enttäuscht!«

»Um so härter wird der Strauß mit ihr werden, wenn sie erst einmal ihren Anspruch durchgesetzt hat«, murmelte sein Sohn.

»Rabeneck wird nicht mehr lange bestehen, wenn dir schon vor Weibern bangt«, neckte sein Vater.

Hakon eilte zum Bischof von Bamberg und erzählte ihm, was in Rekenz geschehen war, »Dieses Höllenweib ist von Sinnen!« schimpfte er. »Wenn Ihr sie nicht in die Schranken weist, wird man im Saaleland die Achtung vor der heiligen Kirche verlieren.«

»Auch bei mir hat sie sich nicht eben als fromme und demütige Dienerin des Glaubens erwiesen«, stimmte der Bischof zu. »Aber nach dem Gesetz ist sie nun einmal im Recht, sowohl was Sala betrifft als auch ihren Anspruch, vor ihrer ledigen Schwester in die Kirche zu gehen.«

»Der Vorrang verheirateter Frauen soll die Tugend des Ehestands auszeichnen, nicht die Sünde des Stolzes!« rief Hakon empört.

»Wir können nicht alles selber machen«, meinte der Bischof. »Gott will auch noch etwas tun.«

»Warum laßt Ihr nicht den Kaiser über die Sache entscheiden?« fragte der Abt. »Dann gewinnen wir Zeit und können uns besser gegen die Gewalttätigkeit der lothringischen Ritter wappnen!«

»Ich will noch einmal versuchen, die Schwestern miteinander zu versöhnen«, gab der Bischof zur Antwort. »Ihr solltet mir dabei helfen, statt den Streit immer weiter zu schüren!«

Er begab sich in das Kloster auf dem Mönchsberg, ließ die Schwestern, den Burggrafen und den Vogt zu sich holen und sagte zu ihnen: »Wie eure Sache auch immer entschieden wird, Unrecht ist jetzt nicht mehr zu vermeiden. Wenn Alfgards Anspruch nicht anerkannt wird, greift das ebenso in Eure Rechte ein, Herr Sigmund, und in die Eurer späteren Kinder. Gebe ich Euch aber Sala zurück, so verliert das Kloster, was es bereits besitzt.«

»Zu Unrecht!« rief Alfgard.

Der Bischof hob unwirsch die Hand. »Laßt mich erst ausreden!« sagte er.

»Ich fordere mein Recht!« rief Alfgard wütend.

Der Abt und die anderen Kirchenmänner begannen unwillig zu murmeln. Auch aus den Reihen der Ritter vom Niederrhein waren zornige Rufe zu hören.

Der Bischof stieß seinen Stab auf die steinernen Fliesen, und alle verstummten. »Geht Euer Recht über das des Herrn?« rief er. »Selbst wenn Eure Schwester falsch handelte, als sie den Hof verschenkte, so ist es doch nun einmal geschehen und läßt sich nicht ohne weiteres rückgängig machen.«

»Das werden wir ja sehen!« schrie Alfgard in höchstem Zorn. »Und wenn ich zum Kaiser gehe!«

Wieder brach große Unruhe unter den Mönchen aus. Die niederrheinischen Ritter blickten rachedurstig zu ihrem Herrn, doch Sigmund besänftigte sie mit Zeichen.

»Also gut«, sagte der Bischof. »Wenn Ihr diesen Weg einschlagen wollt, will ich Euch nicht hindern, sondern im Gegenteil helfen. Ihr sollt nicht denken, daß ich parteiisch bin, nur weil es um Kirchengut geht. Ich selbst werde Euren Fall dem Kaiser vorlegen.«

»Nun, wenn es nicht anders geht!« meinte Alfgard verblüfft, denn damit hatte sie nicht gerechnet.

»Aber bis der Kaiser entschieden hat, soll Friede unter euch herrschen«, fuhr der Bischof fort. »Gebt einander ein Zeichen der Versöhnung.«

Die feindlichen Schwestern neigten einander gehorsam die Köpfe zu und tauschten eisige Küsse. Dann las der Bischof die Messe.

Am Schluß teilte er mit dem Abt die heilige Kommunion aus. Alle aßen und tranken vom Leib und Blut des Erlösers.

Der Bischof ermahnte alle noch einmal zum Frieden und machte sich auf den Weg nach Bamberg.

Einige Stunden später klagte Burggraf Sigmund über heftige Bauchschmerzen und erbrach Blut. Nach kurzen Qualen erlöste ihn der Tod.

»Er ist vergiftet worden!« schrie seine Witwe. »Der Abt hat es getan!«

Die Ritter stürmten zum Kloster, brachen das Tor auf, töteten die Mönche, soweit diese nicht fliehen konnten, und schleppten Hakon heraus.

»Foltert ihn!« befahl Alfgard.

Die Ritter machten Zangen glühend und rissen Hakon die Brustwarzen ab.

»Ja, ich habe es getan!« schrie der Däne. »Gott wollte es! Lieber noch hätte ich Eure Herrin gerichtet, aber sie nahm die Hostie aus der Hand des Bischofs und nicht aus meiner!«

Er gestand, gefeilte Glasspäne in eine Hostie gebacken zu haben, die er mit einem Kreuz versah, um sie leicht erkennen zu können. Die Splitter waren so winzig, daß sie die Mundschleimhaut nicht versehrten und ihre mörderische Wirkung erst im Magen entfalteten.

»Macht es ihm nicht leicht!« befahl Alfgard. »Die Qualen der Hölle sollen ihm eine Erlösung sein!«

Die niederrheinischen Kriegsknechte folterten den Dänen grausam zu Tode.

Die fliehenden Mönche holten den Bischof von Bamberg noch vor Abend ein und erzählten ihm von dem Überfall. Der Bischof kehrte sogleich um und ließ die Kriegshörner blasen. Alfgard verschanzte sich in dem Kloster. Die Ritter und Kriegsknechte des Bischofs drangen in der Dunkelheit über die niedrigen Mauern. Ihre lothringischen Gegner zogen sich kämpfend in die Kapelle zurück. Auf beiden Seiten fielen zahlreiche Männer. Als die Rheinfranken sahen, daß sie sich nicht länger halten konnten, ließen sie ihre Toten zurück und flohen. Alfgard führte sie nach Rabeneck und stellte sich unter Widerads Schutz.

Am Morgen rückte der Bischof mit seinen Kriegsscharen vor die Burg. »Gebt die Mörder heraus!« rief er zum Tor hinauf. »Die Gerichtsbarkeit im Saaleland ist meine Sache«, erwiderte der Vogt von hoher Zinne. »Ihr selbst verlieht mir dieses Amt und konntet meiner Treue immer sicher sein, selbst als ihr mir befahlt, meinen eigenen Vater zu richten!«

»Ihr seid nicht mehr Vogt!«, schrie der Bischof voller Zorn.

»Dann bin ich Euch auch keinen Gehorsam mehr schuldig«, antwortete Widerad.

Der Bischof musterte die Wehranlagen der Burg. Dann befahl er den Rückzug und kehrte voller Grimm nach Bamberg heim. Er verhängte den Bann über Alfgard und ihre Männer und klagte sie beim Kaiser des Mordes an dem Abt Hakon an.

Im Herbst aber wütete wieder einmal eine Seuche unter den Bewohnern des Saaletals. Widerad und Wichmann verloren ihre Frauen. Auch Bischof Otto von Bamberg, der viele Jahre bei der Bekehrung der Pommern verbracht hatte und später heiliggesprochen wurde, und der Graf von Dießen starben.

Da über Alfgard der Bann verhängt worden war, erbte Graf Sigmunds Bruder die lothringische Burg.

Dem Grafen von Dießen folgte sein Sohn, der Dietrich hieß, in Besitzungen und Rechten nach. Er ritt nach Bamberg und besprach mit dem neuen Bischof, wie der Streit um Sala zu schlichten sei.

»Alfgard muß den Mord an Hakon mit dem Leben büßen«, sagte der Bischof streng.

»Die Strafe ist viel zu hoch«, entgegnete der junge Graf, »sie rächte ihren Mann, den dieser schurkische Abt heimtückisch ermordete – mit einer Hostie!«

Darüber stritten sie eine Weile. Dann sagte der Bischof: »Also gut. Wenn Eure Ziehschwester bereit ist, Buße zu tun, will ich den Bann aufheben. Aber ihre Ansprüche auf Sala sind verwirkt.«

»Darüber hat allein der Kaiser zu entscheiden«, entgegnete der Graf und ritt nach Rabeneck.

Als er dort von seinen Verhandlungen mit dem Bischof berichtete, sagte Widerad: »Keine Sorge! Dieser Kaiser ist kein Knecht der Kirche und wird das Rechte nicht brechen.«

»Was macht Euch so sicher?« wollte Graf Dietrich wissen.

»Sein sächsisches Blut«, lachte Widerad. »Wir lassen uns die Sinne nicht so leicht vom Weihrauch vernebeln wie die Franken oder gar ihr Bayern!«

Lothar III. hatte seine Wahl mit 65 Jahren in einem Alter erlebt, das von den insgesamt 68 deutschen Kaisern und Königen nur sechs im Amt erreichten.

Als erstes nahm er dem Haus seiner salischen Vorgänger alle Güter ab, die der Krone gehörten. Der Staufer Friedrich von Schwaben wollte diese Länder nicht herausgeben; deshalb wurde über ihn die Reichsacht verhängt. Friedrichs jüngerer Bruder Konrad von Schwaben ließ sich in Nürnberg zum Gegenkönig ausrufen und setzte sich in Mailand die Eisenkrone der Langobarden auf. Der Bischof von Bamberg und der Graf von Dießen standen auf seiner Seite. Es gab auch wieder einmal zwei Päpste.

Lothar und sein Schwiegersohn Heinrich der Stolze von Bayern aus dem Haus der Welfen drangen in das Gebiet der Staufer ein. Damit begann die bestimmende Auseinandersetzung des deutschen Hochmittelalters.

Der Feldzug kam nur langsam voran. Lothar überließ ihn bald dem Bayern und zog nach Rom. Dort setzte er den nach Frankreich verjagten Papst Innozenz II. wieder ein und ließ sich zum Kaiser krönen – im Lateranpalast, denn den Petersdom hielten die Anhänger des Gegenpapstes Anaklet besetzt.

Die Staufer leisteten dem Sachsen darauf nicht länger Widerstand und unterwarfen sich. Friedrich erhielt dafür seine Hausgüter zurück. Danach gab auch sein Bruder Konrad den Kampf auf. Er schwor dem Sieger Treue und wurde sein Bannerträger.

Auf einem Hoftag erkannten auch der König von Dänemark und der Herzog von Polen den Kaiser als ihren Lehensherrn an, so daß Lothars Wort von Schonen bis nach Sardinien und von der Provence bis nach Pommern galt.

Unter zahlreichen Schiedssachen wurde nun auch der Streit um Sala besprochen. Der Kaiser traf jedoch keine Entscheidung, sondern befahl dem Bischof, die beiden Schwestern miteinander auszusöhnen.

»Ist es das, was Ihr Euch von Eurem Sachsenkaiser verspracht?« fragte Alfgard enttäuscht, als sie davon erfuhr.

»Lothar plant einen neuen Feldzug nach Italien«, sagte Widerad besänftigend, »er kann es sich jetzt nicht mit der Kirche verderben. Hat er aber erst einmal die Normannen besiegt, dann steht der Papst so tief in der Schuld des Kaisers, daß sich der Bischof beugen muß.«

»Wenn Euer Lothar überhaupt noch so lange lebt«, versetzte die junge Frau ärgerlich.

Sie ritt nun oft mit Wichmann auf die Falkenbeize. Eines Abends nahm Widerad seinen Sohn zur Seite und sagte: »Verübele es mir nicht, wenn ich es frei heraus sage, Junge, aber du gaffst dieses Weib an wie ein Ochse ein Fuder Heu.«

»Ist sie nicht wunderschön?« antwortete Wichmann verlegen.

»Wir könnten hier wieder eine Hausfrau gebrauchen«, sagte sein Vater. »Aber weißt du denn, ob sie deine Gefühle erwidert?«

Sein Sohn nickte.

»Und woher weißt du das?« forschte sein Vater.

»Von ihren Lippen«, antwortete Wichmann.

»Was sprach sie denn?« fragte Widerad neugierig.

»Sie sagte es nicht mit Worten«, erklärte sein Sohn.

Widerad lachte. Dann wurde er wieder ernst und sah Wichmann

prüfend an. »Es wäre gut, wenn Sala auf diese Weise nach Rabeneck käme«, meinte er. »Du könntest Burg Drachenstein wieder aufbauen und mit ihr dort wohnen.«

»So hatte ich es mir vorgestellt«, lächelte Wichmann.

»Dann reite nur fleißig beizen«, riet sein Vater, »und gib gut acht, daß nicht ein fremder Habicht deine Taube schlägt!«

Im Herbst warfen Alfgard und Wichmann Würgfalken nach Fasanen. Als sie rasteten, seufzte die junge Frau und sagte: »Nun sind es schon drei Jahre, daß mein Recht gebrochen und mein Besitz verloren ist!«

»Das Heer ist für den Frühlingsmonat aufgeboten«, versuchte Wichmann sie zu trösten. »Übers Jahr seid Ihr wieder froh, das könnt Ihr mir glauben.«

»Und wenn der Kaiser vorher stirbt?« fragte sie bekümmert. »Vielleicht wird dann der Staufer König. Dann werde ich wie eine Ausgestoßene sein, weil ich mich in sächsischen Schutz begab.«

»Ich werde Euer Recht zu wahren wissen!« rief Wichmann und tastete nach seinem Schwert. »Mit meinem Leben, wenn es sein muß!«

»Ach«, seufzte sie, und Tränen schimmerten in ihren schönen Augen, »wären doch alle Ritter wie Ihr! Aber lieber teilte ich mein Leben mit Euch, als Euch es für mich hingeben zu lassen!«

»So erhört mich endlich«, bat Wichmann, »und werdet meine Frau!«

»Ich würde nicht länger zögern«, sagte Alfgard leise, »wenn ich mir Eurer Liebe ganz sicher sein könnte!«

Wichmann sprang auf. »Wie soll ich sie Euch beweisen?« fragte er laut.

Die junge Frau zog ihn zu sich auf die Decke und spähte nach den Dienern, die sich in respektvoller Entfernung hielten. »Ich wüßte einen Weg, wie Ihr mir jetzt schon Recht verschaffen könntet«, raunte sie ihm zu. »Agnes ließ meinen Mann ermorden. Das soll sie mit dem Leben büßen!«

Wichmann hatte sich begierig vorgebeugt; nun fuhr er zurück. »Das ist eine Aufgabe für einen Scharfrichter, nicht für einen Mann von Ehre«, sagte er abwehrend.

»Ihr sollt es ja nicht selbst tun«, drängte Alfgard. »Wessen Hand auch die Strafe verhängt, das Urteil kommt doch stets von Gott!«

Wichmann sah sie betreten an. »Glaubt Ihr wirklich?« murmelte er.

»So wahr ich Euch liebe«, antwortete sie und küßte ihn auf den Mund. »Verratet aber Eurem Vater nichts davon!«

»Warum nicht?« fragte Wichmann mißtrauisch.

Alfgard blickte zu Boden. »Ich sage Euch das nur sehr ungern«, erklärte sie, »doch manchmal glaube ich, daß er auf Euch eifersüchtig ist.«

»Auf mich?« fragte Wichmann verblüfft. »Weshalb denn?« Dann verstand er, und seine Miene verdüsterte sich. »Und mir faselte er etwas von fremden Habichten vor!« rief er.

»Es ist nur ein Gefühl«, sagte Alfgard vorsichtig, »ich kann mich auch täuschen.«

»Der soll gefälligst bei seinen sorbischen Kebsweibern bleiben«, sagte Wichmann ungehalten.

»Wenn wir erst einmal auf dem Drachenstein wohnen, kann uns niemand mehr stören«, meinte Alfgard und fuhr ihm mit kühler Hand sanft über die erhitzte Stirn.

»Also gut«, sagte Wichmann. »Ich kenne da ein paar Leute an der böhmischen Grenze... Aber es ist wohl besser, wenn Ihr nichts davon wißt.«

»Es ist eine Männersache«, lächelte Alfgard.

Einige Tage später ritt Wichmann allein nach Osten. Am Mühlberg hinter der böhmischen Grenze bog er von der Straße ab und durchquerte dichten Forst, bis er an eine geräumige Hütte kam. Er hielt sein Pferd in einiger Entfernung an und stieß den Ruf eines Auerhahns aus. Als Antwort klappte dreimal die Tür.

Wichmann stieg ab und verschwand in der Hütte. Nach einer Stunde kam er wieder heraus und kehrte nach Rabeneck zurück.

Eine Woche später, in einer Vollmondnacht, kam ein Trupp Reiter über die Grenze. Auf wohlbekannten Wegen durchquerten die Männer das Hügelland, folgten der Saale flußabwärts und fielen dann wie Wölfe in das Stift Sala ein. Viele der frommen Frauen wurden getötet; mit den jüngeren trieben die Räuber zuvor ihren Mutwillen. Dann plünderten sie die Kapelle und steckten das Stift in Brand.

Die Wächter von Rabeneck sahen das Feuer und weckten ihren Herrn. Widerad rief seine Männer zusammen und ritt mit Wichmann durch den Fluß. Als sie nach Sala kamen, waren die Knechte und Mägde des Stifts schon zurückgekehrt und versuchten, das Feuer zu löschen. Die Räuber waren verschwunden.

»Sie sprachen Böhmisch«, sagte eine der wenigen Frauen, die den Angriff überlebt hatten.

»Wo ist Eure Herrin?« fragte Wichmann.

Sein Vater sah ihn ein wenig merkwürdig an.

»Ich weiß nicht«, stammelte die Gerettete.

Widerad ließ Fackeln anzünden und überall nach den Toten suchen. Sie fanden vierzehn Leichen, darunter auch die Irmgards und Thietbergas. Agnes blieb verschwunden. Als der Morgen graute, wühlte Wichmann mit bloßen Händen im Schutt.

»Es ist ja fast, als könntest du es gar nicht erwarten, ihre Leiche zu sehen«, sagte Widerad.

Am Vormittag gaben sie die Suche auf. Sie brachten die Toten nach Rekenz und betteten sie dort auf dem Kirchhof zur Ruhe. Dann schickte Widerad einen Boten nach Bamberg.

Der Mann kehrte am nächsten Tag mit einem Schreiben des Bischofs zurück, in dem stand, daß Widerad wieder in alle vogtlichen Pflichten eingesetzt sei und sich unverzüglich auf die Verfolgung der Räuber begeben solle.

Wichmann ging zu Alfgard; sie schickte ihre Zofe fort, schüttelte die dunklen Locken aus ihrem Gesicht und sah den Geliebten erwartungsvoll an.

»Wir konnten sie nicht finden«, murmelte Wichmann.

»Vielleicht ist sie entkommen; vielleicht liegt sie aber auch noch unter den Trümmern.«

»Ihr hättet die Sache doch selbst in die Hand nehmen sollen«, sagte sie.

»Beim nächsten Mal werde ich das auch tun«, versprach Wichmann grimmig.

Einen Tag später kam noch ein Bote aus Bamberg; diesmal teilte der Bischof mit, daß Agnes an seinen Hof geflüchtet sei; Widerad solle die Räuber auf jeden Fall lebend nach Bamberg bringen.

»Laßt mich das tun«, bat Wichmann seinen Vater.

»Bist du der Vogt?« fragte Widerad. »Gehe beizen, das ist besser für dich, und überlasse das andere mir!«

Er suchte den Kornberg und die dichten Wälder entlang der Eger nach den Räubern ab, konnte sie aber nicht finden. Als er schon einige Tage unterwegs war, sammelte Wichmann auf Rabeneck

Männer und ritt zum Mühlberg. Vorsichtig kreisten sie die Hütte ein; dann stürmten sie vor und schlugen alle zwölf Räuber tot. In dem Versteck fanden sie das geraubte Kirchengut.

Wichmann ließ die Leichen auf Pferde binden, brachte sie nach Rabeneck und schickte seinem Vater einen Boten.

Als Widerad auf seine Burg zurückkehrte, war er weiß vor Wut.

»Wir sollten die Kerle lebend fangen!« schrie er seinen Sohn an.

»Sie wollten sich nicht ergeben«, antwortete Wichmann. »Hätten wir sie vielleicht fortlaufen lassen sollen?«

»Ich möchte nur wissen, wie ich das dem Bischof erklären soll«, murmelte Widerad.

»Was kannst du denn dafür, daß ich erst nach deinem Ausritt von diesem Versteck erfuhr?« sagte sein Sohn. »Wenn ich auf dich gewartet hätte, wären die Kerle vielleicht entflohen! Es sind schließlich keine Ritter, die man mit Herold und Hörnerschall zum Streit lädt!«

»Das weiß ich selbst«, knurrte sein Vater. »Achte nur gut auf die Burg und lasse dieses Weib nicht aus den Augen; Fränkinnen ist nicht zu trauen!«

Er ritt nach Bamberg; der Bischof empfing ihn wenig freundlich und wurde sehr ungehalten, als er vom Tod der Räuber hörte.

»Das ist eine schlimme Sache«, sagte. »Wir wollen aber erst morgen darüber reden, denn ich habe auch Graf Dietrich von Dießen einen Boten geschickt.«

Am nächsten Tag traf der Graf ein. Die drei Männer setzten sich zu Tisch, aßen und tranken und redeten allerlei. Dann nahm der Bischof sein Mundtuch, wischte sich die Lippen ab und sagte: »Es ist Euer gutes Recht, Ihr Herren, daß Ihr erfahrt, welche schweren Anschuldigungen Agnes von Sala vorbringt. Sie sagt, daß dieser Überfall, dem sie nur durch Gottes Hilfe entkam, nicht einer Laune böhmischer Räuber entsprungen, sondern von interessierter Seite geplant worden sei, um sie aus dem Weg zu räumen.«

»Traut Ihr das Alfgard wirklich zu?« fragte der Graf. Er war bleich.

»Das und noch mehr«, meinte der Bischof. »Aber für so etwas braucht man Männer.«

Das Gesicht des Grafen färbte sich dunkel. »Auch wenn Alfgard meine Ziehschwester ist«, stieß er zornig hervor, »würde sie niemals wagen, mich um meine Hilfe zu solcher Schandtat zu bitten!«

»Es kommen aber andere in Frage«, meinte der Bischof. »Verzeiht, Ihr Herren, aber es ist das Beste, wenn wir ganz offen darüber reden. Agnes von Sala weiß wohl auch, mit wem ihre Schwester in letzter Zeit so oft zur Falkenbeize reitet.«

Widerad stand auf; sein roter Bart leuchtete wie eine Flamme. »Wo ist das Weib?« brüllte er.

»Mäßigt Euch!« mahnte der Bischof. »Ich habe Agnes an einen sicheren Ort bringen lassen. Sie ist verletzt und bedarf der Pflege.«

»Ich verlange ein Gottesurteil«, rief Widerad. »Das Weib soll seine Anschuldigungen auf glühendem Eisen beweisen!«

»Es ist noch keine Anklage«, sagte der Bischof. »Aber wenn Gott angerufen werden soll, dann müssen beide Schwestern über die Pflugscharen schreiten.«

»Das ist mir auch recht«, sagte Widerad.

»Findet Ihr es denn nicht merkwürdig«, fragte der Graf, »daß Euer Sohn erst dann Kunde von den Räubern erhielt, als Ihr gerade ausgeritten wart? Und daß nicht ein einziger von diesen zwölf Strauchdieben am Leben blieb, uns zu erzählen, was wirklich geschah?«

»Es ist ein großes Unglück für unseren guten Namen«, sagte Widerad, »aber für Euren auch.«

»Darum sollten wir die Sache besser unter uns behandeln«, meinte der Graf. »Der Kaiser darf nichts davon erfahren. Auch wenn sich schließlich unser aller Unschuld herausstellt, bleibt bei solchen Geschichten doch allzuleicht ein Makel zurück.«

»Ihr habt recht«, sagte Widerad. »Ich werde nichts weiter unternehmen.«

»Wir wollen vorläufig Stillschweigen bewahren«, schlug der Bischof vor. »Wenn es noch weitere Schuldige gibt, wird Gott sie uns zeigen oder selbst bestrafen.«

»Was soll nun mit Sala geschehen?« fragte der Graf.

»Aussöhnen läßt sich jetzt wohl nichts mehr«, seufzte der Bischof.

»Der Kaiser muß entscheiden«, sagte Widerad fest.

Er ritt nach Rabeneck zurück. Sein Sohn empfing ihn vor dem Tor.

»Was ist in dich gefahren?« brüllte Widerad. »Soll ich nach

meinem Vater auch noch meinem Sohn den Kopf abhauen lassen?« Er schrie so laut, daß man es in der ganzen Burg hören konnte.

»Ich habe nichts Unrechtes getan«, sagte Wichmann mit weißen Lippen.

»Gnade dir Gott, wenn ich erfahre, daß du mich belügst«, drohte sein Vater. »Diese Weiber werden uns noch um Besitz und Ehre bringen. Nimm dir ein Pferd!«

Wichmann gehorchte und ritt hinter seinem Vater den Burgberg hinab. Unter dem alten Ahorn hielten sie an und blickten über das Distelfeld. Die Sonne stand hoch am Himmel, und die Grillen zirpten sehr laut.

»Wenn Agnes von Sala Anklage gegen ihre Schwester erhebt«, sagte Widerad, »wird der Bischof ein Gottesurteil befehlen. Dann müssen beide Frauen über glühende Pflugscharen laufen. Du weißt, was das bedeutet!«

Wichmann schluckte. »Das wird Agnes nicht wagen«, sagte er. »Sie hat keinen Beweis!«

»Woher weißt du das?« fragte sein Vater lauernd.

»Sonst hätte sie ihn doch längst vorgebracht«, rief Wichmann schnell.

»Vielleicht hat sie das auch«, sagte Widerad, »und dieser alte Hostienlutscher wollte mich nur auf die Probe stellen! Jedenfalls wird Agnes sich in ihrem frommen Wahn nicht vom Eisen schrecken lassen. Es dürfte wohl schon eher dein Täubchen sein, das Angst um die zarten Füßchen bekommt!«

»Wir können Alfgard ja fragen!« schlug sein Sohn vor.

»Jetzt noch nicht«, sagte Widerad. »Kein Sterbenswörtchen zu ihr, hörst du! Ich werde dem Kaiser schreiben. Er soll Alfgard nun endlich das Recht auf Sala zusprechen. Das ist wohl das Mindeste, was wir von ihm verlangen können, nach allem, was ich für ihn getan habe. Lege inzwischen mit Alfgard die Hochzeit fest, damit der Vogel nicht doch noch davonfliegt!«

Am nächsten Morgen war Alfgard verschwunden.

Widerad schickte Reiter auf die Suche nach ihr aus. Dann stürzte er in Wichmanns Zimmer, packte den Schlaftrunkenen an der Kehle und schüttelte ihn in wilder Wut. »Narr!« schrie er ihn an. »Willst du uns alle auf den Richtblock bringen?«

Wichmann löste mit Mühe die Hände des Vaters von seinem

Hals. »Ja, ich habe sie fortgeschickt«, rief er. »Du wolltest sie umbringen lassen, nur um dir Sala zu sichern!«

»Sie wird noch leben, wenn wir beide tot sind!« brüllte Widerad wie von Sinnen. »Hole sie sofort zurück!«

»Das werde ich nicht tun«, rief Wichmann zornig. »Um nichts auf der Welt!«

Widerad holte aus und schlug seinen Sohn mit aller Kraft ins Gesicht. Blut lief aus Wichmanns Nase.

»Das sollst du nicht umsonst getan haben!« schrie Wichmann voller Haß, zog einen Dolch unter seinem Laken hervor und stieß zu. Widerad hob den Arm; die Klinge zerfetzte die Haut unter seinem Ellenbogen, so daß sein Lebenssaft in hellen Ströhmen hervorschoß.

»Du Hund!« knirschte Widerad und riß sein Schwert aus der Scheide. Wichmann fuhr unter ihm hervor wie ein Marder unter den Fängen des Adlers und rannte zur Tür hinaus.

Widerad eilte hinter ihm her, konnte ihn aber nicht einholen. Laut rief er nach den Wachen, doch ehe sie erschienen, war Wichmann schon auf ein Pferd gesprungen und zum Tor hinaus.

»Was ist geschehen, Herr?« fragte sein Burghauptmann erschrocken. »War das nicht Wichmann? Wo will Euer Sohn denn hin?«

»Er ist nicht mehr mein Sohn«, sagte Widerad heiser, »und wer seinen Namen noch einmal vor mir ausspricht, der hat sein letztes Wort gesagt.«

Der Burghauptmann klappte den Mund zu und entfernte sich rasch.

Wichmann ritt geradewegs nach Kulmbach zum Grafen von Dießen. Alfgard saß mit Berthold bei einem Frühstück.

»Was ist?« fragte sie, als sie Wichmann sah. »Du bist bleich wie der Tod!«

Wichmann erzählte ihr, was geschehen war.

»Das ist eine schlimme Sache«, sagte der Graf. »Er wird Euch enterben, das ist gewiß.«

»Nicht er wird mich aus Rabeneck vertreiben, sondern ich ihn«, erwiderte Wichmann trotzig, »mit Eurer und des Bischofs Hilfe.«

Graf Dietrich musterte ihn nachdenklich. »Ich weiß nicht«, meinte er zweifelnd. »Es liegt kein Kriegsgrund vor.«

»Den werde ich Euch verschaffen«, rief Wichmann. »Ihr wißt,

es waren Sachsen, die damals Burg Drachenstein stürmten und niederbrannten. Angeführt aber hat sie mein Vater. Er war es auch, der die Räuber nach Sala schickte!«

Der Graf war aufgestanden. »Eins nach dem anderen«, sagte er. »Wer gab den Befehl zum Sturm auf die Burg?«

»Der Kaiser selbst«, rief Wichmann triumphierend.

Alfgard starrte ihn an. »Warum sollte er das getan haben?«, fragte sie.

»Weil er durch meinen Vater von der Abstammung der Drachensteiner erfuhr«, rief Wichmann, »und seither mehr darüber weiß als Ihr selbst und Eure anderen Verwandten. Habt Ihr als Kind nicht oft genug beim Kreuz im Drachengrund gebetet? Der Mann, der darunter begraben liegt, stammte wie Ihr vom großen Kaiser, dem weisen Wandler der Welt, dem Herrscher der Herrscher und Bischof der Bischöfe, dem Schöpfer Europas und Gründer des Reichs, von jenem Mann, dessen Blut heiliger ist und höheren Rang besitzt als das aller anderen Menschen. Ja, Alfgard: Wärt Ihr ein Mann, so gebührte Euch die Krone des Reichs. Denn Ihr und Eure Schwester seid die letzten Nachfahren des großen Kaisers Karl.«

19

Der hohen Mauern kalter Stolz

»Schweigt!« rief der Graf.

Wichmann verstummte. Alfgard sah Berthold fragend an. »Es wäre besser gewesen, Ihr hättet nie davon erfahren«, murmelte der Graf.

»Ihr wußtet davon?« sagte Alfgard. Ihr Antlitz war gerötet, und ihre Stimme klang heiser.

Der Graf nickte. »Ja«, antwortete er leise, »schon mein Großvater kannte die hohe Abstammung der Drachensteiner. Es ist eine überaus merkwürdige Geschichte.«

»Nun müßt Ihr sie mir erzählen«, forderte Alfgard von Sala.

Der Graf preßte die Lippen zusammen. »Ungern erfülle ich Euch diesen Wunsch«, sagte er, »aber es ist wohl besser, wenn Ihr die Wahrheit aus meinem Mund als aus einem anderen erfahrt.«

Wichmann sah ihn aus glühenden Augen an.

»Vor mehr als dreihundert Jahren«, begann der Graf, »zog Kaiser Karl mit dem fränkischen Heer an der Donau gegen die Awaren. Die heidnischen Reiter hatten die Grenzgebiete verheert und Bayern, ja sogar Italien angegriffen. Der Kaiser trieb sie zurück und setzte ihnen bis in die hunnische Steppe nach. Er konnte sie zwar nicht besiegen, denn sie wichen ihm aus, aber er nahm ihnen Beute und viele Gefangene ab. Dabei traf ihn ein Pfeil an der linken Hand.«

Er blickte Alfgard nachdenklich an und fuhr fort: »Im Liebreiz, den Gott Euch gab, gleicht Ihr wohl Eurer Ahnfrau. Sie war die Tochter eines Grafen aus der kärntnerischen Mark. Die Awaren hatten sie mit vielen anderen Frauen entführt, der Kaiser aber befreite sie. Sie hieß Schwanhild und pflegte Karls Wunde.«

Er zog ein Gesicht. »Wir wissen es alle, und auch in den kirchlichen Aufzeichnungen ließ es sich nicht verheimlichen«, fuhr er fort, »daß der große Kaiser nicht ganz frei von kleinen Schwächen war. Wie manche andere Jungfrau erlag auch Schwanhild gleich in der ersten Nacht seiner... nun, seiner... äh...«

»Wir wissen schon, was Ihr meint«, sagte Alfgard ungeduldig.

»Sie blieben einige Wochen zusammen«, erzählte Graf Dietrich weiter. »Jetzt fällt mir wieder ein, wie Bischof Wiching es in der Vita Arbonis nannte: Sie erlag seiner Autorität. Nun ja. Die Awaren ließen sich nicht auf eine offene Feldschlacht ein, sondern zogen sich immer weiter in ihre weglose Steppe zurück. Der Kaiser kehrte um. Er führte Schwanhild zu ihren Eltern nach Eppenstein. Dort kam sie mit einem gesunden Knaben nieder. Sie brachte das Kind nach Aachen. Karl erkannte den Jungen als seinen Sohn an, bat die Mutter aber, den Vater vorerst geheimzuhalten. Er hatte wohl wieder Ärger mit seinen Bischöfen. Der Junge wurde Arbo genannt; später erhielt er die Burg Beil in der Ostmark zu Lehen.«

Er trank einen Schluck Wasser und fuhr fort: »Im Jahr des Herrn 796 zog Karls Sohn Pippin gegen die Awaren und vernichtete ihr Reich. Danach herrschten slawische Fürsten über den Westen der Steppe. Einer von ihnen vermählte seine Tochter mit Arbo. Sie schenkte dem Burggrafen einen Sohn, der auf den Namen Arnulf getauft wurde. Arnulf folgte seinem Vater nach und heiratete später eine Fürstentochter aus Mähren. Als er in einer Schlacht gegen die Slowenen fiel, kehrte seine Witwe mit ihrem Sohn in ihre Heimat zurück. Der Junge hieß Cyprian.«

»Woher dieser seltsame Name?« fragte Alfgard verblüfft.

»Ich weiß nicht«, antwortete Dietrich. »Damals missionierten die Griechen in Mähren. Die bayerischen Bischöfe kamen erst später; Wiching stieg dann sogar zum obersten Ratgeber des Königs Swatopluk auf. Er erfuhr von Cyprians Herkunft und schrieb die Viten des jungen Grafen und seiner Vorfahren nieder. Vielleicht wollte er sich damit ein Pfand für die Auseinandersetzung mit den griechischen Priestern verschaffen. Darum befreundete er sich sehr mit Cyprian, der aber auch oft mit den Griechen zusammenkam. Wenn Cyprian überhaupt etwas von seiner Abstammung ahnte, wollte er vielleicht Beziehungen nach Konstantinopel knüpfen, die ihm später helfen konnten, seine Ansprüche auf die Krone zu verwirklichen. Es war eine Zeit großer Wirren. Die bayerischen Bischöfe behielten die Oberhand. Später aber lockten die Griechen in ihrer Rachsucht die Ungarn aus der asiatischen Steppe und lenkten sie nach Westen. Die heidnischen Reiter schlugen das mährische Reich in Stücke.«

»Und Cyprian?« fragte Alfgard gespannt.

»Er verliebte sich in eine Tochter des Königs«, berichtete der Graf. »Sie hieß Agnes wie Eure Schwester. Unglücklicherweise war sie bereits zur Nonne geweiht. Cyprian entführte sie aus einem Kloster und floh mit ihr nach Westen. Als der König davon erfuhr, verbannte er Bischof Wiching von seinem Hof. Ein Prinz mit Namen Drac verfolgte die Flüchtenden, konnte sie aber nicht finden. An der Moldau brachte die Prinzessin ein Kind zur Welt. Vor Erschöpfung starb sie kurz nach der Geburt. Cyprian begrub sie und floh mit dem Säugling weiter. Der Junge war Euer Vorfahr Irmion, der Drachentöter. Der Drache aber war kein Lindwurm wie in frommen Legenden, sondern niemand anders als Prinz Drac, dessen Helm ein Eidechsenhaupt schmückte. Viele Jahre später spürte Drac seinen Todfeind Cyprian im Nordwald auf und erschlug ihn. Der Schwager tötete den Schwager. Irmion rächte seinen Vater, indem er den Drachen erstach. Der Neffe tötete den Onkel...«

»Woher wißt Ihr das alles?« flüsterte Alfgard atemlos.

»Ihr wißt doch, daß Euer Großvater Ortwin einst nach Venedig ritt, um seine Tochter zu suchen«, erzählte der Graf. »Johann von Augsburg, früher einer unserer Gefolgsleute, half ihm, an Enites Entführern Rache zu nehmen. Dabei erfuhr er von Ortwin Eure Familiengeschichte bis zu Irmion. Schon Ortwins Großvater Irminfried wußte, daß es irgendwo in Ungarn Aufzeichnungen darüber gab. Bei einer Handelsreise nach Gran und Neutra stellte Johann von Augsburg Nachforschungen an. In einem Kloster entdeckte er Wichings Viten Arbos, Arnulfs und Cyprians und ließ Abschriften davon anfertigen. Eine zeigte er meinem Vater und versteckte sie später in einer Mühle. Eine andere hinterlegte er bei einem Kaufmann in Gran.«

»Warum erfuhren wir davon nichts?« wollte Alfgard wissen.

»Ihr wart damals noch nicht geboren«, erklärte der Graf.

»Ortwin war ein sehr unternehmender Mann. Wer weiß, was er

alles angezettelt hätte, wenn er... Er hatte vor niemandem Angst, auch nicht vor dem Kaiser. Mein Vater fürchtete, daß Ortwin uns alle in einen Krieg mit der Krone verwickeln könnte. Ich war damals übrigens anderer Meinung. Aber als die Entscheidung endlich bei mir lag, waren Ortwin und sein Sohn Helfring tot; Burkhard starb kurz darauf. Nur Ihr und Eure Schwester seid noch am Leben.«

»Gäbe es noch einen Mann in Eurer Familie«, sagte der Sachse, »so könnte er kraft seiner Abstammung nicht nur die Kaiserkrone, sondern auch den Thron der Franzosen fordern und von Polen bis zu den Pyrenäen herrschen.«

»Nun erzählt uns einmal, wie Ihr von diesen Dingen erfuhrt«, forderte ihn Graf Berthold auf.

Wichmann fuhr sich mit der Zunge über die Lippen. »Mein Vater hörte von einem Schatz, den Ortwin aus Venedig zurückgebracht haben sollte«, begann er. »Er schickte meinen Onkel Walter nach Italien. Walter erfuhr, daß Johann von Augsburg nach Ungarn und von dort zu Eurem Vater gereist war – mit einer Schriftrolle, die er die ganze Zeit nicht aus den Händen legte. In Gran hatte er bei einem Kaufmann mit Namen Emmerich gerastet. Als mein Vater das hörte, ritt er nach Supplinburg und erzählte Lothar davon. Denn unsere Familie ist seit alters mit den Herzögen von Sachsen verwandt.«

Stolz blickte er Alfgard an. »Ihr stammt von einem Kaiser ab«, sagte er, »doch auch in mir fließt kein minderes Blut, denn unsere Sippe führt sich auf Widukind zurück, der die Sachsen einst im Freiheitskampf gegen die fränkische Obermacht führte!«

»Das habe ich nicht gewußt«, sagte Graf Dietrich verblüfft.

»Als Kaiser Heinrich tot war, erinnerte sich Lothar an die Geschichte«, erzählte Wichmann weiter. »Es weiß ja wohl jeder noch gut, wieviel Streit es bei der letzten Königswahl gab. Lothar glaubte wohl, feindlich gesonnene Franken könnten Ortwin zum Gegenkönig ausrufen. Es wäre wohl wieder ein Bürgerkrieg ausgebrochen; wie hätte Lothar dann gegen das Blut und Ansehen eines Nachfahren Karls siegen können? Darum schickte der König verschwiegene Leute aus Braunschweig nach Ungarn und ließ das Dokument rauben. Ihr Versuch, auch die Abschriften zu stehlen, gelang in Gran, schlug aber im Allgäu fehl. Johanns Schriftrolle liegt nun beim Bischof in Augsburg. Danach befahl der König seinen Leuten, die Drachensteiner zu töten. Mein Vater sollte sie führen. Er sollte rasch zuschlagen, ehe noch Ortwin aus Mainz zurückgekehrt war; denn gegen ihn hätten sie die Burg nicht erobern können. Danach sollten sie Ortwin meuchlings ermorden.«

»Diese Arbeit nahm Udalrich Eurem Jater ab«, seufzte der Graf. Wichmann nickte. »Auch Burkhard brauchte er nicht mehr zu töten«, fuhr er fort. »Nach dem Tod des Mönchs wollte mein Vater in seinem Haß auch die beiden Schwestern vernichten. Er kennt sich gut aus an der böhmischen Grenze und weiß dort leicht Männer zu finden, die für Gold zu allem bereit sind. Schade, daß es mir nicht gelang, wenigstens einen von diesen verfluchten Mördern lebend zu fangen!«

»Wirklich schade«, bemerkte der Graf mit einem Blick auf Alfgard. »Zum Glück konnte Eure Schwester entkommen.«

»Glück nennt Ihr das?« unterbrach ihn die junge Frau. »Sie hat Hakon angestiftet, meinen Mann zu vergiften. Wie sollte ich mich da über ihre Rettung freuen?«

»Für diesen Vorwurf besitzt Ihr sowenig einen Beweis wie Wichmann für die Anklage gegen seinen Vater«, sagte der Graf. »Es wäre besser, wenn Ihr Euch mit Eurer Schwester wieder versöhntet, denn sonst könnte dem Saaleland aus Eurem Haß noch viel Unglück erwachsen.«

»Auch Ihr wart in großer Gefahr«, sagte Wichmann zu Alfgard, »denn nach Agnes plante mein Vater auch Euch zu verderben.«

»Das ahnte ich«, sagte Alfgard. »Nun wollen wir Widerads Ränke vergelten!«

Der Graf versammelte seine Ritter und zog nach Bamberg. Dort erzählte er dem Bischof, was geschehen war.

»Nachfahren Karls des Großen?«, staunte der Bischof. »Seid Ihr sicher?«

Während sich nun auch die bischöflichen Ritter und Kriegsknechte auf den Feldzug vorbereiteten, schickte ihr Herr einen Boten zum Bischof nach Augsburg.

»Bevor wir aufbrechen, sollten wir versuchen, ob wir die feindlichen Schwestern nicht miteinander aussöhnen können«, schlug der Graf vor. »Burg Rabeneck ist eine harte Feste, die wir ohne Gottes Hilfe kaum brechen können. Der Herr aber schätzt nicht den Haß unter Geschwistern.«

»Den lieben Gott überlaßt getrost mir«, sagte der Bischof. »Euer Vorschlag kommt zu spät. Agnes von Sala ist tot. Sie starb an Erschöpfung und an den Folgen der Verletzungen, die sie bei dem Überfall erlitt.«

»Dann gehört Sala mir!« rief Alfgard.

»Darüber ist noch zu entscheiden«, entgegnete der Bischof ungehalten. »Es stünde Euch besser an, um Eure Schwester ein paar Tränen zu vergießen und zu bereuen, was Ihr gegen sie ins Werk gesetzt habt.«

»Ich trat nur für mein Recht ein«, erwiderte Alfgard trotzig.

»Mein Vater Widerad würde sich freuen, könnte er diesem Zank lauschen«, murrte Wichmann.

»Ihr habt recht«, sagte der Graf. »Es ziemt sich nicht, daß wir uns streiten, wenn wir als Verbündete gegen den Vogt ziehen sollen. Die Entscheidung liegt beim Kaiser; gedulden wir uns also bis zum nächsten Hoftag!«

Zwei Wochen später kehrte der Bote aus Augsburg zurück und brachte die Abschrift der Aufzeichnungen Bischof Wichings aus Neutra. Stirnrunzelnd las der Bischof von Bamberg und sagte dann zu dem Grafen: »Es ist so, wie Ihr sagt. Wir wollen keine Zeit mehr verlieren.«

Sie zogen mit ihren Scharen am Main entlang und durch die Ausläufer des Nordwalds zur Saale.

Als Widerad davon erfuhr, sagte er zu Wichmanns Sohn Werenfried: »Dein Vater, dieser Verräter, führt die Heere des Bischofs und des Grafen gegen die Burg unserer Ahnen. Ich weiß nicht, ob ich die Feste gegen so starke Feinde halten kann. Darum will ich dich zu unseren Leuten nach Sachsen schicken. Sterbe ich hier, sollst du mich rächen.«

Er gab den Jungen in die Obhut seiner beiden treuesten Knechte. Sie ritten mit ihm durch Thüringen nach Braunschweig.

Die bayerischen und die bischöflichen Ritter schlossen Rabeneck ein, beschossen die Burg und legten Sturmleitern an, wurden aber immer wieder zurückgeschlagen, denn Widerad focht mit äußerstem Grimm, und sein Beispiel förderte die Tapferkeit der Verteidiger so sehr, daß die Angreifer trotz ihrer Übermacht nichts ausrichten konnten.

»Der Kerl ist mit dem Teufel im Bunde!«, schimpfte Graf Dietrich nach einem neuen vergeblichen Ansturm und blickte Wichmann verdrossen an. »Was ist das für eine Magie?« fragte er ihn, »die deinem Vater gegen Recht und Glauben hilft?«

»Es gibt eine alte Überlieferung in unserer Familie«, antwortete Wichmann. »Danach soll mein Urgroßvater Ludger einst beim Bau der Burg ein Kind lebend eingemauert haben, als Opfer an den Antichrist. Aber ich weiß schon, wie ich diesen Heidenzauber breche!«

Die Belagerer wohnten in Zelten hinter eilig aufgeschütteten Wällen. Da es schon Herbst wurde, ließen sie im Nordwald viel Brennholz schlagen. Die Knechte stapelten die Feuerung vor den Zelten. Wichmann ließ mit einem Fuhrwerk neues Holz bringen und schichtete es in der Nacht vor dem Wall so kunstvoll auf, daß im Inneren des Stapels ein kleiner Hohlraum blieb. Ehe der Tag graute, kroch er mit einer Armbrust in das Versteck.

Am Morgen ließen Bischof und Graf wieder die Hörner blasen und rückten mit ihren Scharen vor. Nach einer Weile merkten sie, daß Wichmann fehlte.

»Wo steckt er?« wunderte sich der Bischof. »Sonst ist er doch immer der erste!«

Graf Dietrich blickte sich mißmutig um. »Weiß nicht«, brummte er. »Dem Kerl ist nicht zu trauen!«

»Meint Ihr, daß er nach seinem Vater nun auch uns verraten will?« fragte der Bischof. »Wundern würde es mich nicht«, antwortete der Graf. »Ich werde es gleich herausfinden!«

Er ritt allein auf die Mauer zu und rief nach Widerad. Der Vogt befahl seinen Männern, die Bogen zu senken, trat zwischen die Zinnen des Tores und sagte: »Was wollt Ihr?«

»Euer Sohn ist aus unserem Lager verschwunden«, sagte der Graf. »Steckt er am Ende gar bei Euch?«

»Wichmann ist nicht mehr mein Sohn«, antwortete Widerad. »Nun seht Ihr, wie es ist, wenn man sich mit einem Verräter verbündet!«

»Seid Ihr besser?« rief der Graf. »Ist es ehrenhafter, einer hilflosen Frau gedungene Mörder auf den Hals zu schicken?«

»Ich war es nicht, der die böhmischen Räuber nach Sala sandte«, antwortete der Vogt.

»Wer sonst?« fragte der Graf erbost.

»Fragt Wichmann!« lachte der Vogt.

Im gleichen Augenblick ließ sein Sohn in dem Versteck den Bolzen fahren. Das eiserne Geschoß war so gut gezielt, daß es sich durch Widerads Auge in das Gehirn bohrte. Der Vogt war sofort tot.

Jubelnd sprang Wichmann aus dem Holzstoß hervor. »Was sagt Ihr zu diesem Schuß?« rief er und brachte sich rasch in Sicherheit.

Die Verteidiger hoben die Bogen und zielten nach Graf Dietrich. Der Herr von Dießen warf den Schild auf den Rücken und galoppierte zu den Seinen zurück. Als er über den schützenden Wall setzte, war seine Wehr mit Pfeilen gespickt wie ein Igelrücken mit Stacheln.

»Das war wenig ritterlich!« fuhr er Wichmann an.

»Hattet Ihr Angst vor ein paar Pfeilen?« spottete Wichmann. »Der Mörder ist tot. Ich bin nun der Herr von Rabeneck!«

Der Burghauptmann schickte einen Boten und ließ erklären, daß er Wichmanns Befehlen gehorchen und sich mit seinen Leuten in den Schutz des neuen Vogts begeben wolle. Damit war auch der Bischof zufrieden. Der Graf vergaß aber nicht, was Widerad ihm gesagt hatte.

Wichmann ließ den Leichnam seines Vaters auf den Schindanger werfen, wo ihn Hunde und Vögel zerrissen. Dann ritt der neue Herr von Rabeneck zu Alfgard, erzählte ihr von dem Sieg und sagte: »Es ist geschehen, was geschehen mußte. Nun möchte ich Euch bitten, mit mir in den heiligen Stand der Ehe zu treten, wie Ihr es verspracht.«

Alfgard lächelte ihn hold an und erwiderte: »Mein Herz und meine Hand sind Euer Eigen. Aber glaubt Ihr nicht auch, daß es sehr unklug wäre, wenn wir unsere Liebe der Welt schon jetzt offenbarten? Wie schnell könnte es heißen, wir hätten alles so eingefädelt und geplant!

Besser ist es, wenn wir noch eine Weile geheimhalten, was wir füreinander empfinden, und so tun, als würde unsere Zuneigung erst jetzt allmählich erblühen. Außerdem wollte ich Euch bitten, daß Ihr Euch beim Kaiser für mich verwendet und mir dort endlich mein Recht verschafft!«

»Ich weiß nicht, ob ich ein guter Fürsprecher wäre«, murmelte Wichmann enttäuscht.

»Hat der Kaiser Eurer Familie denn nicht genug zu verdanken?« rief Alfgard ungeduldig. »Half Euer Vater nicht, meine Familie auszulöschen, der sonst die Krone gebührt hätte?«

»Das ist es ja«, seufzte Wichmann. »Der Kaiser wird mich kaum dafür belohnen, daß ich seinen treuen Diener Widerad tötete...«

»Einen Mörder!« rief Alfgard mit blitzenden Augen.

»Ihr wißt, wer es in Wirklichkeit war, der die Räuber auf Eure Schwester hetzte«, sagte Wichmann. »Schweres Unrecht tat ich für Euch!«

»Um so sorgfältiger solltet Ihr es verbergen«, mahnte die junge Frau, »damit Ihr Euch nicht um den Lohn Eurer Tat bringt.«

Wichmann starrte sie an. Sie hielt seinem Blick mühelos stand. Schließlich schlug der junge Mann die Augen nieder.

»Ich werde tun, was Ihr sagt«, murmelte er.

»Ihr kennt Euren Lohn«, antwortete Alfgard mit sanftem Lächeln und bot ihm die Lippen.

Wichmann ritt zum Kaiser nach Braunschweig. Lothar empfing ihn sehr ungnädig. »Sachsens Macht wird bald vergehen, wenn bei uns Väter und Söhne einander erschlagen«, sagte er ärgerlich.

Wichmann kniete vor ihm. »Was meinem Vater widerfuhr, hat er selbst herausgefordert,«, erwiderte er. »Wäre ich nicht mit seinen Feinden gegen Rabeneck gezogen, so hätte der Bischof selbst Hand auf die Feste gelegt.«

Der Kaiser dachte eine Weile nach. Er spürte die Last des Alters schon sehr. »Auch wenn dein Vater den Tod verdient hätte«, sagte er schließlich, »durftest du nicht der Henker sein!«

Wichmann senkte den Kopf und sagte nichts mehr.

Der Kaiser ließ ihn eine ganze Zeit lang in dieser demütigen Haltung verharren. Dann nickte er und sagte: »Um der Verdienste willen, die deine Vorfahren sich um Sachsen und das Reich erwarben, verzeihe ich dir. Aber du sollst nicht gleich nach Rabeneck zurückkehren, sondern mit mir nach Rom ziehen und deine Seele am Grab der Apostel durch Reue reinigen. Dein Sohn wird inzwischen deinen Besitz verwalten und deinen Vater bestatten, wie es einem so edlen Mann und treuen Diener des Reichs gebührt.«

Nun war es Wichmann schwer, nicht zu widersprechen, denn alle Fasern seines Wesens zogen ihn zu Alfgard zurück; er bezähmte sich aber und gehorchte.

Im Frühjahr versammelte Kaiser Lothar sein Heer und zog zum zweiten Mal über die Alpen. Er überschritt den Brenner und brach den Widerstand der lombardischen Städte. Dann wandte er sich gegen Roger II., dessen Normannen in Süditalien Gebiete des Papstes, des griechischen Kaisers und der Venezianer bedrohten. Die Kriegsflotten von Venedig, Ravenna und Pisa leisteten Lothar Unterstützung. Er teilte sein Heer und zog mit der Hauptmacht am Ufer der Adria nach Apulien. Sein Schwiegersohn Heinrich der Stolze führte die bayerischen Scharen an der Westküste entlang. Wichmann ritt mit ihm; in Rom betete er an den Gräbern Sankt Peters und Sankt Pauls. Doch statt Reue über sein Verbrechen zu empfinden, dachte er immer nur an Alfgard und an den Tag, an dem sie ihm gehören würde.

Alfgard wohnte auf Sala; Graf Dietrich besuchte sie dort viele Male und ritt oft mit ihr auf die Falkenbeize.

Einige Monate später erschien der Graf beim Bischof von Bamberg und sagte: »Wie stünde die Kirche dazu, wenn ich meine Ziehschwester heiraten wollte?«

Der Bischof starrte ihn verblüfft an. »Das ist nicht Euer Ernst!« rief er.

»Warum nicht?« entgegnete der Graf unwillig. »Wir sind nicht blutsverwandt!«

»Habt Ihr Euch das auch gut überlegt?« fragte der Bischof. »Ihr wißt doch, wie oft sie früher mit Wichmann ausritt. Niemand weiß, was die beiden dabei sprachen und taten!«

»Ich habe sie danach gefragt«, erklärte der Graf, »und sie hat mir versichert, daß alles ganz harmlos war. Sie war Gast auf Rabeneck; da gehörte es sich wohl, daß man sie zur Beize lud.«

»Ihr macht einen großen Fehler«, murmelte der Bischof.

»Was erlaubt Ihr Euch!« rief der Graf empört.

»Kirchliche Gründe gegen diese Verbindung gibt es nicht«, seufzte der Bischof.

Im Spätsommer wurden Dietrich und Alfgard getraut.

Zur gleichen Zeit vereinigten Kaiser Lothar und Herzog Heinrich in Bari ihre Scharen. Doch ehe es zu einer Schlacht kommen konnte, floh Roger nach Sizilien. Lothar wollte ihm nachsetzen, aber das erschöpfte Heer verweigerte ihm die Gefolgschaft. Nun erst merkte der Kaiser, wie müde auch er war. Er gab Apulien dem Grafen Rainulf von Alise zu Lehen. Darüber entbrannte jedoch ein Streit mit Innozenz II., der Süditalien als päpstliches Hoheitsgebiet betrachtete. Schließlich erhielt Rainulf sein Lehen von beiden: bei der Zeremonie hielt der Papst das obere, der Kaiser aber das untere Ende der Fahne.

Danach befahl Lothar die Rückkehr nach Deutschland. Mit letzter Anstrengung ritt er über den Brenner. Am 4. Dezember des Jahres 1137 starb er siebenundsiebzigjährig auf einem Bauernhof in Breitenwang bei Reutte in Tirol.

Einige Tage später kehrte Wichmann völlig erschöpft nach Rabeneck heim. Sein Sohn Werenfried wartete in Waffen auf dem Tor, groß, rotbärtig und stolz, jeder Zoll ein Sachse; neben ihm stand der Burghauptmann.

»Hat Euch der Kaiser verziehen, daß Ihr Euren Vater ermordet habt?« rief Werenfried zu seinem Vater hinab.

»Der Kaiser ist tot«, antwortete Wichmann. »Öffne das Tor!«

»Ihr seid der Herr dieser Burg«, sagte Werenfried. »Nach Euch aber werde ich auf Rabeneck herrschen. Ich hoffe, das wird bald sein!«

»Du bist zwar mein Sohn«, versetzte Wichmann zornig, »sei aber nicht zu sicher, daß du auch mein Erbe wirst!«

Werenfried schoß das Blut ins Gesicht. »Ihr werdet mir meine Rechte nicht nehmen!« schrie er. »Ich bin Euer einziges Kind!«

»Das wird nicht mehr lange so bleiben«, rief Wichmann.

Werenfried starrte ihn an. »Nach dieser Schandtat würde nicht einmal das dreckigste Sorbenweib mit Euch die Ehe eingehen«, rief er höhnisch.

Wichmann lachte grimmig. »Du wirst deine Stiefmutter bald hier begrüßen«, sagte er, »und es wird keine Sorbin sein, sondern Alfgard von Sala!«

Werenfried brach in brüllendes Gelächter aus.

»Bist du von Sinnen?« fragte Wichmann verdutzt.

Werenfried lachte noch lauter. Dann rief er seinem Vater voller Haß zu: »Ihr wart ein zu säumiger Freier. Alfgard ist nun Gräfin von Dießen!«

»Das lügst du!« schrie Wichmann.

»Nein, Herr«, sagte der Burghauptmann. »Es ist die Wahrheit. Im Kornerntemonat wurden sie getraut; der Bischof selbst segnete ihren Bund.«

»Lüge!« brüllte Wichmann in hilfloser Wut. Er riß sein Pferd herum und galoppierte den Burgberg hinab. Noch lange hallte ihm das höhnische Gelächter seines Sohnes in den Ohren.

Wichmann ritt gewappnet vor die Burg des Grafen und forderte Dietrich vor das Tor.

»Eine seltsame Art, uns zu besuchen«, wunderte sich der Graf. »Wir haben doch keine Feindschaft miteinander!«

»Ihr habt mir die Braut geraubt!« rief Wichmann mit vor Wut verzerrter Stimme. »Nun sollt Ihr auf Leben und Tod mit mir kämpfen!«

»Es soll geschehen, wie Ihr es wünscht«, entgegnete der Graf und schickte nach seinen Waffen. »Zuvor aber will ich hören, was Alfgard dazu sagt.«

Er ließ die Gräfin rufen. Kurze Zeit später stand Alfgard auf dem Torturm.

»Ihr habt mir die Treue gebrochen!« rief Wichmann zu ihr hinauf.

»Was sollte ich Euch denn versprochen haben?« fragte Alfgard.

»Ihr wolltet mich heiraten!« schrie Wichmann. »Ihr seid eine Lügnerin und eine Meineidige!«

»Gebt acht, was Ihr sagt!« mahnte der Graf. »Ihr werdet es beweisen müssen!«

»Das kann ich und noch mehr!«, brüllte Wichmann unbeherrscht.

»Was meint Ihr damit?« fragte der Graf unruhig.

»Fragt Eure Frau!« schrie Wichmann.

Der Graf sah Alfgard verwundert an.

»Er ist von Sinnen«, sagte die Gräfin.

»Ihr wißt sehr wohl, daß Euer Leben in meiner Hand liegt!« rief Wichmann.

Die Gräfin lächelte höhnisch. »Erzählt doch, was Ihr wollt«, versetzte sie. »Wer glaubt wohl einem Verräter!«

»Ihr wart es, die mich dazu angestiftet hat, Räuber auf Eure Schwester zu hetzen«, brach es nun aus Wichmann heraus. »Ihr seid schuld an ihrem Tod, und auch daran, daß ich meinen Vater umgebracht habe!«

Der Graf sah seine Frau durchdringend an. »Stimmt das?«, fragte er.

»Glaubt Ihr diesem Hund mehr als mir?« rief Alfgard empört. »Wenn er selbst sagt, daß er die Räuber ausgeschickt hat, solltet Ihr ihn als Mörder richten und nicht dulden, daß ich hier vor allen Leuten geschmäht werde.«

Der Graf winkte seinen Männern. »Eure Waffen, Herr Ritter«, sagte er zu Wichmann. »Ihr habt Gerechtigkeit gesucht; Ihr werdet sie erlangen«

»Ich fordere Euch zum Zweikampf!« heulte Wichmann in wilder Wut.

»Meine Ehre gestattet nicht, daß ich mit Verbrechern fechte«, antwortete der Graf. »Stellt Euch dem Gericht und bereut Eure Sünden, dann wird Euch die Vergebung, die Ihr auf Erden nicht erwarten könnt, vielleicht im Himmel zuteil!«

Wichmann zitterte vor Zorn am ganzen Leib. »Ihr werdet fechten, Ihr Feigling!« schrie er und ritt mit erhobener Stoßlanze auf den Grafen los.

Pfeile schwirrten durch die Luft; von vielen Geschossen durchbohrt sank Wichmann aus dem Sattel.

Dietrich beugte sich über ihn. »Bereut Eure Sünden«, sagte er zu dem Sterbenden.

»Ich bereue«, flüsterte Wichmann. »Hütet Euch vor der Teufelin!«

Damit hauchte er sein Leben aus.

Graf Dietrich befahl, ihn nicht auf den Schindanger zu werfen, sondern nach christlicher Weise beizusetzen. Dann führte er seine Frau in den Burggarten und sagte zu ihr: »Niemand hört uns hier. Erzähle mir nun, was wirklich geschah!«

»Was meint ihr damit?« fuhr Alfgard auf. »Glaubt Ihr mir etwa nicht?«

»Im Angesicht des Todes lügt niemand mehr«, sagte der Graf und wiederholte Wichmanns letzte Worte. »Wenn du wirklich Schuld auf dich geladen hast, ist es besser, wenn du bereust.«

»Ich habe nichts Unrechtes getan«, beharrte Alfgard.

»Wie soll ich dich beschützen, wenn du mir nicht vertraust?« seufzte der Graf.

»Wenn Ihr mich wirklich liebtet, würdet Ihr mich nicht verdächtigen«, antwortete seine Frau.

»Ich will dir doch nur helfen«, beruhigte sie der Graf.

Sie sah ihn an. »Wenn ich mir wirklich etwas hätte zuschulden kommen lassen, würdet Ihr mich bestrafen«, rief sie. »Ich kenne Eure Strenge wohl! Ihr laßt allen Menschen Gerechtigkeit widerfahren, nur mir nicht, da ich noch immer nicht Herrin von Sala bin!« Tränen schimmerten in ihren schönen Augen.

»Das kannst du nur werden, wenn du mir die Wahrheit sagst«, erklärte der Graf. »Ich werde niemals die Hand gegen dich erheben. Das schwöre ich, beim Blut des Erlösers!«

»Ich habe nichts verbrochen«, erwiderte Alfgard. »Es kann aber sein, daß dieser Tölpel mich mißverstand, als ich ihm sagte, ich wäre erst wieder froh, wenn meine Schwester tot sei.«

Sie erzählte nun, was geschehen war.

»Ich habe aber niemals gesagt, daß er sie umbringen solle«, schloß sie.

Der Graf sah sie an. »Wenn es so war«, sagte er, »wirst du dich gewiß nicht scheuen, deine Unschuld bei einem Gottesgericht zu beweisen.«

Sie wurde blaß. »Ihr habt geschworen, mir nichts zuleide zu tun«, keuchte sie.

»Ich werde meinen Eid nicht brechen«, versprach der Graf.

Alfgard sank auf die Knie. »Ich kann es nicht«, stammelte sie. »Verlangt alles von mir, aber nicht das!«

»Genug davon«, sagte der Graf mit spröder Stimme. »Nehmt Euch ein Beispiel an der Kaiserin Bertha, die ohne Furcht über zwölf glühende Pflugscharen schritt!«

Alfgard begann zu weinen. »Vergebt mir«, flehte sie. »Ich habe Euch nicht die ganze Wahrheit gesagt. Aber ich nahm doch nur Rache für meinen Mann!«

Schluchzend umfaßte sie seine Knie. Der Graf stieß sie von sich. »Ihr habt meinen Namen und mein Geschlecht entehrt«, sagte er. Dann drehte er sich um und ging fort.

Knechte brachten die Gräfin in das Verlies im Keller des Bergfrieds. Der Burgkaplan nahm Alfgard die Beichte ab. Am nächsten Tag, als die Sonne am höchsten stand, wurde die Verstoßene in einem weißen Hemd auf einem Karren zum Hochgericht gebracht. Dort schrie sie so lange Flüche gegen den Grafen, bis ihr der Henker den Strick um den Hals legte. Der Graf verbot bei strenger Strafe, die Leiche vom Galgen zu nehmen. Wenn er aus seinem Fenster blickte, konnte er sie in der Ferne hängen sehen.

Einige Tage später wurde der Graf in den Burghof gerufen. Dort standen zwei Wächter; sie hielten einen graubärtigen Mönch an den Armen gepackt.

»Dieser Betbruder verstieß gegen Euren Befehl«, meldete der ältere der beiden Wächter. »Wir haben ihn erwischt, als er die Leiche Eurer...«

Der Graf starrte ihn an, und der Mann verstummte.

»Nun?« fragte der Graf.

»...als er die Leiche der Mörderin vom Galgen stahl«, schloß der Wächter furchtsam.

»Was hast du dazu zu sagen, Mönch«, fragte Graf Dietrich streng.

»Es ist nicht recht, eine Frau mit dem Strick zu richten, gleich welche Verfehlung sie beging«, sagte der Mönch. »Eine noch schlimmere Sünde aber ist es, sie am Galgen zu lassen; denn dort hängt sie nicht nur zu ihrer eigenen Schande, sondern noch mehr zur Schande ihres gesamten Geschlechts. Seid Ihr nicht auch vom Weibe geboren? Ihr habt schwere Schuld auf Euch geladen!«

»Wie redest du mit unserem Herrn!« rief der jüngere Wächter und hob drohend die Hand.

»Laß das!« befahl der Graf, trat dicht vor den Mönch und blickte ihm lange in das Gesicht.

»Mein Gott«, sagte er dann leise. »Jetzt erkenne ich Euch. Wie viele Jahre sind vergangen, seit wir uns zum letzten Mal sahen... Es war im Nordwald, erinnert Ihr Euch? Wir beizten mit Eurem Vater auf Rebhühner und Fasane, im Hornung, als soviel Schnee auf der Erde lag, daß unsere Pferde manchmal bis zum Bauch einsanken.«

Der alte Mönch gab keine Antwort.

»Laßt ihn los«, sagte der Graf. Die Wächter gehorchten und entfernten sich.

Der Graf schwieg eine Weile; in seinem Gesicht zuckte es wie ein Wetterleuchten. Dann sagte er: »Ihr habt recht. Es war falsch von mir, daß ich meinem Zorn freien Lauf ließ. Ihr aber habt richtig gehandelt, Eurer Nichte das Begräbnis zu gewähren, das ich ihr mißgönnte.« Er wischte sich die entzündeten Augen. »Viel Schlimmes ist geschehen, und auch

meine Hand blieb nicht rein. Ja, ich bereue und will Buße tun; dafür, daß ich Widerads Tod mitverschuldete, denn traf ihn der tückische Bolzen nicht, als ich mit ihm redete? Und auch dafür, daß ich meiner geliebten Frau keine Gnade gewährte; nicht wegen der Schwere ihrer Schuld bestrafte ich sie, sondern aus Enttäuschung. Ich will nach Rom wallfahren und dort bei den Aposteln beten. Ein Gutes aber hat wie viele schlechte Sachen auch diese: Ich weiß nun, daß das Geschlecht des großen Kaisers Karl doch noch nicht untergegangen ist, Burkhard, und durch Euch weiterbestehen kann.«

20

Ich war ein Fremder, wo ich ging

Graf Dietrich führte den Mönch in den Palas, bewirtete ihn dort mit erlesenen Speisen, schenkte ihm seinen besten Wein ein und versorgte ihn auch sonst mit allem, was man einem Ehrengast anbieten kann.

Burkhard ließ die Höflichkeiten ruhig über sich ergehen.

»Warum sollten alle glauben, Ihr wäret tot?« fragte der Graf.

»Der Bischof...«

»Ich bat ihn, diese Nachricht zu verbreiten, als er mir von meiner Herkunft erzählte«, erklärte der Mönch. »Denn ich fürchtete, daß das Blut Kaiser Karls Unfrieden über das Saaleland bringen könnte. Nun ist es dennoch geschehen. Es sind Gottes Werke; wir haben uns zu fügen.«

»Gebt das Kloster auf und kehrt in die Welt zurück«, bat der Graf.

»Mein Leben ist dem Glauben geweiht«, antwortete Burkhard, »mich locken weder Besitz noch Ehren.«

»Der Herr will, daß die Drachenritter fortbestehen«, rief der Graf beschwörend.

»Woher wollt Ihr das wissen?« fragte der Mönch. »Haben wir nicht schon genug Unglück verursacht?«

»Mancher in Eurer Familie war von hartem Sinn, mancher auch nicht frei von Sünde«, gab der Graf zu. »Ihr aber seid ein frommer Mann und werdet das Unheil in Segen wandeln!«

»Ich habe ein Gelübde abgelegt«, sagte der Mönch.

»Ich bin in diesen Dingen nicht sehr geübt«, bekannte der Graf, »aber nun will auch ich etwas geloben: daß ich nicht ruhen werde, bis Ihr wenigstens mit mir zum Bischof gegangen seid. Vielleicht kann der Krummstab Eure fromme Strenge mildern.«

»Ich sehe, daß es Euch ernst ist«, sagte der Mönch. »Wenn es Euch erleichtert, will ich mich fügen. Laßt aber meine unglückliche Nichte nach Anstand und Sitte begraben!«

»Das will ich gern tun«, versprach der Graf, rief nach den Wächtern und gab Befehle. Dann ließ er Pferde satteln und sein Gefolge zur Reise rüsten. Mainabwärts ritten sie nach Bamberg.

Der Bischof war sehr überrascht, als er erfuhr, wer vor ihm stand. »Burkhard von Sala!« rief er. »Wo habt Ihr Euch so lange versteckt?«

»Im Kloster St. Moritz im Nordwald«, antwortete der Mönch.

»Ich kenne es«, sagte der Bischof. »Euch hat der Himmel geschickt! Mit Eurer Hilfe können wir vielleicht großes Unheil von Franken abwenden.«

»Was ist denn geschehen?« fragte der Graf besorgt.

»Wißt Ihr das noch nicht?« wunderte sich der Bischof. »Der Kaiser ist gestorben. Die Reichsinsignien übergab er vor seinem Tod dem stolzen Heinrich von Bayern.«

»Das ist schlimm«, sagte der Graf betroffen. »Der Welfe hat schon zwei Herzogtümer; trägt er auch noch die Krone, werden wir zwischen Sachsen und Bayern zerquetscht wie ein Floh zwischen zwei Daumennägeln.«

»Ich bäte um einen etwas ehrenvolleren Vergleich«, sagte der Bischof griesgrämig.

»Pfingsten will sich der Stolze zu Lothars Nachfolger wählen lassen. Ein Mann, der die Kirche haßt! Nein, soweit darf es nicht kommen.«

»Wie wollt Ihr es verhindern?« fragte Burkhard unruhig.

»Durch Euch«, rief der Bischof. »Wir werden Euch zum Erzbischof und zu den Fürsten bringen und dort die Beweise vorlegen, daß Ihr der letzte Nachkomme Kaiser Karls aus männlicher Linie seid. Dann kann niemand Euer Vorrecht bestreiten.«

»Unterschätzt nicht den Ehrgeiz der Fürsten«, warnte der Graf. »Der Glanz der Krone blendete schon manches klare Auge, und der Duft der Salböle erhitzte manches kühle Blut!«

»Wenn Burkhards Anspruch und Abstammung erst einmal allgemein anerkannt sind«, erklärte der Bischof, »können wir Deutschland und Frankreich vereinen wie einst zur Zeit des großen Kaisers Karl. Dann sind wir die Herren der Welt. Welcher Herzog oder Graf dürfte sich einem solchen Ziel verweigern?«

»Aber wie könnte Burkhard sich gegen den stolzen Heinrich behaupten?« zweifelte der Graf.

»Die anderen Fürsten werden uns dabei helfen«, sagte der Bischof. »Sie fürchten und hassen Heinrich und neiden ihm seine Macht schon lange.«

»Es wird Krieg geben«, murmelte Burkhard.

»Nein«, entgegnete der Bischof. »Selbst Heinrich darf es nicht wagen, sich gegen die Wahl aller geistlicher und weltlicher Fürsten des Reichs aufzulehnen, wenn er nicht seine Herzogtümer verlieren will.«

»Aber ich bin ein Mönch!« rief Burkhard bestürzt, da er nun erkannte, wie ernst es dem Bischof war.

»Von Eurem Gelübde seid Ihr hiermit entbunden«, erklärte der Bischof rasch.

»So schnell kann das also gehen, wenn es der heiligen Kirche nutzt!« lachte der Graf.

»Wir haben keine Zeit zu verlieren«, sagte der Bischof.

»Ich bin ein alter Mann!« wehrte sich Burkhard.

»Lothar war bei seiner Wahl älter als Ihr!« entgegnete der Bischof.

»Er war ein Ritter«, wandte Burkhard ein, »und in den Waffen geübt. Ich aber weiß weder Schwert noch Lanze zu führen.«

»Otto das Wunder der Welt nannte sich Knecht Jesu und Apostel«, erwiderte der Bischof, »sein Nachfolger Heinrich, dem unser Bistum seine Entstehung verdankt, wird bald heiliggesprochen werden. Auch der salische Konrad und sein Sohn Heinrich III. waren fromme Männer. Die Kriege kann Graf Dietrich für Euch führen, mit dem Ihr ja verschwägert seid.«

»Das ist wahr«, sagte der Graf verblüfft. »Warum nicht?«

»Ich bin nicht verheiratet und habe keine Kinder«, verteidigte sich Burkhard mit letzter Mühe.

»Dem läßt sich am leichtesten abhelfen«, sagte der Bischof. »Meine Nichte Elisabeth stammt aus altem salischem Geschlecht. Sie kam vergangenen Monat zu Besuch; jetzt erst erkenne ich darin die Fügung Gottes! Herr Burkhard, der Ihr einst der Kirche Gehorsam schwort, widersetzt Euch nun nicht Gott selbst! Das Mädchen ist übrigens wohlgestaltet; ihr werdet gesunde Kinder haben. Gleich morgen soll die Hochzeit sein. Weigert Ihr Euch aber, so werde ich Euch bannen!«

»Ihr seid ja ganz von Sinnen«, rief der Mönch verzweifelt. »Schlimmes wird geschehen, wenn ich Euch gehorche, noch Schlimmeres vielleicht, wenn ich mich weigere!«

»Denkt an Gott und das Reich!« befahl der Bischof. »Vertraut uns! Wir handeln gewiß nicht zu Eurem Schaden!«

»Ganz gewiß nicht«, bekräftigte der Graf.

Der Bischof bewirtete beide mit seinen besten Speisen und Weinen. Am nächsten Morgen legten sie sich Festgewänder an und traten in eine kleine Kapelle, wo Priester und Kirchendiener viel Weihrauch verbrannten. Graf Dietrich führte die junge Elisabeth herein; sie war siebzehn Jahre alt, und ihre Augen leuchteten vor Stolz über die hohe Aufgabe, der sie sich weihen wollte: Nachfahren des großen Kaisers Karl zu gebären.

Als die Wasser der Schneeschmelze abgelaufen und die Straßen wieder passierbar waren, ritten Burkhard, der Bischof und der Graf mit großem Gefolge nach Mainz. Abends, wenn sie rasteten, mußte Burkhard von seinen Vorfahren und deren Taten erzählen, seit Irmion im Nordwald den Drachen erschlug und König Konrad ihm die Wimpern mit Wintertau wusch, damit ein tapferes Geschlecht aus ihm hervorgehen sollte.

In Mainz erfuhren sie, daß der Erzbischof vor geraumer Zeit nach Koblenz gereist war, um sich dort mit dem Erzbischof von Trier und anderen Fürsten zu treffen.

»Das ist günstig«, sagte der Bischof erfreut und trieb zu noch größerer Eile an.

In Koblenz sahen sie bunte Tücher an allen Mauern. Bauern lagerten vor der Stadt und machten viel Geschrei. Der Bischof ließ einen der Feiernden vor sich führen.

»Was jubelt ihr denn so, ihr braven Leute?« fragte er.

»Es lebe der König!« schrie der Mann begeistert.

Verdutzt sahen Bischof und Graf einander an.

»Welcher König?« fragte der Bischof mühsam.

»Konrad von Hohenstaufen!« rief der Mann fröhlich und erzählte ihnen, was geschehen war. So erfuhren die Reisenden nun, daß der listige Erzbischof Albero von Trier den Staufer und einige mit ihm einverstandene Fürsten heimlich nach Koblenz geladen hatte. Dort war Konrad flugs zum neuen König gewählt worden.

»Ein toller Streich«, murmelte der Bischof. »Wo sind die Herren jetzt?«

»Sie sind nach Aachen aufgebrochen«, antwortete der Bauer. »Dort wird Dietwin, der Gesandte des Papstes, den König krönen.«

Bischof und Graf wechselten Blicke.

»Gottes Wille geschehe«, seufzte der Bischof. »Wenn der Papst selbst bei diesem Spiel mitmacht... Nun, wenigstens wird der stolze Heinrich nicht über uns herrschen!«

»Von dem Staufer haben wir nur Gutes zu erwarten«, freute sich auch der Graf. Dann blickte er Burkhard an, und seine Fröhlichkeit schwand. »Es tut mir leid«, sagte er. »Aber unter diesen Umständen ist es wohl besser, wenn Ihr vorerst niemandem von Eurer Abstammung erzählt.«

Burkhard gab keine Antwort.

Sie lagerten am Rhein.

Am nächsten Morgen trat Burkhard in seiner Mönchskutte vor den Bischof.

»Ihr habt mich zu etwas verführt, wozu ich mich niemals hätte hergeben dürfen«, sagte er zu ihm. »Möge Gott Euch und mir vergeben. Wir werden uns nicht wiedersehen.«

»Ich werde für Eure Familie sorgen«, antwortete der Bischof bedrückt, »und auch sonst auf jede Weise Buße für meine Hoffärtigkeit tun, daß ich in Gottes Weltenplan eingreifen wollte.«

»So auch ich«, sagte der Graf leise.

Burkhard wanderte nach Süden davon. Bischof und Graf ritten zurück nach Bamberg. Dort berichtete der Bischof seiner Nichte, was geschehen war. »Wenn Ihr wollt, kann ich die Ehe aufheben«, sagte er zu ihr. »Euer Gatte gab mir Vollmacht dazu.«

»Das will ich keineswegs«, sagte Elisabeth stolz, »denn ich trage sein Kind unter dem Herzen.«

Im Herbst kam sie mit einem gesunden Knaben nieder. Sie nannte ihn Helfring nach seinem toten Onkel, der das Geschlecht der Drachenritter eigentlich hatte fortsetzen sollen.

Der Bischof gab viel Geld für den Wiederaufbau von Sala, und das war ihm die schwerste Buße. Dietrich heiratete eine Grafentochter aus Österreich und zog Helfring mit seinen Söhnen auf.

Als der Junge zwölf Jahre alt war, ritt der Graf mit ihm in den Nordwald, wusch ihm die Wimpern mit Wintertau und erzählte ihm alles, was er von der Familie der Drachensteiner wußte.

Werenfried heiratete ein Mädchen aus der Verwandtschaft des toten Kaisers Lothar von Supplinburg. Sein erstgeborener Sohn hieß Werinhard.

Wie es der Bischof vorausgesagt hatte, wurde Konrad von Hohenstaufen trotz seiner regelwidrigen Wahl von fast allen Fürsten anerkannt. Heinrich der Stolze lieferte dem Staufer die Reichsinsignien aus. Als Konrad aber auch eines seiner beiden Herzogtümer verlangte, verweigerte Heinrich ihm den Gehorsam. Daraufhin ließ Konrad über den Gegner die Reichsacht verhängen.

Neuer Herzog von Sachsen wurde Markgraf Albrecht der Bär, den Heinrich jedoch schon bald wieder vertrieb. Bayern gab Konrad seinem Stiefbruder, dem Markgrafen Leopold IV. von Österreich.

Als Heinrich der Stolze starb, führte sein Bruder Welf den Kampf fort. Besonnene Männer versuchten, die beiden Fürstengeschlechter, deren Feindschaft das Reich wie ein schleichendes Gift zersetzte, miteinander auszusöhnen. Konrad gab dem Sohn des Stolzen, Heinrich dem Löwen, das Herzogtum Sachsen zurück. Auf Bayern verzichtete Heinrich.

Als endlich Friede eingekehrt war, widmete sich auch Konrad der großen Aufgabe, an der sich alle seine Vorgänger versucht hatten: die Welt in Ordnung zu bringen. Er adoptierte seine Schwägerin Bertha von Sulzbach und verheiratete sie mit dem byzantinischen Thronfolger Manuel Komnenos; als Kaiserin Irene bestieg sie dort später den Thron. Und nach einer gewaltigen Predigt des großen Kirchenreformers Bernhard von Clairvaux im Dom zu Speyer nahm Konrad das Kreuz.

Der Kreuzzug begann im Mai des Jahres 1147. Mehr als dreißigtausend Reiter, denen sich doppelt soviele Pilger und Abenteurer anschlossen, zogen über Konstantinopel nach Kleinasien. In den Einöden Anatoliens aber verlor Konrad durch Hunger, Krankheiten und Kämpfe mit türkischen Scharen vier Fünftel seines Heeres und mußte umkehren. Als kranker Mann reiste er mit einem Schiff von Konstantinopel ins heilige Land. Dort traf er mit König Ludwig VII. von Frankreich zusammen. Gemeinsam zogen die beiden christlichen Herrscher gegen Damaskus, konnten die Stadt aber nicht erobern.

Geschlagen und gedemütigt kehrte der König im Jahr 1149 nach Deutschland heim.

Graf Welf hatte sich inzwischen mit Roger von Sizilien verbündet. Konrads ältester Sohn Heinrich besiegte den Welfen, starb aber kurz darauf. Heinrich der Löwe machte seinen Anspruch auf Bayern wieder geltend und rückte dort mit seinem Heer ein. Es war wieder eine Zeit großer Wirren. Weder Staufer noch Welfen konnten einen entscheidenden Vorteil erringen. Schließlich erinnerte sich König Konrad daran, wie Lothar von Supplinburg einst seine Herrschaft durchgesetzt hatte. Wie der Sachse wollte nun auch der Staufer, schon über sechzig Jahre alt, nach Rom ziehen und sich zum Kaiser krönen lassen. Vorher berief er einen Reichstag nach Bamberg ein. Dort aber starb König Konrad III. am 15. Februar 1152, nachdem er seinen Neffen Herzog Friedrich von Schwaben zu seinem Nachfolger bestimmt hatte.

Es war auch eine Zeit großer Veränderungen: Der Orient wurde Mode, zuerst in Frankreich, dann auch in Deutschland, dessen Adel sich fortan nach französischem Vorbild zu kleiden pflegte. Die jungen Herren rasierten sich die Gesichter wie Diebe und ließen sich lange Locken wachsen wie Frauen, spazierten in spitzen Schuhen durch ihre Burgen und hüllten sich in lang herabwallende Hemden mit Schleppen und weiten Ärmeln. Die Damen verbannten die sackförmigen Kleider der Karolingerzeit in ihre Truhen und schneiderten sich statt dessen nach französischem Vorbild Gewänder mit betontem Oberteil und enger Taille, was manche Bischöfe zu scharfen Hirtenbriefen bewog. Burnus und Kaftan waren von feinstem Damast aus Damaskus, Musselin aus Mossul, Kattun aus Khotan in Mittelasien oder auch von Samt und Satin; mancher, der weder Jaffa kannte noch je ein Kamel gesehen hatte, trug nun eine Joppe aus Kamelotte. Auch wer nicht wußte, wo Baldach lag – so nannten die Kreuzfahrer Bagdad –, baute sich einen Baldachin über sein Bett. Den Boden bedeckten Teppiche, benannt nach Bagdads Stadtteil Atabya; man saß nicht mehr auf einem Stuhl, sondern auf einem Sofa, und schenkte nicht aus Krügen, sondern aus Karaffen ein. Nicht etwa das deutsche Wort ›laut‹, sondern das arabische ›a'loud‹ gab der Laute den Namen. Vor der Schlacht betete man den Rosenkranz, den die Araber ihrerseits von den Buddhisten Indiens mitgebracht hatten. Dann streifte man sich einen leichten Kettenpanzer über, nahm den ›Tartsche‹

genannten kleinen runden Araberschild in die Linke, die Damaszenerklinge in die Rechte oder auch umgekehrt, und ritt an. Der Admiral und der Almanach, die Alchimie und die Algebra hielten ihren Einzug in die europäischen Sprachen. Der in Jahrhunderten der Barbarei schläfrig gewordene Geist des Abendlands wurde durch die arabischen Erben der klassischen Antike jäh und heftig geweckt. Bau- und Dichtkunst blühten auf, die eine in gotischen Spitzbögen und gesundheitsfördernden Bädern, die andere in Form von unterhaltsameii Balladen, denen das an strengen Bibelton gewöhnte Volk mit Entzücken lauschte. Ein gewaltig anschwellender Warenverkehr und die daraus sich ergebende Gelegenheit, reich zu werden, lockte die Landbevölkerung in die rasch wachsenden Städte; bald mußten die Rate zur besseren Unterscheidung ihrer Mitbürger Nachnamen einführen, da zum Beispiel in Nürnberg nicht weniger als tausend Bürger Peter hießen. Mit dem Handel wuchs allerdings auch die Raublust, und der wachsende Wohlstand förderte Trunksucht und Völlerei. Der Tatendurst der Ritter, die durch die besondere Grausamkeit der Glaubenskriege blutrünstig geworden waren, entlud sich in immer gewalttätigeren Tumieren.

Mit nicht geringerer Inbrunst vervollkommneten die Vertreter der Rechtspflege die aus dem Orient eingeführten Neuheiten des Folter- und Henkerhandwerks. Auch Werenfried von Rabeneck widmete sich seinem Amt als Vogt mit strengem Gerechtigkeitssinn. Diebe kamen grundsätzlich an den Galgen. Handelte es sich dabei um einen Juden, so knüpfte man ihn kopfunter auf und hängte neben ihn zwei Hunde, die dem Verurteilten zusätzliche Qualen schufen, indem sie ihn in ihrer Todesnot zerbissen und zerfleischten. Beim Richten mit blutiger Hand wurde der abgehauene Kopf auf eine Stange gesteckt und über den Zinnen von Rabeneck zur Schau gestellt. Räubern und Wegelagerern wurden je nach Schwere ihrer Verbrechen einige Finger oder gleich eine ganze Hand abgehauen, mit Ausnahme derer, die noch nicht zwölf Jahre alt waren. Die Weiber ertappter Strauchdiebe durften die Hände behalten; sie wurden für den Rest ihres Lebens ins Spinnhaus gesteckt. Grenzsteinfrevlern ließ Werenfried die Köpfe abpflügen. Das Entrinden lebender Bäume wurde durch Ausdärmen bestraft: Der Henker schnitt dem Unglücklichen den Leib auf, heftete den Darm des Delinquenten an das Holz und jagte ihn dann um den

Stamm herum, bis der Darm aufgewickelt war und die entrindete Stelle bedeckte. Auch Angehörige des Adels entgingen ihrer Strafe nicht: Ein Ritter, der eine Jungfrau vergewaltigt hatte, wurde zu seiner Schande in einen Hundestall gesperrt.

Werenfrieds Hörige schätzten die Strenge ihres Herrn sehr, denn durch die Vielzahl der Todesurteile waren sie stets reichlich mit Blut von Gehenkten versorgt, das sich zu allerlei nützlichen Zwecken verwenden ließ: Kranke tranken es zur Linderung ihrer Beschwerden; wenn sie im Gedränge ihren Becher nicht rechtzeitig an den Halsstumpf hatten halten können, legten sie später wenigstens blutgetränkte Tücher auf die schmerzenden Körperteile. Versuche des Pfarrers von Rekenz, den Vogt zu größerer Milde zu bewegen, tat Werenfried als kirchliche Gnadenduselei ab. Als der Geistliche einmal eine an seinen Altar geflüchtete Kindsmörderin nicht herausgeben wollte, packte der Vogt den Gottesmann am Kragen und trieb ihn mit Ohrfeigen durch das Dorf. Der Ungehorsam des Pfarrers fand noch an anderer Stelle Strafe, als er nämlich mit einem Verurteilen auf das Hochgericht stieg und der betrunkene Henker nach dem Dieb versehentlich auch den Seelsorger aufknüpfen wollte. Er hatte ihm bereits die Schlinge um den Hals gelegt und drückte dem Zappelnden heftig die Luft ab; der Vogt aber tat, als ob er den Irrtum nicht bemerkte. Erst als der Gottesmann im Gesicht schon ganz blau war, schnitt Werenfried ein, befreite den Pfarrer und hängte statt dessen den Henker auf.

Werenfrieds Sohn Werinhard ritt oft mit Helfring von Sala auf die Falkenbeize und erprobte die aus dem Orient übernommenen Neuerungen der Vogeljagd. Denn im Morgenland hatten die christlichen Ritter gelernt, daß Beizvögel ruhig bleiben und ihre Jagdlust nicht vorzeitig vergeuden, wenn man ihre Augen mit einer Haube verdeckt. Auch verschiedene Verbesserungen der Kurz- und Langfesseln erforderten emsige Übung.

Als Helfring sechzehn Jahre alt war, übergab ihm Graf Dietrich den Hof. Einige Zeit später heiratete der junge Herr von Sala eine Nichte des Grafen, die wie Helfrings Mutter Elisabeth hieß. Sie schenkte ihm drei Söhne; sein Erstgeborener wurde auf den Namen Irmund getauft.

Helfring war dunkelblond und schlank wie sein Urahn, der Drachentöter. Obwohl in allen ritterlichen Dingen wohlgeübt, nahm er nur selten an Turnieren teil und kümmerte sich statt dessen lieber um seinen Besitz. Er ließ viel Wald roden und siedelte Bauern aus Rheinfranken an, so daß die Sorben auf Sala in die Minderheit gerieten. Seine Felder warfen reiche Ernten ab, und sein Vieh gedieh über die Maßen.

Abends sah Helfring oft zu der Ruine seiner Burg empor. Efeu überwucherte die zersprungenen Mauern des Drachensteins, auf dem Vorhof wuchsen Haselstrauch und Eberesche, unter den Trümmern des Bergfrieds grub sich der Fuchs seinen Bau, und in den leeren Fensterhöhlen des ausgebrannten Palas nisteten Eulen.

»Warum baut Ihr die Burg nicht wieder auf?« fragte ihn der Vogt eines Tages. »Ich könnte Euch das Geld vorstrecken.«

»Borger ist Leihers Knecht«, erwiderte Helfring abweisend.

»Mit dem Ertrag Eurer Äcker allein könnt Ihr die Feste in hundert Jahren nicht instand setzen«, meinte Werenfried, »selbst wenn Ihr Eure Hörigen noch soviel schuften laßt. Ja, wenn wieder ein Kreuzzug käme, auf dem sich reiche Beute machen ließe...«

»Es gibt noch andere Wege«, sagte Helfring verdrossen.

»Welche denn?« fragte der Vogt neugierig. »Schätze erwirbt nur das Schwert; die Pflugschar bringt höchstens Schwielen.«

Helfring gab keine Antwort. Geflissentlich prüfte er die reifende Gerste. »Ich habe keine Zeit, törichten Träumen nachzujagen«, murmelte er, riß eine Ähre ab und zählte die Zeilen. Auf Werenfrieds dunklem Gesicht erschien ein breites Lächeln. »Warum sucht Ihr nicht nach Ortwins venezianischen Solidi?« fragte er.

»Das ist ja nur eine Sage«, brummte der Herr von Sala.

»Jede Legende enthält ein Körnchen Wahrheit«, sagte der Vogt belustigt.

»Das mag sein«, erwiderte Helfring, »aber mit einem Körnchen ist mir nicht geholfen. Ich brauche schon einen ordentlichen Batzen, wenn der Drachenstein wieder so werden soll wie zu meines Großvaters Zeit.«

»Ich wünsche Euch viel Glück«, rief Werenfried und ritt lachend davon.

An diesem Abend grübelte Helfring lange und konnte nicht einschlafen. Der Mond schien hell ins Zimmer. Um Mitternacht war es dem Herrn von Sala, als färbten sich die Strahlen des Nachtgestirns plötzlich grün. Verwundert stand er auf und spähte aus dem

Fenster. Das grelle Licht blendete seine Augen; erst nach einer ganzen Weile erkannte er zu seiner Verblüffung, daß die Strahlen nicht vom Himmel, sondern von der Saale kamen, deren Wasser wie ein Strom grünen Feuers zwischen den nächtlichen Wiesen floß.

Rasch warf sich Helfring einen Mantel über und eilte barfuß durch das feuchte Gras zum Ufer. Als er zwischen den Weidensträuchern an die Böschung trat, verlosch das geheimnisvolle Glühen, und der Strom floß wieder dunkel dahin wie zuvor. Im gleichen Moment vernahm Helfring ein helles Lachen und eine Stimme, die zu ihm sagte: »Hast du mein Zeichen endlich bemerkt, du Schlafmütze? Ja, Knechtsarbeit macht müde!«

»Wer seid Ihr?« fragte Helfring verblüfft und sah sich suchend um. »Welches Teufelswesen treibt hier seinen Spuk?«

»Mein Geschlecht ist älter als Satan«, kam die stolze Antwort, »denn es lebte schon lange vor Adam, die aufrührerischen Engel aber stürzten erst nach der Erschaffung des Menschen vom Himmel!«

»Ihr seid die Undine, die Iring verhexte«, sagte Helfring in plötzlicher Gewißheit.

»Iring liebte mich«, sagte die Stimme, »und so tat noch mancher andere Mann.«

Dicht neben Helfring plätscherte es, und in weißen Wirbeln erschien das Antlitz einer Frau von seltsamer Schönheit. In ihren Augen funkelte die Kraft des Lebens, auf ihren Lippen leuchtete das Glück der Welt.

»So seht Ihr also aus«, murmelte Helfring. »Ich glaube wohl, daß Ihr viele verzaubern konntet. Warum habt Ihr mich geweckt?« Er hob einen Fuß. »In der Eile bin ich in Schafskot getreten«, beklagte er sich.

Sie breitete die weißen Arme aus. »Komm zu mir«, sagte sie weich.

»Wozu?« fragte Helfring.

»Ich will Euch glücklich machen«, lockte die Nixe. »Bei mir werdet Ihr alles finden, was Ihr begehrt!«

»Das ist gut«, sagte Helfring. »Ich brauche Geld, und zwar in Fülle!«

Das lockende Lächeln der Nixe verblaßte ein wenig. »Und was bekomme ich dafür?« fragte sie.

»Ihr habt mich wohl nicht recht verstanden«, sagte Helfring.
»Ich verlange mein Eigentum. Gebt Ortwins Schatz heraus! Ich
bin der Erbe von Sala, und das Geld gehört mir!«

»Es stammt aus dem Bauch der Berge und gehört uns Wesen der
Natur, nicht euch Menschen«, antwortete die Undine.

»Es sind meine Berge!« rief Helfring. »Her mit dem Gold!«

»Ihr seid nur Gast auf diesem Land!« rief die Nixe ungehalten.

»Gott hat uns zu Herren der Schöpfung bestimmt«, versetzte
Helfring. »Auch du hast zu gehorchen, Wasserweib!«

Der Fluß begann wieder grünlich zu schimmern. »Unziemlich
ist deine Rede«, sagte die Nixe zornig. »Ich zähle zum ältesten
Adel der Zwischenwesen, und meine Macht reicht weit!«

»Ganz gewiß weiter als meine Geduld«, versetzte Helfring,
»denn die ist schnell zu Ende. Entweder Ihr rückt jetzt endlich das
Gold meines Großvaters heraus, oder ich schleife Euch an Euren
Binsenhaaren nach Rekenz in die Kirche, damit Euch der
Weihrauch das Näschen verätzt!«

»Was wagst du!« rief die Undine empört. Unheimlich rauschte
die grüne Flut.

»Das werdet Ihr gleich sehen!« rief Helfring und sprang mit
einem Satz ins Wasser. Im gleichen Augenblick durchzuckte ihn
ein stechender Schmerz an der Ferse. Das unheimliche Glühen
verlosch; auch die Undine war verschwunden.

»Verdammter Höllenspuk!« fluchte Helfring und humpelte zum
Ufer zurück. An seiner Fußsohle klaffte ein breiter Schnitt. Der
Herr von Sala riß ein Stück vom Saum seines Überwurfs ab und
verband die Wunde. Dann kehrte er nach Hause zurück.

»Wo wart Ihr?« fragte ihn seine Frau. »Ihr seid ganz naß. Das ist
ja Blut!«

»Ich habe etwas Seltsames geträumt«, antwortete Helfring.
»Teufel auch, ich bin im Schlaf gewandelt. Das ist mir noch nie
passiert.«

»Ihr grübelt zuviel«, sagte Elisabeth und versorgte die Wunde.
»Wo habt Ihr Euch diesen Schnitt zugezogen?«

»In der Saale«, knurrte ihr Mann. »Sobald es hell wird, will ich
nachsehen, was dort liegt.«

Als der Morgen graute, humpelte Helfring über die taunasse
Schafweide zu dem Weidengestrüpp. Er fand die Abdrücke seiner
nackten Füße in der weichen Erde der Böschung und stieg lang-

sam in das eiskalte Wasser. Einen Meter vom Ufer entfernt tauchte er unter und tastete mit den Händen vorsichtig auf dem schlammigen Grund des Flusses umher. Zweimal mußte er Atem schöpfen, ohne etwas gefunden zu haben. Beim dritten Mal hielt er den Panzerstecher in der Hand.

»Bei allen Höllenhunden!« murmelte er.

Als er zum Ufer zurückkehrte, stieß sein verletzter Fuß mit Wucht gegen etwas Hartes. Ein wütender Schmerz durchzuckte ihn.

»Verflucht!« rief Helfring, hinkte zum Ufer und befühlte seine blutenden Zehen. Dann kehrte er an die Stelle zurück und tauchte. Seine Hände ertasteten die Umrisse einer eisernen Truhe.

»Jetzt wird es lustig«, sagte Helfring zu sich selbst und wühlte im Schlamm, konnte die Kiste aber nicht packen.

»Wozu habe ich dich gefunden?« fragte er den Panzerstecher, nahm ihn vom Ufer und stieß ihn in die weiche Erde unter der Truhe. Nach einiger Arbeit hatte er den Behälter vom Boden gelöst. Mühevoll schleppte er die Eisenkiste zum Ufer; sie war ganz mit Muscheln und glitschigen Algen bewachsen.

»Ortwin, du alter Räuber!« lachte Helfring. »Hier also hast du deine Beute versteckt!«

Er schob den Panzerstecher unter den Bügel der kleinen Truhe und brach das Schloß auf. Die Goldsolidi schimmerten im Morgenlicht.

»Na also!« sagte Helfring befriedigt. »Nachtwandeln hat manchmal auch sein Gutes!«

Er trug die Truhe ins Haus und verbarg sie im Keller. Dann ritt er nach Bamberg, warb Baumeister an und nahm zahlreiche Handwerksleute in seinen Dienst.

Als Werenfried davon hörte, ritt er zu Helfring und sagte: »Ihr habt den Schatz also gefunden.«

»Wenn Ihr Geld braucht«, antwortete der Herr von Sala fröhlich, »kann ich Euch etwas borgen.«

Der Vogt sah ihn mißmutig an. »Ich brauche nichts«, knurrte er und ritt davon.

Drei Jahre später stand Burg Drachenstein wieder so stolz über dem Saaletal wie einst zu Ortwins Zeiten. Der Bischof selbst kam, sie zu weihen. Dietrich von Dießen, der nun auch Herzog von Meranien geworden war, Vogt Werenfried von Rabeneck und

Helfring von Sala ritten bei dem Turnier gegen viele vornehme Herren aus Sachsen, Thüringen, Böhmen, Bayern und Franken an. Sie brachen dabei manche Lanze und leerten viele Becher Wein.

Werenfrieds Sohn Werinhard und Helfrings Sohn Irmund, dem sein Vater schon die Wimpern mit Tau gewaschen hatte, warteten den Rittern auf und folgten den Erzählungen der weitgefahrenen Herren mit glänzenden Augen; beide Jungen gerieten im Äußeren ganz nach ihren Vätern. Besonders aufmerksam lauschten sie den Liedern der Sänger, die von der unglücklichen Heerfahrt Konrads ins Heilige Land erzählten.

Im Reich herrschte einmal Ruhe. König Friedrich, den man auch Rotbart oder Barbarossa nannte, vereinte als Sohn eines Staufers und einer Welfin in sich das Blut beider Geschlechter und suchte den klaffenden Riß zwischen diesen Grundfesten deutscher Macht gleich einem Eckstein zu schließen. Im Herbst des Jahres 1154 zog er über die Alpen und nahm auf den Ronkalischen Feldern die Huldigung der Städte Pavia, Cremona und Lodi entgegen. Mailand und seine Verbündeten blieben dem Treffen fern. Die Rache des Königs traf das stolze Tortona; es wurde dem Erdboden gleichgemacht. Im folgenden Jahr wurde Friedrich in Rom zum Kaiser gekrönt. Das gute Einvernehmen mit Papst Hadrian IV. verschlechterte sich, als der päpstliche Legat Bandinelli auf einem Reichstag in Besançon das Kaisertum als päpstliches Lehen bezeichnete. Die alte Frage, wen Gott an die Spitze der Welt gesetzt habe, brach wieder auf.

Im Jahr des Heils 1158 zog Barbarossa zum zweiten Mal gegen die unbotmäßigen lombardischen Städte. Der einstige Legat Bandinelli saß inzwischen als Alexander III. auf dem Stuhl Petri, doch der Kaiser erkannte den Gegenpapst Viktor IV. an. Alexander III. wehrte sich mit Bannsprüchen, floh nach Toulouse und gewann dort die Anerkennung der englischen und französischen Kirchen. »Wer hat eigentlich die Deutschen zum Hirten über die Völker bestellt?« fragte der Bischof von Chartres. »Wer gab diesen plumpen Barbaren das Recht, einen Herrn über die Häupter der Menschheit zu setzen?«

Ungerührt von solchen Fragen belagerte Kaiser Rotbart das aufrührerische Mailand, eroberte es und ließ es von Grund auf zerstören. Sein dritter Italienzug sollte die Normannen in Unteritalien treffen, doch Venedig verweigerte dem Kaiser die Unterstützung seiner Flotte und schloß mit anderen Städten ein Bündnis gegen ihn. Auf seinem vierten Italienzug setzte Friedrich einen neuen Gegenpapst auf den Stuhl Petri, doch die Malaria dezimierte sein Heer. Die lombardischen Städte erhoben sich wieder, und der Kaiser mußte verkleidet über die Alpen nach Deutschland fliehen. Vor seinem fünften Italienzug bat er Heinrich den Löwen kniefällig um Hilfe, doch der stolze Sachse verlangte die Kaiserpfalz Goslar als Lohn, und dieser Preis war Friedrich zu hoch. Der Kaiser zog ohne den Löwen über die Alpen und unterlag dem lombardischen Heer. Nach achtzehn Jahren erbitterter Kämpfe um die Vorherrschaft über die Welt mußte er mit Papst Alexander Frieden schließen. Danach wandte er sich gegen Heinrich den Löwen und nahm ihm alle Besitzungen fort. Der Sachse mußte sich unterwerfen und ging nach England in die Verbannung.

Friedrich war nun sechsundsechzig Jahre alt und auf dem Höhepunkt seiner Macht; jetzt wollte er sein Lebenswerk mit einem Sieg über die Feinde der Christenheit krönen. Denn in der Schlacht bei den Hörnern von Hattin hatte Sultan Saladin den König von Jerusalem besiegt und die heiligste Stadt der Welt den Christen wieder entrissen. Kaiser Rotbart rief darauf die Fürsten nach Mainz. Ein leerer Thronsessel war für Jesus als den eigentlichen Leiter der Versammlung aufgestellt. Die Fürsten stimmten dem Kreuzzug zu. Der Kaiser schickte einen Boten an den Sultan voraus und bestellte Saladin für den 1. November 1189 zur Entscheidungsschlacht nach Zoan. Im Mai des Jahres 1189 brach er auf. Irmund von Drachenstein und Werinhard von Rabeneck ritten mit ihm, blond und schlank der eine, dunkel und knorrig der andere; sie waren Freunde, nun wurden sie Gefährten.

Als ihre Söhne fortgezogen waren, trafen sich Helfring und Werenfried oft, um Wein und Wehmut zu teilen. Sie sprachen über die Vergangenheit, ihre Erlebnisse und die Fehden zwischen ihren Geschlechtern, gelobten einander Frieden und erneuerten auch das alte Abkommen, das Irminfried und Ludger einst über die Saaleinsel geschlossen hatten.

Eines Abends, als sie auf Drachenstein lange gezecht hatten, ritt Werenfried berauscht nach Hause. In einem einsamen Waldstück sah er ein Feuer blinken. Er stieg ab, zog sein Schwert und schlich näher, um zu sehen, ob dort vielleicht Räuber lagerten. Als er die Zweige eines Brombeerstrauchs auseinanderbog, traf ihn von hinten der Hieb einer Keule. Das eisenbeschlagene Holz zerschmetterte Werenfrieds Haupt, so daß er tot auf den Waldboden fiel.

Am nächsten Morgen kam ein Bote von Rabeneck mit der Bitte, daß Werenfried zum Gerichtstag kommen möge.

»Ist er denn noch nicht zu Hause?« wunderte sich Helfring.

Der Bote schüttelte den Kopf.

Der Herr von Sala setzte den Helm auf und ritt den Waldweg entlang, der die beiden Burgen verband. Auf dem Lehmboden waren die Hufabdrücke deutlich zu sehen. Helfring folgte ihnen.

In dem dunklen Tannendickicht fand er Werenfried. Er sah gleich, daß sein Freund tot war.

Helfring blickte sich nach allen Seiten um. Dann stieg er ab und hob den Toten auf. In diesem Augenblick knackte ein Zweig. Helfring ließ Werenfried los und duckte sich. Ein sausender Hieb fuhr um Haaresbreite über seinen Helm hinweg.

Der Herr von Sala warf sich herum und riß sein Schwert aus der Scheide. Ein grausiges Brüllen erscholl, und erschrocken sah Helfring vor sich einen ungeheuren Riesen.

Der Angreifer war zwei Köpfe größer als der Ritter und vollständig nackt. Zottige Strähnen hingen ihm über die roten Augen und das schrecklich entstellte Gesicht, aus dem der Mund wie eine Wolfsschnauze hervorsprang. Ein schwarzer, verfilzter Bart wuchs ihm bis auf die Brust, und dichtes Haar bedeckte seinen Körper wie ein Pelz. Ein beißender Geruch ging von ihm aus, und ein unartikuliertes Lallen drang von seinen Lippen. In seiner rechten Faust hielt er eine gewaltige Keule und ließ sie nun zum zweiten Mal auf Helfring niedersausen.

Der Ritter sprang im letzten Augenblick zur Seite. Der Unhold stieß einen Schrei der Enttäuschung aus. Wieder schwang er seine furchtbare Waffe, da sprang Helfring vor und stach ihm das Schwert unter dem erhobenen Arm in die nackte Brust. Der Stahl drang tief ein, und ein Blutstrom spritzte hervor. Der Riese brüllte vor Wut und Schmerz. Helfring ließ das Schwert stecken und floh. Der Unhold lief mit erhobener Keule hinter ihm her. Nach einigen Dutzend Schritten brach der Waldmensch in die Knie, sank zu Boden und starb.

Helfring setzte sich schwer atmend auf einen Baumstumpf und wartete, bis sich sein Entsetzen gelegt hatte und sein Herz wieder langsamer schlug. Es dauerte fast eine halbe Stunde, ehe er wieder aufstand.

Er trat zu dem toten Riesen und betrachtete ihn. Als er sein Schwert aus der Wunde zog, hörte er auf dem Weg ein Fuhrwerk. Es waren zwei Holzknechte, die frisch gehauene Stämme nach Rekenz fahren wollten. Helfring hielt sie an und führte sie zu dem Toten. Selbst zu dritt hatten sie Mühe, den Riesen auf den Wagen zu wuchten. Sie brachten ihn und Werenfried zur Kirche.

»Um Himmels willen!« entsetzte sich der Pfarrer. »Der Wilde Mann! Wo habt Ihr ihn gefunden? Welcher Höllenspuk in unseren Wäldern! Der Satan selbst...«

»Rede nicht solchen Unsinn!« fuhr ihn Helfring an. »Das ist genauso ein Mensch wie du und ich, siehst du das nicht? Sorge lieber in deiner frommen Gemeinde dafür, daß die Frauen ihre mißgebildeten Kinder nicht mehr im Nordwald aussetzen, dann können solche Unfälle nicht mehr geschehen! Gewiß wurde auch dieser arme, geistesschwache Kerl von seiner Mutter in der Wildnis zurückgelassen, weil sie Angst vor seinen Kräften bekam und ihn nicht mehr zu bändigen wußte. Es wundert mich nur, wie er so lange überleben konnte.«

Er ließ den Toten in geweihter Erde bestatten und kehrte nach Burg Drachenstein zurück.

Der Bischof von Bamberg bat nun Graf Dietrich, die Vogtei zu verwalten, bis Werinhard aus dem heiligen Land zurückgekehrt sei. Den jüngeren Söhnen des toten Vogts stieß diese fremde Herrschaft sauer auf, aber sie mußten sich fügen.

21

Der Mond schien durchs Fenster

»Auf diese Weise«, beschloß der Köhler den dritten Teil seiner
Erzählung, »erschlug der tapfere Helfring den Riesen des Nordwalds, so wie sein Urahn Irmion einst den Drachen getötet hatte,
und befreite das Saaleland von einer schlimmen Plage. Denn der
Unhold hatte bis nach Böhmen und Bayern hin übel gehaust und
den Bauern durch seine Raublust großen Schaden zugefügt. Die
Leute kamen von weither, das Ungeheuer zu bestaunen. Noch im
Tod flößte der Riese vielen einen solchen Schrecken ein, daß sie
sich abwenden mußten. Der heilige Bischof selbst nahm den langen Ritt von Bamberg auf sich. Er stellte fest, daß der Wilde Mann
vom Scheitel bis zu den Zehen vier Klafter maß. Sein Kopf war so
groß wie ein Mühlstein, und der Bart wucherte so stark, daß man
eine Zange holen mußte, um ihm ein Haar abzuzwicken, Der Riese
wog soviel wie sieben Männer und seine Keule soviel wie drei.
Das ist nun schon fast hundert Jahre her. Ich habe sein Grab noch
mit eigenen Augen gesehen, damals, als ich jung war... Der Grab-
stein war so groß wie ein Haus. Später, als aus dem Dorf Rekenz
die Stadt Hof wurde, zerhieb man den Stein und baute die Fundamente der neuen Kirche daraus.«

Er blickte seinen Gast forschend an. Der alte Reiter sah sinnend
durch das kleine Fenster hinaus in den nachtdunklen Wald. Wolken verhüllten den Mond.

»Damals, in der alten Zeit, liefen unsere Edelleute nicht davon,
sondern stellten sich selbst solchen Ungeheuern, um ihre Länder
zu schützen«, fuhr der Köhler fort. »Und heute? Seht sie Euch an,
die vornehmen Herren! Den ganzen Tag jagen, fressen, spielen

und saufen sie, und in der Nacht huren sie alles, was einen Rock trägt. Nicht mehr Schutz und Schirm des Volkes sind sie, sondern eine Bande blindwütiger Draufgänger, die nur dem Faustrecht folgen. Sitte gilt ihnen als Schwäche, Treue als Torheit und Rücksichtnahme als Feigheit. Der besiegte Gegner wird nicht mehr geschont, sondern niedergemacht. Früher banden Ritter sich durch Eide, in der Schlacht nicht zu weichen; heute erhalten sie ihre Schwerter zwar immer noch vor Altären, kehren sie dann aber gegen die Gesalbten des Herrn. Sie plündern die Frommen aus, bedrängen die Flenden und befriedigen ihre Gelüste am Schmerz der Wehrlosen. Das Geraubte und Erjagte aber wird sogleich wieder verschwendet. Keuschheit und Zucht verachten sie als Geiz und glauben alles genießen zu dürfen, was ihrer tierischen Natur gefällt. Statt ihre Kräfte im Krieg gegen die Kreuzesfeinde zu messen, streiten sie nur immer untereinander. Lieber als mit Lanzen kämpfen sie mit Krügen, und häufiger als die Wurf- halten sie die Bratspieße in den Händen. Nicht besser ihre Frauen, die sich Wieselhoden um den Leib binden, um sich mit ihren Liebhabern ohne Furcht vor Folgen vergnügen zu können. Wenn der Zauber doch einmal versagt, kochen sie sich schnell einen Sud aus Sade, Fenchel, Liebstöckel und Wein oder legen sich Beifuß in Butter auf den Bauch, um die Leibesfrucht loszuwerden! Ist es nicht so?« Zornig griff er nach seinem Krug.

Der Reiter nickte. Ein nächtlicher Wind erhob sich und trieb Wolken über den Wald.

»Und in den Klöstern ist es nicht besser«, klagte der alte Köhler weiter. »Früher kauten die Knechte Christi Bohnen und trockenes Brot – heute schlemmen und prassen sie wie die Heiden und laden selbst Gaukler und Musikanten zu ihren Gelagen! Gold, Silber, Edelsteine und kostbare Stoffe horten sie in ihren Schatzkammern. Statt das Los der Armen zu lindern, geben sie ihr Geld für Falken und Rosse aus. Wenn aber Ritter- und Mönchstum, die Stützen von Krone und Kirche, zugleich niedergehen, wie soll dann das Reich überdauern? Ist es jedoch erst einmal zerstört, wird es nie wieder entstehen und für uns Deutsche in Ewigkeit nur mehr ein Traum sein, fern wie das Paradies!«

»Es ist noch nicht verloren«, antwortete der Reiter. »Ihr wißt doch: Das Reich wird erst vergehen, wenn der letzte deutsche Kaiser mit allen seinen Kriegern unter einem Birnbaum schlafen kann.«

»Bald wird es soweit sein«, murmelte der Köhler.

»Und wenn?« fragte der Ritter. »Was ist denn so Besonderes an uns? Troja und Babylon, selbst das mächtige Rom sind untergegangen. Auch unser Reich wird nicht ewig bestehen, denn wir Deutsche sind doch nicht besser als andere Völker! Wie ein Kind, nordisch erzogen, südländisch gebildet, vom Westen verweichlicht, vom Osten verhärtet sitzen wir in Europa, dessen Mitte zwar, nicht aber dessen Herz uns gehört. Ja, wenn wir von unseren Nachbarn das Nützliche übernähmen, normannischen Opfermut und französische Ritterlichkeit, lombardische Klugheit und polnische Glaubenstreue! Aber unseren nördlichen Nachbarn haben wir nur Wildheit und Zorn abgeschallt, den Franzosen die Eitelkeit, den Welschen die Habgier und den Ostvölkern die Grausamkeit. Für andere Völker ist der Traum der Deutschen ein Alptraum, und sie werden jubeln, wenn unser Reich vergeht.«

»Was ist es nur, das uns so umtreibt?« seufzte der Köhler.

»Der Stolz«, antwortete der Reiter. »Wir wollen wie Adler fliegen, auch wenn unsere Schwingen brechen.«

Sie wünschten einander eine gute Nacht und wandten sich ihren Schlafstätten zu.

Der alte Reiter pflegte sich in der gleichen Weise wie an den Abenden zuvor und legte sich dann auf sein Lager. Ein heller Lichtschein strahlte vom Himmel, und der Gast konnte lange keine Ruhe finden. Er dachte an die Geschichten, die er gehört hatte, und als er endlich schlief, senkten sich Erinnerungen an Erfahrenes und Erlebtes mit der magischen Macht von Wahrträumen in seine Seele. Der Schrecken Irmions durchzuckte ihn, der den Drachentöter zittern ließ, als sich der Mann mit dem Eidechsenhelm auf ihn stürzte. Danach fühlte er den Haß des blinden Irmin auf die Druzzen, die ihn wie ein Tier in der Mühle angekettet hatten. Die Sorge Jung-Irings um den verletzten Onkel in den Ihlesümpfen ließ ihn leiden; die Angst und Beklemmung des weitgefahrenen Irminfried in der Tiefe des römischen Brunnens schnürte ihm die Kehle ab. Zugleich verspürte er die Wut, die der Trinker Iwein auf die Welt und sich selbst empfunden hatte, und den Zorn des blutrünstigen Ortwin auf die Venezianer. Die Trauer des verführten und enttäuschten Mönchs Burkhard nagte an den Wurzeln seines Wesens. Das Entsetzen des mutigen Helfring beim Anblick des Riesen im Nordwald ließ ihn erschauern, und nicht weniger heftig fiel ihn die

Furcht vor seinem eigenen Feind an, der noch viel schrecklicher war und den zu besiegen er nicht hoffen konnte. Ein lautes Stöhnen entrang sich ihm, und wie unter Folterqualen wand er sich auf seinem Lager, bis Maria es nicht mehr aushielt und sie zu ihm schlich, den Träumenden, der nicht erwachte, zu trösten.

Am Morgen führte der Köhler seinen Gast in das Zimmer unter dem Dach, in dem er die beiden Beizvögel hielt. Es waren ein junger Gerfalkenterzel und ein sehr großes Wanderfalkenweibchen. Der Köhler nahm den Vögeln die Kappen ab und zeigte ihnen ein frisches, blutendes, dampfendes Stück Fleisch. Die Falken sperrten gierig die Schnäbel auf. Ihr Herr fütterte sie aber nicht, sondern verhaubte sie wieder. Dann gab er dem Reiter einen dicken Falknerhandschuh und ein Federspiel. »Ihr sollt mit dem Weibchen jagen«, schlug er vor.

Der Reiter nickte, machte die Langfessel fest und hob das schöne Tier auf seine Faust. Das Wanderfalkenweibchen schlug ein paarmal mit den Flügeln, dann saß es ruhig.

Der Köhler nickte, nahm den Terzel und ging seinem Gast zum Stall voraus. Der Knecht Berthold sattelte die Pferde.

»Laßt uns zum Drachengrund reiten«, bat der Reiter. »Dort habe ich fette Hasen gesehen.«

»In dieser Gegend beize ich nicht so gern«, antwortete der Köhler. »An der Saale horstet ein alter Habicht. Er hat mir einmal einen schönen Falken geschlagen.«

Der Reiter klopfte auf seinen Bogen. »Ich schaffe Euch den Räuber vom Hals«, sagte er.

»Das möchte ich sehen«, sagte der Köhler. »Der Vogel ist so schlau und grausam wie der Graf von Rabeneck!«

Sie ritten wieder auf dem felsigen Pfad nach Norden, folgten der Schmelzwasserrinne und überquerten die mit Hochwald bekleidete Bergkippe. Die Teiche hinter den großen Granitblöcken waren noch immer vereist. Als sie das düstere Fichtendickicht erreichten, stand die Sonne schon hoch am Himmel.

Sie ließen das Erlengebüsch hinter sich und hielten in dem einstigen Windbruch an.

»Dort drüben«, murmelte der alte Reiter, »unter dem Heidekraut!«

»Jetzt könnten wir einen Hund gebrauchen, der die Hasen hochmacht«, meinte der Köhler.

»Sie werden auch so rege«, sagte sein Gast und nahm dem Falkenweibchen die Haube ab.

Als sie sich dem Felsen näherten, hinter dem Irmion einst den Drachen getötet hatte, schoß ein starker Rammler unter einem Haselstrauch hervor. Im gleichen Augenblick warf der Reiter den Falken. Ehe der Hase einen Haken schlagen konnte, war der Vogel schon über ihm und hieb ihm die Fänge ins Genick. In einer Schneewolke gingen die beiden Tiere zu Boden.

Die Männer ritten hinzu. Das Falkenweibchen hockte mit ausgebreiteten Schwingen und halbgeöffnetem Schnabel auf seiner Beute. Sie warteten, bis sich der Vogel beruhigt hatte. Dann winkte der Reiter mit dem Federspiel. Schon nach kurzer Zeit flog der Falke auf seine Faust.

Der Köhler stieg ab, schnitt dem Hasen Herz, Lunge und Leber heraus und gab sie der Siegerin. »Ätzen wir sie auf«, sagte er, »nach einer so starken Beute sollte sie heute nicht mehr jagen. Wir haben ja noch den Terzel.«

Er nahm das Wanderfalkenweibchen und reichte seinem Gast dafür den Gerfalken. Der Reiter dankte ihm und wandte sich zur Saale. Langsam überquerten sie ein schneebedecktes Feld. Dreihundert Schritte entfernt hockte ein Krähenschwarm auf einem kahlen Baum.

»Nun zeig uns, was du kannst!« rief der Reiter und nahm dem Terzel die Hatibe ab. Der Gerfalke reckte sich und drehte den Hals. Als er die Krähen sah, öffnete er den Schnabel. Der Reiter löste die Fessel und warf den Falken, der sofort aufsteilte.

Die Krähen kreischten und stoben auf ein nahes Altholz zu. Der Terzel jagte sie in scharfem Flug an und stieß nach einem der Rabenvögel. Die Krähe wich den Fängen mit knapper Not aus und versuchte, durch Steigen zu entkommen. Der Falke gab Durchgang und steilte erneut auf. Stoß auf Stoß folgte und die Krähe wurde matter und matter, konnte aber mit letzter Kraft in die Deckung entkommen.

»Es ist meine Schuld«, gab der Reiter zu, »ich habe ihn zu früh geworfen.«

Der Köhler nickte. Sie rasteten, aßen Brot und kaltes Fleisch und tranken Wein aus einer ledernen Flasche.

»Ein wunderschönes Land«, sagte der Reiter versonnen und blickte über die dunklen Hügel, die im Sonnenlicht gleißenden

Felder und den schwarzen Fluß, der sich gemächlich dahinwand.
»Es gibt wohl kein schöneres auf Gottes Erde.«

»Es wundert mich, daß Ihr so denkt«, sagte der Köhler. »Den meisten Fremden ist diese Landschaft zu herb.«

Der Reiter schwieg.

»Außerdem findet jeder gewöhnlich die eigene Heimat am schönsten«, fügte der Köhler hinzu.

»Laßt uns weiterjagen«, sagte der Reiter.

Sie fanden einen anderen Krähenschwarm auf einer Weide am Ufer der Saale. Die nächste Deckung war gut vierhundert Schritte entfernt.

»Hier sollte es gelingen«, meinte der Reiter und nahm dem Gerterzel die Haube ab. Der Vogel steilte kraftvoll auf. Ehe die Krähen ihn erspähten und flohen, ging er bereits in einen rasanten Jagdflug über. Zweimal stieß er nach einem kleineren der Rabenvögel, der jedesmal nur mit äußerster Mühe entkam.

»Den wird er gleich haben«, freute sich der Reiter. »Aber was ist denn das!«

»Was denn?« fragte der Köhler. Der Wind trieb Tränen in seine schwachen Augen.

»Er schwenkt ab«, erklärte der Reiter enttäuscht. »Er stößt plötzlich auf eine andere Krähe. Jetzt schon zum zweiten Mal.«

»Er wird seinen Grund haben«, sagte der Köhler. »Ich habe den Vogel selbst ausgebildet.«

Der alte Reiter beschattete die Augen mit der Hand. »Ihr habt recht«, sagte er nach einer Weile. »Ich dachte schon, er hätte sich verwirren lassen.«

»Die Krähen sind schlau«, lächelte der Köhler, »aber doch nicht so schlau, daß sie meinen Alphanet täuschen können.«

»Er hat sie!« rief der alte Reiter. »Schnell!«

Sie ritten über das Feld zu einem Gebüsch, vor dem der Falke mit seiner Beute niedergegangen war. Die anderen Krähen hatten die Deckung erreicht. Die mutigsten Rabenvögel wagten sich wieder hervor und drohten, den Gerterzel anzugreifen, der mit gespreizten Schwingen über seinem Opfer stand. Als die beiden Männer ankamen, hatte er die Krähe bereits abgenickt und zu rupfen begonnen. Erst aus der Nähe erkannte der alte Reiter die ungewöhnlich großen Lücken im Gefieder des Beutevogels.

»Deshalb ist er also abgeschwenkt«, sagte er zu dem Köhler.

»Die Krähe hat gemausert und war schlecht beflogen. Ein kluger Kerl, Euer Alphanet.«

»Er kann noch mehr«, antwortete der Köhler stolz. »Drüben am Drachenstein stehen noch hohe Hecken, da beizte ich früher oft auf Rebhühner. Es gibt dort inzwischen auch viele Fasane.«

»Wirklich?« rief der alte Ritter und blickte zu der Ruine, die eine Meile entfernt in den Himmel ragte. »Im Saaleland?« Er winkte mit dem Federspiel. Der Terzel drehte den Kopf, kam aber nicht.

»Er ist noch zu aufgeregt«, meinte der Köhler.

Sie warteten eine Weile. Dann ließ der Reiter das Federspiel von neuem wirbeln.

»Warum kommt er denn nicht?« fragte er ungeduldig. Mit geübtem Schwung ließ er das Lockmittel kreisen und hob den Falknerhandschuh mit der Atzung. Der Terzel schlug erregt die Flügel. Plötzlich ließ er die Beute fahren und duckte sich unter das Weidengebüsch.

Der Köhler zwinkerte angestrengt mit den Lidern. »Was macht er denn?« wollte er wissen. »Hoffentlich hat er sich nicht verletzt!«

»Es muß etwas anderes sein«, murmelte der Reiter.

Im gleichen Augenblick zuckte er zusammen, denn über seinem Kopf ertönte plötzlich ein Rauschen. Ein schwerer Hieb traf seine ausgestreckte Faust und nadelspitze Krallen bohrten sich in den Handschuh.

»Ein Habicht!« schrie der Köhler.

Der große Greifvogel schlug mit mächtigen Schwingen und hackte gierig nach der Atzung.

»Ruhig!« mahnte der Reiter und rührte sich nicht.

Das Wanderfalkenweibchen auf der Faust des Köhlers zitterte aufgeregt und drehte suchend den behaubten Kopf.

»Gebt mir mehr Atzung!« forderte der Reiter seinen Begleiter auf. »Und bleibt ruhig!«

Der Köhler griff schnell in die Falknertasche und reichte ihm eine blutige Hasenkeule. Vorsichtig hielt der Reiter das Fleisch vor die Stöße des Raubvogels.

»Das ist er«, sagte der Köhler leise. »Bei der heiligen Jungfrau, seht ihn Euch an! Er muß mindestens sechzig Jahre alt sein. Es kommt nur selten vor, daß Beizvögel so lange leben.«

»Ganz ungewöhnlich ist es nicht«, meinte der Reiter. »Manche

Falkner erzählen sich von Habichten, die sogar hundert Jahre alt geworden sein sollen.«

Mit oft geübter Bewegung drehte er die Hasenkeule so, daß der große Vogel sie leicht erreichen konnte. Hungrig riß und zerrte der große Räuber an dem blutigen Fleisch.

»Unglaublich«, murmelte der Köhler. »Es ist ja fast, als ob er Euch kennen würde!«

Sie warteten schweigend, bis der Habicht ganz aufgeatzt hatte. Dann zog der Reiter die Faust langsam ein wenig näher an seinen Körper. Der Habicht schwang nicht auf, sondern starrte den Mann an. Sein blutiger Schnabel war halb geöffnet.

»Fliege nur, mein Freund«, sagte der Reiter leise.

Der Habicht drehte den Kopf. Der Reiter und der Köhler folgten seinem Blick. In einiger Entfernung stand plötzlich ein Fasanenhahn auf und strich auf die nächste Deckung zu. Sofort schwang sich der Habicht von der Faust und flog dem flüchtenden Vogel nach. Gebannt verfolgten die beiden Männer die Jagd.

»Was seht Ihr?« fragte der Köhler begierig.

»Jetzt hat er ihn im Stoßfeld«, sagte der Reiter rasch. »Mein Gott, was für ein Jäger! Jetzt bringt er einen enormen Steilstoß an. So etwas habe ich schon lange nicht mehr gesehen. Da! Er hat den Fasan ganz kurz abgeschlagen. Federn fliegen! Jetzt wendet er und stößt nach. Er hat ihn! Nun bindet er ihn und gleitet mit ihm zu Boden.« Der Köhler nickte. »Er ist der beste hier im Wald«, sagte er, »schon seit langer Zeit.«

Der Reiter drehte sich nach ihm um. »Warum habt Ihr nie versucht, ihn zu fangen?« wollte er wissen.

Der Köhler schüttelte den Kopf. »Der Habicht gehörte früher einem Ritter vom Drachenstein«, erklärte er. »Er holte ihn aus dem Horst und richtete ihn ab. Der Vogel war im ganzen Saaleland berühmt. Dann geschahen viele böse Dinge und der Ritter mußte fort. Als er Abschied nahm, gab er dem Habicht die Freiheit.« Er seufzte. »Seither sind fast vierzig Jahre vergangen«, fügte er hinzu.

»Davon müßt Ihr mir heute abend mehr erzählen«, bat der Reiter.

»Das will ich gern tun«, sagte der Köhler.

Sie blickten wieder über das Feld.

»Wo ist er?« rief der Reiter überrascht.

»Wieso?« fragte der Köhler. »Ist er fort?«

»Ja«, sagte der Reiter. »Aber der Fasan ist noch da.«

Sie ritten zu dem toten Tier und nahmen es auf.

»Es war sein Geschenk für Euch«, sagte der Köhler.

»Er war satt«, erwiderte der Reiter. »Er wollte nicht mehr atzen, nur noch einmal schlagen.«

Suchend sah er nach den Baumwipfeln, konnte den Habicht aber nirgends entdecken.

»Vielleicht ist er zum Drachenstein geflogen«, meinte der Köhler. »Sein Horstbaum steht dort ganz in der Nähe.«

Sie holten den Gerterzel, banden ihm die Kappe über die Augen und ritten zu der Ruine. Sie war dicht von Bäumen umstanden und von Gebüsch überwuchert; Schlingpflanzen kletterten an den geborstenen Mauern empor.

»Wollt Ihr nicht doch einmal hinauf?« fragte der Köhler.

Der Reiter trieb sein Pferd den Burgberg empor. Der Köhler folgte ihm. Der Innenhof war ganz von Unkraut und Gestrüpp erfüllt. Aus Kellerlöchern lugte Farn. Mäuse und Asseln huschten über den Boden.

»Das sind die Reste des Palas«, erklärte der Köhler und zeigte auf eine Wand. Mit einigen Säulen stützte sie noch einen Teil der Decke. Der Reiter stieg ab und trat durch das rundbogige Tor in die zerstörte Halle. An einer Säule hingen ein moosbewachsener Schild und ein verrostetes Schwert.

»Die Waffen des letzten Drachensteiners«, flüsterte der Köhler. »Niemand hat je gewagt, sie fortzunehmen.«

»Es ist gut«, sagte der Reiter. »Kehren wir um.«

Sie ritten durch den Nordwald zurück zu der Köhlerhütte und kamen dort in der Dämmerung an. Als sie die Pferde versorgt hatten, traten sie in die Stube und aßen. Danach ordneten sich alle so wie an den vorherigen Abenden, und der Köhler nahm den Faden seiner Erzählung wieder auf.

Zuerst berichtete er von Dingen, die er gehört, später aber auch von solchen, die er selbst erlebt hatte. Der alte Reiter aber folgte den Legenden und Abenteuern wieder auf einem eigenen Weg. Vor seinen träumenden Augen boten sich die Geschehnisse entkleidet von allem Hinzugefabelten und Mißverstandenen so dar, wie sie sich wirklich ereignet hatten, und er wußte, daß seine Suche nun ihr Ziel fand. Der Mond stand am Himmel. Der schwarze Wald schlief.

22

*Mit Hörnerklang rasteten sie, mit Hörnerklang brachen sie
wieder auf*

Als Helfring den Riesen erschlug, lagerte das Heer der Kreuzritter
in Thrazien und beschäftigte sich damit, weite Teile des griechischen Reiches zu plündern. Denn der Kaiser des Westens war über
den Kaiser des Ostens sehr ungehalten, und seine Mannen schlugen ihre Schwerter, die für den Kampf gegen den Glaubensfeind
geschmiedet waren erst einmal an ihren christlichen Brüdern
schartig. Es war inzwischen bereits klar, daß Barbarossa seine Ver-
abredung mit dem Sultan auf dem Felde von Zoan nicht würde ein-
halten können.

Am Osterfest des Jahres 1189 hatte Kaiser Friedrich in seiner
elsässischen Pfalz Hagenau Stab und Flasche, die Sinnbilder
frommer Pilgerfahrt, feierlich an sich genommen. Sein Heer versammelte sich in Regensburg. Sein Sohn Herzog Friedrich von
Schwaben, ein Erzbischof, acht Bischöfe, drei Markgrafen, neun-
undzwanzig Grafen und hunderttausend Mann aus allen deutschen
Gauen folgten dem fast siebzigjährigen Barbarossa, dessen Haar
und Bart längst weiß geworden waren. Der Kaiser ließ Belage-
rungsgeschütze und eine Flotte bauen. Sie sollte auf der Donau das
Gepäck befördern. Der Landgraf Ludwig von Thüringen hatte seinen eigenen Weg über Brindisi eingeschlagen. Die Könige
Richard Löwenherz von England und Philipp II. August von
Frankreich führten gerade gegeneinander Krieg und versprachen,
dem Kaiser zu folgen, sobald ihre Auseinandersetzung erledigt
sei.

Barbarossa wählte den Landweg, den er von seiner Teilnahme

am Kreuzzug seines Onkels Konrad her kannte. Ein großer Teil der Strecke wurde an und auf der Donau zurückgelegt. Schiffe und große Flöße wurden so eng vertäut, daß es aussah, als stünden die Reisenden, ihre Pferde und Zelte noch auf fester Erde. Die Passauer kannten den Strom und übernahmen die Führung. Alle sieben Domherren der Dreiflüssestadt hatten das Kreuz genommen. Irmund von Drachenstein und Werinhard von Rabeneck schlossen sich ihnen an, da sie in der Vorhut am schnellsten Ruhm und Ehre zu gewinnen hofften.

Der Kaiser sorgte mit eiserner Hand für Zucht. Als man den Kreuzfahrern in Mauthausen Wegezoll abverlangen wollte, ließ er den Flecken kurzerhand in Schutt und Asche legen. In Wien sonderte er fünfhundert Diebe und Strolche aus, die sich in sein Heer eingeschlichen hatten und im Morgenland ihrem Beruf ungestört, ja sogar mit dem Segen der Kirche nachgehen wollten. In Wieselburg erließ Barbarossa ein strenges Lagergesetz, denn nun stand die Fahrt durch Ungarn bevor, wo disziplinlose Kreuzfahrer früher schwere Verluste erlitten hatten.

Das ungarische Herrscherpaar bereitete dem Kaiser in Gran einen feierlichen Empfang. Mit einem Festgelage und einigen gemeinsamen Jagdtagen wollte es den Kaiser darüber hinwegtrösten, daß König Bela sich dem Kreuzzug nicht anzuschließen vermochte, da die Krone noch zu locker auf seinem Haupt saß – er hatte eben erst seinen Bruder einkerkern müssen.

Anfang Juni setzte das Heer unter vielen Mühen über die reißende Drau. Die Bayern fuhren den ganzen Tag auf großen Flößen von einem Ufer zum anderen. Irmund und Werinhard schlugen auf einem Hügel ihr Zelt auf und kehrten dann zum Ufer zurück, um zu helfen. Auf dem letzten Floß, das herüberkam, standen die Männer besonders dichtgedrängt. Plötzlich brach ein Tumult aus und Wasser spritzte.

»Ei, Ihr klotzdiabolischer Miserialursch!« schrie eine empörte Stimme, »impudenter Schlorch, ich werde Euch mores doceren! Das soll Euch bitterissime gereuen, Ihr hundsignoranter Infernalschuft!«

»Intéressant«, sagte eine andere Stimme näselnd.

Ein heftiges Prusten und Schnaufen ertönte. Ein hochgewachsener Ritter mit sorgsam gestutztem Bart und sehr langen, braunen Haaren stocherte mit einem Haken im Fluß und rief lachend: »Was wollt Ihr denn, ehrwürdiger Vater? Ihr habt die Probe doch glänzend bestanden!«

»Schlonzimpertinente Schlimpfcreatura!«, schalt die Stimme aus dem Strom. »Dafür sollitis Ihr in unterissima Hölle schmoren, Ihr Malefizknumpf!«

»Intéressant«, näselte die andere Stimme wieder.

Der Ritter stach mit dem Haken zu und zog an. Keuchend rollte ein dicker Mann in einer braunen Benediktinerkutte auf die zusammengebundenen Stämme. Einige Herzschläge später stieß das Floß an den Strand und die Kreuzfahrer brachten ihr Gepäck auf den Hügel.

Irmund und Werinhard halfen dem durchnäßten Mönch die Uferböschung hinauf und baten ihn, sich in ihrem Zelt zu trocknen und zu wärmen, bis sie sein eigenes errichtet hätten. Der Mönch wischte sich die Glatze, dankte ihnen und sagte: »Deo gratias, daß er mich diesem vermaledeiten Höllenfluvius entriß. Dank item Euch, Ihr veritablen Himmelsnuntien! Possessiert Ihr auch ein wenig vinum?«

Irmund und Werinhard gaben ihm Wein und halfen dann den Knappen des Ritters, das Zelt aufzuschlagen. Als sie auch die Pferde versorgt hatten, trat der Ritter auf sie zu und wollte jedem eine Münze in die Hand drücken.

»Wir danken Euch, Herr«, sagte Irmund abwehrend, »aber wir arbeiten nicht für Geld, sondern aus Achtung vor edlen Herren.«

Hinter dem Ritter stand ein zweiter, kleinerer mit schwarzem, spitz geschnittenem Bart und sagte: »Intéressant!«

Der erste Ritter lächelte und versetzte: »Edel seid Ihr selbst; das verrät Eure höfische Rede.«

»Ich bin Irmund von Drachenstein«, erklärte der junge Mann. »Unsere Burg steht an der Saale im Nordwald.«

»Drachenstein?« meinte der Ritter freundlich. »Das scheint mir ein Name, der seinen Träger zu Taten verpflichtet.«

»Die will ich nun im Kampf gegen die Gottesfeinde vollbringen«, erwiderte Irmund eifrig.

»Ach ja, die Gottesfeinde«, sagte der Ritter. »Wie nennt unser geistlicher Freund sie doch gleich? Satanalische Schrapfzwitten! Wie gefällt Euch das?«

»Der Mönch ist ein Mann von mächtigen Worten«, antwortete Irmund vorsichtig.

»In der Tat«, lachte der Ritter.

Auch Werinhard nannte nun seinen Namen.

»Rabeneck?« wiederholte der Ritter. »Ist das nicht eine Vogtei?«

»Ja«, antwortete Werinhard stolz.

»Ich bin Konrad von Fussesbrunnen«, sagte der Ritter. »Meine Burg liegt an einer Furt an der Donau, gleich hinter Traismauer. Ihr müßt dort vorübergekommen sein.«

»Eine stolze und kühne Feste«, lobte Irmund.

Der Ritter schnitt ein Gesicht. »Die Dachziegel müßten mal wieder erneuert werden«, sagte er.

Dann wandte er sich zur Seite. »Das ist Herr Enguerrand von Crezy in Frankreich«, stellte er vor.

Die beiden Saaleländer verbeugten sich höflich. Huldvoll erwiderte der Franzose den Gruß. »Intéressant«, murmelte er.

»Herr Enguerrand war gerade bei mir zu Gast, als Euer Kaiser heranzog«, erklärte Konrad von Fussesbrunnen. »Als ich zum Aufbruch rüstete, juckte auch ihn das Fell.«

Die beiden Ritter lachten.

»Ihr wart nur hinter den Abschiedsküssen unserer Damen her, gebt es zu!«, schloß Konrad von Fussesbrunnen.

»Wie findet Ihr unseren Kaiser?« fragte Irmund den Franzosen.

»Intéressant«, antwortete Herr Enguerrand.

»Seid so gut und kommt zum Abendessen zu uns«, sagte Konrad, »damit ich Euch vergelten kann, was Ihr für uns und Bruder Balthasar getan habt. Der ist übrigens an allem schuld. « Er grinste. »Der Kerl kam als Wanderprediger nach Fussesbrunnen«, fuhr er fort. »Eine Weile lang lauschte er meinem Lautenspiel, guckte nach unseren Damen – ich bin nicht verheiratet – und fing dann fürchterlich zu wettern an. Wartet, vielleicht kriege ich es noch zusammen: ›Hölle et Verdammnis aeterniglich über Euch omnes, nisi erhebete euch schnellissime ex Lotterbetto Kebsweiberorum!‹ So ungefähr klang es. Unwiderstehlich!«

»Wie kam es, daß er in den Fluß stürzte?« wollte Werinhard wissen.

»Ich warf ihn hinein«, erklärte der Ritter vergnügt, »und das war nur ein Teil meiner Rache dafür, daß er mir diesen widrigen Feldzug aufschwatzte.«

»Der arme Mann hätte ertrinken können«, murmelte Irmund.

Konrad von Fussesbrunnen schüttelte lächelnd den Kopf, daß die langen Locken flogen. »Wir haben gut auf ihn aufgepaßt. Er hätte nur den Mund nicht so voll nehmen dürfen.«

»Was sagte er denn?« fragte Irmund.

»Wir hatten einen Diskurs über Prodigien und Wunderzeichen«, erzählte der Ritter. »Ihr wißt doch, daß manche Leute behaupten, der Kaiser habe nur deshalb den Landweg gewählt, weil ein paar alte Weiber geweissagt hätten, daß er auf dem Kreuzzug im Wasser umkommen werde.«

»Es gab aber noch viele andere Vorzeichen«, sagte Irmund eifrig. »Im Süden stand ein Komet und warf seinen Schweif wie ein Schwert über den Himmel. Sowohl im Osten als auch im Westen zogen blutrote Wolken auf und begegneten einander in der Mitte. Im Norden sah man Feuerglanz. Manche Mönche erblickten sogar Geister, die in den Lüften miteinander fochten; die mit dem Kreuz gewannen!«

»Und auch von wunderbaren Geburten erzählt man sich«, fügte Werinhard rasch hinzu. »So wurde ein Knabe geboren, der schon reden konnte; ein anderes Kind hatte vier Arme und vier Beine, ein drittes zwei Köpfe...«

»Das ist vor jedem Krieg so«, sagte der Ritter, »und daß gerade Kirchenleute viele Wunder sehen, erstaunt keinen, der weiß, wem ein Kreuzzug; am meisten nutzt. Barbarossa zieht jedenfalls diesen Weg, weil er ihn schon kennt und ihm sowohl der König von Ungarn als auch der Kaiser von Konstantinopel Unterstützung versprochen haben. Mit Angst vor dem Ertrinken hat das nichts zu tun, denn dann dürfte der Rotbart sich auch nicht auf die Donau wagen und erst recht nicht über die Drau. Außerdem schwimmt der Kaiser wie ein Otter. Balthasar aber kam gleich wieder mit dem lieben Gott und sagte, wenn der Herr wolle, könne er Barbarossa trotzdem in einer Pfütze absaufen lassen, er selbst aber, Balthasar, würde mit Gottes Hilfe selbst den reißendsten Strom durchqueren, obwohl er noch niemals geschwommen sei. Darauf gab ich ihm eine Gelegenheit, seine Behauptung zu beweisen.«

»Das hieß Gott versuchen«, murmelte Irmund betroffen.

»Wir waren ja schon ganz nahe am Ufer«, lachte Konrad, »und notfalls wäre ich hinterhergesprungen.« Er blickte sich vorsichtig um. »Ich weiß nicht, was Gott sich dabei dachte«, fügte er hinzu,

»aber wenn ich den Mönch nicht am Haken herausgezogen hätte, wäre der Kerl untergegangen wie ein Senkblei!«

Am Abend saßen sie vor den Zelten der beiden Ritter, aßen von ihren Vorräten und tranken Wein. Die Unterhaltung gefiel allen sehr und sie beschlossen, zusammenzubleiben. Sie zogen durch die trostlosen Ruinen der einstmals berühmten Stadt Sirmium und kamen nach Belgrad. Bevor sie dort griechischen Boden betraten, veranstaltete der Kaiser ein großes Turnier und schlug sechzig junge Männer zu Rittern, darunter auch Irmund und Werinhard.

Die Zeremonie ging um einiges feierlicher vonstatten als einst beim Grafen von Schweinfurt. Die künftigen Ritter mußten baden und eine Nacht in der Kirche wachen, ehe sie Sporen, Helm und Harnisch anlegen durften. Dann wurden sie mit ihren Waffen umgürtet. Sie knieten vor dem Kaiser nieder und der Rotbart berührte sie mit seinem Schwert an Haupt und Schultern. »Bei Gottes und Mariens Ehr', nehmt diesen Schlag und keinen mehr!« sagte er dazu. »Weise, tapfer, kühn, gerecht – besser Ritter als ein Knecht!«

Barbarossa legte Wert darauf, jedem neuen Ritter die Schwertleite einzeln zu sprechen, so daß die Feier ziemlich lange dauerte und einige der Geehrten nach der durchwachten und durchfasteten Nacht großer Hunger plagte. Der Kaiser achtete auch immer noch streng auf Disziplin; zwei räuberische elsässische Ritter wurden enthauptet, ihren vier Knechten die Hände abgehauen.

Auch im Bulgarwald ritten Irmund, Werinhard und ihre neuen Freunde mit den Passauern. In dem riesigen, wilden Forst, den kaum Wege durchzogen, marschierten die einzelnen Heerhaufen oft weit voneinander getrennt und wurden immer wieder von Räubern angegriffen. Die Bulgaren schossen mit vergifteten Pfeilen auf die Kreuzfahrer; wenn man die Angreifer erwischte und lange genug folterte, gestanden sie, daß sie der griechische Kaiser zu den Überfällen angestachelt habe.

»Intéressant«, sagte der Franzose, als er das erfuhr.

Der Mönch schimpfte: »Inferiores Schwalmgefuchtel! Hundsschlusiges Diabolgeschmeiß! Ego vos ausrotten werde cum Feurio et Schwerto, das schwöre ich per deum in coelis!«

Barbarossa ließ die Gefangenen zu Hunderten kopfunter an Bäume hängen und zog zornig weiter.

Die Passauer, die meist in der Nähe des Kaisers ritten, wurden fast jeden Tag überfallen. Konrad, Enguerrand, Irmund und Werinhard hielten sich stets am Schluß der Abteilung.

Am zweiten Tag des Weihnachtsmonats wurde die Nachhut im Mondlicht von hinten angegriffen. Sie wies den Feind nach einem heftigen Gerecht ab und kehrte zu den anderen zurück. Die Deutschen hatten nur vier Männer verloren, die Bulgaren aber mehr als hundert.

Auf einer Wiese schlugen die Kreuzfahrer ihr Lager auf. Am nächsten Morgen kam der Kaiser. »Ihr habt ja frisches Blut auf Euren Schilden«, sagte er zu Konrad von Fussesbrunneu.

»Wie?« machte der Ritter verblüfft. »Ach so! Das hatte ich gar nicht bemerkt. Wir hatten gestern nacht wieder Kämpfe mit den Bulgaren.«

Irmund und Werinhard hörten die Stimme des Kaisers und eilten aus ihren Zelten. Wie auch Enguerrand und der Mönch Balthasar merkten sie erst jetzt, daß sie von Kopf bis Fuß blutbespritzt waren.

»Wie viele waren es denn?« wollte der Rotbart wissen.

»Ungefähr dreihundert«, gab Konrad zur Antwort. »Hundert haben wir niedergehauen, die anderen sind fort.«

»Und wie viele Leute habt Ihr verloren?«

»Vier«, sagte Konrad. »Wir haben sie christlich begraben.«

»Hundert für vier«, sagte der Kaiser. »Andere hätten mir das noch in der gleichen Stunde gemeldet.«

»Ich war so müde«, erwiderte Konrad verlegen.

»Soso«, sagte der Kaiser und wandte sich an den Franzosen. »Euer Gefährte fand das Gefecht offenbar nicht so wichtig. Wie fandet Ihr es denn?«

Herr Enguerrand blickte ihn an. »Intéressant«, antwortete er.

Der Kaiser sah wieder zu Konrad. »Ich habe gehört, daß Ihr abends manchmal die Laute schlagt«, sagte er. »Wollt Ihr mir nicht einmal vorspielen? Ich höre gern Lieder aus alten Zeiten.«

»Das will ich gern tun«, sagte Konrad, »wenn wir erst einmal aus diesem verfluchten Wald heraus sind.«

»Quotiens soll ich Euch noch diktieren, daß Ihr non semper fluchen sollt, Ihr schlotzweiser Schampfl!« fuhr der Mönch dazwischen.

»Oho«, lachte der Kaiser, »solche Worte vernahm ich noch nie. Wo stand denn Eure Wiege, Ihr wackerer Gottesstreiter?«

»In montes Burgundorum, erhöhte Herrschaft«, stammelte der Mönch freudig erregt und fuhr sich mit der Hand über den kahlen Schädel, »ego lernte Spracham Germaniam an libris geistgelber doctorum. Tamien bin ich nur ein unknuffiger Knumpf et non dignus, daß Ihr Euer erschlauchtes Wohlwill ad me fixiert, oh hellheile Hauptheit omnium Christianorum!«

»Schon gut«, versetzte der Kaiser, »Ihr könnt einen ja schwindlig reden! Wenn Ihr das Schwert so schnell schwingt wie Ihr die Zunge bewegt, braucht Euch vor niemandem bange zu sein.«

Sie marschierten weiter und hieben sich den Durchzug frei, ob ihnen Bäume oder Bulgaren den Weg versperrten. An der Trajanspforte wachten Griechen, die aber zurückwichen, als sie die Hörner der Kreuzritter hörten. Kurz darauf erhielt Barbarossa einen Brief des griechischen Kaisers, der sich in arrogantem Ton über die Kreuzfahrer beschwerte.

Isaak II. Angelos, ein Usurpator, der seinen Vorgänger einst blenden, verstümmeln und vom Pöbel grausam zu Tode quälen ließ, forderte von den Deutschen nun Geiseln und die Hälfte aller Eroberungen im Heiligen Land, ehe er ihnen freien Durchzug gewähren wollte. Barbarossa diktierte eine scharfe Antwort, was dazu führte, daß seine Gesandten in Konstantinopel eingekerkert wurden und die Griechen ein Heer gegen die Deutschen sandten. Es konnte den Kreuzrittern aber nicht standhalten, und Barbarossas Streitmacht rückte in guter Ordnung nach Adrianopel vor.

In der verlassenen Stadt schlug der Kaiser sein Winterlager auf. Viel Ruhe war dem Heer nicht vergönnt; die Kreuzritter lieferten sich pausenlos Gefechte mit den Griechen, brannten Städte und Dörfer nieder und plünderten bis unter die Mauern von Konstantinopel. Gleichzeitig gingen ständig Botschaften zwischen den feindlichen Kaisern hin und her. Zu Weihnachten dachte Barbarossa darüber nach, ob es nicht überhaupt besser sei, im Frühjahr nach Konstantinopel zu ziehen und der faulen Wirtschaft ein Ende zu machen.

Im Heer wartete man nur auf einen entsprechenden Befehl. »Ei diese infidelen Schockschlemper!« schimpfte Balthasar, »daß doch der Dominus cum Blitzo dreinschlage! Wir sollten illos Graecos das Fellum supra die Ohres trahieren, diesen schandperfiden Afterapostaten!«

Nach dem Christfest konnte der griechische Kaiser dem Druck der Deutschen nicht länger standhalten. Er ließ die Gefangenen frei und versprach, die Kreuzfahrer über den Hellespont zu geleiten. Die Plünderungen in seiner reichsten Provinz hatten ihm so zugesetzt, daß er sich sogar bereiterklärte, seinerseits Geiseln zu stellen, damit die Deutschen nur recht bald weiterzögen.

Bis zum März ruhten die Kreuzfahrer aus. Konrad von Fussesbrunnen und seine Freunde suchten sich die Langeweile bei Wein und Würfelspiel zu vertreiben, aber der Mönch zwang ihnen immer wieder gelehrte Diskussionen auf.

»Ei ihr erwuselten Drumpfdacken«, sagte er, »eure Ratio wird klonkbarbig verrattelmacken, nisi unternehmitis ausreichend exercitationes! Herr Konrad, Ihr seid unum glaugriemig Prudenzkopf – quid denkitis über illam questionem, ob Gott der Hochherrschafte auch einmaliter etwas falsch machen kann?«

»Natürlich nicht«, sagte Konrad von Fussesbrunnen, »er ist doch unfehlbar!«

»Doch, kann er«, widersprach Irmund, »denn er ist allmächtig!«

»Wenn er Fehler machen könnte, wäre er nicht unfehlbar«, entgegnete Konrad von Fussesbrunnen, »das leuchtet doch jedem ein!«

»Wenn er keine Fehler machen könnte«, erwiderte Irmund, »wäre er nicht allmächtig, und das kann noch weniger sein.«

»Was sagt Ihr dazu, Freund?« fragte der Österreicher den Franzosen.

Herr Enguerrand setzte den Becher ab. »Intéressant«, meinte er.

Danach diskutierten sie über Fragen der heiligen Dreifaltigkeit und gerieten darüber in große Hitze. Wenn sie aber Herrn Enguerrand um seine Meinung baten, blickte er sie über den Rand seines Bechers an und sagte: »Intéressant!«

»Itzo lasset mich eins cum summa Eide jurieren«, schnaubte der Mönch beim dritten Mal, »daß Euch stantepede Luzifer in personam expedieren soll, Ihr greuknoteliger Grumpfdalm!«

»Erregt Euch nicht so, ehrwürdiger Vater«, lachte Konrad von Fussesbrunnen, »Herr Enguerrand diskutiert nun einmal lieber andere Themen!«

»So?« rief der Mönch. »Nunc also, lasset mich Euren saumschmockigen Juvenilklompf hören!«

Der Franzose trank einen Schluck, wischte sich die Lippen und antwortete mit leichtem Akzent: »Wenn Eure Dame ihre Hingabe von einer Liebesnacht mit einer zahnlosen Alten abhängig machte

– würdet Ihr diese Bedingung dann lieber vorher oder nachher erfüllen?«

»Ei Ihr sumpfeloquenter Schlitzenschurbel!« rief der Mönch verblüfft. »Vade satana! Ihr wöllet mich in peccatum versündhaften, krauskalber Koffelspock! Sed non cum meo!«

»Eine interessante Frage«, lobte Konrad den Franzosen. »Ich für mein Teil würde erst zu der zahnlosen Alten gehen und es möglichst schnell hinter mich bringen. Vorfreude ist die schönste Freude. Und Ihr?«

»Ich ginge zu der Geliebten«, sagte Irmunci, »denn hätte ich erst ihre Reize genossen, könnte ich davon zehren, während ich dann bei der Zahnlosen meine Pflicht erfüllte.«

»Und Ihr?« fragte Konrad den Ritter von Rabeneck.

»Auch ich würde erst zu der Jungen gehen«, lachte Werinhard, »denn vielleicht stirbt die Alte inzwischen.«

»Und Ihr, Herr Enguerrand?« wollte Irmund wissen.

Der Franzose lächelte. »Ich würde es so machen wie Bruder Balthasar«, gab er zur Antwort.

»Wie ich?« schnappte der Mönch. »Ei Ihr ersiebelte Schlonzwudrigkeit, dafür sollt Ihr satisfactionieren!« Seine Stimme drohte den Dienst zu versagen.

»Exactement«, lachte der Franzose. »Erst zu dem Mädchen, dann zu der Alten, denn für den frommen Mann kommt die Sünde vor der Buße und nicht hinterher!«

Danach diskutierten sie noch andere Probleme: ob die Frau eines Impotenten oder eines Eifersüchtigen leichter zu verführen sei; was gefährlicher sei, eine Adventsnacht bei der Geliebten oder acht Stunden unter Räubern; und was man lieber verlieren wolle, wenn es denn sein müsse: seinen Waffenruhm oder die Gunst der Frauen.

Am nächsten Abend forderte sie der Mönch erneut zu geistlichen Diskursen auf. Ritter Konrad sah Enguerrand hilfesuchend an; der Franzose zog ratlos die Brauen hoch. Da sagte Irmund schnell: »Nun kennen wir uns schon so lange, Herr Konrad, und doch habt Ihr uns noch nicht ein einziges Mal von Euren Ahnen und deren ruhmvollen Taten erzählt.«

»Ja, so ein nucknarziger Neckelbampf!« schalt der Mönch. »Neugier ist die kürzissima via zur Hölle!«

»Nun, wenn es unsere jungen Freunde interessiert«, suchte ihn

Konrad zu besänftigen. »Es gibt dabei aber nicht viel zu erzählen. Wir haben unsere Burg seit alters vom Bischof von Passau zu Lehen.« Er berichtete nun eine Weile von seinen Ahnen.

»Ihr wißt viel von der alten Zeit«, sagte Irmund.

»Sie hätte mir wohl auch besser gefallen als unsere neue«, sagte der Ritter. »Und Ihr? Was könnt Ihr von Eurer Familie erzählen?«

»Es gibt eine alte Überlieferung«, sagte Irmund eifrig, »daß meine Vorfahren auf den großen Karl selbst zurückgehen sollen.«

»Intéressant« sagte der Franzose.

»Der alte Karl«, lächelte Konrad von Fussesbrunnen. »Ja, das waren noch Zeiten! Die Kleider webte man aus Flachs und Wolle, man schlief auf Stroh und ein Schwert hielt hundert Jahre! Und erst die Legenden! Roland in Roncesvalles! Herrlich!«

»Auch in meiner Familie gibt es alte Geschichten«, rief Irmund und erzählte von Irmion, dem Drachentöter.

»Intéressant,«, meinte Herr Enguerrand und strich sich den kühnen Bart.

Nun mußte Irmund alles berichten, was er von seinen Vorfahren wußte, und nach ihm auch Werinhard. Konrad und die anderen lauschten ihnen mit großer Aufmerksamkeit.

»Es sind viele schlimme Dinge zwischen Euren Familien geschehen«, murmelte der Herr von Fussesbrunnen.

»Das ist vergessen«, sagte Werinhard. »Heute sind wir Freunde.«

Später sprachen sie über andere Märchen und Legenden.

»Wußtet Ihr, daß Pontius Pilatus in Forchheim geboren wurde?« fragte Irmund. »Seine Mutter hieß Pila, sein Vater Atus.«

»Die Römer kamen doch gar nicht so weit nach Norden«, zweifelte Konrad.

»Trotzdem ist es so«, beharrte Irmund. »Es steht noch heute auf einer Tafel in der Mauer der Forchheimer Pfalz.«

»Das haben bestimmt die Juden verbreitet«, meinte Konrad, »genauso wie die Verleumdung, daß Jesu leiblicher Vater ein römischer Legionär namens Ben Panthera gewesen sein soll, der später am Rhein stationiert war. Kein Wunder, daß man die Krummnasen haßt, wenn sie solche Lügen erzählen. Damit wollen sie nur von den Missetaten ihrer eigenen Helden ablenken; von Ruben, der im Bett seines Vaters auf seine Stiefmutter stieg, von

Lots Töchtern, die ihren Vater verführten, und Abraham, der seine Frau mit dem König von Ägypten huren ließ!«

Der Mönch konnte sich nun nicht länger zurückhalten: »Ei Ihr schlindwatiger Schupp!«, rief er, »der Diabolus redet ex Euch! Der Blitz treffe Euch verboldmatzten Bellmack, nisi zurücknehmitis solche Injurien!«

Sie stritten eine ganze Weile. Dann sprachen sie über andere alte Legenden, darunter auch manche aus deutscher Urzeit, die denen aus Irmunds Familiengeschichte ähnelten, wie der von Siegfried, dem Drachentöter, dem Zwerg Alberich und dem Schatz der Nibelungen.

»Darüber sollte an unseren Fürstenhöfen gesungen werden«, meinte Konrad, »nicht immer nur über ausländische Heroen wie Tristan oder die Trojaner! Aber das darf ja kein Spielmann wagen, wenn er nicht als altmodisch gelten will.«

Anfang März brachen die Kreuzfahrer zum Hellespont auf. Am Gründonnerstag überquerte der Herzog von Schwaben als erster die Meerenge; sein Vater folgte sechs Tage später als letzter Mann des Heeres. Die Kreuzfahrer zogen an der Küste nach Süden und dann in das wüste Innere Kleinasiens. Hinter dem griechischen Gebiet begannen sogleich Angriffe der Türken, die den schwergepanzerten deutschen Rittern jedoch kaum gewachsen waren: Graf Ulrich von Kiburg hieb in einem einzigen Kampf siebzehn Feinde zusammen. Irmund und seine Gefährten fochten immer noch bei den Passauern. Hitze und Hunger machten den Kreuzfahrern sehr zu schaffen. Ihre Hörner aber ließen sie trotzig jeden Abend und Morgen erklingen.

Als das Schlachtvieh in den glühenden Einöden zugrunde gegangen war, kochten die Männer Kleider und Sättel und tranken ihr eigenes Blut. In den kahlen, schroffen Gebirgen verloren die meisten Ritter die Pferde. Viele entkräftete Männer blieben hinter dem Heer zurück und legten sich in Kreuzesform auf den Boden, um so die türkischen Todesstreiche zu erwarten. Jeder Tag brachte neue Überfälle und Verluste.

Am Dienstag nach Pfingsten erreichten die Kreuzfahrer die sumpfige, üppig bewachsene Ebene von Ikonium. Dort stand der Seldschukensultan Kutbeddin mit dreihunderttausend Mann. Bei diesem Anblick taten die Kreuzfahrer viele Schwüre. Konrad von Fussesbrunnen gelobte, Gott zum Preis ein Lied von wenigstens

dreitausend Reimen zu schreiben, falls ihm in die Heimat zurückzukehren vergönnt sei.

Kaiser Rotbart befehligte nur noch sechshundert Reiter; der
Rest seines Heeres griff zu Fuß an, in frommem Wahn Engel über
den türkischen Scharen erblickend. Das Unfaßbare geschah: das
weit überlegene türkische Heer wurde niedergehauen; der Kaiser
selbst schlug mit gewaltigen Schwerthieben eine Bresche in die
feindlichen Reihen und drang in die reiche Stadt ein. Dort begann
alsbald ein wütendes Morden.

Irmund von Drachenstein und Werinhard von Rabeneck fochten
stets Schulter an Schulter und deckten einander mit ihren Schilden
gegen türkische Pfeile und Speere, daß später keiner von ihnen
hätte sagen können, wer dem anderen öfter das Leben gerettet
hatte. Auch Konrad von Fussesbrunnen, Enguerrand von Crezy
und der Mönch Balthasar töteten viele Türken und kamen
erschöpft, aber unversehrt in der eroberten Sultansstadt an.

Nach dieser Schlacht wollten die Seldschuken die Kreuzfahrer
ebensoschnell wieder loswerden wie zuvor der griechische Kaiser.
Diener des Sultans karrten in großer Eile Lebensmittel herbei und
versorgten den Kaiser mit ortskundigen Führern. Doch nur noch
vierzigtausend Mann erreichten das Gebiet des christlichen
Königreichs Armenien und sahen dort endlich wieder Kreuze am
Wegesrand stehen.

Der armenische Fürst Leo schickte Brot und eilte nach Seleukia,
um den Kaiser zu empfangen. Barbarossas Weg führte am reißen-
den Salef entlang. Am Ufer des Stroms nahm der Kaiser mittags
einen Imbiß zu sich. Danach wollte er sich erfrischen und stieg in
das eiskalte Wasser. Ein Schlaganfall tötete ihn; ehe Diener hinzu-
eilen konnten, wurde der Leichnam von der Strömung fortgespült
und prallte gegen einen Baum, wobei die Stirn des Kaisers eingeschlagen wurde.

Als das Heer von Barbarossas Tod erfuhr, brach helle Verzweiflung aus. »An dieser Stelle und bei diesem traurigen Bericht versagt unser Griffel und verstummt unsere Rede«, klagte ein Chronist; ein anderer schrieb: »O in flumine lumen extinctum« – »Der
Fluß hat das Licht verlöscht.« Sultan Saladin aber sagte: »Hätte
Allah nicht die Gnade gehabt, daß er den König der Deutschen in
dem Augenblicke zugrunde gehen ließ, als er sich anschickte, in
Syrien einzudringen, so hätte man in späteren Tagen von Syrien

und Ägypten sagen können: hier regierten einst die Diener des Propheten.«

Herzog Friedrich von Schwaben brachte seinen toten Vater nach Tarsus. Dort ließ er die Eingeweide entfernen und in geweihter Erde bestatten. Den Leib legten Geistliche in ein Essigfaß. Einige Tage später, in Antiochia, kochten sie den Leichnam aus, um Fleisch und Gebein zu trennen. Das Fleisch wurde in einem Marmorsarkophag unter der Peterskathedrale beigesetzt. Mit den Knochen zog der Herzog weiter ins Heilige Land. Er wollte sie in der Grabeskirche zu Jerusalem bestatten, kam aber nur bis Tyrus. Dort in der Kathedrale ruhen seither die Gebeine des einzigen Kaisers, der Grabstätten in drei Kirchen besitzt.

Das Kreuzheer löste sich mit Barbarossas Tod auf. Gleich nach dem Tod des Kaisers hatten viele Fürsten beschlossen, nach Europa zurückzukehren. Der Sohn konnte die Männer, die seinem Vater gefolgt waren, nicht halten. Die Türken nahmen ihre Angriffe von neuem auf, das Wort des Propheten wieder befolgend, der gesagt hatte: »Hütet euch vor den Gelbhaarigen, sie sind die größten Feinde des Islam.« Von drei Scharen, die der Herzog als Vorhut aussandte, wurde eine vor der Festung Bagras, die andere in der Nähe von Aleppo zusammengehauen. Die Überlebenden wurden auf dem Sklavenmarkt der Stadt verkauft. So ging der Rest des stolzen deutschen Heeres in den Wüsten Asiens jammervoll zugrunde.

Den Daheimgebliebenen aber blieb der Tod des großen Kaisers so geheimnisvoll, daß die Legende ihn nie akzeptierte. Jahre später erzählte man sich, der Kaiser sei auf einer Falkenjagd entrückt worden und sitze seither in einer Höhle im Kyffhäuser, bereit, eines Tages zurückzukehren, um das Reich der Deutschen wieder zu neuem Glanz zu führen.

23

Das Meer wusch ihre Spur vom Strand

Als die Vorhut des Kreuzfahrerheeres auf einer steinigen, sonnen-durchglühten Ebene vor Aleppo angegriffen und aufgerieben wurde, konnten Konrad von Fussesbrunnen und seine Freunde entkommen. In der hereinbrechenden Dunkelheit versteckten sie sich im Gebirge. Sie hatten keine Pferde, keine Verpflegung und kein Wasser, aber noch ihre Waffen.

Am nächsten Morgen kehrten sie vorsichtig auf das Schlachtfeld zurück, konnten aber nichts Brauchbares finden. Die Türken hatten alle Toten gründlich ausgeplündert. Die Ritter und der Mönch beratschlagten, wohin sie sich wenden sollten.

»Nach Norden«, schlug Irmund vor, »zurück zu den Armeniern, das ist am sichersten.«

»Viel zu weit«, sagte Konrad von Fussesbrunnen. »Das schaffen wir nie. Wir müssen nach Westen, nach Antiochien.«

»Aber dort ist Wüste«, wandte Werinhard ein. »Bis zum Orontes kein Wasser!«

»Intéressant«, sagte der Franzose.

»Ei Ihr dockdalbendubiosen Incredibilschelme!« schimpfte der Mönch, »Quomodo soll der Dominus uns erretten, nisi vertrauitis ihm?«

Sie zogen nach Westen. Nachts wanderten sie durch die Wüste und richteten sich nach den Sternen. Tagsüber verbargen sie sich unter spärlichen Dornsträuchern.

Am dritten Tag wachte Irmund auf einer Anhöhe, während die anderen schliefen. Die Augen fielen ihm zu, und er bemerkte einen Trupp Reiter, der über die Hügel heranzog, zu spät. Als er aufschreckte, hatten die Türken ihn und seine Freunde entdeckt und umzingelt. Die fünf Christen wehrten sich tapfer, konnten der Übermacht aber nicht standhalten. Sie wurden zu Boden gerissen und entwaffnet. Die Türken nahmen ihnen auch die Kleider fort und banden sie an ihre Pferde.

Die Kreuzfahrer mußten den ganzen Tag nackt hinter den Reitern herlaufen. Wenn ihre Kräfte nachließen, wurden sie mit Speerschäften geprügelt, und wenn ihre Beine den Dienst versagten, wurden sie über das Geröll geschleift. Die Türken töteten aber keinen von ihnen.

Am Abend gelangte der Zug zu einer halb verfallenen Burg. Die Gefangenen wurden losgebunden und in einen Keller geworfen, den nur spärliches Licht erhellte; es fiel durch ein winziges Fenster hoch über ihren Häuptern herein.

Konrad von Fussesbrunnen blutete aus vielen Wunden. Den Franzosen hatten Schwerthiebe an Stirn und Schulter verletzt. Auch Irmund, Werinhard und der Mönch waren am Ende ihrer Kräfte.

»Was haben sie mit uns vor?« fragte Werinhard.

»Sie wollen uns als Sklaven verkaufen«, antwortete Konrad, »sonst hätten sie uns längst umgebracht.«

Irmund schwieg. Auch die anderen sagten nichts weiter. Nach einer Weile murmelte Irmund: »Es ist meine Schuld. Ich bin eingeschlafen und sah die Reiter zu spät.«

»Grämt Euch nicht«, tröstete Konrad von Fussesbrunnen, »wahrscheinlich hätten sie uns auch erwischt, wenn Ihr wach geblieben wärt. Es war Gottes Wille.«

Der Mönch sah ihn mißbilligend an, sagte aber nichts.

Am nächsten Tag warfen die Wärter einige Abfälle durch das Fenster und schütteten Wasser hinab. Der Durst der Gefangenen war so groß, daß sie das Naß vom Boden schlürften und die feuchten Wände ableckten.

Drei Tage später wurden sie vor den Emir geführt. Der Fürst fragte sie in lateinischer Sprache nach ihren Namen. Dann erklärte er: »Ihr seid wie Wölfe in unser Land eingefallen, habt unsere Frauen und Kinder erschlagen und unsere Felder verheert. Was ist in Eurer Heimat die Strafe für Räuber und Mörder?«

»Was sagt er?« fragte Konrad von Fussesbrunnen den Mönch.

»Ei dieser schluppschwarze Scholbenstengel«, antwortete der

Mönch erbost, »Will nos serisiter narratieren, wir seien crudele Rapisten! Totschlage Euch cum blanco Fausto, Ihr krummkriebeliger Krotzenkotz!«

»Beruhigt Euch, Bruder«, mahnte Konrad von Fussesbrunnen. »Dolmetscht nun für uns.« Er sah den Emir fest an und erwiderte: »Euer Herr Saladin hat Jerusalem in Blut getaucht. Würdet Ihr solches ungerächt lassen, wenn es in Mekka geschähe?« Dann nickte er Balthasar zu. »Übersetzt das!« forderte er.

Der Mönch sagte zu dem Türken: »Non vergessimus, was Euer Saladin satanissimus in sancto Jerusalem aktivierte! Mea est ultio, spricht der Herr, Ihr verfitzballten Schitzwizigkeiten!«

Der Emir fuhr ein wenig zurück.

»Übersetzt nur, was ich Euch sage!« raunte Konrad dem Mönch zu.

Der Emir unterhielt sich mit seinen Ratgebern. Dann sagte er: »Euch hat offenbar die Sonne das Gehirn verdorrt.«

Der Mönch holte tief Luft. »Ja, was für ein...«

»Bruder Balthasar!« rief Konrad von Fussesbrunnen. »Mäßigt Euch, nur dieses eine Mal, ich bitte Euch!« Er machte die Geste des Geldzählens. »Fragt ihn, wieviel er für unsere Freilassung verlangt! Und seid so höflich, wie Ihr nur könnt – unser Leben hängt davon ab!«

Der Mönch starrte ihn schwer atmend an. Dann nickte er, fuhr sich mit der Zunge über die Lippen und begann zu säuseln: »Nun ergo einmal in bono, oh erduselte Schmalzwidrigkeit! Ist es die Facilität, die Situatie pekuniär zu solvieren, hochschmockig verglotzte Sauerwürden?«

Der Emir schüttelte heftig den Kopf. »Euch Strolche soll Allahs gerechte Strafe treffen!« rief er. »Morgen werdet ihr aufgehängt!«

»Ha!« schrie der Mönch erbost. »Das soll Euch noch dolieren, Ihr maliziöser Mockmappel! Muselmonstrum! Miserabler Muselbusel!« Er keuchte. »Mappelboppel!« stammelte er, »Bappenhoppel, Rappelzappel...« Speichel sprühte von seinen Lippen.

Konrad griff rasch zu und hielt Balthasar fest, ehe der zornige Mönch in sinnlosem Märtyrertum gegen die Speere der Türken anrennen konnte.

Der Emir ließ die Gefangenen wieder in den Kerker werfen. »Es sieht nicht gut aus«, sagte Konrad dort zu seinen Gefährten und schaute zu dem winzigen Fenster empor.

»Intéressant«, lächelte der Franzose, der Konrads Blick gefolgt war.

»Leider nicht für Euch oder mich«, murmelte Konrad, »und Ihr, Bruder Balthasar, seid erst recht zu fett. Aber die beiden jungen Leute könnten es schaffen.«

»Wie wollt Ihr das anstellen?« fragte Irmund verblüfft.

»Wie die Gaukler«, lächelte Konrad. »Also los. Aber seid leise!«

Bruder Balthasar und Herr Enguerrand stellten sich nebeneinander an die Mauer. Konrad stieg auf ihre Schultern und zog Irmund zu sich empor. Der junge Ritter kletterte über den älteren hinweg und zog vorsichtig an den Eisenstäben. Dann ließ er sich wieder hinab.

»Das Gitter hält nicht viel aus«, sagte er zu den anderen.

»Wenn es dunkel wird, geht es los«, bestimmte Konrad. »Es ist die einzige Chance.«

»Aber Ihr paßt nicht durch dieses Loch!« rief Werinhard. »Und Herr Enguerrand auch nicht, ebensowenig Bruder Balthasar!«

»Euch beiden wird es gelingen«, sagte Konrad.

»Wir sollen Euch hier zurücklassen?« fragte Irmund heftig. »Das werden wir nicht tun! Wir zogen zusammen aus und kehren zusammen heim. Alle oder keiner!«

»Intéressant«, lächelte Herr Enguerrand, »aber nicht sehr – wie sagt Ihr? – praktisch.«

»Wenn ihr beide hier rauskommt, könnt ihr Hilfe holen«, sagte Konrad ungeduldig. »Wenn ihr hierbleibt, gehen wir alle zum Teufel.«

Der Mönch, der eben an der Mauer sein Wasser abschlug, fuhr herum.

»Jaja, ich weiß schon«, knurrte Konrad. »Am Ende unserer Leiden wartet das Paradies. Todeshieb von heidnischer Hand führt in der Seligen Land und so weiter. Ich habe aber hier auf Erden noch einiges vor und würde meine persönliche Himmelfahrt lieber ein wenig verschieben!«

Der Mönch sah ihn grimmig an, gab aber keine Antwort. Sie hockten sich auf den lehmigen Boden und warteten auf den Abend.

Eine Zeitlang hing jeder seinen eigenen Gedanken nach. Schließlich sagte Konrad von Fussesbrunnen mehr zu sich selbst als zu den anderen: »Diesen Feldzug habe ich mir anders vorgestellt, Freunde. Mit fliegenden Fahnen wollten wir in Jerusalem einziehen: Nun werden wir selber im Wind hängen, wenn nicht ein Wunder geschieht. Wir hätten nach Kaiser Friedrichs Tod umkehren sollen. Was ist es nur, das uns Deutsche immer drängt, das Schwierigste zu wagen?«

»Pardon«, sagte Herr Enguerrand, »aber ich sah auch Deutsche, die aus Armenien wieder nach Hause gefahren sind, und zwar nicht wenige, mit Verlaub.«

»Die Schläue dieser Memmen ärgert mich noch mehr als unsere Dummheit«, schnaubte Konrad. »Das Blut der Tapfersten ist in den Wüsten und Einöden Asiens versickert, die Hasenfüße aber kehren heim! Sie werden unsere Frauen und Töchter schwängern und mit ihnen ihre feigen Geschlechter fortsetzen, während die Knochen der Helden in fremder Erde verfaulen. Was soll aus dem Reich werden, wenn der Mut ausstirbt und sich nur die Verzagtheit vererbt?«

»Pardon abermals, aber das war schon immer so«, sagte Herr Enguerrand. »Roland fiel in Roncesvalles; dennoch besiegte Charlemagne danach die Sachsen, Awaren und Langobarden.«

»Ein paar Ausfälle kann jedes Volk verkraften«, sagte Konrad, »wenn aber wie auf diesem Kreuzzug die Blüte einer ganzen Generation zugrunde geht, wie soll die nächste dann noch das Heldentum schätzen? Die ängstlichen Mütter werden fortan ihre Söhne verzärteln und von den Waffen fernhalten, bis sie ganz verweichlicht sind. Dann kommt der Pole oder der Däne oder wieder einmal der Ungar wie früher oder am Ende sogar der Türke und frißt unser Land!«

»Erst einmal seid ihr jetzt zu den Türken gezogen«, erinnerte Herr Enguerrand.

»Ei Ihr schlindwudriger Schundschnittel«, mischte sich Balthasar ein, »id est unser officium, diese Potzpaganiter zu entheidnisieren, cum igno et ferro! Ausrottimus diese ungottigen Schabbelschlunze!«

»Was treibt euch Deutsche denn auch immer in die Ferne?« fragte Herr Enguerrand, ohne auf den Mönch einzugehen, »warum wollt ihr immer der ganzen Welt euren Willen aufzwingen? Euer Land ist groß und schön, seid doch damit zufrieden! Die Welt werdet auch ihr nicht bessern; wenn Gott eine andere wollte, hätte er sie längst erschaffen.«

»Auch Ihr sitzt jetzt nicht in Paris«, murrte Irmund. »Es war ein französischer Papst, der vor hundert Jahren als erster zum Kreuzzug aufrief, in einer französischen Stadt, und französische Ritter gehorchten als erste! Und zieht Euer König jetzt nicht ebenfalls ins Heilige Land?«

»Das ist wahr«, gab Herr Enguerrand zu, »aber nicht mit dem gesamten französischen Heer. Das brauchen wir gegen die Engländer, diese Schelme.«

Sie schwiegen eine Weile. Dann sagte der Franzose versöhnlich: »Ihr Deutschen wollt immer nur Ernsthaftes reden. Warum fällt Euch das Fröhliche so schwer? Schade, daß Ihr Eure Laute verlort, Herr Konrad, sonst könntet Ihr uns ein wenig aufspielen. Wollt Ihr nicht wenigstens einmal etwas aus dem neuen Lied vortragen, das Ihr in Adrianopel begannt?«

»Ich habe doch erst ein paar Strophen zusammen«, sagte der Herr von Fussesbrunnen, »sie sind auch noch nicht ganz fertig. Das Dichten ist eine mühsame Kunst und kostet viel Zeit, wenn der Reim nicht allzu platt geraten soll.«

»Ihr dichtet ein Lied?« fragte Irmund neugierig. »So laßt uns doch einmal hören!«

Auch die anderen baten ihn.

»Also gut«, sagte Konrad. »Da ich vielleicht nicht dazukommen werde, das Lied fertigzustellen, will ich mir die Mühe wenigstens nicht ganz umsonst gemacht haben. Ich habe damit begonnen, ohne eigentlich zu wissen, was es werden soll. Mir schwebte eine Erzählung aus alten Zeiten vor, als es noch Helden gab und nicht nur Lieder, als Treue auch ohne Schwur galt, ein Vertrag auch ohne Siegel und ein Gebet auch ohne Weihwasser...«

»Oho!« machte der Mönch.

»... als noch freigiebige Fürsten herrschten«, fuhr Konrad fort, »die mit ihren Kämpen auch die Beute teilten und nicht nur die Beulen; als Ritter weder Untreue noch Lüge kannten und ihre Frauen nicht fortlaufend Ehebruch mit irgendwelchen dahergelaufenen Spielleuten trieben...«

»Uh!« entfuhr es Herrn Enguerrand.

»...als man Beleidigungen nicht mit Geld besänftigte, sondern mit Blut abwusch«, erzählte Konrad weiter, »und als die Fürsten dem Kaiser dienten, nicht nur sich selbst...«

»Das muß lange her sein«, bemerkte Irmund.

»...als ein Mann mit dem Schwert ein Königreich erobern konnte«, schloß Konrad, »aber Gold und Silber liegenließ, wenn es galt, Schutzlosen zu helfen; als Spielleute das Schwert so gut schwangen wie den Fiedelbogen, und die Liebe noch genauso echt war wie der Haß.«

Die anderen sagten nichts mehr. Der Ritter lehnte sich zurück und summte ein paar Töne. Dann sang er:

»Viel Wunderdinge melden die Mären alter Zeit,

Von preiswerten Helden, von großer Kühnheit.

Von Freud' und Festlichkeiten, von Weinen und von Klagen,

Von kühner Recken Streiten mögt ihr nun Wunder hören sagen.«

Die anderen schwiegen. Konrad sah sie der Reihe nach an und sang weiter:

»Es wuchs in Burgunden solch ein Mägdelein,

Daß in allen Landen nichts Schönres mochte sein.

Krimhild war sie geheißen und ward ein schönes Weib,

Um die viele Degen mußten verlieren Leben und Leib.«

So sang er noch manche Strophe, und seine Zuhörer lauschten ihm wie verzaubert. Es war ihnen, als ob sie nicht mehr in einem Kerker säßen, sondern in einem Palast, nicht in Lumpen gehüllt, sondern von funkelnder Rüstung umkleidet und mit Wein aus der Hand der herrlichsten Jungfrau gelabt.

»Genug gesungen«, sagte Konrad am Ende mit spröder Stimme. »Es ist dunkel.«

Sie stellten sich wieder übereinander, und Irmund zog mit geringer Mühe das rostige Gitter heraus. Dann kroch er ins Freie. Werinhard folgte ihm.

Sie schlichen an schlafenden Wächtern vorüber und eilten durch die zerfallenen Mauern hinaus in die Wüste. Die ganze Nacht liefen sie, so schnell es ihre Lungen zuließen.

Im Morgengrauen kamen sie an einen ausgetrockneten Flußlauf. In einiger Entfernung stand eine Hütte mit einem Dach aus Palmenzweigen; vor ihr döste ein Dromedar.

Sie schlichen sich an und spähten durch das Dach aus Palmenblättern. Dann kroch Werinhard mit einem Stein durch die offene Tür. Ein halberstickter Schrei ertönte, gefolgt von einem Schlag. Dann kam Werinhard mit einem Sattel heraus. Sie stiegen auf das Dromedar und ritten nach Westen.

Als die Sonne hoch über ihnen stand, brach das Tier in die Knie. Sie trieben es unter ein paar Akazien.

»Einen kann es bestimmt noch bis zum Orontes tragen«, keuchte Werinhard.

»Entweder beide oder keinen«, sagte Irmund.

»Sei kein Narr!« rief Werinhard. »Es geht nicht nur um uns!«

Irmund preßte die Lippen zusammen.

»In diesem Gebüsch kann man sich gut verstecken!« sagte Werinhard. »Reite du weiter, du bist besser bei Kräften. Ich werde hier auf dich warten.«

»Das soll Gott entscheiden«, sagte Irmund entschlossen.

»Also gut«, seufzte Werinhard, griff in einen Akazienstrauch und streckte dem Gefährten dann die beiden Fäuste entgegen. »Wenn du den Dorn triffst, reitest du«, sagte er. Irmund zögerte.

»Wovor hast du Angst?« fragte Werinhard.

»Vor Gott«, sagte Irmund und schlug zu.

Werinhard öffnete die getroffene Hand. In ihr lag ein Akaziendorn in einem Blutstropfen.

»Beeile dich«, sagte Werinhard.

Irmund brachte das erschöpfte Dromedar wieder auf die Beine und ritt davon.

Am Abend ballten sich aber dem östlichen Himmelsrand dunkle Wolken zusammen. Bald darauf fegte ein Sandsturm über die Wüste hinweg. Er war so heftig, daß kleinere Kiesel wie Geschosse flogen. Irmund konnte kaum noch etwas sehen, und das Dromedar war nur noch mit der größten Mühe vorwärts zu treiben.

»Dummes Vieh!« brüllte der Ritter. »Lauf weiter, sonst sind wir verloren!«

Der Sturm wurde immer heftiger, und Irmund glaubte schon, daß er ihm nicht entkommen könnte, da erkannte er plötzlich die Umrisse eines Turms. Eilig ritt er darauf zu, zog das Dromedar in den Schutz des Bauwerks und preßte sich dicht an das Tier.

Als der Sturm endlich wieder abflaute, hob er sich mühsam auf die Knie. Sein Kopf dröhnte, und Sand knirschte zwischen seinen Lippen.

Ein Hieb traf ihn, und er sank wieder zu Boden.

Als er erwachte, blickte er in ein bärtiges, sonnenverbranntes Gesicht.

»Verdammter Heidenhund!« würgte er hervor. »Das war eine

feige und schändliche Tat, mich aus dem Hinterhalt niederzuschlagen. Ist das die Tapferkeit der Diener des Propheten? Binde mich los und kämpfe mit mir auf ehrliche Weise!«

»Oho«, sagte der andere verblüfft. »So seid Ihr kein Muslim?«

»Ihr auch nicht?« staunte Irmund.

»Ich bin Templer«, sagte der andere. »Ritter vom Orden des heiligen Tempels, um es genau zu sagen.«

Jetzt erst bemerkte Irmund das rote Kreuz auf dem weißen Mantel seines Bezwingers.

»Euch schickt der Himmel!« stieß der junge Ritter hervor. »Ich bin aus türkischer Gefangenschaft geflohen. Meine Gefährten blieben zurück. Helft mir, sie zu befreien!«

»Wo denn?« fragte der Templer zögernd.

Hastig erzählte Irmund ihm, was geschehen war.

»Ihr habt Glück«, sagte der Templer. »Aber ob Eure Gefährten...« Er preßte die Lippen zusammen. »Unser Heer lagert am Orontes, gleich hier in der Nähe. Der Herzog will Quinnesrin zurückerobern.«

»Wunderbar sind Deine Wege, oh Herr!« rief der Kreuzritter inbrünstig.

Der Templer löste Irmunds Fesseln. Der Kreuzritter erhob sich, blickte sich um und erkannte, daß er nicht an einem Mauerwerk, sondern an einem Steinhügel Zuflucht gefunden hatte.

»Was erstaunt Euch denn so?« fragte der Templer neugierig.

»Als ich im Sturm hierherkam, dachte ich, der Turm sei von Menschenhand errichtet«, antwortete Irmund.

»Ist er doch auch«, meinte der Templer verwundert. »Seit vielen Jahren wirft jeder, der hier vorüberkommt, einen Stein auf diesen Haufen, ob er nun Christ oder Heide ist. Damit ehrt man den Toten.«

Der Kreuzritter starrte ihn an. »Wer liegt denn hier begraben?« fragte er rauh.

»Ein Ritter«, sagte der Templer. »Die Muslime nennen ihn ›Sohn des Falken‹. Seinen wirklichen Namen kennt niemand mehr.«

»Irminfried«, murmelte Irmund.

»Was sagt Ihr?« fragte der Templer verblüfft.

»Irminfried«, sagte der Kreuzritter etwas lauter. »Er war... Aber das kann ich Euch alles später erzählen.«

Sie eilten zum Heer des Herzogs. Bohemund II. von Antiochien hörte den Kreuzritter freundlich an. »Ach, Kaiser Friedrichs Tod ist die schlimmste Strafe für unsere Sünden!« rief der Herr des größten Kreuzfahrerstaats schließlich aus. »Er hätte Saladin besiegt und Jerusalem für die Christenheit wiedergewonnen. Das ist nun erst einmal vorbei. Qinnesrin aber werden wir auch ohne fremde Hilfe erobern.«

Er gab Befehle, und das kleine Heer brach auf.

Irmund erbat sich Kleider, Waffen und ein Pferd und ritt mit dem Templer in der Vorhut. In den Akaziensträuchern fanden sie Werinhard. Er lag gefesselt mit verbranntem Kopf in der Asche eines erloschenen Feuers.

»Diese Bestien!« flüsterte der Templer. Sein Gesicht war aschfahl.

Irmund stürzte aus dem Sattel, warf sich neben dem toten Gefährten zu Boden, packte den Leichnam und schüttelte ihn hin und her. »Warum hast du das getan?« schrie er den Toten an. »Warum mußtest du dich unbedingt opfern?«

Die antiochischen Ritter lösten seine Finger mit Gewalt von dem Toten. Sie begruben Werinhard und ritten weiter.

»Paßt ein wenig auf Euren neuen Freund auf!«, mahnte Herzog Bohemund den Templer, »der Kerl ist ja ganz von Sinnen!«

Als sie nach Quinnesrin kamen, fanden sie die Burg verlassen.

»Sie sind schon vor Stunden abgezogen», meldete einer der Kundschafter.

»Hoffentlich hat sie der Sandsturm erwischt«, sagte der Herzog enttäuscht. »Wir lagern hier und kehren morgen zurück.«

Irmund hetzte zu dem Verlies. Es war leer.

»Sie haben sie mit sich geschleppt«, sagte der Templer, der ihm gefolgt war.

Irmund packte ihn am Arm. »Wohin?« fragte er.

Der Templer zuckte die Achseln. »Woher soll ich das wissen?«, erwiderte er. »Die Türken kamen von weither, aus Khorasan!«

»Wo liegt das?« fragte Irmund heftig.

»Seid nicht närrisch!« antwortete der Templer. »Das ist weiter von hier entfernt als selbst Eure und meine Heimat!« Mühsam befreite er sich aus Irmunds Griff. »Kommt mit zum Herzog«, sagte er. »Vielleicht kann man etwas mit Lösegeld machen.«

Bohemund ließ sich alles erzählen. Als er von Irminfried erfuhr, staunte er sehr und sagte: »Das nenne ich göttliche Fügung, daß der Sturm Euch zum Grab Eures Ahnherrn trieb und Ihr dort Eure Rettung fandet. Ich fürchte aber, daß auch ich nicht viel für Eure Gefährten tun kann. Warum habt Ihr denn bei dem armen Kerl in den Akaziensträuchern so seltsame Sachen gesagt?«

»Werinhard wollte, daß ich allein weiterreite«, erzählte Irmund mit gepreßter Stimme. »Ich bestand darauf, daß wir losten, denn ich wollte nur nach dem Willen des Herrn handeln. Doch mein Gefährte betrog mich: er versteckte in jeder Hand einen Dorn, so daß ich gar nicht fehlen konnte. Ich sah es – und sagte nichts.« Er verstummte.

»Alles geschieht nach dem Willen des Herrn«, sagte der Herzog tröstend. »Es ist eine schlimme Zeit.«

»Ich wollte, ich wäre tot«, murmelte Irmund.

»Wollt Ihr das Opfer Eures Freundes so verachten?« fragte Bohemund streng. »Außerdem durfte er a hoffen, daß Ihr es schafft und dann auch ihn retten würdet. Hätte er sich ein wenig besser versteckt, hätten ihn Eure Verfolger wohl kaum aufgespürt.«

»Es ist meine Schuld«, sagte Irmund, »ich hätte nicht so tun dürfen, als ob ich seine List nicht bemerkte.«

»Es war Gottes Wille«, sagte der Herzog noch einmal. »Nehmt Euch zusammen! Die Türken können wir nicht verfolgen – wir dürfen uns nicht zu weit über den Orontes wagen. Ohnehin haben die Kerle Eure Freunde gewiß längst umgebracht, statt nach einem solchen Sandsturm vielleicht das letzte Wasser mit ihnen zu teilen! Wir wollen für ihre armen Seelen beten.«

Er ließ seinen Kaplan unter den Sternen eine Messe für die Toten lesen, und alle beugten das Knie. Am nächsten Morgen legte Bohemund eine starke Besatzung in die Burg und kehrte nach Antiochien zurück. Er wollte Irmund in seinen Dienst nehmen, aber der Kreuzritter machte sich mit einer Schar anderer Versprengter nach Süden auf. Bei Tripolis holten sie den Rest des Kreuzfahrerheeres ein, das sich noch immer um den toten Kaiser scharte, als hoffte es, daß Barbarossa im Heiligen Land wiederauferstehen könne.

Kurz nachdem die Gebeine des Kaisers in der Kathedrale von Tyrus niedergelegt worden waren, starb sein Sohn Friedrich an der Pest. Noch andere Kreuzfahrer gingen an der Seuche zugrunde, andere kehrten entsetzt in die Heimat zurück. Die Übriggebliebenen schlossen sich dem Herzog Leopold VI. von Österreich an, der im Frühjahr über See nach Palästina gekommen war.

Im April des Jahres 1191 erschien der französische König Philipp vor Akkon und begann die Stadt zu beschießen. Zwei Monate später traf auch Richard Löwenherz ein. Die deutschen Kreuzritter, auch Irmund, zogen mit den beiden ungleichen Monarchen: der Engländer kräftig und hochgewachsen, prächtig anzuschauen, scharfsinnig, aber auch eigenwillig, hitzig und erbarmungslos; der Franzose häßlich, auf einem Auge blind, geizig, treulos und von Todesfurcht geplagt, aber mit einem trockenen Witz gesegnet, der den Umgang mit ihm ein wenig erträglicher machte.

Als Akkon kapituliert hatte, ließ Leopold von Österreich stolz sein Banner neben den Standarten der Könige aufpflanzen. Richard Löwenherz war jedoch nicht bereit, den Herzog als seinesgleichen zu akzeptieren oder gar mit ihm die Beute zu teilen. Die englischen Kriegsleute rissen Leopolds Fahne herab und warfen sie in den Graben. Das sollte ihren Herrn später viel Geld kosten.

Der Herzog kehrte empört in die Heimat zurück. Irmund aber und einige andere Deutsche, die ihre Rechnungen mit den Muslimen als noch nicht beglichen erachteten, blieben in Palästina.

Die Sieger stellten die Bewohner Akkons vor die Wahl, entweder Christen oder Sklaven zu werden. Die Muslime ließen sich reihenweise taufen, liefen jedoch bei erster Gelegenheit fort und schlossen sich dem Sultan wieder an. Daraufhin untersagten die Fürsten weitere solche Bekehrungen.

Mit der Eroberung Akkons hielt König Philipp sein Kreuzzugsgelübde für erfüllt und fuhr froh nach Hause. Löwenherz übernahm nun auch den Befehl über das französische Heer und begann im Heiligen Land zu wüten. Zuerst ließ er dreitausend Gefangene abschlachten. Dann brach er nach Jerusalem auf. Sehr zum Unwillen seiner Ritter verbot er ihnen, die Huren von Akkon mit zur Befreiung des Kreuzes zu nehmen. Als einzige weibliche Hilfskräfte waren Waschweiber zugelassen, die sich, wie ein Chronist notierte, auch ›so gut wie Affen darauf verstanden, Flöhe zu fangen‹.

Saladin schickte dem Heerzug türkische Reiterscharen entgegen, die auf die Kreuzfahrer schossen und dann schnell wieder verschwanden. Sie richteten damit jedoch nicht viel aus, denn ihre Geschosse durchdrangen die Panzer der Christen nicht. Engländer, Franzosen und Deutsche marschierten weiter, obwohl manchem von ihnen zwanzig Pfeile im Filzüberzug der eisernen Harnische staken. Größeren Schaden richtete die Sonne an: Viele der eisernen Männer sanken mit einem Hitzschlag zu Boden und blieben ohnmächtig liegen, während das Heer mit dem donnernden Ruf ›Sanctum sepulchrum adiuva!‹ – ›Heiliges Grab, hilf uns!‹ – dem Ziel seiner Sehnsucht entgegenzog.

Irmund focht bei der Vorhut. Nach jedem Scharmützel tauchte er bei den gefangenen Muslimen auf und fragte sie nach den verschollenen Freunden aus, konnte aber nichts in Erfahrung bringen. Dennoch versuchte er es immer wieder. Wenn er erschien, sahen die Wächter einander betreten an und wandten sich kopfschüttelnd ab.

Bei Arsuf wagte Saladin einen ernsthafteren Versuch, den ehernen Lindwurm aufzuhalten, und stellte ihm ein starkes Heer in den Weg. Die Kreuzritter stürzten sich brüllend auf den Feind und machten ihn nieder. Irmund ritt in der vordersten Reihe und focht mit solcher Wut, daß der englische König, der nicht leicht zu beeindrucken war, nach dem Namen des Deutschen fragen ließ.

Nach dem Sieg ging Richard Löwenherz jedoch nicht geradewegs auf Jerusalem los, sondern richtete sich erst einmal in Joppe zu einer längeren Rast ein. Nun durften seine Ritter die charmanten Damen aus Akkon nachkommen lassen, als deren besonderer Vorzug die Gelenkigkeit gepriesen wurde, mit der sie die silbernen Fußkettchen gegen die goldenen Ohrringe schlugen.

Während die Kreuzfahrer emsig Liebespfeile schossen, führten König und Sultan zähe Friedensverhandlungen. Zwischendurch ließ Löwenherz zweimal zum Marsch auf Jerusalem blasen, kehrte aber beide Male wieder um, nachdem seine Streiter schon eifrig die Panzer geputzt hatten, um im festlichen Glanz in die Grabeskirche einziehen zu können. Statt dessen griff der König nun Saladins letzte Hafenstadt Daron an und ließ die Besatzung von den Zinnen herunterwerfen. Nach einem Überfall auf eine Karawane verlor der Engländer endgültig die Lust und beschloß, in die Heimat zurückzukehren. Er bot Irmund und den anderen Deutschen an, sie bis Venedig auf seinem Schiff mitzunehmen.

Sie waren kaum abgefahren, als Saladin nachrückte und Jaffa

einnahm. Daraufhin drehte Löwenherz um, stürzte sich auf die Angreifer, trieb sie aus Jaffa hinaus und trat nun doch noch zu einer Schlacht gegen den Sultan an: mit 54 Rittern, fünfzehn Pferden und zweitausend Mann Fußvolk gegen siebentausend Sarazenen. Der König schlug so heftig zu, daß ihm die Haut an den Händen platzte. Er selbst, sein Pferd und dessen Harnisch waren so mit Pfeilen gespickt, daß der englische Zentaur wie ein Igel aussah.

Nach Richards Sieg wurde Waffenstillstand geschlossen. In einem Vertrag sicherte Saladin den Christen ihre Besitzstände im Heiligen Land zu, und hochbefriedigt machte der König sich auf die Heimreise.

Durch die muslimisch besetzte Meerenge von Gibraltar oder das feindliche Frankreich konnte Richard kaum fahren. Da er mit den Welfen verbündet war, schien auch die Reise durch das Reich riskant. Der König und seine engsten Vertrauten verkleideten sich als heimkehrende Pilger. Irmund und andere Deutsche sprachen für sie. In Kärnten wurden die Engländer aber erkannt. Nur Löwenherz selbst, Irmund und ein englischer Ritter konnten in die Nacht entkommen. Drei Tage lang irrten sie durch Bergtäler, dann fielen sie den Häschern des Herzogs Leopold doch noch in die Hände. Irmund zog sein Schwert, aber der König befahl ihm, sich zu ergeben.

Als Gefangener mußte Löwenherz nun dem Mann gegenübertreten, den er in Akkon gedemütigt hatte. Leopold ließ ihn in der Burg Dürnstein einkerkern.

Einige Zeit später erwirkte der König bei dem Herzog die Freilassung seiner Getreuen, auch der Deutschen.

»Ihr habt mir gute Dienste getan«, sagte er zu Irmund.

»Nicht gut genug«, antwortete der Ritter traurig.

Irmund zog mit den anderen nach Passau. Hungrig und abgerissen, ohne Geld und Pferde kamen sie in der Dreiflüssestadt an. Dort waren die Ereignisse längst bekanntgeworden. Der Bischof bat die Ritter zu sich, rühmte ihre Glaubenstreue, dankte ihnen für den Dienst, den sie dem Kreuz im Heiligen Land erwiesen hätten, und lud sie an eine üppig gedeckte Tafel.

Die große Halle des Bischofspalastes war mit bunten Teppichen und farbigen Tüchern geschmückt. Goldene, silberne und mit Edelsteinen verzierte Gefäße standen bereit, auch einen wegen zu großer Völlerei bereits an Unlust und Übelkeit leidenden Appetit noch einmal anzuregen. Bäcker, Fleischer, Köche und Wurstler hatten allerlei Leckerbissen vorbereitet: Allein der Fischgang bot Lachse, Stein- und Glattbutte, aber auch Meeräschen und Seehähne, Hechte und Alsen, Krebse und Muscheln. Aus dem bischöflichen Ziergarten kamen Fasane, Rebhühner und anderes Geflügel, aus dem Jagdrevier Reh, Hirsch und Wildschwein. Das Fleisch wurde auf Bratspießen zubereitet und mit einer Sahnesoße gewürzt, die Pfeffer, Ingwer, Zimt, Safran, Nelken und Muskat enthielt. Gleichzeitig wurden allerlei Pasteten, später auch Früchte gereicht. Diener schenkten die verschiedensten Arten von Getränken ein. Die Krüge waren mit Kränzen geschmückt, die Weine mit Gewürzen und anderen Zutaten versetzt, so daß ihr Duft selbst dann noch Gelüste erweckte, wenn der Magen bereits übervoll war.

Der Bischof saß auf weichen Daunenkissen, die mit bunter Seide überzogen waren. Er trug ein purpurnes Gewand; auch sein Gefolge war in die erlesensten Stoffe gehüllt. Irmund und seine Gefährten kamen sich in ihren mühsam gereinigten und geflickten Kleidern schäbig und unpassend vor.

Der Bischof trank ihnen aus einem Goldpokal zu; alle erwiderten seinen Gruß. Dann rief der oberste Seelenhirte in die frohe Runde seiner Höflinge: »Schaut Euch diese Helden an! So sehen die Männer aus, die sogar den Teufel Saladin das Fürchten lehrten. Der Herr der Heerscharen selbst lenkte ihre Waffen zum blutigen Werk des Glaubens und verlieh seinen frommen Streitern den glänzendsten Ruhm. Vor dem Kreuz sanken die Söhne Satans besiegt in den Staub...«

So redete er noch eine ganze Weile. Irmund und seine Gefährten wechselten Blicke. Man konnte ihnen leicht ansehen, wie wenig ihnen der Auftritt behagte.

Als der Bischof geendet hatte, ertönten laute Lobsprüche Christi, und alle tranken in großen Zügen. Die Kreuzfahrer nippten nur an dem Wein; nach der langen Zeit des Hungers und der Haft fühlten sie sich noch nicht kräftig genug, den Rebensaft so die Kehle hinunterzustürzen, wie es die Kirchenleute taten.

Irmund saß zwischen einigen jungen bayerischen Rittern.

»Erzählt uns vom Heiligen Land«, bat einer von ihnen.

»Habt Ihr viele Heiden getötet?«

Irmund kratzte sich am Kinn.

»Wie war es vor Akkon?« wollte ein anderer wissen.

»Stimmt es, daß Richard Löwenherz dort bei der Belagerung für jeden aus der Stadtmauer herausgebrochenen Stein zwei Goldstücke zahlte?«

»Hm», machte Irmund.

»Wart Ihr auch am Toten Fluß dabei?« erkundigte sich ein Dritter. »Ist es wahr, daß Richard Löwenherz dort einen Emir besiegte, der siebeneinhalb Fuß groß war, soviel wie zwei Männer wog und so stark war wie sechs? Der mit einem Speer kämpfte, der doppelt so dick war wie eine Kreuzfahrerlanze, und mit einem Krummschwert wie aus dem Reif eines Weinfasses geschmiedet?«

»Ajas Estoy«, murmelte Irmund. »Ja, das stimmt.«

Die jungen Ritter unterhielten sich darüber nun eine Weile und erzählten einander danach noch andere Legenden, wobei einer den anderen zu übertreffen suchte. Irmund schwieg und brütete vor sich hin.

Einer der Ritter tippte ihm auf die Schulter. »Und die muslimischen Frauen?« fragte er in vertraulichem Ton. »Wie waren die denn so?«

»Wie meint Ihr das?« brummte Irmund.

Das Lächeln des Ritters verstärkte sich. »Habt Ihr die morgenländischen Damen denn nicht geminnt?« erkundigte er sich.

»Nein«, sagte Irmund. »Wir haben sie abgeschlachtet. Und ihre Kinder auch.«

Der junge Ritter fuhr ein wenig zurück und lächelte eine Weile nicht mehr.

Irmund stand auf und trat zum Fenster. Dort stand ein alter Ritter mit gebrochener Nase und narbenbedecktem Gesicht. Auch er trug die bischöflichen Farben.

»War es schlimm?« murmelte der Alte mitfühlend.

»Narren«, antwortete Irmund und hob den Becher an die Lippen.

»Ja«, sagte der Alte. »Wer einmal dort war...« Er verstummte und faßte Irmund näher ins Auge. »Jetzt erkenne ich Euch«, sagte er. »Ihr seid doch mit Konrad von Fussesbrunnen und seinem französischen Freund geritten! Und mit diesem unglaublichen Mönch! Wie ist es ihnen ergangen?«

»Sie sind tot«, sagte Irmund.

Der Ritter seufzte. »Und Euer Freund«, wollte er wissen, »der junge Ritter von Rabenstein?«

»Rabeneck«, erwiderte Irmund. »Auch tot. Und Ihr? Wie kamt Ihr denn zurück?«

»Ich kehrte bereits in Tarsus um«, erzählte der alte Ritter. »Ich war schon vor vierzig Jahren einmal im Heiligen Land, mit Kaiser Konrad. Das reicht.« Er sah zu den jungen Rittern und zog ein Gesicht. »Damals dachte ich auch so wie diese Tölpel«, fügte er leise hinzu. »Hinterher war ich klüger. Wäre diesmal auch lieber zu Hause geblieben, hätte mich nicht mein Lehenseid gezwungen. Ja, die Pfaffen... Wären sie mit den Schwertern so flink wie mit ihren Zungen, hätten sie nicht nur Jerusalem, sondern längst auch Kairo und Bagdad erobert, das ist gewiß. Diesmal sind sie aber auf ihre eigenen Reden hereingefallen. Von sieben Passauer Domherren, die mit uns auszogen, kehrte nicht einer zurück.«

»Kein einziger?« fragte Irmund. »Ja, die Passauer hatten schon im Bulgarwald und in Kleinasien die schwersten Verluste.«

Der Alte sah ihn forschend an. »Wie lange kann sich Akkon noch halten?« fragte er.

Irmund zuckte die Achseln. »Wenn Saladin Ernst macht, vielleicht noch ein halbes Jahr«, antwortete er.

»Hoffentlich macht er Ernst«, sagte der alte Ritter. »Dann ist vielleicht endlich Schluß mit diesem Wahnsinn, der uns schon soviel Blut gekostet hat.«

Der Bischof trat auf sie zu. »Ich bin ein Knecht Jesu«, sagte er fröhlich, »demütig will ich ihm dienen, als Bettler der heiligen Sache«. Sein rotes Gesicht glänzte. Er hielt ihnen eine große Schüssel entgegen. »Gebt für den nächsten Kreuzzug, um der Gnade Gottes willen«, forderte er in geziert flehendem Ton. »Zeigt, was Euch die Befreiung Jerusalems aus den Händen des Satans wert ist!«

Irmund blickte in die Schüssel. Sie war fast bis zum Rand mit Goldstücken gefüllt, denn Passau war eine reiche Pfründe.

Der alte Ritter griff in seine Tasche und förderte eine abgewetzte Münze zutage. »Mehr habe ich im Augenblick leider nicht bei mir«, sagte er entschuldigend und warf das kleine Geldstück in das goldene Gefäß.

»Nun, das ist nicht eben viel«, meinte der Bischof.

Irmund zog sein Schwert und legte es quer über den Rand der Schüssel. »Geld habe ich nicht«, erklärte er. »Nehmt dafür dieses Stück Eisen, es ist noch kaum verrostet.«

Der Bischof fuhr ein wenig zurück. »Nicht doch, Herr Ritter«, rief er. »Mit dieser Waffe habt Ihr für das Kreuz gestritten. Vererbt sie Eurem Sohn, damit er es Euch eines Tages gleichtut! Ich werde an Eurer Stelle spenden.«

Er griff in eine Tasche seines Gewandes und zählte drei Goldstücke in die Schüssel.

»Danke!« sagte Irmund.

»Ich habe Euch zu danken, Ihr Herren!« entgegnete der Bischof und ging weiter.

Irmund ritt an der Naab aufwärts ins Fichtelgebirge und weiter zum Drachenstein. Dort erzählte er seinem Vater, was geschehen war. Dann stieg er wieder auf sein Pferd.

»Wohin willst du?« fragte Helfring.

»Nach Rabeneck«, antwortete Irmund. »Ich habe ihnen von Werinhards Tod zu berichten!«

Helfring preßte die Lippen zusammen. »Auch Werenfried lebt nicht mehr«, sagte er und erzählte von dem Riesen.

Sie ritten gemeinsam nach Rabeneck. Werenfrieds zweitältester Sohn Walter empfing sie. Als er vom Tod seines Bruders erfuhr, sagte er: »Es war Gottes Wille.« Dann ritt er nach Bamberg und ließ sich vom Bischof zum neuen Vogt des Ostsaalelandes ernennen.

24

Vergangen ist die Herrlichkeit

Irmund blieb nun auf Drachenstein und nahm eine Frau aus der Verwandtschaft des Herzogs von Andechs-Meranien. Sie hieß Elisabeth wie Irmunds Mutter und Großmutter. Nach einem Jahr kam sie mit Zwillingen nieder. Irmund dachte an frühere Brüderpaare in seiner Familie, an Irmin und Iring, Irminfried und Gottfried sowie Helfring und Burkhard. Er beschloß seine Söhne Irmin und Iring zu nennen wie die Söhne des Drachentöters.

Später brachte Elisabeth auch eine Tochter zur Welt. Sie wurde auf den Namen Hildegard getauft.

Walter von Rabeneck holte sich wie die meisten seiner Vorfahren ein Mädchen aus Sachsen. Sie hieß Hiltrud und war weitläufig mit dem Haus der Welfen verwandt. Der Vogt war, wie viele Zweitgeborene, äußerst ehrgeizig und setzte große Erwartungen in diese Verbindung. Er glaubte, vielleicht sogar Graf werden zu können, wenn das welfische Haus über das staufische siegte.

König Richards Gefangennahme hatte den welfischen Hoffnungen allerdings einen schweren Schlag versetzt. Sie erfolgte zu einem Zeitpunkt, da die Staufer schon vor dem Untergang standen.

Schon kurz nach Barbarossas Aufbruch ins Heilige Land war der verbannte Herzog Heinrich der Löwe aus England zurückgekehrt und hatte Sachsen wieder an sich gerissen. Zur gleichen Zeit starb König Wilhelm II. von Sizilien ohne Nachkommen. Barbarossas Sohn Heinrich VI. meldete sofort die Ansprüche seiner Frau Konstanze an, einer Verwandten des Toten, die er nur geheiratet hatte, um Wilhelm beerben zu können. Eine Nationalpartei auf der Insel wählte jedoch einen Vetter des Königs, Tankred, zum neuen

König, und der Papst billigte den Vertragsbruch. Heinrich VI. war sofort bereit, den Kampf um Süditalien aufzunehmen. Er schloß dafür sogar mit Heinrich dem Löwen Frieden. Der Welfe erhielt die Hälfte der Einkünfte der freien Reichsstadt Lübeck geschenkt, mußte jedoch seine Burgen Braunschweig und Lüneburg schleifen und Geiseln stellen. Heinrich VI. zog nach Italien, ließ sich in Rom zum Kaiser krönen und belagerte Neapel. Doch eine furchtbare Malaria- und Dysenterieseuche vernichtete einen großen Teil seines Heeres. Nun standen auch die anderen Fürsten wieder einmal gegen die Krone auf. In dieser fast schon hoffnungslosen Lage erhielt Heinrich plötzlich die Nachricht von der Gefangennahme des englischen Königs. Er ließ sich Löwenherz ausliefern und erpreßte ihn. Der Engländer mußte für seine Freilassung die ungeheure Summe von 150000 Pfund Silber zahlen, dazu einen jährlichen Tribut von 5000 Pfund Gold akzeptieren und dem Kaiser den Lehnseid leisten.

Aus dem tiefsten Tal seiner Verzweiflung stieg Heinrich durch diesen Glücksumstand in wenigen Wochen auf den Gipfel seiner Macht. Mit einem überlegenen Heer kehrte er nach Süditalien zurück und brach den Widerstand der Normannen. Die Besiegten wurden grausam gefoltert, geblendet, hingerichtet oder in Kerker geworfen. Danach ließ Heinrich sich im Dom von Palermo zum König von Sizilien krönen. Kaiserin Konstanze wurde Regentin dieses Reichs, dem auch Tunis und Tripolis zinspflichtig waren. Dem Fürsten Leo von Armenien, der seinem Vater einst so treue Dienste geleistet hatte, verlieh Heinrich die Königswürde und belehnte ihn zudem mit Syrien. Amalrich von Lusignan wurde auf Zypern König von Heinrichs Gnaden, so daß der Kaiser rechtlich Oberherrscher in sieben Königreichen zwischen Tweed und Tigris war. In Bari nahm er das Kreuz. Er wollte nicht nur das Heilige Land befreien, sondern zugleich Byzanz erobern, das europäische Kaisertum wie die christliche Kirche wieder vereinen und endlich das Weltreich der Deutschen errichten. Gott plante es anders: im September 1197 starb Heinrich VI. mit nur 32 Jahren in Messina an Malaria. Der Papst rief dem Toten nach: »Mit der Wut des Nordsturms ist er über die Erde gerast.« Geistliche Fürsten unter Führung des Erzbischofs von Köln wollten nun die Gelegenheit, nutzen, das staufische Haus von der Thronfolge auszuschließen. Als Barbarossas jüngster Sohn Philipp von Schwaben dennoch zum neuen Herrscher gewählt wurde, rief die welfische Opposition den zweiten Sohn Heinrichs des Löwen als Otto IV. zum Gegenkönig aus.

Wie fast alle seine Vorgänger fühlte sich Philipp verpflichtet, die Herrschaft des deutschen Kaisertums über die Christenheit zu errichten; wie viele andere Kaiser und Könige aber wurde auch er vom höchsten Christen gebannt und mußte sich mit seinen Feinden vergleichen. Als die Kölner ihren Erzbischof davonjagten, eroberte Philipp die Stadt und lieferte die Bürger dem verhaßten Seelenhirten zur Bestrafung aus – der Erzbischof setzte seinem Feind dafür die Krone auf. Mit Otto IV. schloß Philipp einen Waffenstillstand und versprach ihm seine älteste Tochter Beatrix zur Frau. Das Mädchen war jedoch bereits mit dem Pfalzgrafen Otto von Wittelsbach verlobt, dem die Entscheidung übel schmeckte. Auf einer Fürstenhochzeit der Andechs-Meranier in Bamberg erschlug er den König deshalb hinterrücks mit dem Schwert.

Mit Philipp starb der letzte auf deutschem Boden geborene Staufer. In eine fruchtbare, teils auch schon faulige Spätblüte führte nun Kaiser Friedrich II. sein großes Geschlecht. Schon als Kind in Palermo hatte der Sohn Heinrichs VI. Griechisch, Arabisch und Jüdisch gelernt. Als Kaiser unterhielt er freundschaftliche Beziehungen zu den Kalifen und beherbergte muslimische Wissenschaftler an seinem Hof. Die Anhänger der Welfen suchten ihn als den von einem Drachen gezeugten Antichrist zu verleumden. Aus dem Osten kamen Aussatz, Pest und viele andere Krankheiten nach Europa.

Es war die Zeit der Minnesänger und großen Turniere; hatte nicht selbst der vom Dämon der Macht gehetzte Despot Heinrich VI., genannt der ›Hammer der Welt‹, die zartesten Liebeslieder verfaßt? Riesige Ritter trafen sich bei großen Festen, um für das Gold der Fürsten oder die Gunst der Frauen zu fechten. Mancher arme, aber kräftige Mann hieb und stach sich ein Vermögen zusammen; andere allerdings mußten für die bewundernden Blicke der Damen mit ausgestochenen Augen in den Verliesen eifersüchtiger Ehemänner büßen. Ein Graf hieb einem ertappten Ehebrecher eigenhändig den Kopf ab und zwang seine Frau, den stinkenden Schädel zweimal täglich zu küssen.

Aus dem Morgenland wehte unter Friedrich II., wie einst unter Otto dem Großen aus Italien, ein Geist von Wissenschaft durch die von Aberglauben verdunkelten deutschen Wälder. Auch Irmund von Drachenstein legte großen Wert auf die ritterliche Bildung seiner Söhne, erzählte ihnen oft von seinem Kreuzzug und flößte ihnen vor allem Haß auf Juden und Muslime ein, damit sie im Glauben niemals wankten.

Als die Zwillinge zwölf Jahre alt waren, führte Irmund sie nach Vätersitte morgens in den Wald, wusch ihnen die Wimpern mit Wintertau und berichtete ihnen von ihren Ahnen.

Irmin und Iring ähnelten einander äußerlich sehr mit ihren blonden Haaren und blauen Augen, waren aber von sehr verschiedenartigem Wesen. Der ältere grübelte oft über das Leben, das der jüngere fröhlich genoß; er schwieg, wo sein Bruder in Worten schwelgte, und trug Feinden wie Freunden nach, was Iring stets schnell verzieh und vergaß. Im Kampf aber zeigten beide die gleiche Härte und Unerbittlichkeit, waren gewandt in allen Waffen und schon als Jünglinge erfahren in allen Listen. Auf Turnieren fochten sie zur Freude ihres Vaters und zogen die Begehrlichkeit junger Damen ebenso heftig an wie den Neid alter Männer. Bei allen Unterschieden liebten sie aber einander, als hätte sie nicht nur das Schicksal zu Brüdern, sondern auch eine freundschaftliche Zuneigung zu Gefährten gemacht.

Dank der Treue der Drachensteiner zum staufischen Haus durften Irmin und Iring auf eine glänzende Zukunft hoffen. Lag der Schwerpunkt kaiserlicher Macht auch noch immer in Schwaben, so hatten die Staufer inzwischen auch viele Burgen in Franken und Sachsen mit ihren Dienstmannen besetzt. Das Saaletal verband die beiden Herzogtümer und gewann wieder einen Teil der Geltung zurück, die es zu Zeiten Heinrichs des Heiligen besessen hatte.

Die Rivalität zwischen Bamberg als Zentrum geistlicher Herrschaft und der Kulmbacher Plassenburg als Mittelpunkt weltlicher Macht regelte sich, seit die Andechs-Meranier auch den Bischofsstuhl an der Regnitz besetzten. Sie dienten den Staufern bei deren Italien- und Orientzügen und beerbten anschließend andere fränkische Adelsgeschlechter, deren Anführer diese gefährlichen Abenteuer nicht so glücklich überstanden.

Unter Herzog Berthold IV. errang das Meraniergeschlecht sogar europäische Geltung: Um die älteste Tochter warb der französische König Philipp II. August, der nicht erst seit dem Kreuzzug mit den Staufern verbündet war. Die zweite heiratete den ungarischen Thronfolger, die dritte den Herzog von Schlesien; sie wurde später ebenso heilig gesprochen wie ihre Nichte Elisabeth von Thüringen. Den Höhepunkt seiner Macht erreichte das Fürstengeschlecht am 21. Juni des Jahres 1208, als Herzog Bertholds Sohn Otto VII. in Bamberg die Nichte König Philipps, Beatrix, heiratete – es war sein größter Tag, der allerdings durch die schaurige Tat des Wittelsbachers um allen Glanz gebracht wurde.

Der Königsmord brachte das fast schon vergessene ›Rom des Nordens‹ wieder in aller Munde. Otto von Wittelsbach wurde in einer Scheune bei Regensburg niedergehauen. Aber auch die Meranier gerieten nun in schlimme Schwierigkeiten: sie wurden als Mitwisser verdächtigt und mußten nach Ungarn fliehen.

Irmund von Drachenstein und seine Söhne blieben zurück und vertraten, so gut sie vermochten, die Interessen des geachteten Herzogs im Saaleland. Das brachte ihnen heftige Auseinandersetzungen mit den Welfen ein. Walter von Rabeneck sammelte ein Heer gegen die alten Feinde. Ehe er aber Burg Drachenstein angreifen konnte, schwenkte der Herzog plötzlich zu den Welfen um. Die Drachensteiner kündigten ihm darauf die Freundschaft und ritten nicht mehr auf die Plassenburg. Dort ging dagegen nun Walter von Rabeneck ein und aus. Die Grenzen seiner Vogtei wurden bis ins Fichtelgebirge, Germaniens granitenen Scheitel, erweitert.

Die jüngste Tochter des Herzogs hieß Herdis. Ihre Schönheit war so berühmt und ihre Mitgift so beeindruckend, daß Edelleute aus dem gesamten Reich um sie warben.

Herzog Otto ritt zu seinem Bruder, dem Bischof von Bamberg.

»Bei den älteren Mädchen wurde stets nur nach dem Rang der Freier entschieden«, sagte der Bischof, »jetzt sollte auch ihre örtliche Nähe einmal berücksichtigt werden. Es hat unser Haus erhöht, daß wir uns mit zwei Königen verschwägert haben. Aber wie wenig nützlich so weit entfernte Verwandte manchmal sind, wissen wir, seit uns die Welfen an den Kragen wollten! Suchen wir lieber auch ein paar Verbündete in der Nähe, selbst wenn sie nicht so hochgestellt sind, damit wir, wenn das Schicksal sich wieder wendet, nicht noch einmal in unserem eigenen Land ohne Freunde sind.«

»Die Drachensteiner ließen uns nicht im Stich«, meinte der Herzog, »und Irmunds Sohn Irmin ist ein frommer, tüchtiger Ritter.«

»Nun bin ich eigens zum Papst nach Rom gereist, um uns aus der Verstrickung zu lösen, in die wir durch die Staufer gerieten«, rief der Bischof anklagend, »und Ihr redet von den Drachensteinern! Warum sollten wir die Verbindungen der Vergangenheit pflegen, statt den Zeichen der Zeit zu folgen und zu tun, was in die Zukunft zielt? Halten wir uns lieber an meinen Vogt in Rabeneck, der beste Beziehungen zu den Welfen besitzt.«

Herzog Otto kratzte sich den Bart. »Diese Vögte waren mir nie recht geheuer«, gestand er, »auch wenn Walters Sohn Ursmar, der wackere Schwarzbart, sich wahrlich nicht hinter den Drachensteinern verstecken muß, jedenfalls was die Kriegstüchtigkeit angeht; freilich werden diese Sachsen nie so fein gebildet wie wir Franken sein.«

»Sie gehen vielleicht mit dem Reim etwas rauher um«, gab der Bischof zu, »aber Sänger gibt es schon mehr als genug, und in diesen unruhigen Zeiten braucht man auch Leute fürs Grobe.«

»Also gut«, sagte der Herzog. »Dann ist's beschlossen.«

Einige Tage später ließ der Herzog den Vogt auf die Plassenburg kommen, trank Wein mit ihm und eröffnete ihm, was er beschlossen hatte.

Das wettergegerbte Gesicht Walter von Rabenecks glühte vor Stolz. »Ihr werdet es nicht bereuen«, rief er, »und meine Burg soll künftig der Eckstein Eurer Macht im Saaleland sein!«

»Ja, danke«, murmelte der Herzog, der es haßte, wenn kleine Leute große Worte machten. »Im Sommer soll die Verlobung sein.«

Die Dankbarkeit des Vogts erreichte ein noch größeres Maß als der Herzog ohnehin schon befürchtet hatte, denn Walter ließ sich nun auch durch ein nur nachlässig verborgenes Gähnen seines Gastgebers nicht mehr davon abhalten, seine Familiengeschichte aufzusagen. Vor allem berichtete er in aller Ausführlichkeit über den alten Streit seiner Sippe mit den Drachensteinern.

»Damit ist es nun aber endgültig vorbei«, schloß er triumphierend. »Wenn wir mit Euch verschwägert sind, werden es diese Hunde wohl kaum noch einmal wagen, sich mit uns anzulegen.«

Er beugte sich vertraulich vor und fügte hinzu: »Wenn unser guter Kaiser Otto das Stauferpack endlich verjagt hat und das Reich neu ordnet, werden wir ganz gewiß auch einen Titel als Lohn für unsere Treue erhalten.«

»Das ist recht«, sagte der Herzog, dem es Mühe machte, die Verachtung zu verbergen, die er für Emporkömmlinge empfand. Er hob den Becher und schloß die Augen, vorgeblich um sich ganz auf den Genuß des Weines zu konzentrieren, in Wirklichkeit aber, um sich wenigstens einige Sekunden lang vom Anblick des Vogts zu erholen.

»Das könnt Ihr mir glauben«, fuhr Walter fort, »daß mein Sohn bald auch im Rang nicht hinter den anderen hohen Herren zurückstehen wird, die um Eure edle Tochter warben.« Hoch zufrieden mit sich trank er dem Herzog wie ein Gleichgestellter zu.

Der Meranier konnte diese prahlerische Selbstgefälligkeit nun nicht länger ertragen. »Dafür hätte ich schon selbst gesorgt, daß meine Tochter nicht allzu tief unter ihrem Stand heiratet«, sagte er ein wenig boshaft. »Ich weiß nicht, mit welchen Gnaden der Kaiser Euren Sohn belehnen will; ich jedenfalls werde meinem Schwiegersohn einen Grafentitel erwirken. Natürlich nur, falls Euch das nicht zu gering erscheint im Vergleich zu den Gaben, die Ihr vom Kaiser erwartet!«

»Aber nein!« rief der Vogt hastig.

Der Herzog schickte nach einem Schreiber und ließ die Ehevereinbarung aufsetzen. Dann wischte er sich den Mund ab, berührte seinen künftigen Verwandten spitzlippig an den Wangen, was mit schmatzenden Küssen erwidert wurde, händigte ihm das Dokument aus und wartete am Fenster, bis der Vogt endlich fort war.

Im Hochgefühl seines Triumphes ritt Walter von Rabeneck durch den Nordwald nach Hause. Am Weißenstein hörte er Hörner und Hunde. Einige Zeit später brach neben dem Weg ein Reiter durch das Tannendickicht; es war Irmund von Drachenstein.

Als die Ritter einander erkannten, zügelten sie ihre Pferde.

»Was treibt Ihr in meinem Wald?« rief Irmund. »Ich jage heute auf Hirsche und nicht auf wilde Schweine! Kundschaftet Ihr neue Schleichwege für den nächsten Angriff auf meine Burg aus?«

»Wollt Ihr mich daran hindern?« erwiderte Walter spöttisch.

»Jetzt reißt Ihr Sachsen das Maul auf«, sagte Irmund verdrossen. »Wenn aber König Friedrich aus Apulien kommt, werdet Ihr winseln und den Staufern die Füße lecken!«

»So wie Ihr?« spottete Walter.

»Wir haben uns noch vor keinem erniedrigt«, sagte der Herr von Drachenstein stolz.

»Bald werdet Ihr es lernen«, lachte der Vogt, »und wir werden es sein, vor denen Ihr dann buckeln dürft.«

»Vor Vögten?« fragte Irrnund höhnisch. »Vor Verrätern ihres kaiserlichen Herrn?«

»Weder noch!« rief Walter triumphierend. »Otto ist der rechtmäßige Herrscher des Reichs, dem auch Ihr Euch unterwerfen müßt. Wir aber werden bald Grafen sein!«

»Von Otto des Thronräubers Gnaden?« fragte Irmund verächtlich.

»Nach Eures meranischen Herzogs Willen«, erklärte Walter.

»Denn nicht Euer Sohn Irmin wird es sein, der Herdis heimführt, sondern mein Ursmar. Nach der Hochzeit aber wird er Graf von Rabeneck heißen!« Stolz schwenkte er seine Abschrift des Ehevertrags. »Und nun aus dem Weg!« fügte er hinzu. »Macht Eurem künftigen Herrn Platz! Dann werde ich vielleicht gnädig sein, wenn es darum geht, über Euren Besitz zu verfügen, und Euch einen Bauernhof lassen, auf dem Ihr Euer bescheidenes Auskommen finden mögt.«

»Das wird nicht geschehen«, sagte Irmund zornig, »denn heute kommt nur einer von uns lebend aus diesem Wald.«

»Ihr redet nach meinem Herzen!« rief Walter, band sich den Helm fest und legte die Stoßlanze ein.

Irmund trieb sein Roß an. Staub wirbelte unter den Hufen des Pferdes empor, als er über den lehmigen Weg auf seinen Feind zugaloppierte, den schweren Jagdspieß in der Rechten.

Als sie einander begegneten, stach Irmund nach dem Gesicht seines Gegners und duckte sich unter Walters Lanze.

Im gleichen Augenblick trat sein Pferd auf einen Stein. Irmund stürzte aus dem Sattel, prallte auf den Boden und schlug mit dem Kopf gegen einen Felsen.

Als er wieder zu sich kam, war es finster. Plötzlich vernahm er die Stimme seines Knappen Lamprecht.

»Hier bin ich!« rief der Herr von Drachenstein.

»Ja, Herr«, antwortete Lamprecht und ritt näher. »Um Himmels willen, was ist denn geschehen?«

Irmund richtete sich mühsam auf. »Wo bist du?« fragte er. »Ich kann dich nicht sehen!«

Im nächsten Moment fühlte er kräftige Hände an seinem Arm, und sein Knappe zog ihn auf die Beine.

»Er ist tot«, hörte Irmund ihn murmeln. »Ihr habt ihn genau ins Auge getroffen. Euer Pferd hat sich das Genick gebrochen.«

Der Knappe hob sein Jagdhorn und blies hinein. Kurze Zeit später trieben Irmunds Söhne ihre Pferde durch das Dickicht auf den Weg. Erschrocken starrten sie auf das Bild, das sich ihnen bot.

»Es war leichtsinnig, ohne Helm und Schild anzureiten«, sagte Irmin mit leisem Vorwurf zu seinem Vater.

»Warum kommt ihr so spät?« fragte Irmund ein wenig ärgerlich und klopfte sich Schmutz von seinem Jagdmantel.

»Wir kämpften zur Mittagsstunde, und jetzt ist es stockdunkle Nacht! Habt ihr mich nicht vermißt?«

Der Druck an seinem Arm ließ nach. »Was ist mit Euch, Vater?« sagte Irmin besorgt. »Es ist noch immer Mittag, und die Sonne steht hoch am Himmel!«

Da erkannte Irmund, daß er durch den Sturz erblindet war.

Die Söhne führten ihn nach Drachenstein. Auf dem Ritt erzählte Irmund ihnen, was er von Walter erfahren hatte und wie es zu dem Kampf gekommen war.

»Ihr habt recht gehandelt, Vater!« rief Iring.

Irmin schwieg.

Danach brachten sie den toten Vogt nach Rabeneck und berichteten Ursmar, was sich im Nordwald zugetragen hatte.

»Es hat schon mehr als einmal ein Drachensteiner einen von Rabeneck umgebracht«, sagte Ursmar zornig, »aber diesmal soll es nicht ungerächt bleiben.«

»Unser Vater kann Euch nun leider keine Genugtuung mehr gewähren«, antwortete Iring, »mir aber wird es ein Vergnügen sein, Euch an seiner Stelle zu stehen.«

Irmin hob die Hand. »Das ist meine Sache«, erklärte er seinem Bruder.

»Dann hättest du es auch sagen sollen«, meinte Iring.

»Ich weiß schon selbst, was ich zu tun habe«, antwortete Irmin scharf. »Vergiß nicht, daß ich der Ältere bin!«

Die beiden Brüder maßen einander mit Blicken; es war, als sei der Drachentöter doppelt wiedergekehrt.

»Um elf Minuten«, lächelte Iring spöttisch. »Ich bin schon sehr neugierig, wie sich dieses höhere Maß an Lebenserfahrung nun erweisen soll.«

»Vernunft vervollkommnet man durch die Jahre«, sagte Irmin ärgerlich, »den Grundstock aber erhält man von Gott – oder nicht.« Dann sah er Ursmar an und fuhr fort: »Euer Vater ist tot, meiner blind. Sie tragen beide Schuld an ihrem Unglück und haben beide dafür bezahlt. Was wollt Ihr gewinnen, wenn wir den Streit unserer Väter fortführen?«

»Die Frage ist doch eher, was du dabei gewinnen kannst!« rief Iring. »Willst du Herdis diesem Kerl vielleicht kampflos überlassen?«

»Der Herzog hat entschieden«, versetzte Irmin. »Das haben wir zu respektieren.«

»Ihr kamt unter Gastrecht in meine Burg«, sagte Ursmar düster. »Wenn ich Euch das nächste Mal begegne, soll es nicht bei Worten bleiben.«

Als der Herzog von diesen Geschehnissen hörte, ritt er nach Rabeneck und sagte zu Ursmar: »Der Tod Eures Vaters tut mir von Herzen leid. Ich werde aber keine Fehde im Saaleland dulden. Außerdem hat Euer Vater seinen Tod zumindest zum Teil selbst verschuldet. Er hätte Irmund nicht auf dessen eigenem Land so herausfordern dürfen.«

»Wer weiß, was dort im Nordwald wirklich geschah!« rief Ursmar aufgebracht. »In einem ehrlichen Kampf hätte sich mein Vater von diesem Hund kaum besiegen lassen. Er trug Helm und Rüstung, Irmund nur ein Jagdgewand. Nein, das war ein gemeiner Hinterhalt! Wer weiß auch, wie es damals mit Werenfried, Helfring und diesem Riesen in Wirklichkeit war! «

»Vergeßt nicht, daß Irmund im Heiligen Land focht«, sagte der Herzog. »Euer Vater, Gott sei ihm gnädig, hatte vornehmlich mit böhmischen Räubern zu tun. Aber diese Strauchdiebe aufzuknüpfen, ist doch etwas anderes als mit muslimischen Rittern Lanzen zu stechen.«

»Wenn Ihr so wenig von uns haltet«, murrte Ursmar, »warum wünscht Ihr mich dann als Schwiegersohn? Oder soll das nun nicht mehr gelten?«

Der Herzog überwand sich und sagte: »Doch. Ich war mit Eurem Vater zwar nicht immer einer Meinung, aber er hat meinem Bruder, dem Bischof, treu gedient und seine Vogtei stets in guter Ordnung gehalten. Auch Ihr seid ein tüchtiger Mann, und ich weiß, daß Ihr es nicht schlechter machen werdet als Euer Vater.

Die Drachensteiner sind ein Geschlecht von gestern, Euch aber gehört die Zukunft!«

»Unser Adel ist nicht weniger alt«, sagte Ursmar stolz. »Die Drachensteiner wollen von Kaiser Karl und einem seiner Kebsweiber stammen, in uns aber fließt Widukinds Blut, fortgezeugt in gesetzlich voll gültigen Ehen!«

»Jaja«, sagte der Herzog ein wenig ungeduldig, »das weiß ich, oder glaubt Ihr, ich hätte mir nicht alles reiflich überlegt? Wenn Ihr Beweise dafür erbringen könnt, daß bei diesem Zweikampf irgend etwas nicht mit rechten Dingen zuging, werde ich Irmund vor mein Gericht laden. Sonst aber nicht. Und wenn Ihr selbst Unrecht tut, werdet Ihr weder Herdis noch die Grafenkrone erhalten.«

Ursmars finsteres Gesicht färbte sich noch dunkler.

»Ich habe verstanden«, stieß er zwischen zusammengepreßten Lippen hervor.

Der Herr von Rabeneck rüstete nun zur Hochzeit. Doch ehe er seine Braut heimführen konnte, kamen Nachrichten nach Franken, die den einen wohl, den anderen übel gefielen, je nachdem, welcher Partei sie anhingen.

Auf Schleichwegen war der Staufer Friedrich aus Apulien an den gesperrten Alpenpässen vorbei nach Konstanz gekommen. Die Schwaben und andere süddeutsche Fürsten und Städte huldigten ihm sogleich. König Philipp von Frankreich erneuerte mit ihm das Bündnis gegen die Welfen und England. Der Vertrag brachte dem 18jährigen Staufer zwanzigtausend Mark ein, mit denen er auf seinem Zug am Rhein entlang neue Gefolgsleute warb. Der überraschte Kaiser Otto IV. zog sich nach Norden zurück. Im Dezember des Jahres 1212 wurde Friedrich in Frankfurt zum König gekrönt. Otto versuchte zunächst, den französischen Verbündeten seines Gegners auszuschalten, erlitt jedoch bei Lille eine Schlappe und zog sich verbittert nach Sachsen zurück, wo ihn nach und nach fast alle Freunde verließen.

Die Meranier machten sich nun sogleich auf, dem Staufer aufs neue den Lehnseid zu schwören. Vor seiner Abreise sandte der Herzog einen Brief nach Rabeneck, in dem er erklärte, daß die Hochzeit bis auf weiteres verschoben werden müsse.

»Fränkische Treue!« knirschte Ursmar, als er das Schreiben las.

Er führte das Amt seines Vaters nun mit noch größerer Härte und Strenge fort.

Irmund gewann sein Augenlicht nicht wieder. Er zog sich deshalb fast ganz zurück und ließ Irmin die Wirtschaft auf Burg und Gut führen. Iring ritt turnierend durchs Land. Sein Knappe war Lamprecht. Er ritt oft mit seinem Herrn auf die Falkenbeize. Einmal horstete er einen jungen Habicht aus. Iring bildete den Vogel selbst aus und fand ihn bald in allen Arten der Beizjagd unübertrefflich.

»So wie dieser Habicht möchte ich auch sein«, sagte er zu Lamprecht. »Hoch über der Welt, Herr aus eigenem Recht, siegreich in jedem Kampf und keinen Feind fürchtend – wer lebte stolzer und freier als so ein Vogel?«

Er liebte den Habicht so sehr, daß er ihn in seinem Zimmer hielt und niemand anderem, auch seinem Bruder nicht, erlaubte, mit dem Tier zu beizen.

Der blinde Irmund ließ sich jeden Abend in den Palas führen. Sein Haar und Bart waren längst ergraut. Auf seinem hohen Stuhl lauschte er wehmütig den fahrenden Sängern und ihren Berichten von allerlei Heldentaten auf den Schlachtfeldern des Krieges und der Liebe, welche letztere die meisten Minnesänger prahlerisch als die gefährlicheren bezeichneten. Auch Irmunds Söhne fanden Gefallen an diesen Abenden. Iring, der Jüngere, konnte kaum genug von der Dichtkunst bekommen, und das Verseschmieden fiel ihm leicht. Irmin dagegen lief auf der Suche nach dem richtigen Reim oft tagelang geistesabwesend durch die Burg seines Vaters, und das Licht in seiner Kammer verlöschte manchmal erst spät in der Nacht.

Als der erste Schnee fiel, sagte der Blinde verdrießlich: »Lucia ist schon vorüber und immer noch hat kein Sänger bei uns auf Dauer Quartier genommen – das kann ja ein schöner Winter werden!«

»Ich werde nach Bamberg schicken und jemanden holen lassen, damit Euch nicht langweilig ist«, sagte Irmin.

»Bis dahin«, fügte Iring hinzu, »können wir Euch ja ein wenig unterhalten!«

Sein Bruder hob abwehrend die Hand.

»Womit?« fragte der Vater verblüfft.

»Mit Dichterei«, lächelte Iring.

Irmin machte verzweifelte Gebärden.

»Das hätte ich nicht gedacht«, staunte ihr Vater.

»Es ist nichts Besonderes«, antwortete Irmin verlegen, »und gar nicht wert, daß man es Euch vorträgt.«

»Besonders oder nicht, heute werden wir nichts Besseres bekommen«, sagte der Herr von Drachenstein. »Also laßt es mich hören!«

»Fang du an«, bat Irmin seinen Bruder.

»Nein, du bist der Ältere«, wehrte Iring ab.

Irmin seufzte.

»Worüber hast du denn gedichtet?« wollte sein Vater wissen.

»Über den Nordwald«, erklärte Irmin, »und unsere Burg.«

»Seltsam – ich auch«, rief Iring.

»Dann sollst du beginnen«, befahl sein Vater, »vielleicht macht dein Beispiel Irmin etwas Mut.«

»Oder er wird ganz verzagen«, lachte Iring. Dann sammelte er seine Gedanken und sagte:

»Im Nordwald, wo die Saale kühl strömt durch schwarzen Forst,
Stand einst hoch überm Tale der Drachenritter Horst.
In manchem Schwertgefechte erwarben sie viel Ehr'.
Ihr findet solch Geschlechte im Reiche heut' nicht mehr.«

»Gar nicht so übel«, meinte der Blinde. »Hoffentlich ist es aber nicht zu dünkelhaft geraten.«

»Keine Sorge«, sagte Iring und trug weiter vor:

»Ihr Ahnherr kam von Westen; ihn trieb ein stolzer Mut.
›Zu meiner Heimatfesten taugt dieser Felsen gut!‹
Die Knechte ließ er roden und trieb sie kräftig an.
Es wich dem Ackerboden schon bald der dunkle Tann.«

In den folgenden Versen erzählte Iring vom Ruhm der Drachenritter und vom Glanz ihres Geschlechts, pries die Taten der Ahnen und endete mit der Anrufung Gottes, daß ihnen eine noch um vieles glänzendere Zukunft beschieden sein möge. Danach blickte er seinen Vater erwartungsvoll an. »Für das erste Mal gar nicht so schlecht«, lobte Irmund. »Nun du, Irmin!«

Sein älterer Sohn zog einen Zettel aus der Tasche und fuhr mit der Zunge über die Lippen. »Bei mir geht es nicht nur um Kriegstaten«, sagte er, »sondern...«

»Keine Vorreden!« unterbrach ihn sein Vater. »Dichtungen, die man erst lange erklären muß, taugen nicht viel!«

Irmin holte tief Luft und begann. Die ersten Strophen klangen so ähnlich wie die seines Bruders; die dritte lautete:

»Von Eisen glänzten Pflüge und auch der Brunnen Brust.
Von Silber dann die Krüge; Gold war der Damen Lust.
Aus Wend- und Welschland holten die Herren Schätze schwer,
Verachteten Gebote, die Bauern noch viel mehr.«

»Jetzt wird es wohl ein Lehrgedicht?« fragte Irmund. Mißtrauisch forschte sein Sohn nach Zeichen von Spott im Gesicht des Vaters. Dann las er weiter:

»Sie scheuten keine Reise durch Sonnenglut und Eis';
Sie sagten: für den Kaiser, und auch zu Christi Preis!
In Wahrheit sah man dürsten sie nur nach Ruhm und Gut,
Im Sande ferner Wüsten vergossen sie ihr Blut.«

Iring sah seinen Bruder mißbilligend an.

»Das ist wahr«, murmelte ihr Vater. »Manche haben sich dort wirklich aufgeführt wie Räuber. Schöne Pilger! Die Pfaffen waren die Schlimmsten. Denkt nur einmal daran, wie die Kreuzritter vor zehn Jahren Konstantinopel geplündert haben! Keine Kirche war vor ihnen sicher. Selbst aus den Reliquiaren brachen sie die Edelsteine.«

Irmin wartete höflich, bis sein Vater geendet hatte. Dann las er die letzte Strophe vor:

»Die Lauten sind verklungen, die Wimpel sind verweht,
Die Mauern längst zersprungen, kein stolzer Turm mehr steht.
Vergessen sind die Taten, mit denen es begann.
Die Spur von Pflug und Spaten deckt wieder dunkler Tann.«

Sie schwiegen eine Weile. Dann sagte der alte Irmund: »Ja, so war es, als die Sachsen Helfring erschlagen, den Drachenstein niedergebrannt und Ortwin ermordet haben. Und so wird es wieder sein, wenn wir nicht aufpassen und diese verkappten Heiden tatsächlich Grafen werden! Hätte Gott mir nicht die Sehkraft genommen, könnte Ursmar keine Ränke gegen uns schmieden!«

»Wir werden schon acht geben«, sagte Irmin beschwichtigend.

»Als ich noch in deinem Alter war«, erwiderte sein Vater heftig, »hätte ich mir mein Mädchen von niemandem wegnehmen lassen, auch nicht von einem Herzog, und erst recht nicht von einem billigen Vogt!«

»Herdis ist nicht mein Mädchen«, sagte Irmin. »Du selbst hast uns beigebracht, daß Kinder ihren Eltern gehorsam sein müssen. Gilt das für Mädchen nicht? Wenn es einen Weg gibt, Herdis zu gewinnen, ohne die Kindespflicht zu verletzen, wirst du mich weder müßig noch feige finden!«

»Mich auch nicht«, sagte Iring entschlossen.

»Was hast du denn damit zu schaffen?« wunderte sich sein Bruder. »Meinst du im Ernst, die Grafentochter würde einen Zweitgeborenen heiraten?«

»Warum nicht?« fragte Iring zurück. »Wenn er mehr Ruhm und Gold als der Erstgeborene besitzt...?«

»Mir ist es gleich, wer von euch sie bekommt«, rief der Blinde, »nur dieser Sachsenhund soll sie nicht kriegen!«

Herzog Otto von Meranien hatte inzwischen mit einiger Mühe König Friedrichs Verzeihung erwirkt und kehrte nach Hause zurück, um endlich über seine jüngste Tochter zu verfügen. Wieder bat er seinen Bruder in Bamberg um Rat.

»Ihr könnt Euer Wort nicht so ohne weiteres brechen«, meinte der Bischof. »Ursmar hat sich nichts zuschulden kommen lassen.«

»Aber er hält zu den Welfen!« rief der Herzog aufgebracht.

»Taten wir das nicht auch, als es uns günstiger erschien?« fragte sein Bruder sanft.

»Wenn Herdis schon einen von diesen Bauern hier heiraten soll«, schnaubte der Herzog, »dann doch wenigstens den Drachensteiner und nicht den verfluchten Sachsen!«

»Herdis soll hier heiraten, damit unsere Gefolgschaft an der Saale gestärkt wird«, sagte der Bischof, »und nicht, damit wir uns neue Feinde schaffen oder alte noch mehr verbittern. Außerdem ist Ursmar ein tüchtiger Vogt.« Er beugte sich ein wenig vor. »König Friedrich ist in Deutschland und wird noch eine Weile bleiben«, fügte er leise hinzu. »Eines Tages aber kehrt er gewiß wieder nach Italien zurück, wo er geboren und aufgewachsen ist. Wir müssen auf der Hut sein!«

»Es will mir nicht in den Kopf«, erwiderte der Herzog zornig, »daß ich aus solchem Grund meine Tochter dem schlechteren von zwei Rittern geben soll. Das Schlimmste ist, daß ich ihm auch noch eine Grafschaft versprach!«

»Das war in der Tat zuviel des Guten«, gab der Bischof zu. »Aber wenn der Drachensteiner wirklich der Tüchtigere ist, kann er es ja beweisen. Veranstalten wir ein Turnier unter allen Bewerbern! Sie sollen im Einzelkampf Lanzen stechen. Dem Sieger wird Herdis den Handschuh reichen. Verliert der Vogt, kann er es wohl kaum noch wagen, seine Ansprüche aufrechtzuerhalten, ohne vor allen Zuschauern beschämt zu sein.«

»So machen wir es«, rief sein Bruder erleichtert.

»Sie sollen aber mit stumpfen Waffen tjostieren«, sagte der Bischof. »So viele tüchtige Ritter haben wir nicht, daß wir sie einander aufspießen lassen könnten.« Er kratzte sich den Bart. »Das würde auch Gott kaum gefallen«, fügte er hinzu.

Der Herzog küßte den Ring seines Bruders, ritt nach Kulmbach zurück und schickte Boten aus.

»Der hohe Herr will sich aus seinem Wort herausschwindeln«, knurrte Ursmar, als er die Einladung erhielt.

Auf Drachenstein sagte der alte Irmund zu Irmin: »Jetzt gilt es! Zeige dich deiner Ahnen würdig!«

»Es ist wohl der barbarischste aller Bräuche, die Braut mit Blut zu gewinnen«, seufzte sein Sohn, »doch da es Euer Wunsch ist, will ich mein Bestes tun.«

»Vor Wunden brauchst du keine Angst zu haben, Bruder«, lachte Iring, »es wird ja nur mit stumpfen Waffen gefochten, und die machen höchstens Beulen.«

»Es starb schon mancher Ritter auch durch ungeschärften Schaft«, antwortete der Ältere. »Turniere sind allemal eine gefährliche Sache.«

»Dann lasse doch deinen Bruder reiten!« rief Irmund.

»Das tue ich ohnehin«, lachte Iring.

»Es wird geschehen, was Gott will«, sagte Irmin und ging aus dem Saal.

25

Der Jugend goldene Sterne

Am ersten Maitag ließ der Herzog unter der Plassenburg einen
großen Platz für das Stechen abstecken. In der Mitte standen die
Zelte des Bischofs und des Herzogs. Daneben wurde eine Tribüne
errichtet. Unter vielen anderen vornehmen Damen und Herren saß
dort auch der blinde Irmund und ließ sich von dem Knappen Lamprecht schildern, was es zu sehen gab.

Auf der anderen Seite schlugen fast fünfzig Ritter ihre Zelte auf.
Dann stellten sie die Schilde an die Schranken. Es war ein farben-
prächtiges Bild.

Ursmar von Rabeneck ging zum Bischof und sagte: »Findet Ihr
es gerecht, daß ich um etwas kämpfen soll, was mir bereits versprochen war?«

Der Bischof ließ Wein bringen und sagte tröstend: »Ich bin nicht
der Herr meines Bruders. Es hat sich auch viel geändert in letzter
Zeit.«

»Wenn selbst ein Herzogswort nicht mehr gilt, wird das Reich
bald zugrunde gehen«, sagte Ursmar trotzig.

»Wenn Gott will, daß Ihr Herdis gewinnt, werdet Ihr siegen«,
antwortete der Bischof und hielt ihm den Ring zum Kuß hin.

Ursmar ging zu der Tribüne, wo Herdis mit ihrer Mutter saß. Ihr
Anblick verschlug dem Vogt, der sie noch nie gesehen hatte, den
Atem. Er blieb vor ihr stehen und glotzte sie an.

»Ich grüße Euch, Herr Ritter«, sagte die Herzogin nach einer
Weile.

»Wie?« machte Ursmar. »Ach so. Ja. Ich grüße Euch, edle
Frauen.« Er kratzte sich den starken, schwarzen Bart und fuhr sich

mit der Zunge über die Lippen. »Bitte verzeiht meine Unge-
schicklichkeit«, fuhr er fort. »Ich stand nur deshalb wie ein Ochse
vor Euch, weil Ihr so schön seid.«

Einige junge Herren in der Nähe hörten zu und lächelten verstohlen.

»Ihr wißt wohl, daß Ihr mir versprochen wart«, sagte Ursmar zu
dem Mädchen. »Wünscht mir nun Glück!«

Herdis sah ihn stumm an. Sie war gerade zwölf Jahre alt geworden.

Ihre Mutter stieß sie leicht an.

»Ich wünsche Euch Glück, Herr Ritter«, sagte das Mädchen
hastig. Ihr Haar war sehr hell, ihre Haut ein wenig blaß. Ursmar
musterte sie genau. Ihr Antlitz strahlte allen Adel aus, den zu
erkämpfen er gekommen war.

Herdis erwiderte seine prüfenden Blicke voller Unruhe.
Schließlich nestelte sie eine Spange aus ihren blonden Flechten
und reichte sie dem Ritter.

»Habt Dank, edles Fräulein!« rief Ursmar hoch erfreut.

Die jungen Herren in der Nähe lachten. Herdis hörte es, Ursmar
nicht.

Der Herr von Rabeneck steckte die Spange stolz an den linken
Ärmel. »So nahe am Herzen wie nur irgend möglich«, sagte er
befriedigt. »Am Harnisch hält sie nicht, denn der ist ganz aus
Eisen.«

»Der eiserne Mann«, lachte einer der Jünglinge hinter ihm
halblaut.

Ursmar grinste Herdis an, verzweifelt hoffend, daß sie seine
Worte mit einem Lächeln belohnen möge. Schließlich tat sie ihm
den Gefallen.

»Ihr werdet mein sein«, sagte der Herr von Rabeneck nun zuver-
sichtlich.

»Erst müßt Ihr tjostieren, Herr Vogt!« rief hinter ihm eine
Stimme, und Iring trat zu den beiden. Auch er hatte Herdis noch
nie gesehen. Nun stand er vor ihr und staunte sie an.

»Wenn Ihr das Maul weiter offen haltet, fliegen noch Schwalben
hinein«, knurrte Ursmar.

Iring antwortete nicht, sondern schaute weiter auf das junge
Mädchen; in ihrem Antlitz entdeckte er jene Schönheit, für die er
zu sterben bereit war.

Sie lächelte ihn hold an.

Erst nach einer ganzen Weile löste Iring seine Blicke von dem Mädchen, wandte sich Ursmar zu und betrachtete ihn. »Seit wann stecken Männer die Ärmel mit Spangen fest?«, fragte er.

»Das tun sie immer dann, wenn sie höfisch erzogen sind und dem Geschenk einer Dame die gebührende Achtung entgegenzubringen wissen«, antwortete der Vogt triumphierend und lächelte Herdis zu.

»Habt Ihr denn auch eine Gabe für mich?« fragte Iring das Mädchen. Er kannte schon viele Frauen und wußte, wie man mit ihnen sprach, doch vor Herdis fühlte er sich seltsam befangen.

»Noch eine Spange kann ich nicht entbehren«, lächelte das Mädchen, »aber wenn Ihr mit einem Tuch zufrieden sein wollt...« Sie reichte ihm ein Stückchen Stoff.

»Es soll von meinem Helm flattern«, rief Iring, »und ich werde unüberwindlich sein.«

»Das werden wir dann schon sehen!« grollte Ursmar.

Irmin trat zu ihnen. »Fechten wir erst mit Worten?« fragte er.

»Wenn es so wäre, könnte ich hier wohl nichts gewinnen«, meinte der Vogt, »im Schwatzen wart Ihr Drachensteiner uns schon immer voraus.«

Irmin sah Herdis an. In ihrem Blick las er die Stetigkeit und Treue, auf die er sein Leben aufbauen wollte.

»Für Euch habe ich nun nichts mehr«, sagte Herdis bedauernd.

»Für jetzt genügt mir Euer Lächeln«, erwiderte Irmin. »Mögen die Herren hier mit Tuch und Spange zufrieden sein – ich werde mir nachher den Handschuh holen.«

Ursmar starrte ihn an. Dann verbeugte er sich vor der Herzogin und ihrer Tochter und lief zu den Schranken. Die anderen folgten ihm mit den Blicken. Als der Vogt vor Irmins Schild stand, schlug er kräftig mit der Faust dagegen.

»Es geht erst beim übernächsten Mal«, rief ihm der Erbe von Drachenstein bedauernd zu, »vorhin hat mich schon Sigmund von Sparneck gefordert.«

Ursmar starrte zu ihnen empor. Es war ihm deutlich anzusehen, wie wenig ihm dieser Aufschub gefiel.

»Ihr könnt auch an meinen Schild klopfen«, schlug Iring vor, »er hängt gleich daneben. Tut Euch aber nicht die Knöchel weh!«

Ursmar hieb mit der Faust so heftig zu, daß Irings Wehr auf den Boden fiel.

»Erst Euer Schild, dann Ihr!« rief er drohend.

»Warum hast du dich vorgedrängt?« fragte Irmin den Jüngeren zornig. »Es war meine Sache!«

»Nun kam es eben anders«, lächelte Iring. »Ist es nicht Bruderpflicht, einander Hindernisse aus dem Weg zu räumen?«

»Ich brauche deine Hilfe nicht!« rief Irmin zornig. Er grüßte die Herzogin und ihre Tochter und eilte zu seinem Zelt.

»Ich habe es doch nur gut gemeint!« sagte Iring schelmisch.

Herdis lachte, die Herzogin nicht.

Nach einigen anderen Kämpfen kam die Reihe an Irmin und den Ritter von Sparneck. Sie ließen sich von ihren Knappen die Stoffpanzer umbinden und zeigten dem Herzog die stumpfen Lanzen. Dann gaben sie ihren Pferden die Sporen und ritten im Galopp an den Schranken entlang aufeinander zu. Sigmund von Sparneck traf Irmins Schild, doch seine Lanze brach, und der Stoß seines Gegners hob ihn aus dem Sattel. Scheppernd rollte der Sparnecker in den Sand.

»Irmin hat gesiegt!« rief der Knappe Lamprecht.

»Das ist gut«, sagte der blinde Irmund.

»Sauber tjostiert«, murmelte der Herzog anerkennend.

Die Herolde riefen andere Ritter. Nach einiger Zeit kamen Iring und der Vogt von Rabeneck an die Reihe. Sie gingen zum Herzog und hielten ihm die Lanzen hin.

»Nun ist es gleich vorbei mit Eurer Großmäuligkeit«, sagte Ursmar, »und Ihr werdet Staub schlucken.«

»Ihr seid ein wichtiger Mann«, versetzte Iring. »Ich werde dafür sorgen, daß man Euch in Eurer Vogtei nicht lange vermißt.«

»Jetzt sind Lanzenkünste gefragt«, sagte der Herzog, »reden könnt Ihr nachher beim Wein.«

Der Bischof trat aus seinem Zelt, um den Kampf zu sehen. Ursmar ritt mit großer Schnelligkeit an und legte seinen ganzen Haß in den Stoß. Iring aber bewies die Erfahrung zahlloser Turniere, duckte sich unter der Lanze des Vogts und setzte die eigene Waffe so zielsicher auf dessen Brust, daß Ursmar wie ein Mehlsack zu Boden plumpste.

»Das war Irings Stoß!« rief der blinde Irmund.

»Ja!« bestätigte der Knappe.

Herdis war aufgesprungen. Ihre Nasenflügel bebten. Stolz sah sie ihr Tuch vom Helm des Siegers wehen.

Zitternd vor Wut kam der Vogt auf die Beine.

»Ihr habt Euch feige weggeduckt!« schrie er Iring nach.

Der Drachensteiner drehte sein Pferd und lenkte es in lockerem Trab zu seinem besiegten Gegner.

»So fechtet man in Frankreich, wo die Turniere erfunden wurden«, sagte er leichthin, »da braucht es Verstand, nicht nur rohe Kraft.«

Ursmar wollte sich auf ihn stürzen, aber der Herzog eilte in die Schranken.

»Der Kampf ist zu Ende, Herr Ritter!« rief er und hielt den Vogt fest.

Ursmar riß sich heftig los. Seine Augen waren blutunterlaufen.

»Ein heimtückisches Spiel!« stieß er hervor und wischte sich langsam den Sand vom Panzer. Dabei fegten seine Hände auch die Spange zu Boden.

Der Herzog bückte sich und hob sie auf.

»Wollt Ihr das Schmuckstück nicht mehr?« fragte er. »Ich könnte es verstehen – das Gold brachte Euch kein Glück.«

»Gebt es Eurer Tochter wieder«, sagte Ursmar. »Mir ist jetzt nicht danach, mit ihr zu reden.«

»Du hast einen Bräutigam verloren«, sagte die Herzogin zu ihrer jüngsten Tochter. »Hast du gesehen, wie er deine Spange zu Boden warf? Dein Vater mußte sie aufheben, und nicht einmal aus seiner Hand wollte dieser unbeherrschte Kerl sie zurücknehmen.«

Herdis sah sehnsüchtig auf Iring, der ihr aus der Ferne zulächelte.

Irmin wurde noch viele Male herausgefordert und stieß mit einigem Geschick alle Gegner aus dem Sattel. Mit seinem jüngeren Bruder aber wollte nun niemand mehr Lanzen stechen, und er mußte immer wieder an fremde Schilde schlagen. Herdis bewunderte ihn sehr. Der blinde Irmund war auf beide Söhne stolz.

Der Bischof ging zu Ursmar und sagte tröstend zu ihm: »Ihr hattet Pech, aber Ihr werdet bald wieder Glück haben, auch wenn Ihr Herdis nicht gewonnen habt.«

»Darüber ist noch nicht das letzte Wort gesprochen«, sagte Ursmar grimmig.

»Einen Grafentitel kann ich Euch zwar nicht verschaffen«, sagte der Bischof, »ich will Euch aber Zölle und Regalien lassen, damit Ihr seht, daß ich nicht Euer Feind bin.«

Ursmar dankte ihm, küßte den Bischofsring und ritt nach Hause.

»Was hat er zu Eurem Vorschlag gesagt?« fragte der Herzog seinen Bruder.

»Er wird darüber hinwegkommen«, antwortete der Bischof. »Gebt ihm etwas Zeit!«

Am Abend waren nur noch Irmin und Iring unbesiegt.

Der Bischof nahm den Herzog zur Seite und sagte: »Es ist nicht gut, wenn nun die Brüder miteinander fechten.«

»Aber sie stechen doch mit stumpfen Waffen«, wunderte sich der Herzog.

»Trotzdem kann es Gott nicht gefallen«, sagte der Bischof. »Der liebe Gott hat wohl noch etwas anderes zu tun, als in Turnieren zu schiedsrichtern«, antwortete der Herzog.

»Am besten wäre es, wir ließen Herdis selbst wählen«, meinte der Bischof.

»Das wäre das Neueste«, wehrte der Herzog ab, »daß ein Mädchen von unserem Stand sich ihren Mann selber aussucht wie eine billige Bauernmagd in der Scheune!«

»Wir können ja immerhin einmal hören, was sie dazu meint«, schlug sein Bruder vor. »Wenn Herdis sich in freier Wahl für einen der Drachensteiner entschiede, könnte Ursmar wohl noch viel weniger etwas dagegen einwenden.«

»Das ist klug gedacht«, gab der Herzog zu und ließ nach der Herzogin schicken.

»Wen würde deine Tochter denn lieber heiraten?« fragte er sie. »Irmin oder Iring?«

»Habt Ihr keine Augen im Kopf?« versetzte seine Frau. »Iring natürlich, das sieht doch jeder!«

»Dann geht es nicht«, seufzte der Herzog. »Er ist doch nur ein Zweitgeborener und wird nichts erben. Denkt Herdis daran denn überhaupt nicht?«

»Seid nicht närrisch!« sagte die Herzogin, die sich als Tochter eines Königs vor ihrem Mann nicht zurückhalten mußte. »Was bedeutet denn Geld für ein so junges Mädchen!«

»Es ist mir gleich, was in ihrem Kopf vorgeht!« rief der Herzog unbeherrscht.

Der Bischof legte ihm begütigend eine Hand auf den Arm.

»Es ist aber...«

»Es war Euer Vorschlag, einen Sieger herauszutjostieren«, erinnerte ihn der Herzog, »und das werden wir auch tun.«

»Was für ein Unsinn«, murmelte der Bischof. »Wir haben unser Ziel doch erreicht und sind den Vogt los. Aber wenn es denn gar nicht anders geht... – Sagt dem alten Irmund wenigstens, daß er seinen Söhnen noch einmal gut zureden soll, damit der Kampf nicht so hitzig gerät!«

Der Herzog ging nun zu Irmund, schickte den Knappen fort und sagte zu dem Blinden: »Wir machen uns Sorgen um Eure Söhne; sie stechen mit gar zuviel Eifer. Nehmt sie Euch vor dem Kampf noch einmal vor, damit sie daran denken, daß sie Brüder sind!«

»Das werden sie niemals vergessen«, antwortete der Blinde.

Er ließ sich von dem Knappen Lamprecht zum Zelt seiner Söhne führen und sagte zu ihnen: »Ihr habt gesiegt, und ich bin stolz auf euch. Nun aber muß einer von euch verlieren.«

»Sorgt Euch nicht, Vater«, sagte Irmin. »Es ist nur ein Lanzenspiel.«

»Und wie denkst du darüber, Iring?« wollte der Blinde wissen.

»Genauso«, kam die Antwort. »Es ist nur ein Spiel, allerdings eines, bei dem es den schönsten Preis zu gewinnen gibt.«

»Ihr seid beide von mir gezeugt«, sagte sein Vater. »Wer aber von euch dem anderen wegen dieses Weibes Schaden zufügt, wird nicht mehr mein Sohn sein.«

Er ging aus dem Zelt und dachte eine Weile nach. Dann schickte er einen Knappen nach Iring. Als sein jüngerer Sohn vor ihm stand, sagte er zu ihm: »Du kannst viel besser tjostieren als Irmin, hast ja auch oft genug geübt, während dein Bruder sich um die Burg kümmerte. Es wäre nicht gerecht, wenn du daraus nun einen Vorteil zögst.«

»Was soll ich also tun?« fragte Iring.

»Verlieren!« befahl sein Vater. »Irmin soll Herdis heiraten und auf dem Drachenstein ein Grafengeschlecht begründen. Er ist nun einmal der Erstgeborene!«

»Elf Minuten«, murmelte Iring bitter.

»Gott hat es so gewollt«, sagte der Blinde. »Nun reite und gehorche! Irmin darf aber nichts merken. Schwöre mir das!«

»Ich schwöre es«, sagte Iring traurig.

Die Brüder ließen sich Stoffpanzer anlegen, banden die Helme auf und hielten die Lanzen hoch. Prüfend betastete der Herzog die abgestumpften Enden.

»Nun zeigt, was ihr könnt«, sagte er zu ihnen.

Sie ritten an. Iring wollte am Schild seines Bruders vorbeistoßen und sich aus dem Sattel fallen lassen. Doch als sie einander begegneten, fuhr ihm wie eine glühende Nadel der Wunsch ins Herz, Herdis für sich zu gewinnen. Er mußte alle Wächter seines Wesens aufbieten, um zu verhindern, daß in der Burg seiner Seele böse Gedanken die Macht übernahmen. Mit zitternder Hand hielt er den Schaft fest und zielte so, daß er Irmin nicht gefährden konnte.

Als Irmin erkannte, daß die Lanze des jüngeren Bruders die Richtung veränderte, zeigte sich das geringere Maß seiner Erfahrung in solchen Turnieren: er schätzte den Stoß falsch ab und fuhr Irings Waffe mit dem Schild entgegen.

Das abgestumpfte Ende der Lanze prallte auf Irmins Schild und zersplitterte. Der geborstene Schaft glitt so unglücklich ab, daß die hölzerne Spitze durch Irmins Stoffpanzer fuhr.

Zu spät ließ Iring die Waffe los; erschrocken warf er sich von seinem Roß und stürzte zu Boden. Irmins Pferd blieb stehen. Der Erbe von Drachenstein hielt sich noch immer im Sattel; die zerbrochene Lanze ragte aus seiner Brust.

Die Zuschauer schrien auf. Der Herzog sprang von der Tribüne und lief auf die Bahn. Knappen eilten von allen Seiten herbei.

»Den Arzt!« schrie der Herzog und kam gerade rechtzeitig, den Bewußtlosen aufzufangen.

Iring kauerte auf der Erde, mehr durch seine Tat benommen als durch den Sturz.

»Wer ist es?« schrie der blinde Irmund entsetzt.

»Irmin!« rief sein Knappe. »Er ist schwer getroffen!«

Knappen trugen den Schwerverletzten ins Zelt. Vorsichtig zog der Arzt den Lanzenschaft aus Irmins Brust. Blut quoll hervor.

»Den Priester!« schrie der Herzog, als er das sah.

Sein Kaplan eilte zu ihm, warf sich neben Irmin zu Boden und betete, so schnell und laut er konnte. Viele Zuschauer beteten mit.

Keuchend kam der Bischof in das Zelt gelaufen. »Wie steht es?« fragte er seinen Bruder.

Der Herzog schüttelte den Kopf.

Knechte brachten heißes Wasser und reine Tücher. Der Arzt wusch die Wundränder ab. Noch immer sickerte Blut hervor.

»Das Herz...?« fragte der Herzog aufgeregt.

»Die Lunge«, antwortete sein Arzt und stach einen blutstillenden Brei aus Feuerschwamm und heilenden Kräutern, den er für das Turnier vorbereitet hatte, auf die Wunde.

»Dann ist also noch Hoffnung!« rief der Herzog.

Der Arzt arbeitete fieberhaft.

»Das Blut gerinnt«, murmelte der Bischof, der wie alle anderen aufmerksam zusah.

Lamprecht führte Irmund herein,

»Ein schreckliches Unglück«, ächzte der Herzog, als er den Blinden erblickte. »Aber es ist noch nicht alles verloren!«

»Ist Iring hier?« fragte der Alte.

»Nein«, antwortete der Herzog. Als er Irmunds Gesichtsausdruck sah, fügte er rasch hinzu: »Ihn trifft keine Schuld. Es war ein Unfall. Die Lanze brach und zersplitterte.«

Der Blinde gab keine Antwort.

Der Herzog trat näher zu ihm. »Wenn Ihr hier aber einen Sohn verliert«, sagte er leise, »so soll Herdis den anderen heiraten.«

»Ich habe keinen anderen Sohn«, sagte Irmund.

Die Ritter schwiegen.

»Ich werde sehen, ob ich Iring finden kann«, murmelte der Bischof und trat aus dem Zelt.

Iring stand an den Schranken. Niemand sprach mit ihm.

Der Bischof ging auf ihn zu. »Euer Vater ist sehr zornig auf Euch«, sagte er. »Es ist fast, als glaubte er, Ihr hättet Euren Bruder mit Absicht verletzt.«

Iring blickte zu Boden. Dann hob er den Kopf und sagte: »Ich möchte, daß Ihr mir die Beichte abnehmt.«

Der Bischof sah ihn überrascht an. »Kommt in mein Zelt«, sagte er dann.

Er schickte seine Diener fort. Iring kniete nieder und sprach die einleitenden Formeln.

»Was habt Ihr mir also zu sagen?« fragte der Bischof dann.

»Ich mußte meinem Vater versprechen, Irmin siegen zu lassen«, berichtete Iring stockend, »doch als wir uns in den Schranken begegneten, fuhr der Teufel in meine Seele, und ich wollte Herdis selbst haben.« Er schilderte nun, was wirklich geschehen war.

»Dennoch habt Ihr ja Euren Bruder nicht mit Absicht verletzt«, sagte der Bischof.

»Ich hätte die Lanze rechtzeitig loslassen können«, sagte Iring leise, »wenn ich nicht in Gedanken bei Herdis gewesen wäre.«

»Das ist eine böse Sache«, murmelte der Bischof bedrückt. »Sie wird nicht leicht zu sühnen sein.«

Iring hatte das Gesicht in den Händen verborgen.

»Schämt Euch nicht«, sagte der Bischof leise. »Tränen entehren nicht, wenn sie aus Reue vergossen werden.«

»Ich würde gern weinen«, antwortete Iring mit dumpfer Stimme, »aber ich kann es nun einmal nicht.«

Der Bischof dachte eine Weile nach.

Dann sagte er: »Es gibt einen Ort auf der Welt, an dem sich für jedes Verbrechen Buße tun läßt. Fahrt nach Jerusalem und bittet am Heiligen Grab um Vergebung für diese Sünde! Bis Ihr zurückkehrt, will ich versuchen, Euch auch die Verzeihung Eures Vaters zu erwirken.«

Iring schüttelte heftig den Kopf. »Nein«, entgegnete er. »Ich werde ins Heilige Land ziehen, aber nicht für eine Wallfahrt, sondern für immer!«

»Aber was wird aus dem Drachenstein, wenn Euer Bruder stirbt?« fragte der Bischof.

»Ich bin dieses Erbe nicht wert«, erwiderte Iring. »Darum will ich nun in Eure Hände ein Gelübde ablegen: ich werde ein Jahr lang jede Nacht am Grab des Erlösers wachen. Danach will ich dort mein Leben mit Werken des Glaubens verbringen. Das schwöre ich!«

»Ihr seid noch zu erregt«, wandte der Bischof ein. »So edel und ritterlich es auch ist, sich ganz dem Kampf gegen die verfluchten Heiden zu weihen, müßt Ihr doch auch...«

»Nicht mit Lanze und Schwert will ich Buße tun«, unterbrach Iring ihn, »sondern mit Taten des Friedens und der Nächstenliebe. Aus Ehrgeiz vergaß ich das Blut meines Bruders. Nun will ich anderen in Demut dienen wie ein Knecht.«

»Ihr seid nicht für niedere Arbeit bestimmt«, sagte der Bischof, »und das Reich braucht Ritter, nicht nur Betbrüder! Büßt ein Jahr, meinetwegen auch zwei oder drei – dann aber kehrt zurück! Ihr seid das schnellste Schwert im Saaleland, und es dürfte Gott wohl eher gefallen, wenn Ihr die Gaben, die er Euch verlieh, im Sinne seiner Kirche nutztet, für Kaiser und Reich!«

»Wie gern hätte ich das getan«, seufzte Iring. »Aber ich weiß, daß mir meine Schuld nicht anders vergeben wird, als ich Euch sagte.«

»Seid nicht so vermessen!« rief der Bischof unwillig. »Glaubt Ihr etwa, daß Ihr von Christi Lehre mehr versteht als ich?«

»Ich werde tun, was ich tun muß«, erwiderte Iring trotzig. »Und auch das sollt Ihr nun hören: Wenn ich mein Gelübde breche und noch einmal hierher zurückkehre, dann soll der Herr mich mit Aussatz strafen und bei lebendigem Leibe verfaulen lassen!«

Der Bischof fuhr zurück; er dachte an die grausige Krankheit, und plötzlich war ihm unheimlich zumute. »Ich habe Euer Gelübde gehört und werde Eurem Vater davon berichten«, sagte er schließlich. »Ich gebe aber die Hoffnung nicht auf, daß wir uns doch noch einmal wiedersehen.«

»Dann müßt Ihr nach Jerusalem kommen«, antwortete Iring.

»Gott vergebe Euch«, sagte der Bischof und erhob sich.

Iring ritt nach Drachenstein, holte seine Habe und belud sein Packpferd. Dann nahm er den Habicht auf die Faust und ritt vor das Tor.

»Fliege, mein Stolzer« sprach er zu ihm. »Suche dir einen Horstbaum und lebe dein Herrenleben! Du wirst frei sein, ich ein Knecht.«

Er löste die Langfessel und stieß die Faust mit aller Kraft gegen den Himmel.

Der Habicht steilte auf und begann über dem Wald zu kreisen.

Iring trieb sein Roß an und ritt fort.

Irmin schwebte viele Wochen lang zwischen Leben und Tod.

Sein Vater saß Tag und Nacht am Lager des Schwerverletzten. Als der Bischof ihm von Irings Gelübde erzählte, sagte der Blinde: »Ihr hättet ihn nicht so einfach fortziehen lassen dürfen. Er hatte den Tod verdient.«

»Geht nicht gar so hart mit ihm ins Gericht«, antwortete der Bischof. »Wer einmal im Leben versagt, muß deshalb noch lange kein Taugenichts sein. Habt Ihr denn stets alles richtig gemacht?«

Darauf gab Irmund keine Antwort; im Geist sah er das verkohlte Haupt Werinhards von Rabeneck vor sich.

Das Wundfieber trat ein, aber der Arzt verstand seine Sache, kochte jeden Tag einen frischen Sud und wechselte den eitrigen Verband jeden Morgen und Abend.

Herdis kam den Kranken oft besuchen und half bei seiner

Pflege. Als sie einmal allein waren, sagte Irmin: »Ihr sollt wissen, daß nicht ich es war, der dieses Turnier um Eure Hand wünschte. Denn ich kann Euch nur dann heiraten, wenn auch Ihr es wollt.«

Herdis sah ihn verwirrt an.

»Ich habe gesehen, wie Ihr meinen Bruder angeschaut habt«, fuhr Irmin fort. »Auch wenn wir Zwillinge sind und einander äußerlich gleichen, sind wir im Wesen doch sehr verschieden, und er kann mit Frauen viel liebenswürdiger reden als ich.«

Das Mädchen gab keine Antwort.

Irmin fuhr sich mit der Zunge über die Lippen und fuhr fort: »Aber das bedeutet nicht, daß Ihr bei mir etwa weniger Liebe finden würdet als bei ihm. Denn seit ich Euch zum erstenmal sah, bin ich Euer Knecht.«

Herdis errötete ein wenig, strich sich das blonde Haar aus der Stirn und sagte, was ihr in diesem Moment am vernünftigsten schien: »Ihr solltet nicht soviel reden, das strengt Euch zu sehr an.«

»Ich werde nicht sterben«, sagte Irmin. »Wollt Ihr, daß ich mit Eurem Vater rede?«

Das Mädchen zögerte.

»Ihr wißt, daß Iring niemals wiederkehren kann«, drängte Irmin. »Auch wenn Ihr mich nicht so liebt wie ihn, will ich Euch doch stets ein guter Mann sein, und Ihr werdet es gut bei mir haben.«

»Das weiß ich«, sagte Herdis und küßte ihn auf den Mund.

Im Kornerntemonat konnte Irmin auf den Drachenstein zurückgebracht werden. Im Weinlesemonat saß er schon wieder zu Pferde. Im Winter wurde auf der Plassenburg eine prächtige Hochzeit gehalten, und Irmin fügte dem Wappen seiner Sippe die Grafenkrone hinzu.

Im nächsten Jahr schenkte Herdis ihrem Mann einen Sohn; er wurde Irion genannt. Später brachte sie noch drei Töchter zur Welt, die aber alle noch als Kinder starben.

Ursmar von Rabeneck ritt nach Sachsen und heiratete ein Mädchen aus welfentreuem Haus. Er hatte drei Söhne; der älteste hieß Heinrich nach dem großen Sachsenkönig.

Der alte Irmund überließ seinem Sohn nun alle Entscheidungen und zog sich ganz zurück. In der Einsamkeit seiner Stube trank er Wein und träumte von seiner Jugend, von jenen goldenen, glorreichen Jahren, als er mit Kaiser Barbarossa ausgezogen war, um die

Welt aus den Angeln zu heben. Dann sehnte er sich nach alten Liedern und lauschte den fahrenden Sängern, die gern auf den Drachenstein kamen, denn der Blinde zeigte sich freigebig mit dem Gold.

Danach aber blieb Irmund oft ohne Schlaf und dachte an jenen Morgen in der syrischen Wüste, als er geträumt hatte, statt zu wachen. Dann, in den dunkelsten Stunden der Nacht, konnten seine Augen plötzlich wieder sehen, und er erblickte die alten Gefährten, Konrad von Fussesbrunnen und Enguerrand de Crezy, den Mönch Balthasar und die vielen anderen Männer, an deren Seite er einst gefochten hatte. Auch das majestätische Antlitz des Kaisers Friedrich erblickte er wieder, den Gottes Hand am Salef gehindert hatte, als erster Kaiser Herr des Orients und Okzidents zugleich zu werden, und ebenso das verzweifelte des unglücklichen Herzogs von Schwaben, dessen Macht mit dem Leichnam seines Vaters verfaulte. Am Ende aber erschien Irmund stets jenes verkohlte Gesicht, dessen Anblick er so fürchtete.

Leichname in fremder Erde! Irmion, der Drachentöter, lag seit der Ungarnschlacht an der Unstrut, sein Sohn Irmin auf einer Oderinsel, Jung-Iring im Sumpf der Ihle, Irminfried unter dem Turm am Orontes. Iwein, der Sohn der Italienerin, hatte sein Grab an der Saale gefunden, in einer Erde jedoch, auf der er sich fremd gefühlt hatte. Bei ihm schliefen Ortwin und Helfring der Auferstehung entgegen. Wo Burkhard die letzte Ruhe gefunden hatte, wußte niemand, wenn es auch Gerüchte gab, daß er seine letzten Lebensjahre als Anonymus in einer kleinen Klause am Brenner verbracht haben sollte. Lamprecht wollte sogar erfahren haben, daß der Mönch in Tirol wegen seiner Frömmigkeit noch sehr berühmt geworden sei und eines Tages vielleicht sogar heilig gesprochen werden könnte. Der blinde Irmund glaubte das aber nicht und sagte zu dem Knappen: »Man merkt, daß du der Nachkomme dieses Schafhirten bist, der zu Irminfrieds Zeiten Feen und Nixen in der Saalequelle baden sah.«

Von Iring sprach niemand mehr; er war noch ferner als die Toten.

Kaiser Friedrich II. setzte sein Herrscherrecht mit harter Hand durch. Dann ließ er seinen Sohn Heinrich in Frankfurt zum deutschen König wählen und brach mit sechzigtausend Rittern, Knechten und Pilgern in Brindisi zu einem Kreuzzug auf. Aber als auf den Schiffen plötzlich viele Männer an Seuchen erkrankten, befahl der Kaiser die Umkehr. Der Papst verhängte darauf den Bann über ihn. Auch als Friedrich ein Jahr später sein Kreuzzugsgelübde einlöste und mit einem starken Heer in Palästina erschien, blieb der Papst unversöhnlich.

Durch geschickte Verhandlungen erreichte der Kaiser, daß Sultan Al-Kamil ihm kampflos Jerusalem, Bethlehem, Jaffa und Saida abtrat. Am 18. März des Jahres 1229 setzte Friedrich sich in der Grabeskirche, dem heiligsten Ort der Christenheit, die Königskrone Jerusalems auf.

Der Papst ließ jedoch nun erst recht nicht in seinen Bemühungen nach, die Macht der Staufer zu brechen. Wieder waren es deutsche Fürsten und lombardische Städte, die mit der Kurie paktierten und so die Stellung des Kaisertums untergruben. Selbst der junge König Heinrich rebellierte gegen den Herrscher, und der Vater mußte wie einst Ludwig der Heilige gegen sein eigen Fleisch und Blut zu Felde ziehen. Heinrich unterwarf sich und wurde zu lebenslanger Haft verurteilt. Statt seiner ließ der Kaiser nun seinen zweiten Sohn Konrad in Wien zum deutschen König wählen. Danach verließ Friedrich Deutschland für immer.

Nach dem Kreuzzug fuhren viele Sänger durchs Land und verbreiteten in ihren Liedern Nachrichten von dem großen Geschehen. Dabei wurden auch viele fromme Legenden er- und umgedichtet. Weltliche Rittererzählungen nach französischem Vorbild fanden an den deutschen Fürstenhöfen eine aufmerksame Zuhörerschaft.

Besonders beliebt war ein Lied, das den Heldenmut und die Treue der alten Zeiten beschwor und in dem verschlüsselt, für kundiges Publikum aber leicht zu erkennen, die Großen des Reichs zusammen mit den Helden aus grauer Vorzeit wie Siegfried von Xanten, Dietrich von Bern und König Etzel auftraten.

Irmin sandte Boten nach Kulmbach und Bamberg und bat seine Verwandten, den nächsten, der dieses Lied kannte, nach Drachenstein zu schicken; er wollte seinem Vater eine Freude machen. Kurz vor Einbruch des Winters erschien ein hagerer, schon fast kahlköpfiger Mann auf der Burg. Er stammte aus Österreich und hieß Konrad.

»Könnt Ihr das Nibelungenlied?« fragte ihn Irmin gleich.

»Deshalb hat man mich geschickt«, antwortete der Sänger.

»Das ist gut«, sagte Irmin. »Dann sollt Ihr es gleich heute vortragen.«

»Wo denkt Ihr hin«, lachte der Sänger. »Das Lied hat über zweitausenddreihundert Strophen. Es sind neununddreißig Aventiuren, von denen jede allein einen Abend füllt.«

»Um so besser«, sagte der Graf von Drachenstein. »Die Winter im Nordwald sind lang.«

Am Abend schickte Irmin den Knappen nach Irmund, geleitete den Blinden zum Ehrensitz und sagte zu ihm: »Ich habe eine Überraschung für Euch, lieber Vater. Endlich ist ein Sänger gekommen, der das neue Lied kennt, über das man überall spricht. Es ist sehr lang und dauert neununddreißig Abende, so daß es uns diesen Winter gewiß nicht so langweilig sein wird wie sonst.«

»Dann wollen wir keine Zeit verlieren«, rief Irmund begierig.

Herdis bediente ihren blinden Schwiegervater. Auch der kleine Irion und seine Schwestern saßen mit am Tisch. Weiter hinten unterhielt sich der Knappe Lamprecht mit dem Sänger. Als alle gegessen hatten, rief Irmund: »Beginnt nun, Freund, mit Eurer Weise! Ich bin schon sehr neugierig!«

»Wie Ihr befehlt, Herr«, antwortete der Sänger ehrerbietig und erhob sich. Hinter der Familie des Grafen saßen andere Ritter, Knappen, Dienstleute und Knechte. Frauen und Mägde ließen die Spinnwirtel kreisen.

Der Sänger sah seine Zuhörer der Reihe nach an und wartete, bis alle zu ihm blickten. Dann sammelte er sich, holte Luft und begann mit wohltönender Stimme:

»Viel Wunderdinge melden die Mären alter Zeit...«

Ein Klirren unterbrach ihn, und er verstummte. Alle sahen erschrocken auf Irmund; der Blinde hielt den Rest eines zerbrochenen Glases in seinen zitternden Händen

»Was ist mit Euch, Vater?« fragte Irmin besorgt und nahm ihm vorsichtig die Scherben aus der blutigen Faust. Irmund gab keine Antwort. Sie warteten ein wenig. Dann gab Irmin ein Zeichen, und der Sänger begann von neuem:

»Viel Wunderdinge melden die Mären alter Zeit,

Von preiswerten Helden, von großer Kühnheit...«

Irmin hob die Hand, und der Sänger verstummte erneut. Die Lippen des Blinden murmelten tonlos die Worte nach; sein faltiges Antlitz war bleich.

»Ist Euch nicht wohl, Vater?« fragte Herdis bang. »Sollen wir das Lied ein anderes Mal hören?«

»Nein«, stieß Irmund hervor. »Jetzt gleich!«

»So laßt mich noch einmal beginnen«, bat der Sänger, sammelte sich wieder und sagte dann:

»Viel Wunderdinge melden die Mären alter Zeit,
Von preiswerten Helden, von großer Kühnheit,
Von Freud' und Festlichkeiten, von Weinen und von Klagen,
Von kühner Recken Streiten
Mögt Ihr nun Wunder hören sagen.«

»Konrad!« rief der Alte. »Seid Ihr es?«

Der Sänger sah ihn überrascht an. »Das ist mein Name«, sagte er.

»So lebt Ihr noch!« sagte Irmund.

Der Sänger sah verwundert zu Irmin.

»Wen meint Ihr, Vater?« fragte der Graf.

»Konrad von Fussesbrunnen natürlich!« rief der Blinde. »Wißt Ihr nicht mehr? Wir zogen einst zusammen ins Heilige Land, mit Kaiser Rotbart...«

Irmin sah den Gast an. »Ist das wahr?« fragte er.

Der Sänger schüttelte den Kopf. »Nein«, gab er zur Antwort, »ich war nie in Palästina. Aber natürlich kenne ich Konrad von Fussesbrunnen gut – er ist es doch, der diese Weise schrieb! Ich habe sie von ihm selbst gelernt...«

Irmund zitterte am ganzen Leibe. »Ich hörte sie von ihm bei den Heiden«, sagte er erregt, »denen nur ich, nicht er entfliehen konnte.«

»Doch, auch er entkam«, widersprach der Sänger, »wenn auch erst nach langer Gefangenschaft. Wußtet Ihr das nicht?«

»Nein«, sagte Irmund. »Erzählt mir davon!«

»Die Türken nahmen ihn bei Aleppo gefangen«, berichtete der Gast, »zusammen mit einem Franzosen, einem Mönch und zwei jungen Rittern aus Franken. Die beiden Jünglinge konnten durch ein Kerkerfenster entschlüpfen, das für die anderen zu klein war.«

»Das waren Werinhard von Rabeneck und ich«, sagte der Blinde. »Oh Werinhard! Warum...«

Irmin sah zwischen dem Sänger und seinem Vater hin und her.

»Der Herzog von Antiochien griff die Heiden an, und sie flohen«, fuhr der Sänger zögernd fort. »Sie schleppten ihre Gefangenen nach Mossul. Dort mußten sie auf den Feldern arbeiten. Nach fast zwei Jahren erschlug Herr Konrad einen unaufmerksamen Wächter, und sie entkamen.«

»Alle drei?« fragte Irmund.

»Ja«, antwortete der Sänger. »Herr Konrad trägt heute einen weißen Bart so wie Ihr; Herr Enguerrand lebt längst wieder in Frankreich, und der Mönch ist Abt geworden.« Er schnitt ein Gesicht. »Ich habe weder vorher noch nachher jemanden die deutsche Sprache so grausam quälen hören«, fügte er hinzu.

»Das ist Balthasar«, rief Irmin froh. »Sagt Konrad und ihm einen Gruß, wenn Ihr wieder in Eure Heimat zurückkehrt!«

»Das will ich gern tun«, versprach der Sänger.

»Und er hat Euch das Lied wirklich selbst gelehrt?« wollte der Blinde wissen.

»Ja«, sagte der Sänger stolz, »so wie die ›Kindheit Jesu‹, die er kürzlich schrieb.«

Irmin nickte heftig. »Vor Ikonion legte er ein Gelübde ab, im Falle unserer Rettung ein Werk des Glaubens zu dichten.«

»Es ist ein sehr schönes Lied«, meinte der Gast, »aber die Nibelungen bieten mehr Kitzel; bei dem anderen weiß man ja schon aus der Heiligen Schrift, wie es ausgeht.«

»So laßt uns hören«, sagte der Blinde froh, und nun unterbrach er den Sänger nicht mehr. Schweigend lauschte er dem Heldenlied Strophe um Strophe und folgte der Erzählung mit Wehmut. Viele Verse erinnerten ihn an Geschichten, die er seit seiner Kindheit kannte, andere an alte Sagen, die er als Ritter vernommen hatte. Häufig fühlte er sich wie die anderen Zuhörer auch an Männer und Frauen erinnert, die wirklich gelebt hatten und vom Dichter wie hinter Masken aus Worten verborgen gehalten wurden. Manchmal aber trat dem lauschenden Blinden wie ein Gespenst aus Silben plötzlich jemand gegenüber, den er einst als Wesen von Fleisch und Blut gekannt, und er fand Abenteuer erzählt, die er selbst miterlebt hatte. Auch viel vom Wesen seiner Freunde, die er damals in dem türkischen Kerker hatte zurücklassen müssen, fand Irmund in dem Werk wieder, und sogar manches aus seiner Familiengeschichte, in langen Winterabenden zu Adrianopel erzählt. Gefaßt begab sich der Blinde auf die Reise in die Erinnerung, vor der er sich so viele Jahre gefürchtet hatte und folgte endlich dem steinigen Pfad, der zur Erkenntnis und zum Frieden führt.

26

Ein Lied aus alten Tagen

Neununddreißig Abende lang trug der Sänger das Nibelungenlied
vor, erzählte von Siegfrieds Stärke und Kriemhilds Schönheit,
Gunthers Mißgunst und Hagens Haß, vom Mord im Wasgenwald
und vom Schatz der Nibelungen, von Etzels Werbung um Kriemhild und der Heerfahrt ins Hunnenland, vom letzten Kampf der
Helden und ihrem Untergang. Den Kindern und Knechten klang
die Sage wahr, und sie zweifelten nicht daran, daß vor vielen hundert Jahren alles wirklich so geschehen sei. Die Ritter aber erkannten Helden wieder, von denen sie schon früher auf andere Weise
gehört hatten und sogar manche, mit denen sie selbst einst zu
Felde gezogen waren. Irmund schließlich war es, als ob aus jedem
Vers der Freund und Gefährte von einst nur zu ihm allein sprach.

In Siegfried von Xanten erkannten die Ritter den Sigurd der nor-
dischen Lieder wieder, die an allen Fürstenhöfen Europas gesun-
gen wurden. Siegfrieds Heerfahrt gegen die Sachsen und Dänen
gemahnten aber auch an Feldzüge Karls des Großen, und in dem
Namen des Sachsenkönigs Liudger schien eine Erinnerung an
Kaiser Lothar von Supplinburg mitzuschwingen. Den blinden
Irmund jedoch ließ Siegfrieds Triumph über den Lindwurm an
Irmions Drachenkampf denken und Siegfrieds Ermordung am
Brunnen im Wald an Irmions Tod durch Witubrands Verrat an der
Unstrut. Ähnelte Hagens Tat nicht auch dem Anschlag Gottliebs
auf Irminfried an dem Wasserfall bei Burg Rosen? Und das Kreuz
auf Siegfrieds Rücken, das dem Mörder die verletzliche Stelle des
sonst Unverwundbaren zeigte – wurde es vor den Kreuzzügen
nicht vieltausendfach von treuen Frauenhänden auf Rittergewän-

der genäht, als Schutz gedacht, aber den Heiden die Wahl des Zieles erleichternd?

Daß Hagen in nordischen Liedern Högni hieß, wußten viele; Irmin dachte bei diesem Namen aber auch an Hakon, den mörderischen Abt, der auf dem Mönchsberg einen Ritter vom Niederrhein nicht mit einem Speer, aber mit einer vergifteten Hostie umgebracht hatte.

Die Erinnerung an die Könige der Völkerwanderungszeit war noch lebendig: an den Ostgoten Theoderich zu Ravenna, der in der Sage Dietrich von Bern hieß und der Siegfried als einziger überwinden konnte, so wie die Ostgoten als einzige die vordringenden Franken zurückgeschlagen hatten. Vergessen war auch nicht das Burgunderreich König Gundahars, das in den Hunnenstürmen des fünften Jahrhunderts untergegangen war. In dem seltsam widersprüchlichen Charakter Etzels fanden sich nicht nur Züge Attilas, sondern auch des hl. Stephan von Ungarn, der sein Volk um die Jahrtausendwende zum Christentum hatte bekehren lassen. Unterstützt hatte ihn dabei Königin Gisela, die gleichfalls heiliggesprochen wurde und eine Schwester Kaiser Heinrichs des Heiligen war – so viele Heilige als Vorbilder für eine Erzählung von Mord und Totschlag! Aber war nicht auch Heinrich der Zänker Ahnherr von sieben Heiligen geworden? Die Wesenszüge der Königin waren in das Charakterbild Kriemhilds geflossen, der schönen, frommen Frau, die so viele gute Werke tat, ehe der Rachegeist sie in eine Furie verwandelte. Doch hatten nicht auch die christlichen Bekehrer des Ostens viel fremdes Blut vergossen und zuletzt ihr eigenes dazu, besiegt von heidnischer Übermacht?

Der Schatz der Nibelungen, der so viele Männer das Leben kostete, erinnerte Irmin an Ortwins Gold. Hatte nicht auch sein Ahnherr am Waldstein geglaubt, zauberkundigen Zwergen begegnet zu sein? Selbst in der Mordnacht zu Venedig dachte der Ritter, daß sich sein kleinwüchsiger Feind womöglich mit einer Tarnkappe vor ihm verberge. Und der Streit der Königinnen vor dem Münster zu Worms – hatte er sich nicht ähnlich vor der Kirche zu Rekenz zugetragen, als Agnes und Alfgard, die feindlichen Schwestern, um Erbe und Vorrang zankten?

Vertraut war dem alten Irmund der Weg, den die Nibelungen nahmen: Von Worms zur Donau folgte er der alten Heerstraße der Karolinger, auf der schon Karl der Große gegen die Awaren gezogen war. Die Fähre bei Mehring verkehrte noch wie zur Zeit der Venedigfahrt Ortwins, hatte jedoch stark an Bedeutung verloren, seit im Jahre 1146 in Regensburg eine Steinbrücke fertiggestellt worden war. Kaiser Konrad III. und später auch sein Neffe Friedrich I. hatten ihre Ritter dort über den Strom geführt – an das Unglück der beiden Kreuzzüge gemahnte nun auch die weitere Nibelungengeschichte: So wie Hagen in der Sage durch zwei Wasserweiber von seinem Schicksal erfuhr, hatten zauberkundige Frauen Kaiser Rotbart den Tod durch Ertrinken prophezeit; in Irmunds Geist traten an dieser Stelle noch Erinnerungen an die Undine in der Saale hinzu. Fröhlich lachten die Zuhörer über die derbe Komik der Szene, als Hagen den Kaplan ins Wasser der Donau warf, um den Wahrheitsgehalt der Weissagung zu überprüfen, und der fromme Nichtschwimmer wirklich unversehrt das jenseitige Ufer erklomm. Irmund dachte bei diesen Strophen an Konrad von Fussesbrunnen und seine Probe mit dem Mönch Balthasar auf der Drau.

Daß Bischof Pilgrim von Passau die Nibelungen in der Sage so gastlich aufnahm, war leicht zu verstehen: Als Bruder der Königin Ute war Pilgrim ein Onkel der burgundischen Königskinder. Viele Zuhörer wußten, daß die Macht des Passauer Bischofs weit nach Osten reichte; auch Fussesbrunnen gehörte zu seinem Gebiet. Der derzeitige Inhaber des Amts, Wolfger, war zudem als großzügiger Gastgeber von Minnesängern und Spielleuten bekannt und hatte eine lobende Anspielung wohl verdient. Im Lied trug er den Namen seines berühmtesten Vorgängers, des Bischofs Pilgrim, eines weiteren Heiligen, der ebenfalls wegen seiner Verdienste um die Bekehrung der Ungarn verehrt wurde. Aus diesem Zusammenhang ergab sich, daß mit dem räuberischen Gelfrat des Nibelungenlieds kein anderer als Herzog Heinrich der Zänker gemeint sein konnte. Bischof Wolfger hatte erst wenige Jahre zuvor selbst eine harte Fehde mit den Nachfahren des Zänkers durchstehen müssen. Den fränkischen Zuhörern gefiel es wohl, daß der Sänger die Bayern nun auf diese Weise zu gewohnheitsmäßigen Räubern erklärte. Irmund aber dachte bei der Erzählung von dem Kampf Hagens und Dankwarts gegen Gelfrat und Else an sein eigenes Gefecht im nächtlichen Bulgarwald, als er und seine Gefährten ebenfalls erst am Morgen gemerkt hatten, daß sie von Kopf bis Fuß mit Blut besudelt waren.

Wie Bischof Pilgrim stammte auch der Markgraf Rüdiger von Bechelarn aus dem zehnten Jahrhundert; er hatte damals den Herzögen von Österreich treue Wachdienste geleistet. Am Hof dieser Herrscher hatte, wie nun mancher Zuhörer merkte, der Dichter Anregungen für die Feste des Nibelungenlieds gefunden. Die Sagenhochzeit Kriemhilds mit Etzel war so farbenprächtig geschildert wie die Feier, in der Herzog Leopold VI. der Glorreiche im Jahr des Herrn 1203 zu Wien die byzantinische Prinzessin Theodora, Tochter des Kaisers Isaak II. Angelos, zur Frau genommen hatte. Tausende von Gästen, darunter berühmte Minnesänger wie Walther von der Vogelweide, hatten damals die Großzügigkeit des Herzogs gepriesen; das Nibelungenlied erinnerte nun daran, wenn es zum Beispiel verkündete, die Spielleute Wärbel und Swemmel hätten als Lohn ihrer Kunst je tausend Mark und mehr erhalten. Siebzehn Tage lang hatte das Fest von Wien gedauert, siebzehn Tage lang dauerte auch die Hunnenhochzeit im Lied.

Ergriffen lauschten die Zuhörer später den Strophen, die erzählten, wie Gunthers jüngster Bruder Giselher sich in Bechelarn mit der Tochter des Markgrafen Rüdiger verlobte, wobei die Ritter nach altem Brauch einen Kreis um das Paar bildeten. Auch Irmund hatte einst einen solchen Kreis gesehen, damals, als er nach Ungarn kam und Barbarossas Sohn Friedrich von Schwaben in Gran der Tochter König Belas versprach, sie nach seiner Rückkehr vom Kreuzzug zur Frau zu nehmen. Gran, das ungarische Esztergom, war die Etzelsburg der Sage; nicht an Attilas längst schon verfallene Festung zu Ofen erinnerte die Beschreibung, sondern an König Stephans strahlenden Herrschersitz. Dort hatten sich einst die besten Ritter Europas versammelt, so wie ein halbes Jahrtausend zuvor einige der bedeutendsten Könige der Germanen an Attilas Tafel gesessen waren.

Die gebildeten Zuhörer kannten jeden Namen: Der Landgraf Irnfried von Dänemark war in Wirklichkeit ein thüringischer König des sechsten Jahrhunderts, der mit einer Nichte Theoderichs des Großen verheiratet war. Irnfrieds Kampfgefährte Hawart ließ an den dänischen Fürsten Knut Laward denken, den Kaiser Lothar von Supplinburg einst mit dem Wendenland belehnt hatte. Als Dietrichs Gefolgsmann Ritschard erwähnt wurde, mußten viele schmunzeln; allzu offenkundig sollte der undeutsche Name den englischen König Richard Löwenherz verbergen, der vor seiner Freilassung Kaiser Heinrich VI. den Lehenseid hatte schwören müssen. Beim Namen des tapfersten dänischen Helden aber dachten alle nur an einen, und manche heimliche Träne wurde geweint, als in dem Lied Iring von Hagen erschlagen wurde.

Als die Nibelungen in der brennenden Burg untergingen, mischte sich in den Schrecken darüber auch Genugtuung, da die beiden Bösewichte der Sage, Gunther und Hagen, den Tod unehrenhaft von Henkers- und Weibeshand fanden. Der alte Recke Hildebrandt wurde dafür gelobt, daß er der rasenden Rächerin Kriemhild schließlich den Kopf abschlug. Schweigend folgten die Zuhörer dann den letzten Versen:

»Ich kann euch nicht bescheiden, was seither geschah,

Als daß man Fraun und Ritter immer weinen sah,

Dazu die edlen Knechte um lieber Freunde Tod.

Hier hat die Mär ein Ende. Das ist der Nibelungen Not.«

Irmund lobte den Sänger sehr, gab ihm viel Gold und unterhielt sich noch lange in bester Stimmung mit seinem Gast, Irmin staunte sehr über die plötzliche Heiterkeit seines Vaters. Der Blinde sprach auch wieder von Iring und sagte zu seinem Sohn: »Wenn dein Bruder jemals zurückkehrt und ich dann nicht mehr unter den Lebenden bin, sollst du ihm an meiner Stelle sagen, daß ihm verziehen ist.«

Irmin tat nun offen, was er vordem heimlich getan hatte und fragte jeden durchziehenden Pilger aus dem Heiligen Land nach Iring aus. Aber keiner konnte ihm etwas von dem Verschollenen sagen.

27

Die Mauern sind zerfallen

Irion kam seinem Vater Irmin weder an Höhe des Wuchses noch an Kraft gleich. Der Erbe von Drachenstein war schlank und zierlich, dafür aber sehr flink und anstellig in allen Waffenübungen. Von seiner Mutter hatte er das fast weißblonde Haar und die blasse Hautfarbe geerbt. Als der Junge zwölf Jahre alt war, führte sein Vater ihn in den Wald, wusch ihm die Wimpern mit Wintertau und erzählte ihm von seinen Ahnen.

»Hüte dich vor den Vögten von Rabeneck«, warnte er ihn, »seit drei Jahrhunderten haben sie immer wieder versucht, uns zu schaden. Nun, da wir Grafen sind, werden sie erst recht alles unternehmen, uns zu vernichten und wieder die Ersten im Saaleland zu sein.«

»Wie könnten sie es mit uns aufnehmen«, lachte sein Sohn, »da doch mit uns das Glück der Staufer ist!«

Ursmar herrschte in seiner Vogtei mit immer größerer Härte. Selbst geringe Vergehen zogen die schlimmsten Strafen nach sich, und den Verurteilten wurden alle Gnaden verwehrt, auf die sie früher hatten hoffen dürfen. Der Vogt verbot sogar, vor dem Vierteilen die Gelenke einzuschneiden, was die Henker sonst immer getan hatten, damit sich die Glieder leichter vom Leib lösen konnten. Ein junges Liebespaar aus Ursmars Gesinde, dem er die Zustimmung zur Heirat verweigert hatte und das deshalb nach Nürnberg entflohen war, holte er zurück und mauerte es lebendig ein, auf verschiedenen Seiten seiner Burg, so daß die Unglücklichen einander bis in den Tod sehen konnten.

Über dieses grausame Urteil entstand unter den Dienstleuten des Vogts große Empörung, aber keiner wagte, etwas zu sagen.

Auch gegenüber seiner eigenen Familie zeigte sich Ursmar schroff und unbarmherzig. Er herrschte in seinem Haus wie in seiner Vogtei und duldete nur seinen eigenen Willen. Seine Söhne trieb er schon im frühesten Alter zu den schwersten Waffenübungen an. Wenn sie sich ungelenk am scharfen Eisen verletzten, lachte er höhnisch und riet ihnen, sich doch lieber bei den Drachensteinern als Knechte zu verdingen.

Als die Söhne mannbar wurden, schickte Ursmar sie nach Sachsen, wo sie die Schwertleite erhielten. Dann zogen sie mit anderen jungen Rittern nach Schlesien, wo Herzog Heinrich II. ein Heer sammelte. Er wollte damit den Reiterscharen entgegentreten, die wie einst Hunnen, Awaren und Ungarn aus der russischen Steppe hervorgebrochen waren: den Mongolen.

Die Steppenkrieger hatten unter Dschingis Khans Enkel Batu und dem General Sübütei, der mit Alexander und Cäsar genannt werden muß, erst die Bulgaren an der Wolga besiegt, dann Moskau und Kiew erobert und danach Polen überrannt.

Viele Christen hielten sie für Nachkommen der Heiligen Drei Könige und glaubten, sie wären gekommen, um die Gebeine ihrer Urväter zurückzuholen, die Barbarossa einst vor Mailand erbeutet hatte und die seither im Kölner Dom ruhten. Diese Gerüchte steigerten noch die Angst vor den unheimlichen Feind.

Bei Liegnitz stieß Herzog Heinrich von Schlesien mit einem deutsch-polnischen Ritterheer auf die Mongolen. Der Kampf war kurz, das Ende schrecklich: die christlichen Ritter wurden zusammengehauen, wenige konnten entkommen. Von Ursmars Söhnen rettete sich nur der älteste, Heinrich.

Die Sieger schnitten dem toten Herzog den Kopf ab, zerstörten die Mark Meißen und wandten sich dann gegen Mähren. Kurze Zeit später fielen sie in Ungarn ein und vernichteten die von vielen Deutschen und Franzosen verstärkte Streitmacht König Belas, ein Heer von sechzigtausend Mann. Nur der Tod des Großkhans bewahrte Europa vor noch Schlimmerem: so schnell wie sie gekommen waren, fluteten die Steppenreiter nach Asien zurück.

Ursmar machte seinem Sohn bittere Vorwürfe, weil er ohne seine Brüder heimgekehrt war und sagte zu ihm: »Es wäre besser für dich gewesen, wenn auch du dort dein Blut vergossen hättest, um Sachsens Sache zu schützen. Ich will nicht, daß Rabeneck eines Tages das Erbteil eines Feiglings wird!«

Heinrich wurde blutrot, erwiderte aber nichts. Am nächsten Tag ritt er jedoch nach Kulmbach und trat in die Dienste des Herzogs ein.

Darüber wurde Ursmar noch zorniger.

Ursmars Frau Gertrud hatte eine Schwester namens Hadwig, die noch sehr jung und unverheiratet war. Die Eltern waren gestorben, und Hadwig lebte in Sachsen mit nur zwei Mägden vom kargen Ertrag dreier Äcker, denn ihre Brüder hatten die Ländereien des Vaters ohne Rücksicht auf ihre Schwester geteilt. Hadwig berichtete Gertrud darüber in einem Brief und klagte der Schwester ihre Not. Gertrud erzählte ihrem Mann davon.

»Das geht mich nichts an«, sagte Ursmar »Da deine Eltern mir dein Erbteil schon bei der Hochzeit auszahlten, kann ich keine Ansprüche gegen deine Brüder vorbringen.«

»Das meine ich nicht«, antwortete Gertrud. »Ich dachte, daß Ihr vielleicht einmal hinreiten und mit unseren Brüdern reden könntet.«

»Ich habe genug mit meinen eigenen Angelegenheiten zu tun«, versetzte ihr Mann.

Gertrud ergriff seine Rechte. »Hadwig könnte doch auch hier bei uns auf Rabeneck wohnen«, bat sie.

Der Vogt zog die Hand zurück. »Das fehlte noch!« knurrte er.

So inständig seine Frau ihn bat, er ließ sich nicht erweichen. Schließlich sagte Gertrud: »Wollt Ihr nicht wenigstens versuchen, Hadwig einen Mann zu finden, der sie heiraten und ihrem Stände gemäß erhalten will? Dann hätte ihre Not ein Ende, und ich könnte wieder ruhiger schlafen.«

Ursmar lehnte auch diese Bitte ab. Aber als seine Frau zu weinen begann und ihre Tränen auch später in ihrer Schlafkammer nicht trocknen wollten, seufzte der Vogt: »Also gut! Wenn ich im Herbst hier abkömmlich bin, will ich einmal sehen, was sich tun läßt.«

Gertrud nahm ihn dankbar in die Arme.

Im Kornerntemonat ritt Ursmar nach Sachsen. Vor Einbruch des Winters kam er mit Hadwig zurück.

Erfreut lief Gertrud ihrer Schwester vor die Burg entgegen, umarmte und küßte sie und rief: »Wie schön, dich wiederzusehen!«

Zögernd erwiderte Hadwig die Liebkosungen.

»Du brauchst nicht so schüchtern zu sein,«, lachte Gertrud, »jetzt hat deine Not ein Ende, und wir werden viele fröhliche Tage miteinander verbringen!«

»Ich danke dir«, sagte Hadwig mühsam.

Gertrud brachte die Schwester in ihre Wohnung und versorgte sie dort mit allem Nötigen. Danach rief sie ihr Gesinde und ermahnte Zofen und Mägde, Hadwig in allen Dingen gehorsam zu sein.

Abends fragte Gertrud den Vogt: »Habt Ihr auch schon einen Mann für Hadwig im Auge?«

»Ja«, sagte Ursmar. »Morgen reisen wir zum Bischof. Dort wird sich alles klären.«

Darüber war Gertrud sehr froh.

Am nächsten Tag ließen sie ihre Pferde satteln und ritten mit einigen Knechten nach Bamberg. Der Bischof empfing sie mit ernstem Gesicht. Als Gertrud seinen Ring küßte, sagte er zu ihr: »Ihr müßt nun stark sein, meine Tochter.«

Besorgt wandte sie sich nach ihrem Mann um. Sie sah eben noch, wie Ursmar Hadwig aus dem Raum führte und die Tür hinter sich schloß.

»Laßt uns beten«, sagte der Bischof und sprach die Verse Jeremia 3,47.48: »Wir werden gedrückt und geplagt mit Schrecken und Angst. Meine Augen rinnen mit Wasserbächen über dem Jammer der Tochter meines Volkes.«

»Amen«, flüsterte Gertrud.

»Nun hört mir einmal zu«, begann der Bischof und nahm ihre Hand. »Was ich Euch jetzt mitteilen muß, sage ich nicht etwa, um Eurem Mann einen Gefallen zu tun, sondern weil mich Euer Schicksal dauert, und ich alles versuchen will, Euren Schmerz zu lindern.«

»Schicksal?« fragte Gertrud atemlos. »Schmerz?«

»Vielen edlen Frauen ist es schon ergangen wie Euch«, fuhr der Bischof mit leiser Stimme fort, »selbst Kaiserinnen und Königinnen waren nicht dagegen gefeit, die Liebe ihrer Männer zu verlieren.«

Gertrud hörte ihm wie betäubt zu.

»In Eurem Fall geht es jedoch nicht um Liebe, sondern um das Recht Eures Mannes auf Nachkommenschaft«, fuhr der Bischof fort. »Zwei Eurer Söhne sind tot. Heinrich hat sich mit Eurem Mann überworfen und wird niemals Herr von Rabeneck sein. Die Burg braucht aber einen Erben – und Ihr seid nun zu alt, noch einmal Kinder zu gebären.«

Gertrud gab keine Antwort; sie saß wie versteinert.

»Letzte Woche erschien Euer Gatte bei mir und bat mich um die Scheidung«, fuhr der Bischof fort. »Er hat sich für Eure Schwester entschieden. Sie wird künftig Herrin auf Rabeneck sein.«

»Hadwig«, flüsterte Gertrud.

»Sie ist jung genug, Eurem Mann viele Söhne zu schenken«, sagte der Bischof. »Es ist ungerecht, aber was können wir tun? Euer Gatte ist ein gefährlicher Mann, der sich nicht von seinen Entschlüssen abbringen läßt. Hätte ich seinem Wunsch nicht entsprochen, wer weiß, was Euch dann widerfahren wäre!«

Er sah Gertrud forschend an. Sie gab keine Antwort; ihr Blick war leer.

»Ich habe mich deshalb bereit erklärt, Euch in eines unserer Klöster aufzunehmen, wo ich Euch ein Leben ohne Leid und Lasten ermöglichen werde«, schloß der Bischof.

»Ich werde versuchen, Euer Unglück mit Euch zu tragen.«

»Und ich war es, der Ursmar bat, Hadwig einen Mann zu finden...«, murmelte Gertrud.

Der Bischof brachte sie in eine erst kurz zuvor gegründete Abtei bei Lichtenfels, die Gertrud nie wieder verließ.

Ursmar heiratete Hadwig und lud die Herren aller benachbarten Burgen zum Fest.

»Ich fürchte mich«, gestand Herdis. »Er ist wohl zu allem fähig!«

»Gefährlich ist es erst, wenn man ihm zeigt, daß man Angst hat«, erwiderte Irmin.

Ursmar und Hadwig ließen ihre Gäste Rabenecks ganzen Reichtum sehen. Spielleute und Gaukler sorgten für Unterhaltung. Von Gertrud sprach niemand.

Auch Herzog Ott VIII. von Andechs-Meranien und Herzogin Agnes waren zur Hochzeit gekommen. Ihr Neffe Berthold von Istrien begleitete sie. Er war ein hübscher, lebhafter junger Mann und fand Gefallen an Ursmars Tochter Roswitha. Den ganzen Tag blieb er in ihrer Nähe. Der Vogt beobachtete das Paar wohlgefällig.

Roswitha trug das rotblonde Haar in züchtigen Zöpfen; sie war äußerst fromm und litt sehr unter der Trennung von ihrer Mutter.

In den folgenden Wochen kam Berthold von Istrien häufig nach Rabeneck. Er lud Roswitha zur Falkenbeize ein und versuchte auf jede erdenkliche Weise, sie aufzuheitern. Roswitha wurde aber nur immer trauriger.

Eines Tages sagte sie zu ihm: »Es tut mir leid, daß ich Eure Mühe und Aufmerksamkeit so schlecht lohne. Mein Leben ist mir nun einmal nicht zum Lachen und Fröhlichsein geschenkt.«

Berthold kniete vor ihr nieder. »So werdet meine Frau«, bat er, »damit ich das ändern kann.«

Roswitha sah ihn ernst an. »Das ist unmöglich«, antwortete sie leise. »Der Vater...«

»Fürchtet Ihr Euch vor ihm?« rief der junge Mann heftig und griff nach ihrer Hand. »Wenn er nicht zustimmt, hole ich Euch mit Gewalt!«

»Ich meine den, der aller Menschen Vater ist«, sagte Roswitha sanft.

»Als meine Mutter ins Kloster ging, gelobte ich, gleichfalls den Schleier zu nehmen.«

»Tut das nicht!« rief Berthold erschrocken. »Ihr macht einen Menschen unglücklich, der Euch liebt!«

Sie entzog ihm ihre Hand. »Es tut mir von Herzen leid«, sagte sie, »aber ich habe Euch nicht ermuntert. Ihr werdet eine andere finden.«

»So leicht gebe ich nicht auf«, erwiderte Berthold entschlossen.

Sie seufzte. »Ihr macht es mir nicht leichter«, klagte sie.

»Ich werde nicht ruhen, bis ich Euch von Eurem Entschluß abgebracht habe«, rief er und zog sie an sich. Sie stieß ihn heftig zurück.

Schweratmend stand er vor ihr. »Verzeiht mir«, murmelte er. »Es soll nicht wieder geschehen.«

Sie ritten nach Rabeneck. Dann eilte Berthold nach Istrien. Einige Wochen später suchte er Ursmar auf und sagte zu ihm: »Ich will Eure Tochter heiraten. Mein Vater ist einverstanden.«

»Ich bin es auch«, rief der Vogt erfreut. »Wann soll die Hochzeit sein?«

»So bald wie möglich«, meinte der junge Markgraf. »Es ist aber...«

Ursmar sah ihn forschend an.

»Es scheint, daß Eure Tochter ein Gelübde abgelegt hat«, brachte Berthold mit Mühe heraus.

Der Mund des Vogts wurde schmal. »Ich weiß«, erwiderte er. Dann verzog er die dünnen Lippen unter dem schwarzen Bart zu einem Lächeln. »Das ist nur törichtes Jungmädchengerede«, fügte er hinzu.

»Ich weiß nicht recht«, murmelte Berthold. »Es schien ihr ziemlich ernst zu sein.«

»Ich werde ihr die frommen Flausen schon austreiben«, schnaubte der Vogt.

»Tut, was Ihr für richtig haltet«, sagte Berthold schnell und ritt aus der Burg.

Ursmar ließ seine Tochter rufen. Als sie vor ihm stand, schrie er sie an: »Markgräfin könntest du werden und willst lieber eine Betschwester sein? Bist du von Sinnen?«

»Ich habe es nun einmal gelobt, Vater«, antwortete das Mädchen.

Ursmar schlug ihr ins Gesicht. »Du wirst gehorchen!« brüllte er.

»Ich gehorche nur dem Herrn«, sagte Roswitha fest. Blut lief aus ihrer Nase; in ihren Augen leuchtete Stolz.

Der Vogt prügelte mit beiden Fäusten auf sie ein, bis seine Tochter vor ihm auf dem Boden lag.

»Überlege es dir gut!« rief Ursmar keuchend. »Ich schlage dich tot!«

Roswitha wischte sich das Blut von den Lippen.

Ursmar packte sie und zog sie hoch. »Wasche dich!« befahl er. »Du wirst in deinem Zimmer bleiben, bis du tust, was ich dir sage, ob es Gott paßt oder nicht!«

»Ich diene dem Herrn allein«, erwiderte Roswitha fest. »Lieber sterbe ich, als daß ich mich einem Mann hingebe!«

»Du wirst Berthold die Beine breit machen, du verfluchtes Luder!« schrie Ursmar. »Und er wird dir Kinder machen! Lauter kleine Markgrafen! Denn dazu habe ich dich gezeugt!«

Hadwig kam in das Zimmer gelaufen. Als sie verstanden hatte, worum es ging, sagte sie zu ihrem Mann: »Wenn Ihr sie weiter so schlagt, wird sie dem jungen Mann bald nicht mehr reizvoll erscheinen.«

»Du hast recht«, knurrte Ursmar und ließ die Hand sinken.

Hadwig führte das Mädchen in sein Zimmer und sagte: »Glaubst du wirklich, daß du deinem Vater auf Dauer trotzen kannst? Du wirst durch deine Unvernunft nur ins Unglück geraten. Mit jedem neuen Schwur erschwerst du dir den Rückweg aus deiner Verirrung. Berthold ist ein schöner und edler Jüngling, um den dich alle beneiden werden. Und fromm ist er auch!«

»Ihr versteht mich nicht«, sagte Roswitha. »Es geht nicht um Berthold, sondern um mein Gelübde und meine Liebe zu Gott dem Herrn.«

»Närrin!« rief Hadwig. »Aber wir werden deinen Trotz schon brechen.«

Sie befahl ihren Mägden, Roswitha an eine Säule zu binden, riß ihr das Kleid vom Rücken und schlug mit einer Peitsche so heftig auf ihre Stieftochter ein, daß Blut auf den Boden spritzte.

In den folgenden Wochen versuchten Ursmar und Hadwig auf jede erdenkliche Weise, Roswithas Widerstand zu brechen. Sie verwehrten ihr den Zugang zur Kapelle und ließen sie auch nicht mehr zum Burgkaplan. Statt dessen mußte sie jeden Abend mit ihren Eltern an üppig gedeckter Tafel sitzen, Wein trinken und Minneliedern fahrender Sänger zuhören; dadurch wollte Ursmar in seiner Tochter Gefallen an den Vergnügungen der Welt wecken.

Im Frühwinter kehrte Berthold zurück und fragte den Vogt: »Nun, wie steht es? Will Eure Tochter mich endlich erhören? Es gibt noch andere junge Damen.«

»Aber Roswitha ist die schönste«, antwortete Ursmar.

»Ihr habt recht«, gestand der junge Markgraf. »Seit ich fortritt, konnte ich keine Nacht ruhig schlafen.«

»Bald werdet Ihr erlöst«, versprach der Vogt. »Ihr müßt aber auch etwas dazu beitragen.«

»Es soll ihr an nichts fehlen«, versicherte Berthold, »und auch für Euch...«

»Das meine ich nicht«, wehrte der Vogt ab. »Das können wir alles im Ehevertrag unterbringen. Aber es ist so: sie ist im Innersten zur Ehe bereit, nur weiß sie es noch nicht. Ihr Kopf ist von der Frömmelei noch ganz verwirrt.«

»Was kann man dagegen tun?« wollte der junge Markgraf wissen.

Ursmar beugte sich vor. »Besondere Schwierigkeiten erfordern besondere Maßnahmen«, sagte er. »Heute abend will ich dafür sorgen, daß sie mehr Wein als gewöhnlich trinkt. In der Nacht schleicht Ihr in ihre Kammer und legt Euch zu ihr! Wenn sie am Morgen in Euren Armen erwacht, kann sie nicht mehr anders, als Eure Frau zu werden.«

Berthold fuhr ein wenig zurück. »Es darf aber nichts darüber bekannt werden«, murmelte er.

»Wer sollte davon erzählen?« lachte der Vogt.

Am Abend tafelten sie. Berthold bemühte sich sehr um Roswitha, aber sie lächelte ihn nur freudlos an und schien mit ihren Gedanken weit fort.

Ursmar zwang seine Tochter, viel Wein zu trinken; wenn sie ihren Becher geleert hatte, schenkte er ihr gleich wieder ein. Als Roswitha ihm genügend betrunken erschien, befahl er den Frauen: »Geht nun zu Bett!«

Hadwig brachte ihre Stieftochter in die Kammer. Roswitha schwankte und konnte sich kaum auf den Beinen halten. Ihre Stiefmutter entkleidete sie und legte sie nackt auf das Lager. Dann schlüpfte sie eilig hinaus.

Ursmar ließ Berthold inzwischen den Ehevertrag unterzeichnen. Dann nahm er eine Leuchte und führte den jungen Markgrafen in die Frauengemächer. Vor der Tür seiner Tochter schlug er ihm auf die Schulter. »Nehmt Euch nur, was Euer sein soll«, sagte er.

Berthold öffnete leise die Tür und verschwand.

Ursmar ging zu seiner Frau. Einige Zeit später hörten sie einen hellen Schrei, dem lautes Weinen folgte.

»Wir haben einen Schwiegersohn«, sagte Ursmar.

»Und ich werde bald mit einem Großvater verheiratet sein«, neckte Hadwig.

»Es soll dir auch dann nichts fehlen«, lachte Ursmar und zog sie an sich.

Am Morgen warteten sie auf die jungen Leute. Aber nur Berthold erschien.

»In zwei Wochen wollen wir Hochzeit feiern«, schlug Ursmar vor.

»Das ist spät genug«, lächelte der junge Markgraf. »Wo ist Roswitha?«

»Ist sie denn nicht noch in ihrer Kammer?« wunderte sich Hadwig.

Der junge Markgraf schüttelte den Kopf. »Als ich erwachte, war ich allein«, sagte er.

Ursmar sprang auf und lief zum Tor.

»Sie ist ausgeritten, Herr«, meldete der Wächter.

Ursmar rief Berthold in den Burghof. »Bringt Eure Waffen mit!« schrie er.

Sie wappneten sich und ritten nach Drachenstein. Graf Irmin wartete auf der Tormauer.

»Gebt meine Tochter heraus!« rief der Vogt hinauf. »Ich weiß, daß sie bei Euch ist.«

»Sie floh vor Eurer Gewalttätigkeit«, antwortete Irmin voller Verachtung. »Der Bischof soll nun entscheiden, ob sie Euch nach einem solchen Verbrechen noch immer Gehorsam schuldet!«

»Kommt heraus«, schrie der Vogt wie von Sinnen und zog sein Schwert.

Der junge Markgraf packte ihn am Arm. »Nein!« raunte er ihm zu. »Wenn dadurch nun alles offenbar wird!«

Ursmar riß sich heftig los. »Tut, was Ihr wollt!« herrschte er den jungen Markgrafen an. »Ich kehre nicht ohne meine Tochter heim!«

»Aber Ihr bringt Schande über Euer und mein Geschlecht«, sagte Berthold entsetzt. »Wir hätten nicht so weit gehen dürfen!«

»Jetzt wollt Ihr Euch wohl aus unserer Abmachung winden!« schrie der Vogt wutentbrannt.

»Laßt es gut sein, ich bitte Euch«, flehte der junge Markgraf. »Ich will Euch alle Güter, die ich Roswitha im Ehevertrag zugestand, auch ohne Hochzeit überlassen.«

Der Vogt sah ihn an, und seine Wut wich langsam der Überlegung.

»Wir wollen einen Schenkungsvertrag schließen«, sagte er. »Dann mögt Ihr tun und lassen, was Euch beliebt!«

Sie kehrten nun nach Rabeneck zurück und hielten fest, was sie vereinbart hatten.

Berthold ritt nach Süden zu seinem Vater. Als er gestand, was geschehen war, machte der Markgraf ihm schwere Vorwürfe. Er drohte sogar, ihn zu enterben, wenn er versuchte, Roswitha noch einmal zu sehen, und befahl ihm, für drei Jahre in Istrien zu bleiben.

Die Schenkung focht er jedoch nicht an, denn er wollte jedes Aufsehen vermeiden.

»Wir haben eine Tochter verloren«, sagte Hadwig tröstend zu ihrem Mann, »aber Ihr seid nun mächtiger und reicher als zuvor.«

»Jedenfalls ist es so besser, als wenn sie gleich ins Kloster gegangen wäre«, brummte der Vogt. »Aber diese verfluchten Drachensteiner werden es noch bereuen, daß sie mich gehindert haben, sie wie eine Hündin zu erschlagen!«

Roswitha blieb auf Burg Drachenstein. Im Herbst des folgenden Jahres brachte sie dort eine Tochter zur Welt und nannte sie Maria.

Als Irmins Sohn Irion sechzehn Jahre alt war, verheiratete ihn sein Vater mit einer Tochter des Grafen von Henneberg aus dem Grabfeldgau, die schon seit dem elften Jahrhundert viel Macht im nördlichen Franken und nach Thüringen hin gesammelt hatten. Das Mädchen hieß Margareta.

Die Andechs-Meranier hatten in ihrer bayerischen Heimat zuletzt immer mehr Land an die Wittelsbacher verloren. Auch in Franken mißlang ihnen die weitere Festigung ihrer Macht, denn seit dem Verrat an den Staufern folgte den Herzögen das Glück nicht mehr so wie einst.

Auch die Staufer selbst fochten in diesen Jahren ihre letzten Kämpfe aus: Kaiser Friedrich II. konnte zwar den Bund der norditalienischen Städte bei Cortenuova besiegen und seinen unehelichen Sohn Enzio zum König von Sardinien machen, doch Papst Gregor IX. schleuderte darauf einen Bannfluch gegen den Herrscher. Kaiser und Kirchenfürst nannten einander fortan ›Bestie‹ und ›Drache‹, und jeder bezichtigte den anderen, nicht von Gott, sondern vom Teufel eingesetzt worden zu sein. Der Papst versuchte die deutschen Fürsten zur Wahl eines Gegenkönigs zu bewegen und stachelte die sizilianischen Großen zur Empörung auf – wie seine Vorgänger auf dem Stuhl Petri war er um keinen Preis bereit, die Umzingelung seines Kirchenstaats durch ein deutsches Nord- und ein deutsches Süditalien hinzunehmen. Friedrich besetzte das Patrimonium Petri mit Ausnahme Roms, und Gregor starb, doch der neue Papst Innozenz IV. hielt den Bann aufrecht, floh nach Lyon, erklärte dort in einem Konzil den Kaiser für abgesetzt und befahl den Deutschen, einen neuen König zu wählen.

Friedrich wehrte sich mit Briefen an die Monarchen Europas, in denen er seine Politik als Kampf um die Befreiung weltlicher Macht von kirchlicher Hierarchie verteidigte. Wirkungsvoller jedoch waren die Scharen von Bettelmönchen, die nun im Auftrag des Papstes durch das Reich zogen und überall den Abfall vom Kaiser predigten. Schließlich stiftete die Kurie sogar einen Giftmordanschlag an, dem Friedrich nur knapp entging.

Der Staufer rächte sich grausam an allen Feinden, die ihm in die Hände fielen. Die Fürsten aber folgten dem Aufruf des Papstes und riefen erst den thüringischen Landgrafen Heinrich Raspe und nach dessen Tod den lothringischen Grafen Wilhelm von Holland zu Gegenkönigen aus. Die neugewählten Herrscher wurden im Volk als Pfaffenkönige verspottet, und ihre Macht blieb zunächst auf ihre Stammlande beschränkt.

Im Februar 1249 entging der Kaiser nur knapp einem zweiten Mordversuch – diesmal war sein Leibarzt der Schuldige.

Wieder führten die Spuren ins päpstliche Exil zu Lyon. Ein Jahr später fiel Enzio in die Hände der Bologneser, die ihn bis zu seinem Tod einkerkerten – fast dreiundzwanzig Jahre lang. Friedrich zog sich geschlagen, aber nicht gebrochen, nach Apulien zurück. Dort starb er im Dezember 1250. Sein Sarkophag wurde im Dom von Palermo aufgestellt.

Das Volk mochte den Tod des Kaisers so wenig glauben wie einst den Barbarossas. Noch dreißig Jahre später tauchten Männer auf, die sich für Friedrich, erwacht aus einem Zauberschlaf, ausgaben und viele Anhänger um sich scharten. Den Thron bestieg Friedrichs Sohn Konrad IV. Er zog gegen Heinrich Raspe, aber seine Verbündeten ließen ihn schmählich im Stich, und er verlor die Schlacht. Dennoch konnte der Staufer sich in Süddeutschland behaupten. Er zog sogar nach Italien, unterwarf die zum Papst abgefallenen Städte Apuliens und rüstete zum Sturm auf Rom. Doch im Mai 1254 starb er bei Melfi an der Malaria. Sein Sarg wurde auf dem Transport nach Palermo in Messina durch ein Feuer vernichtet.

In Deutschland herrschten nun die Schrecken der kaiserlosen Zeit.

28

Wer küßt der Rache grausen Mund?

Fürsten, Bischöfe und Städte kämpften nun gegeneinander um Land und Macht, und statt der alten Ordnung herrschte das Recht des Stärkeren. Die Burgen der Staufer gingen nach und nach verloren, entweder schlossen sich ihre Herren den Gegenkönigen an, oder sie wurden besiegt und mußten ihre Mauern schleifen.

Graf Irmin von Drachenstein ritt oft zum Herzog nach Kulmbach, um sich mit ihm und dem Grafen von Henneberg zu beraten. Aber der staufertreue Hochadel wußte keinen anderen Ausweg, als mit den Feinden zu verhandeln. Irmin war damit nicht einverstanden und sagte: »Es wäre schlechte Treue, würden wir jetzt die Wohltaten vergessen, die uns die Staufer in besseren Tagen erwiesen!«

Der Graf von Henneberg antwortete: »Sie haben sich ihr Unglück selbst zuzuschreiben. Deutschland ist das Herz des Reichs, aber die Staufer lebten ja lieber im Welschland, wo die Treuen so rar sind wie schwimmende Steine, die Heimtückischen aber so häufig wie Weiberworte auf einem Markt!«

»Dann dürfen wir uns erst recht nicht so verhalten wie die verräterischen Lombarden«, fuhr Irmin auf.

Der Herzog von Andechs-Meranien legte ihm schwer die Hand auf die Schulter. »Es ist vorbei«, sagte er leise. »Die Staufer rettet nichts mehr – retten wir nun das Reich!«

»Schon einmal schien es, als seien die Staufer verloren«, entgegnete Irmin heftig, »dann aber kehrten sie wieder, mächtiger als zuvor. Habt Ihr das etwa vergessen?«

»Nein«, sagte der alte Herzog, »die Knie tun mir noch heute

weh, auf denen ich damals als kleines Kind neben meinem Vater vor Kaiser Friedrich herumrutschen mußte.«

Im Jahr darauf starb der Herzog von Andechs-Meranien; er war der letzte seines Geschlechts, und um sein Erbe geriet halb Europa in Streit. Da nun kein Kaiser angerufen werden konnte, dauerte es viele Jahre, bis alle seine Länder verteilt waren. Die besten Stücke sicherten sich die Bischöfe von Bamberg, die Grafen von Henneberg, die Grafen von Orlamünde in Thüringen und der Burggraf Friedrich von Nürnberg aus dem Hause Zollern.

Die Andechs-Meranier waren das zweite der drei europäischen Fürstengeschlechter, die in dieser Zeit erlöschen. Zwei Jahre zuvor waren die Babenberger in Österreich ausgestorben, zwanzig Jahre später starb der letzte Staufer. Sein Tod besiegelte das Ende einer Dynastie, die wie die Sachsen und Salier ein Jahrhundert lang über das Reich geherrscht und es dabei zu seiner höchsten Macht und Pracht geführt hatte.

Der Graf von Henneberg nahm insgeheim Verhandlungen mit König Wilhelm von Holland auf. Heinrich von Rabeneck trat in die Dienste des Grafen. Hadwig von Rabeneck schenkte dem Vogt zwei Söhne; sie wurden Ludwig und Ludger genannt.

Irmin zog sich auf den Drachenstein zurück und bereitete seine Burg auf die Belagerung vor.

Irions Frau Margareta brachte im Frühjahr einen gesunden Jungen zur Welt. Der Vater ließ den Knaben auf den Namen Karl taufen, zur Erinnerung an den großen Ahnherrn seines Geschlechts.

»Das war nicht klug«, tadelte ihn sein Vater. »Es wird uns Neid und Mißgunst eintragen, wenn wir mit unserer hohen Abstammung prahlen. Haben wir nicht schon Feinde genug?«

»Und wenn die ganze Welt gegen uns wäre«, antwortete sein Sohn, »wäre ich doch stolz auf meine Ahnen, und nichts brächte mich dazu, sie zu verleugnen.«

»Davon ist gar keine Rede«, versetzte sein Vater ärgerlich. »Man muß sein Schicksal aber nicht herausfordern!«

»Die Staufer werden zurückkommen«, sagte sein Sohn, »und dann werden wir vielleicht sogar Herzöge sein! Hat uns nicht einst sogar ein König geweissagt, damals in Forchheim, daß unser Geschlecht zu Großem berufen ist?«

Ein Jahr später brachte Margareta wieder einen Sohn zur Welt; er wurde aber tot geboren. Darüber war Irion sehr bestürzt.

»Du wirst noch mehr Kinder haben«, tröstete ihn sein Vater.

Wieder ein Jahr darauf kam Margareta zum dritten Mal nieder; wieder war es eine Totgeburt.

»Es ist die Fee!« rief Irion. »Der Fluch der Sieben!«

»Du bist ja von Sinnen«, sagte sein Vater. »Das ist doch nur ein Märchen.«

»Es ist wahr!«, sagte sein Sohn aufgeregt. »War es nicht auch bei Helfring und seiner Frau Anna so?«

»Du redest irre«, rief Irmin. »Tote Kinder werden überall und immer wieder geboren. Selbst deine Mutter...«

»Auch Ortwin glaubte der Sage nicht und schlug die Hebamme als Hexe tot«, sagte Irion, »aber sie hatte die Wahrheit gesagt.«

»Es kann unmöglich sein«, entgegnete Irmin. »Selbst wenn die alte Geschichte mit dem Hexenzauber stimmt – wir sind erst sechs: dein Großvater Irmund, deine Mutter, ich, deine Frau, dein Sohn Karl und du selbst.«

Irin sah ihn an. »Und Iring«, fügte er hinzu.

»Iring?« fragte Irmin verblüfft. Müde fuhr er sich durch das schon ergrauende Haar. »Mein Gott, an den habe ich gar nicht gedacht. Er ist doch schon seit über dreißig Jahren verschollen! Wie willst du wissen, daß er noch lebt?«

»Jetzt wissen wir es«, sagte Irion überzeugt.

»Ausgeschlossen«, murmelte Irmin. »Ich habe im Lauf der Jahre wenigstens tausend Pilger nach ihm gefragt, und nicht ein einziger wußte etwas von ihm. Nein, Irion, dein Onkel ist längst tot. Gott sei seiner Seele gnädig.«

»Ich glaube trotzdem, daß er noch lebt«, erwiderte Irion, »und eines Tages zurückkehren wird.«

Herdis schüttelte traurig den Kopf.

»Ich würde es wünschen«, sagte Irmin leise, »denn er führte die beste Klinge weit und breit und wäre uns jetzt eine große Hilfe. Aber ich kann es nicht glauben. Und noch viel weniger glaube ich an diese alten Geschichten von Flüchen und Feen! Eher meine ich, daß deine Frau zu schwach ist, um jedes Jahr zu empfangen. Du solltest ihr ein wenig Erholung gönnen.«

Ein paar Wochen später ging Margareta wieder mit einem Kind.

Nun machte Irmin seinem Sohn schwere Vorwürfe. »Du bringst sie noch um!« sagte er zu ihm.

»Schuldigen Respekt, lieber Vater«, antwortete sein Sohn, »aber meine Ehe ist meine Sache.«

Darüber war Irmin sehr ärgerlich.

Irion ritt nach diesem Streit oft zum Tjostieren. Irmin und Herdis kümmerten sich um ihre Schwiegertochter und pflegten sie, so gut sie konnten. Doch im Februar brachte Margareta wieder ein totes Kind zur Welt, und diesmal war die Geburt so schwer, daß sie starb.

Irion kehrte erst einige Tage später von einem Turnier in Nürnberg zurück.

»Deine Frau ist tot«, sagte sein Vater zu ihm, »und das ist deine Schuld!«

Irion wurde bleich. Dann erwiderte er: »Es war der Wille des Herrn.«

»Laß Gott aus dem Spiel!« rief sein Vater zornig. »Konntest du dich nicht wenigstens ein paar Monate lang zurückhalten?«

»Was geht Euch das an?« rief Irion wütend. »Wer weiß, vielleicht wäre Margareta noch am Leben, wenn Ihr sie besser gepflegt hättet!«

Irmin verlor die Beherrschung. »Aus meinen Augen«, schrie er. »Laß dich hier nie wieder sehen!«

Irion holte seinen Sohn, setzte ihn hinter sich in den Sattel und ritt aus der Burg. Nach einer Stunde hielt er auf einem Berg an, setzte sich auf einen Baumstumpf und trank einen Schluck Wein.

»Verflucht!« sagte er und blickte über die Wipfel zum Drachenstein. »Du sollst mich nicht kleinkriegen!«

Schneeflocken wirbelten herab. Es war sehr kalt.

Der kleine Karl sah mit großen Augen auf seinen Vater.

»Nimm auch einen Schluck!« sagte Irion und hielt ihm den Becher an den Mund.

Der Junge schluckte gehorsam. Der Wein rann über sein kleines Kinn.

Irion holte eine neue Flasche. »Es hat keinen Sinn mehr, weiterzureiten«, brummte er. »Wir werden hier übernachten.« Er lud Decken vom Pferd und zündete ein Feuer an.

»Hast du Hunger?« fragte er seinen Sohn.

»Nein, Vater«, antwortete der Kleine.

»Bist ein tapferer kleiner Kerl«, lobte Irion. Wieder trank er in mächtigen Zügen und reichte den Becher an seinen Sohn weiter.

»Ist eigentlich nicht zu verstehen, warum ich noch acht Jahre warten soll, bis ich dir die Wimpern mit Tau wasche«, fügte er hinzu.

Der Junge sagte nichts. Irion füllte den Becher aufs neue und streckte sich wohlig aus. Er fühlte, wie ihm Trunkenheit in Kopf und Glieder stieg.

»Hol noch ein bißchen Holz!« befahl er seinem Sohn. »Es wird bald dunkel!«

Der Junge gehorchte. Sein Vater goß sich noch mehr Wein in die durstige Kehle. Die Nacht sank herab.

Sie hüllten sich in Decken. »Trink noch einen Schluck«, sagte Irion.

»Ich will nicht mehr, Vater«, sagte der Kleine.

»Was soll das heißen!« fuhr Irion auf. »Trinke, sage ich!«

Der Junge schloß die Augen und schluckte, bis der Becher leer war.

»Wenn das Feuer heruntergebrannt ist, holst du neues Holz!« befahl Irion, wickelte sich in die Decken und fing an zu schnarchen.

Als er erwachte, stand schon die Sonne am Himmel. Eine Fußspitze stieß gegen seine Rippen. Er schälte sich aus den verschneiten Decken und starrte verblüfft auf seinen Vater.

»Was treibst du denn hier?« fragte Irmin. »Los, komm mit in die Burg. Wir wollen uns wieder vertragen.«

»So leicht geht das nicht«, erwiderte Irion trotzig. »Wie habt Ihr mich denn überhaupt gefunden?«

»Ich sah das Feuer gestern abend«, erklärte sein Vater. »Dachte mir gleich, daß du das bist. Wo hast du denn den Jungen untergebracht?«

Irion blickte sich suchend um. »Wo steckt der Kerl?« wunderte er sich.

»Wieso?« fragte Irmin. »Hast du das Kind etwa hier draußen übernachten lassen?«

»Was dachtet Ihr denn?« versetzte sein Sohn. »Er ist doch nicht aus Spinnweben! In der alten Zeit...«

»Irion!« unterbrach ihn sein Vater. »Es ist Winter, und der Schnee liegt drei Fuß hoch!«

»Das muß alles letzte Nacht heruntergekommen sein«, murmelte Irion.

Irmin sah ihn sonderbar an. »Du hast ja getrunken!« sagte er.

»Und wenn?« fuhr Irion auf. »Brauchte ich Eure Erlaubnis dazu?«

Irmin packte ihn am Wams. »Seit wann ist Karl fort?« wollte er wissen.

Irion riß sich mit einem Ruck los. »Er wollte Holz holen«, murrte er.

»Wann?« schrie ihn sein Vater an. »Siehst du vielleicht irgendeine Spur?«

Sie stapften durch den Schnee. Je länger sie suchten, desto größer wurde Irmins Erregung. »Wenn dem Jungen etwas zugestoßen ist«, sagte er zu seinem Sohn, »dann gnade dir Gott!«

Am Rand einer Lichtung entdeckten sie einen kleinen Hügel. Ein paar dürre Äste ragten hervor.

»Karl!« schrie Irmin und lief zu der Stelle.

Irion blieb hinter ihm stehen und schaute von Furcht erfüllt zu, wie sein Vater mit beiden Händen im Schnee wühlte. Einige Herzschläge später blickten sie in das Gesicht des erfrorenen Jungen. Eis lag auf Karls Wimpern. In seinen kleinen Händen hielt er noch immer das Holz, das er gesammelt hatte.

»Karl!« schrie Irmin.

Eine Krähe ließ sich krächzend auf einem kahlen Baumwipfel nieder.

Irmin stand auf und zog sein Schwert. Irion drehte sich um und floh. Sein Vater eilte hinter ihm her. »Bleib stehen!« rief er.

Irion lief, so schnell er konnte, zu seinem Pferd, schwang sich auf und ritt davon.

»Bleib stehen, du Hund!« schrie sein Vater.

Irion hetzte sein Pferd, als seien tausend Teufel hinter ihm her. Mit schaumbedecktem Maul hielt es vor Burg Rabeneck. Sein Reiter sprang herab und eilte durch das Tor, Ursmar in die Arme. »Das Tor zu!« befahl der Vogt. Dann sah er Irion an. »Was treibt dich denn hierher?« herrschte er ihn an. »Welcher Satan verfolgt dich?«

»Mein Vater«, keuchte Irion. »Beschützt mich vor ihm, ich bitte Euch!« Erschöpft sank er auf die Knie.

Der Vogt blickte verächtlich auf ihn herab. »Treibt Euer Stolz Euch nun endlich auch gegeneinander?« fragte er. »Es ist lange her, daß einer vom Drachenstein einen von Rabeneck um Hilfe bat.«

Irion faßte ihn flehend am Saum. »Wenn Ihr mich in Euren Schutz nehmt«, rief er zitternd, »will ich Euch dienen. Das schwöre ich!«

»Gut«, sagte der Vogt nach einer Weile. »Macht Euch ins Haus! Wir werden nachher weiterreden.«

Kurze Zeit später ritt Irmin vor die Burg. In seinen Armen hielt er den erfrorenen Jungen.

»Irion ist bei mir«, rief Ursmar zu ihm herab. »Und hier bleibt er. Er hat mir Gefolgschaft geschworen.«

»Dann macht Ihr Euch mitschuldig an seinem Verbrechen!« rief Irmin zornig.

»Gebt meine Tochter heraus«, antwortete Ursmar. »Dann könnt Ihr Euren Sohn wiederhaben.«

»Das wird nicht geschehen«, antwortete Irmin. »Gott wird Euch dafür strafen, daß Ihr meiner Gerechtigkeit in den Arm gefallen seid.«

Er drehte sein Pferd und ritt nach Drachenstein zurück.

»So geht es also nun mit unserem Geschlecht zu Ende«, murmelte der blinde Irmund, als er von dem Unglück erfuhr.

Alle trauerten viele Tage lang um den kleinen Jungen. Dann ritt Irmin nach Coburg und sagte zum Grafen von Henneberg: »Ich habe Irion enterbt. Wenn Ihr mir helft, mich an ihm zu rächen, soll der Drachenstein nach meinem Tod Euch oder Eurem Nachfolger gehören.«

Sie ritten zum Bischof, um vor ihm einen Vertrag über ihr Vorhaben zu schließen. Dort aber erfuhren sie von König Konrads Tod im fernen Italien.

»Nun muß Eure Rache warten«, sagte der Graf darauf, »denn ich brauche jeden Ritter, um meine Länder zu schützen. Die Sache soll aber nicht vergessen werden.«

»Sie wird so oder so jetzt entschieden«, antwortete Irmin finster, »denn wenn die Staufer am Ende sind, wird der Vogt nicht zögern, zu tun, wonach ihn schon lange gelüstet, und unsere Burg in Schutt und Asche legen.«

Als Ursmar die Nachricht vom Tod des Königs erhielt, ließ er Irion kommen und sagte: »Jetzt ist es endlich vorbei mit diesem staufischen Ketzergesindel! Wenn Ihr wollt, will ich für Euch den Drachenstein stürmen und Euch wieder in Eure Rechte einsetzen. Ihr sollt dann dort als mein Lehnsmann herrschen.«

Irion senkte den Kopf. »Ich bin damit einverstanden«, antwortete er.

Der Vogt schickte nach Sachsen und warb eine starke Schar an. Dann zog er vor den Drachenstein und begann, die Burg zu belagern.

Irmin sandte einen Boten nach Coburg, aber der Graf von Henneberg ließ ihm ausrichten, daß er zur Stunde nicht helfen könne.

So blieben Irmin und seine Männer allein.

Ursmar stellte sein Rabenbanner auf und ließ die Verteidiger einige Tage mit Pfeilen, Pflockbolzen, Steinen und Eisenstücken beschießen. Die Drachensteiner zahlten mit gleicher Münze zurück. Auf beiden Seiten wurden einige Männer getötet, andere verletzt.

Irmin trat auf die Zinne. Sein treuer Knecht Lamprecht deckte ihn mit seinem Schild.

»Ich fordere Euch zum Einzelkampf!« rief der Graf zu Ursmar hinab.

»Die Ehre verdient Ihr nicht«, antwortete der Vogt. »Ich komme nicht zu ritterlicher Fehde, sondern um ein Verbrechen zu bestrafen. Setzt Euren Sohn wieder in seine Rechte ein, dann können wir meinetwegen Lanzen stechen wie damals in Kulmbach!«

»Das wird nicht geschehen!« rief Irmin zornig.

Am sechsten Tag befahl Ursmar den ersten Sturmangriff. Die sächsischen Krieger rückten in mehreren Haufen mit Leitern, Stangen, Haken und Stricken gegen die Mauern vor. Als sie in Schußweite waren, begannen sie zu rennen. Hinter ihnen sandten Bogenschützen unaufhörlich Geschosse gegen die Verteidiger. Die Drachensteiner antworteten mit Steinen, eisengezackten Balken, heißem Wasser und siedendem Pech und schlugen den Angriff mit einiger Mühe ab.

Als die Sachsen ins Lager zurückkehrten, zeigte sich Irmin erneut auf den Zinnen. Wieder hielt Lamprecht ihm den Schild vor.

»Wenn es nur um das Erbe gehen soll, so will ich mit Irion im Einzelkampf darum fechten«, rief der Graf.

»Das wäre ja noch schöner!« lachte der Vogt, der sich seines Sieges nun sicher war. »Euer Sohn ist mein Gefolgsmann und somit der gleichen Gerechtigkeit verpflichtet wie ich!«

Seine Bogenschützen zielten nach Irmin, und der Graf von Drachenstein mußte in sichere Deckung weichen.

Am nächsten Tag ließ Ursmar Bäume fällen und daraus große Schilde bauen, unter denen die Angreifer bis an die Mauern vorrücken konnten. Da sah Irmin, daß er die Burg nicht mehr lange zu halten vermochte. Wieder trat er an die vorderste Wehrmauer. Lamprecht deckte ihn.

»Ich verlange ein Gottesgericht«, rief der Graf zu Ursmar hinab. »Wenn Ihr Einwände gegen meine Person habt, soll ein anderer Ritter an meiner Stelle fechten. Auch Ihr könnt so tun, wenn Ihr wollt.«

»Mit Rechtsbrechern verhandele ich nicht«, antwortete der Vogt. »Ergebt Euch und unterwerft Euch der Gnade meines Gerichts!« Er gab einem Bogenschützen ein verabredetes Zeichen. Der Sachse zielte gut. Obwohl Lamprecht schnell den Schild hob, fuhr der Pfeil dicht neben Irmins Hals in die Schulter. Blut quoll hervor.

»Mit Heimtücke sucht Ihr zu erreichen, was Ihr in ehrlichem Kampf nicht gewinnen könnt«, rief Irmin.

»Es war meine Schuld, Herr«, jammerte der Knappe.

Er führte den taumelnden Grafen in sein Gemach, zog den Pfeil aus der Wunde und legte einen Verband an. Irmin hatte viel Blut verloren und die Sinne schwanden ihm.

Irion war bleich geworden, als er seinen Vater verwundet sah. »Greift an!« rief er dem Vogt zu, »damit ein Ende ist!«

»Wozu die Eile?« fragte der Herr von Rabeneck höhnisch.

»Lassen wir den alten Keiler erst einmal ausbluten. Morgen wissen wir, wie schwer er verletzt ist. Dann wird er sich vielleicht ergeben.«

»Niemals«, murmelte Irion. »Vielleicht geht er an dem Pfeil auch zugrunde«, lachte der Vogt. »Dann bekommen wir die Burg ohne weiteren Kampf.« Er spie aus. »Der Drachenstein ist nicht so viel Sachsenblut wert, wie Ihr meint«, fügte er verächtlich hinzu.

Irion biß sich auf die Lippen, sagte aber nichts.

In der Nacht kam das Wundfieber, und Irmin litt große Schmerzen. Herdis pflegte ihn, so gut sie konnte.

»Wenn Irion morgen hier steht«, sagte der Graf, »sollst du ihn nicht um Gnade für mich bitten. Schwöre mir das!«

»Ich sterbe mit dir«, schluchzte Herdis.

»Nein«, sagte Irmin. »Du bist die Gräfin von Drachenstein! Solange du lebst, hat mein Wille noch einen Anwalt und Irion nicht gesiegt!«

Als Irmin am nächsten Morgen nicht auf der Mauer stand, wußte der Vogt, daß sein Feind nicht mehr kämpfen konnte. Er ließ sogleich die Hörner blasen. Die Sachsen legten Sturmleitern an. Der Knappe Lamprecht befehligte die letzten Verteidiger. Ursmar stieg als erster hinauf, gefolgt von Irion. Lamprecht stellte sich ihnen in den Weg. Er focht tapfer, doch Ursmar schlug ihn nieder und trat über ihn hinweg in die Burg.

»Irmin!« brüllte er in wildem Triumph.

Der Graf lag im Fieberschlaf auf seinem Lager. Herdis trocknete ihm die schweißnasse Stirn.

»Irmin!« schrie Ursmar wieder. »Wo habt Ihr Euch verkrochen?«

Hinter ihm drangen die Sachsen in die Burg und machten die letzten Überlebenden nieder.

Irmin schreckte auf. »Ist es soweit?« flüsterte er.

»Ja«, weinte Herdis und schlang die Arme um seinen Hals. Krachend flog die Tür auf. Mit erhobenem Schwert kam Ursmar auf sie zu. »Weg dort, Weib!« herrschte er Herdis an.

»Nein!« flehte Herdis. »Laßt ihn leben, ich bitte Euch!«

Ursmar stieß sie grob zur Seite. Verzweifelt klammerte sie sich an ihn.

»Laßt mich los!« knirschte der Vogt und schleuderte sie von sich. Im gleichen Moment fühlte er einen Griff von schrecklicher Gewalt an seinem Hals.

»So wund seid Ihr also doch nicht!« ächzte er und versuchte, mit seinem Schwert zuzustoßen, aber Irmin hielt ihn mit eiserner Kraft fest. Blut strömte aus seiner aufgebrochenen Wunde.

Entsetzt starrte Herdis auf die beiden kämpfenden Männer.

»Ich bringe Euch um!« würgte Ursmar hervor und versuchte mit heftiger Anstrengung, sich zu befreien.

»Ihr sterbt vor mir!« keuchte Irmin und stieß seinen Feind gegen eine Mauer. Klirrend fiel das Schwert zu Boden.

Ursmar griff nun mit beiden Händen nach Irmins Armen, konnte sich aber trotzdem nicht lösen. Die Männer prallten gegen einen Schrank, dessen Türen krachend zerbrachen.

Ursmar tastete umher, um festen Halt zu finden. Plötzlich stieß seine Hand gegen etwas Hartes. Als er zupackte, fühlte er den Griff einer Waffe.

»Stirb!« ächzte er und stieß zu.

Herdis schrie und schlug die Hände vor die Augen. Ihr Mann taumelte rückwärts und stürzte schwer auf den Boden. Aus seiner Seite ragte der Panzerstecher.

Ursmar glotzte verblüfft auf die rostige Waffe. »Wie kommt der denn hierher?« fragte er den Toten. »Hast ihn du wohl eigens aufbewahrt für diesen großen Tag?«

Sein Atem ging rasselnd. Langsam schritt er zu Irmin und zog mit einem Ruck die Waffe aus dem Leichnam.

Als er sich nach Herdis umwandte, war sie verschwunden. »Dich kriege ich schon«, lachte er und suchte nach ihr. Als er durch eine Tür trat, traf ihn ein Stuhl und zersplitterte. »Irmund!« frohlockte er, als er den Alten erblickte, »nimm das für den Verrat an meinem Vater!« Er zielte sorgfältig und stieß dem Blinden den Stahl durch das rechte Auge. Dann eilte er zurück auf den Gang. Rauchschwaden drangen von unten herauf.

»Herdis!« rief Ursmar. »Kommt heraus, wenn Ihr nicht verbrennen wollt!«

Irion lief ihm entgegen. »Was tut Ihr?« keuchte er. »Es ist meine Burg, die Eure Leute plündern und in Brand stecken!«

»Ich habe Euch noch nicht damit belehnt!« lachte der Vogt und stieß ihn grob zur Seite.

»Aus dem Weg!«

Irion wollte etwas erwidern, aber der Vogt hob zornig den Panzerstecher. Da floh der Drachensteiner vor seinem neuen Herrn wie einstmals vor seinem Vater.

Im nächsten Gemach fand Ursmar seine Tochter. Sie hielt ihr Kind an sich gepreßt und betete laut.

»Deine Reue kommt zu spät!« sagte der Vogt.

Roswitha schüttelte den Kopf. »Ich bete für Euch, nicht für mich«, gab sie zur Antwort.

»Fahre zur Hölle!« schrie ihr Vater und stieß sie nieder.

Roswitha sank zu Boden; das Kind in ihren Armen schrie.

Der Vogt kümmerte sich nicht darum.

Danach fand Ursmar das Gemach der Gräfin und sah sich suchend um. »Wo seid Ihr?« fragte er.

Er bückte sich und spähte unter die Vorhänge.

Herdis hatte sich hinter dem dunklen Tuch mit beiden Händen an einen Nagel gehängt, der dort aus der Wand ragte.

»Ich weiß, daß Ihr hier irgendwo steckt«, sagte Ursmar.

Herdis fühlte, wie ihre Kräfte erlahmten. Mit letzter Willensanstrengung klammerte sie sich an den eisernen Stift.

Mit einem Ruck riß Ursmar den Vorhang zu Boden. Herdis stieß einen erschrockenen Schrei aus und fiel vor ihm nieder.

»Da seid Ihr ja!« sagte der Vogt.

Die Gräfin sah entsetzt zu ihm empor. »Tötet mich nicht!« schluchzte sie.

Der Vogt sah auf sie herab. »Ihr seid noch immer eine schöne Frau«, murmelte er.

»Laßt mich leben«, flüsterte Herdis mit zitternden Lippen. Der Vogt trat ganz nahe zu ihr. Weinend umfaßte sie seine Knie.

Ursmar sagte: »Nun seid Ihr mein.«

Seine blutige Hand fuhr hart in ihr helles Haar.

29

Ein Schiff aus fernem Land

Als sie genug geplündert hatten, verließen die Sieger die Burg und kehrten mit ihrer Beute nach Rabeneck heim. Dort dankte der Vogt den Verbündeten und schickte sie nach Sachsen zurück.

Danach ließ Ursmar die Toten begraben. Es wurden nicht alle gefunden, denn viele lagen unter den Trümmern des eingestürzten Palas und der anderen Teile der Burg.

Irion war sehr niedergeschlagen. Hadwig hatte Mitleid mit ihm und sagte zu ihrem Mann: »Seid doch nicht zu hart zu ihm! Hat er Euch nicht seine Treue bewiesen, als er an Eurer Seite gegen seinen Vater zog?«

»Ich wußte nicht, daß dein Herz so weich sein kann«, erwiderte Ursmar. »Aber da du mir oft nützliche Ratschläge gabst, will ich dir willfahren.«

Er befahl Irion zu sich und sagte: »Wir werden die Burg bald wieder aufbauen. Dann sollt Ihr dort der Herr sein.«

»Ich danke Euch«, sagte Irion traurig.

»Dankt nicht mir, sondern Eurer Herrin«, erwiderte Ursmar.

»Ich danke Euch, Herrin«, sagte der Drachensteiner gehorsam.

Ursmar schickte Boten zum Grafen nach Coburg und bot Verhandlungen über den Drachenstein und die gefangene Gräfin an. Der Graf von Henneberg lud ihn zu sich, und der Vogt machte sich auf den Weg.

»Laß Irion auf keinen Fall zu seiner Mutter!« befahl er seiner Frau, »sonst hecken sie am Ende etwas gegen uns aus.«

»Ich werde schon auf sie achtgeben«, versprach Hadwig.

Der Vogt ritt nach Coburg. Der Graf empfing ihn wie einen Gleichgestellten, und Ursmar genoß diese Behandlung sehr.

»Ihr wißt, daß Herr Irmin mit mir einen Vertrag schließen wollte, nach dem ich bei seinem Tod den Drachenstein erben sollte«, sagte der Graf.

»Aber nur, falls Ihr ihm geholfen hättet, Rabeneck zu erstürmen«, lachte der Vogt.

»Ich denke nicht, daß nun gerade Ihr auf dieser Bedingung besteht«, meinte der Graf mit erhobenen Brauen.

»Nein, denn das wäre zu unser beider Schaden«, antwortete Ursmar. »Für mein Teil war schon genug Krieg. Das Saaleland kann nun wieder ein wenig Frieden vertragen.«

»Irmin hat seinen Sohn, der jetzt Euer Gefolgsmann ist, vor Zeugen enterbt«, erinnerte der Graf. »Ihr habt also kein Recht, Irion mit dem Drachenstein zu belehnen.«

»Irmin hatte kein Recht, seinen Sohn zu enterben«, versetzte der Vogt. »Damit sind auch Eure Ansprüche hinfällig.«

»Darüber hätte wohl der Reichstag zu befinden«, meinte der Graf. »Ich sehe dieser Entscheidung gelassen entgegen.«

»Ich auch«, sagte der Herr von Rabeneck.

Der Graf sah ihn ein wenig ärgerlich an. »Wir wissen beide, daß ein Urteil in dieser Sache in nächster Zeit nicht zu erwarten ist«, murrte er, »Wir Fürsten haben im Augenblick andere Sorgen.«

»Wir Vögte auch«, lachte Ursmar.

»Ihr seid ein tüchtiger Mann, und der Bischof schätzt Euch sehr«, gab der Graf zu. »Doch wenn Ihr nun als Vogt eine zweite Burg besitzen wollt, wird man Euren Anspruch als vermessen empfinden.«

»Ihr habt zwanzig Burgen«, antwortete Ursmar.

»Es ist der Besitz eines Grafen«, sagte der Herr von Coburg.

»Dann helft mir, diesen Titel zu gewinnen«, erwiderte Ursmar. »Dafür will ich Euch dann den Drachenstein lassen. Es gibt noch mehr staufische Burgen zu brechen.«

»Es steht nicht in meiner Macht«, seufzte der Graf. »Gott weiß, daß ich es sonst täte. Schon allein, um die Gräfin freizubekommen.«

»Dann denkt Euch einen anderen Preis aus«, schlug der Vogt vor.

»Das werde ich tun«, versprach der Graf. »Seid solange mein Gast!«

»Mit Freuden«, antwortete der Vogt.

Ursmar blieb nun einige Wochen in Coburg und vergnügte sich bei den Lustbarkeiten, die der gräfliche Hof bot.

In Rabeneck mühte sich Hadwig indessen, Irion wieder aufzurichten. Sie lud ihn zum Schachspiel ein und unterhielt sich jeden Tag viele Stunden mit ihm.

»Ihr seid sehr gut zu mir«, sagte der junge Ritter dankbar, »ohne Euch wäre ich längst verzweifelt.«

»Warum?« fragte Hadwig. »Ihr habt gesiegt; bald ist auch der Preis Euer!«

»Dennoch muß ich mich hier wie ein Gefangener fühlen«, seufzte Irion.

»Was fehlt Euch?« fragte Hadwig erstaunt. »Könnt Ihr nicht tun, was Euch beliebt?«

Irion schüttelte heftig den Kopf. »Nein«, sagte er leise. »Nicht einmal meine Mutter darf ich besuchen.«

»Ja, das ist leider so«, gab Hadwig zu. »Der Vogt hat es streng verboten.«

»Er mißtraut mir«, klagte der junge Ritter.

»Nein«, widersprach Hadwig, »er ist nur vorsichtig.«

»Er muß es doch nicht erfahren«, drängte Irion.

Hadwig sah ihn nachdenklich an. Ein seltsamer Schimmer lag in ihren dunklen Augen. Dann schüttelte sie den Kopf.

Irion hörte auch an den nächsten Tagen nicht auf, sie immer wieder zu bitten.

Eine Woche später sagte Hadwig zu ihm: »Ich mache mir Sorgen um meinen Mann. Warum kehrt er nicht heim? Vielleicht wird er festgehalten! Seid so gut und reitet einmal nach Coburg. Ich halte es sonst nicht mehr aus.«

Irion nahm seine Waffen, ließ sein Pferd satteln und eilte durch den Nordwald zu der Grafenburg.

»Eure Gemahlin sehnt sich nach Euch«, sagte er zu Ursmar. »Ich soll Euch bitten, doch bald nach Hause zu kommen.«

»Ich habe hier noch zu tun«, antwortete der Vogt. »Sie wird sich gedulden müssen.«

»Ich werde es ihr ausrichten«, sagte Irion.

»Nein«, erwiderte der Vogt. »Ich schicke einen Boten.«

So tat er und blieb mit Irion auf der Burg.

Hadwig sorgte sich nun noch mehr, denn ihr Mann war seit seinem Sieg in Drachenstein nur noch selten in ihre Arme gekommen.

Mit jeder Woche wurde sie unruhiger. Schließlich schrieb sie ihrem Mann, erhielt aber nur eine barsche Antwort.

Einige Zeit später beschloß sie in ihrer Not, Irion um Hilfe zu bitten. »Nun ist es an der Zeit, daß Ihr Eure Dankbarkeit beweist«, schrieb sie. »Ich will, daß Ihr alles versucht, meinen Mann wieder nach Hause zu bringen.« Sie überlegte, dann fügte sie hinzu: »Wenn Euch das gelingt, will ich Euch gewähren, was Ihr schon so lange von mir erbittet. Er darf aber keinen Verdacht schöpfen!«

Sie schickte den Brief mit einem Boten nach Coburg. Der Reiter fragte nach Irion, doch der junge Ritter war auf eine Falkenbeize geritten. Statt dessen traf der Bote auf seinen Herrn, der mit dem Grafen gerade aus dem Burggarten kam.

»Was treibst du denn hier?« wunderte sich der Vogt.

»Ich habe einen Brief für Herrn Irion«, stotterte der Bote.

»Irion?« fragte der Vogt. »Von wem denn?«

»Von Eurer Gemahlin«, antwortete der Reiter.

»Gib her!« befahl der Vogt, brach das Siegel auf und las. Sein Gesicht färbte sich rot wie Blut.

»Hure!« schrie er.

»Oh«, machte der Graf.

Der Bote stand bleich und zitternd vor ihnen.

»Schafft mir diesen ehebrecherischen Hund herbei!« brüllte der Vogt.

Der Graf gab seinen Dienern einen Wink.

»Er ist auf die Falkenbeize geritten«, stammelte der Bote.

»Bringt ihn zu mir«, befahl der Graf seinen Leuten.

»Haltet ihn für mich fest«, sagte der Vogt zu seinem Gastgeber. »Ich bin bald zurück!« Er hielt ihm den Brief hin. »Ihr seid mein Zeuge!«

Der Graf las. Der Vogt nahm das Papier wieder an sich, sprang auf sein Pferd und ritt wie gehetzt davon.

Als Irion vor den Grafen geführt wurde, sagte der Herr von Coburg: »Es ist etwas Schlimmes geschehen. Der Vogt war außer sich, als er fortritt.« Er erzählte ihm, was in dem Schreiben stand. Irion wurde bleich.

»Bei Eurer Ehre, Herr Ritter«, fragte der Graf. »Habt Ihr Euch irgend etwas zuschulden kommen lassen?«

»Nein, Herr«, stammelte der junge Ritter entsetzt. »Es ist ein Mißverständnis. Nicht was der Vogt dachte, wollte sie mir gewähren, sondern nur einen Besuch bei meiner gefangenen Mutter.«

»Dann laßt uns hoffen, daß es Frau Hadwig gelingt, ihren Mann zu überzeugen«, sagte der Graf.

Ursmar ritt so schnell, daß er noch am gleichen Tag nach Rabeneck kam. Kurz vor Mitternacht schlug er gegen das Tor.

»Aufmachen!« brüllte er.

Die Wächter liefen eilig heraus und öffneten ihrem Herrn.

»Was ist geschehen?« riefen sie aufgeregt.

»Zur Seite!« schrie der Vogt und sprengte durch sie hindurch zum Palas. Polternd sprang er die Treppe hinauf und eilte über den offenen Quergang zu den Frauengemächern.

Eine Zofe kam ihm mit einer Fackel entgegen. »Ihr?« staunte sie. »Eure Gemahlin schläft schon!«

»Das denke ich mir!« schnaubte der Vogt. »Aber mit wem?«

»Wie könnt Ihr so etwas sagen!« rief die Zofe.

»Du steckst wohl mit ihr unter einer Decke!« brüllte der Vogt. »Verfluchtes Hurengeschmeiß!« Er hob das zappelnde Mädchen hoch und warf es über die Mauer hinab.

Der Todesschrei seines Opfers weckte die anderen Dienerinnen. Erschrocken liefen sie auf den Gang.

»Da sind ja noch mehr!« schrie ihnen der Vogt entgegen. »Treuloses Gesindel!« In rasender Wut packte er noch zwei von ihnen und stürzte sie ebenfalls in den Burggraben, wo sie mit zerschmetterten Gliedern liegenblieben.

Die anderen flohen.

Ursmar stieß die Tür zur Kammer seiner Frau auf. Sie saß mit vor Schreck geweiteten Augen auf ihrem Bett.

»Was ist?« rief sie furchtsam. »Was waren das für Schreie?«

»Es waren deine Helferinnen«, antwortete Ursmar schweratmend, »die dir zur Hand gingen, als du mit Irion hurtest!«

Sie starrte ihn an. »Das glaubt Ihr von mir?« fragte sie entsetzt.

Er packte ihre Hand, riß sie aus dem Bett, zog sie zum Licht und hielt ihr den Brief hin.

»Hast du das nicht geschrieben?« schrie er sie an.

Sie las mit bebenden Lippen. »Ja«, gestand sie, »aber es ist anders gemeint, als Ihr denkt! Ich würde Euch nie hintergehen, das wißt Ihr genau.«

»So!« rief der Vogt. »Warum schreibst du dann, daß ich keinen Verdacht schöpfen soll? Hure!«

Hadwig brach in Tränen aus.

»Ich bin keine Ehebrecherin«, weinte sie, »ich hatte Mitleid mit Irion, und deshalb wollte ich ihn einmal zu seiner Mutter lassen.« Sie sank auf die Knie. »Verzeiht mir«, flehte sie.

»Ein Betrug ist wie der andere«, sagte ihr Mann kalt. »Aber da du die Mutter meiner Söhne bist, gewähre ich dir einen schnellen Tod.«

Er ließ den Henker holen, schleppte seine Frau auf den Richtblock der Vogtei, riß ihr das Hemd an den Schultern entzwei und drückte ihr Haupt auf das harte Holz.

»Walte deines Amtes!« schrie er den Henker an. Der Scharfrichter zögerte.

»Richte diese Ehebrecherin, oder du verlierst selbst deinen Kopf!« brüllte der Vogt.

»Verzeiht mir, Herrin«, murmelte der Henker und ließ seine Axt niedersausen.

Ursmar stand hinter ihm. Als der Kopf seiner Frau in den Sand rollte, stieß er den Henker von hinten nieder.

»Damit du dich nicht rühmen kannst, edles Blut aus meiner Familie vergossen zu haben«, sagte er zu dem Toten.

Den Wächtern grauste es, als sie das sahen.

Der Vogt ging in das Verlies, wo Herdis auf einem Strohhaufen lag.

»Die Frauen sollen Euch waschen und anziehen«, sagte er zu ihr. »Morgen werdet Ihr meine Frau!«

Sie sah ihn an wie einen Wahnsinnigen. »Was ist geschehen?« flüsterte sie. »Wo ist Eure Gemahlin?«

»Hadwig ist tot«, antwortete der Vogt. »Sie betrog mich und büßte dafür mit dem Leben.«

»Ihr seid ein Ungeheuer«, sagte die gefangene Gräfin tonlos.

»Bald werde ich Graf sein«, erwiderte Ursmar, »und kraft meiner Heirat mit Euch auch Herr über Euer Erbe.«

Ein Ausdruck von Verachtung erschien auf dem schmutzigen Antlitz der Gefangenen. »Ich werde nie Eure Frau sein«, sagte sie fest.

»Dann stirbt Euer Sohn«, drohte der Vogt. »Er war es, mit dem meine Frau hurte!«

»Das kann nicht sein«, flüsterte Herdis fassungslos.

Der Graf zeigte ihr den Brief und hielt die Fackel so, daß sie lesen konnte.

»Hier ist der Beweis«, sagte er rauh. »Sie hat alles gestanden. Wenn Ihr nicht gehorcht, wird Irion sterben bei meiner Seele.«

Er starrte sie an. Nach einer Weile senkte sie den Kopf.

»Es soll geschehen, wie Ihr wünscht«, flüsterte sie.

Ursmar ließ den Kaplan wecken und befahl ihm, die Trauung vorzubereiten. Während die Mägde Herdis wuschen und kleideten, saß er in seinem Richtersitz und trank Wein. Als der Burggeistliche in die Kapelle rief, zog Ursmar die Gräfin ungeduldig hinter sich her.

»Mach schnell!« befahl er dem Kaplan.

Nach der Trauung mußte Herdis mit ihm trinken.

Am Morgen schickte der Vogt einen Boten nach Coburg und teilte dem Grafen von Henneberg mit, daß er seine Frau wegen Ehebruchs hingerichtet und sich mit der Gräfin vermählt habe. Er sei somit der rechtmäßige Erbe des Drachensteins und des damit verbundenen Grafentitels. Irion überlasse er der Gerichtsbarkeit des Grafen.

»Als habe es der Teufel selbst geschrieben«, sagte der Graf, als er den Brief las. »Wenn ich doch nur die Macht hätte, diesen Hund zu erschlagen!«

»Laßt mich Rache nehmen«, bat Irion.

»Ihr seid ihm nicht gewachsen«, antwortete der Graf.

»Aber er hat meinen Vater getötet!« fuhr der junge Ritter auf.

»Ja – mit Eurer Hilfe«, seufzte der Graf »Aber wenn Ihr es unbedingt wünscht – ich kann es Euch nicht verwehren.«

Irion ritt gewappnet nach Rabeneck und rief nach Ursmar.

»Ich habe schon auf Euch gewartet«, rief der Vogt, als er den Ritter erblickte.

»Nun sollt Ihr mir stehen!« rief Irion zornig.

»Und Ihr mir«, antwortete Ursmar und band sich den Helm auf.

Herdis sah von ihrem Fenster aus zu. Ihr Herz klopfte wie rasend.

Irion ritt als erster an. Heißer Zorn beflügelte ihn, und er stieß seinem Pferd heftig die Sporen in die Weichen.

Auch Ursmar zögerte nicht. Ihn trieb der Haß auf alle Drachensteiner und die Erinnerung an einen Lanzenkampf vor dreißig Jahren.

Als sie einander begegneten, setzte Irion seine Lanze auf Ursmars Schild, aber die Wucht seines Stoßes reichte nicht aus, den Gegner aus dem Sattel zu werfen. Ursmar verfehlte den Gegner zwar, aber sein Lanzenschaft streifte Irion und riß ihn vom Pferd. Schwer stürzte der junge Ritter zu Boden. Ursmar warf sich auf ihn, zog seinen Dolch und drehte den Kopf des Besiegten, bis unter dem Helm der bloße Hals leuchtete.

Ein verzweifelter Schrei hallte von der Burg.

Ursmar hielt inne und wandte sich nach der Gräfin um. Eine Weile zögerte er. Dann steckte er den Dolch ein.

»Geht Eurer Wege, Irion«, sagte er. »Wir sind einander nichts mehr schuldig.«

Er kehrte in die Burg zurück und ließ das Tor schließen.

Irion blieb noch eine Weile am Boden liegen. Dann rafft er sich mühsam empor, stieg auf sein Pferd und ritt davon.

Am Abend brachte die Gräfin ihrem Mann einen Becher Wein und sagte zu ihm: »Ihr habt meiner Familie viel Leid zugefügt. Aber für das, was Ihr heute getan habt, danke ich Euch.«

»Es ist genug Blut geflossen«, murmelte der Vogt.

Er hielt seine Frau in hohen Ehren und mühte sich, ihr jeden Wunsch zu erfüllen, den er erriet; Herdis aber bat ihn niemals um etwas.

Irion wurde nach diesem Tag oft an der böhmischen Grenze gesehen. Im Reich ging der Krieg der Fürsten weiter. Der Graf von Henneberg führte geschickte Verhandlungen mit König Wilhelm von Holland und nach dessen Tod mit den anderen Gegenkönigen Richard von Cornwall und Alfons von Kastilien. Der reiche Engländer war wie der gelehrte Spanier von deutschen Fürsten gewählt worden, die sich eher auf einen fremden Herrscher einigen konnten als auf einen aus ihren eigenen Reihen.

Es gab auch Gerüchte, daß die noch immer starke staufische Partei den kleinen Sohn Konrads IV., Konradin, zum neuen König ausrufen wolle. Vorerst führte Konradins Onkel Manfred die Regentschaft im Königreich beider Sizilien.

In diesen recht- und ruhelosen Zeiten wankte die Ordnung überall: Haufen von Kriegern, Räubern und Flüchtlingen zogen durch Deutschland, wandernde Mönche steigerten durch scharfe Drohungen von Gotteszorn und Verdammnis die Erregung der Gläubigen, Landflüchtige sammelten sich in den Städten zu einer gefährlich unsteten Schicht zwischen Bürger- und Hörigentum, und die Zwietracht weltlicher wie geistlicher Fürsten übertrug sich auf ihre Untertanen, die alle Hänäel ihrer Herren mit um so größerem Haß austrugen, je weniger sie von den Hintergründen verstanden.

Vor allem im Nordwald hielt sich nun viel räuberisches Gesindel versteckt und lauerte dort den Kaufleuten aus Nürnberg, Eger und Erfurt auf. Die Händler schlossen sich zu großen Zügen zusammen und warben Kriegsknechte an. Einige Räuberbanden aber waren so stark, daß sie es auch mit einer solchen Streitmacht aufnehmen konnten.

Der Burggraf von Nürnberg, der Graf von Henneberg und auch der König von Böhmen schickten immer wieder Streifscharen gegen die Strauchdiebe und knüpften viele auf. Aber für jeden Wegelagerer, den sie fingen, gingen zwei andere zu den Gesetzlosen in den Wald.

Man erzählte sich auch, daß manche Räuberschar deshalb soviel Erfolg hätte, weil sie von kriegskundigen Rittern angeführt würde, vor allem solchen aus dem staufischen Lager, die ihre Burgen verloren hatten. Oft fiel dabei Irions Name, und Herdis schämte sich sehr.

Ursmar nannte sich jetzt Graf von Rabeneck und setzte diesen Titel auch bei den Fürsten durch. Herdis aber blieb Gräfin von Drachenstein.

Einige Jahre später streifte der Graf von Rabeneck mit seinen Kriegsknechten wieder einmal durch den Nordwald.

Im Drachengrund rastete er und schickte drei junge Männer, Falk, Brun und Wiesel, als Kundschafter aus. Als sie zurückkehrten, sagte Falk zu seinem Herrn: »Die alte Köhlerhütte scheint wieder bewohnt zu sein; aus dem Kamin quoll Rauch, das haben wir ganz deutlich gesehen.«

»Es ist gut«, sagte der Graf, ließ seine Leute aufsitzen und ritt in das kleine Tal. Dort stellte er seine Leute in einiger Entfernung um die Hütte auf. Dann stieg er ab und sagte zu Falk: »Komm mit, wir wollen erst einmal sehen, wie groß die Bande ist.«

Sie schlichen durch das Tannengestrüpp zu dem Haus. Es war sehr kalt, und Eis bedeckte das Fenster. Der Graf hauchte vorsichtig auf die Scheibe und spähte hindurch.

Plötzlich fuhr er zurück.

»Was ist?« fragte Falk erschrocken.

Der Graf gab keine Antwort, sondern ging zur Tür und klopfte.

Falk sah seinem Herrn verblüfft zu.

Im Haus regte sich nichts.

Der Graf klopfte wieder. »Aufmachen!« rief er. »Ich weiß, daß du da drin bist, Lamprecht. Du hättest heute nicht heizen sollen.«

»Wer seid Ihr?« fragte es von innen.

»Kennst du meine Stimme nicht mehr?« lachte der Graf.

»Freilich, es ist schon lange her, seit wir uns zuletzt trafen. Oder besser, seit ich dich traf!«

»Der Graf von Rabeneck?« hallte es heraus.

»Ja«, sagte Ursmar. »Mach auf, ich tue dir nichts, das schwöre ich.«

Ein Riegel wurde zurückgeschoben, und in der Tür erschien der alte Knappe Lamprecht. Sein Haar war weiß geworden, und Wasser trübte seinen Blick. In der Hand hielt er ein schartiges Schwert.

»Gottes Gruß, Lamprecht«, sagte der Graf. »Du bist alt geworden.«

»Gottes Gruß«, antwortete der Knappe. »Ihr auch, Herr.«

»Laßt mich eintreten«, bat der Graf.

Lamprecht zögerte ein wenig. Dann gab er die Tür frei.

»Gehe zu den anderen zurück«, sagte der Graf zu Falk. Der junge Kriegsknecht gehorchte.

In der Stube sagte der Graf zu Lamprecht: »Ich dachte, ich hätte dich auf dem Drachenstein erschlagen.«

»Nein«, antwortete der Alte. »Ich verlor nur für einige Zeit die Besinnung. Als ich wieder zu mir kam, brannte die Burg. Ihr wart schon fort.«

»Und das Mädchen?« fragte der Graf.

Der Knappe sah ihn unruhig an.

»Ich habe die Kleine durchs Fenster gesehen«, erklärte der Graf.

»Ich hörte sie schreien und holte sie heraus, gerade bevor der Palas zusammenstürzte«, antwortete der Knappe. »Es war starker Rauch. Seither sehe ich nicht mehr so gut. Ihr könnt mich töten, wenn Ihr wollt, aber laßt das Mädchen am Leben. Es ist Eure Enkeltochter.«

»Weiß sie es denn?« fragte der Graf.

»Nein«, sagte der Alte.

»Ich will sie sehen«, sagte der Graf.

Der alte Knappe klopfte gegen die Wand. »Maria!« rief er. »Komm heraus!«

Die Kammer öffnete sich und das Mädchen trat in die Stube. Verwundert blickte es den Grafen an.

»Grüße unseren Gast!« befahl der Knappe.

»Ja, Vater«, sagte das Mädchen gehorsam. Dann blickte es den Grafen an und sprach: »Gottes Segen, edler Herr.«

»Gottes Segen auch für dich, mein Kind«, antwortete der Graf. Er betrachtete Maria, bis sie vor Verlegenheit errötete.

»Es ist gut«, sagte er dann.

»Hole uns einen Krug«, befahl der Knappe dem Mädchen, »und dann gehe wieder an deine Arbeit.«

Maria nickte. Sie tranken.

Als das Mädchen wieder in der Kammer verschwunden war, sagte Lamprecht leise: »Ich hätte nicht geglaubt, daß Eure Augen weinen können.«

»Ich bin kein Drachensteiner«, erwiderte der Graf und fuhr sich mit der Hand über die Stirn. »Es war eine schlimme Zeit«, fügte er leise hinzu.

»Was soll nun geschehen?« fragte Lamprecht.

Der Graf dachte eine Weile nach. Dann sagte er: »Sie hält dich für ihren Vater, und dabei soll es bleiben. Der Herzog von Istrien ist vor zwei Jahren in Italien gefallen. Und ihre Mutter...« Er verstummte. Nach einer Weile fuhr er fort: »Du hast ein gutes Werk getan, Lamprecht. Ich werde dafür sorgen, daß man euch hier in Ruhe läßt. Gott wird alles weitere fügen.«

»Und der Drachenstein?« fragte der Alte.

»Die Burg darf nie mehr aufgebaut werden«, sagte der Graf entschieden. »Denn sonst würde nur wieder neue Feindschaft entstehen. Warst du es, der Irmins Waffen an den Pfeiler hängte?«

Der Knappe nickte. »Jetzt können sie Euch ja nicht mehr schaden«, sagte er.

Der Graf stand auf. »Du hast mich jetzt einmal gerührt gesehen«, sagte er zu dem Knappen, »denke aber deshalb nicht, daß ich weich geworden wäre.«

Lamprecht geleitete ihn zur Tür. Der Graf ritt zu seinen Leuten.

»In der Hütte wohnt ein alter Köhler mit seiner Tochter«,

erklärte er ihnen. »Ich kenne ihn schon lange; er diente früher den Drachensteinern. Laßt ihn in Ruhe!«

Er ritt weiter, Räuber zu fangen, und auch in den nächsten Jahren streifte er viele Wochen lang durch den Nordwald. Im Jahr 1265 des Heils sorgten neue Nachrichten aus Italien für große Unruhe: Der Papst hatte Sizilien nun Karl von Anjou zu Lehen gegeben; dem Stellvertreter Christi schien eine französische Dynastie in der Nachbarschaft Roms weniger gefährlich als eine deutsche. Karl von Anjou, Bruder des französischen Königs Ludwig IX., zog mit einem ›Kreuzheer‹ gegen die immer noch als Ketzer verteufelten Staufer. Bei Benevent besiegte er König Manfred, der tot auf dem Schlachtfeld blieb. Die Überlebenden kehrten nach Deutschland zurück und drängten den jungen Konradin, um sein italienisches Erbe zu kämpfen. Viele landlose Ritter strömten darauf zu dem letzten Staufer nach Bayern.

Im Februar kam Falk in großer Hast nach Rabeneck geritten und rief Graf Ursmar zu: »Die Coburger haben im Nordwald eine große Bande erwischt, und es heißt, daß der Drachensteiner bei ihnen sein soll.«

Der Graf sprang auf sein Pferd und ritt, so schnell er konnte. Die Gräfin sah ihm bangen Herzens nach.

Am Abend erreichte Ursmar das Lager der Coburger bei Nordhalben. Die Leute des Grafen von Henneberg hatten schon viele Räuber auf die verschiedenste Weise zu Tode gebracht: mit Strick, Schwert und Rad, auch durch Vierteilen oder Ertränken; sie erwarteten von jeder Hinrichtungsart eine eigene abschreckende Wirkung. Andere Räuber wurden noch gefoltert, weil man vermutete, daß sie noch nicht alle Schlupfwinkel verraten hatten. Gefangenen Rittern wurden die Augen ausgestochen, manchen auch die Hände abgehauen.

Der Graf ging zum Hauptmann der Coburger und ließ sich von ihm zu den gefangenen Rittern führen. Er erkannte Irion erst nach einiger Zeit.

Die obere Gesichtshälfte des Drachensteiners war von einer blutigen Binde bedeckt.

»Das ist er«, murmelte der Graf erschüttert. »Sagt Eurem Herrn, daß ich diesen Gefangenen in meinen Gewahrsam genommen habe.«

»Es ist recht«, nickte der Hauptmann.

Ursmar führte Irion ein Stück zur Seite, wo sie niemand hören konnte.

»Was wollt Ihr von mir?«, fragte Irion.

»Euer Leben retten«, sagte der Graf. »Für Euer Augenlicht kam ich zu spät...« Er atmete schwer.

»Bereut Ihr jetzt Eure Sünden?« fragte Irion bitter.

»Es hätte nicht so kommen müssen«, antwortete der Graf. »Ich werde Euch zu Eurer Mutter bringen, damit sie Euch pflegen kann.«

»Nein!« rief Irion verzweifelt.

»Aber wo wollt Ihr denn hin?« fragte der Graf.

»Dorthin, wo ich schon lange sein sollte«, antwortete der Blinde. »Ich will in Jerusalem Buße für meine Sünden tun.«

»In Eurem Zustand wollt Ihr Euch auf eine so lange und gefährliche Reise wagen, die selbst Gesunde nicht leicht überstehen?« fragte der Graf überrascht. »Es gibt zu viele böse Menschen auf der Welt, die sich freuen, wenn sie einem Wehrlosen schaden und Schmerzen zufügen können!«

»Das soll Teil meiner Buße sein«, erwiderte Irion. »Laßt mich nun gehen!«

Der Graf führte ihn ein Stück vom Lager fort und drückte ihm dann seine Börse in die Hand.

»Nein«, wehrte Irion ab. »Ich werde nur von dem leben, was mir gute Christen spenden.«

»Wie Ihr wollt«, seufzte der Graf und steckte sein Geld wieder ein. »Wie aber soll ich nun Eurer Mutter das alles erklären?«

»Sagt ihr, daß ich tot bin«, antwortete Irion.

Der Graf schlug einen starken Ast ab, schnitzte ihn ein wenig zurecht und drückte ihn dem Blinden in die Hand.

»Ich danke Euch«, sagte Irion. Dann drehte er sich um und ging, den Weg mit seinem Stock ertastend.

Der Graf ritt heim nach Rabeneck und erzählte der Gräfin, daß er zu spät gekommen sei und die Coburger Irion bereits aufgehängt hätten.

»Ich habe aber dafür gesorgt, daß er ein christliches Begräbnis erhielt«, schloß er.

Herdis weinte viele Tage und Nächte um ihren Sohn.

Irion zog nach Süden. Es gab nicht viel Mildtätigkeit in jenen Tagen, und er litt sehr oft Hunger und Durst. Nachts fror er in seinen Lumpen, tags wurde er häufig von übermütigen Knechten verprügelt oder von Kindern mit Steinen beworfen. Wenn er aber sagte, daß er nach Jerusalem pilgern wolle, halfen ihm viele mit Almosen und hofften dadurch, dem Paradies selbst einen Schritt nähergekommen zu sein.

Im Sommer zog Irion mit vielen anderen Bettlern über die Alpen und durch Italien. In Brindisi schlossen sie sich wohlhabenden Wallfahrern an, die ein gottgefälliges Werk darin erblickten, die Sehnsucht der Ärmsten nach dem Heiligen Land zu stillen und ihnen die Überfahrt zu bezahlen.

In Palästina stand zu dieser Zeit nur noch die feste Stadt Akkon unter christlicher Herrschaft. Im Jahre 1244 hatten die Mamelucken Sultan Baibars von Ägypten die Ordensritter bei Gaza besiegt und Jerusalem für den Islam erobert. Vier Jahre später führte Ludwig IX. von Frankreich, genannt der Heilige, den sechsten Kreuzzug nach Osten. Er landete an der Nilmündung und eroberte die Stadt Damiette, geriet dann aber mit seinem ganzen Heer in Gefangenschaft und mußte sich mit hohem Lösegeld freikaufen. Baibar, ein ehemaliger türkischer Sklave aus Rußland mit blauen Augen, lauter Stimme und riesiger Kraft, zerschlug die kläglichen Reste des Kreuzfahrerstaats. Da aber die Mongolen zur gleichen Zeit Bagdad, Aleppo und sogar Damaskus eroberten, mußte der Sultan die Abrechnung mit den verhaßten Christen unterbrechen. Er schloß also Frieden mit ihnen und gestattete auch wieder Pilgerfahrten nach Jerusalem.

Vor Korfu brach auf Irions Schiff eine Seuche aus, an der viele Pilger erkrankten. Bei Zypern wurden die ersten Toten ins Meer geworfen. Irion starb, als das Schiff in den Hafen von Akkon einlief.

Am Ufer stand ein Arzt vom Orden der Hospitaliter mit einigen Pflegern, um den Lebenden erste Hilfe zu leisten und die Toten zu verbrennen. Als sie auch Irion auf den Scheiterhaufen tragen wollten, sagte einer der vornehmen Reisenden: »Dieser Mann hat ein besseres Begräbnis verdient. Ich werde dafür bezahlen.«

»Spart Euer Geld«, sagte der Arzt. »Es lohnt sich nicht für solchen armen Sünder.«

»Aber er stammte aus ritterlichem Geschlecht!« rief der Pilger.

»Im Tod sind alle gleich«, versetzte der Arzt.

»Ich bestehe darauf!« sagte der Pilger. »Ich bin Graf Roger von Benevent.«

Der Arzt seufzte und ließ Irion los. »Ist der Mann ein Verwandter von Euch?« wollte er wissen.

»Nein«, erklärte der Graf. »Er kam aus Deutschland und hieß Irion von Drachenstein. Er hat viel Unglück erlebt, wenn auch aus eigener Schuld. Aber wer sind wir, daß wir nun über ihn richten?«

Der Arzt starrte ihn an. »Von Drachenstein?« fragte er heiser.

»Kennt Ihr ihn?« fragte der Graf.

»Nein«, murmelte der Arzt. »Vom Drachenstein, sagt Ihr? Im Nordwald?«

»Im Herzogtum Franken«, erklärte Graf Roger. »An der Saale, irgendwo nördlich von Nürnberg. Ich war nie dort. Das Geschlecht ist zugrunde gegangen.«

»Zugrunde gegangen?« wiederholte der Arzt.

»Er hat es mir auf der Fahrt selbst erzählt«, berichtete der Graf. »Sein Vater fiel in einer Fehde gegen einen Nachbarn. Die Schuld daran traf aber Irion, denn er hatte sich zuvor mit seinem Vater zerstritten...«

»Warum?« wollte der Arzt wissen.

»Wenn es Euch interessiert, will ich es Euch heute abend erzählen«, sagte der Graf. »Ihr müßt mir aber versprechen, daß Ihr den armen Mann würdig bestatten laßt.«

»Wir werden ihn auf dem Friedhof der Kreuzritter zur letzten Ruhe betten«, versprach der Arzt.

»Nehmt diese Goldstücke dafür«, sagte der Graf.

»Ihr habt schon genug für ihn getan«, wehrte der Arzt ab. »Das andere soll meine Sache sein.«

»Wie Ihr wollt«, sagte der Graf und ging in sein Quartier.

Abends besuchte ihn dort der Arzt. Er sah sehr erschöpft aus. Sie unterhielten sich erst eine Weile über die stark gefährdete Lage Akkons und Antiochiens. Dann sagte der Graf: »Also mit Irion von Drachenstein war es so: Seine Frau hatte mehrere Totgeburten und starb. Irion glaubte, daß das mit einem alten Fluch zusammenhinge...« Er erzählte nun die ganze Geschichte.

Der Arzt hörte schweigend zu.

Als der Graf geendet hatte, sagte der Arzt: »Ich danke Euch.«

»Ihr kanntet ihn, nicht wahr?« fragte der Graf.

»Ihn nicht«, antwortete der Arzt. »Aber seinen Vater. Und seine Mutter. Es ist schon lange her.«

Er verabschiedete sich und ging.

Einige Tage später saß der Arzt beim Großmeister seines Ordens.

»Bedenkt, was Ihr damals geschworen habt!« mahnte der Großmeister. »Ihr nahmt sogar einen anderen Namen an, um Eure Vergangenheit zu vergessen.«

»Ich bin bereit, die Folgen zu tragen«, erwiderte der Arzt.

»So zieht in Frieden«, sagte der Großmeister. »Ich werde Euch vermissen. Ihr habt dem Orden fast vierzig Jahre lang treu gedient. Akkon kennt keinen besseren Ritter und Arzt.«

»Wenn Gott will, kehre ich wieder«, sagte der Arzt.

»Wenn sich Euer Wort von damals erfüllt, werdet Ihr dann selbst ein Kranker sein«, antwortete der Großmeister. »In unserem Haus ist immer für Euch Platz.«

30

Ein Käuzchen schrie

»Und so«, schloß der Köhler den Teil seiner Erzählung, in dem er über seine eigenen Erlebnisse berichtet hatte, »zog ich Maria auf. Als sie eine junge Frau geworden war, merkte sie natürlich, daß ich kaum ihr Vater sein konnte. Ich redete mit dem Grafen darüber und sagte ihr dann die Wahrheit. Der Graf bat Maria, in Rabeneck zu wohnen, aber sie blieb bei mir.«

»Ich trage meinem Großvater seine Sünden nicht nach«, sagte die junge Frau, »dieses Tal ist meine Heimat.« Sie blickte den alten Köhler liebevoll an.

Der Reiter nickte. »Es war eine bewegende Geschichte«, sagte er, »ich bin froh, daß ich sie hören durfte.«

Draußen erhob sich ein Brausen, und die Wipfel der hohen Tannen wiegten sich wieder im Wind. Der Mond schien wieder sehr hell, denn der Himmel war klar und wolkenlos.

Ein Käuzchen schrie in der Ferne.

»Was geschah mit den Söhnen des Grafen von Rabeneck?« wollte der Reiter wissen.

»Sie sind fort«, erzählte der alte Köhler. »Ludwig und Ludger stritten sich mit ihrem Vater und zogen mit Konradin.«

»Konradin ist tot«, sagte der Reiter.

»Ich weiß«, erwiderte der Köhler. »Wart Ihr dabei?«

»Nicht bei den Kämpfen«, antwortete der Reiter. »Ich sah aber, wie sein Haupt zu Neapel vom Henker abgeschlagen wurde.«

»Es ist traurig, daß es mit den Staufern dieses Ende nehmen mußte«, sagte der alte Köhler. »Mit ihnen wird nun auch das Reich vergehen.«

»Und wenn auch«, murmelte der Reiter.

»Das Reich!« sagte der Köhler eindringlich. »Was bleibt uns Deutschen, wenn es das Reich nicht mehr gibt?«

»Wer will es denn heute noch?« fragte der Reiter verdrossen. »Es waren doch stets nur die Kaiser, die durch die Lande ritten und vom römischen Reich aller Deutschen redeten; aber sie haben damit nichts bewirkt; die Deutschen blieben einander die schlimmsten Feinde, und das ist bis heute so.«

»Es sind nur die Fürsten, die Zwietracht in unser Land bringen«, wandte der Köhler ein, »das Volk aber will die Einheit unter dem Kaiser, das könnt Ihr mir glauben! Wenn zwei mit deutscher Zunge sprechen, sehen sie einander als Brüder an.«

»Das ist ja gerade das Schlimme«, versetzte der Reiter, »denn wo gibt es größeren Haß als unter Geschwistern? Das ist schon seit Kain und Abel so. Freilich, die hohen Herren tun aus Eigennutz fleißig das ihre dazu.«

»Wäre Kaiser Friedrich Rotbart nicht im Salef ertrunken«, sagte der Köhler, »hätte er nach seinem Kreuzzug die deutschen Stämme geeinigt, das ist gewiß! Nun müssen wir warten, bis er aus dem Kyffhäuser wiederkehrt.«

»Das ist es eben«, sagte der Reiter. »Solange das Reich groß und mächtig war, dienten die Deutschen ihm gern. Da hielt der Stolz sie zusammen, dem großen Volk anzugehören, das angeblich dazu erkoren war, über die Erde zu herrschen. Nicht Einheit, Macht ist der Deutschen Traum! Wenn sie aber einsehen müssen, daß sie ihr Ziel nicht erreichen können, lassen sie alles fahren und kümmern sich nur noch um sich selbst. War es nicht auch bei den Drachensteinern so?«

»Der deutsche Traum ist der Traum vom Reich aller Deutschen«, sagte der Köhler.

»Der deutsche Traum«, entgegnete sein Gast, »ist der Traum vom Reich aller Deutschen als dem herrschenden Reich auf der Welt.«

»Ihr urteilt zu streng«, meinte der alte Köhler. »Welches Volk brachte größere Opfer für unsere Einheit als unseres, welches auch wuchs mit so heftig blutenden Wunden zusammen? Denkt an Kaiser Karl und die Sachsen, an den Haß der Bayern gegen die Franken und die vielen anderen Kriege der Stämme untereinander seit ältesten Zeiten! Unser Volk ist größer als das der Engländer oder Franzosen und zudem aus verschiedenen Schößen geboren: die nördlichen Stämme aus einem heidnischen, die südlichen und westlichen aus einem christlichen. Wie viele Deutsche zogen außerdem von hier in fremde Länder, nach Polen oder nach Ungarn, und wie viele Fremde kamen dafür zu uns! Wir leben ja nicht wie die Engländer auf einer Insel, oder wie die Franzosen nur zwischen zwei Meeren, sondern im Herzen Europas, mitten auf der Nabe des Völkerrads! Meint Ihr nicht, daß Kaiser Karl der Große etwas sehr Gutes bewirkte, als er das christliche Abendland zwischen Mauren, Normannen und Slawen zu einem starken Reich zusammenschloß?«

»Wenn Gott uns noch einmal einen Kaiser wie Karl den Großen schenkte, wäre vielleicht noch etwas zu retten«, entgegnete der Reiter, »so aber ist keine Hoffnung mehr. Es ist nun einmal das Schicksal menschlicher Macht, daß sie vergänglich ist – nur das Reich Gottes wird ewig bestehen.«

»Aber unser Reich ist noch jung«, sagte der alte Köhler. »Seit Konrad von Franken in Forchheim zum König gewählt wurde, sind doch erst dreieinhalb Jahrhunderte vergangen!«

»Im alten Rom herrschten die Kaiser nicht sehr viel länger«, erinnerte der Reiter. »Sie kamen mit Augustus und gingen mit Augustulus. Vielleicht soll die Reihe der deutschen Kaiser und Könige, die mit Konrad begann, nun mit Konradin enden.«

Sie schwiegen eine Weile. Dann sagte der Köhler: »Es ist schon spät. Wenn Ihr morgen wirklich weiterreiten wollt, sollten wir jetzt schlafen gehen.«

»Ihr habt recht«, sagte der Reiter und trank seinen Becher aus.

Sie wünschten einander eine gute Nacht und suchten ihre Schlafstellen auf. Der Reiter wälzte sich wieder lange Zeit unruhig auf seinem Lager.

Am frühen Morgen hörte er Käuzchenschreie, diesmal ganz in der Nähe. Kurz darauf antwortete ein Wiedehopf. Nach einer kleinen Weile ließ sich auch eine Steppenweihe vernehmen.

»Also doch«, sagte der Reiter, stand leise auf und kleidete sich an. Dann umgürtete er sich mit dem Schwert und nahm den Feuerhaken vom Ofen. Langsam trat er zur Tür, schob leise den Riegel zurück, öffnete einen Spalt und trat vorsichtig hinaus. Neuschnee lag auf der Flur.

Der Reiter bog vorsichtig um die Scheune und schlich hinter einer Hecke in ein nahes Tannendickicht.

Erneut waren Stimmen von Käuzchen, Wiedehopf und Steppenweihe zu hören.

Der Reiter blieb stehen und lauschte. Dann wandte er sich nach Westen. Ohne Hast durchquerte er den verschneiten Tann. Am Waldrand standen einige Holunderbüsche, von denen sich ein guter Blick auf die Hütte bot.

»Ich dachte mir schon, daß ich dich hier antreffe«, sagte der Reiter halblaut.

Brun fuhr herum. Das grobe Gesicht des Schwarzbarts drückte erst Überraschung, dann Haß aus.

»Jetzt könnt Ihr zeigen, was Ihr ohne Stoßlanze wert seid«, sagte er, hob seine Axt und sprang auf den Reiter zu.

Der alte Mann duckte sich unter dem Hieb und schlug dem Riesen den Schürhaken gegen die Schläfe. Besinnungslos stürzte Brun in den lockeren Schnee. Der Reiter nahm ihm den Gürtel ab und fesselte ihn.

Wieder erklangen Vogelrufe. Der Reiter ahmte eine Steppenweihe nach und schlich dann zu der Stelle, wo die Käuzchenschreie ertönt waren.

Falk kniete hinter einer vom Sturm umgestürzten Fichte und spähte durch die Zweige.

Der Reiter streckte den Schürhaken aus und klopfte dem jungen Ritter leicht auf die Schulter.

»Laß den Unsinn, Brun«, murmelte Falk.

Der Reiter schlug das dünne Eisen leicht gegen Falks Gesäß. Zornig fuhr der junge Ritter herum. Als er den Reiter erkannte, wurden seine Augen groß. Er sprang auf und riß sein Schwert aus der Scheide.

»Jetzt geht es Euch an den Kragen, alter Mann!« schnaubte er und schlug zu.

Einen Wimpernschlag später lag er wie Brun auf der Erde.

Der Wiedehopf schrie wieder. Der Reiter antwortete erst wie ein Käuzchen und dann wie eine Steppenweihe.

Wiesel stand schon an der Scheune. Als er plötzlich einen Schatten hinter sich sah, fuhr er herum, aber es war schon zu spät. Der Reiter hielt ihm den Schürhaken an die Kehle.

»Ihr?« krächzte Wiesel und ließ die Armbrust sinken.

»Deinen Gürtel!« befahl der Reiter.

Wiesel warf seine Waffe zu Boden und löste eilig den ledernen

Riemen. Der Reiter band ihm die Hände zusammen. »Wo habt ihr die Pferde gelassen?« wollte er wissen.

»Hinter den Weiden am Bach, Herr«, antwortete sein Gefangener furchtsam.

Der Reiter gab ihm einen Stoß. Sie holten die Pferde und führten sie zu den beiden anderen jungen Männern. Sie waren noch immer bewußtlos.

Der Reiter legte sie quer auf die Sättel und band sie fest. Dann setzte er Wiesel auf das dritte Pferd. »Hat der Graf euch geschickt?« fragte er ihn.

»Nein«, erwiderte Wiesel. »Es war Falks Einfall. Wir ärgerten uns, weil Ihr unten in der Schlucht solche Narren aus uns gemacht hattet. Der Graf hat uns dafür übel verspottet. Da wollten wir die Scharte auswetzen und ihm Euch als Gefangenen vorführen.«

»Bringe nun deine Freunde zu ihm«, befahl der Reiter, »und sage ihm, daß ich ihn heute treffe, wenn die Sonne auf seinem Turm steht.«

»Wo?« fragte Wiesel.

»Er wird es wissen«, antwortete der Reiter. »Nun fort!«

Er wippte leicht mit dem Schürhaken und der kleine Zug setzte sich in Bewegung.

Als der Reiter zum Haus zurückkehrte, stand der Köhler in der Tür.

»Jetzt weiß ich, daß Ihr es seid, Herr«, sagte er. »Ich sah Euch drüben an den Holunderbüschen mit Falk. Mit einem Schürhaken...«

»Es waren nur drei dumme Jungen«, antwortete der Reiter.

»Ihr habt Euch verändert, und meine Augen sind sehr schlecht geworden«, sagte der alte Knappe. »Aber als der Habicht auf Eure Faust flog, ahnte ich es schon.« Er sank auf die Knie.

»Nicht!« sagte Iring und hob den Alten auf die Füße.

»Kommt herein«, bat Lamprecht. »Erzählt, wie ist es Euch ergangen?«

»Ich habe nicht mehr viel Zeit«, erwiderte Iring.

»Nur eine Stunde, ich bitte Euch! Maria wird uns ein Frühstück machen.«

»Laßt das Mädchen schlafen«, sagte Iring. »Wir machen uns selbst etwas.«

Sie brieten Eier und aßen. Dabei erzählte Iring, was er im Heiligen Land erlebt und wie er dort vom Untergang des Drachensteins erfahren hatte.

»Ihr seid zurückgekehrt«, sagte Lamprecht, »nach so vielen Jahren!«

»Jeder hat nur eine Heimat«, murmelte Iring.

Der alte Knappe sah ihn besorgt an. »Und der Fluch?« wollte er wissen. »Ist eingetreten, was Ihr...« Sein Blick fiel auf Irings Handschuhe.

»Ihr braucht keine Angst zu haben«, antwortete Iring. »Ich habe darauf geachtet, niemanden anzustecken. Es begann gleich, als ich auf das Schiff nach Neapel stieg. Unter dem Bart sieht man noch nichts. Es kann noch ein paar Monate dauern. Ich habe inzwischen ziemlich viel Erfahrung in diesen Dingen.«

Lamprecht nickte. Tränen schimmerten in seinen trüben Augen, und seine Finger fuhren tastend über Irings Handschuhe. Unter einigen kleinen Rissen und Löchern leuchtete der weiße Aussatz hervor.

»Der Habicht«, erklärte Iring. »Seine Krallen dringen durch jedes Leder.«

»Ihr hättet nicht mehr beizen sollen«, sagte Lamprecht traurig.

»Ich wollte aber so gern«, murmelte Iring. »Es war das letzte Mal.«

Sie schwiegen.

»Ihr habt einen langen Ritt getan«, sagte der alte Knappe.

»Es hat sich gelohnt«, antwortete Iring, »schon allein, um dir für deine Treue zu danken.« Er lächelte wehmütig. »Und für deine Erzählung«, fügte er hinzu.

Der Knappe sah ihn verlegen an. »Ich habe Euch berichtet, was Ihr viel besser wußtet als ich«, sagte er.

»Nicht alles«, tröstete Iring. »Allerdings, bei den ganz alten Geschichten... Irmion erschlug nicht einen wirklichen Drachen, sondern nur einen heidnischen Ritter, der einen Drachenhelm trug...« Er erzählte ihm nun, was sich in Wahrheit zugetragen hatte, bei Irmions Abenteuern und denen seiner anderen Ahnen.

»Wenn noch genügend Zeit bleibt«, schloß er, »lasse ich es vielleicht aufschreiben, damit die späteren Geschlechter erfahren, was damals wirklich geschah.«

»Tut das nicht«, bat Lamprecht. »Hier ist der Nordwald. Laßt ihm seine Legenden! Für die Menschen, die hier leben, sind sie Wahrheit geworden.«

Es wurde hell. Der Reiter ging zu dem großen Kreuz und betete. Dann stieg er auf sein Pferd.

»Tötet ihn!« sagte Lamprecht. »Dank der Gräfin ist er zwar längst nicht mehr so ein Ungeheuer wie einst. Dennoch hat er den Tod verdient.«

»Sagt Maria einen Gruß von mir«, antwortete Iring und ritt davon.

Maria kam aus dem Haus gelaufen und blickte ihm nach, wie er zwischen den Tannen verschwand.

»Werden wir ihn einmal wiedersehen, Vater?« fragte sie klopfenden Herzens.

Der alte Köhler schüttelte heftig den Kopf. »Geh ins Haus!« sagte er.

Der Reiter trieb sein Pferd durch den Drachengrund zur Saale. Dann folgte er dem Ufer flußaufwärts und kam um die Mittagsstunde an den alten Mühlbach. Es war ein wenig wärmer geworden. Das Eis war gebrochen und das Wasser plätscherte wieder dahin.

»Alter Bach«, murmelte Iring. »Du ziehst auch meine Straße!«

Er ritt auf den Hügel und blickte auf das umliegende Land, das einst, soweit er zu sehen vermochte, den Drachensteinern gehört hatte.

Als die Sonne auf dem Turm von Rabeneck stand, kam Iring zu der kleinen Insel in der Saale. Der Graf stand mit seinem Pferd am anderen Ufer.

»Ich wußte gleich, daß Ihr es seid«, rief er Iring entgegen.

»Wie geht es Herdis?« wollte Iring wissen.

Der Graf wandte sich um und streckte den Arm aus. Iring folgte seinem Blick. Unter den kahlen Buchen des nächsten Hügels sah er eine Frau in einem blauen Mantel auf einem weißen Pferd.

»Ich bin froh, daß Ihr endlich gekommen seid«, sagte der Graf. »Solange Ihr lebt, kann kein Friede sein.«

»Ich werde bald tot sein«, antwortete Iring. »Aber Ihr sterbt vor mir. Diesmal fechten wir nicht mit stumpfen Lanzen.«

»Nein«, sagte der Graf. »Hat Euer Neffe Euch zurückgeholt?«

»Irion ist tot«, sagte Iring und legte die Stoßlanze ein.

»Dann seid Ihr der letzte vom Drachenstein«, meinte der Graf und senkte den Schaft seiner Waffe. »Heute stirbt Euer verfluchtes Geschlecht endlich aus!«

Iring ritt durch den Fluß auf die kleine Insel. Der Graf lenkte sein Streitroß von der anderen Seite her auf den grünen Anger.

»Dann los!« sagte er und gab seinem Pferd die Sporen.

Auch Iring trieb seinen Hengst rasch in den Galopp.

Noch ehe die beiden einander erreichten, bäumte der Graf sich plötzlich im Sattel auf, ließ seine Lanze fallen und griff sich an die Brust. Ein schrecklicher Schrei hallte über das Saaleland. Dann stürzte Ursmar aus dem Sattel und schlug schwer in den Fluß.

Iring brachte sein Pferd zu stehen und lief zu seinem Feind. Ursmar lag zwischen Schlingpflanzen im Wasser.

»Was ist Euch?« rief Iring und sprang zu ihm in den eiskalten Strom.

»Meine Brust!« rief der Graf. »Oh diese Schmerzen!« Sein Gesicht war eine Maske der Qual, und er konnte sich nicht über Wasser halten; Wellen überspülten Mund und Nase.

Iring griff zu und hob Ursmars Kopf aus dem Wasser. »Ruhig!« mahnte er. »Ruhig!«

»Es ist zu Ende«, ächzte der Graf.

»Noch nicht!« rief Iring.

Ein breiter Blutstrom brach aus Ursmars Mund.

»Bereut Eure Sünden!« schrie Iring entsetzt, als er das sah. »Denkt an Eure unsterbliche Seele!«

»Ich bereue«, würgte der Graf mit letzter Anstrengung hervor. Dann sank sein Kopf zur Seite und er war tot.

Iring zog den Leichnam aus dem Wasser, legte ihn am Ufer nieder, schloß ihm die Augen und breitete ein Tuch über das verzerrte Gesicht. Dann stieg er auf sein Pferd und ritt zu den kahlen Buchen.

»Es war Gottes Hand«, sagte er.

»Es war immer Gottes Hand«, antwortete die Gräfin und sah ihn nur an.

»Ja«, sagte Iring.

Er drehte sein Pferd und ritt nach Süden davon.

Anhang

❙ Zeittafel

768 Karl der Große wird alleiniger Herrscher des Franken-
reichs

772 Beginn der Sachsenkriege; sie enden 804 mit der endgülti-
gen Unterwerfung der Sachsen

774 Karl der Große erobert das Langobardenreich

778 Roland fällt bei Roncesvalles

791 Feldzug Karls gegen die Awaren

800 Karl der Große wird in Rom zum Kaiser gekrönt

833 Auf dem ›Lügenfeld von Colmar‹ gehen die Truppen Kaiser Ludwig des Frommen zu seinen aufrührerischen Söhnen über

843 im Vertrag von Verdun wird das Frankenreich geteilt

887 Arnulf von Kärnten wird von allen deutschen Stämmen
zum König gewählt

896 Die Ungarn nehmen die Tiefebene an der Theiß in Besitz

898 Beginn der Ungarneinfälle in das Deutsche Reich

906 Die Ungarn zerstören das Großmährische Reich

911 Franken und Sachsen wählen in Forchheim Herzog Konrad
von Franken zum König

933 Heinrich I. siegt bei Riade an der Unstrut über die Ungarn

936 Otto I. errichtet Marken gegen die Slawen

955 Otto I. besiegt die Ungarn auf dem Lechfeld

982 Niederlage Ottos II. gegen die Araber bei Cotrone

983 Ein großer Slawenaufstand führt zum Verlust der Gebiete
östlich der Elbe

1000 Gnesen (Polen) und ein Jahr später Gran (Ungarn) werden
selbständige Erzbistümer

1003 Krieg Heinrichs II. gegen Boleslaw Chrobry von Polen

1007	Heinrich II. stiftet das Bistum Bamberg
1018	Im Frieden von Bautzen erhält Boleslaw Chrobry die Lausitz und das Wilzener Land zu Lehen
1032	Das Königreich Burgund (Arelat) wird formell mit dem Deutschen Reich vereinigt
1054	Schisma zwischen der römischen und der griechischen Kirche
1066	Nach der Schlacht von Hastings erobert der Normannenherzog Wilhelm England
1077	Heinrich IV. in Canossa
1095	Papst Urban II. ruft zum Kreuzzug auf
1096	Judenverfolgungen in deutschen Städten
1099	Die Kreuzfahrer erobern Jerusalem
1146	Der zweite Kreuzzug beginnt. Er endet drei Jahre später mit einem Fehlschlag
1162	Zerstörung Mailands
1179	Herzog Heinrich der Löwe wird geächtet und abgesetzt
1189	Friedrich Barbarossa bricht zum Dritten Kreuzzug auf
1204	Kreuzfahrer und Venezianer erobern Konstantinopel
1234	Empörung König Heinrichs (VII.) gegen seinen Vater Friedrich II.
1241	Mongolen besiegen ein deutsch-polnisches Ritterheer bei Liegnitz
1268	Der letzte Staufer Konradin wird in Neapel hingerichtet

Kaiser und Könige bis zum Untergang der Staufer

Karl der Große	768– 814
Ludwig der Fromme	814– 840
Lothar I.	840– 855
Ludwig der Deutsche	840– 876
Kar lII. der Kahle	875– 871
Karl III. der Dicke	876– 887
Arnulf von Kärnten	887– 899
Ludwig IV. das Kind	899– 911
Konrad I.	911– 918
Heinrich I.	919– 936
Otto I. der Große	936– 973
Otto II. der Rote	973– 983
Otto III.	983–1002
Heinrich II. der Heilige	1002–1024
Konrad II. der Salier	1024–1039
Heinrich III.	1039–1056
Heinrich IV.	1056–1106
Rudolf von Schwaben	1077–1080
Hermann von Salm	1081–1088
Heinrich V.	1106–1125
Lothar III. von Supplinburg	1125–1137
Konrad III. von Hohenstaufen	1138–1152
Friedrich I. Barbarossa	1152–1190
Heinrich VI.	1190–1197
Philipp von Schwaben	1198–1208
Otto IV. von Braunschweig	1198–1209
Friedrich II. von Hohenstaufen	1215–1250
Heinrich (VII.) von Hohenstaufen	1220–1235
Konrad IV. von Hohenstaufen	1250–1254
Heinrich Raspe von Thüringen	1246–1247
Wilhelm von Holland	1247–1256
Richard von Cornwall	1257–1272
Alfons der Weise von Kastilien	1257–1275

Europa im Hochmittelalter
und der Kreuzzug Friedrichs I. Barbarossa

Mitteleuropa zur Zeit der sächsischen Kaiser (919–1024)

Aarhus

KGR. DÄNEMARK

Schleswig

MARK DER BILLUNGER

Hamburg

NORDMARK

Havelberg

Brandenburg

Posen

Gnesen

Bremen

FRIESLAND

Hildesheim

Minden

Quedlinburg

MARK LAUSITZ

POLEN

Utrecht

Münster

Paderborn

Goslar

Merseburg

Meißen

SCHLESIEN

Breslau

Riade

HZM. NIEDER-LOTHRINGEN

Naumburg

Zeitz

MARK MEISSEN

Krakau

Köln

Fritzlar

MARK ZEITZ

Aachen

Frankfurt

Fulda

Bamberg

Prag

BÖHMEN

Olmütz

Laon

Trier

Mainz

Würzburg

Forchheim

MÄHREN

Reims

Verdun

Speyer

HZM. FRANKEN

HZM. OBER-LOTHRINGEN

HZM. SCHWABEN

Regensburg

Passau

OSTMARK

Augsburg

Straßburg

HZM. BAYERN

Lechfeld

Gran

Basel

Konstanz

Salzburg

STEIERMARK

KGR. UNGARN

Brixen

MARK KÄRNTEN

MARK KRAIN

MGFT. VERONA

KGR. BURGUND (ARELAT)

Pavia

Verona

Venedig

KGR. KROATIEN

Ferrara

Genua

ROMAGNA

Ravenna

Pisa

PENTAPOLIS

KGR. ITALIEN

KORSIKA

PATRIMONIUM

Rom

PETRI

Bari

KGR. FRANKREICH

✝ Bistum

✝ Erzbistum

460

Das Reich der
Hohenstaufen
(1125–1254)

KGR. DÄNEMARK

HZM. POMMERN

FRIESLAND

Lübeck

Lüneburg
HZM. SACHSEN

Braunschweig
Dortmund   Goslar

Kaiserswerth

Aachen
HZM. NIEDER-
LOTHRINGEN
Koblenz

Kaiserslautern
Metz
HZM.
OBER-
LOTHRINGEN

Trifels

Hohenstaufen
HZM. SCHWABEN
Konstanz

Besançon

Weichsel

✝ Gnesen

Posen

POLEN

Magdeburg   HZM. SCHLESIEN   ✝ Breslau

Oder

Merseburg

LDGFT.
THÜRINGEN   Plauen

HZM. FRANKEN   Eger   Prag   Krakau

Frankfurt

Würzburg   Bamberg   KGR. BÖHMEN

Nürnberg   MGFT. MÄHREN

Regensburg   KGR. UNGARN

Donau   ÖSTERREICH

HZM. BAYERN   STEIERMARK   ✝ Gran

Inn   Drau   Donau

Chiavenna

KGR. ARELAT

Bergamo
Mailand   ○ ○ Brescia   ○ Venedig
Novara ○   Verona ○   Padua
Pavia ○ ○ Piacenza
Asti ○   Modena ○
○ Bologna

GFT.
PROVENCE   Rimini
Arles   KGR.
ITALIEN

KGR.
SERBIEN

PATRIMONIUM
✝✝ Rom   Foggia
PETRI   Castel del Monte
Lecce

Messina
Palermo   KGR. SIZILIEN

◆ Festung
● Stadt
✝ Bistum
✝✝ Erzbistum
○ Städte des Lombardischen Bundes

461

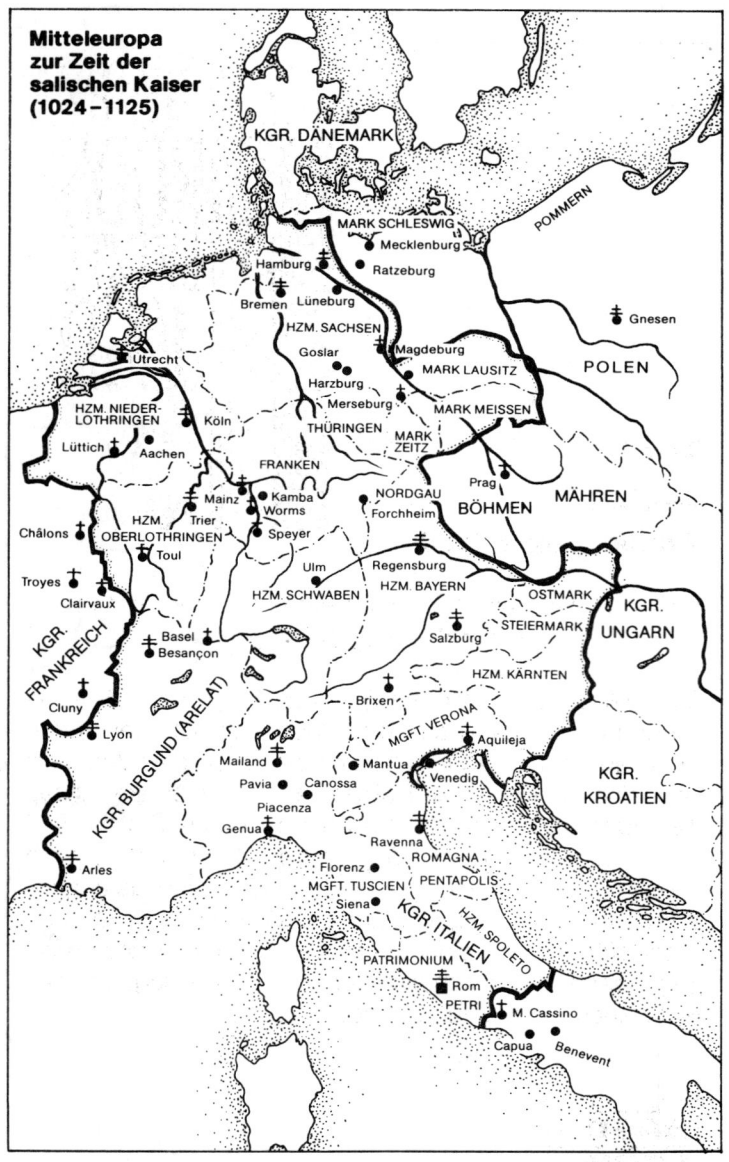

Mitteleuropa zur Zeit der salischen Kaiser (1024–1125)

KGR. DÄNEMARK

POMMERN

MARK SCHLESWIG

Mecklenburg
Hamburg
Ratzeburg
Bremen
Lüneburg
Gnesen
HZM. SACHSEN
Goslar
Magdeburg
POLEN
Utrecht
Harzburg
MARK LAUSITZ
Merseburg
MARK MEISSEN
HZM. NIEDER-
LOTHRINGEN
Köln
Lüttich
Aachen
THÜRINGEN
MARK
ZEITZ
FRANKEN
Prag
Mainz
Kamba
NORDGAU
BÖHMEN
MÄHREN
HZM.
Trier
Worms
Forchheim
Châlons
OBERLOTHRINGEN
Speyer
Toul
Troyes
Ulm
Regensburg
OSTMARK
KGR.
Clairvaux
HZM. SCHWABEN
HZM. BAYERN
STEIERMARK
UNGARN
Basel
Besançon
Salzburg
Cluny
Lyon
HZM. KÄRNTEN
Brixen
MGFT. VERONA
KGR. BURGUND (ARELAT)
Aquileja
Mailand
KGR.
KROATIEN
Pavia
Canossa
Mantua
Venedig
Piacenza
Genua
Ravenna
Arles
Florenz
ROMAGNA
MGFT. TUSCIEN
PENTAPOLIS
Siena
KGR. ITALIEN
HZM. SPOLETO
PATRIMONIUM
Rom
PETRI
M. Cassino
Capua
Benevent

KGR. FRANKREICH

462

Band 12194

Josef Nyáry

Nimrods letzte Jagd

Voll spannender Abenteuer, sinnenfroher Feste und tragischer Verstrickungen

Schauplatz ist der Vordere Orient zu Beginn des 6. Jahrhunderts v. Chr. Ägypten ist nur noch ein Schatten seiner einstigen Größe und das assyrische Reich dem Ansturm der Feinde erlegen. Die Babylonier unter Nebukadnezar, die Lyder und die Meder sind die neuen Herren der Region. Das Volk Israel mit den großen Propheten Jeremia und Ezechiel schmachtet in der Babylonischen Gefangenschaft. In dieser aufgewühlten Epoche zieht der kimmerische Königssohn, einer der letzten Heerführer des untergegangenen assyrischen Reiches, in den Krieg, um das Blut seines ermordeten Sohnes zu rächen...

FIRST CLASS
EDITION

Eine erstklassige Roman-Auslese 12 neugestalteter Sonderausgaben in limitierten Auflagen zu attraktiven Aktionspreisen

BASTEI
LÜBBE